Congress Center
Street
Park
Football Stadium
City Parliament
Operahouse
Stock Exchange
Nuclear Power Plant
Nuclear Test Site
Artist Studio
Traffic Control Center
Operahouse
Snowboard Arena
Housing Complex
Factory
Prison
Urban Redeveloppment
Shopping Center
Planetarium
Fitness Center
Music Hall
Company Headquarter

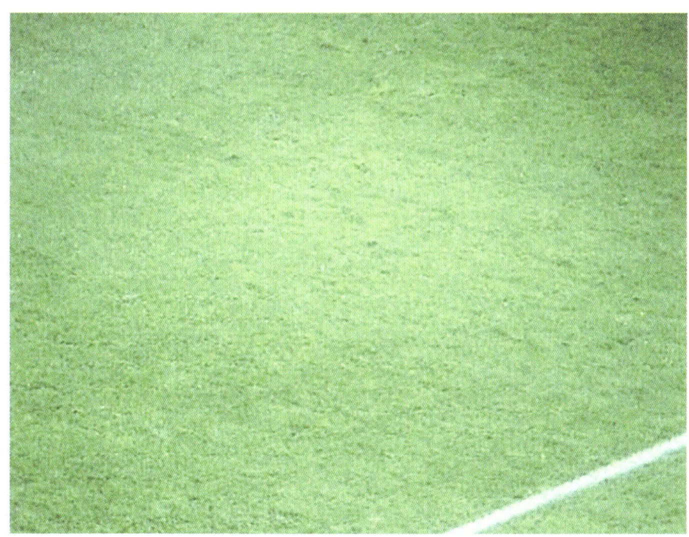

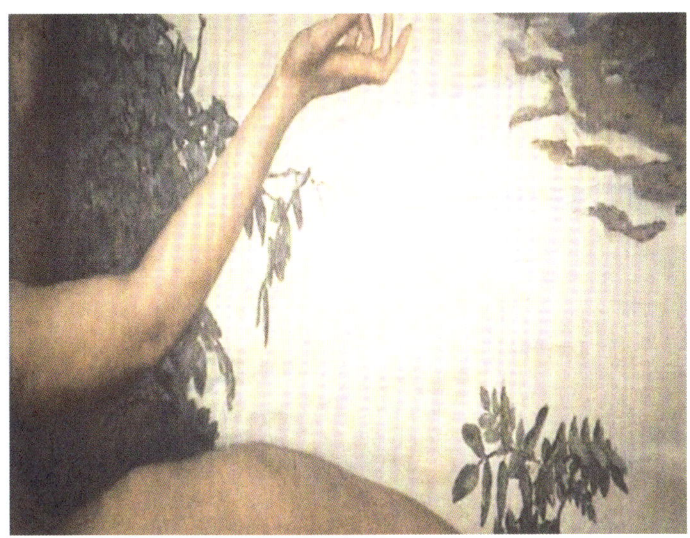

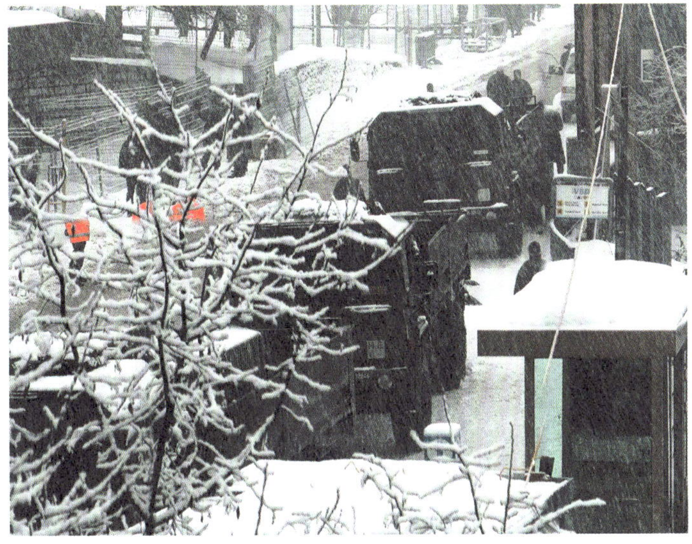

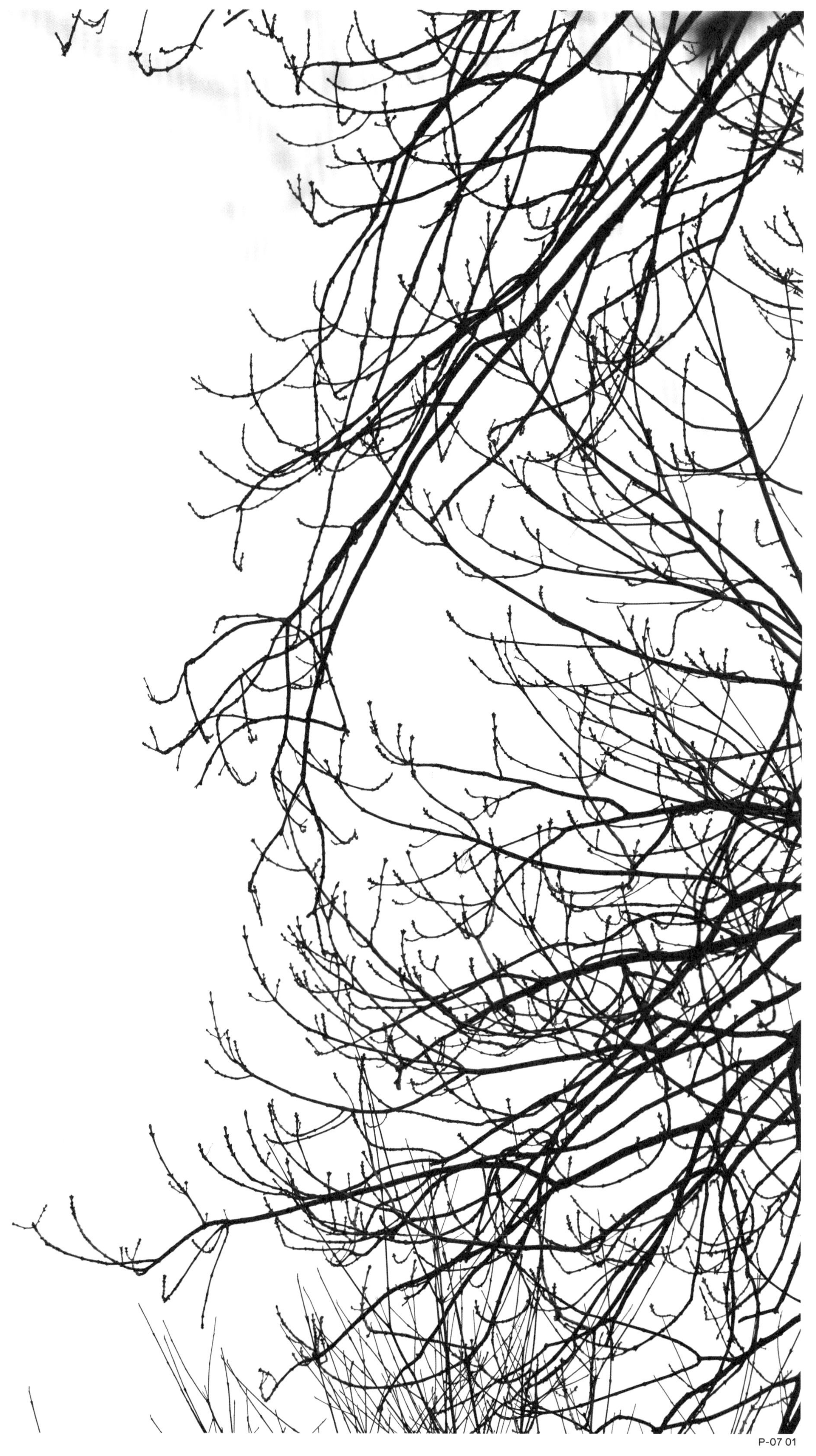

P-07 01

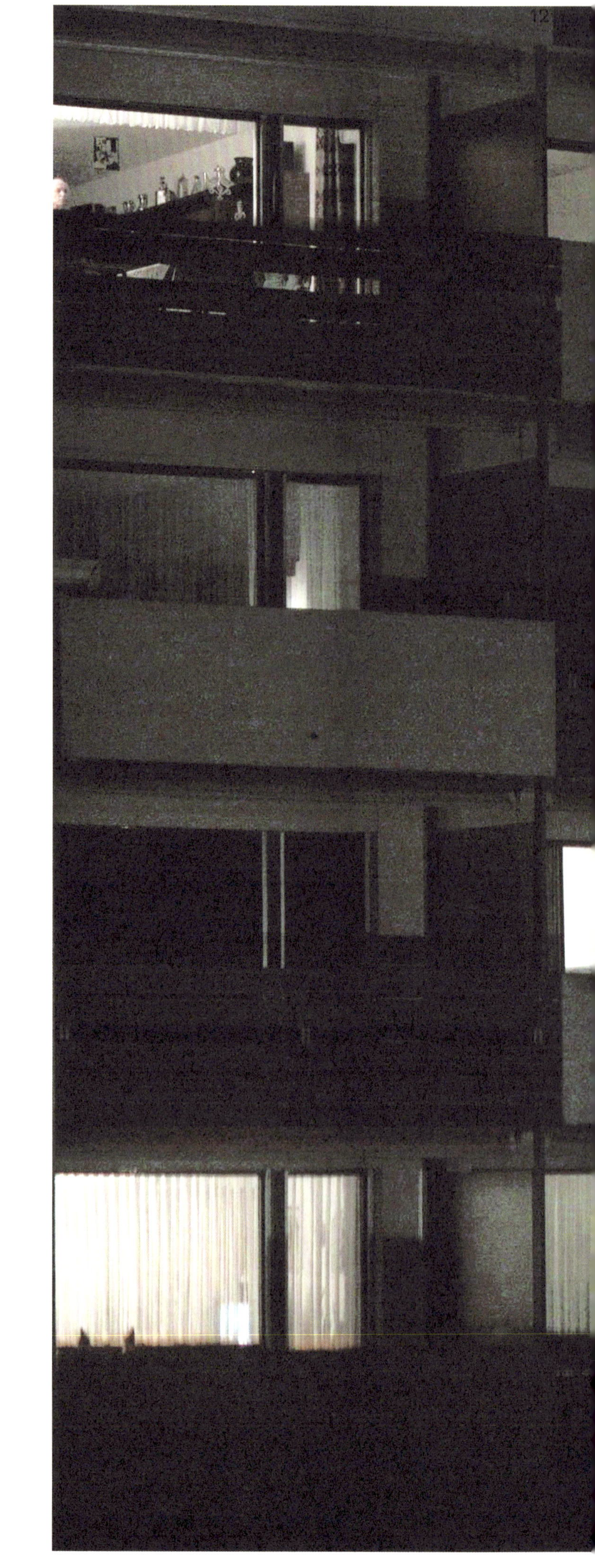

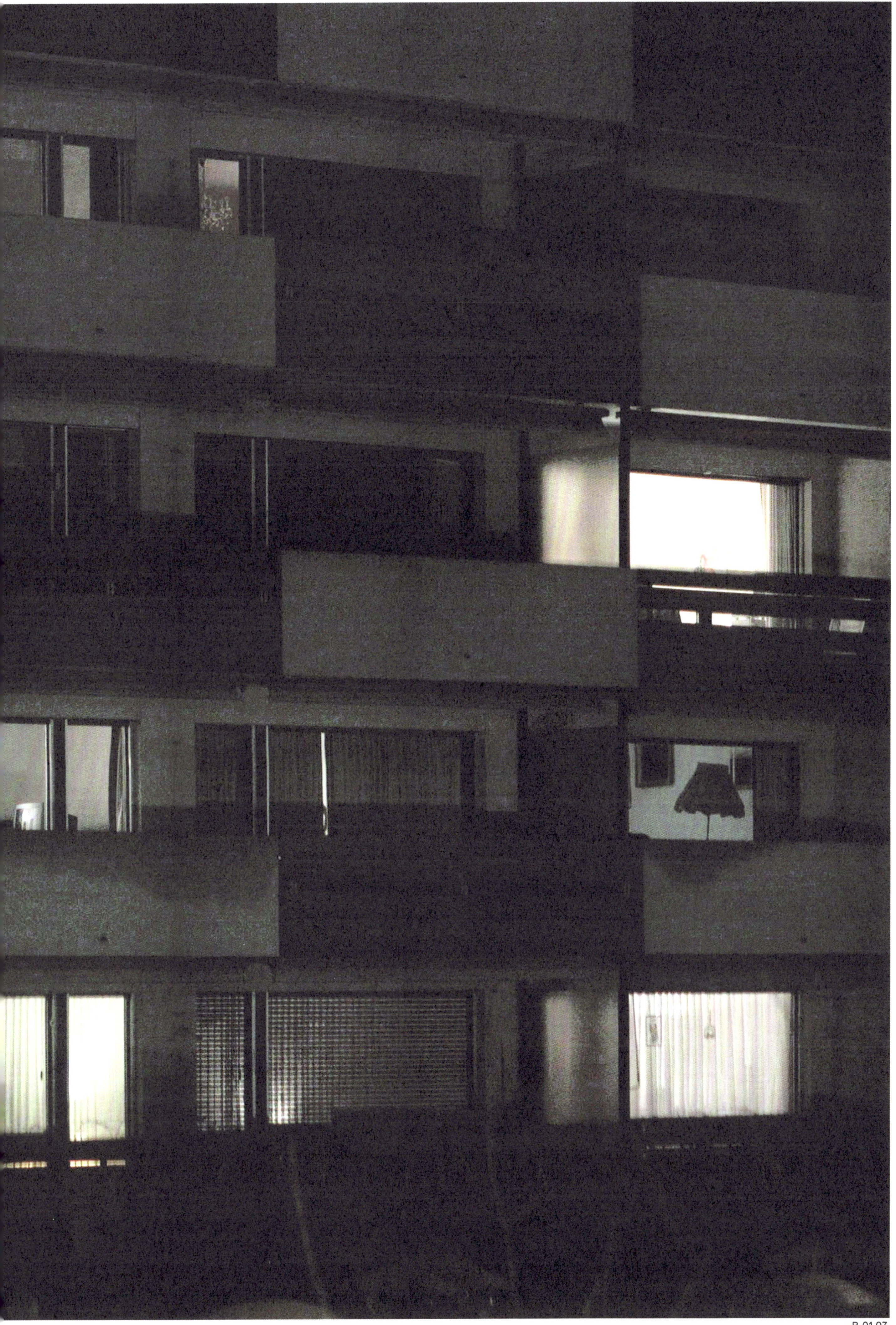

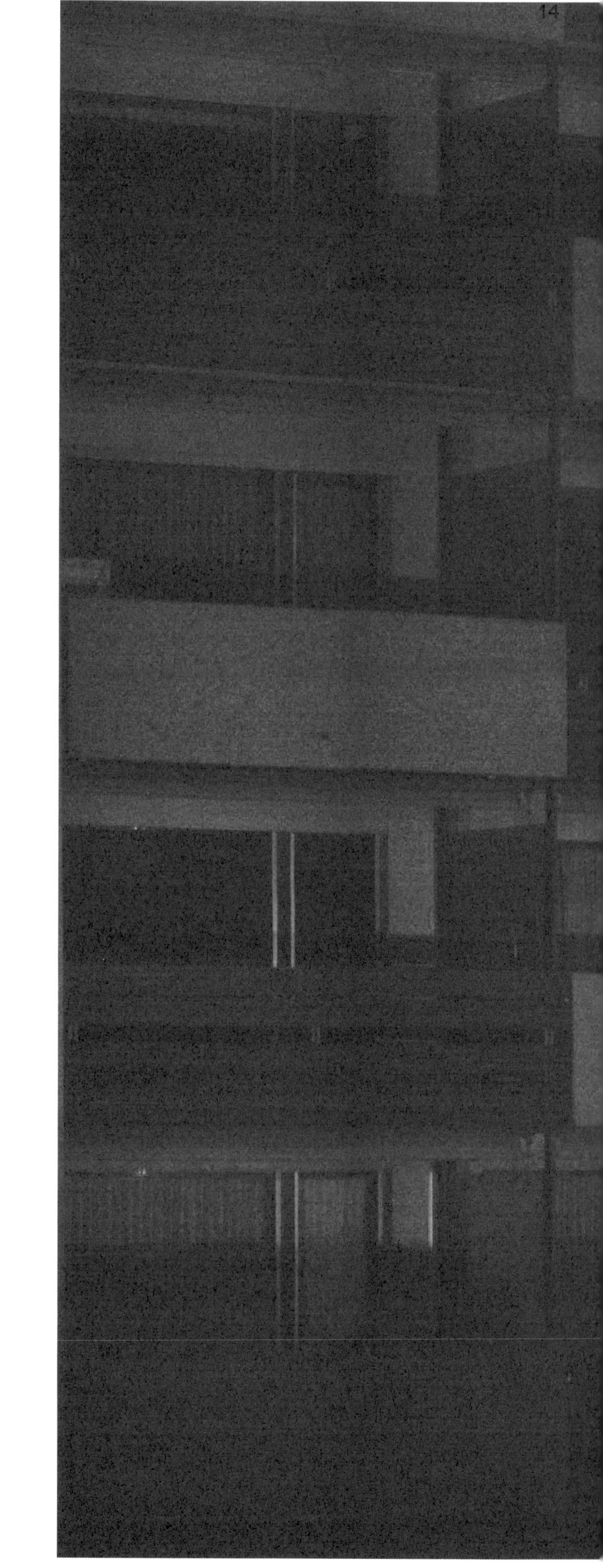

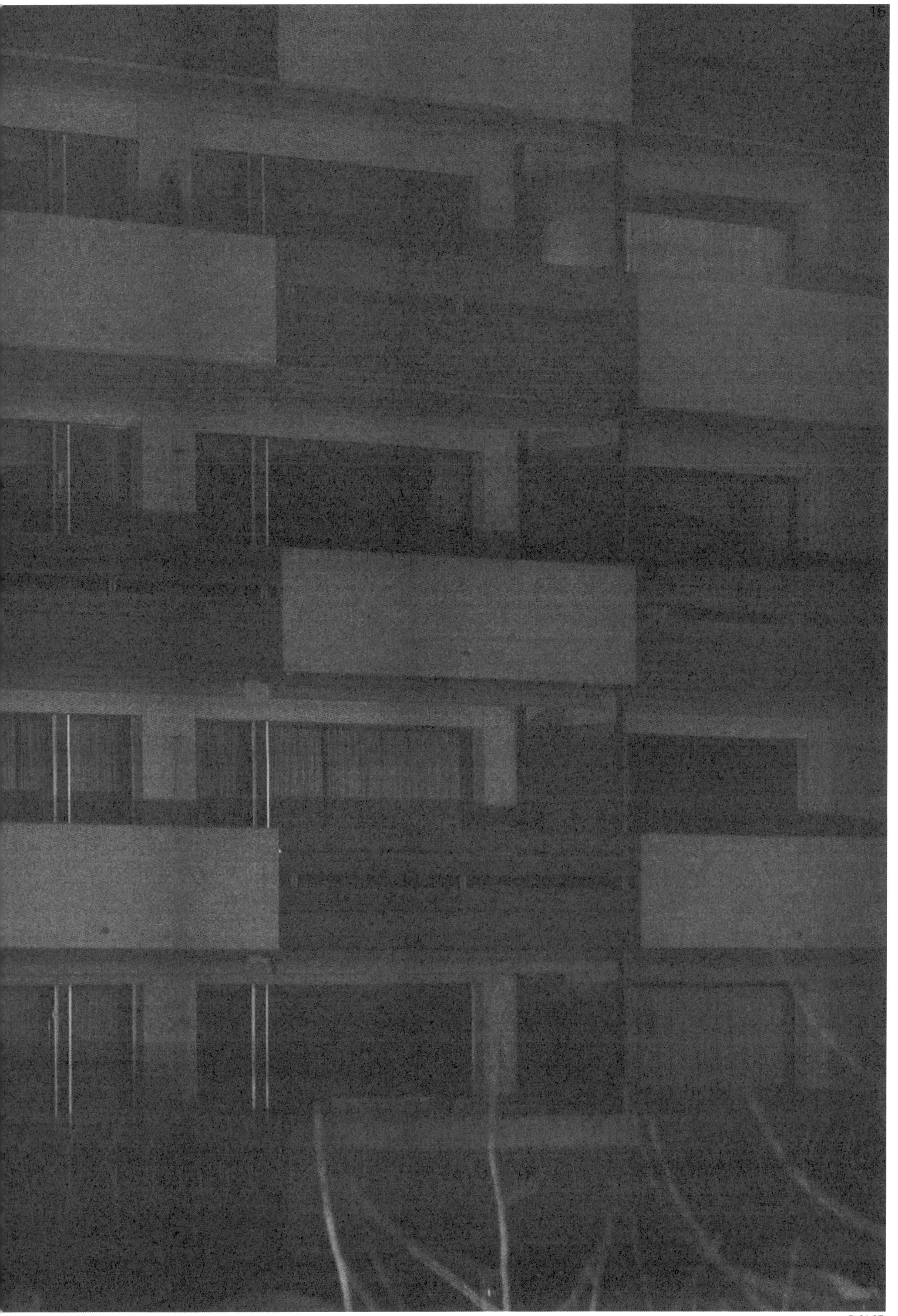

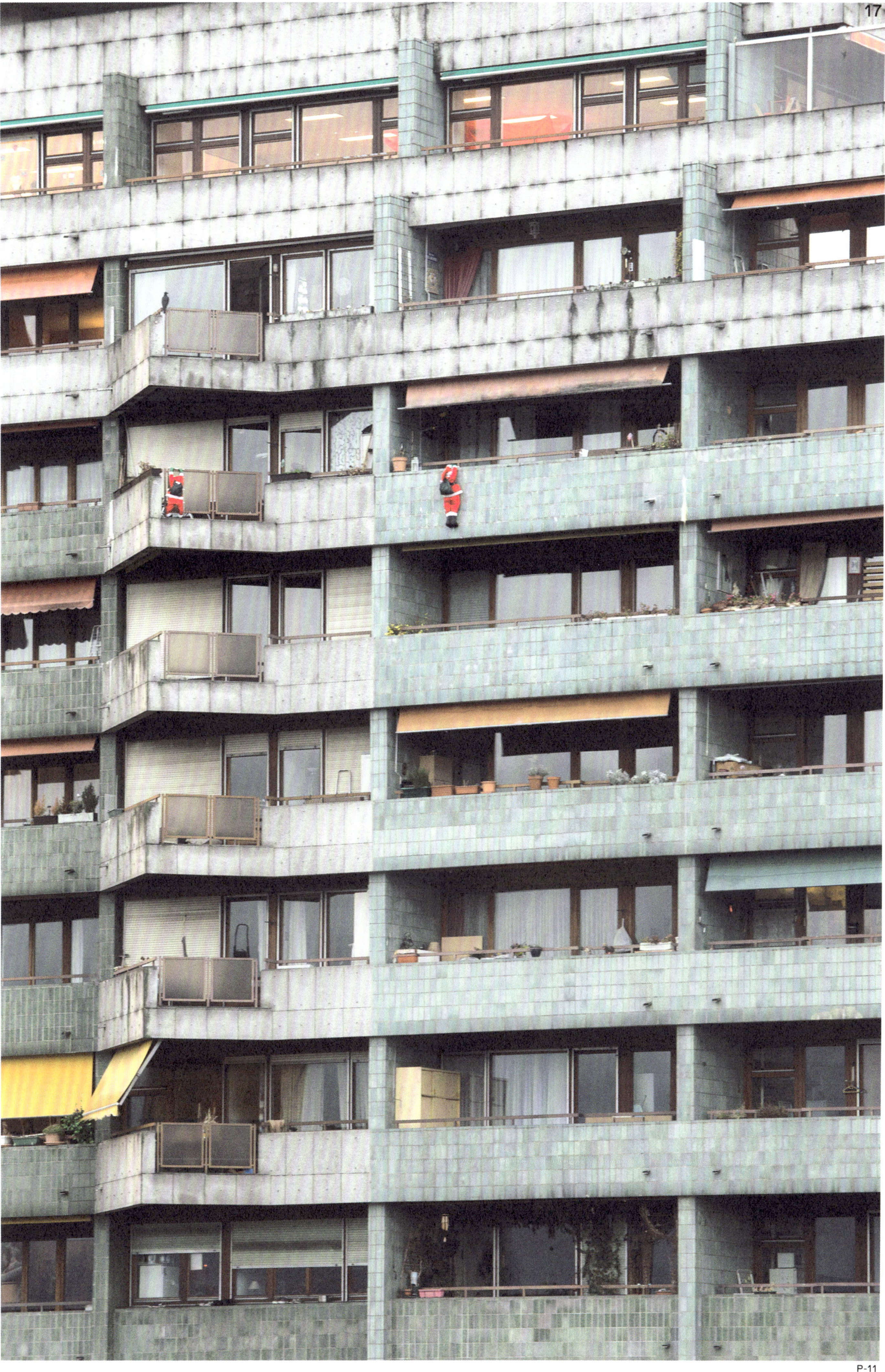

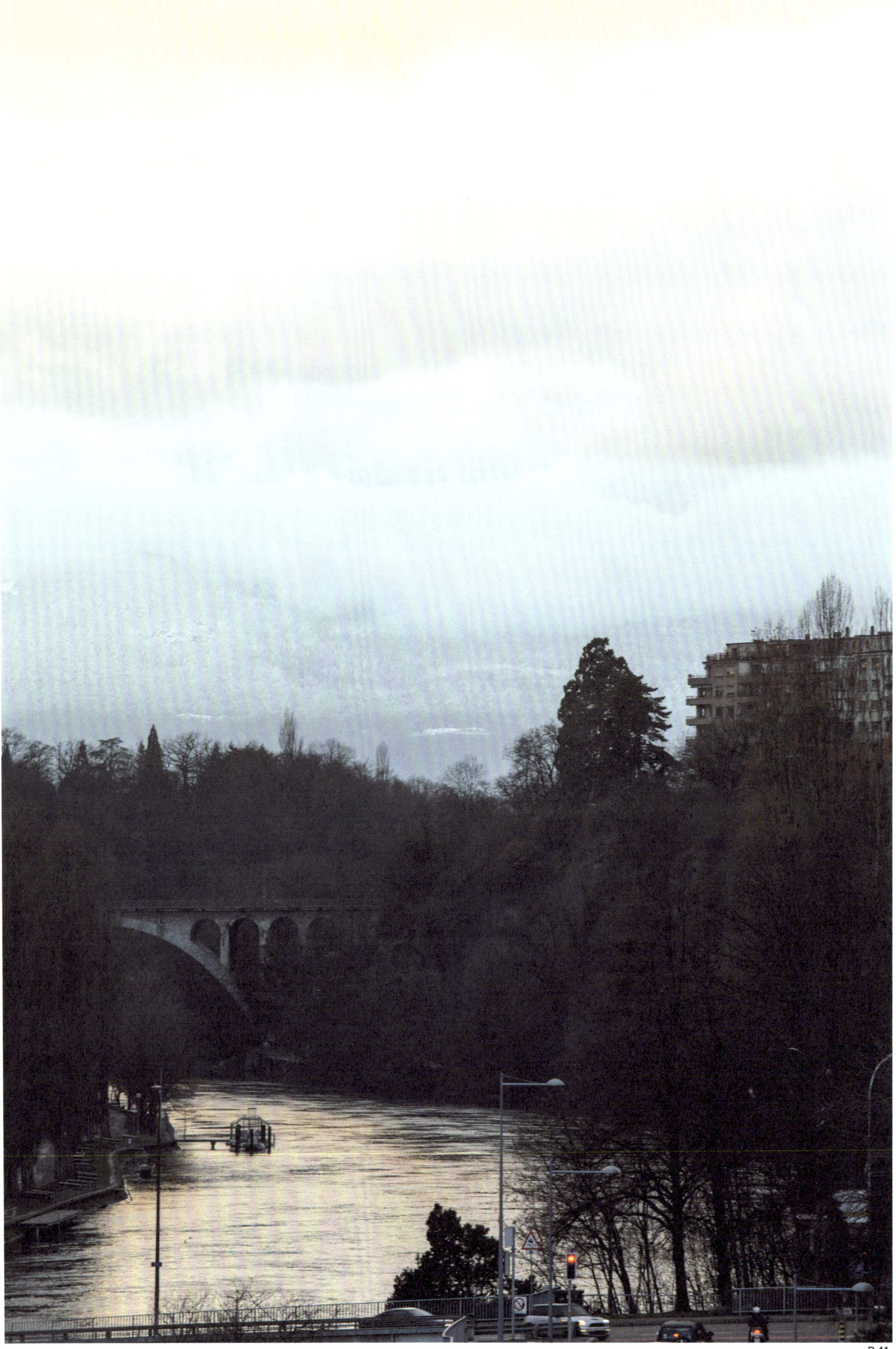

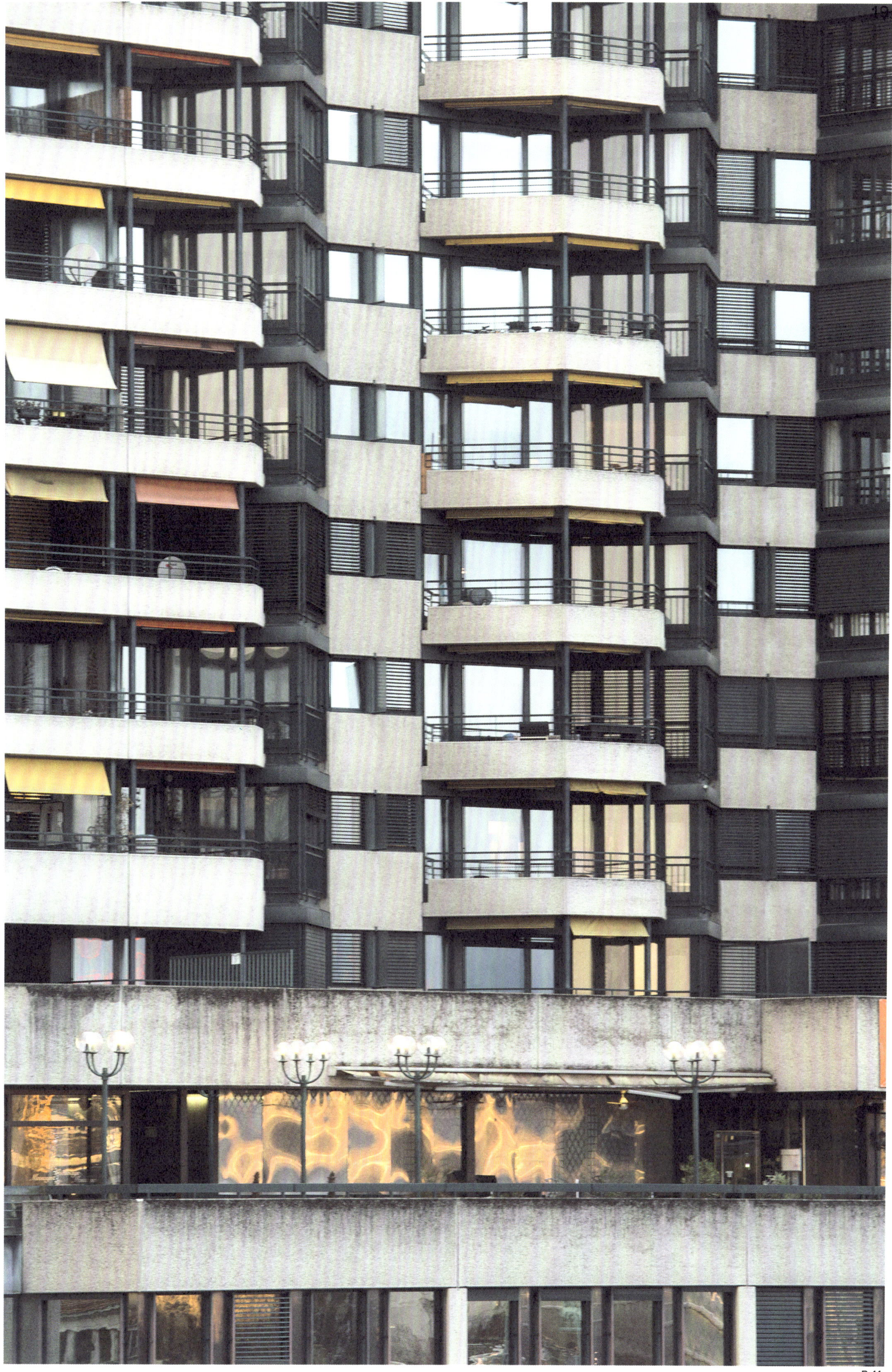

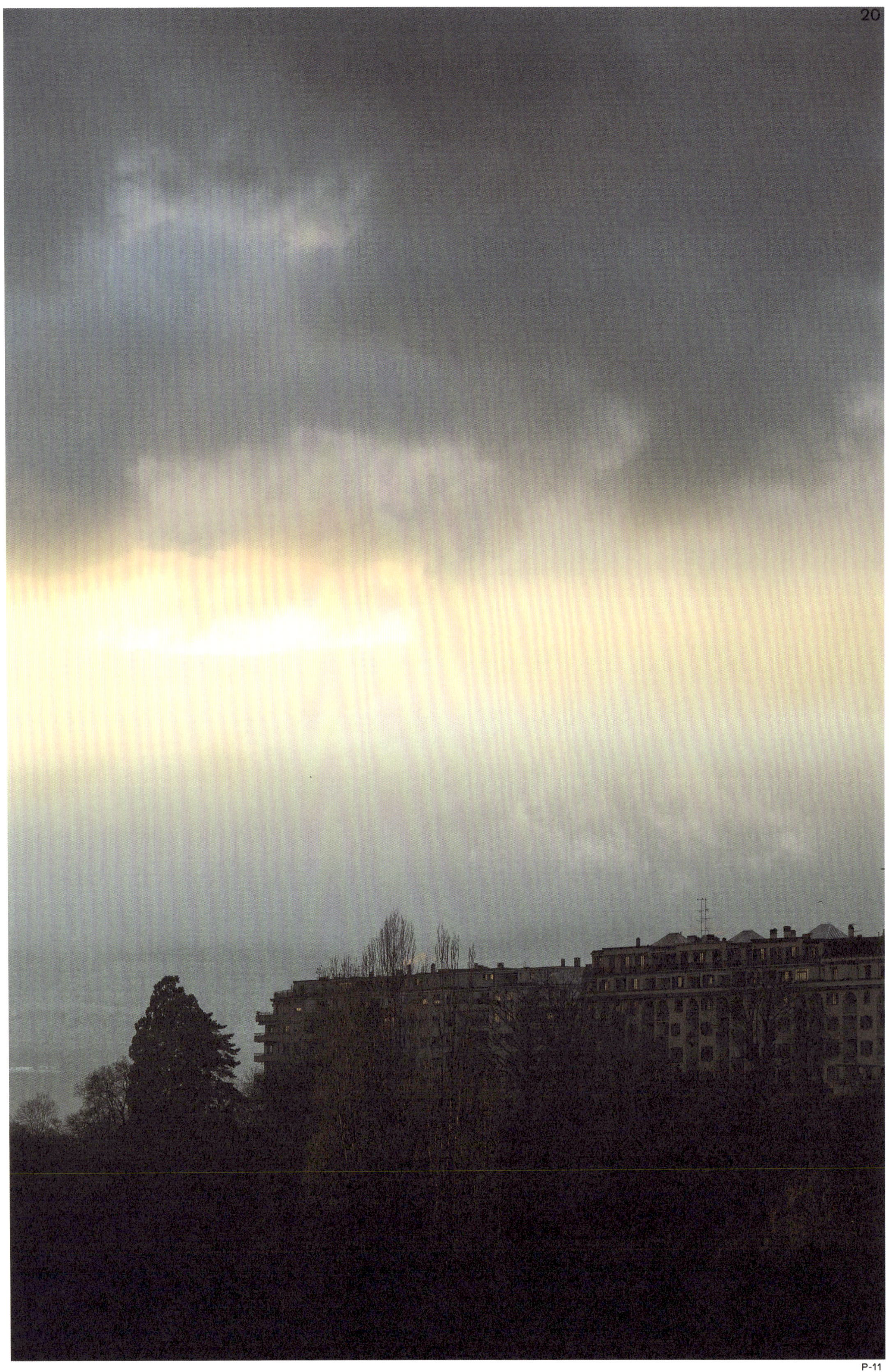

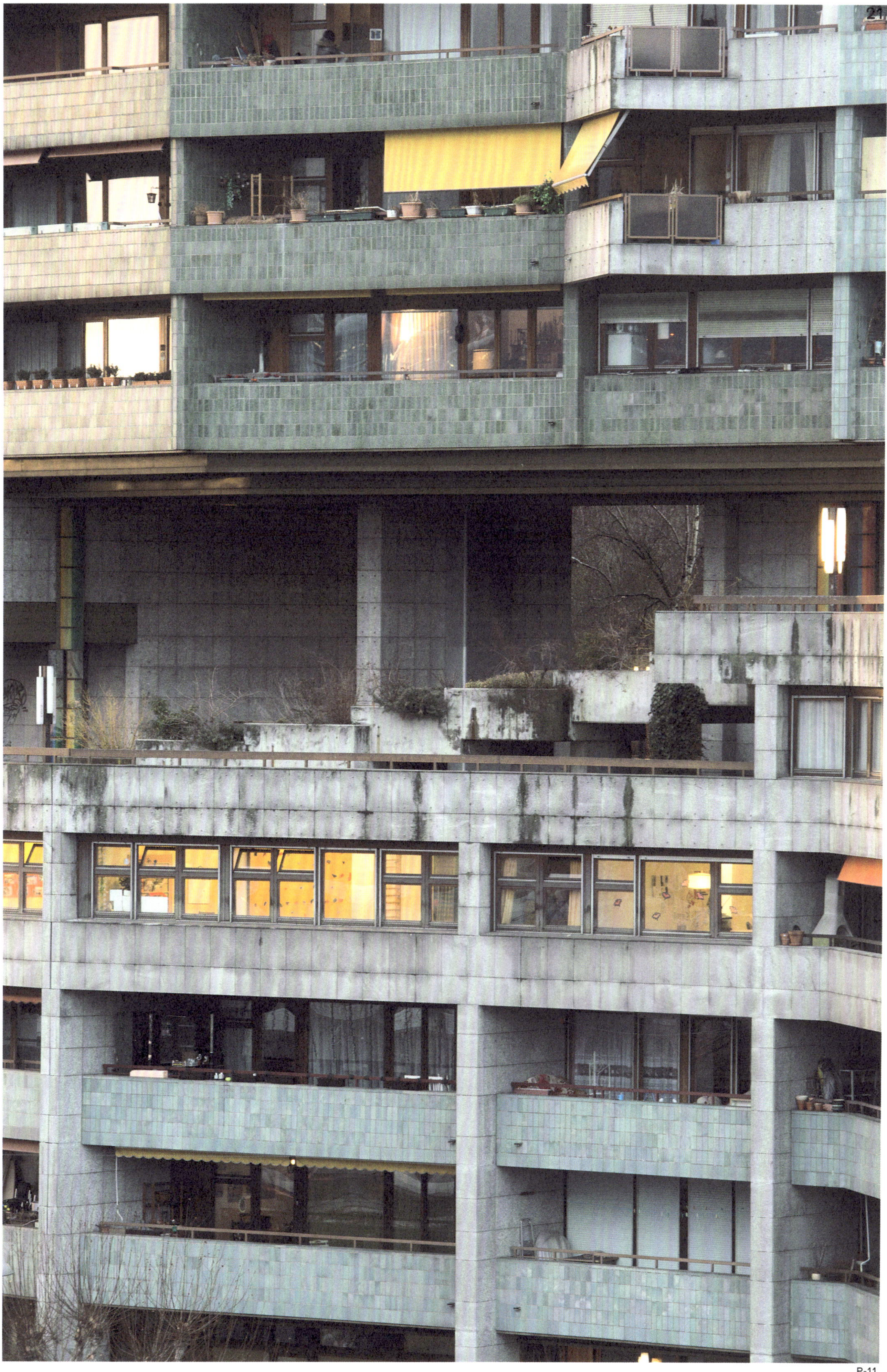

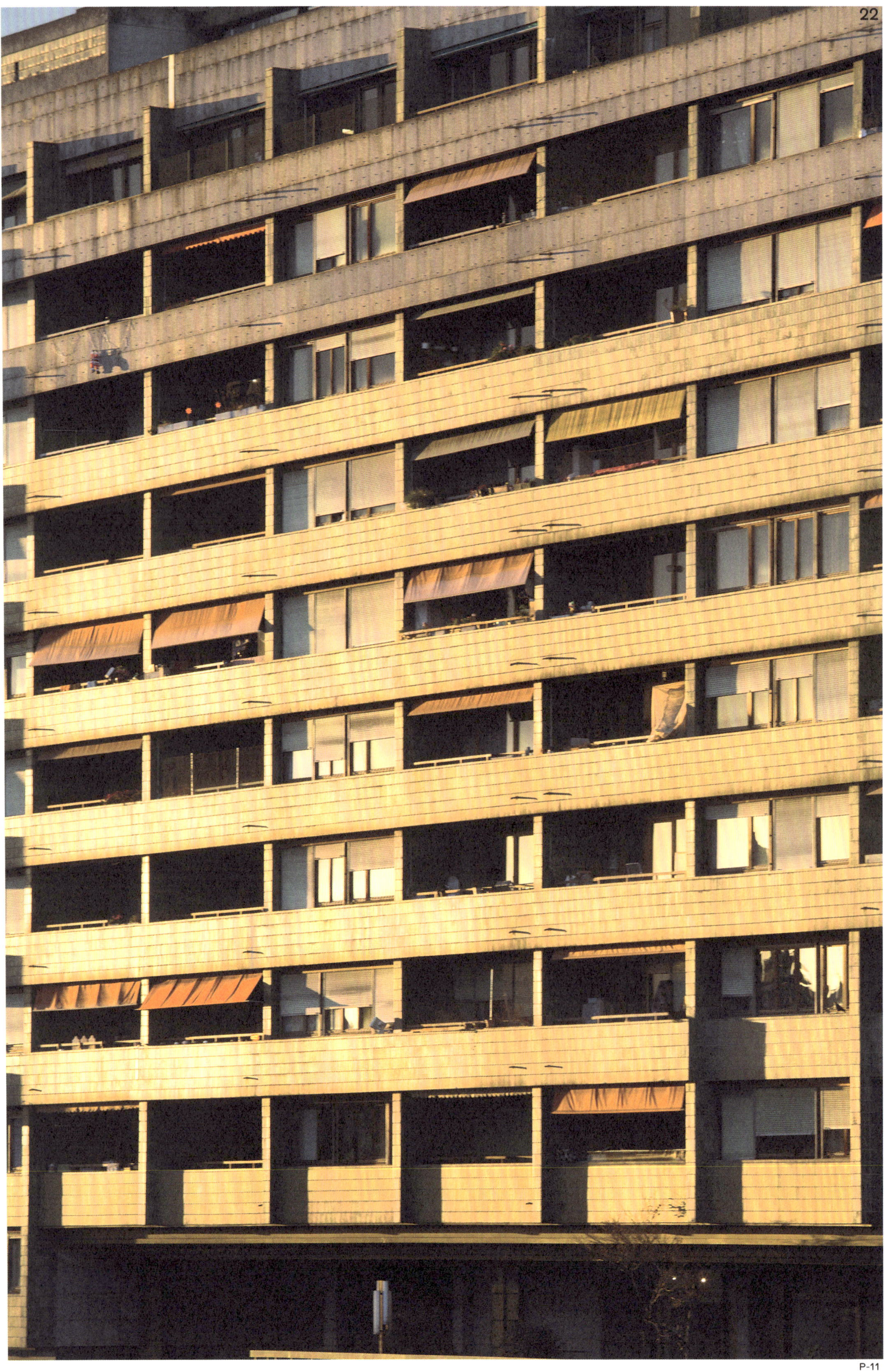

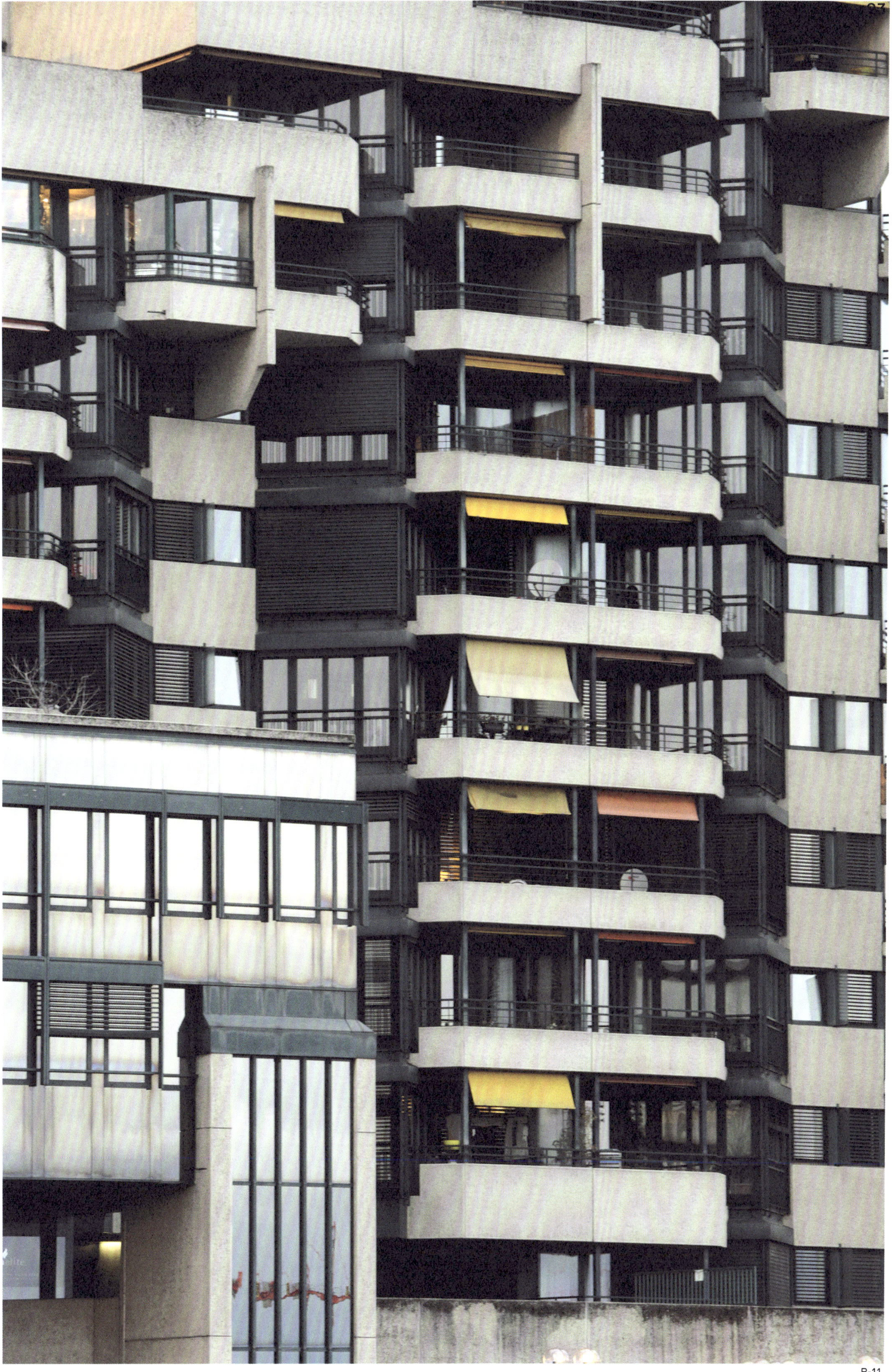

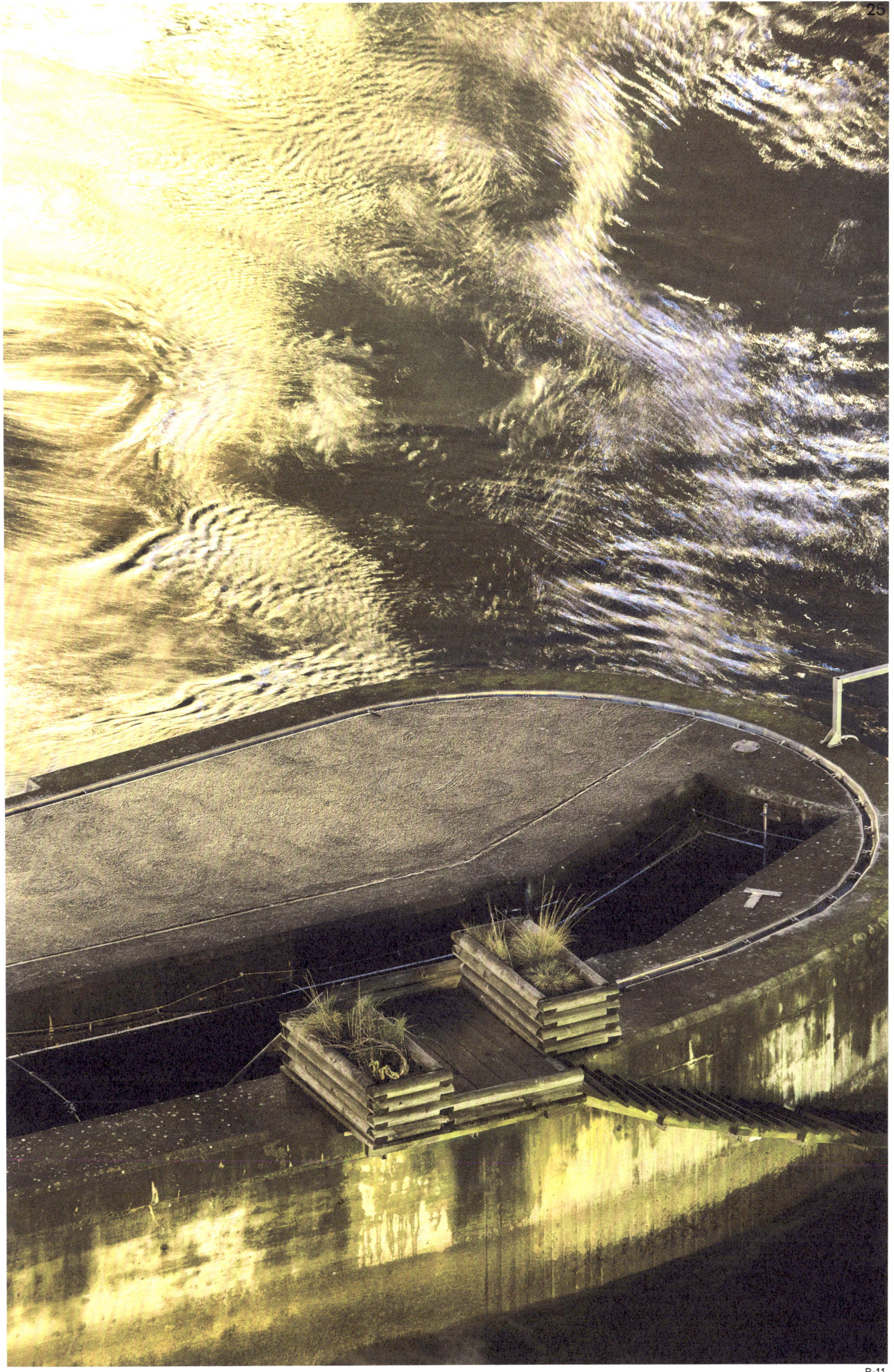

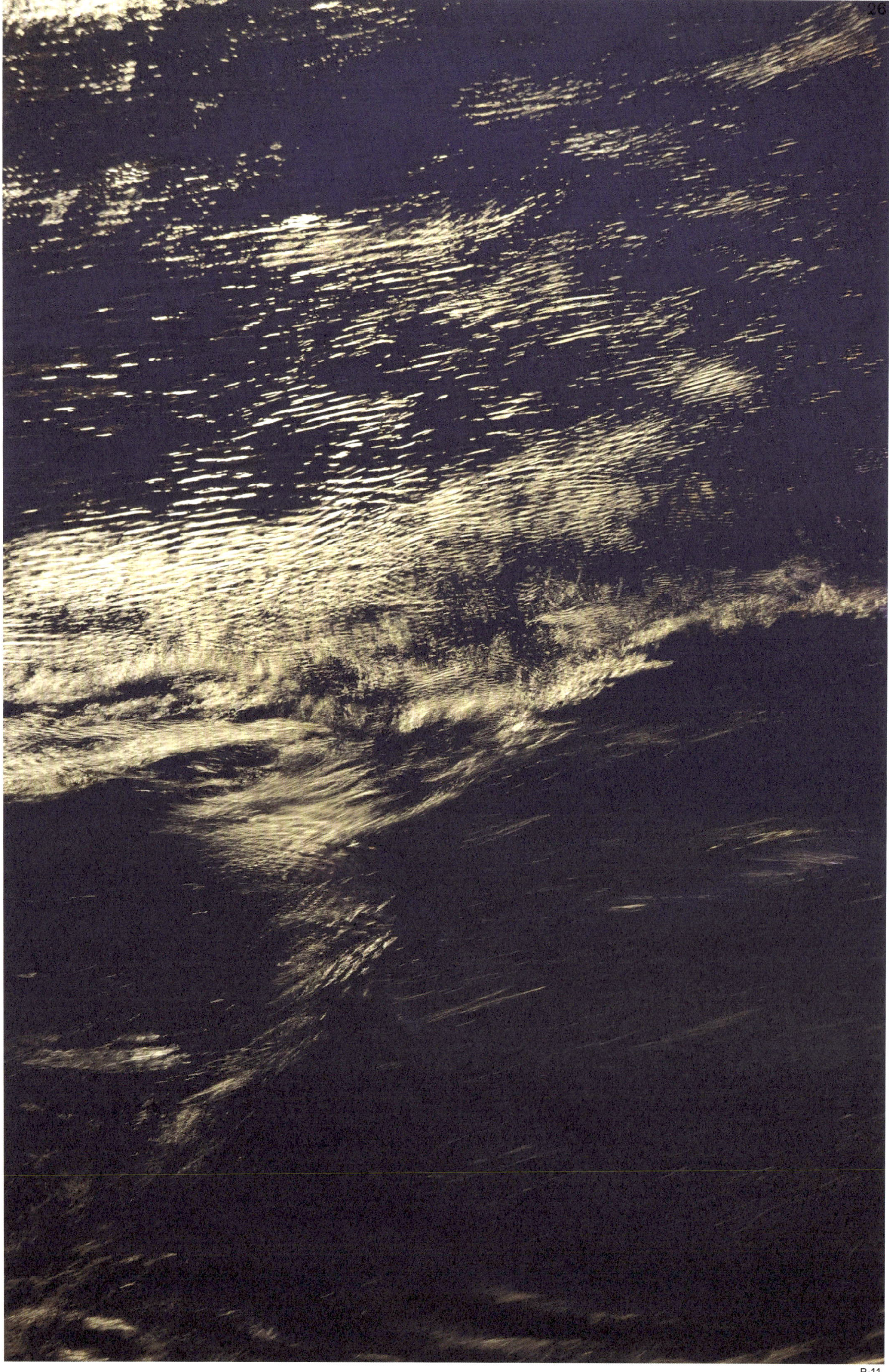

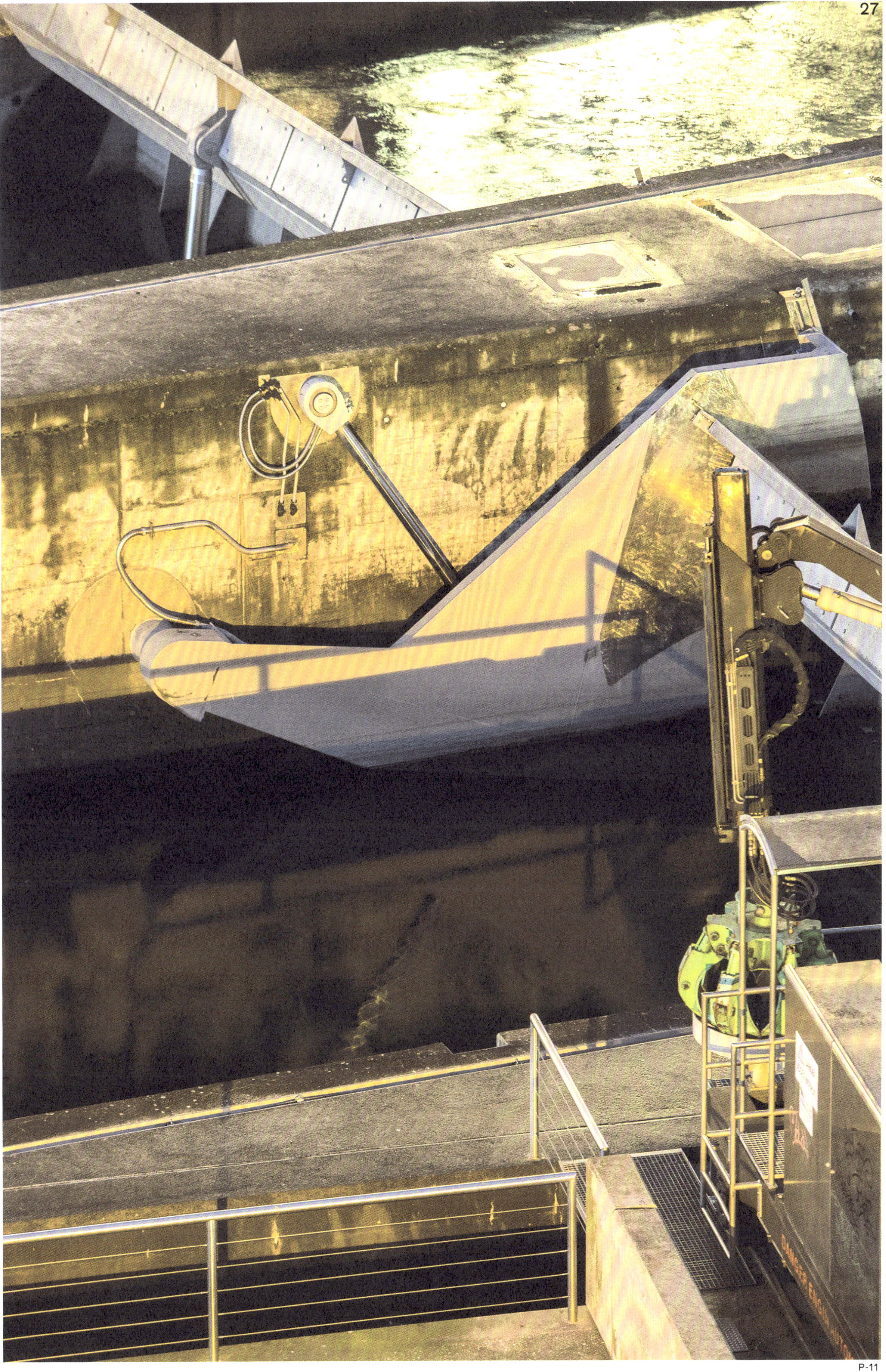

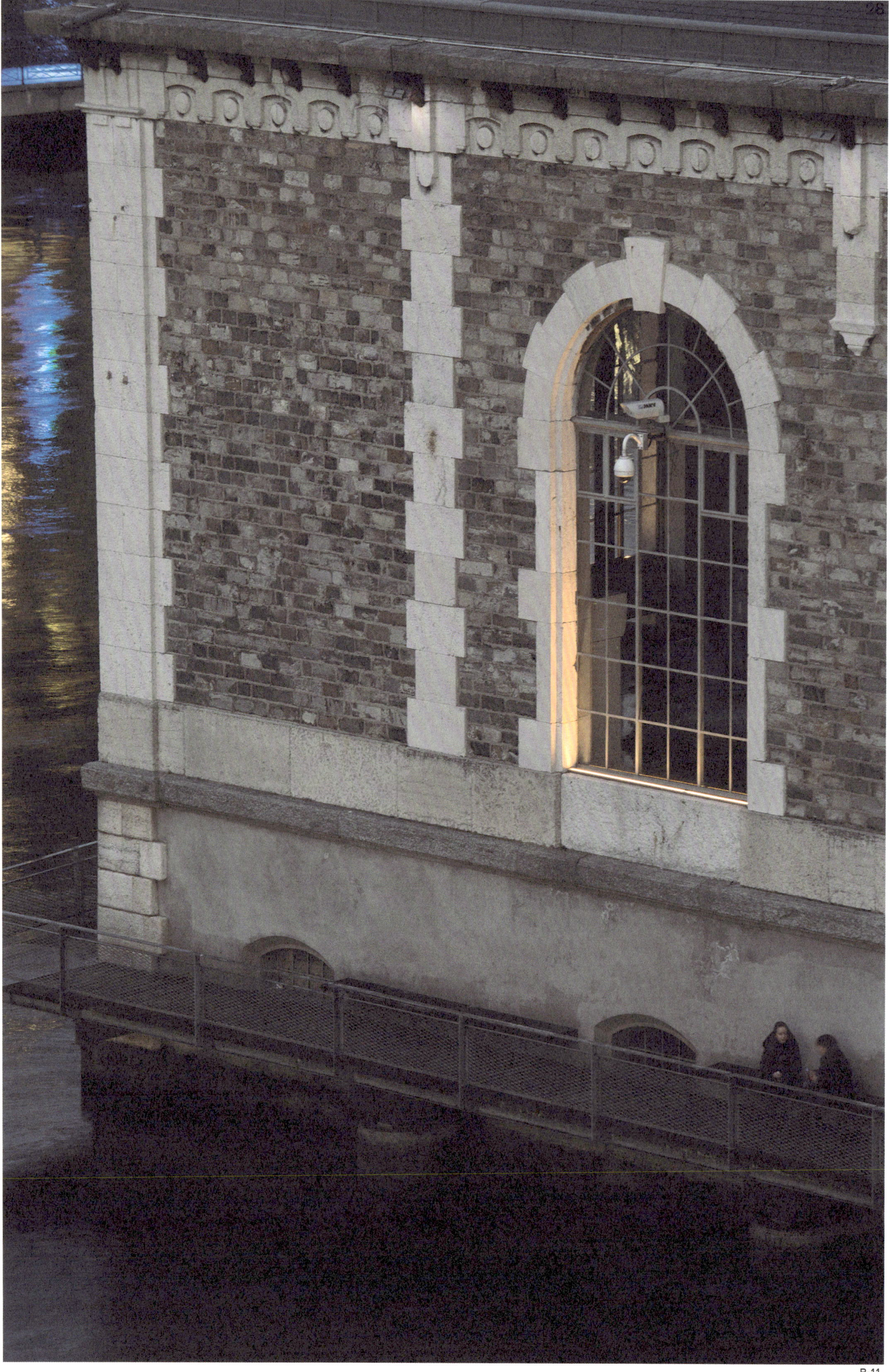

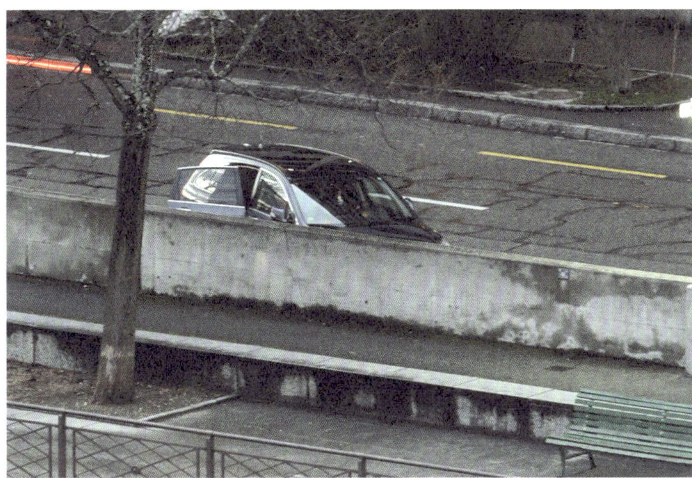

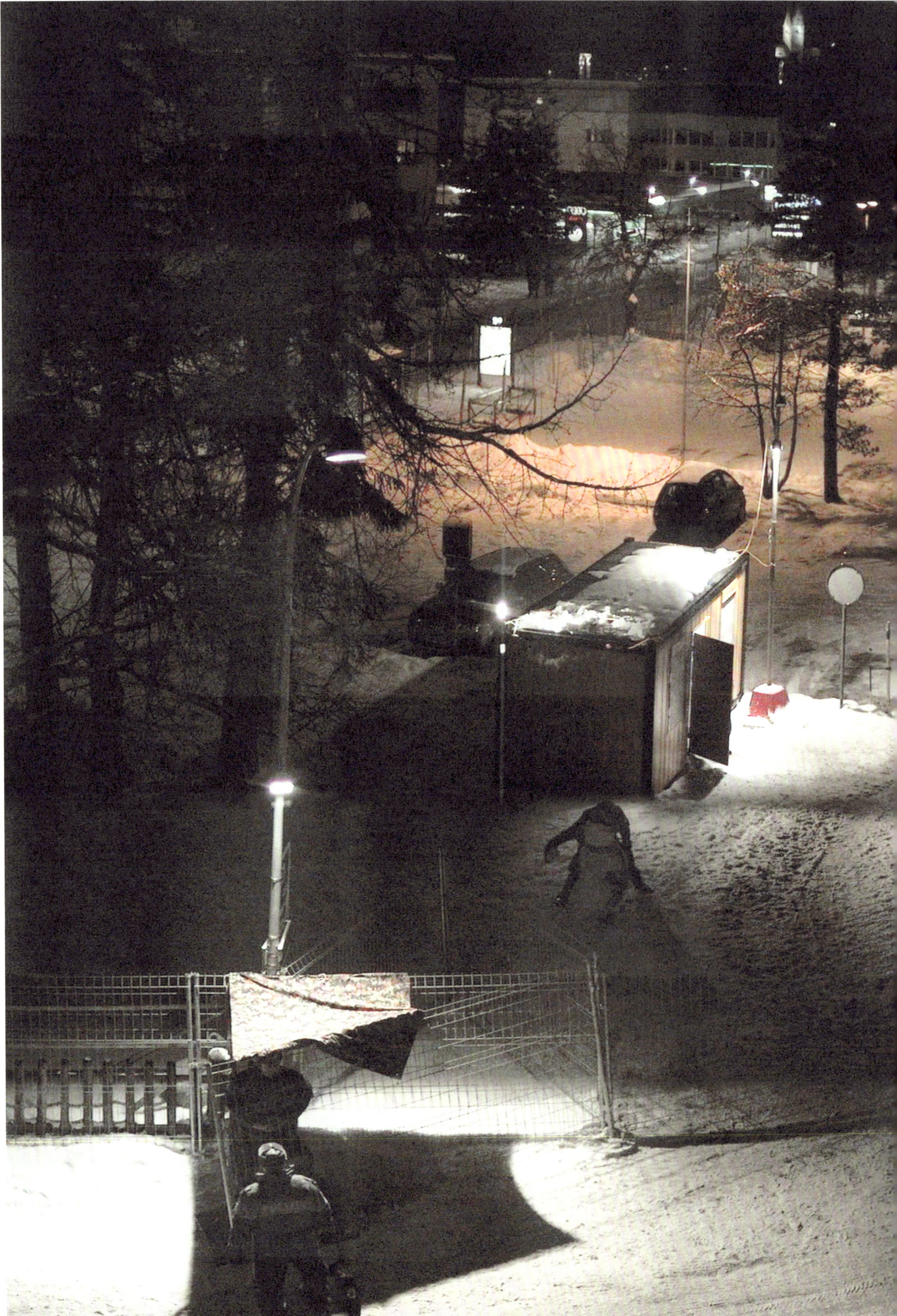

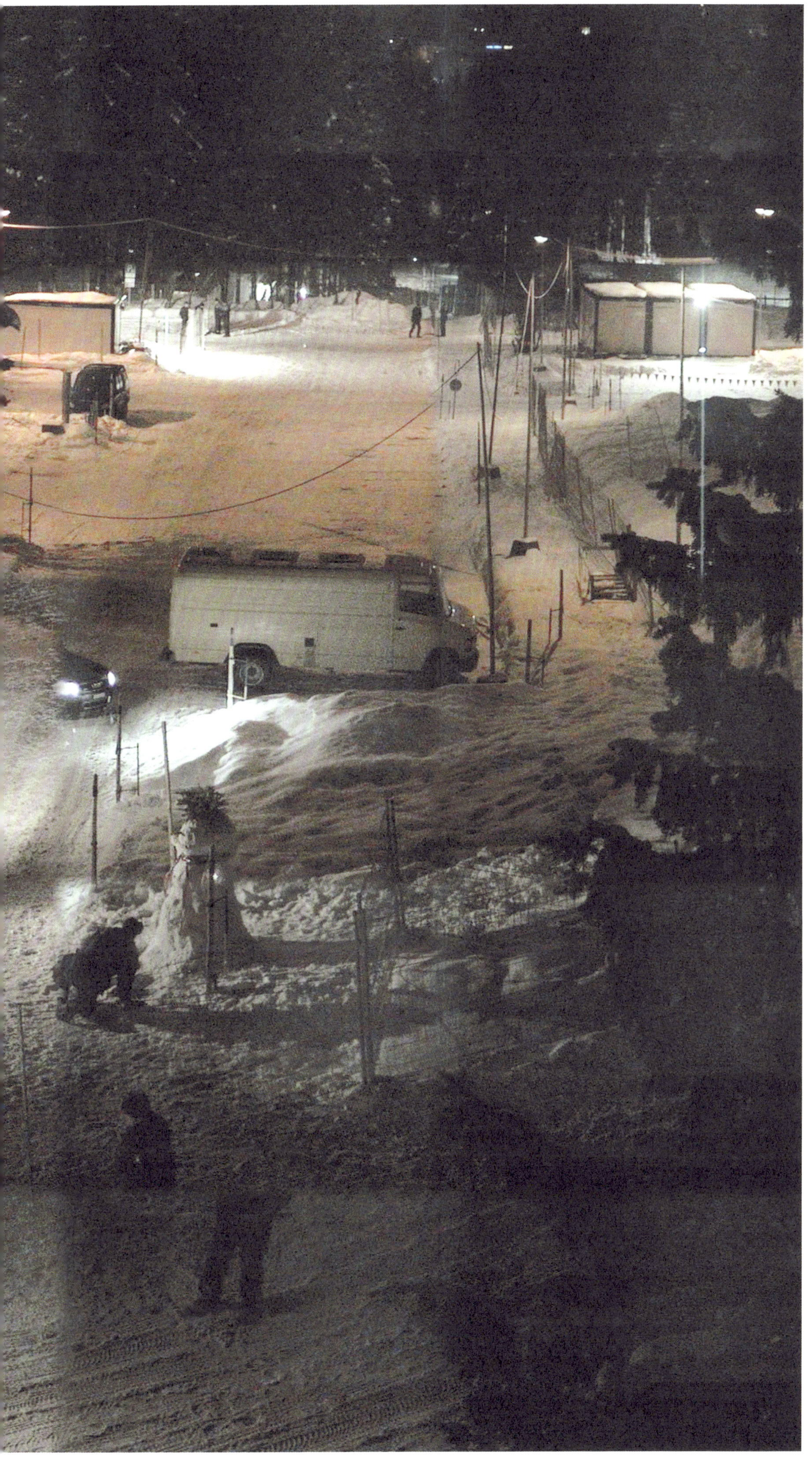

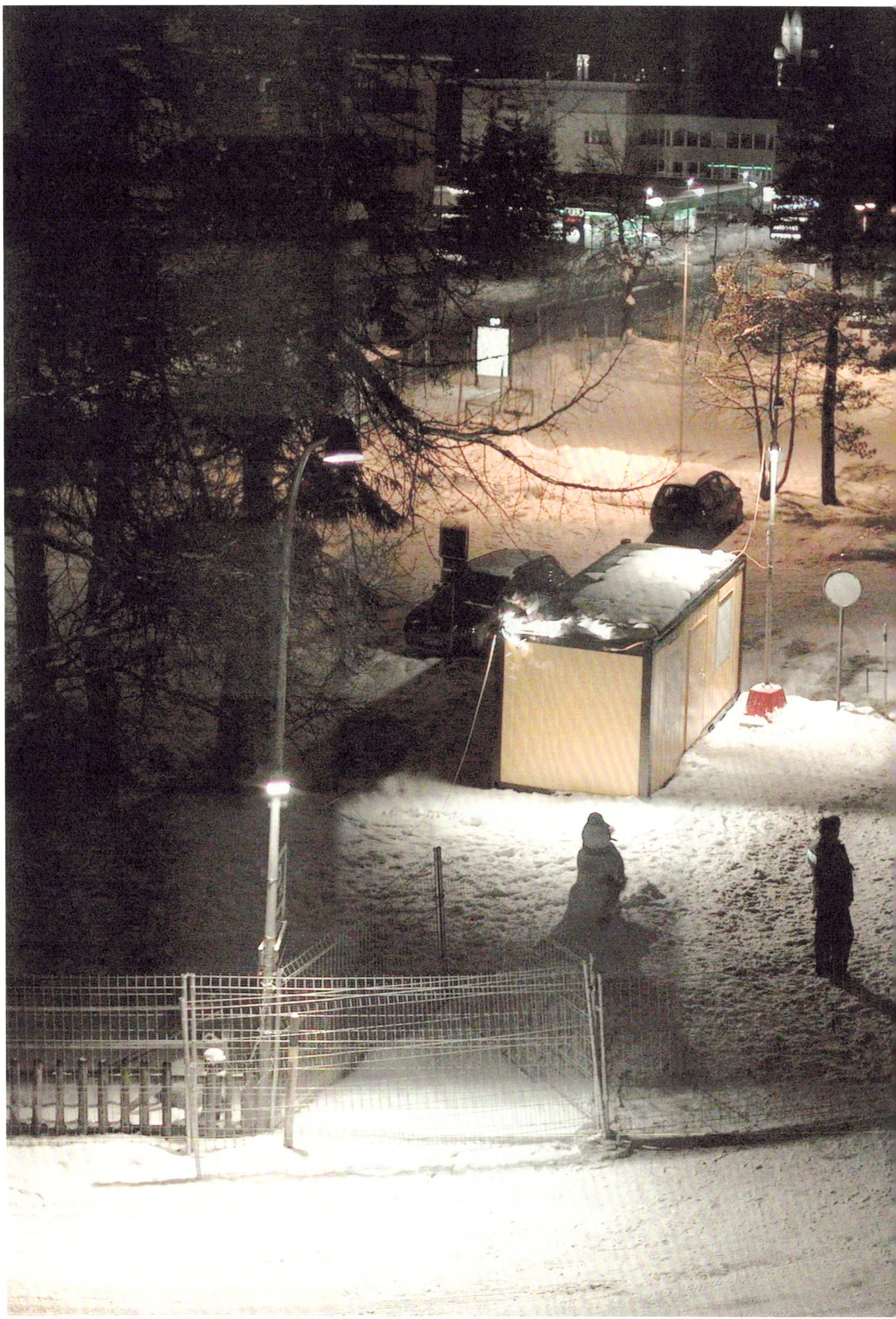

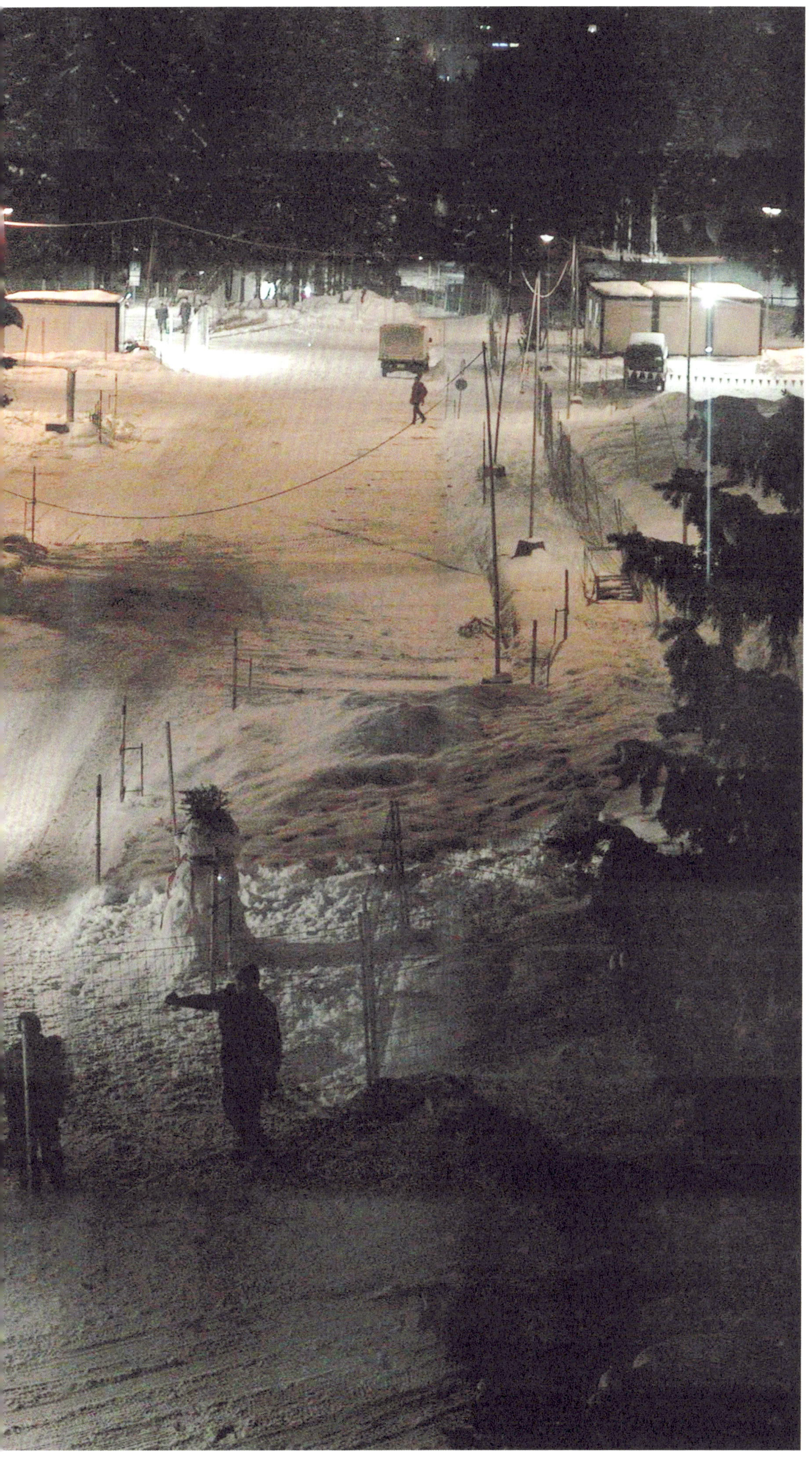

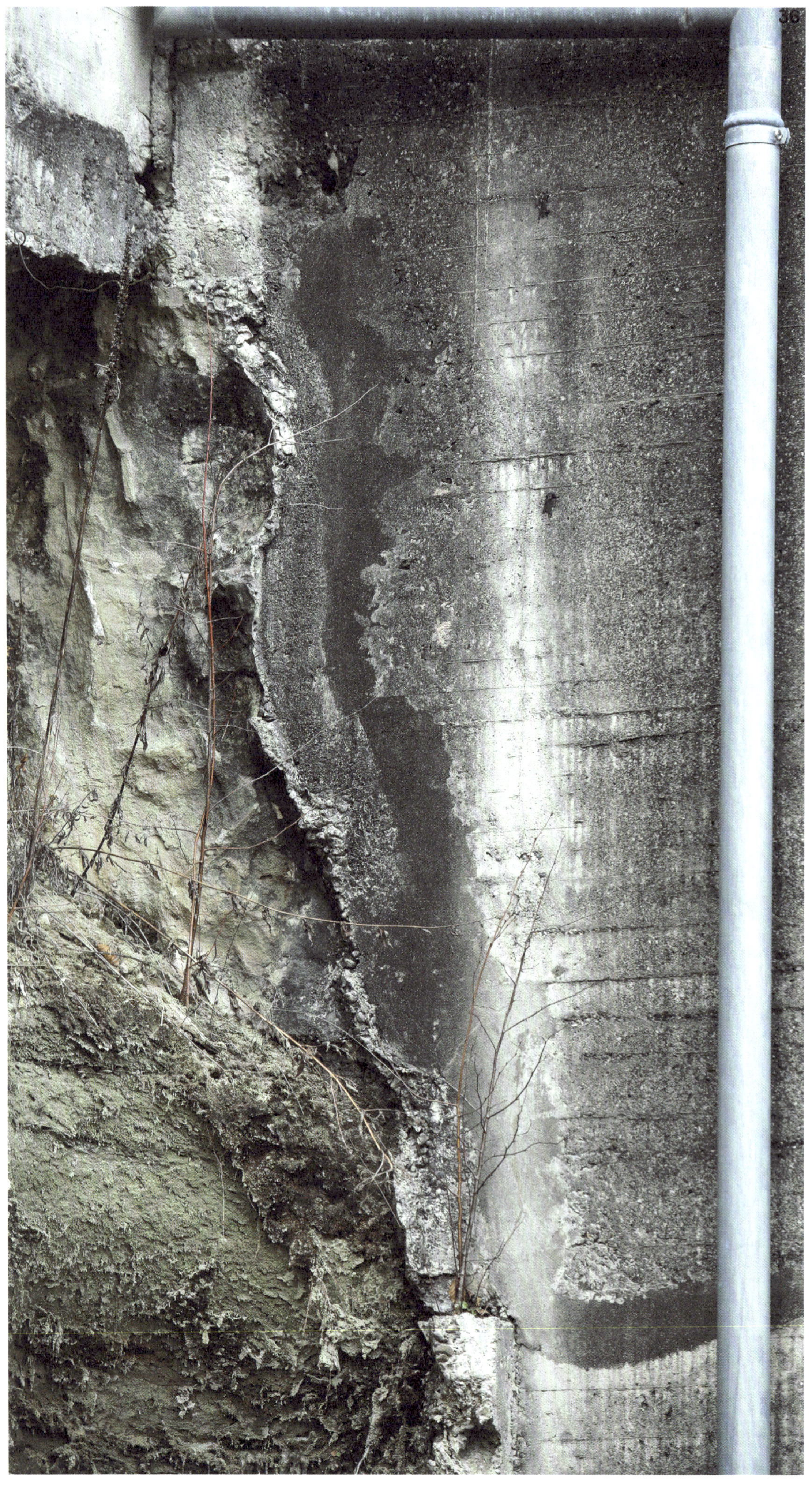

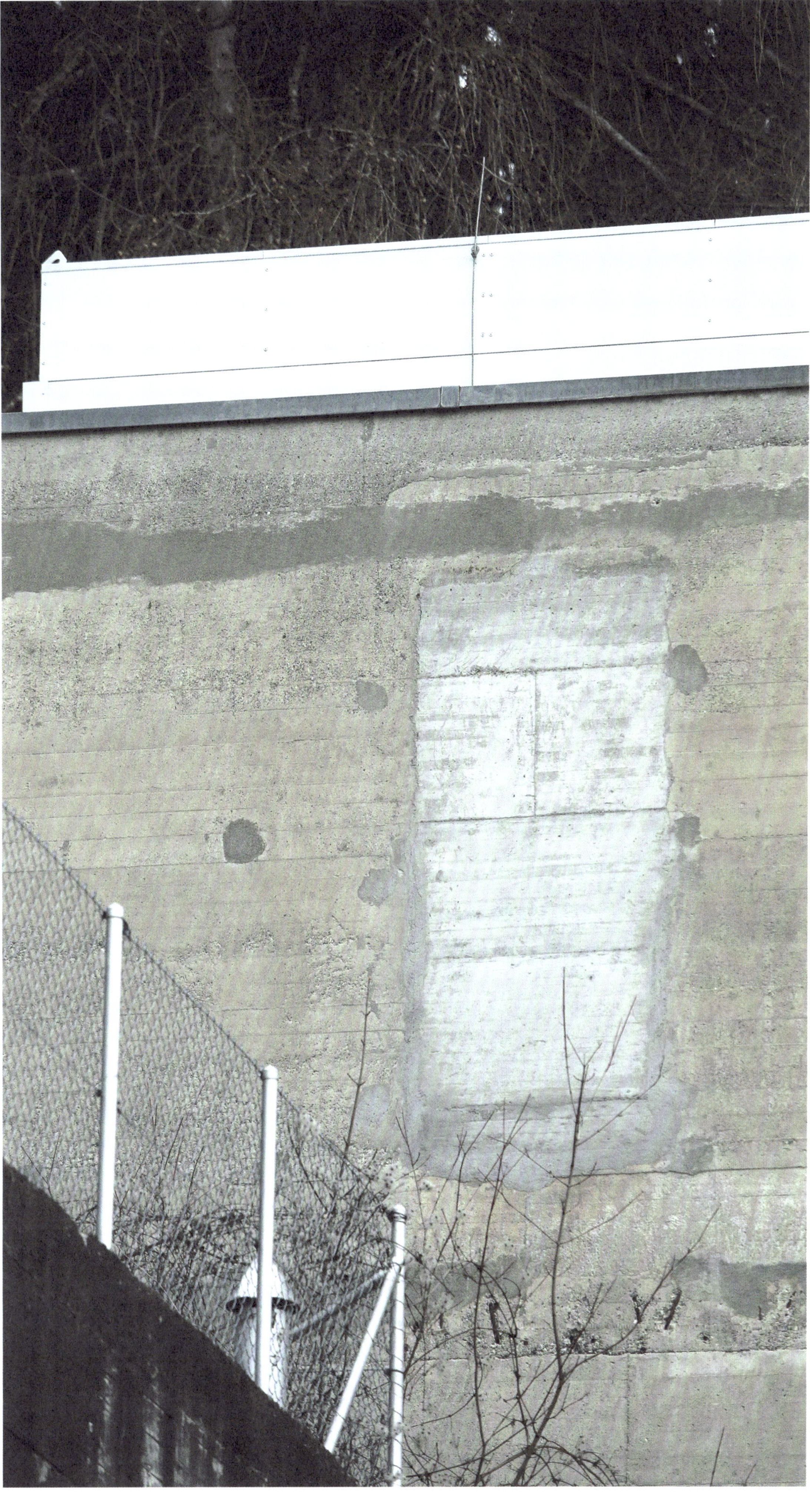

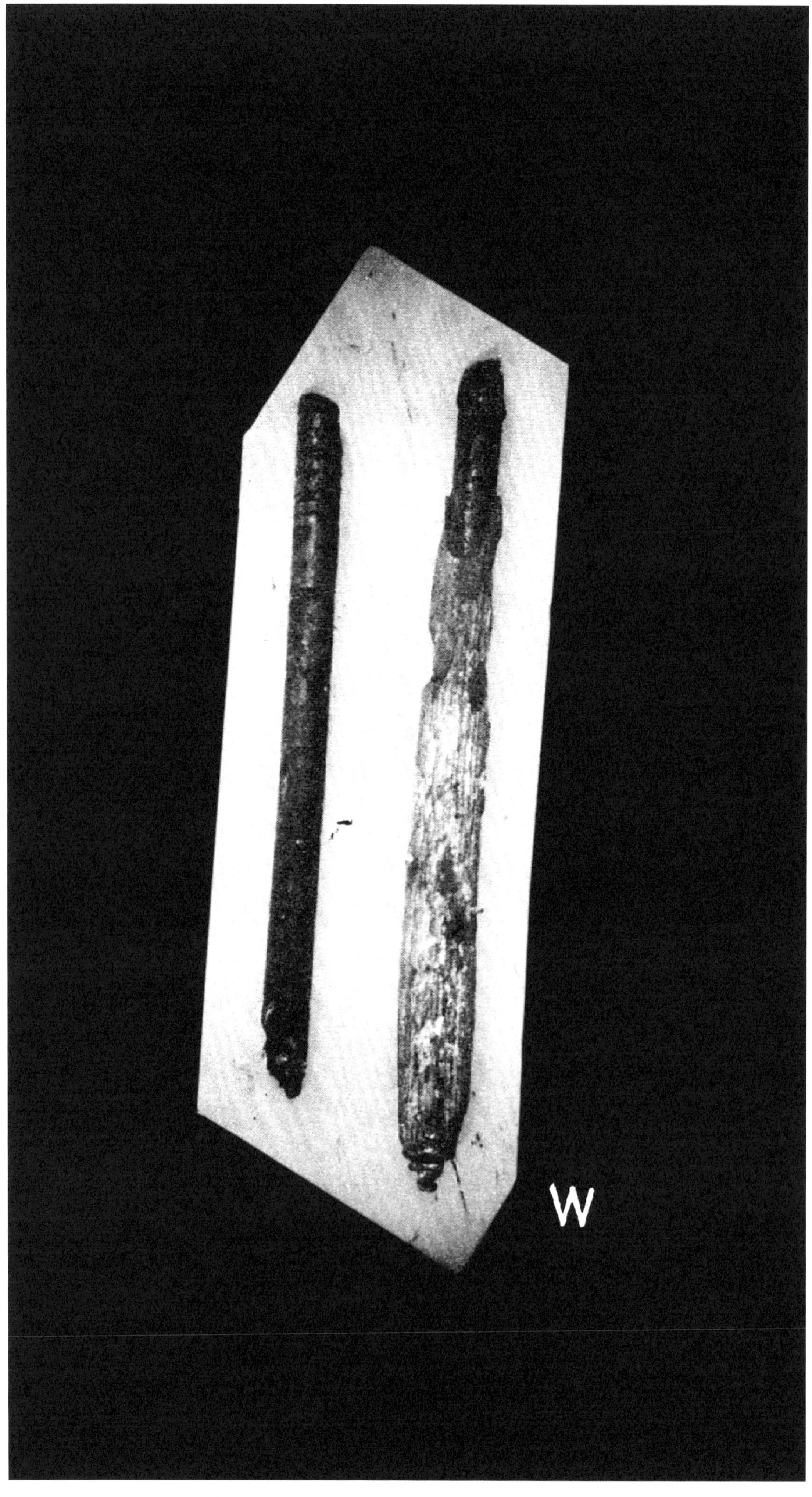

W

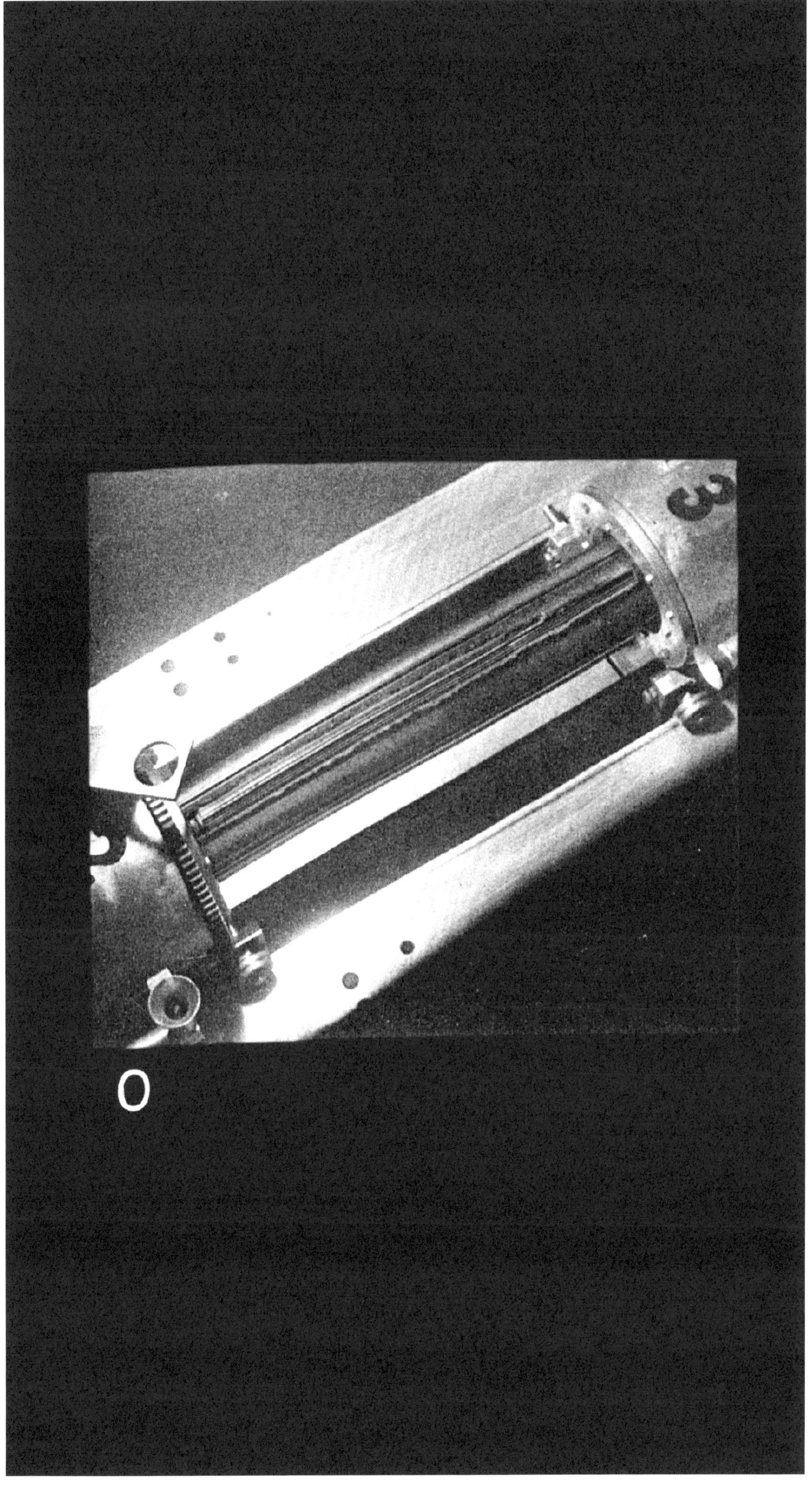

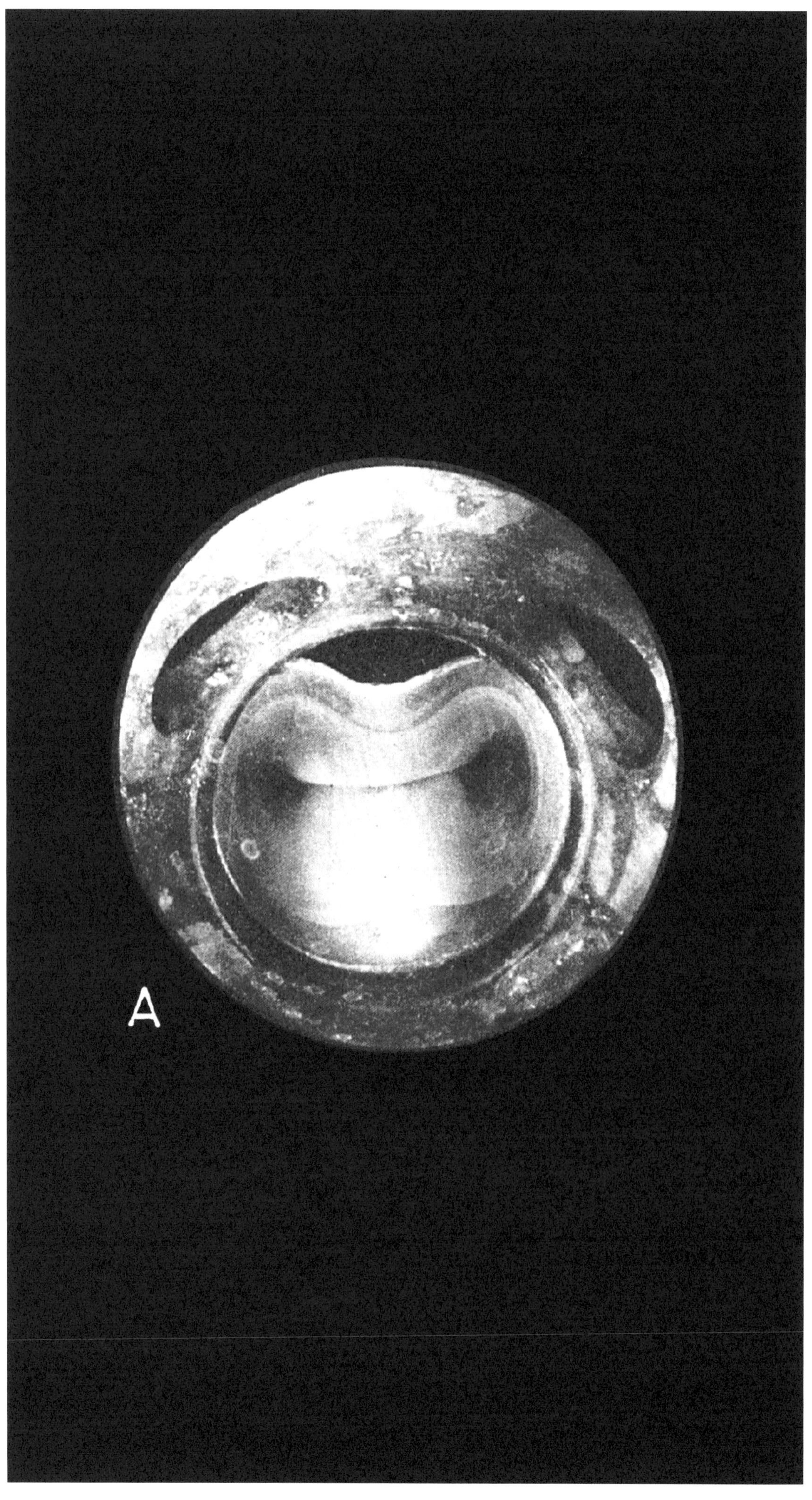
A

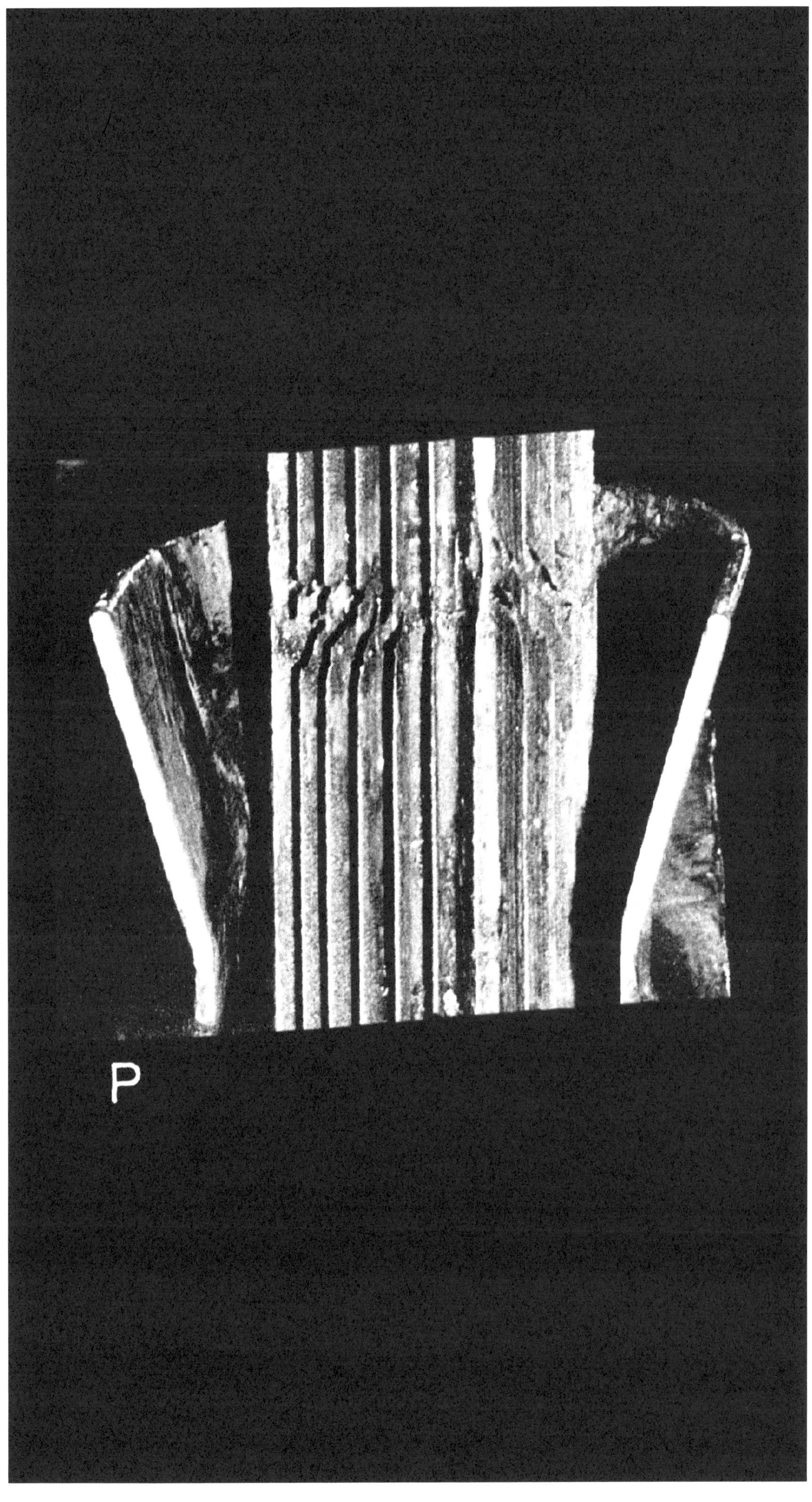
P

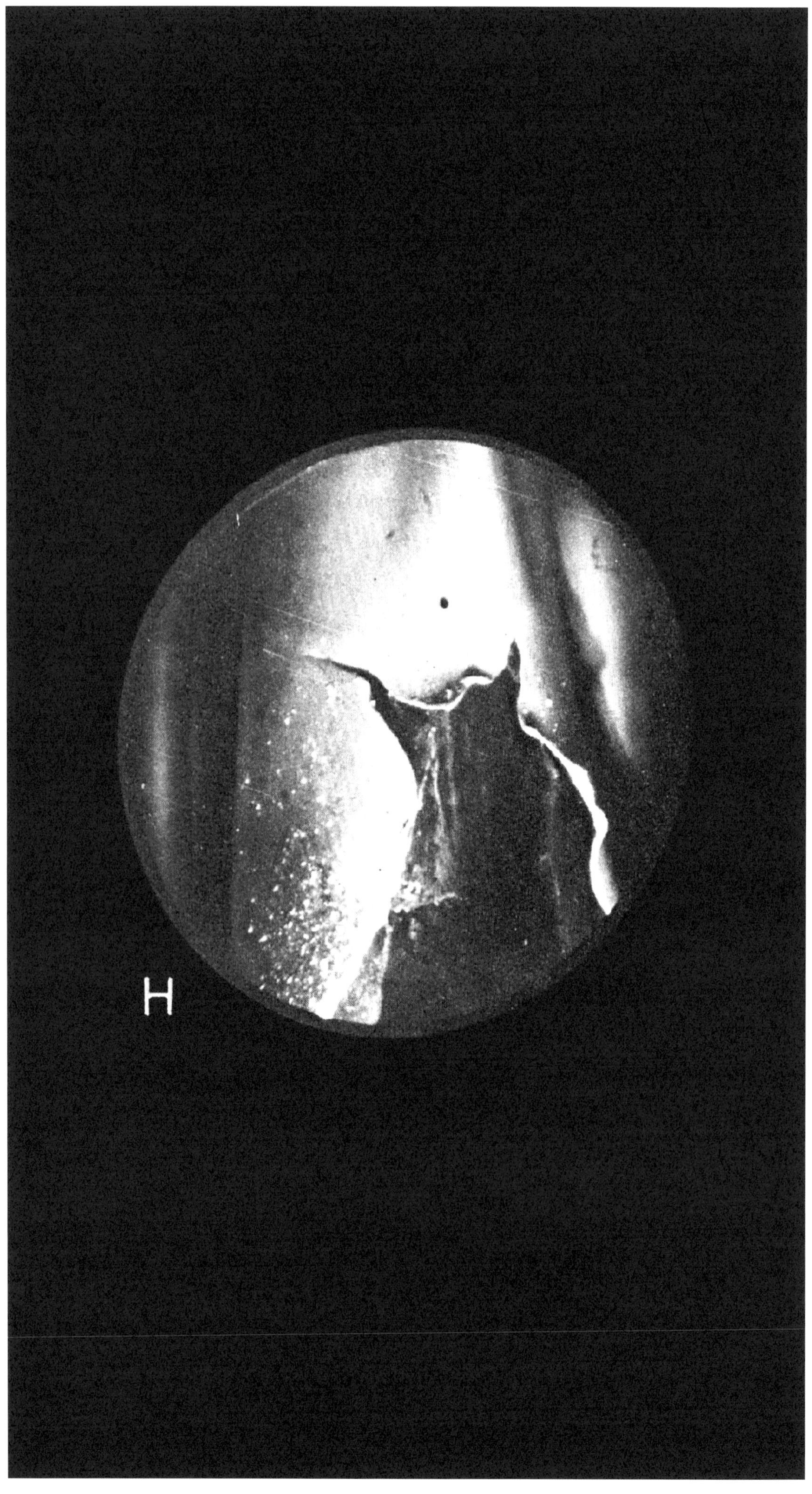
H

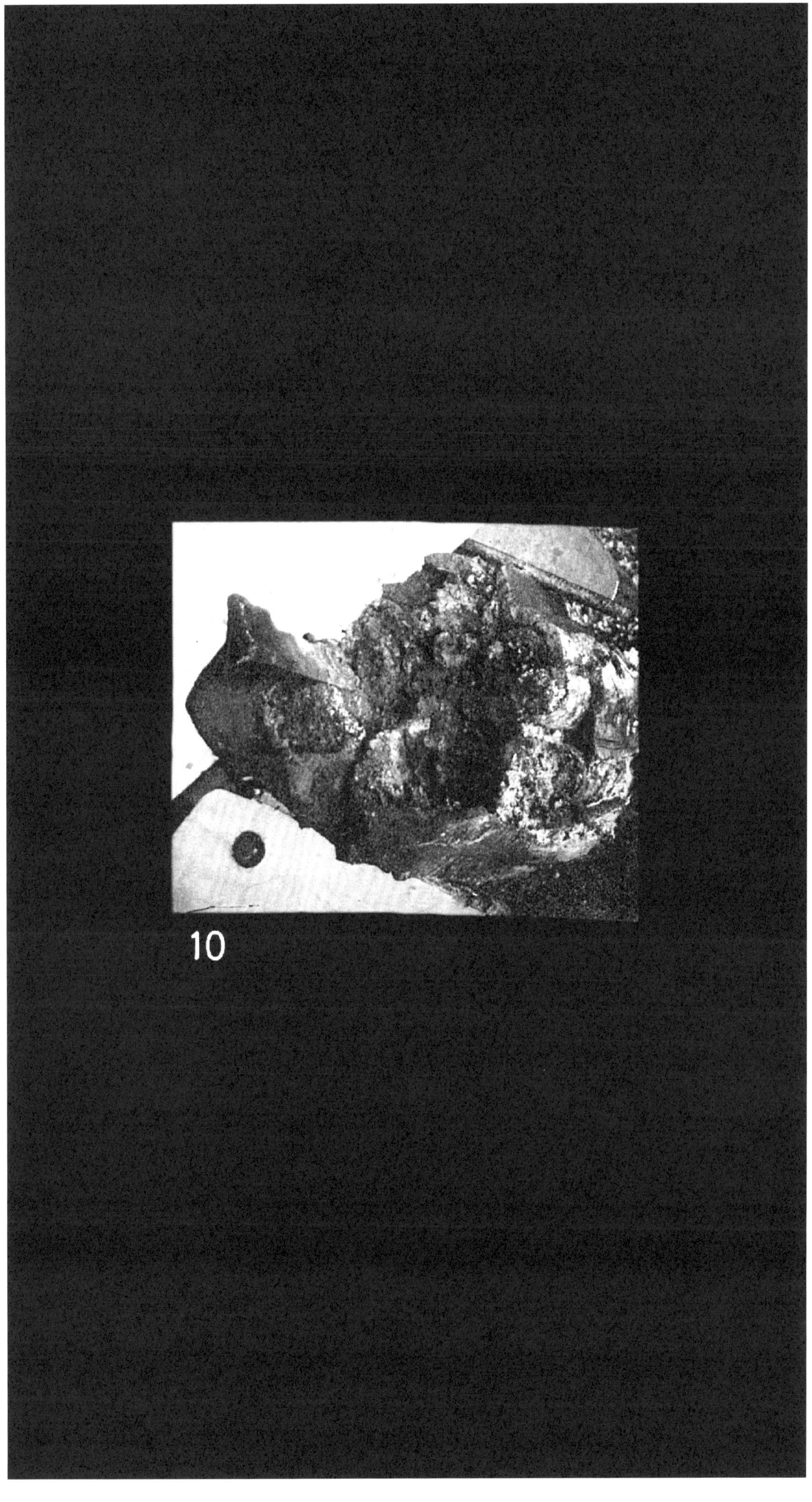

10

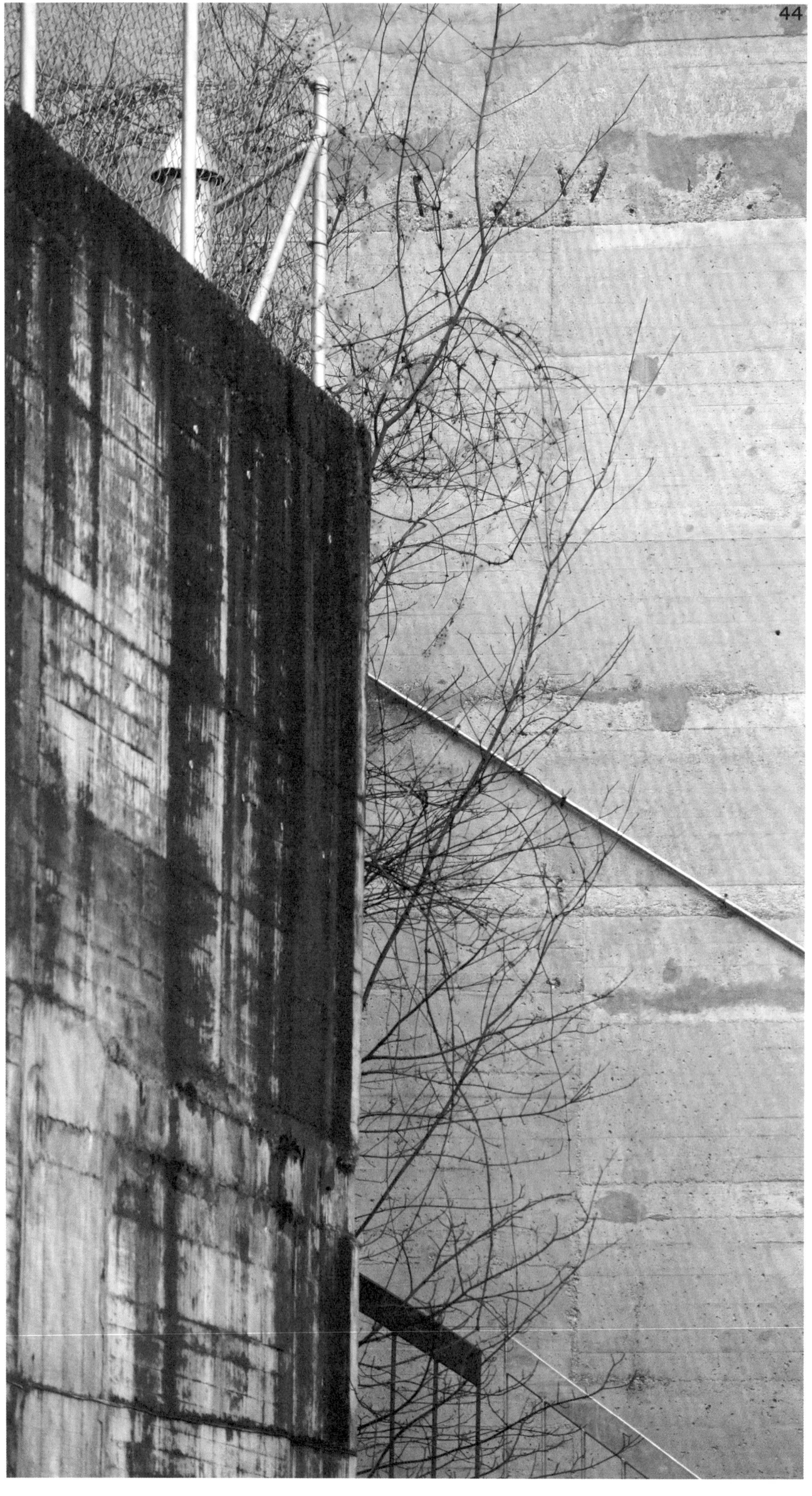

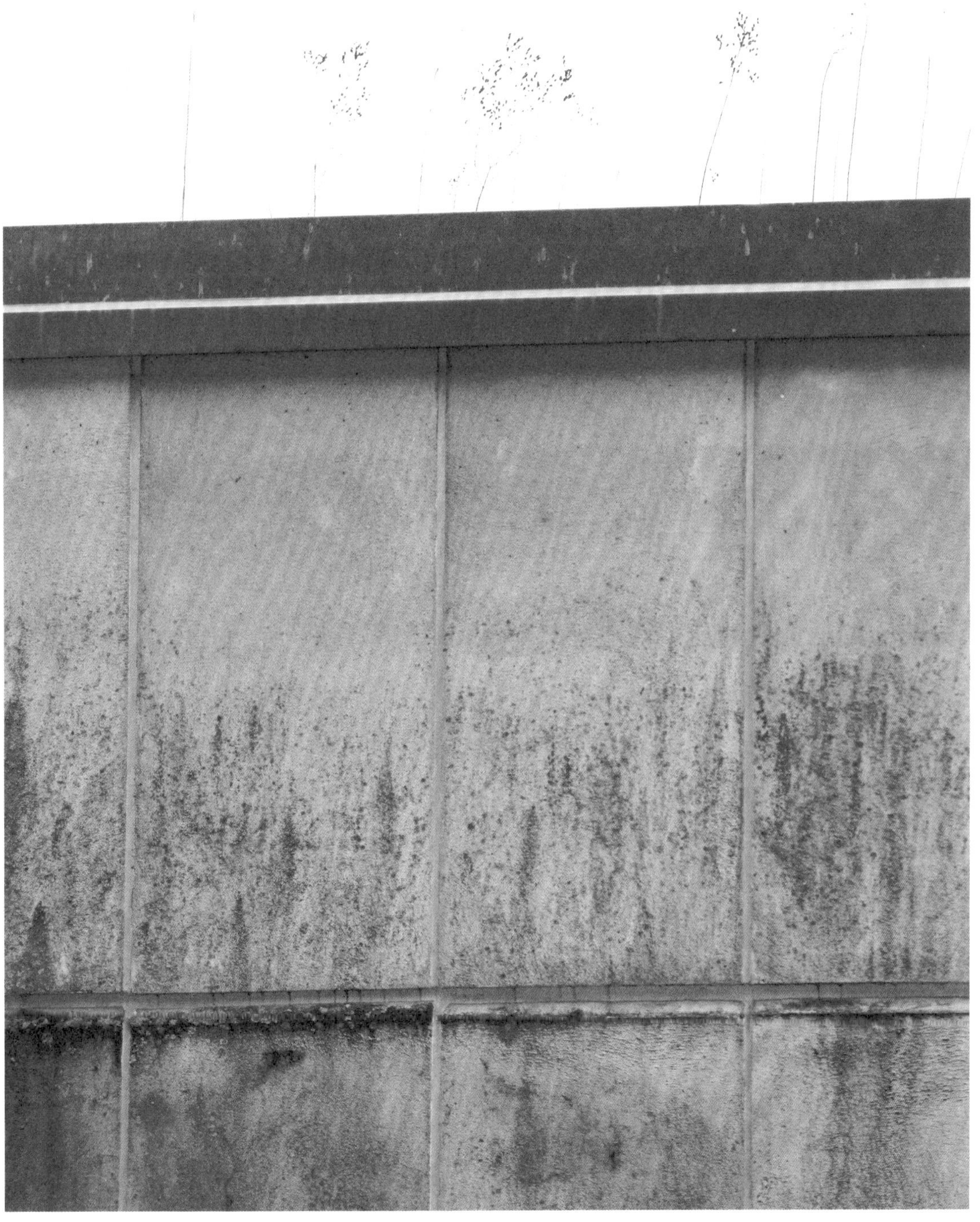

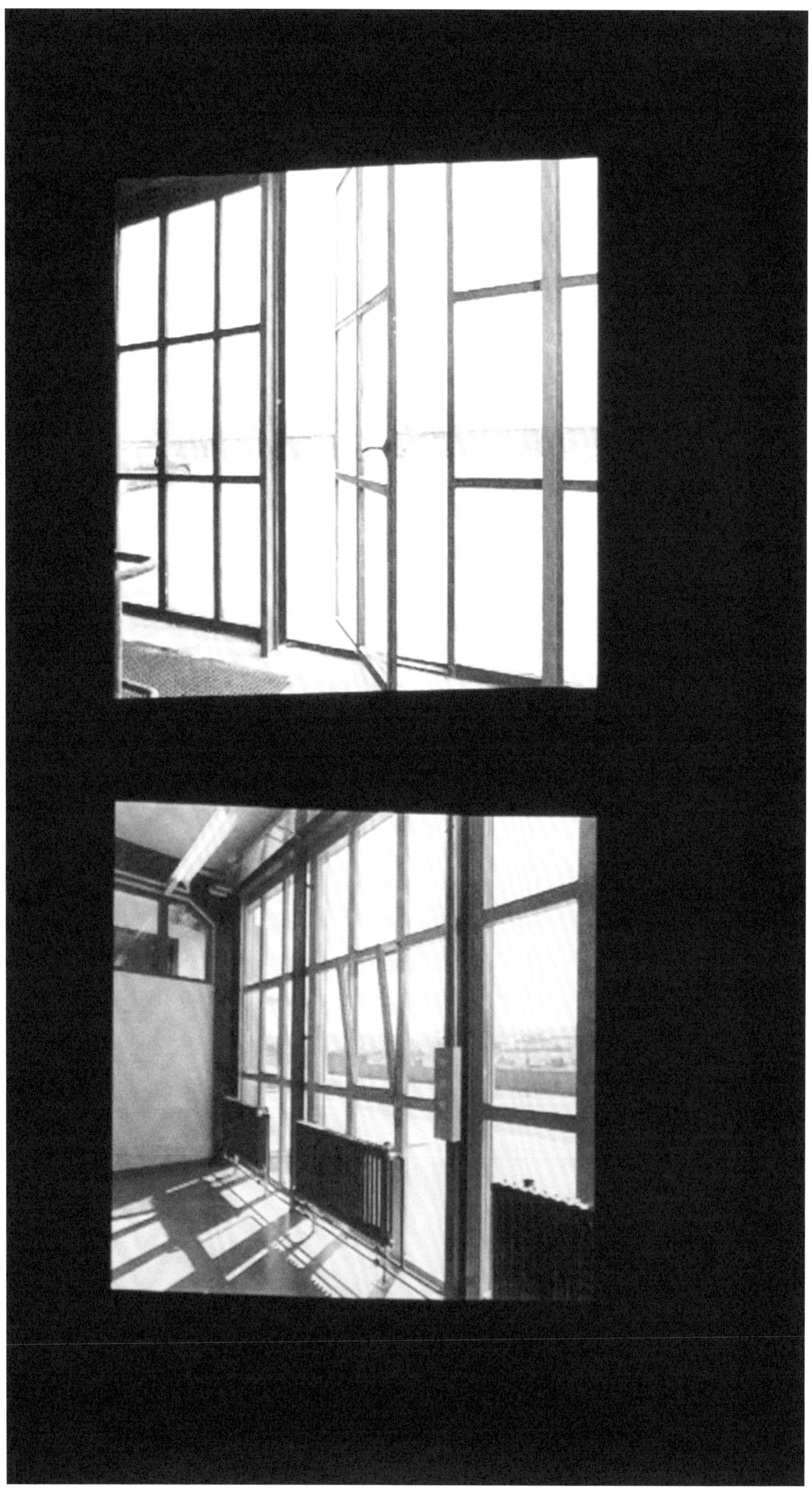

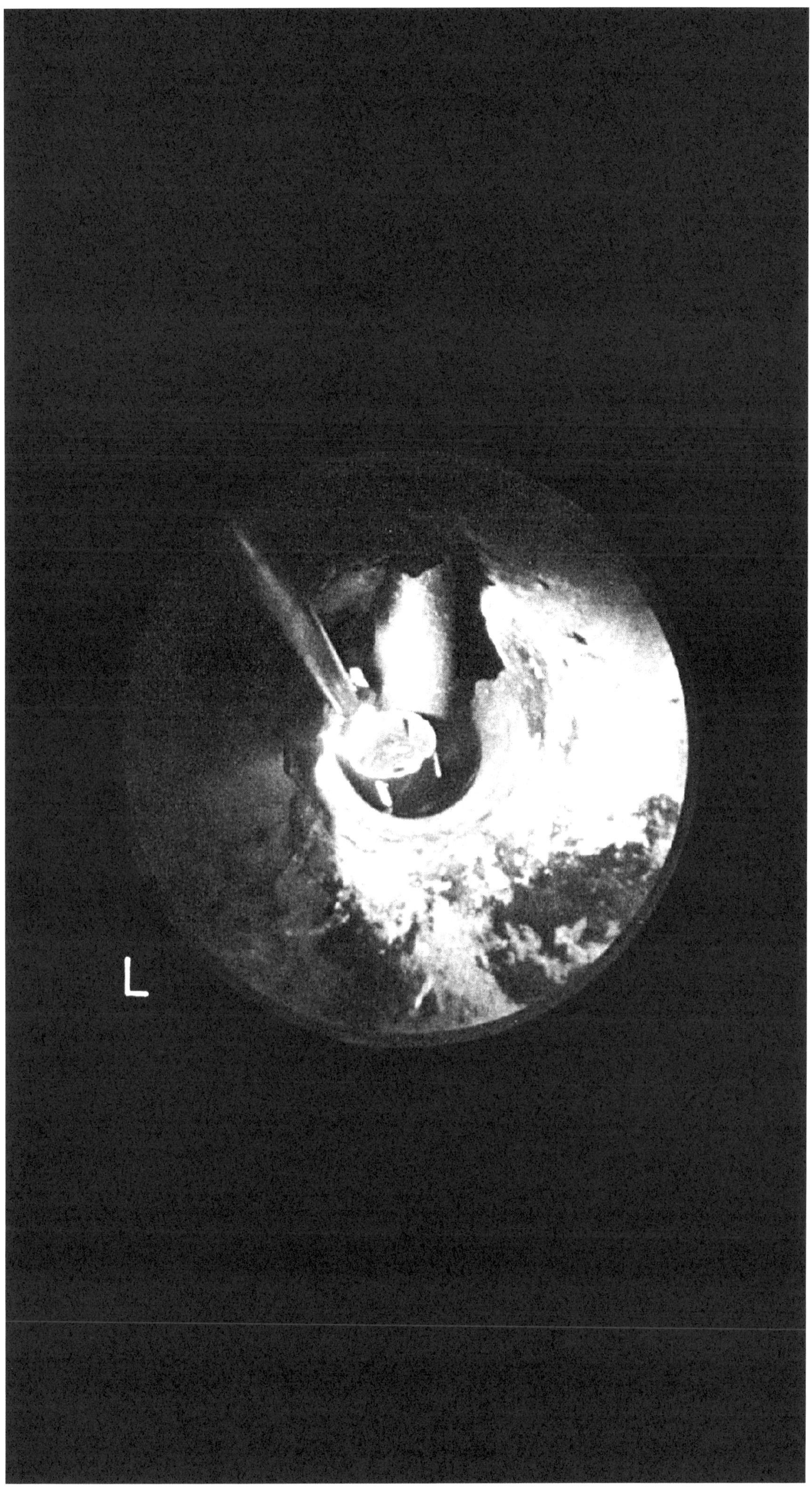
L

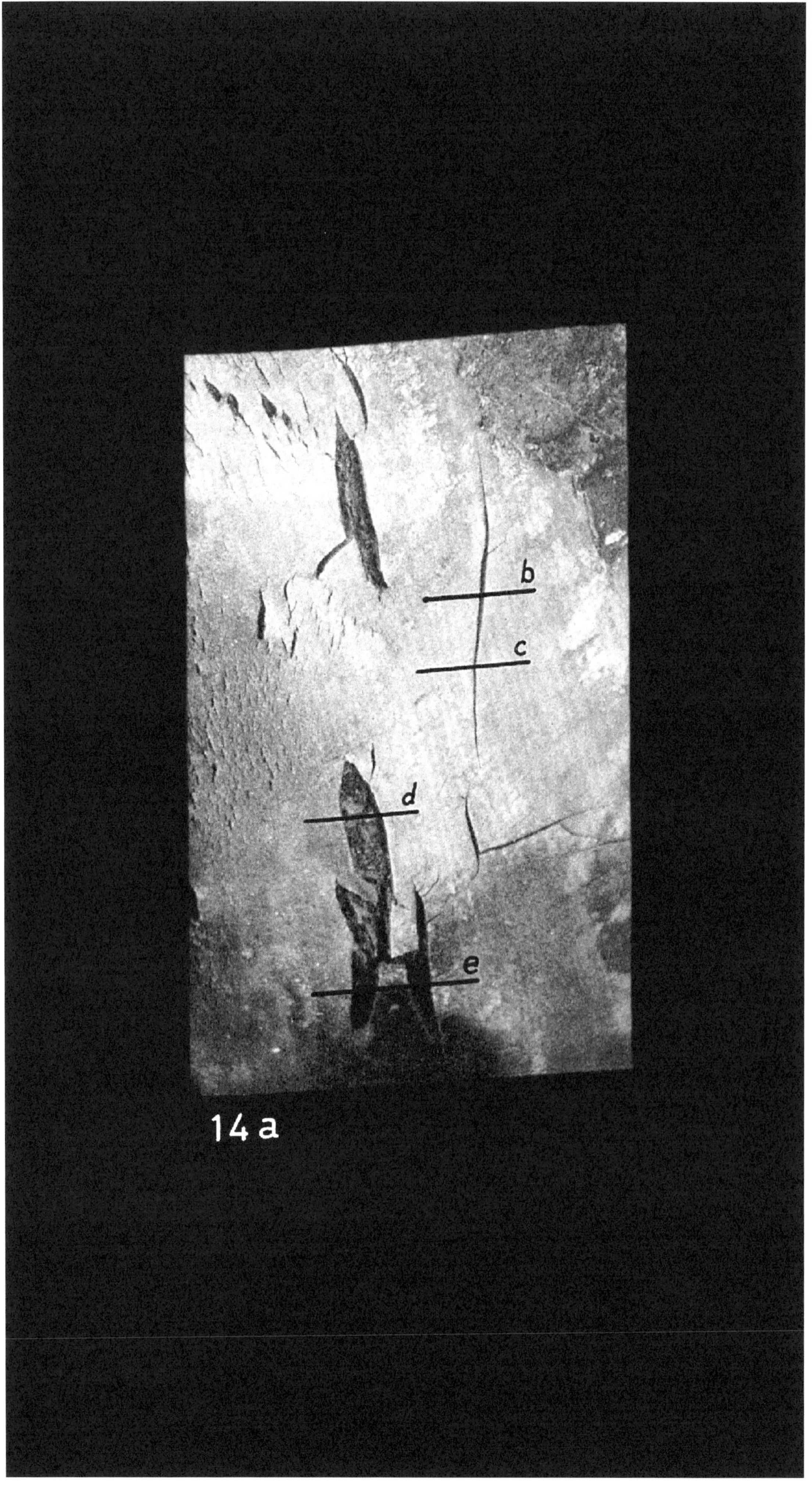

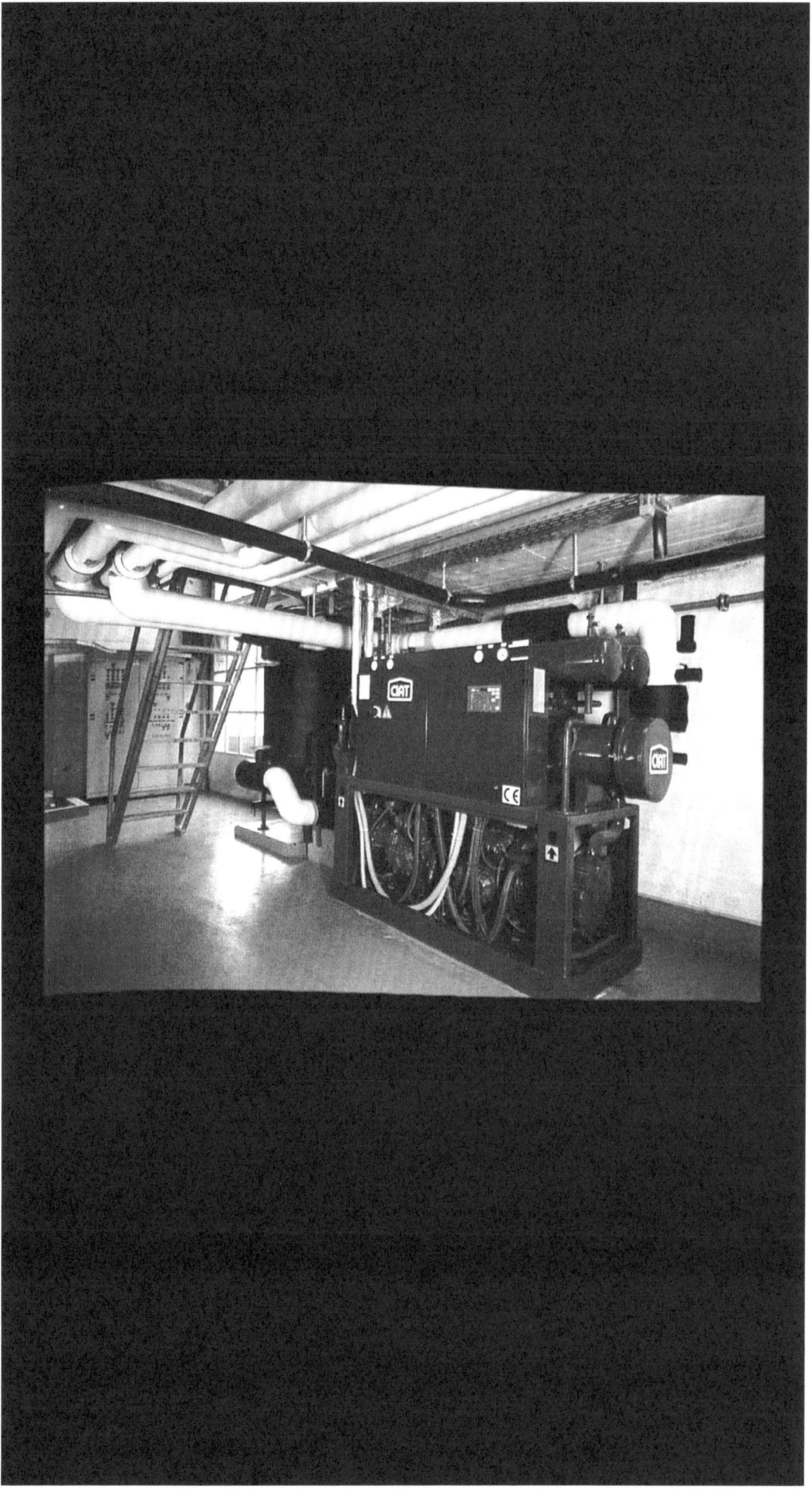

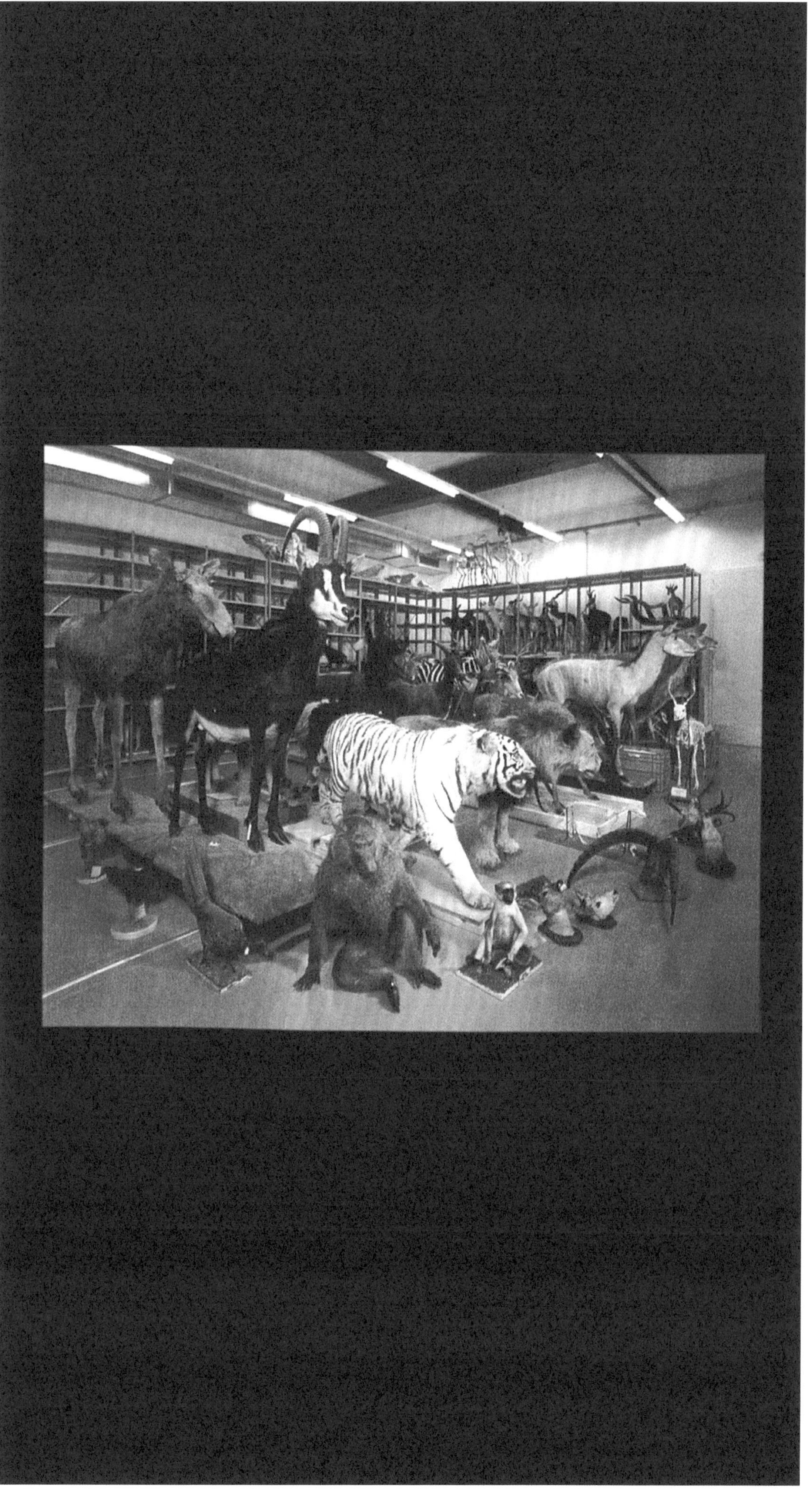

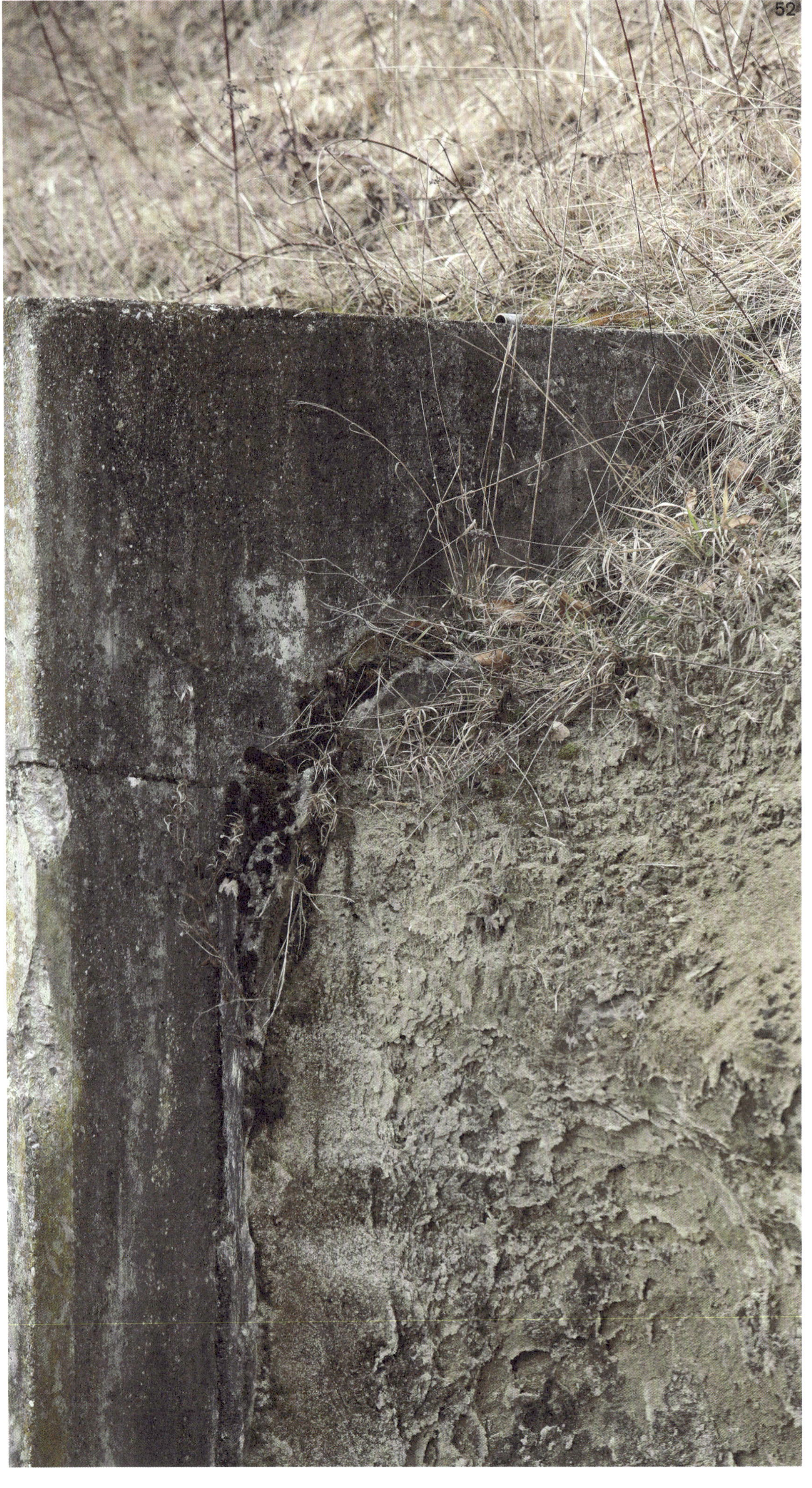

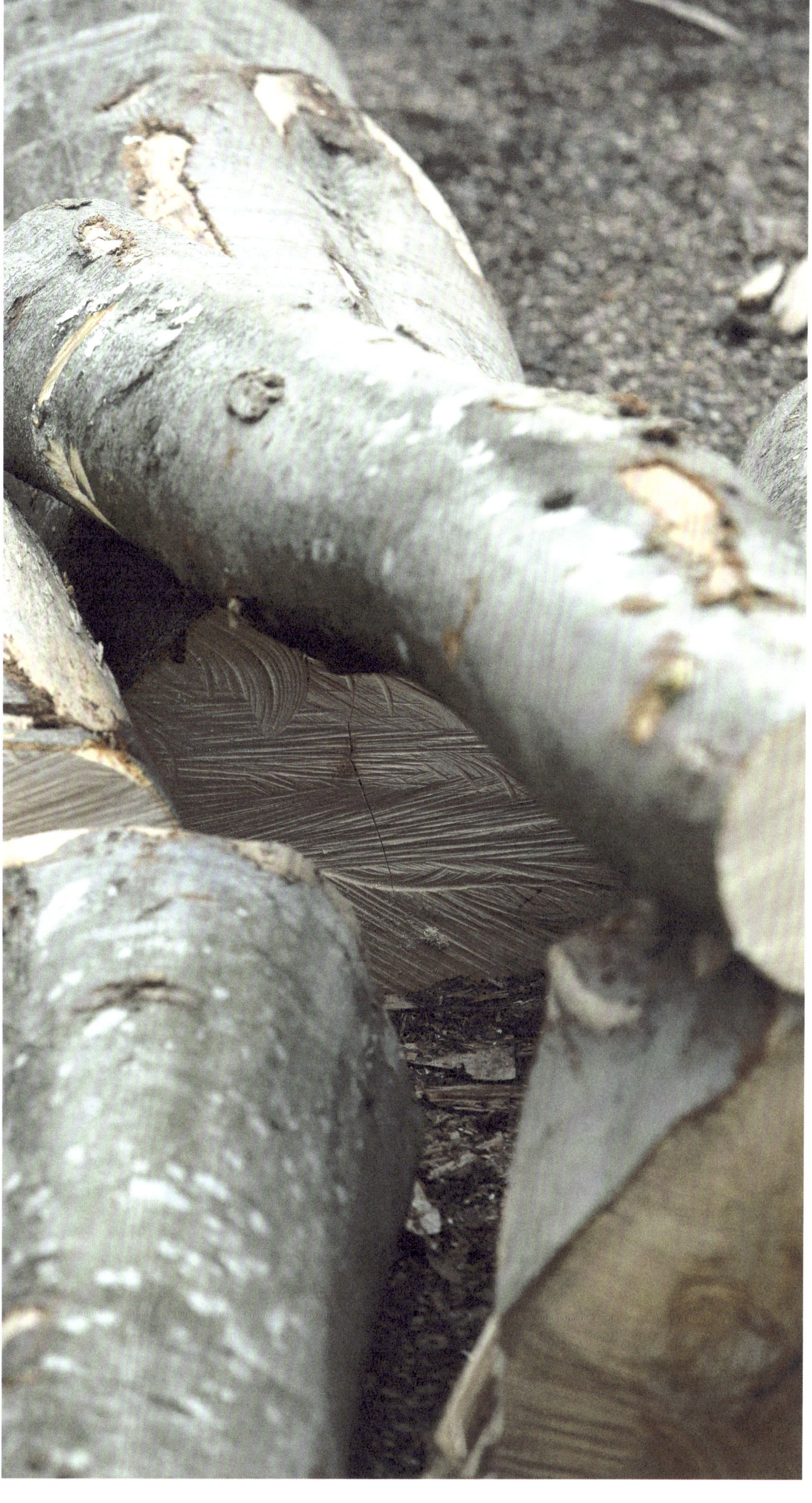

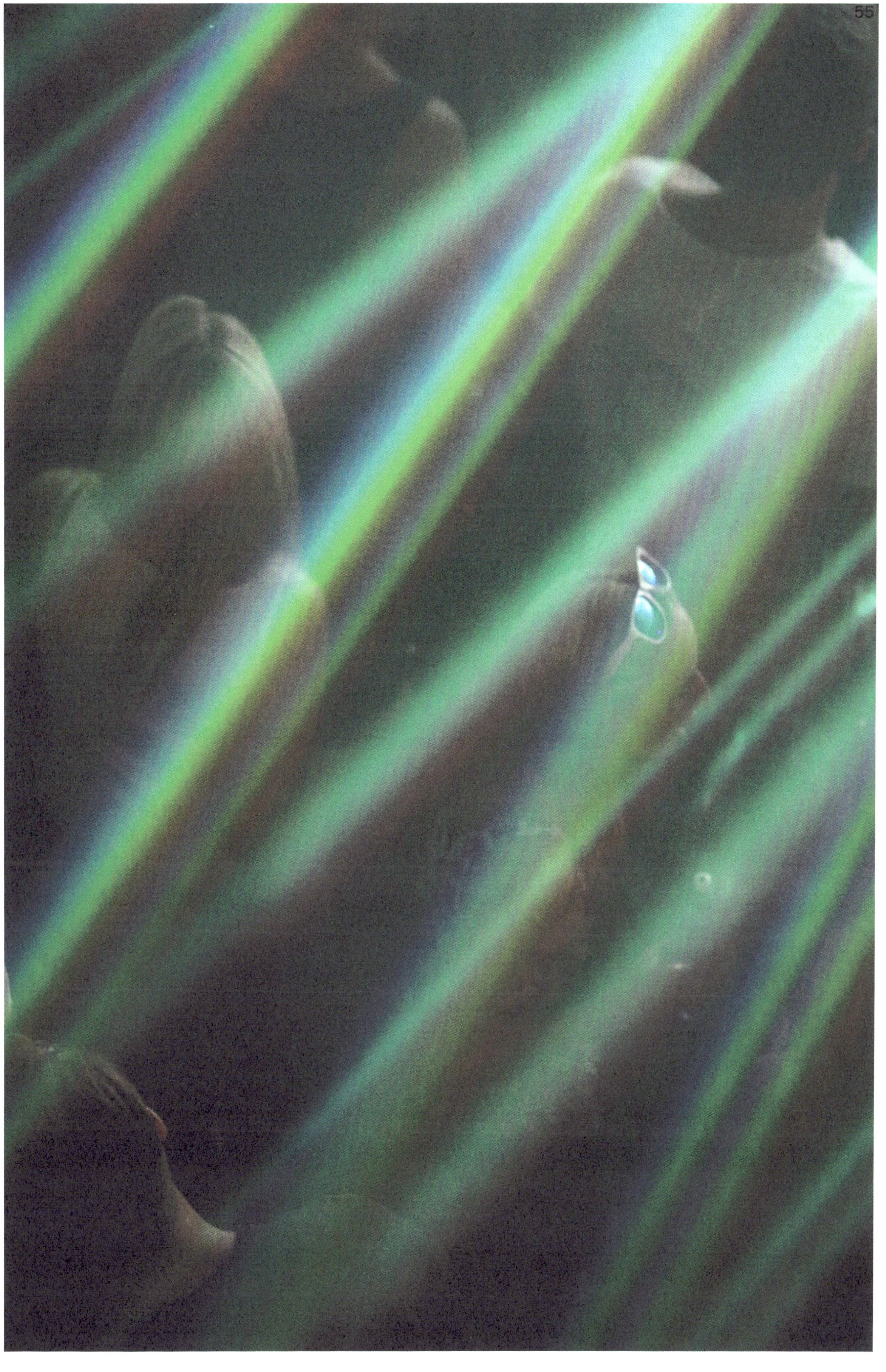

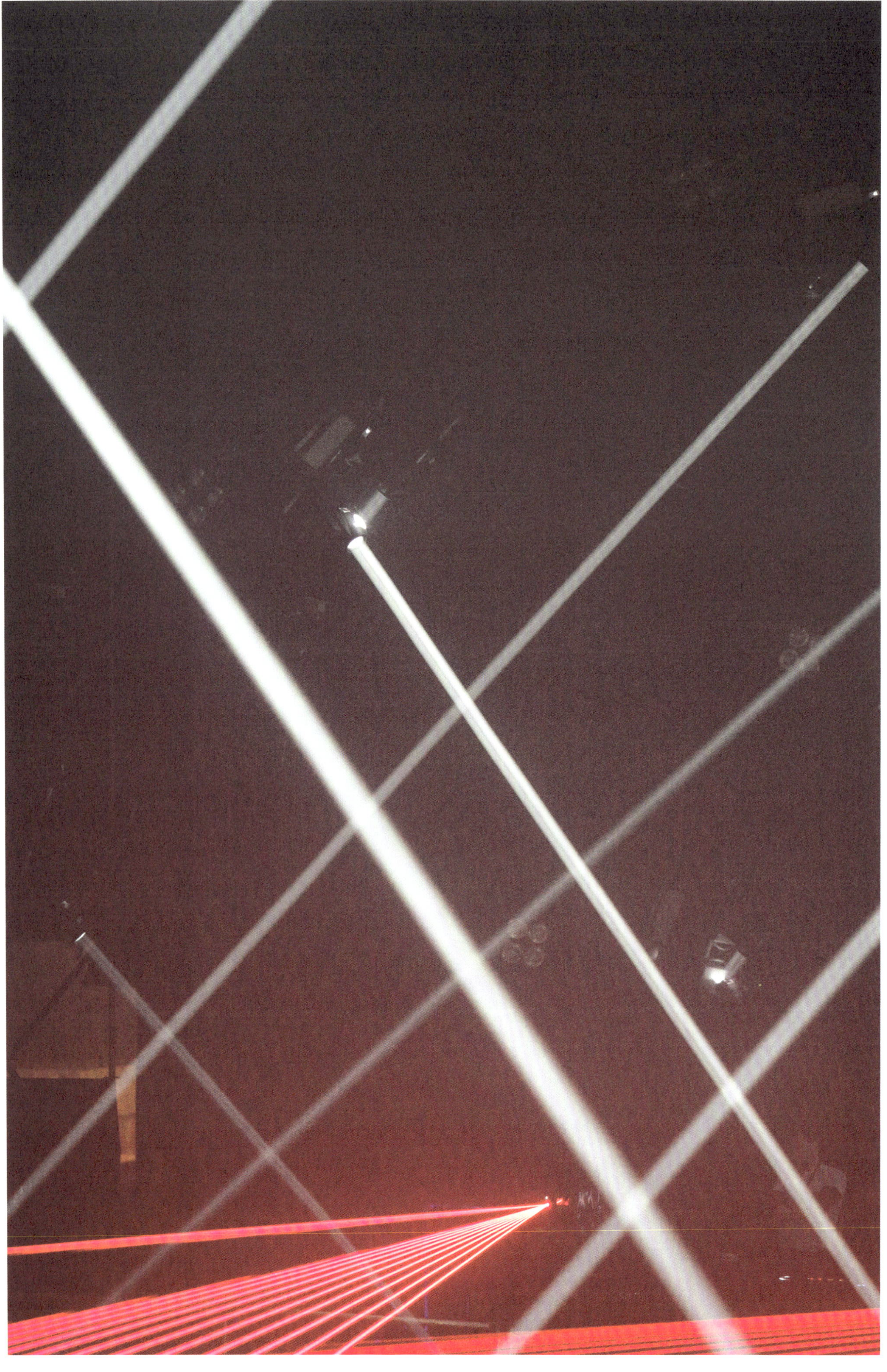

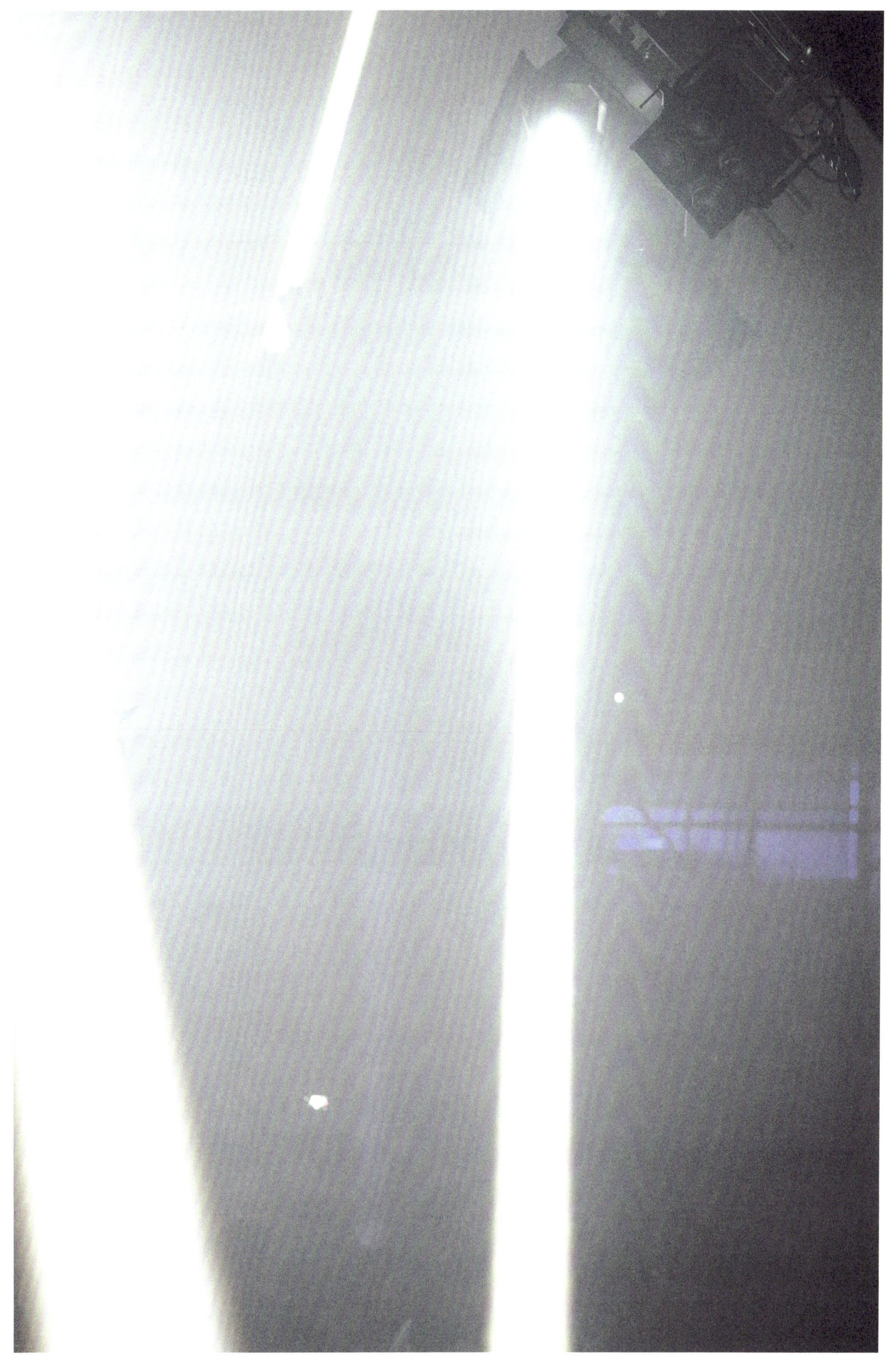

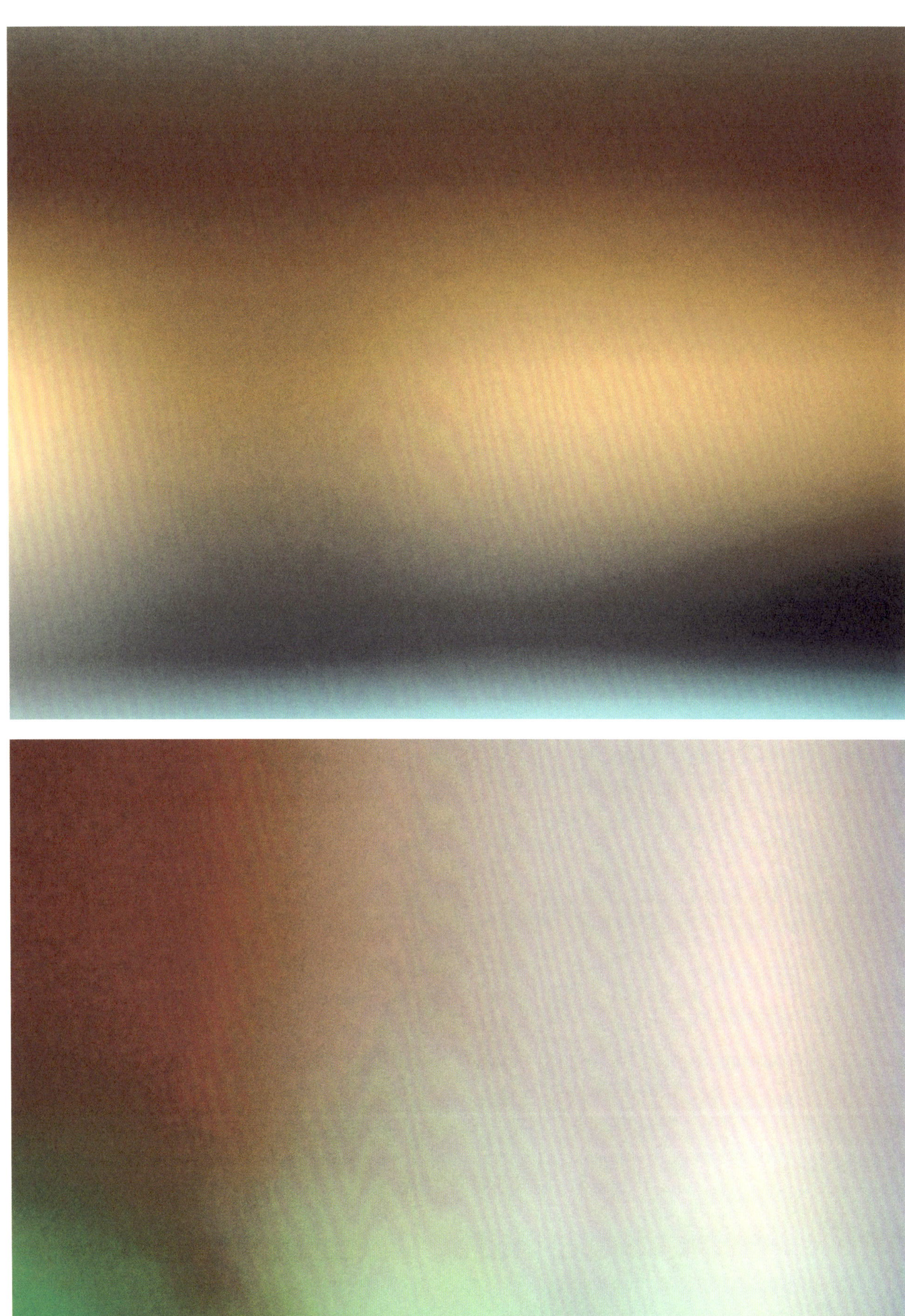

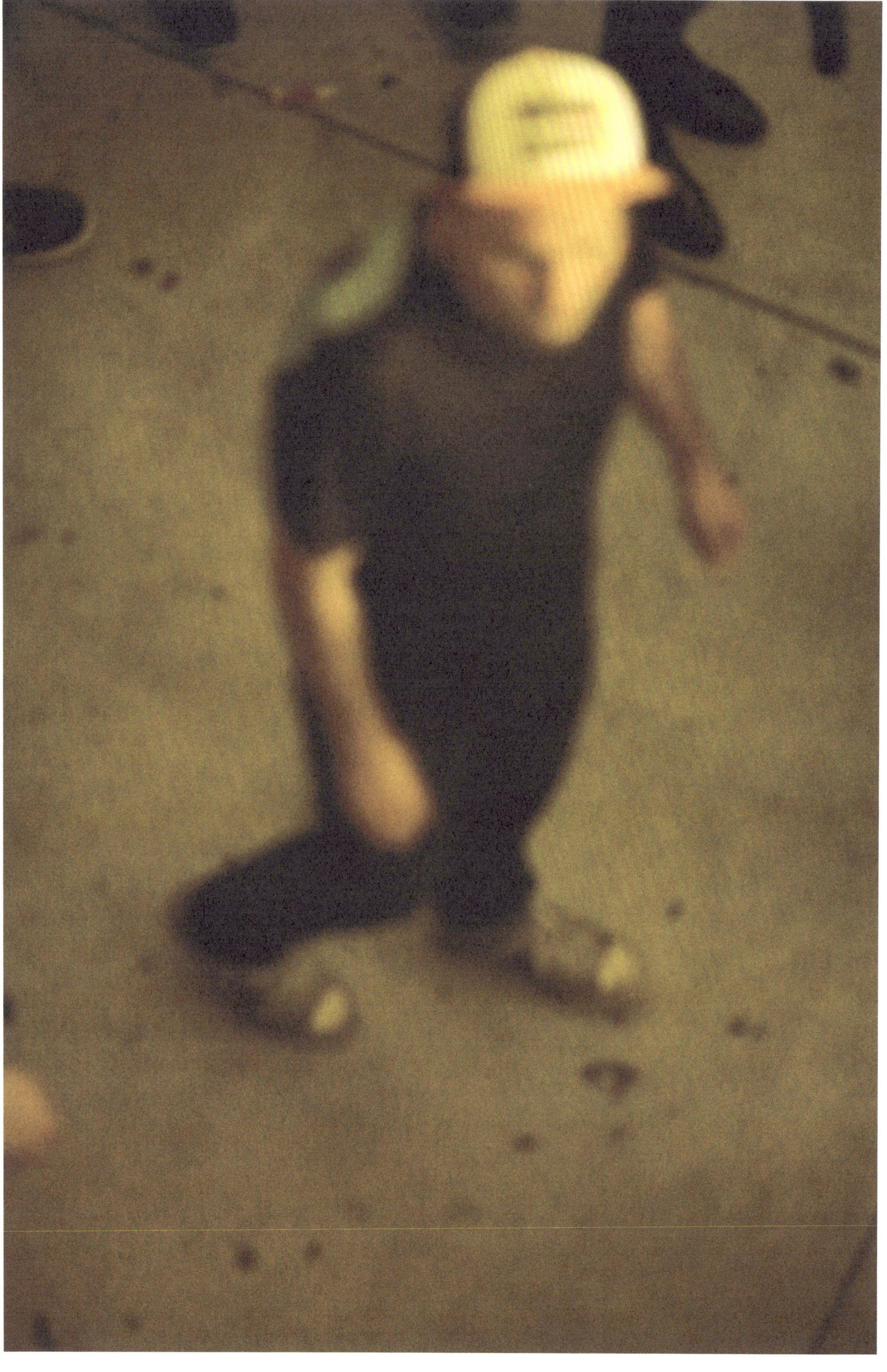

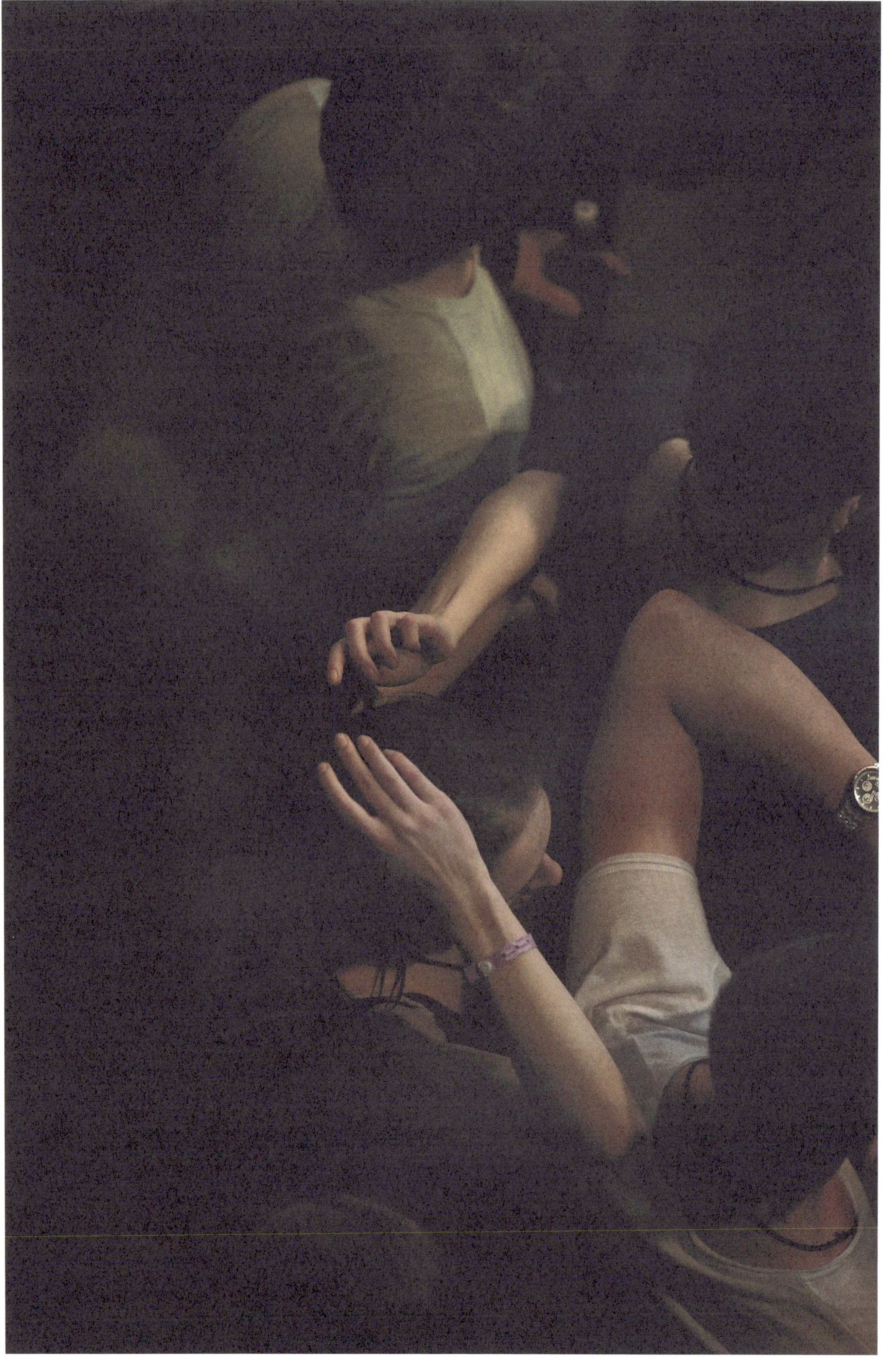

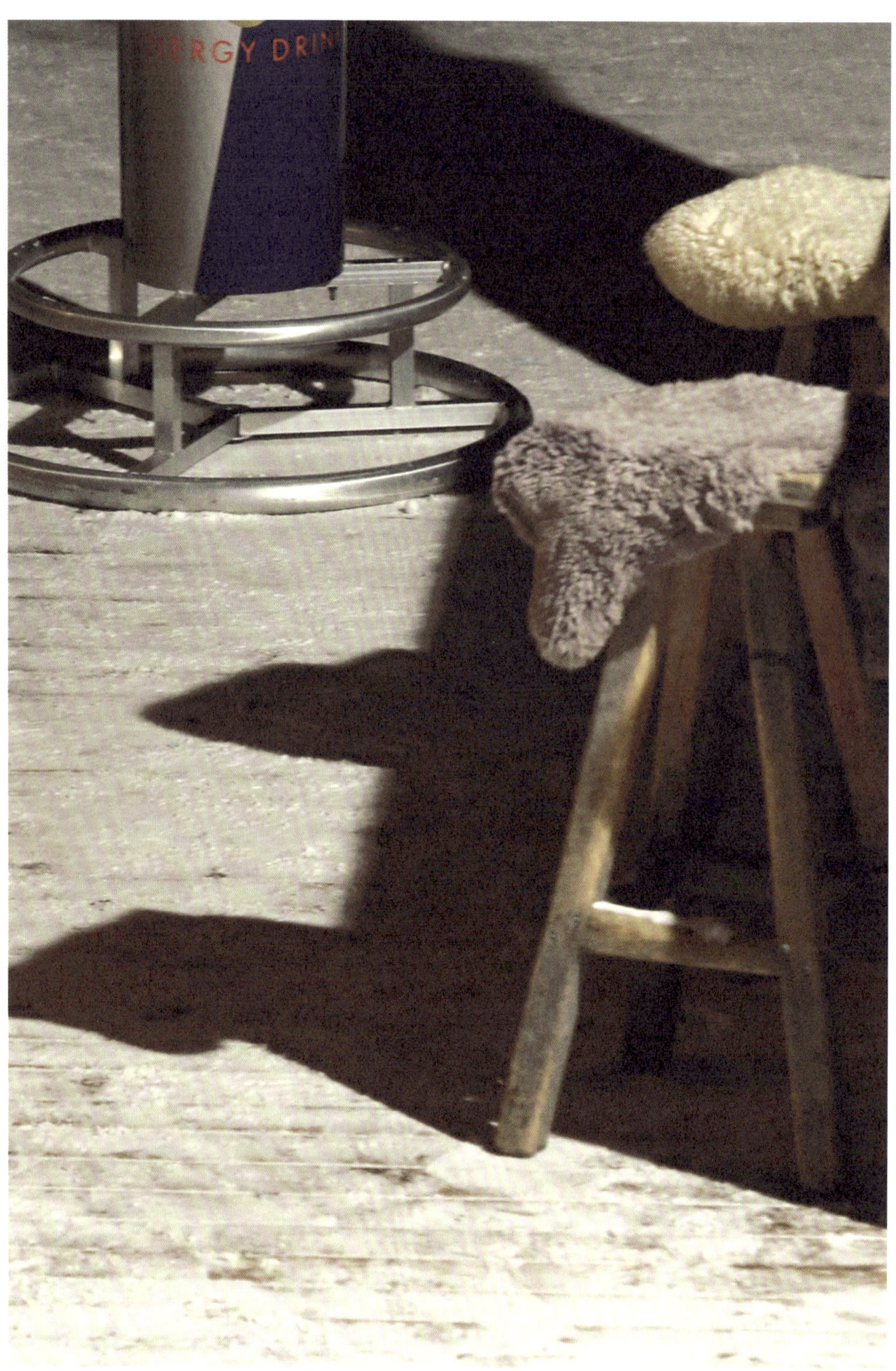

ERGY DRIN

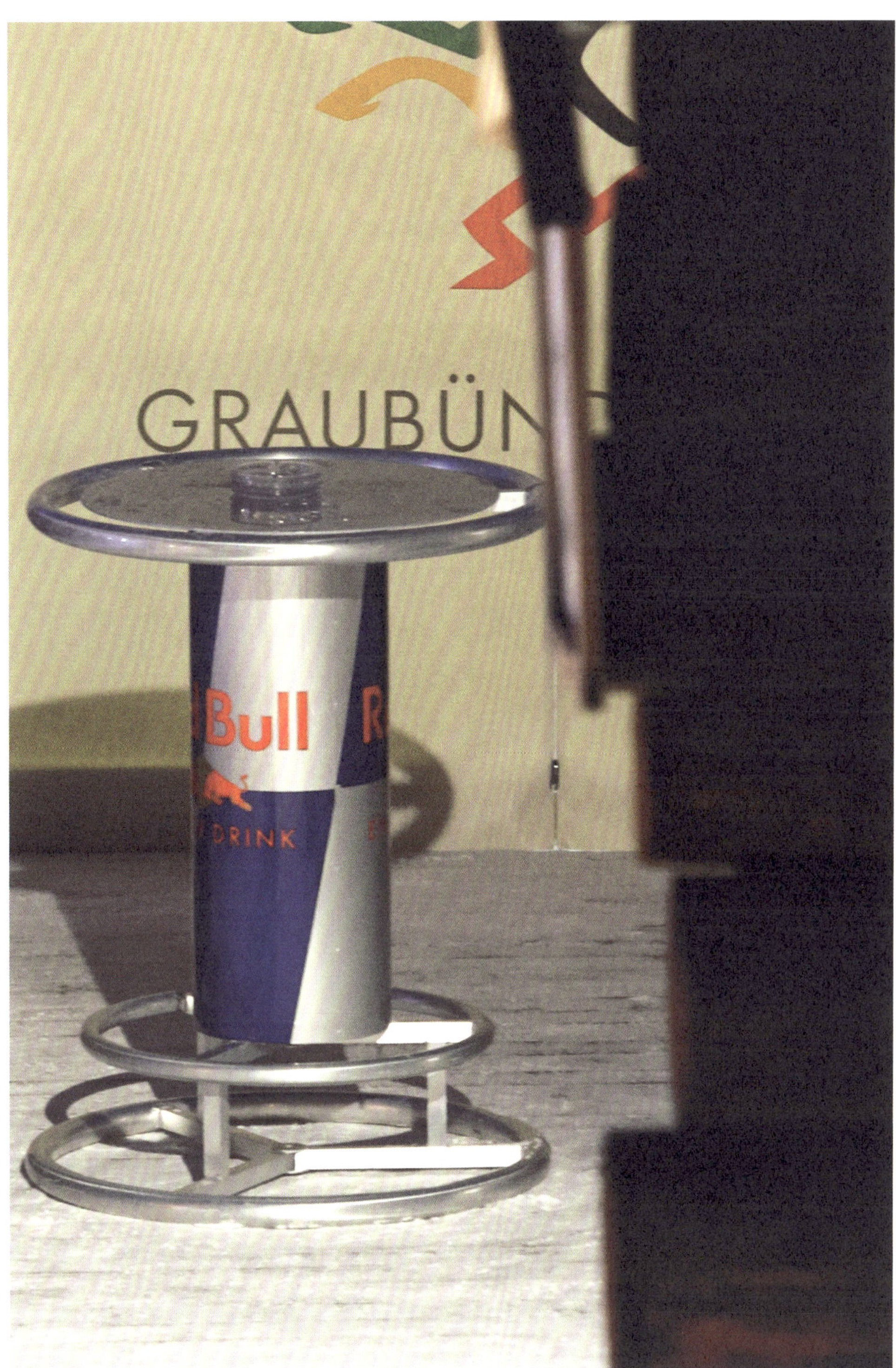

GRAUBÜN
Bull
R
DRINK

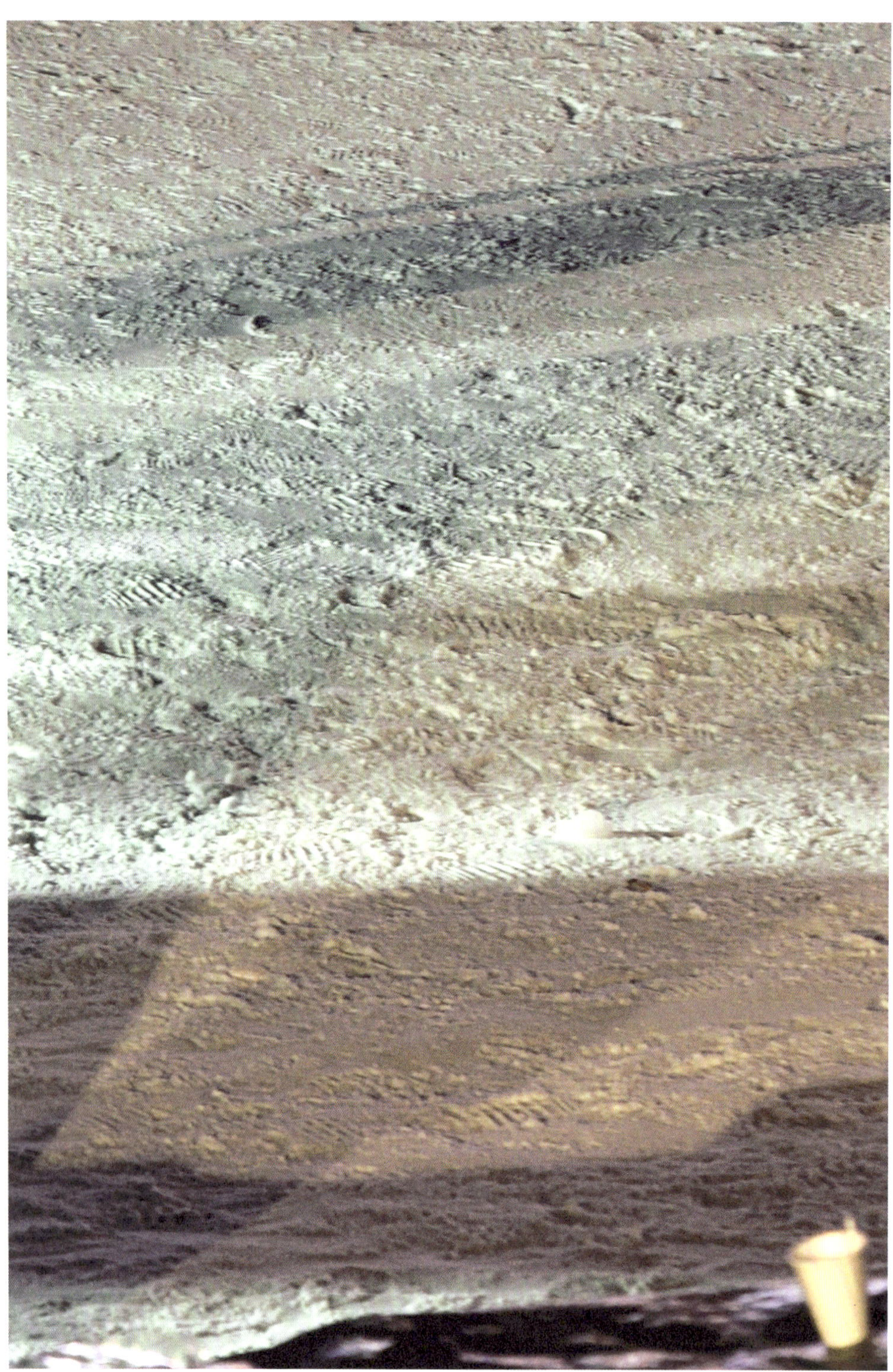

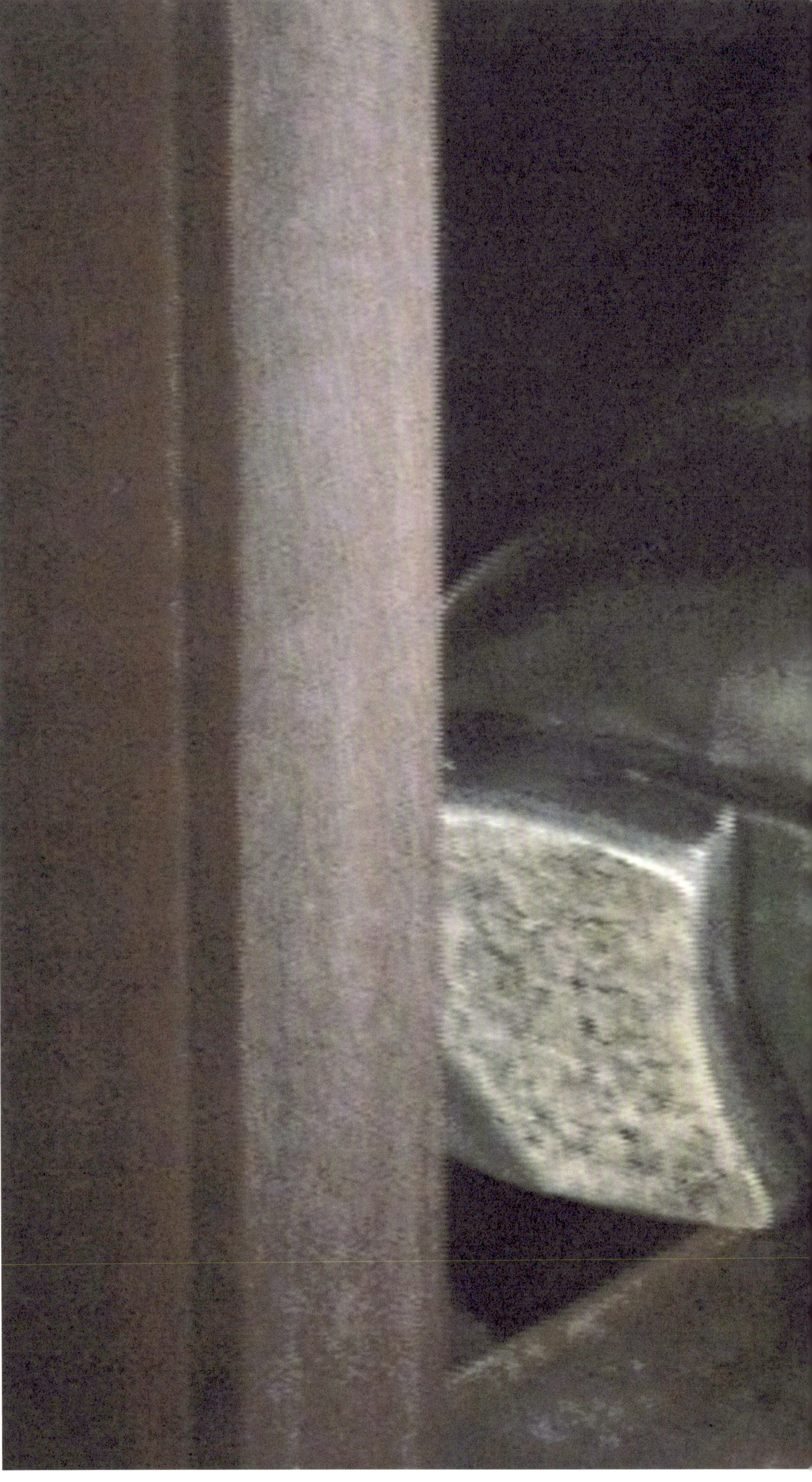

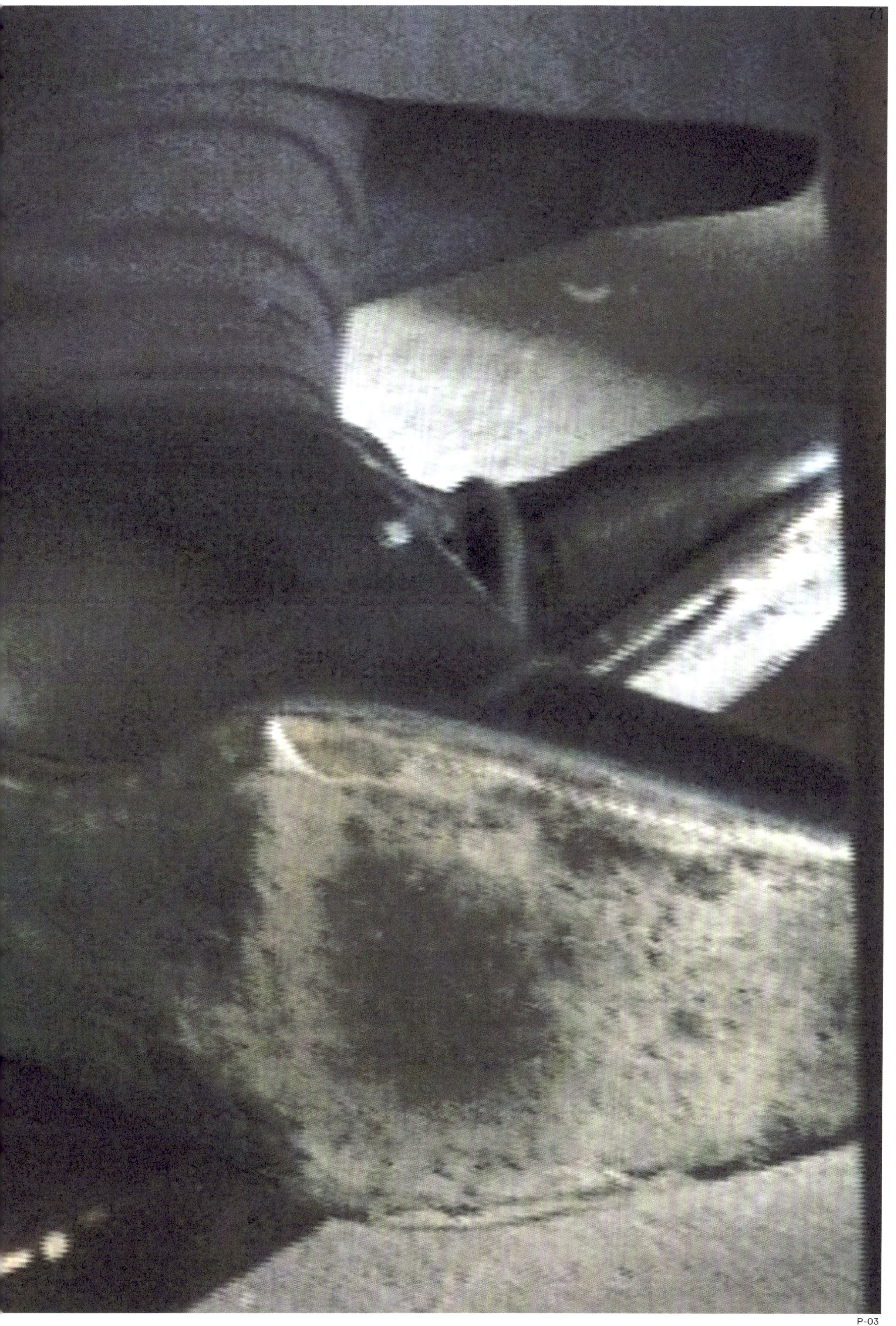

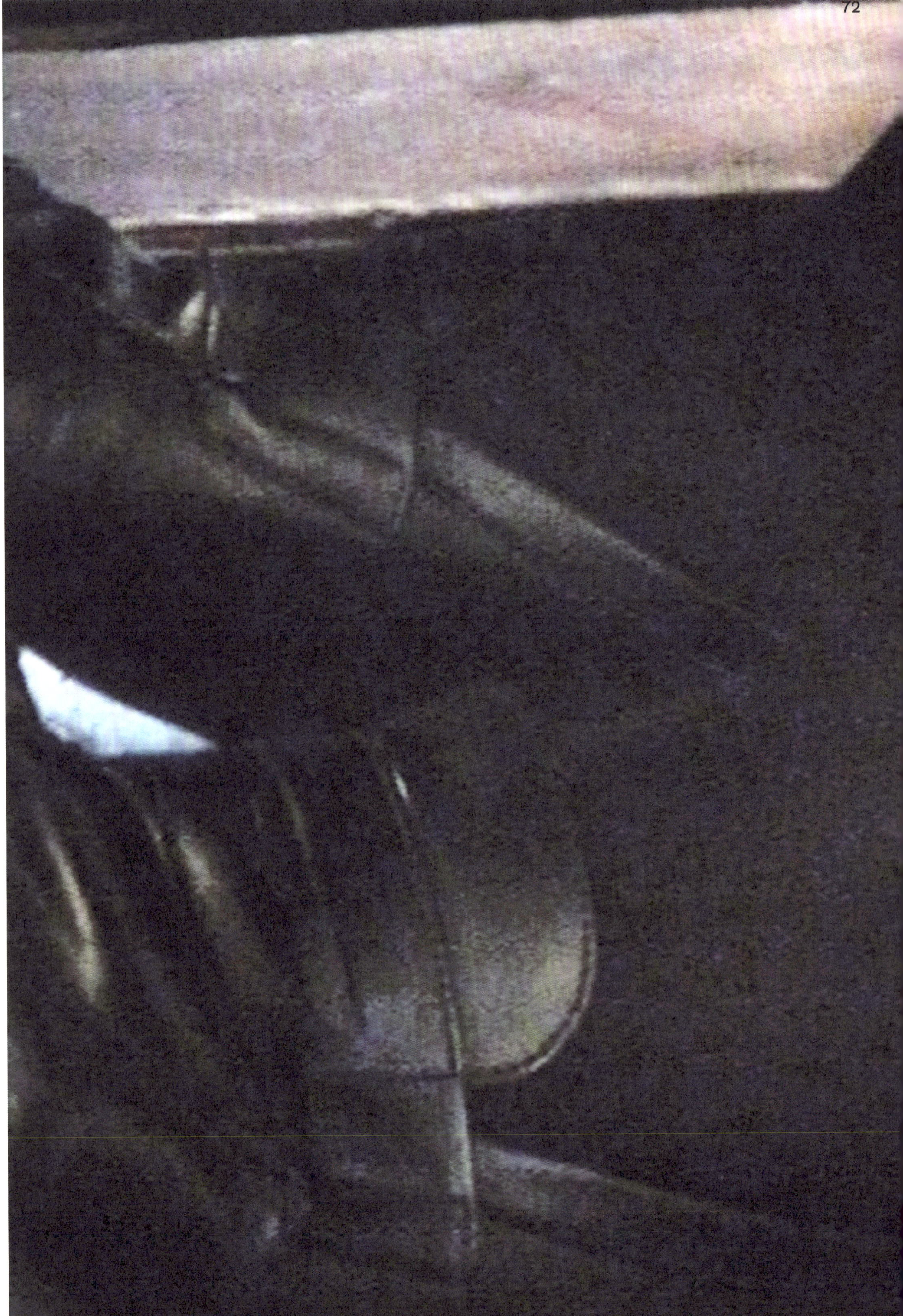

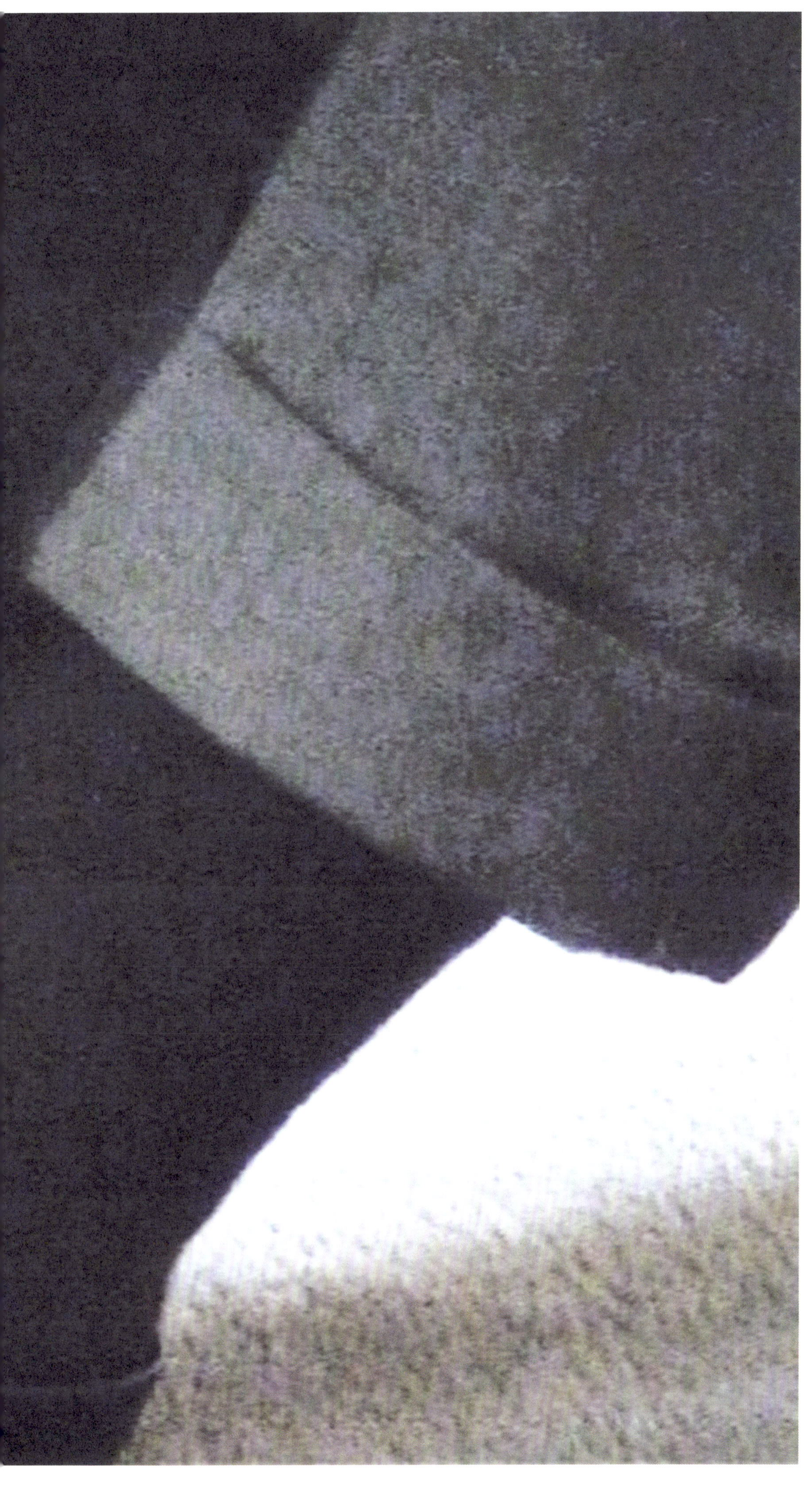

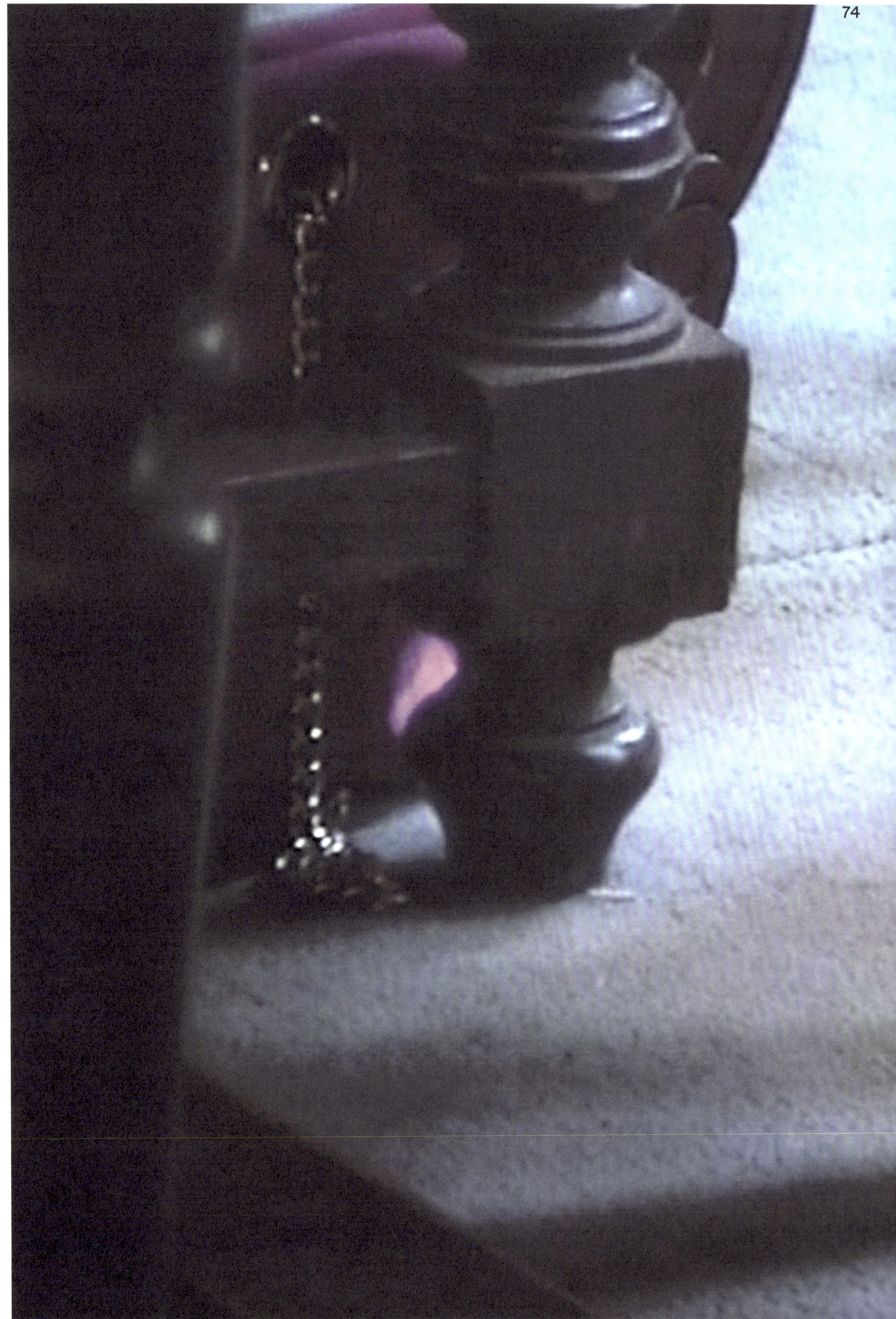

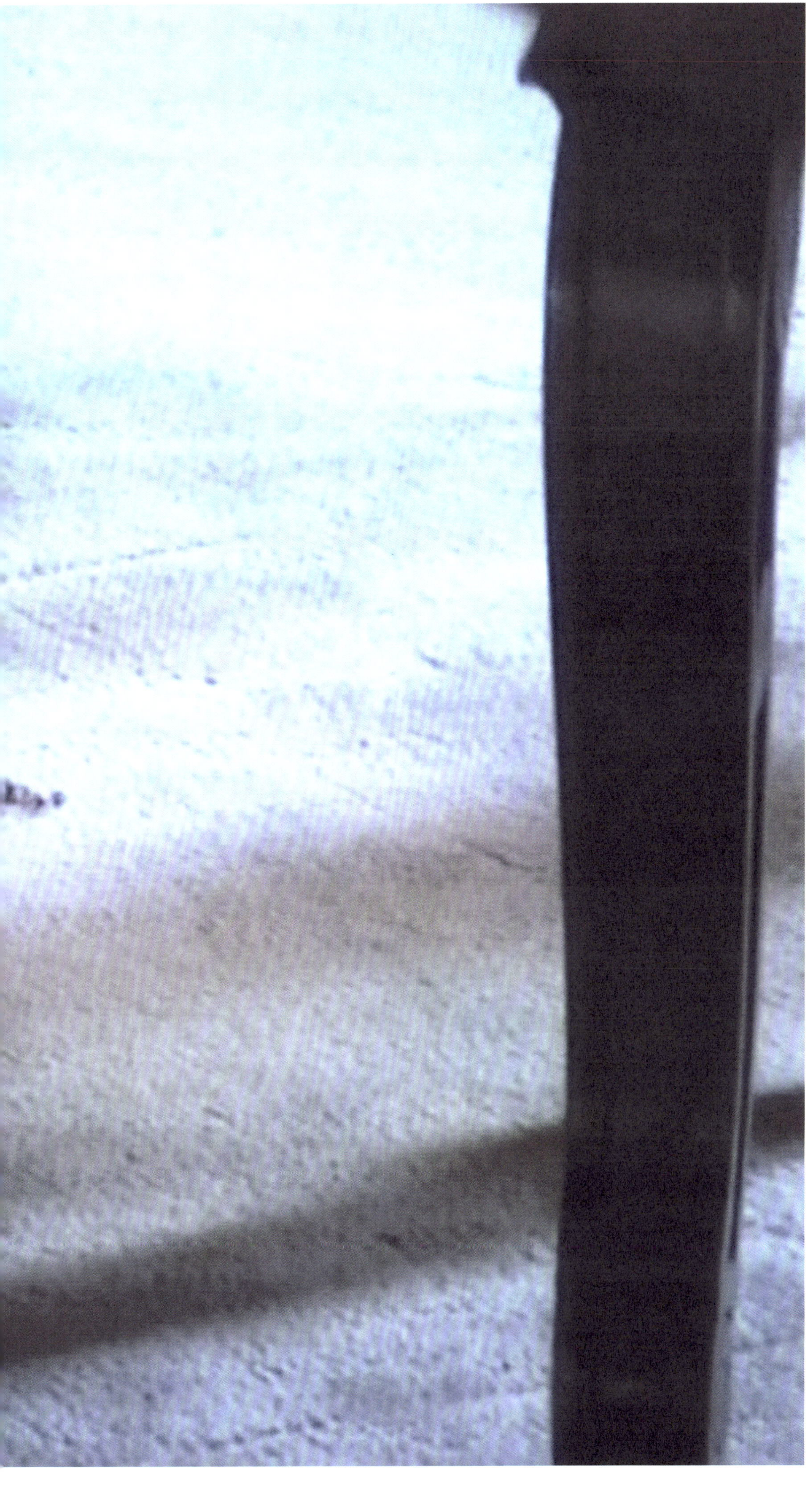

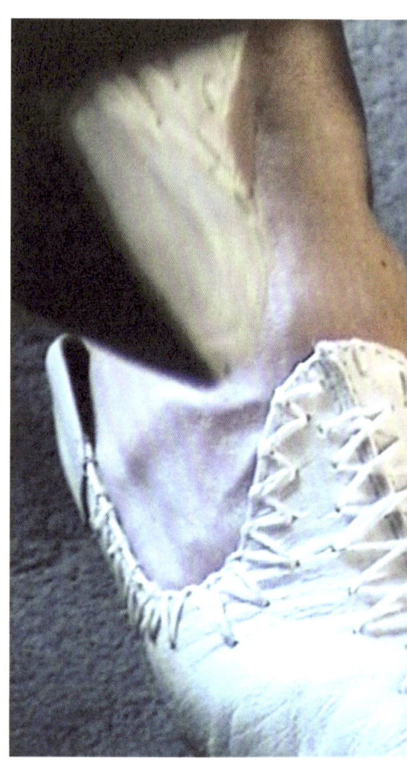

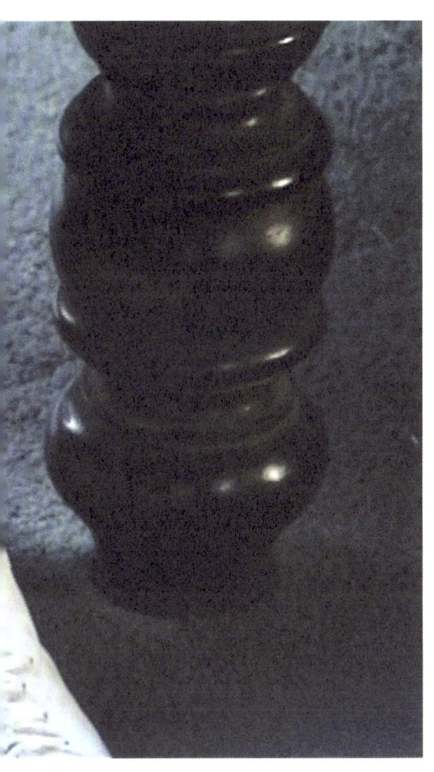

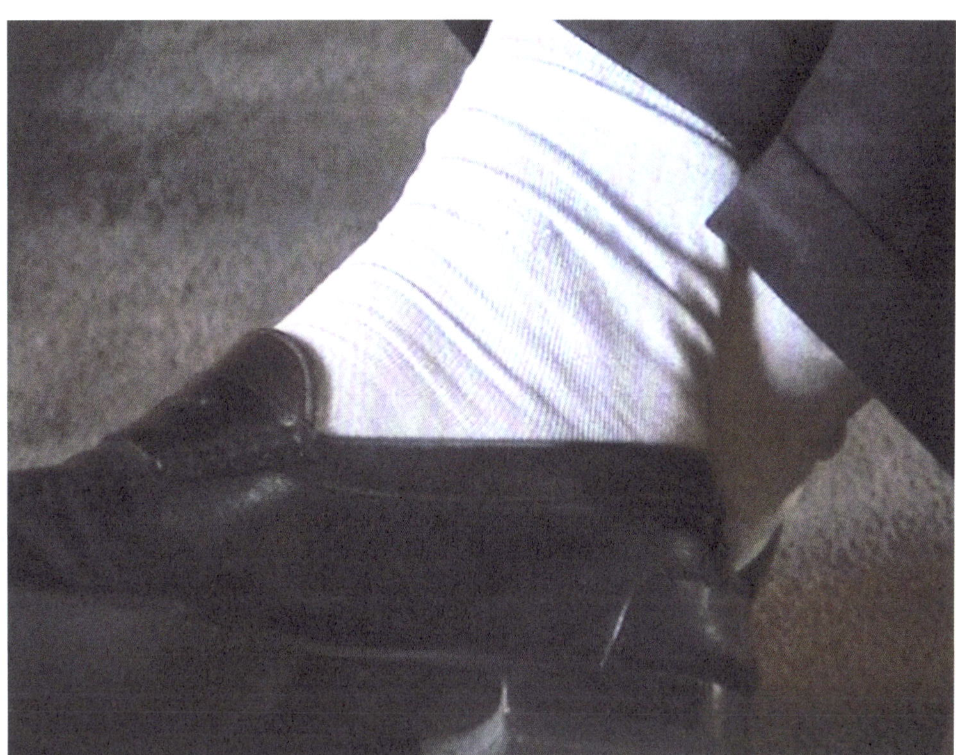

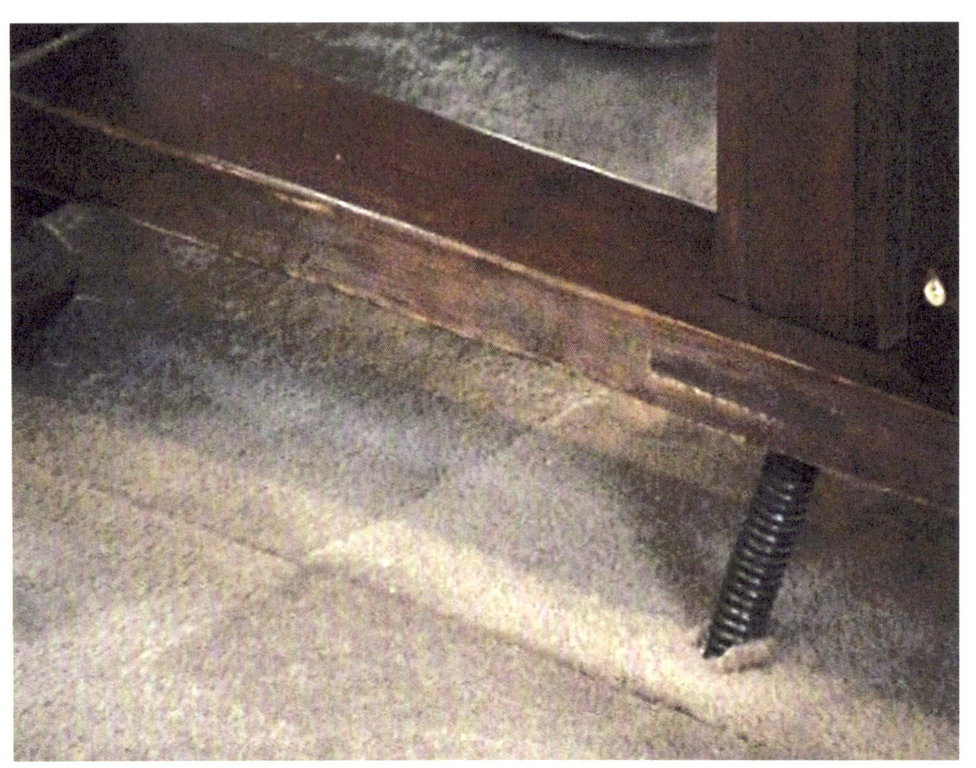

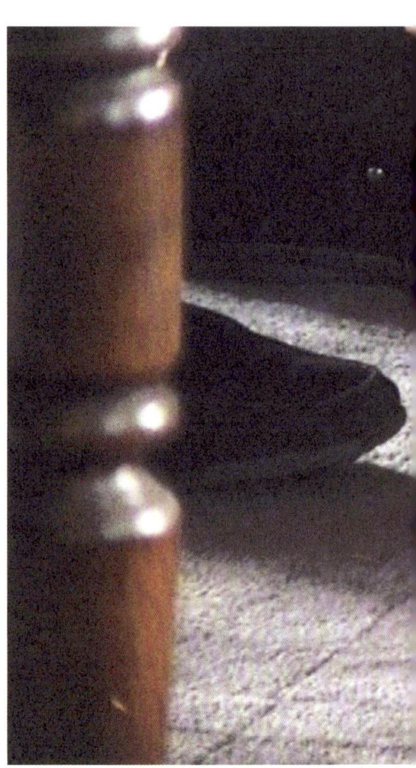

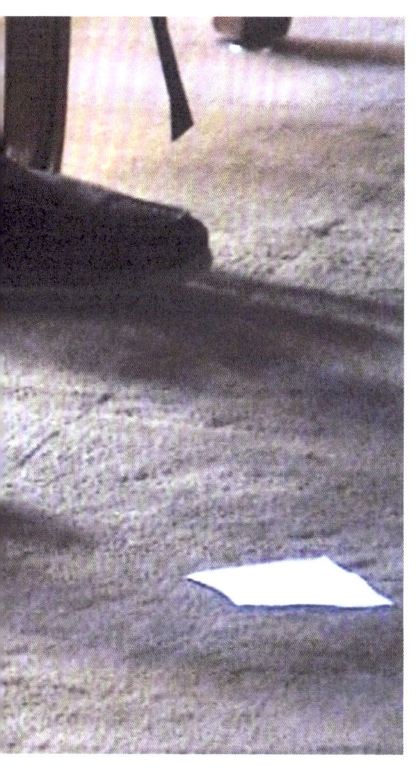

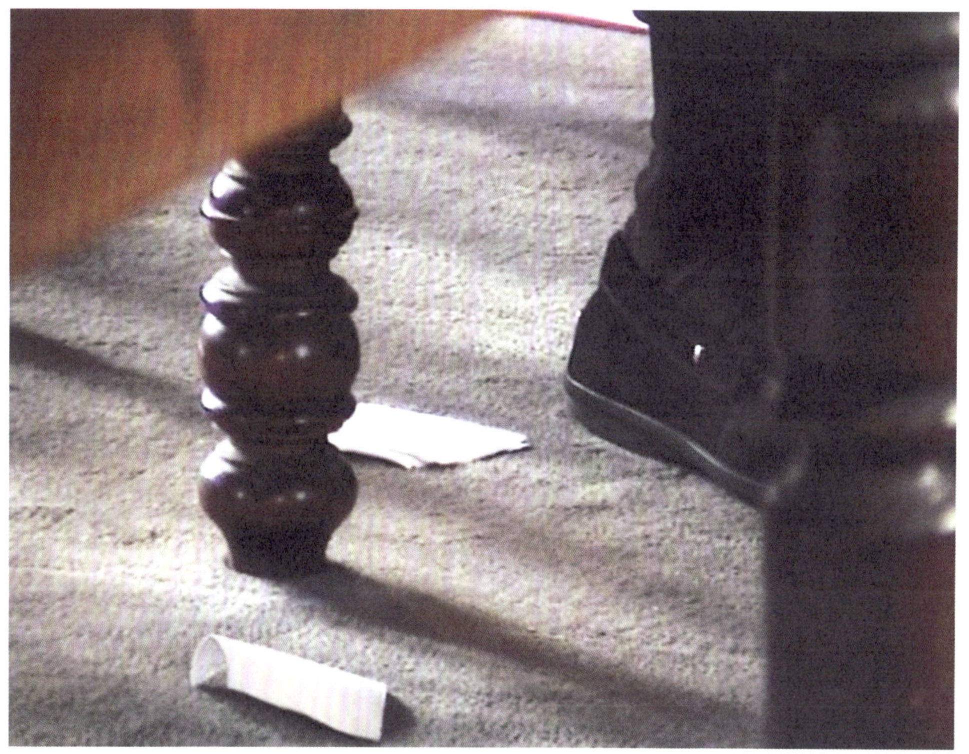

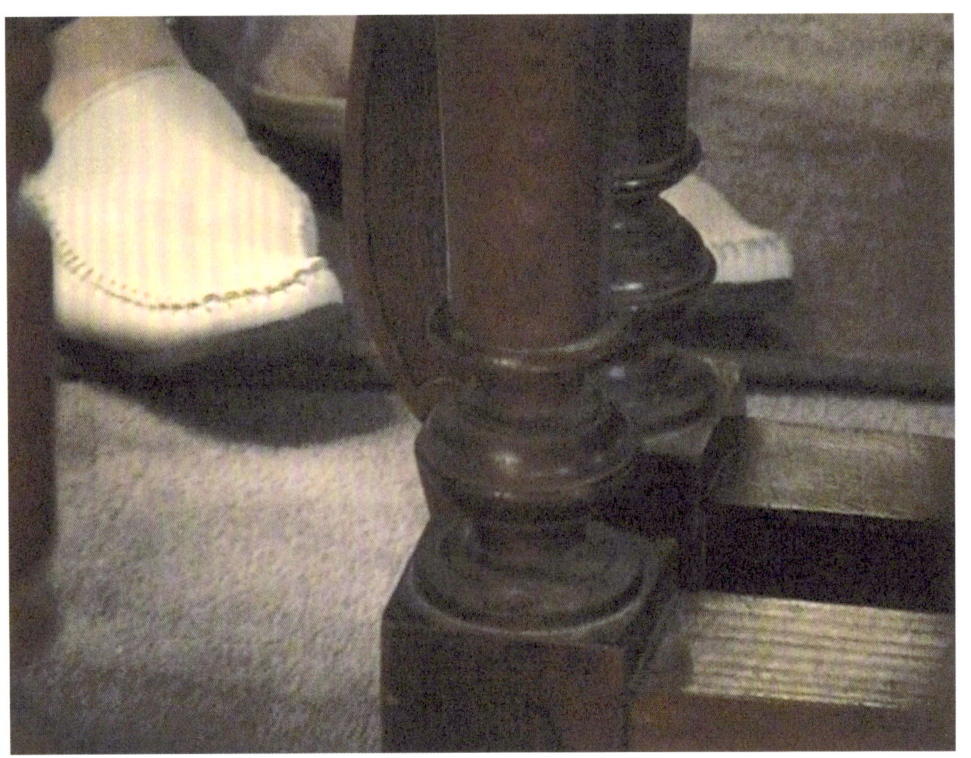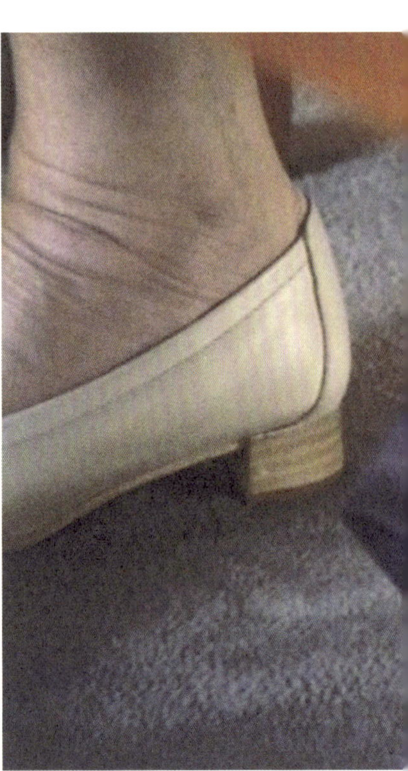

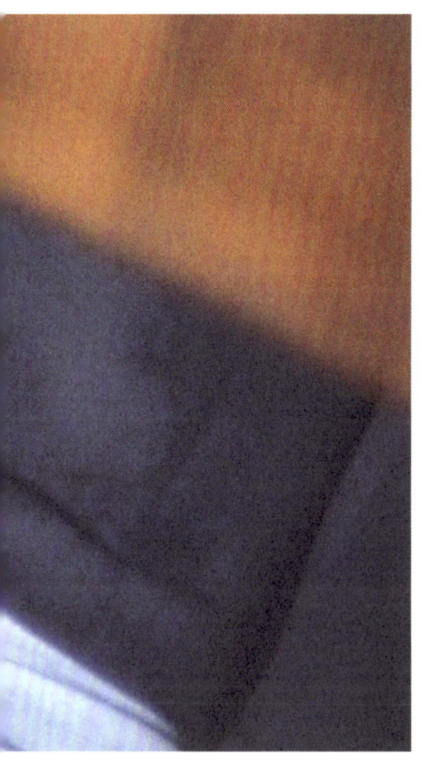

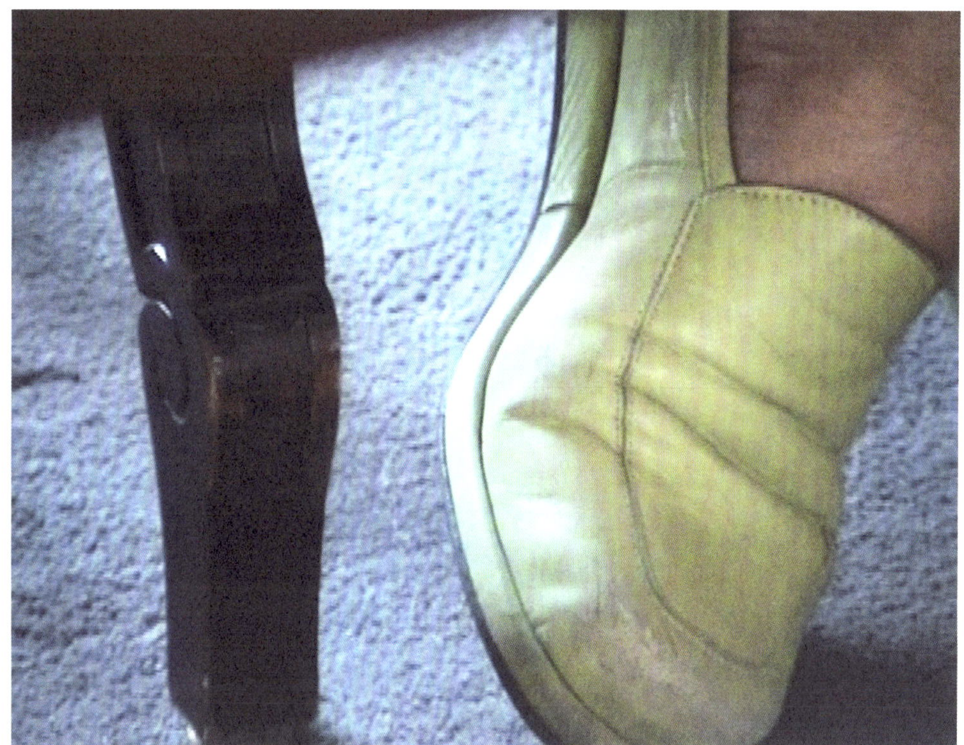

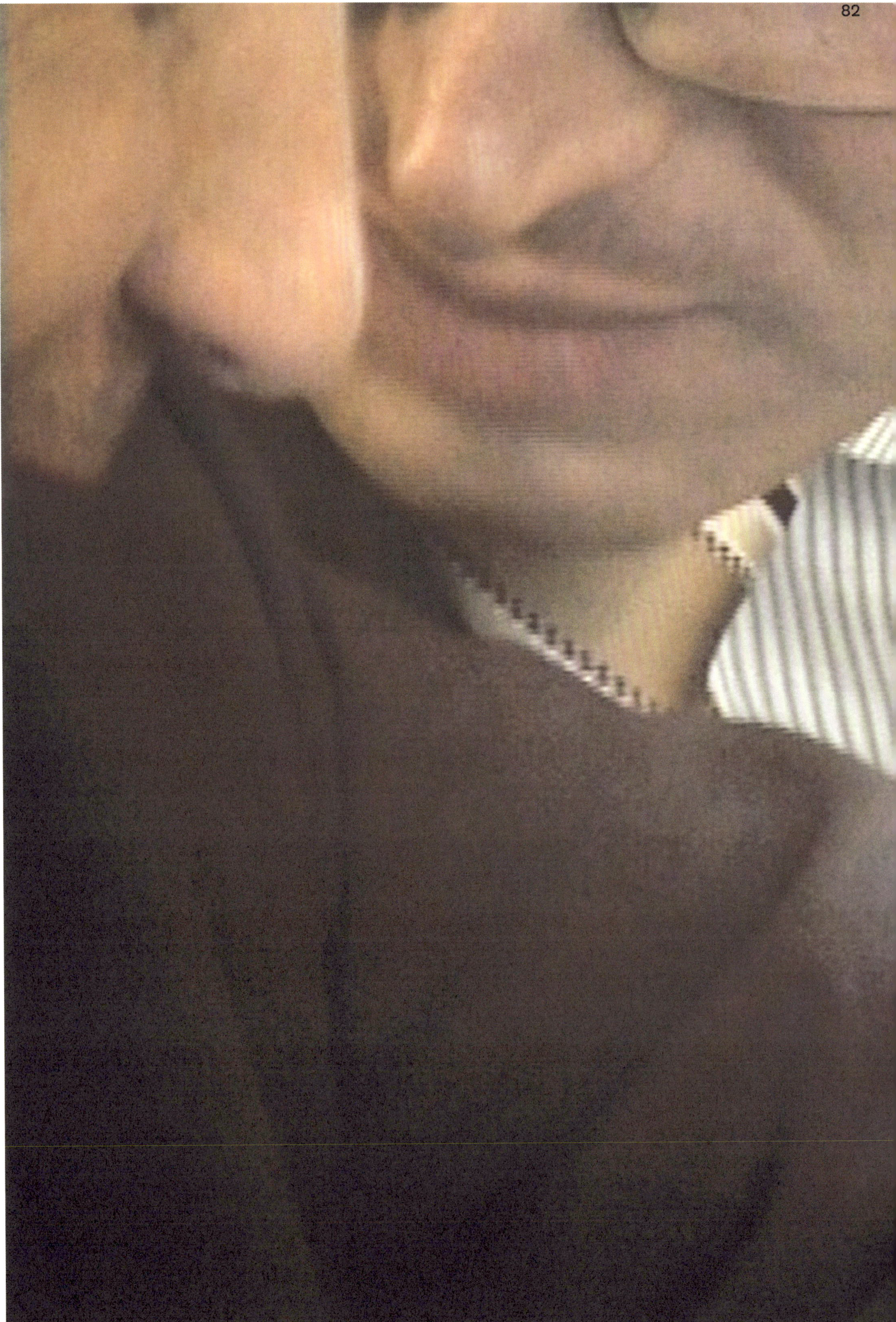

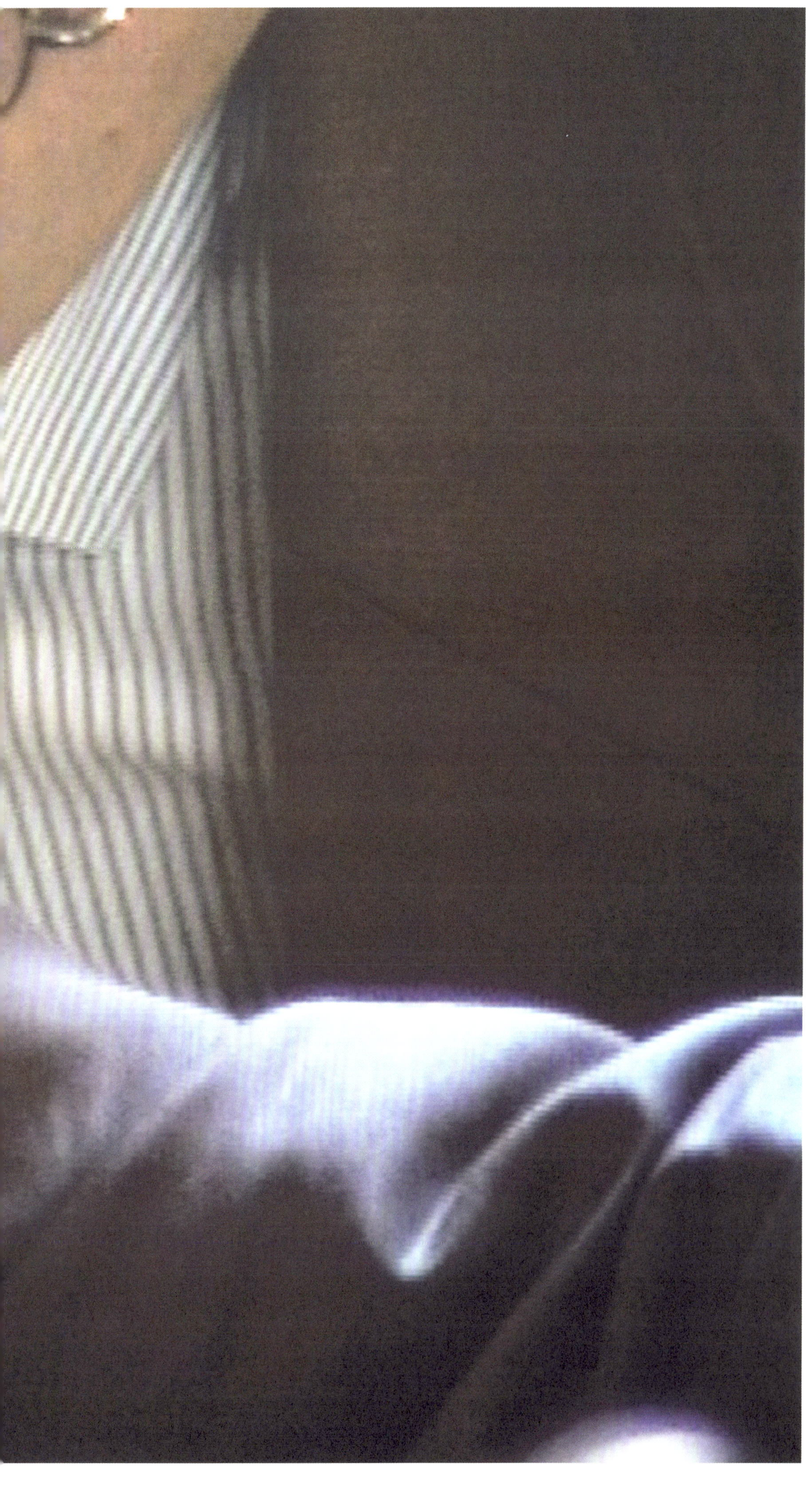

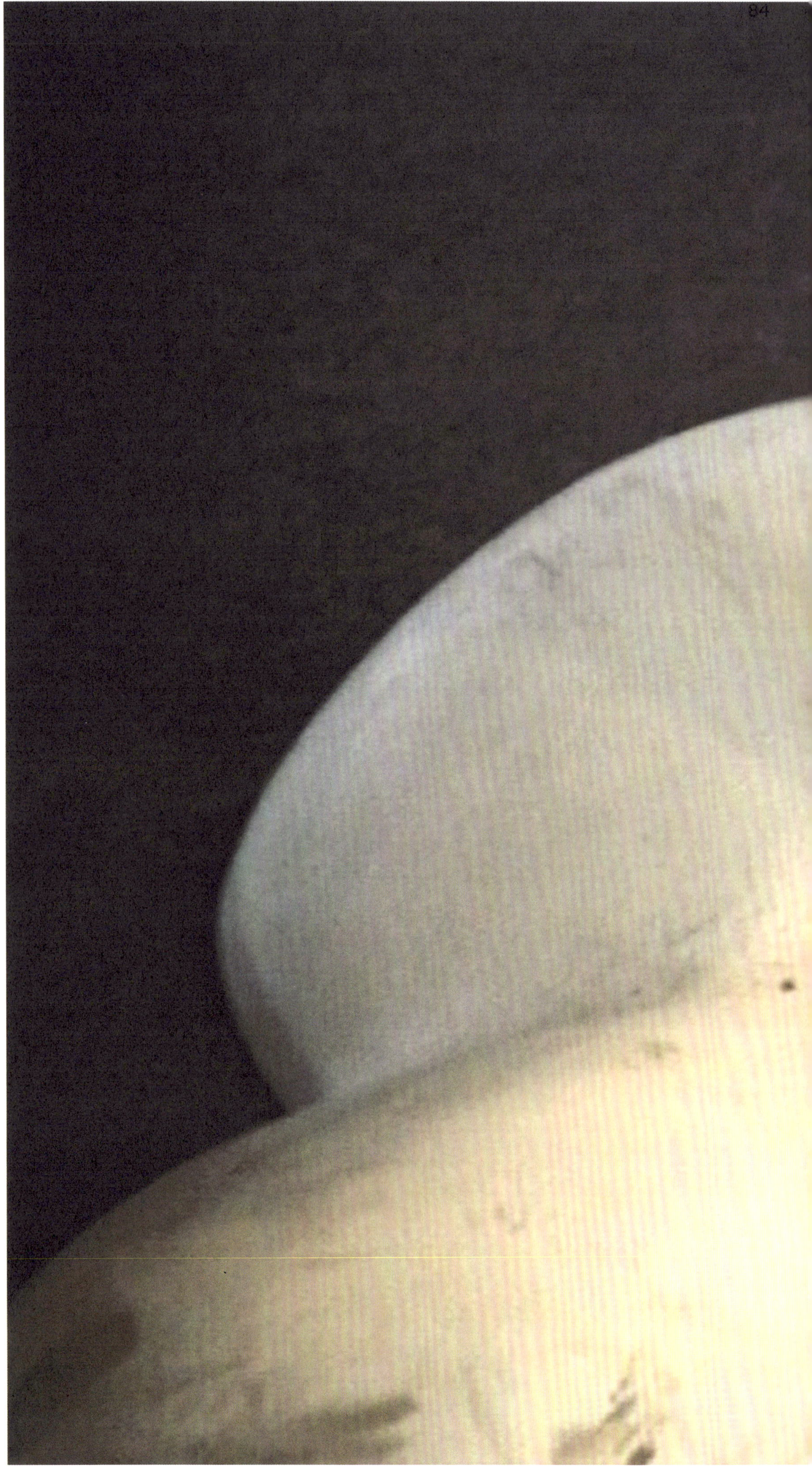

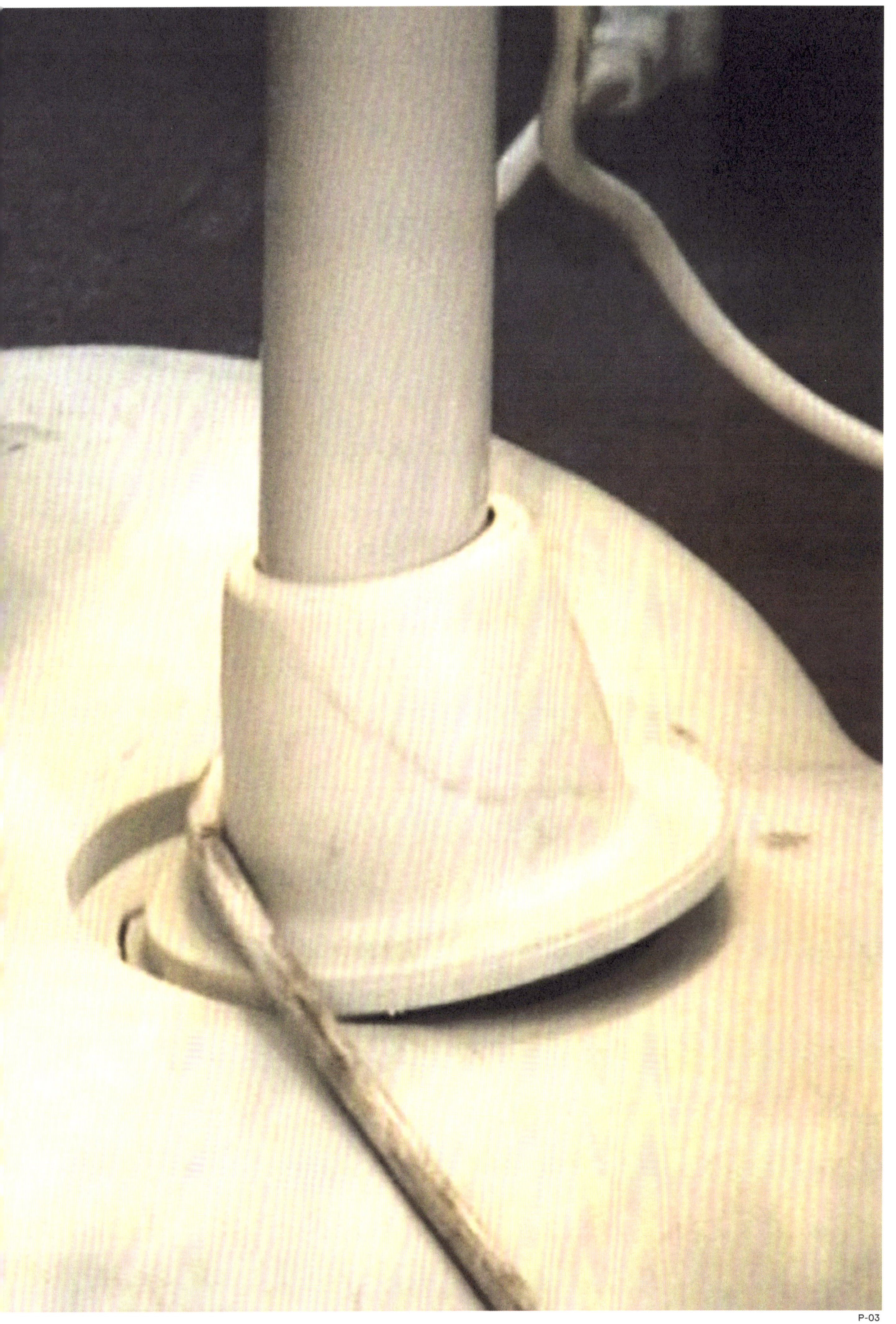

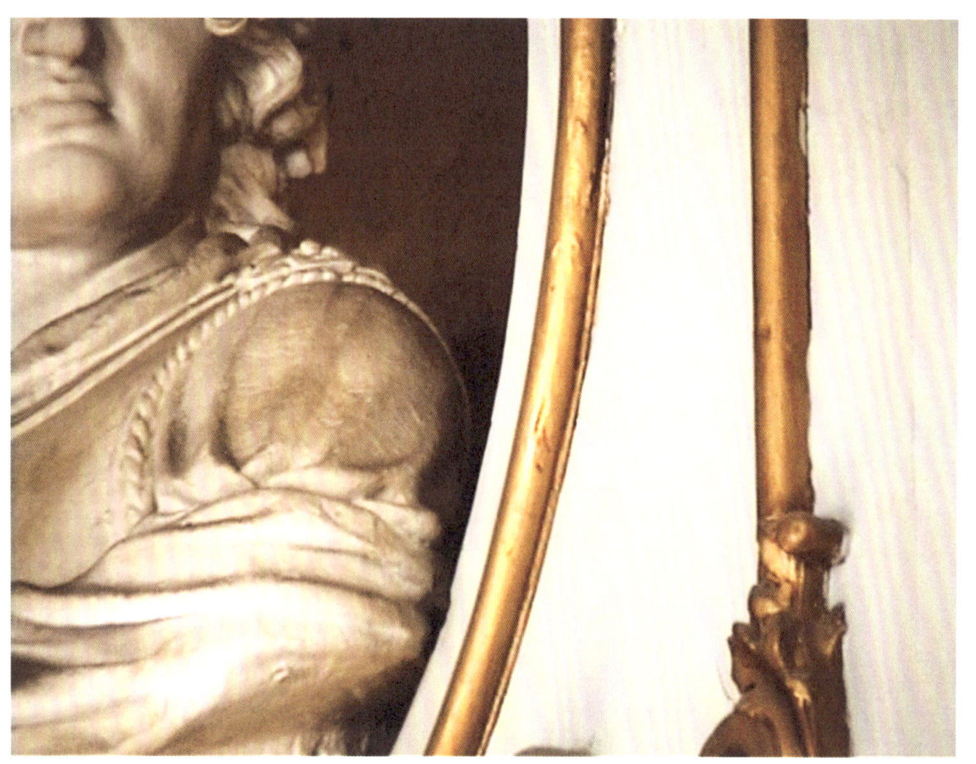

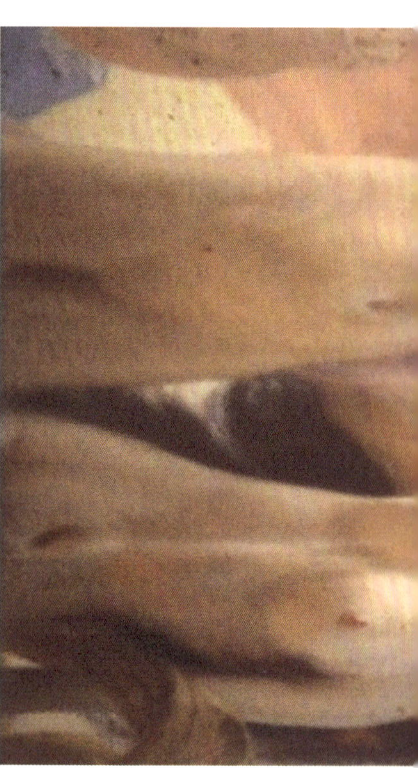

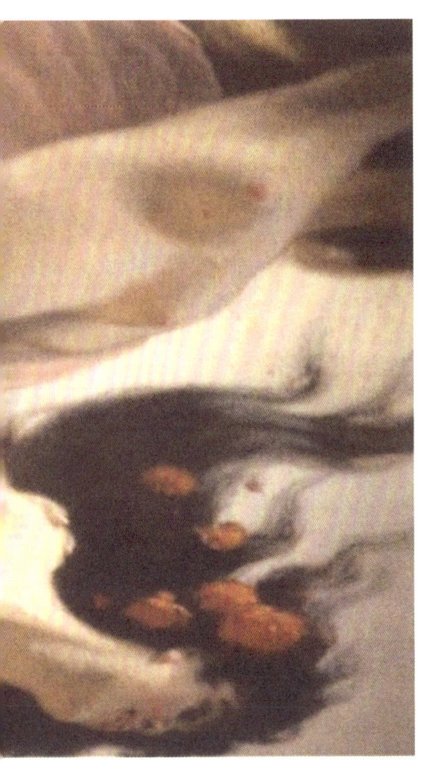

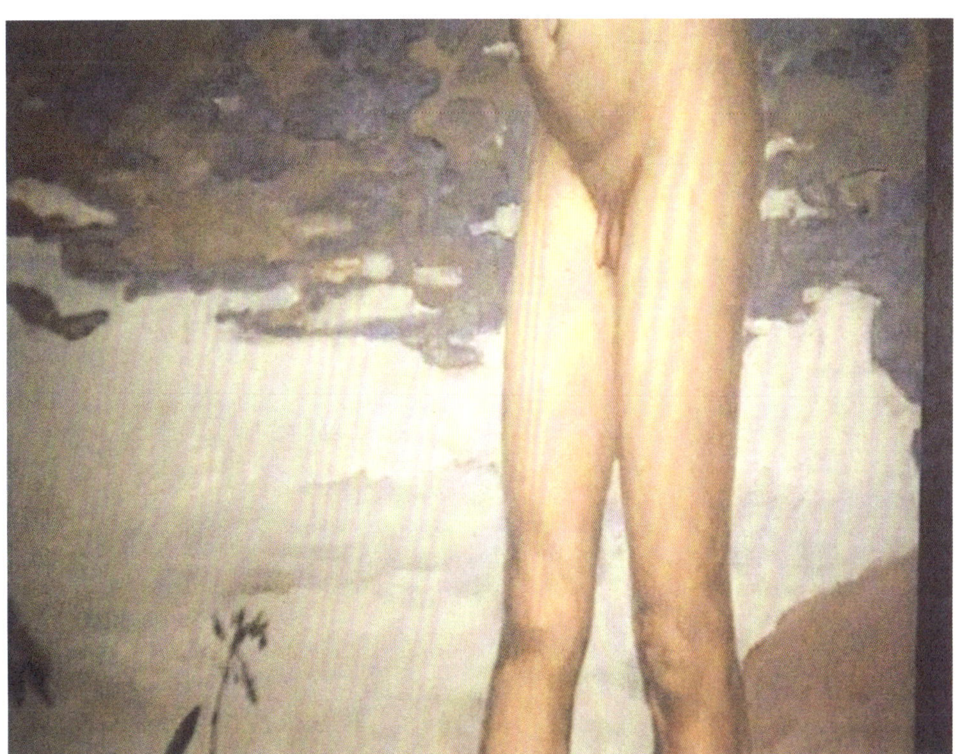

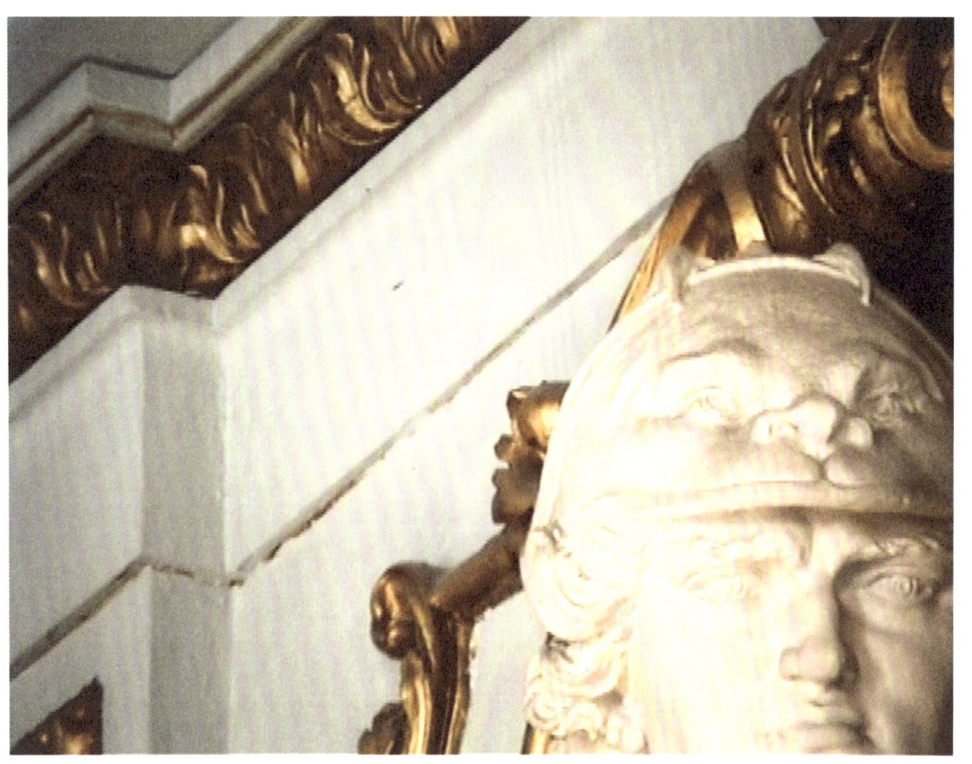
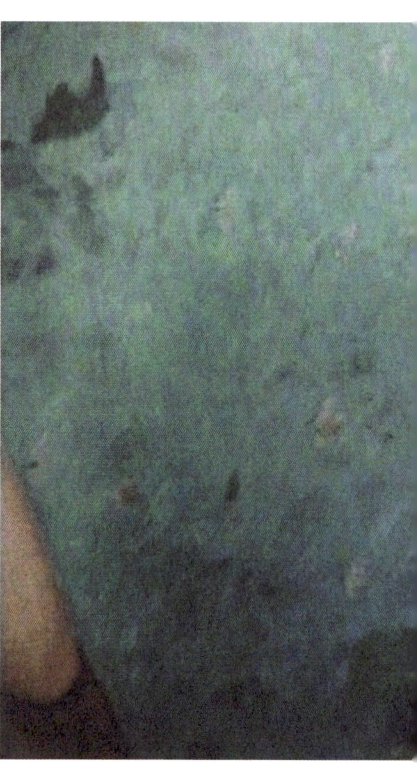

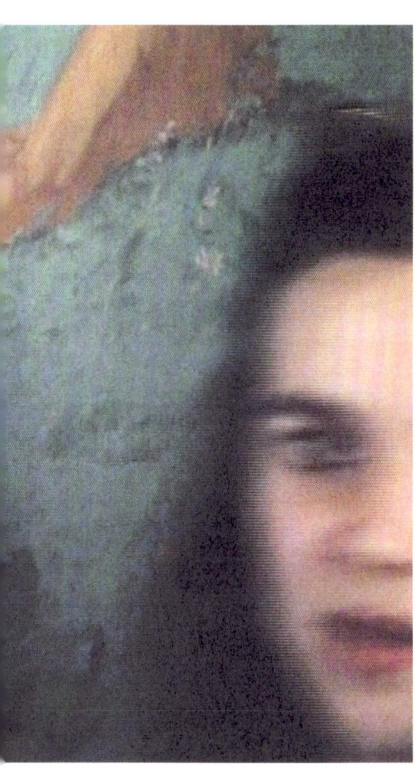

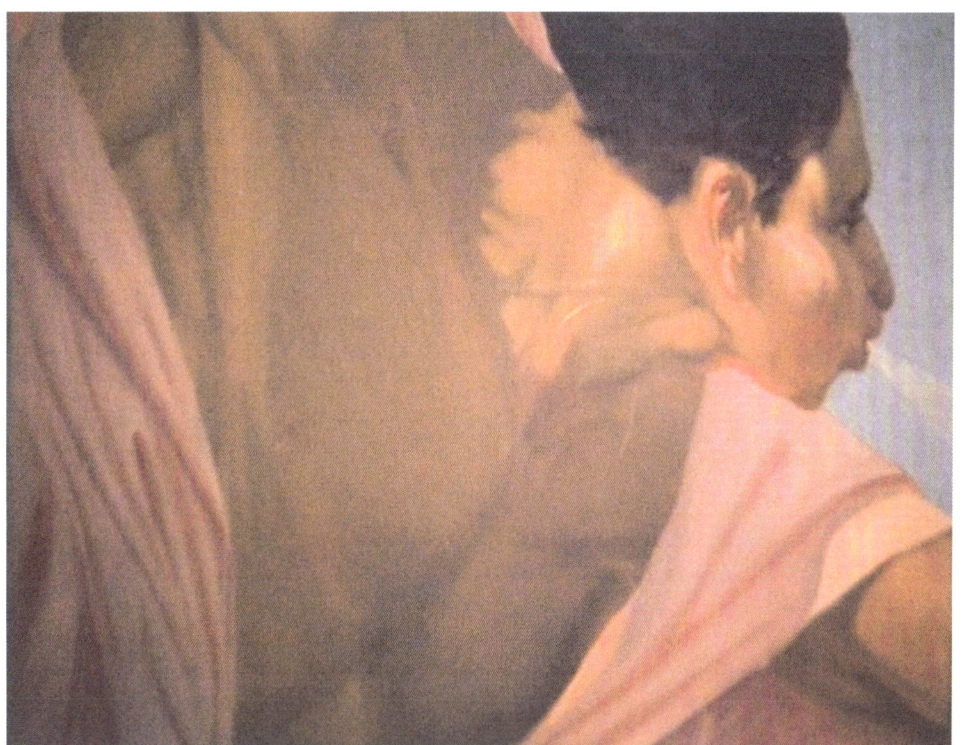

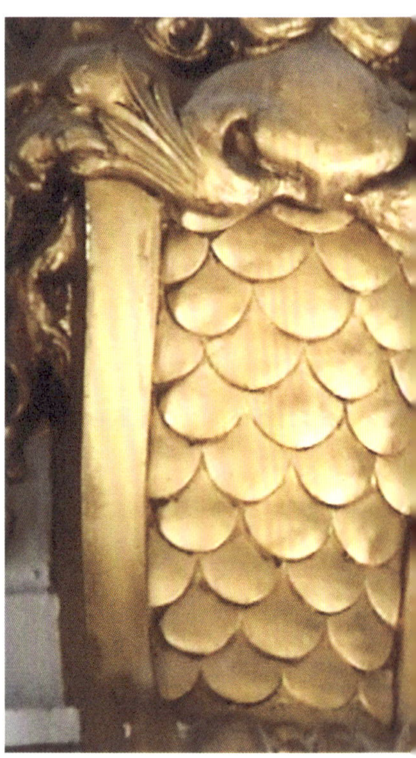

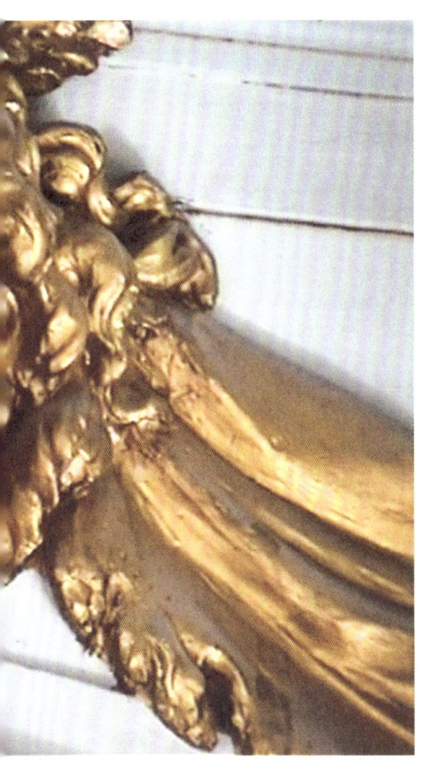

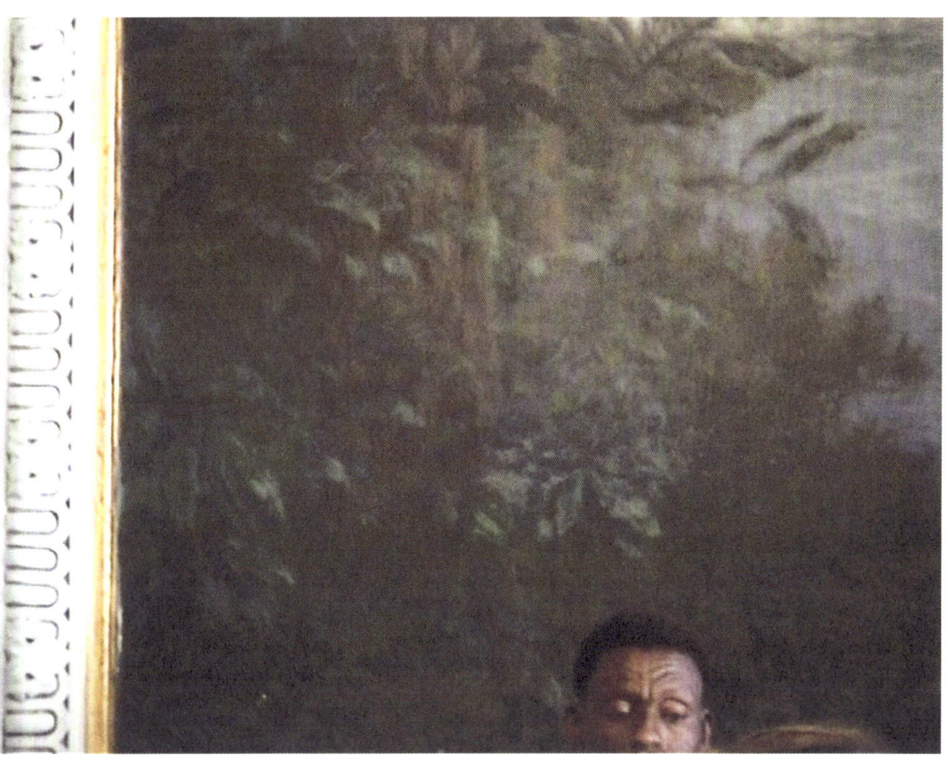

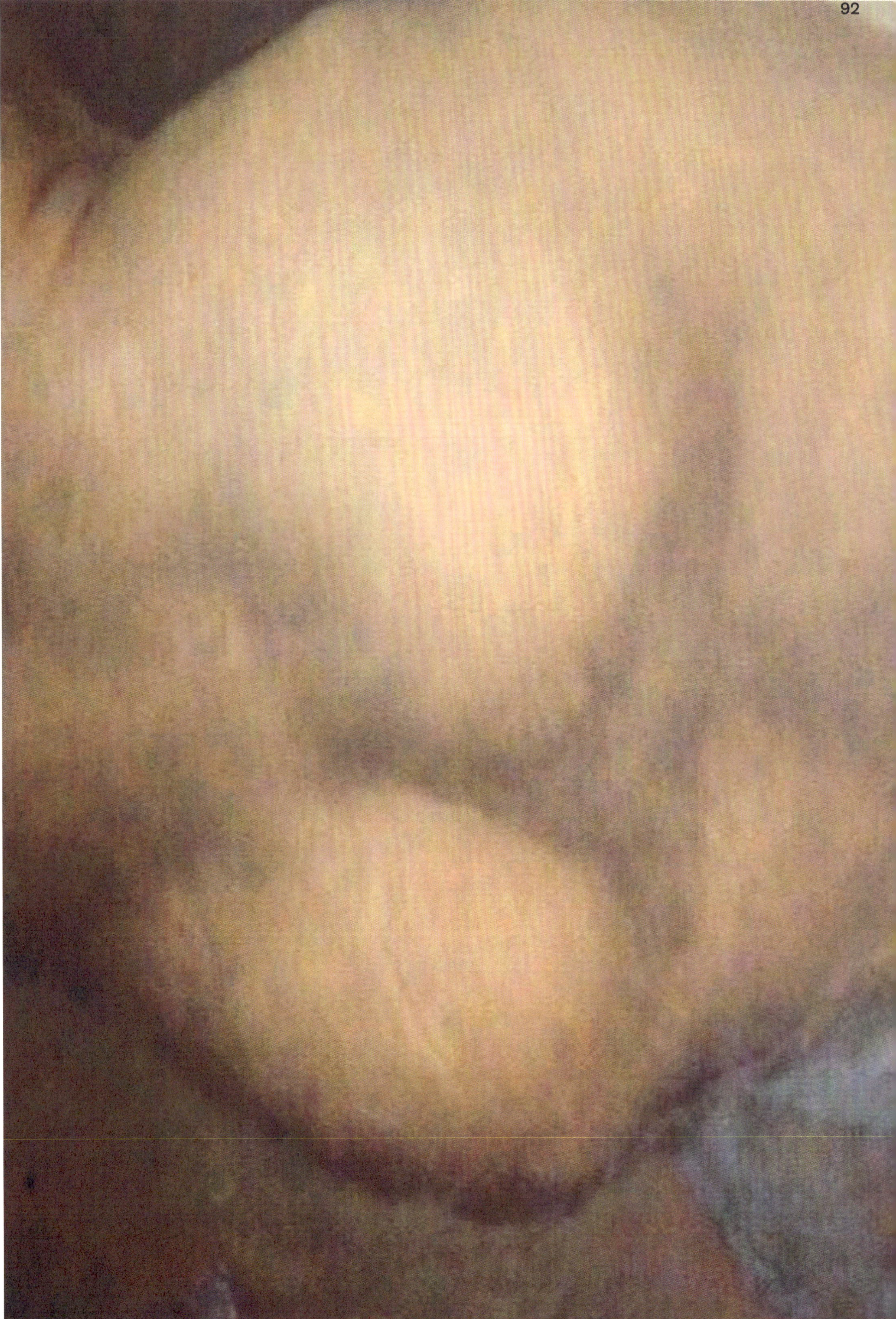

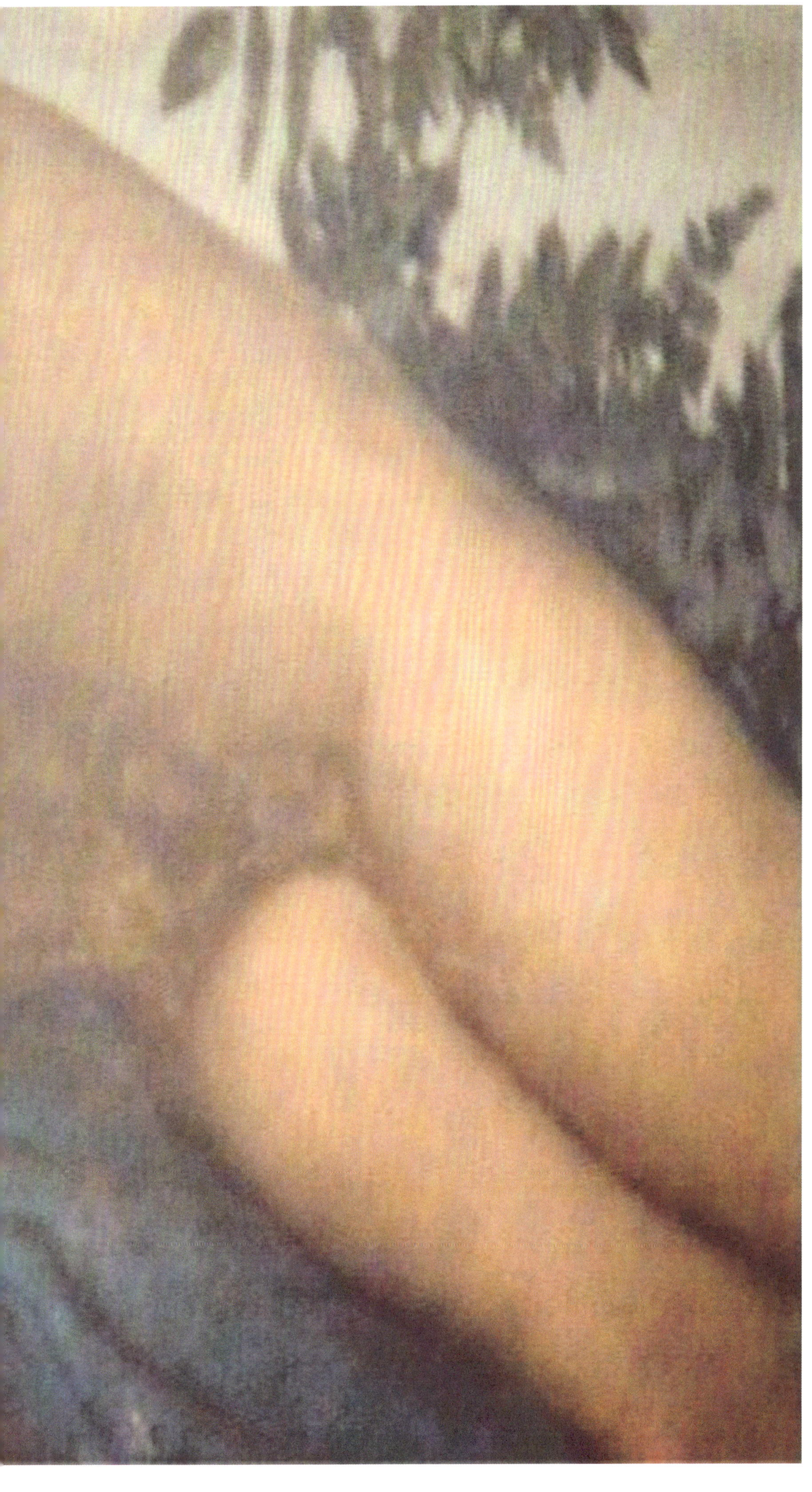

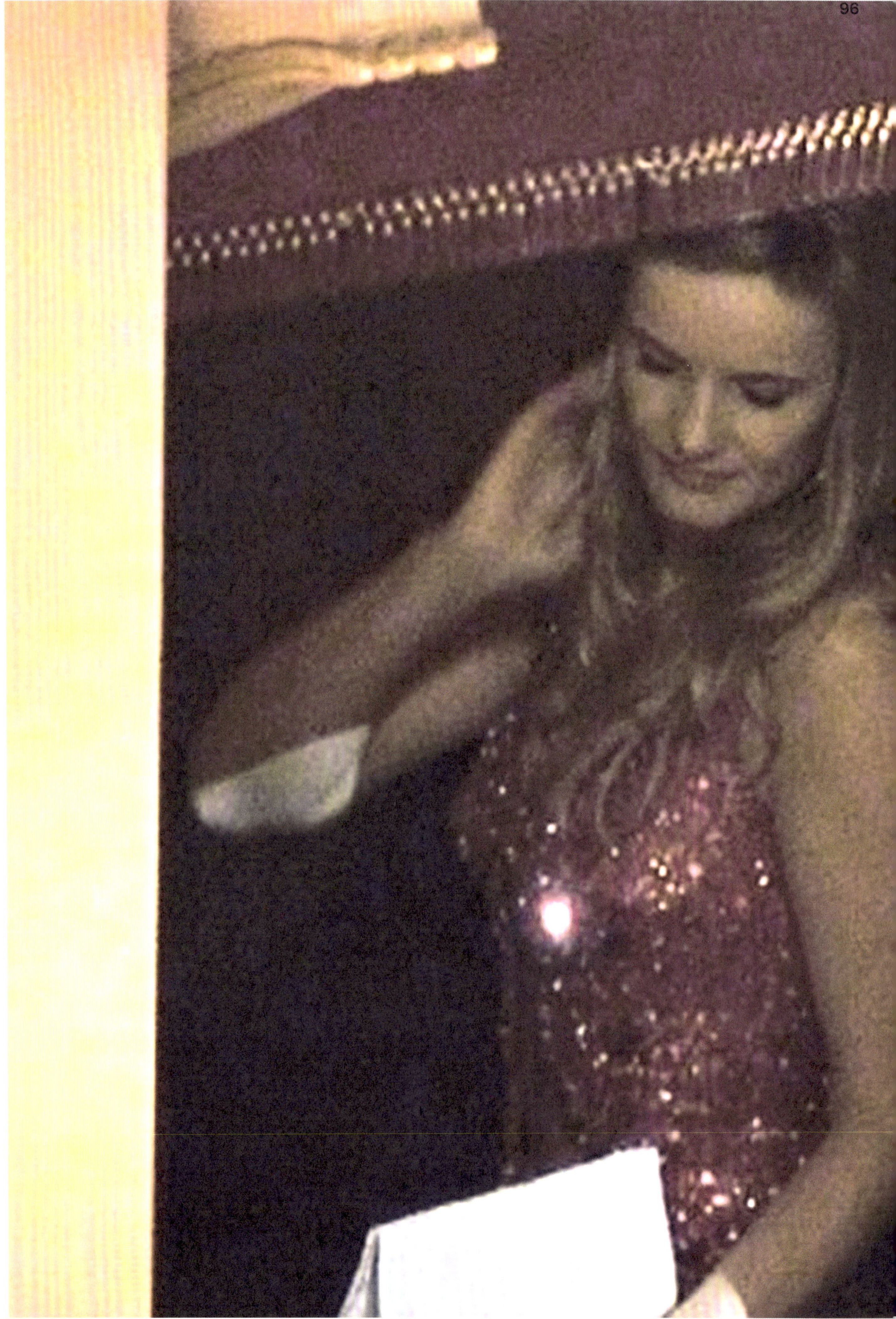

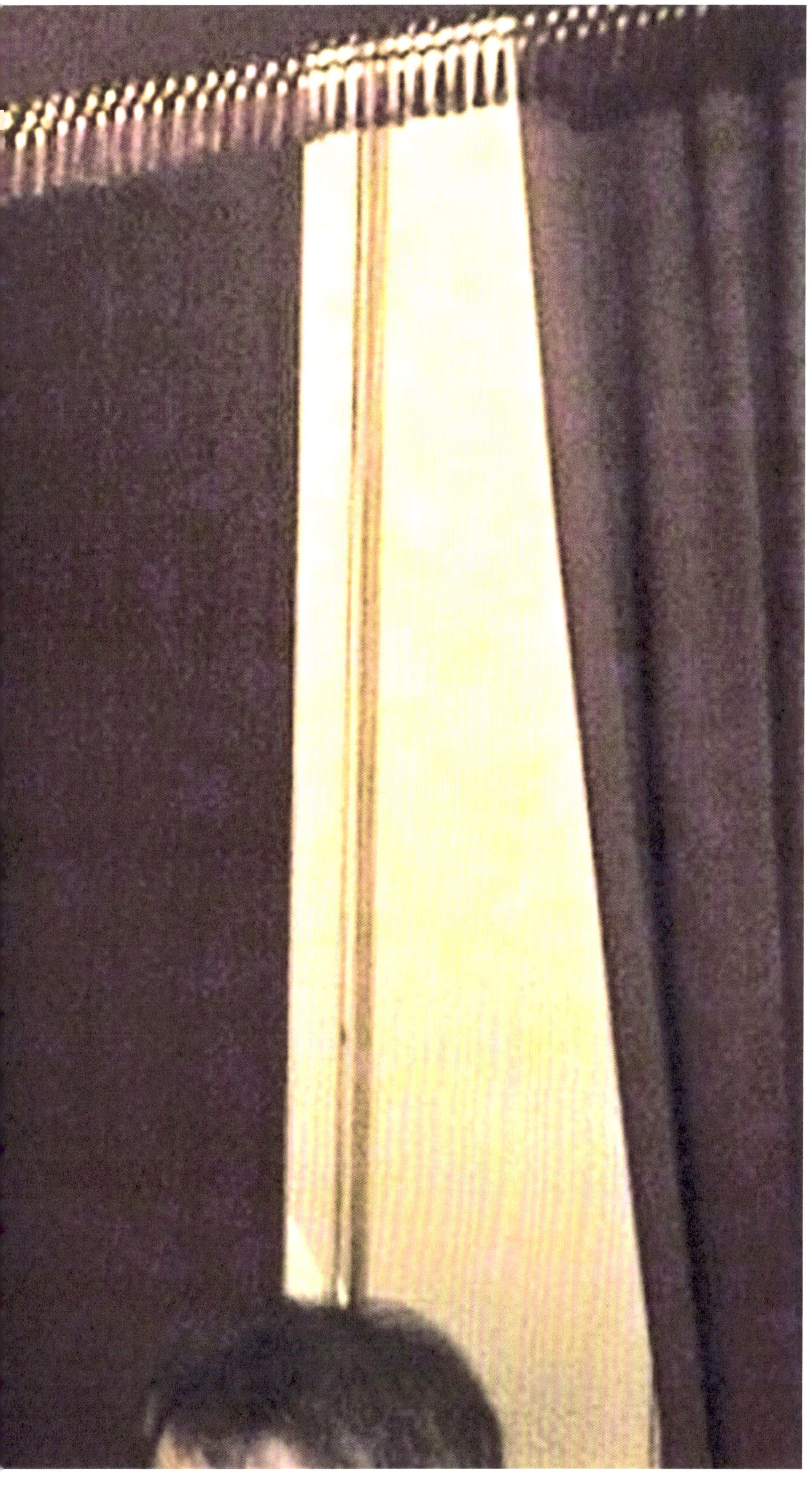

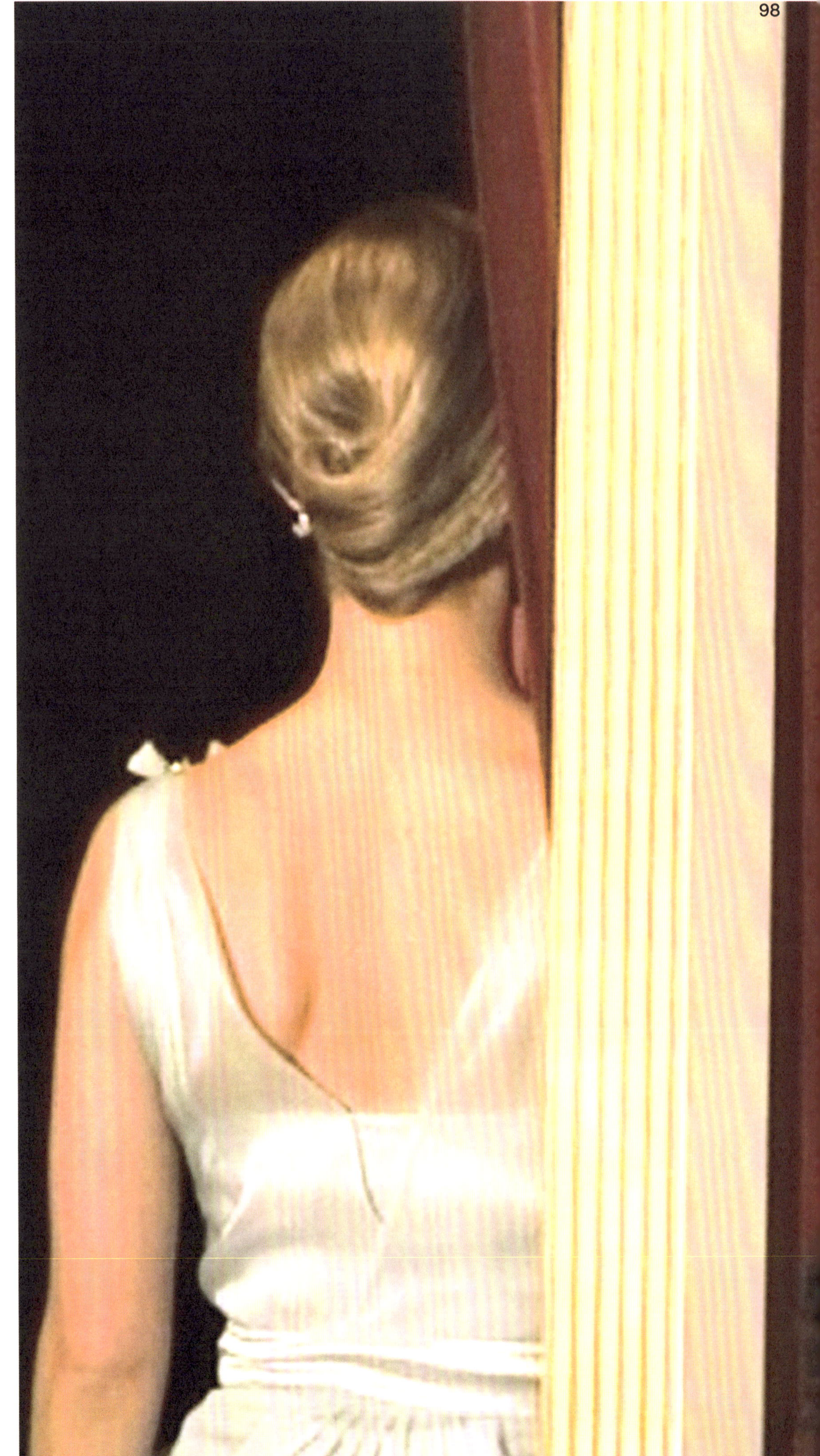

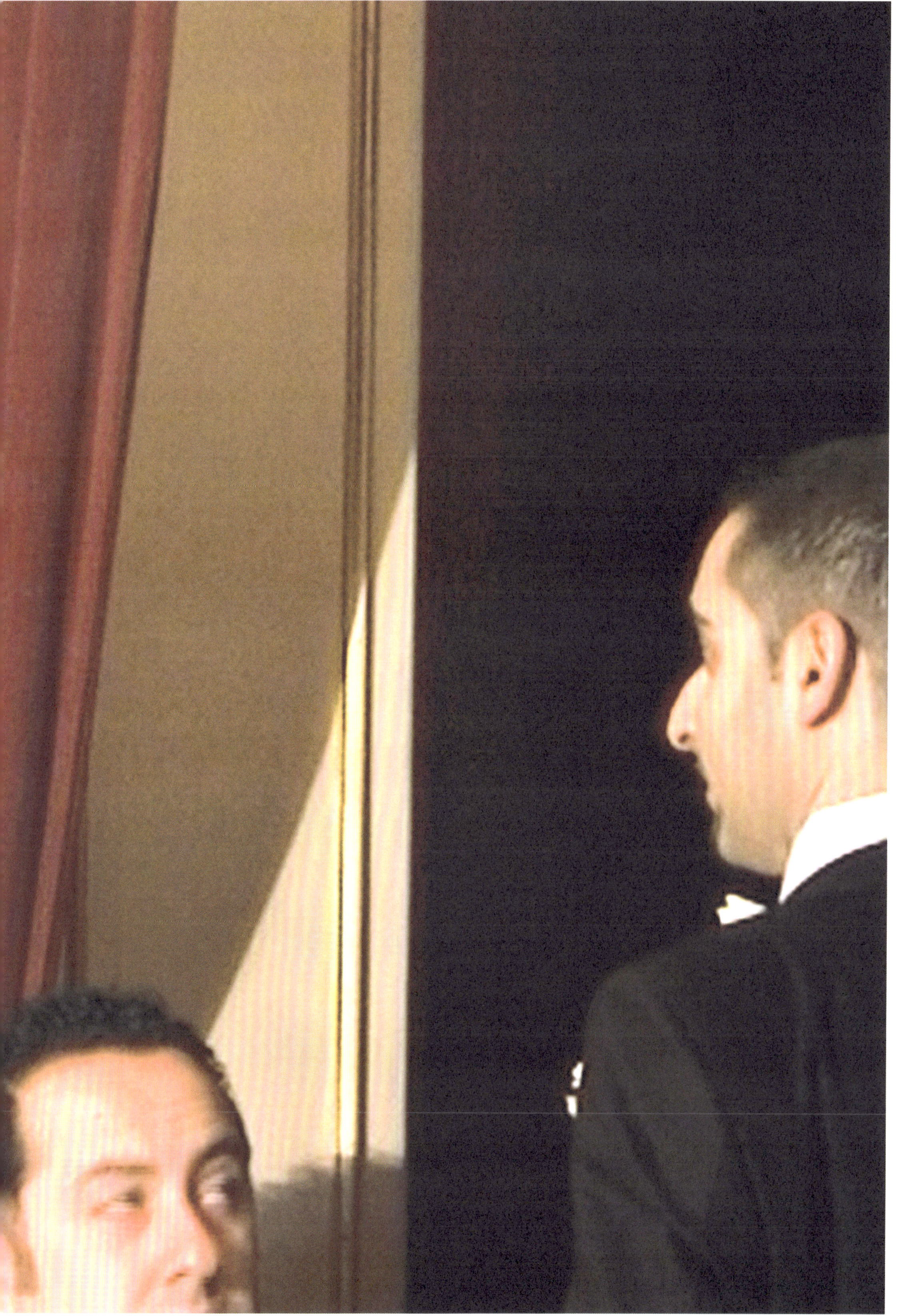

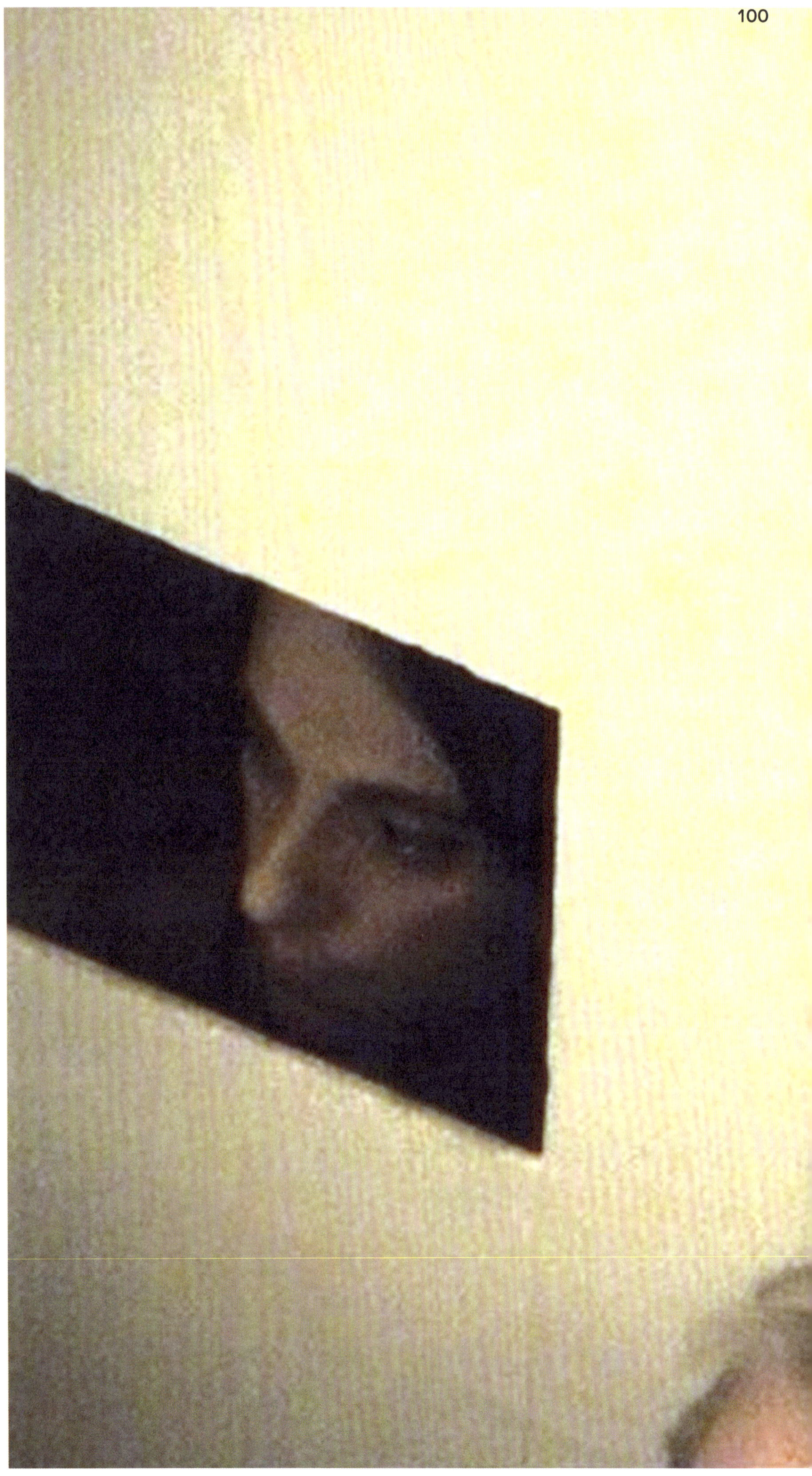

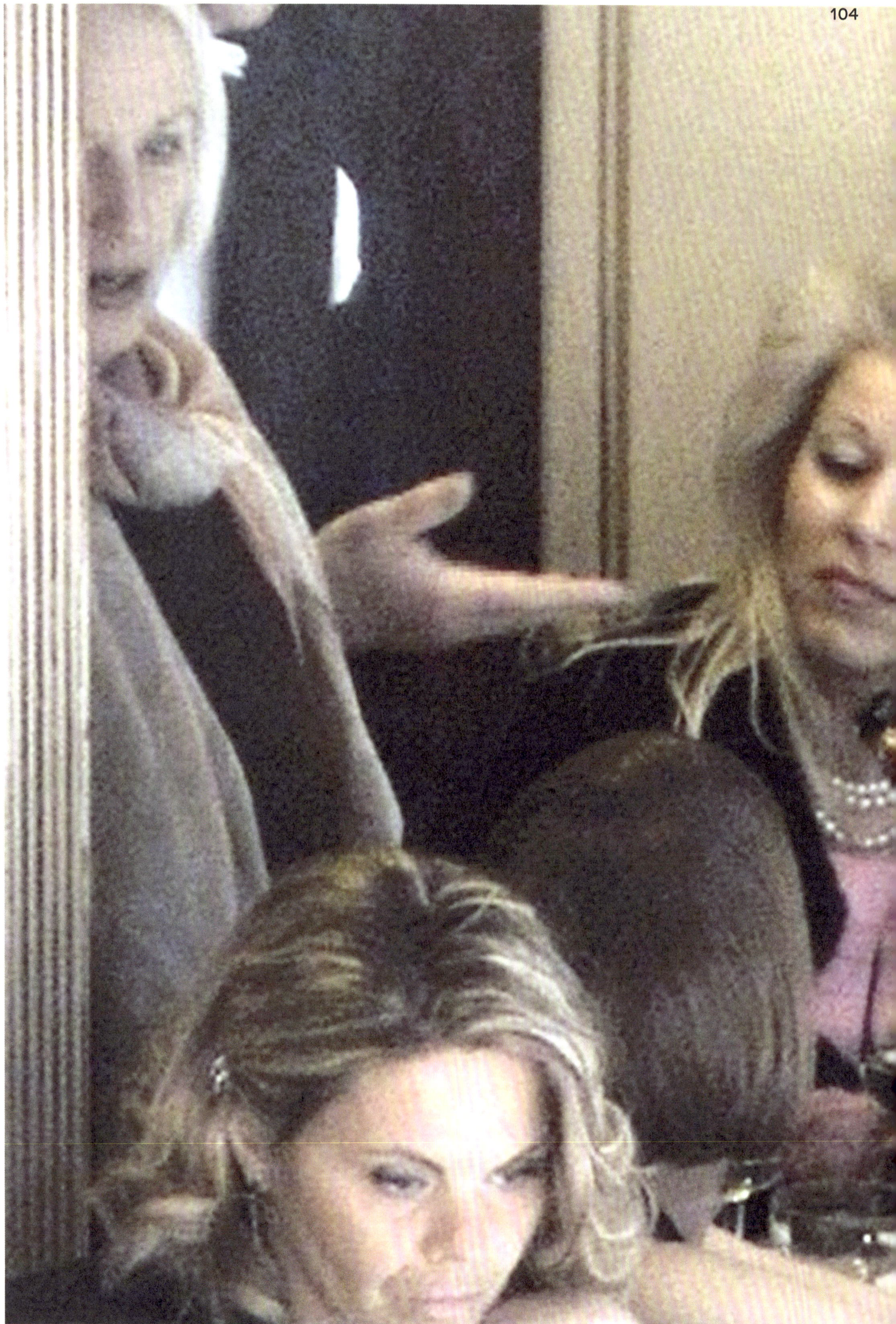

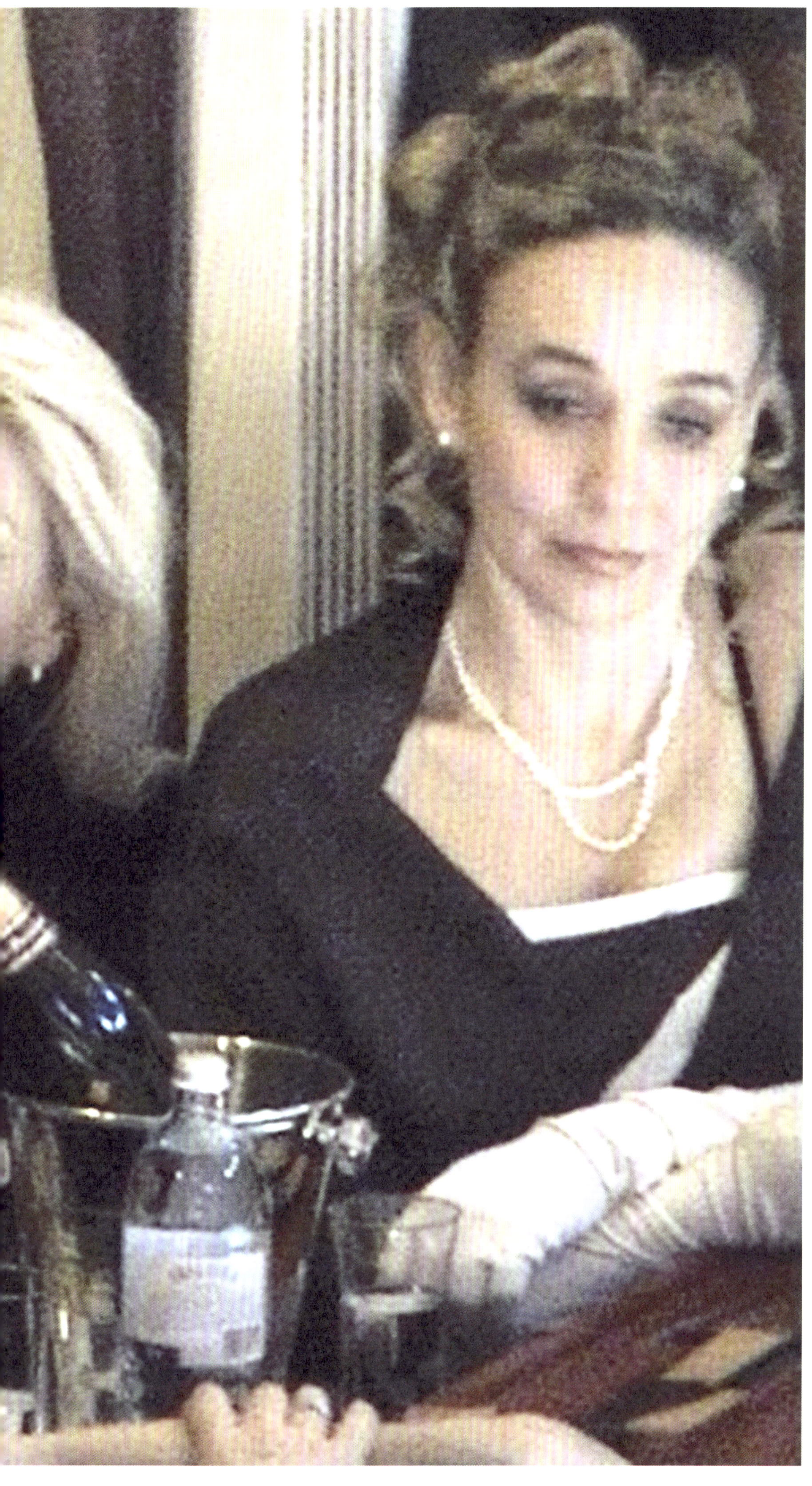

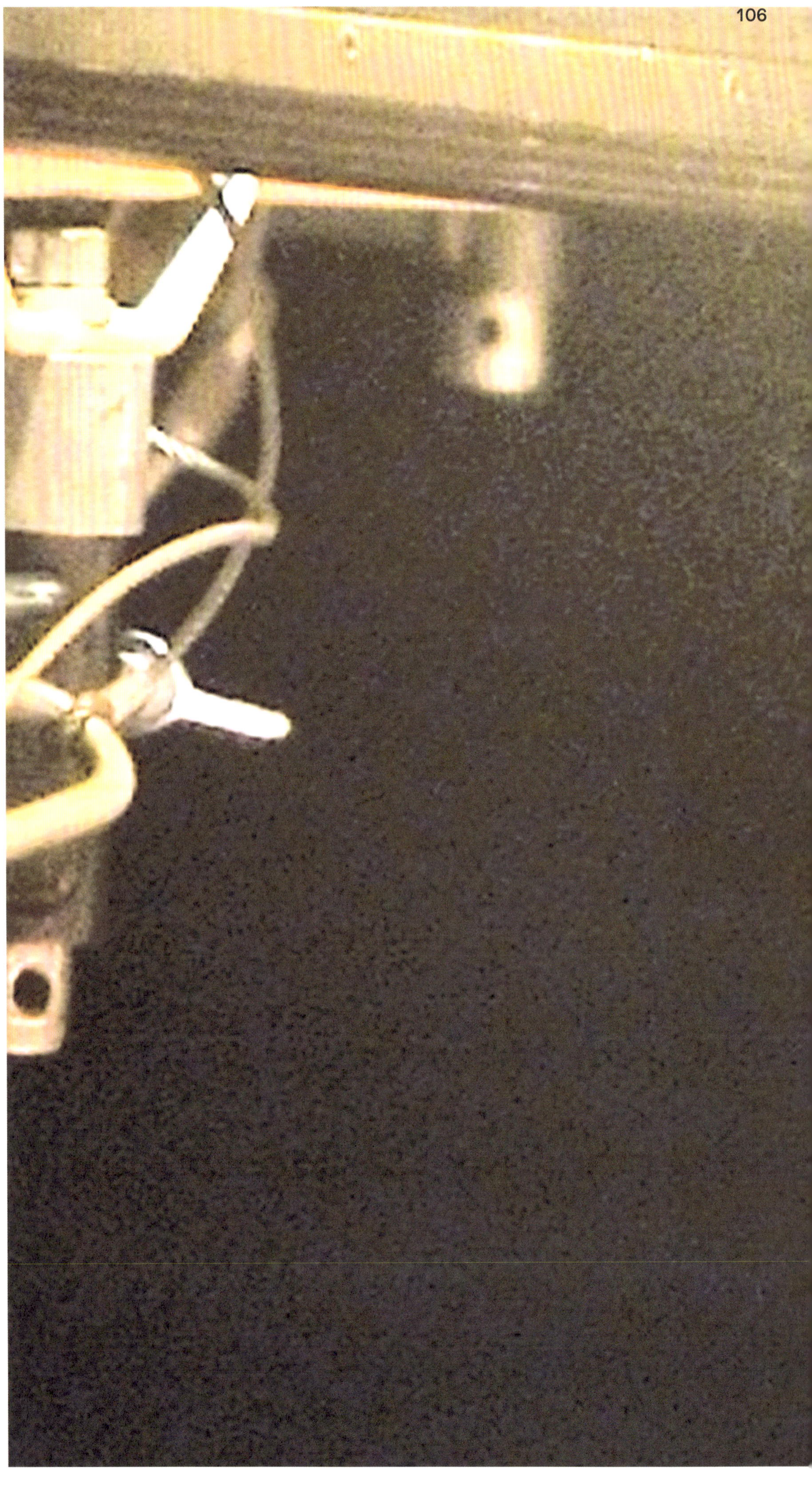

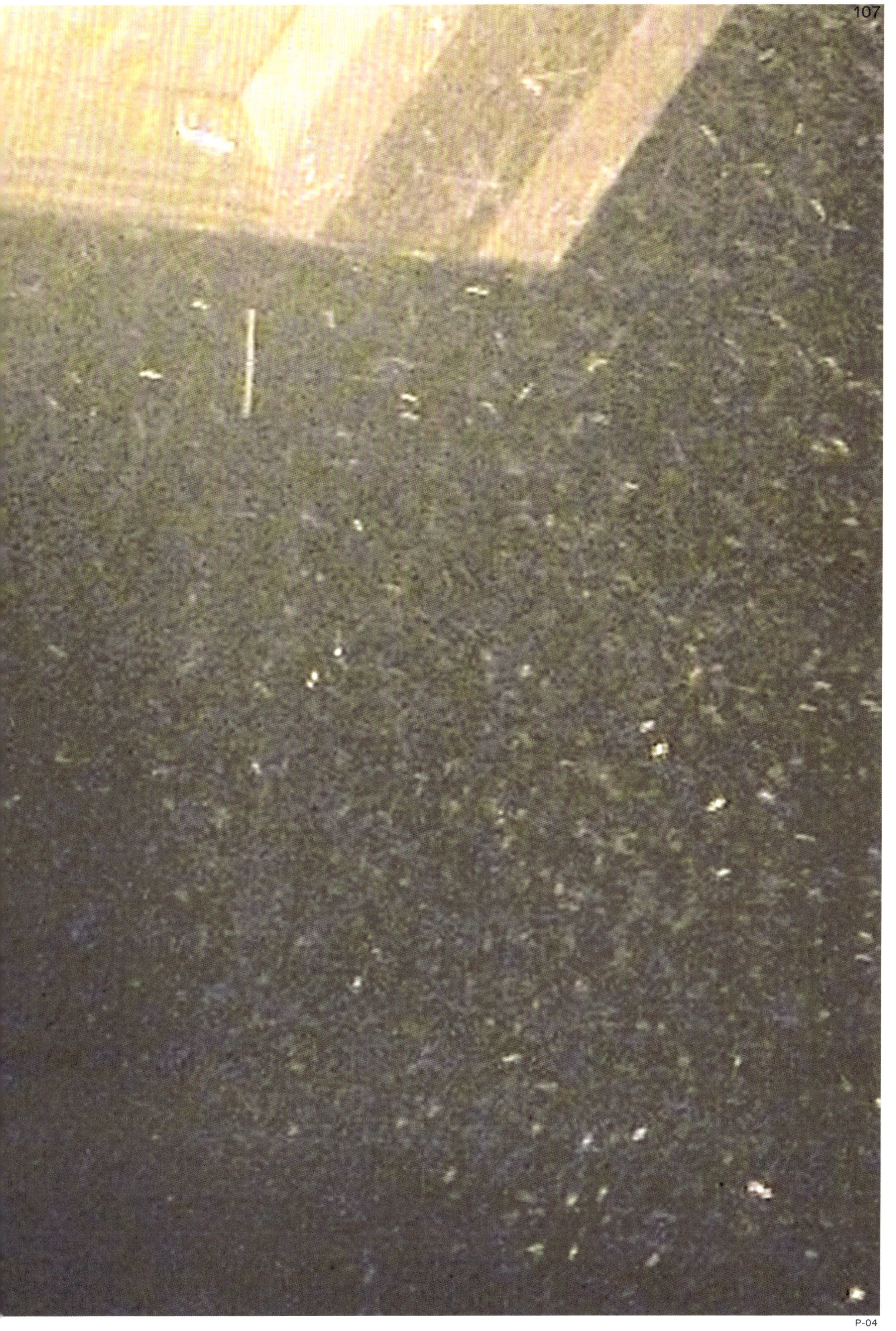

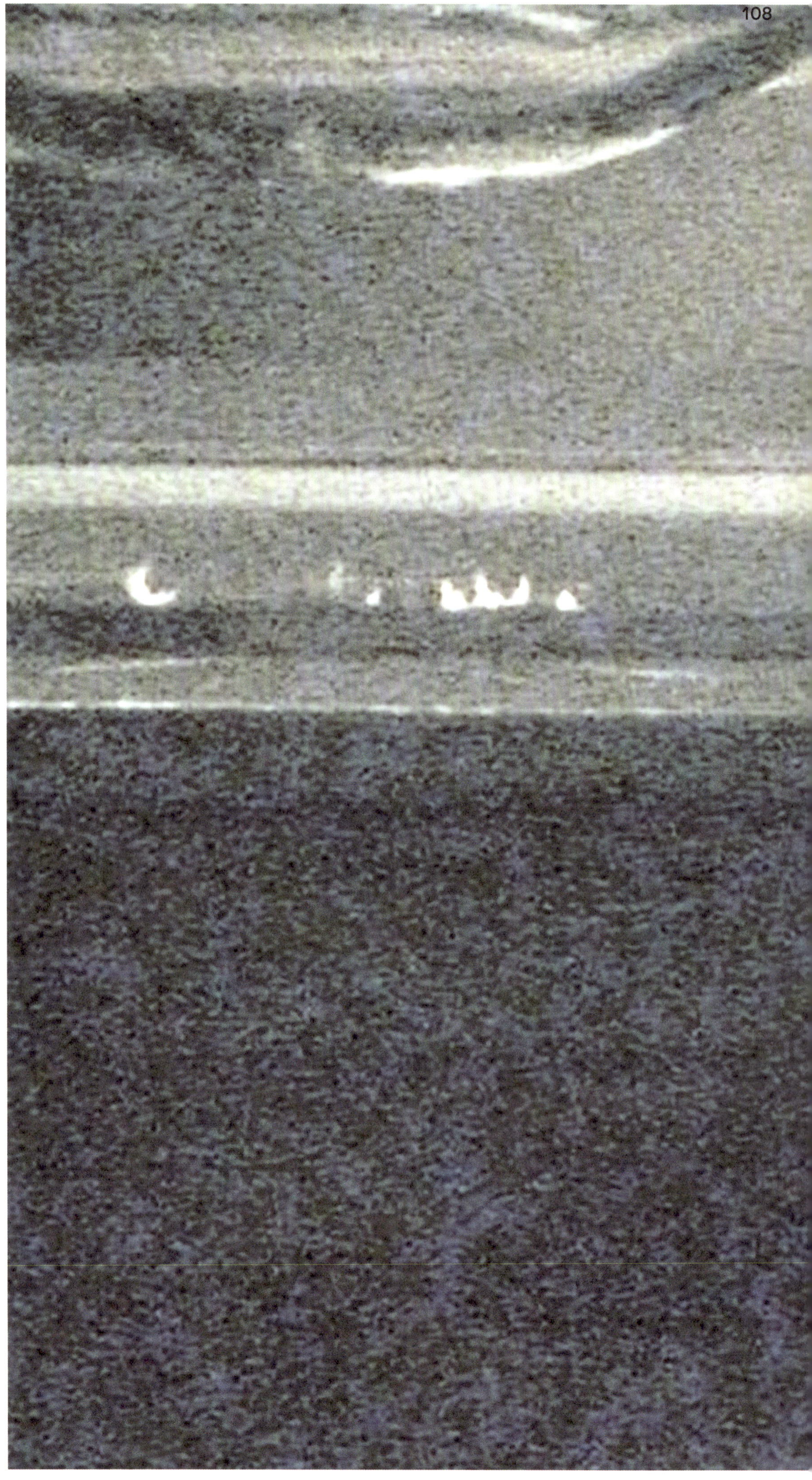

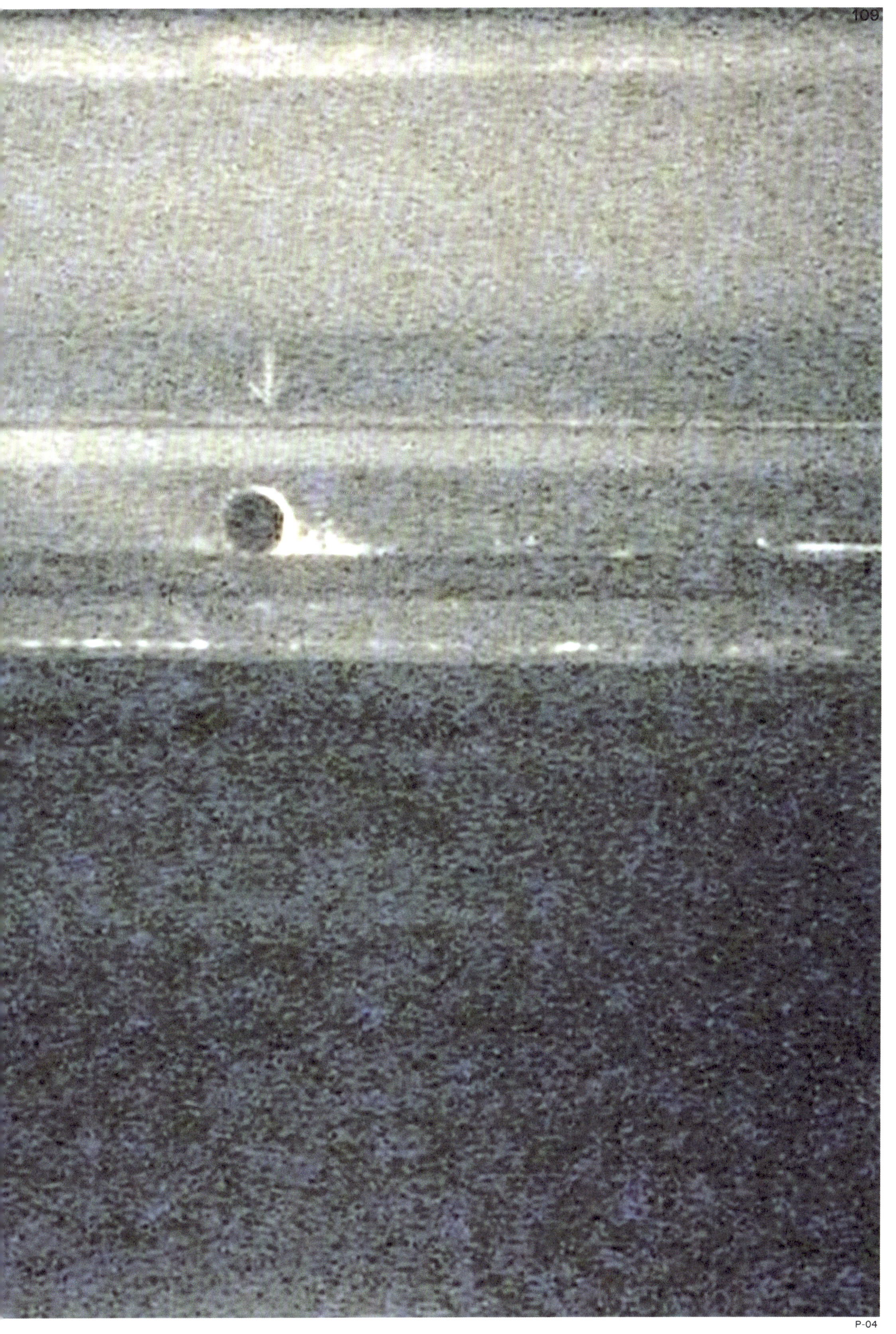

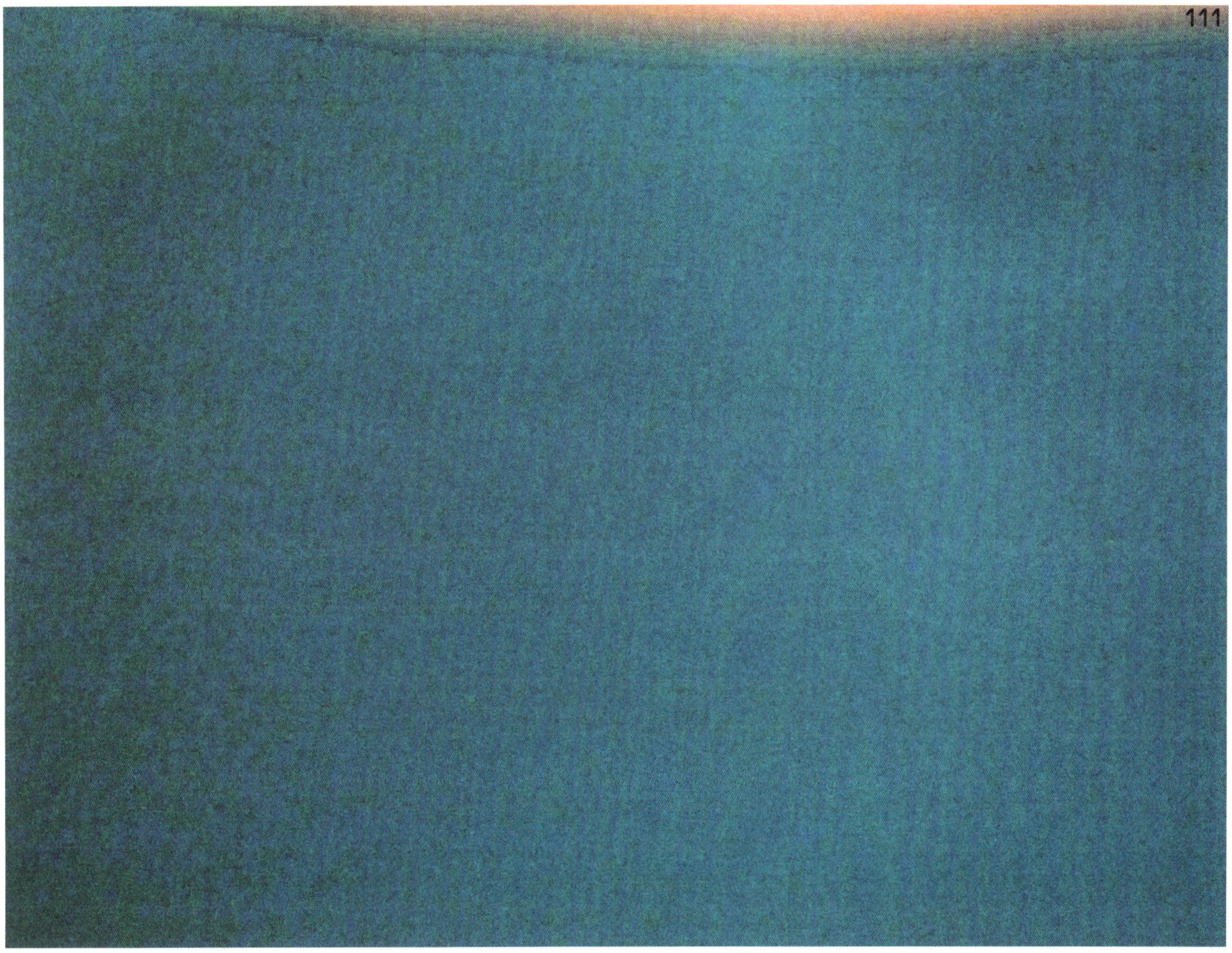

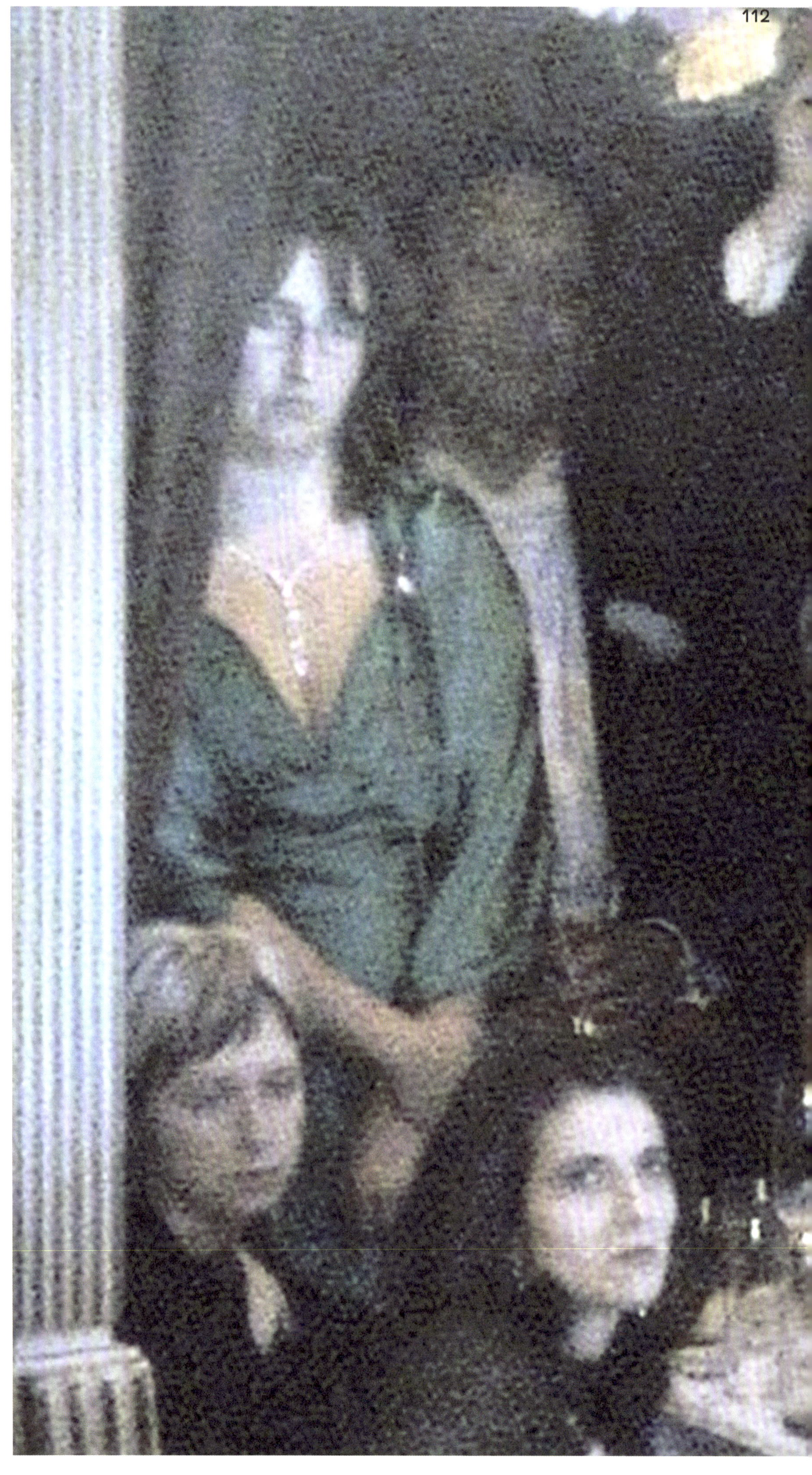

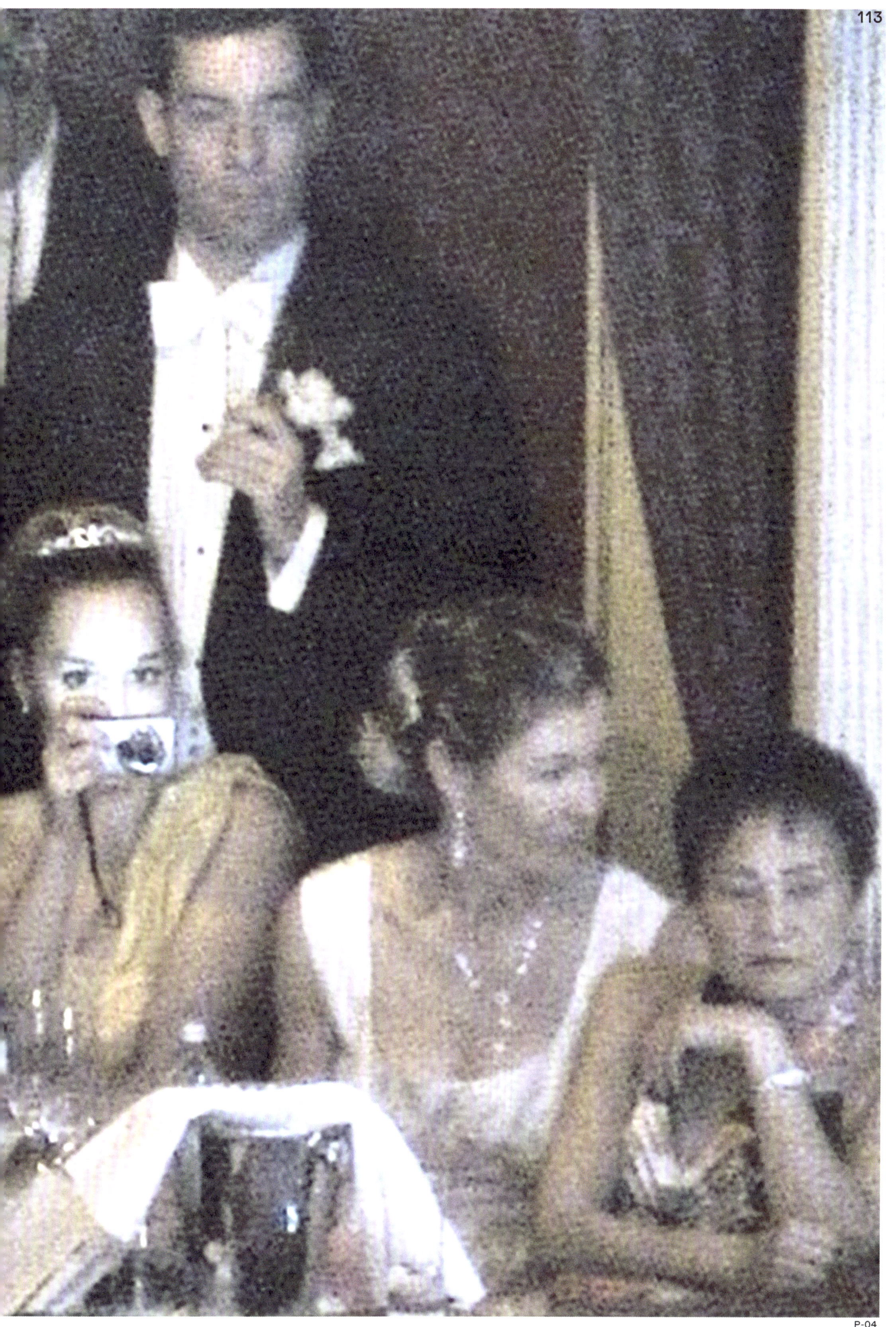

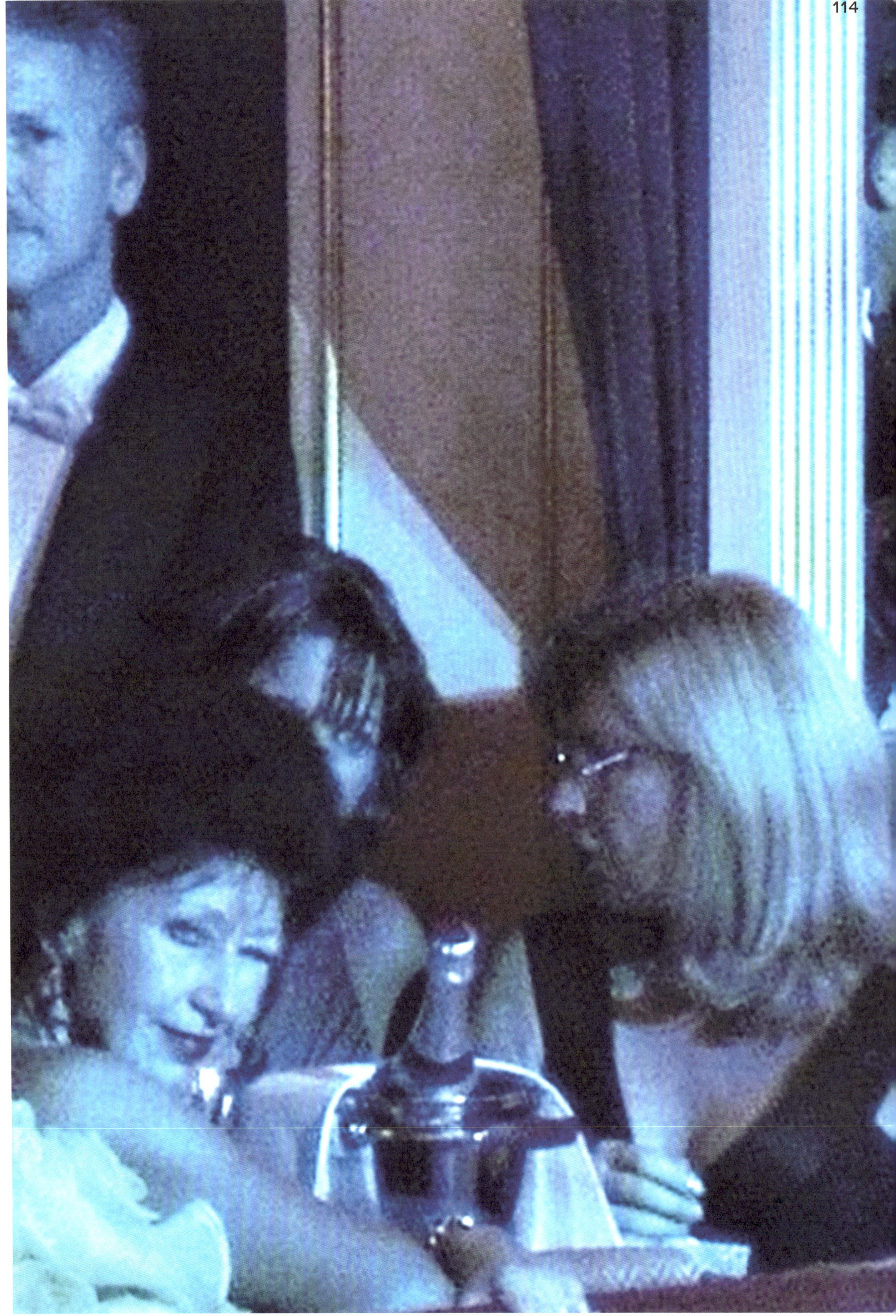

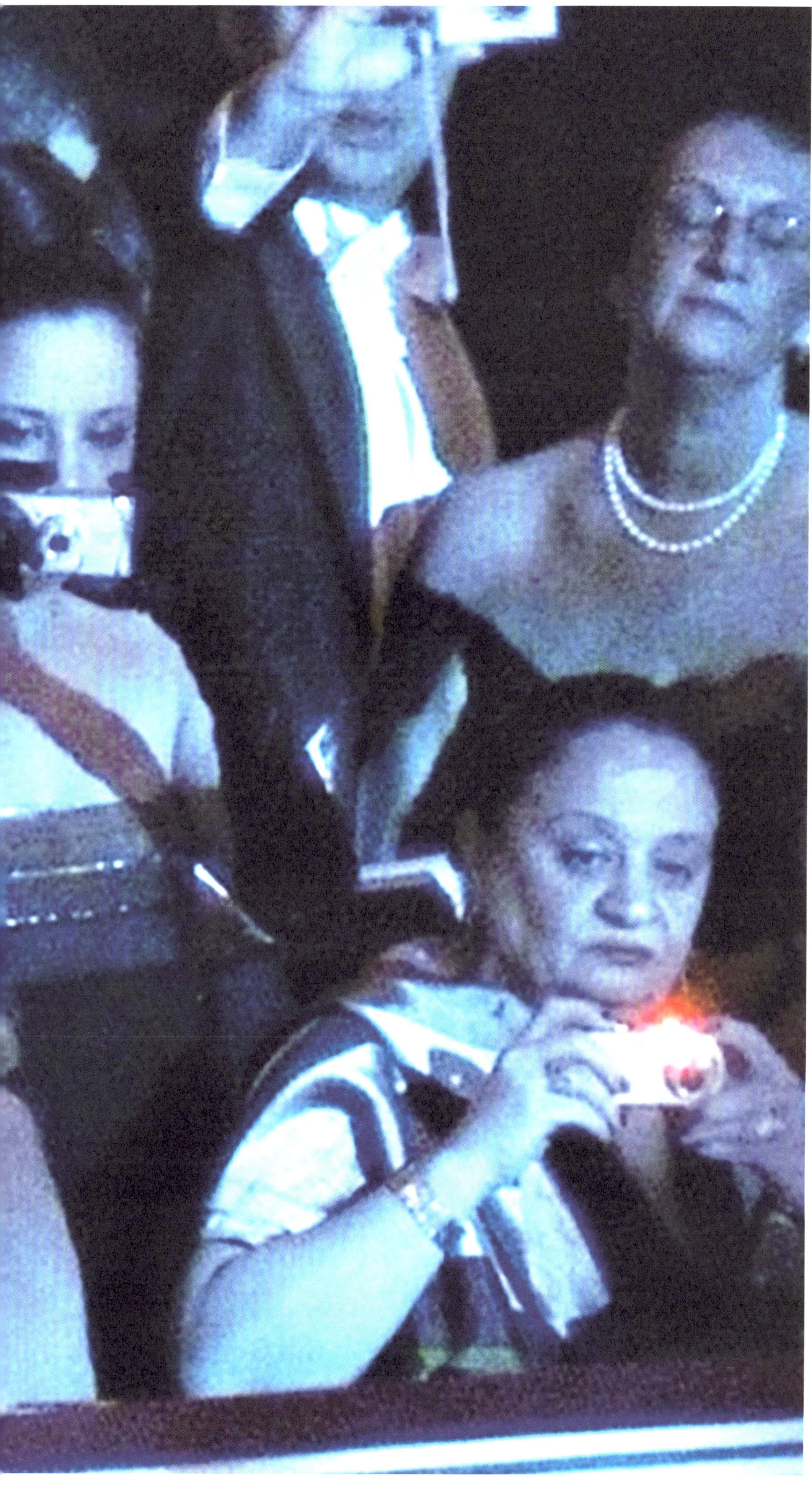

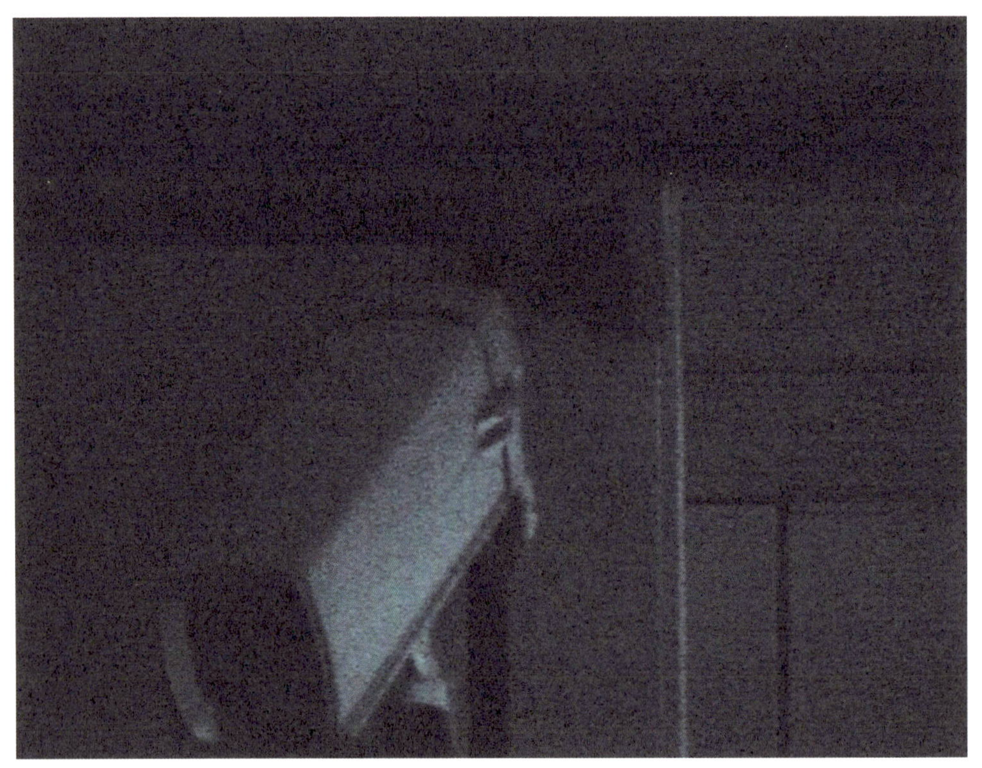

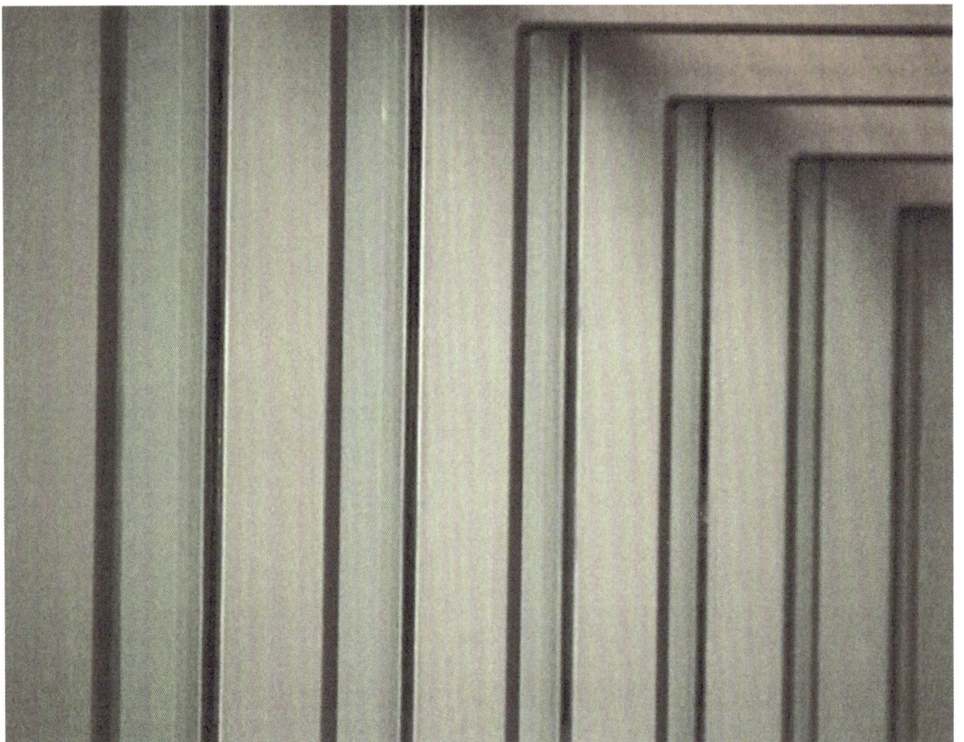

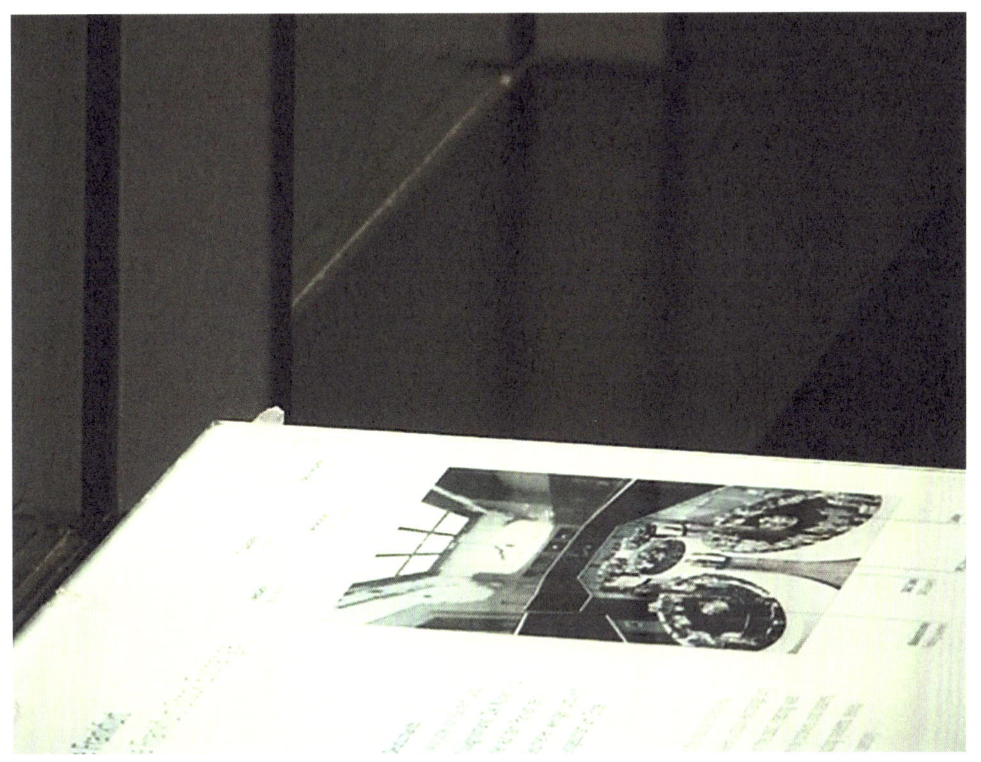

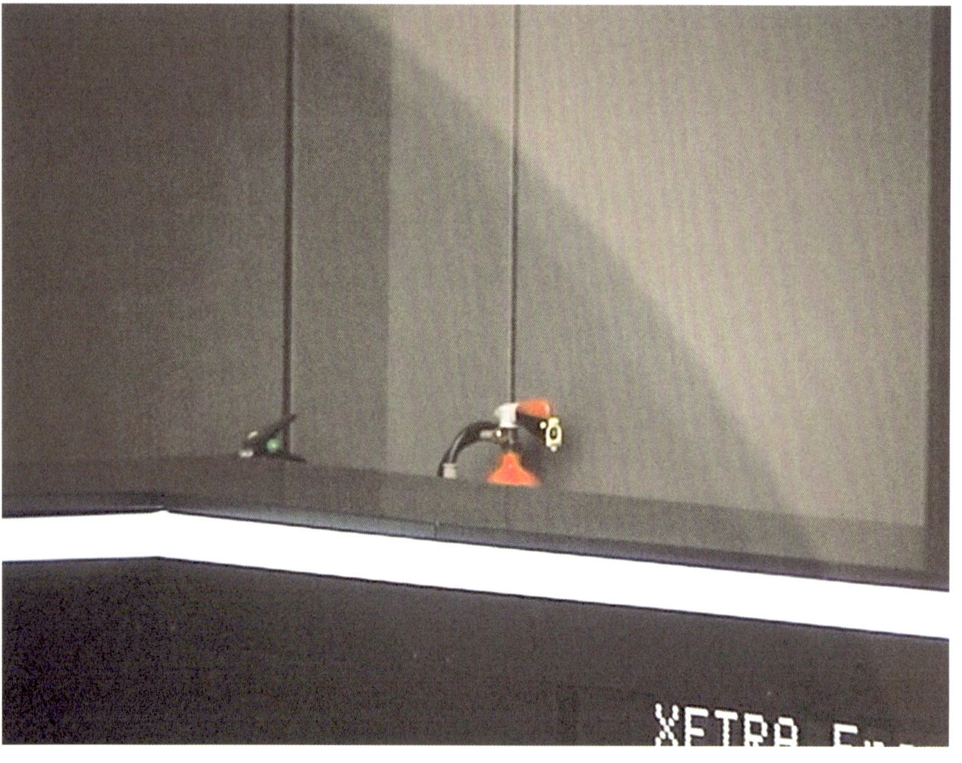
XETRA

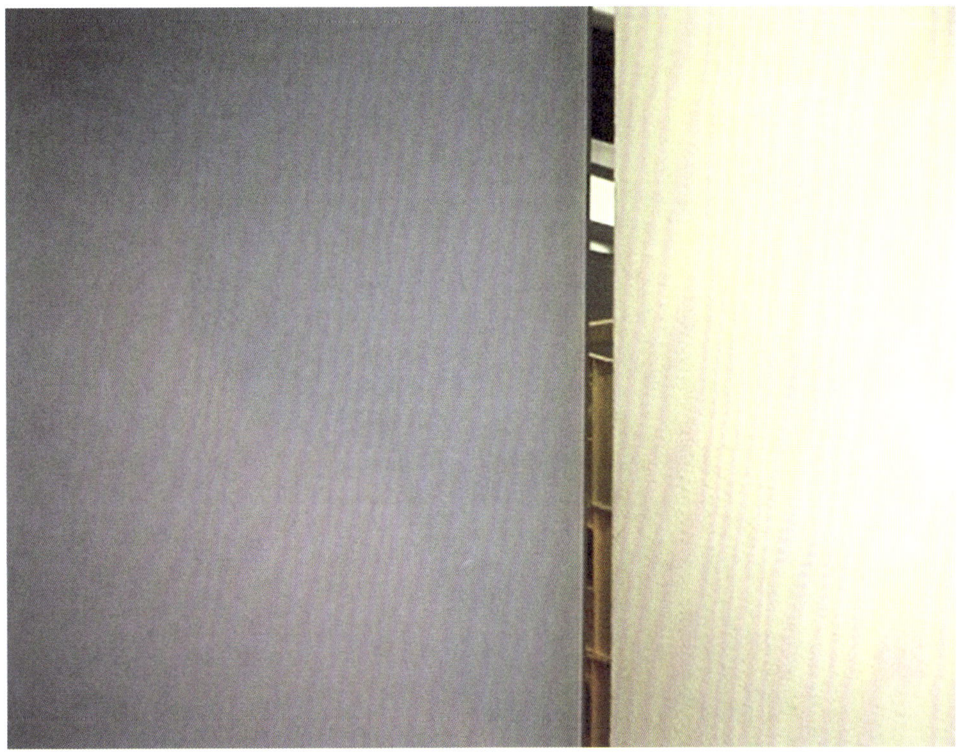

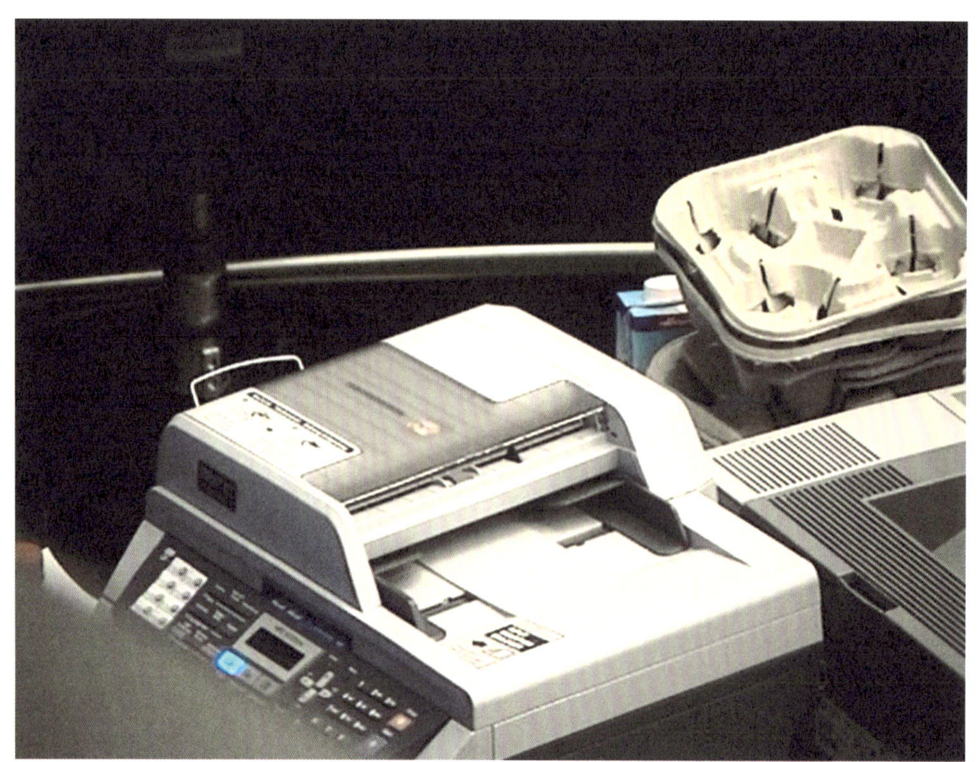

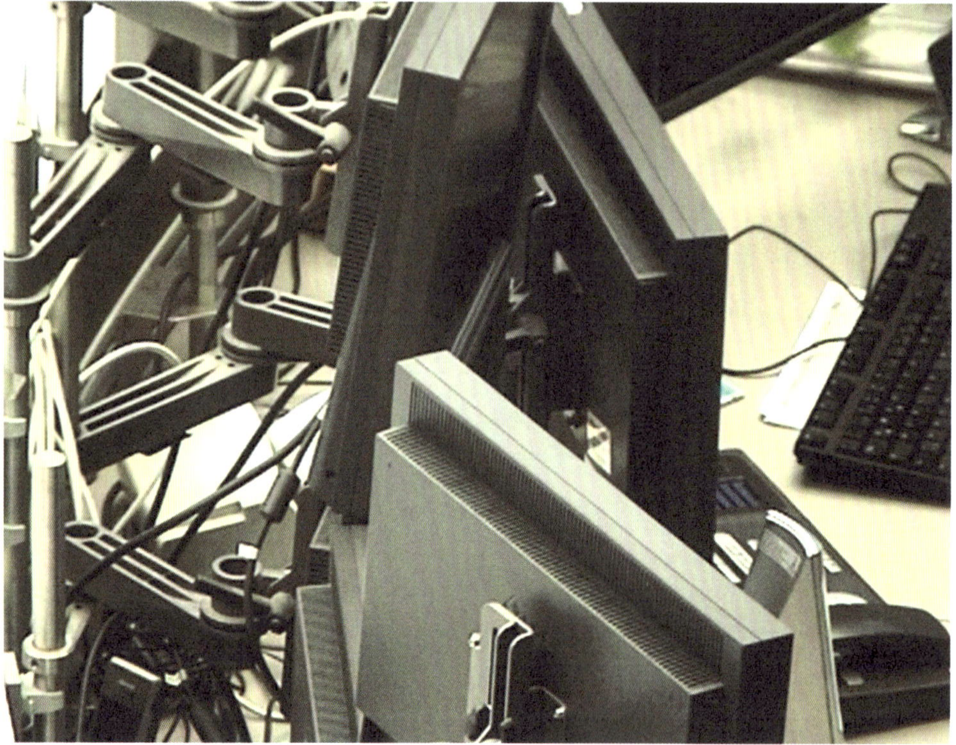

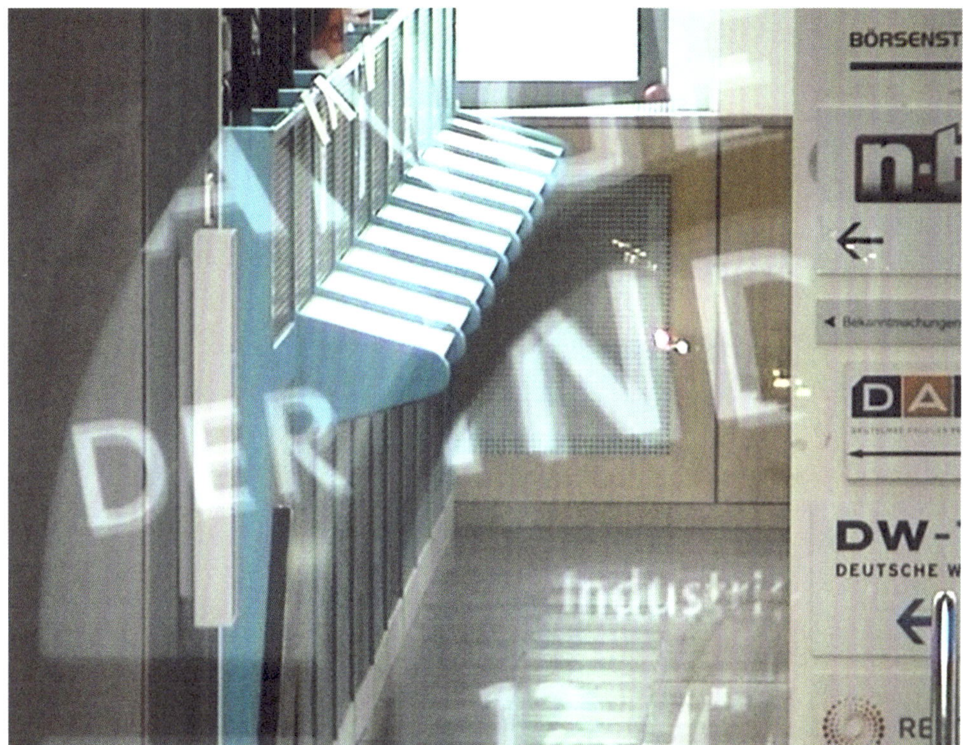

BÖRSENST
n-
Bekanntmachungen
DA
DEUTSCHE
DW-
DEUTSCHE W
Industri
DER
RE

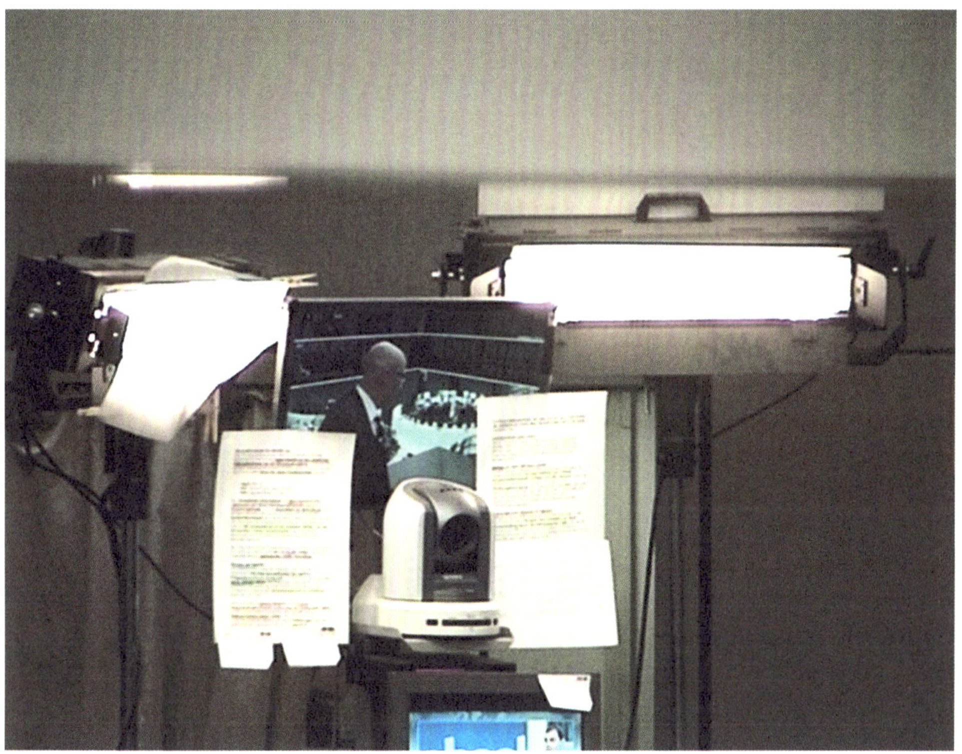

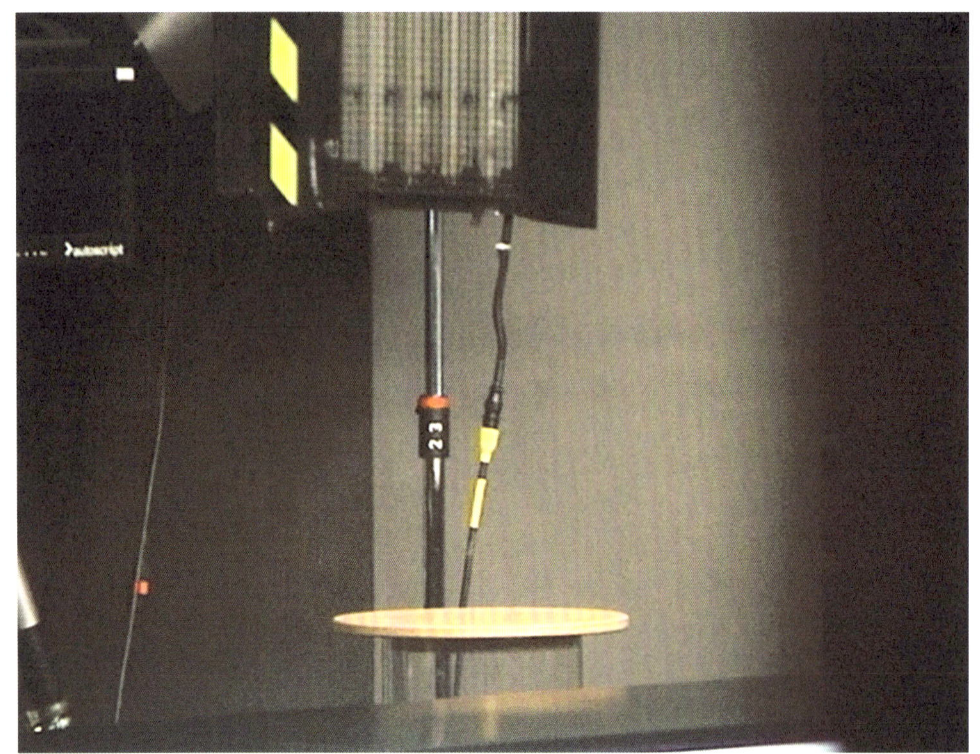

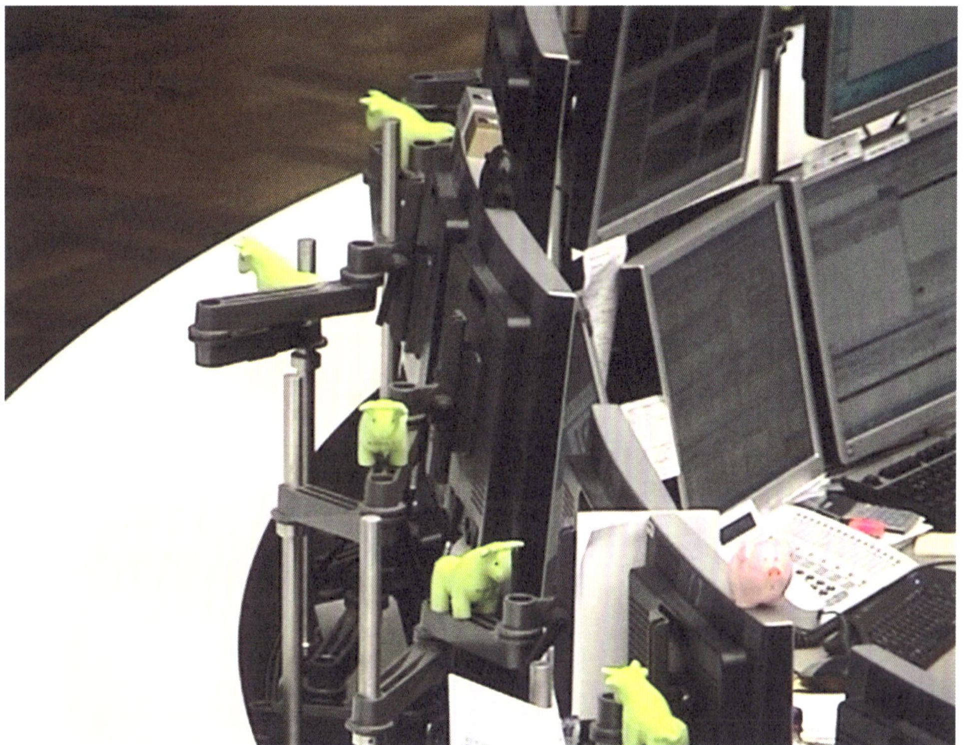

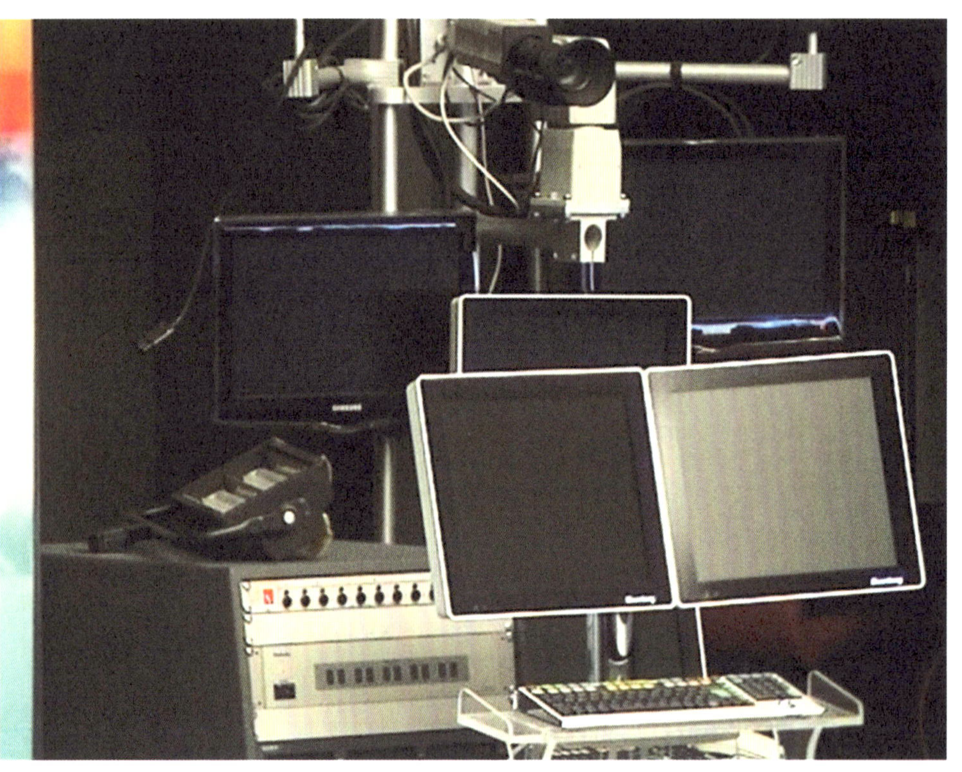

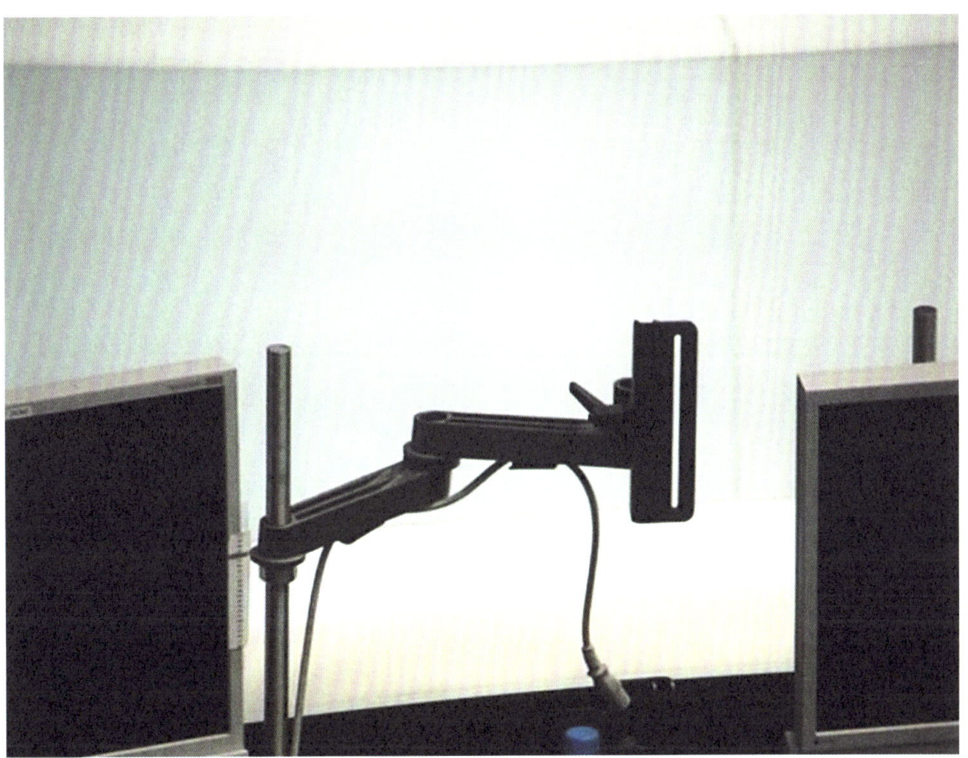

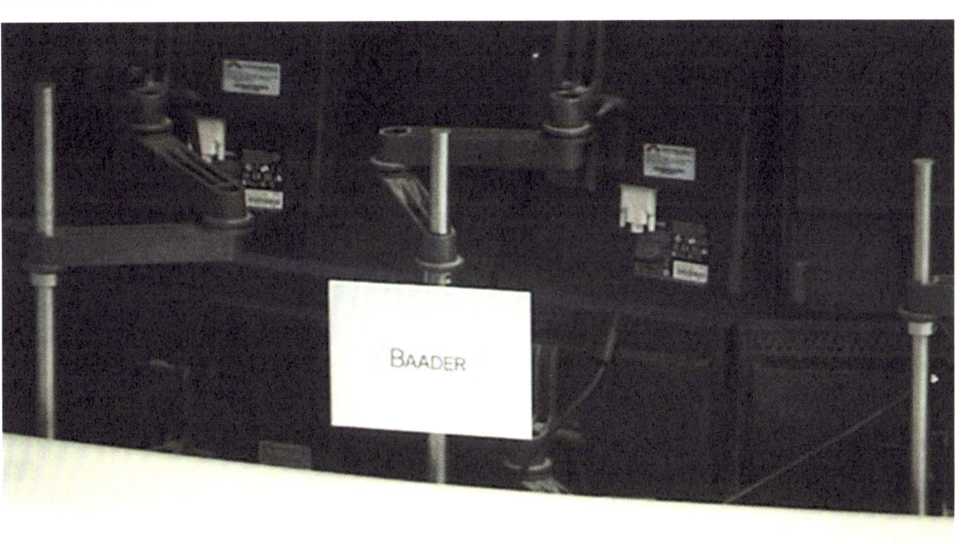
BAADER

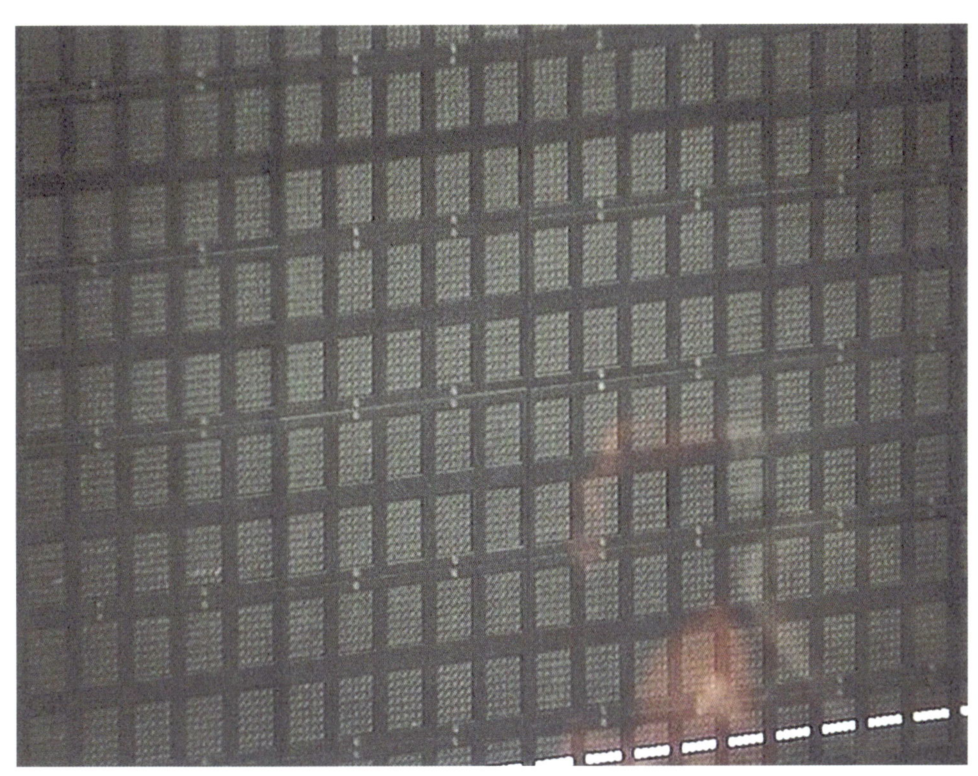

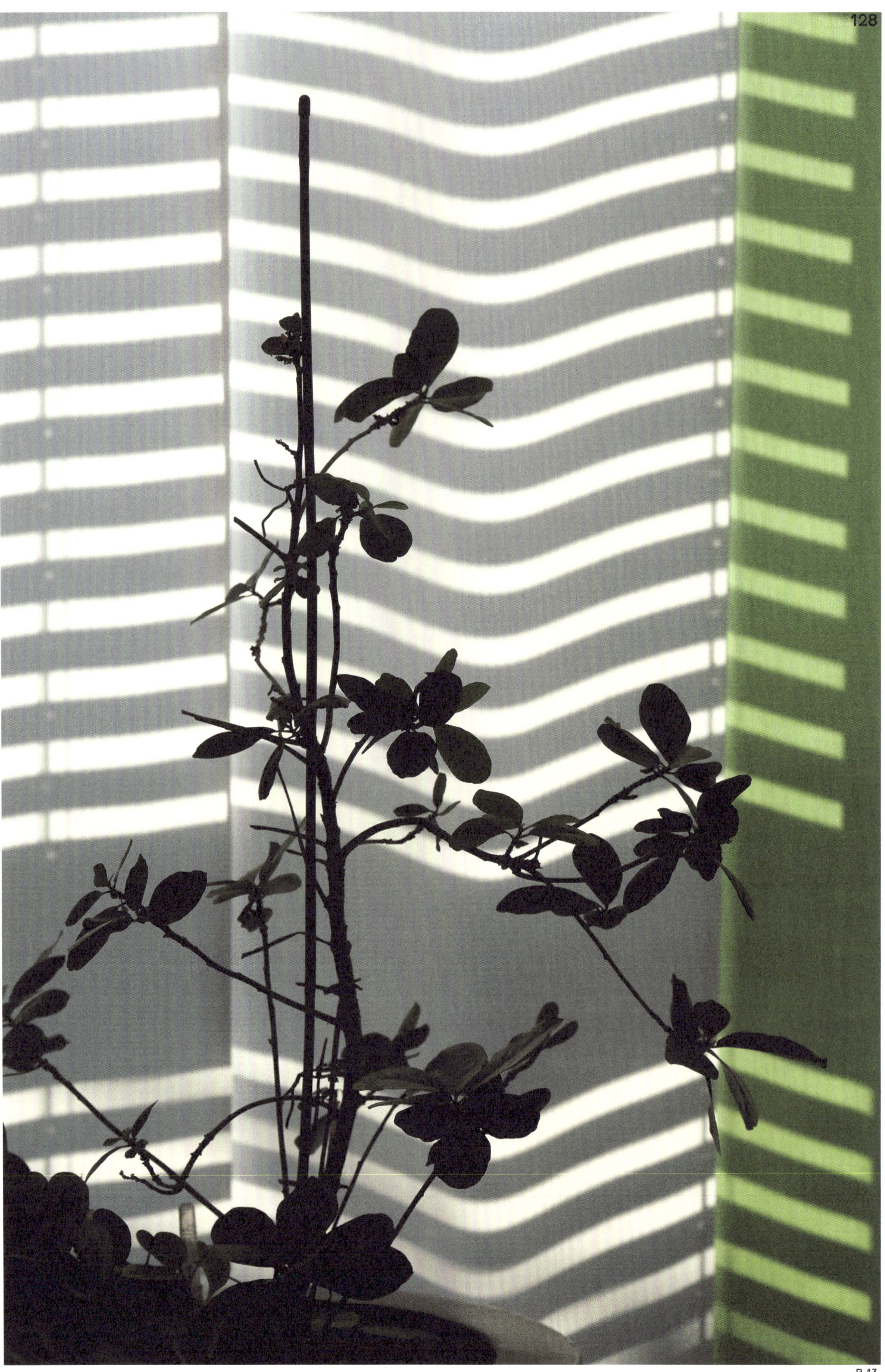

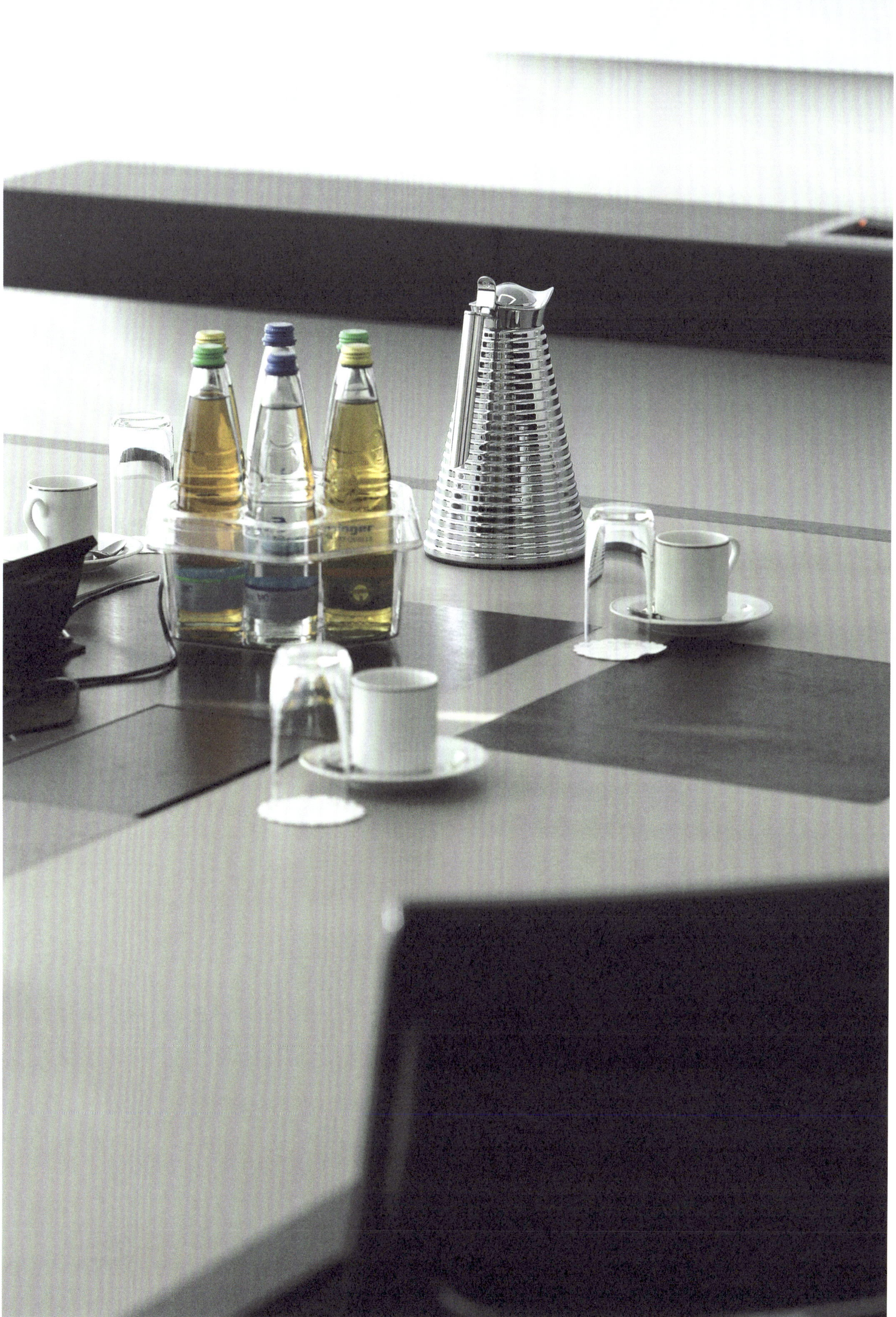

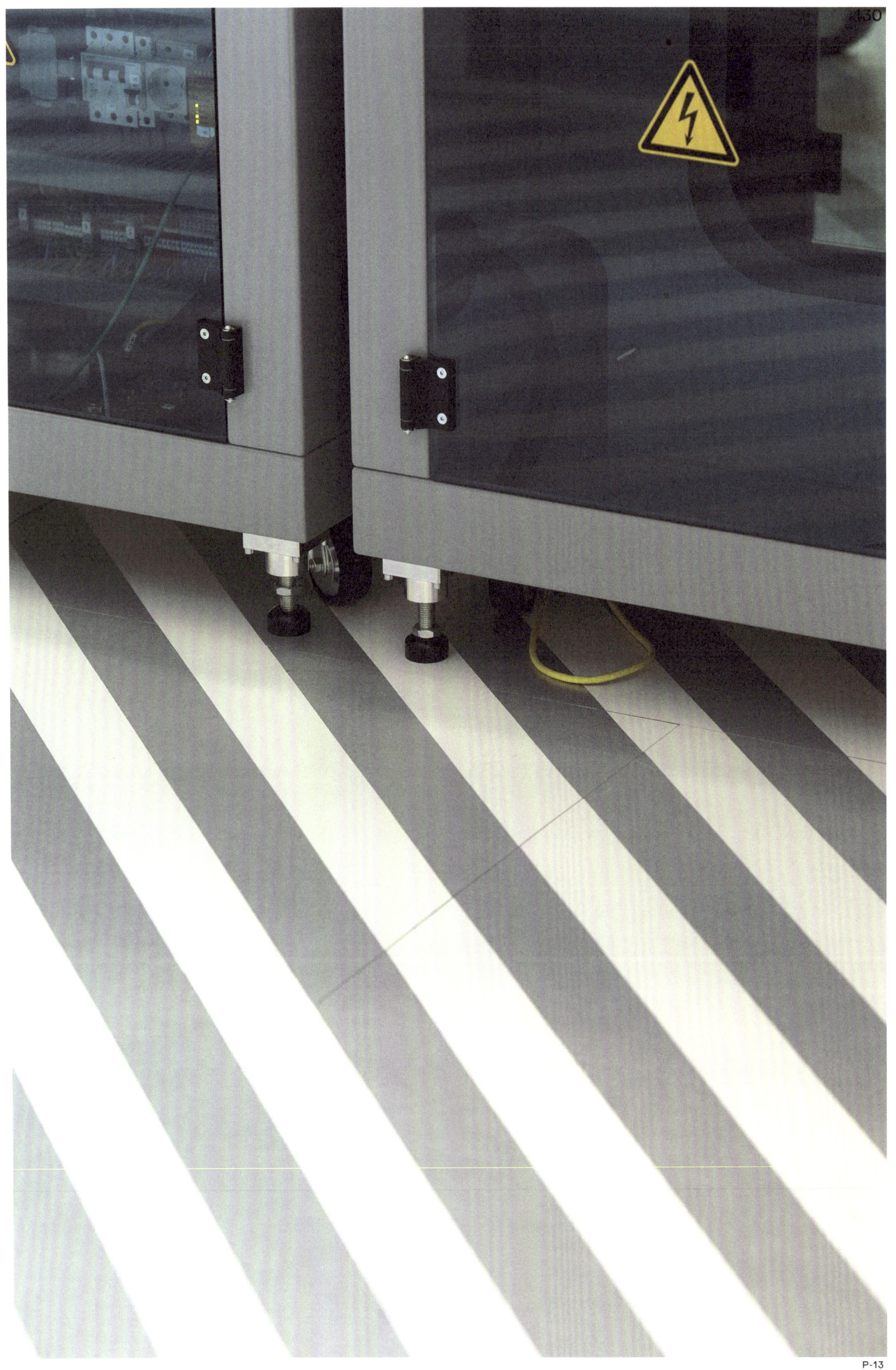

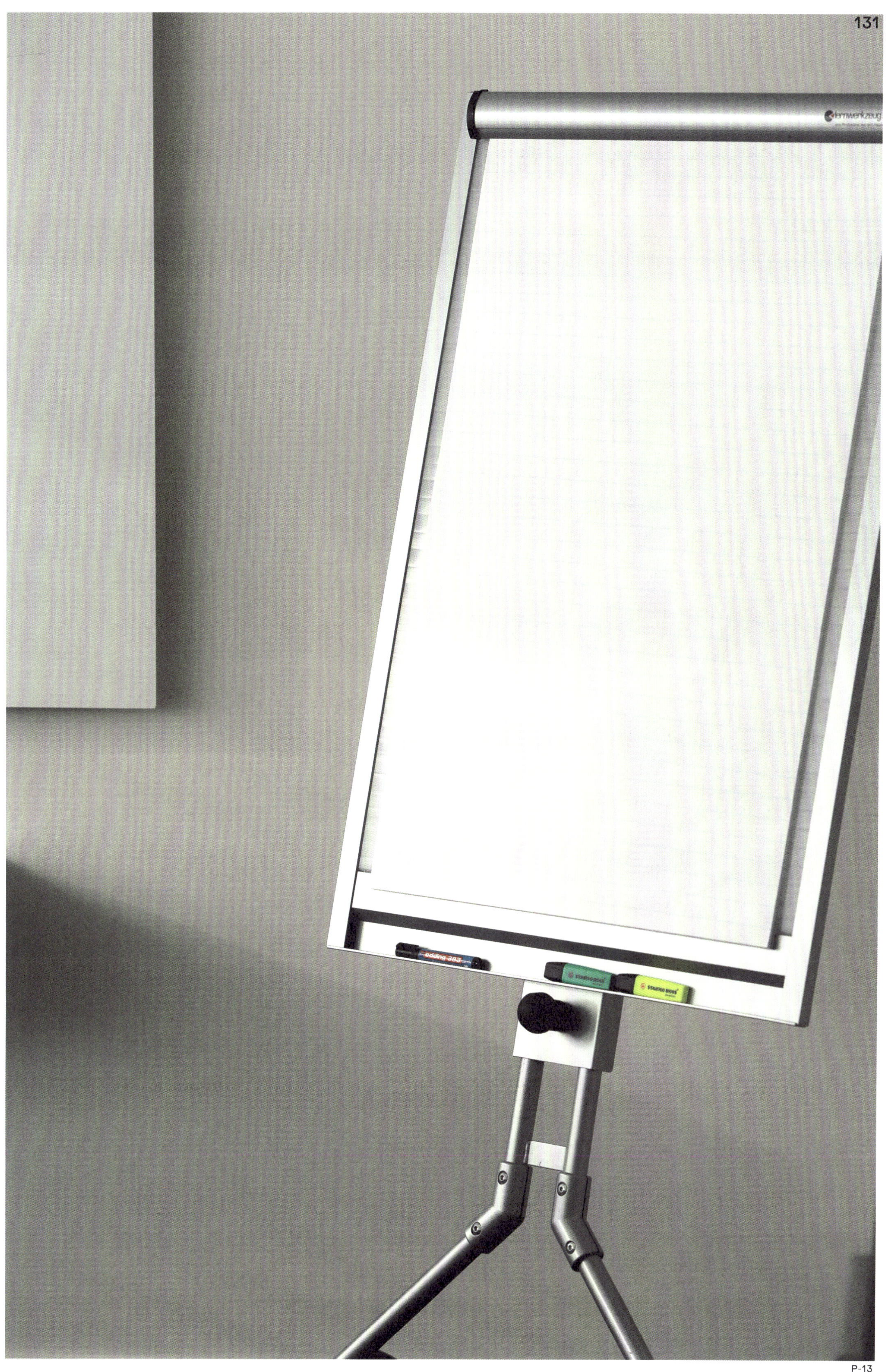

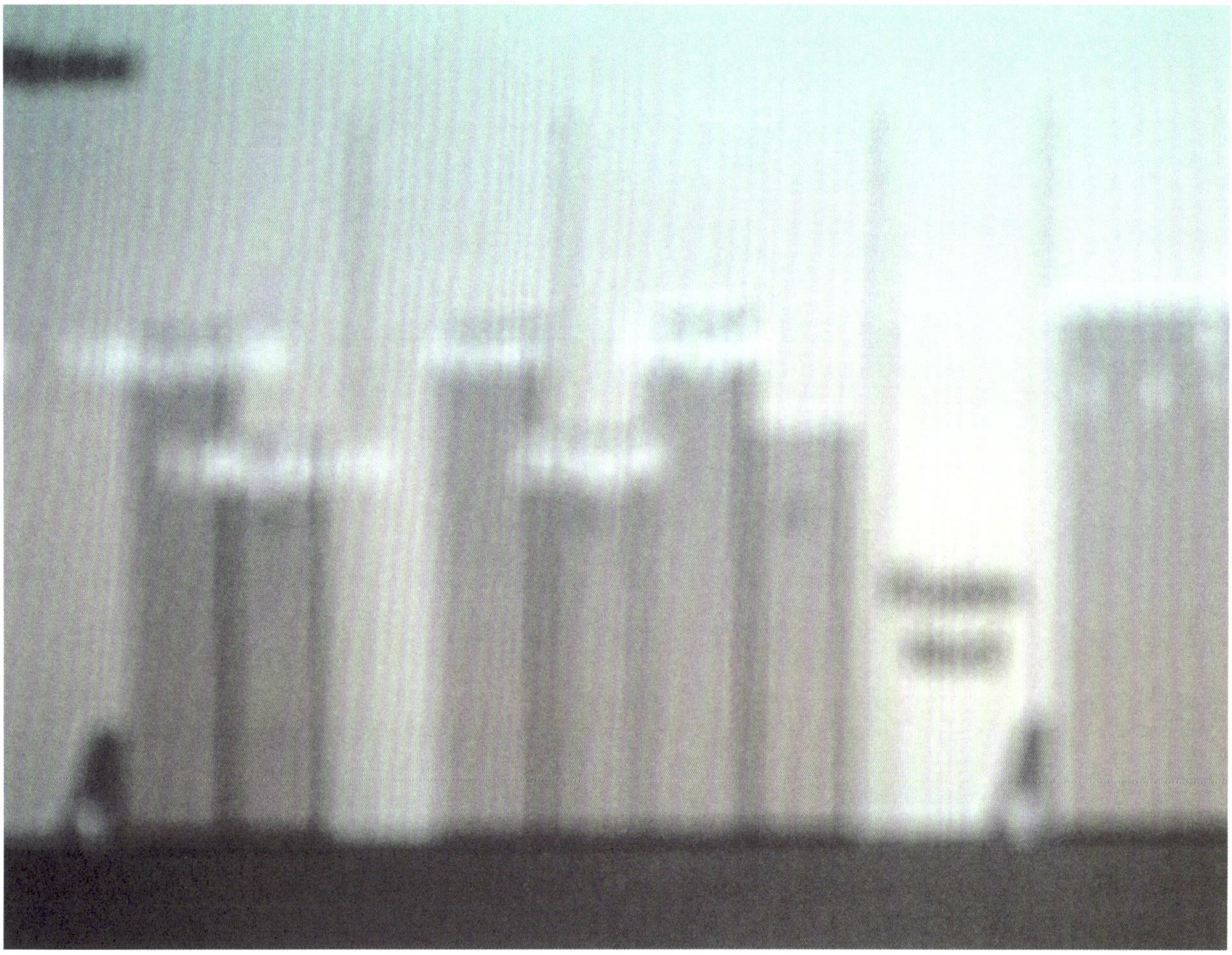

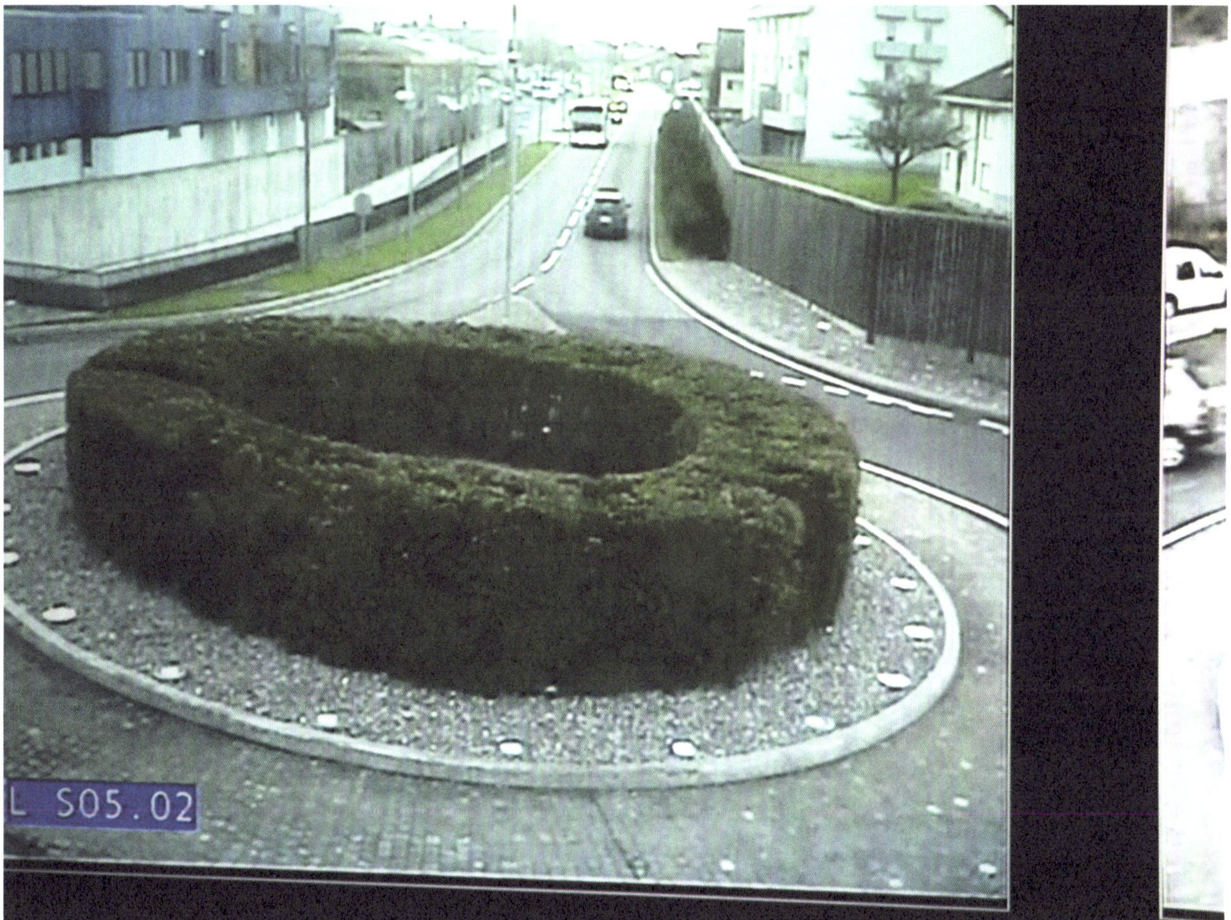

L S05.02

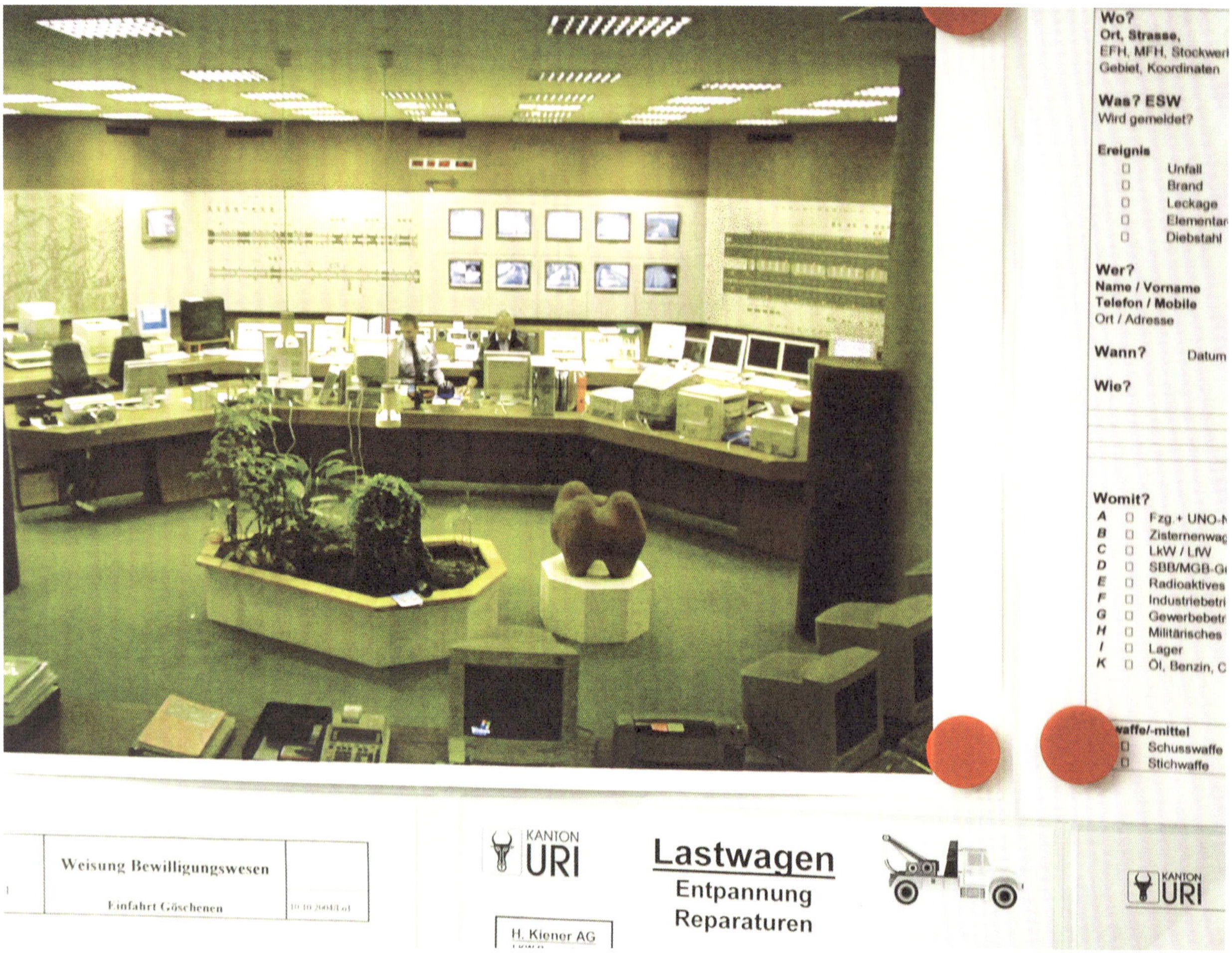

Wo?
Ort, Strasse,
EFH, MFH, Stockwerk
Gebiet, Koordinaten
Was? ESW
Wird gemeldet?
Ereignis
Unfall
Brand
Leckage
Elementar
Diebstahl
Wer?
Name / Vorname
Telefon / Mobile
Ort / Adresse
Wann?   Datum
Wie?
Womit?
A Fzg. + UNO-N
B Zisternenwag
C LkW / LiW
D SBB/MGB-G
E Radioaktives
F Industriebetri
G Gewerbebetr
H Militärisches
I Lager
K Öl, Benzin, C
waffe/-mittel
Schusswaffe
Stichwaffe
Weisung Bewilligungswesen
Einfahrt Göschenen
KANTON URI
Lastwagen
Entpannung
Reparaturen
H. Kiener AG
KANTON URI

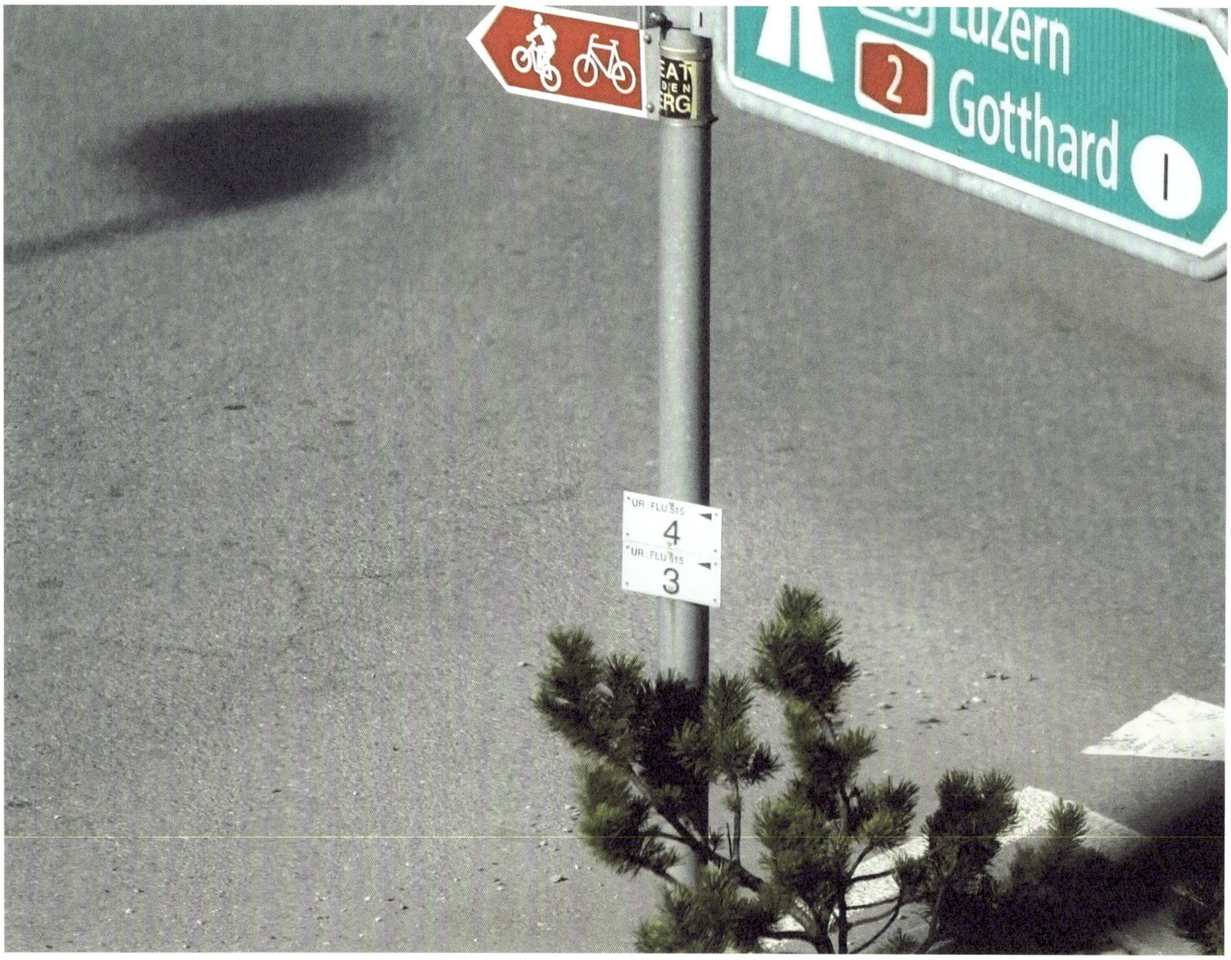

Luzern
2
Gotthard
4
3

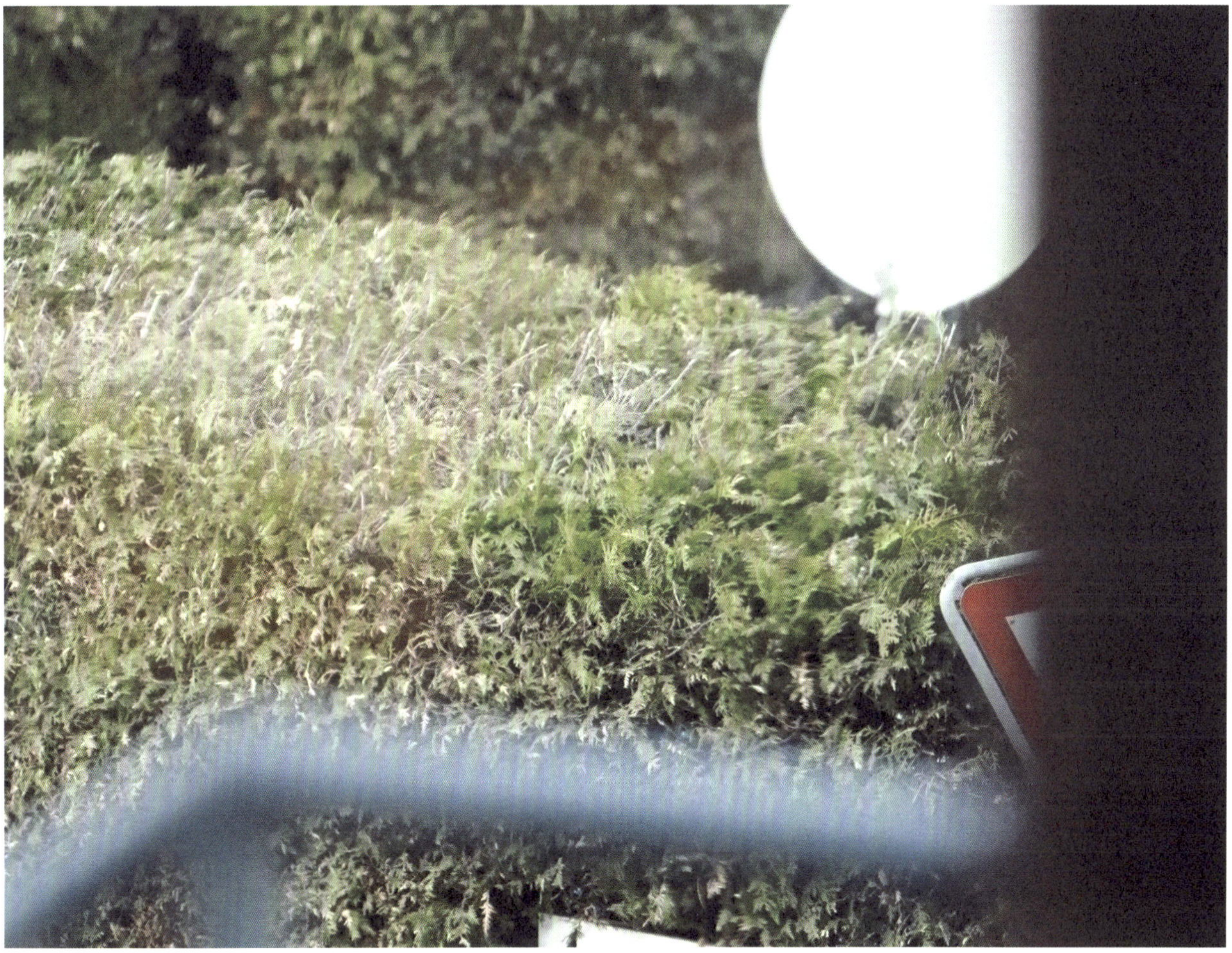

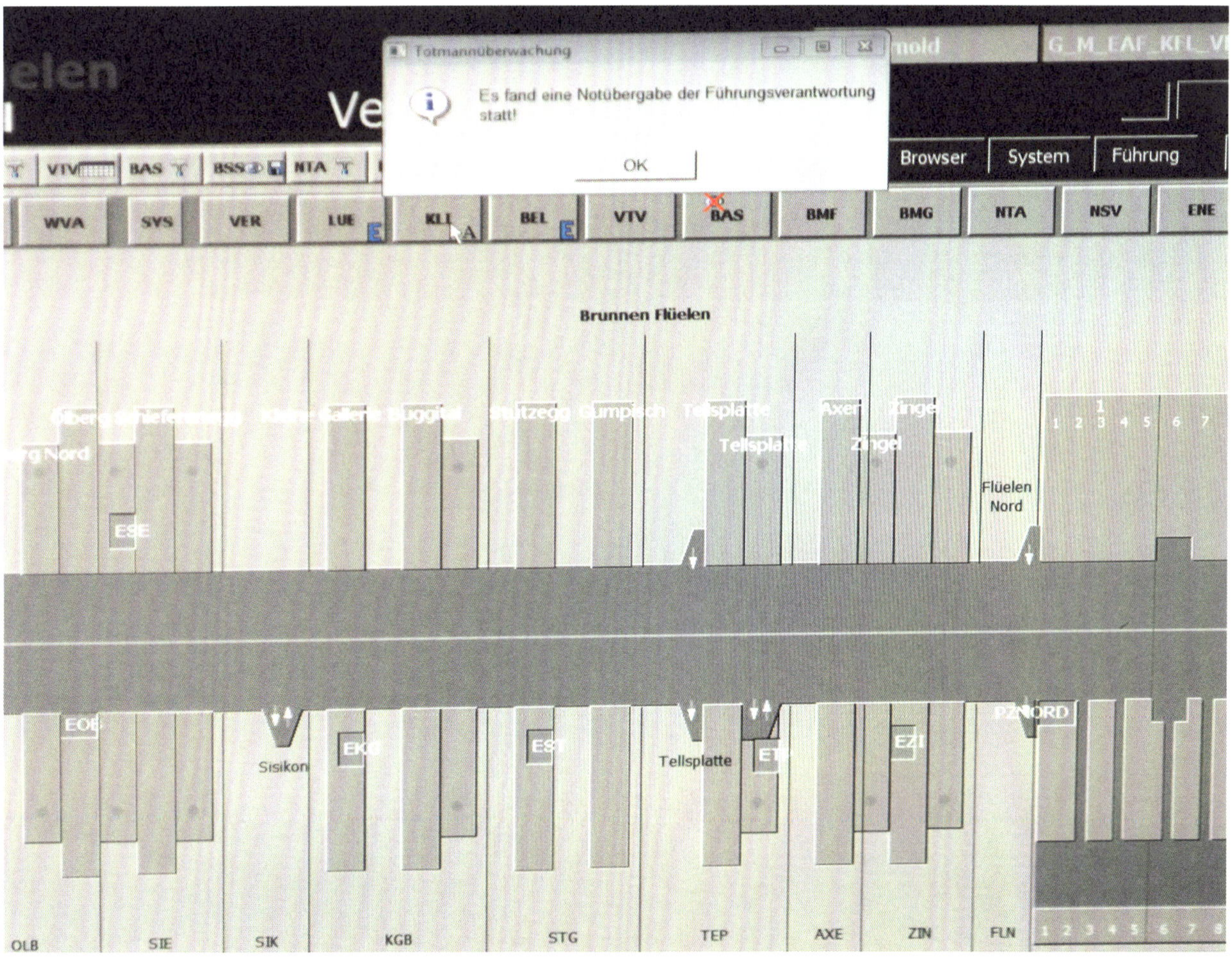

elen
Ve
mold   G_M_EAF_KFL_V

Totmannüberwachung
Es fand eine Notübergabe der Führungsverantwortung statt!
OK

Browser   System   Führung

WVA   SYS   VER   LUE E   KLL A   BEL E   VTV   BAS   BMF   BMG   NTA   NSV   ENE

VTV   BAS   BSS   NTA

Brunnen Flüelen

Oberg Tieferwang   Kleine Galerie Buggital   Stützegg   Gumpisch   Tellsplatte   Axen   Zingel
rg Nord   Tellsplatte   Zingel
ESE
Flüelen Nord
1 2 3 4 5 6 7

EOE   EKB   EST   Tellsplatte   ET   EZI   PZNORD
Sisikon

OLB   SIE   SIK   KGB   STG   TEP   AXE   ZIN   FLN
1 2 3 4 5 6 7 8

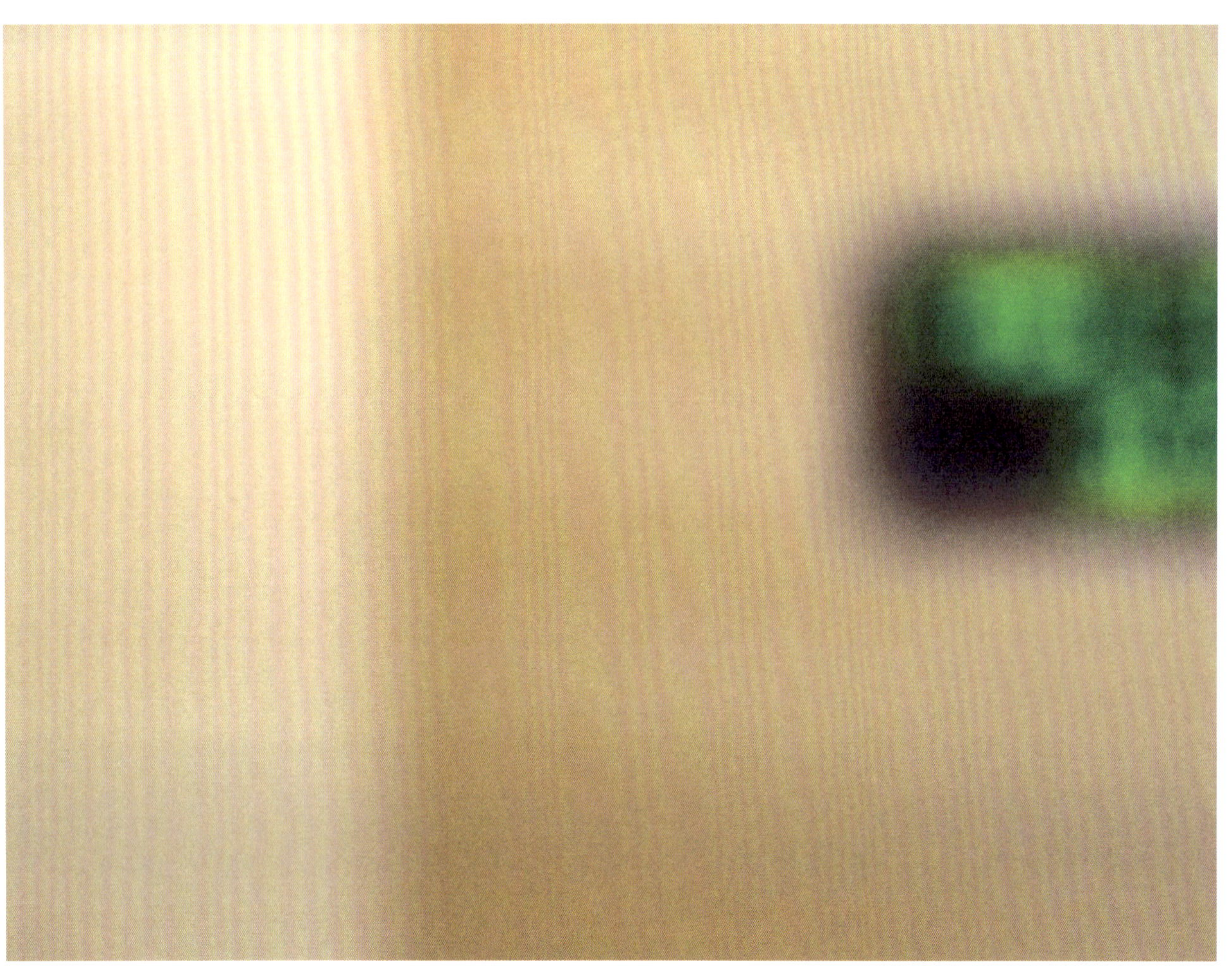

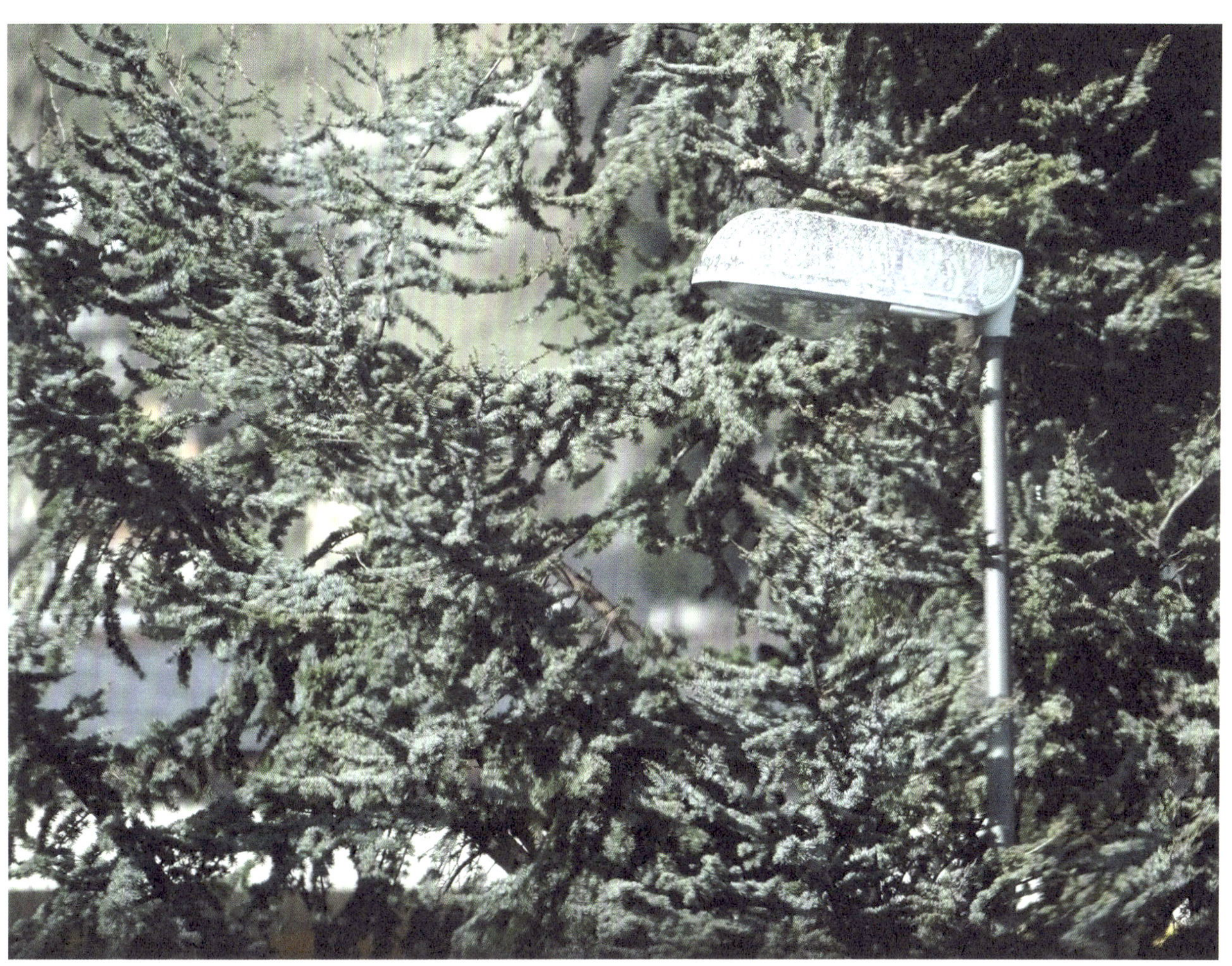

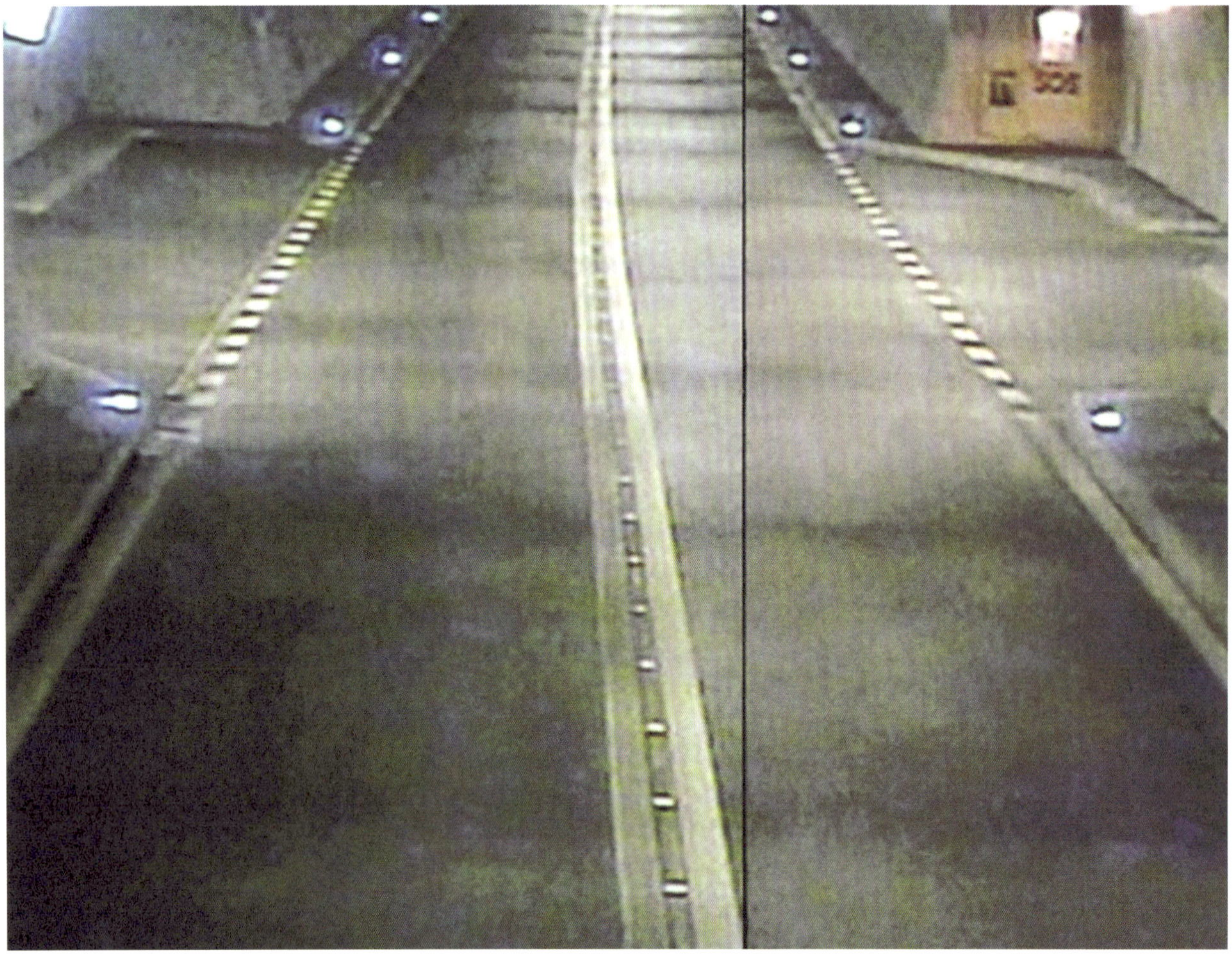

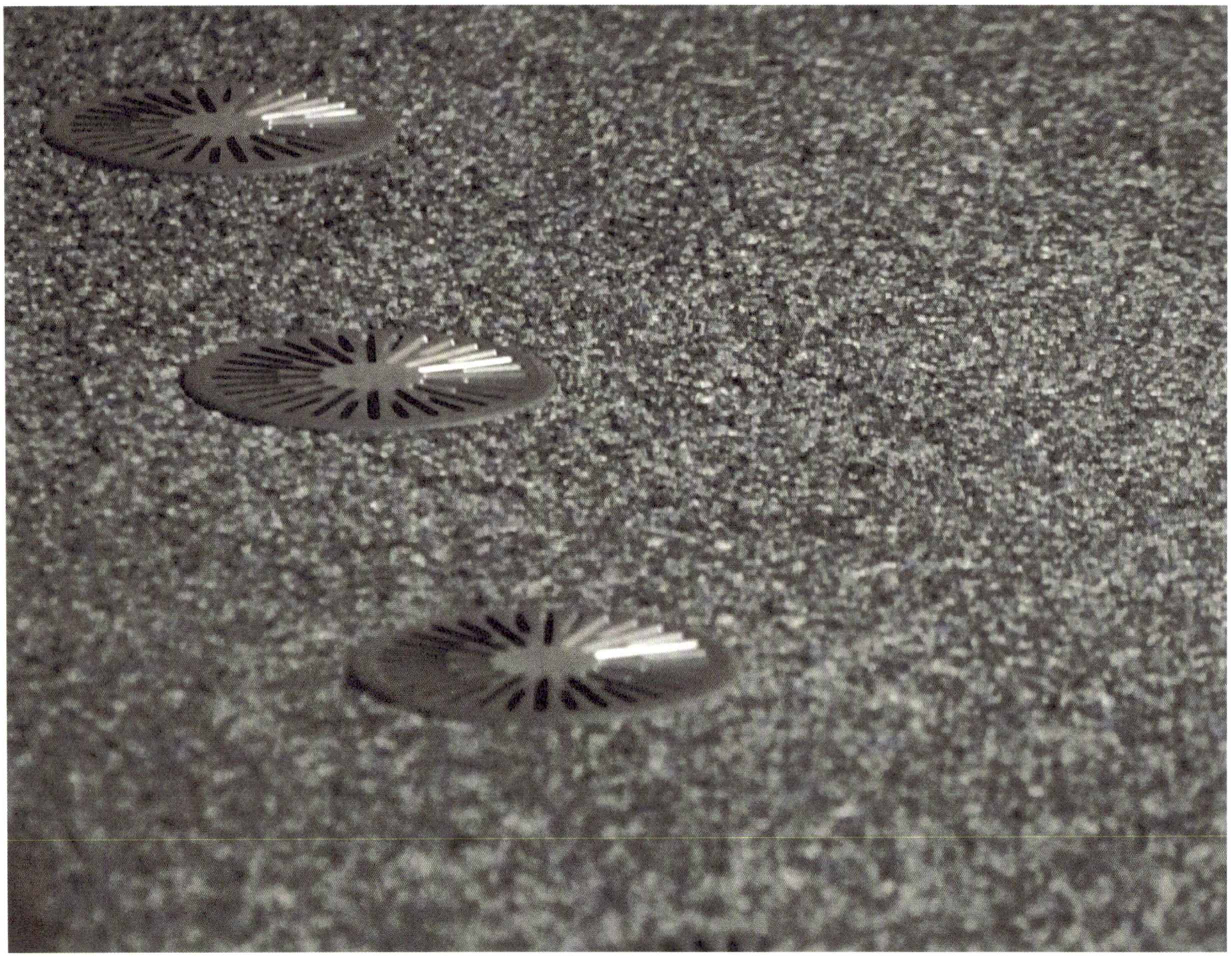

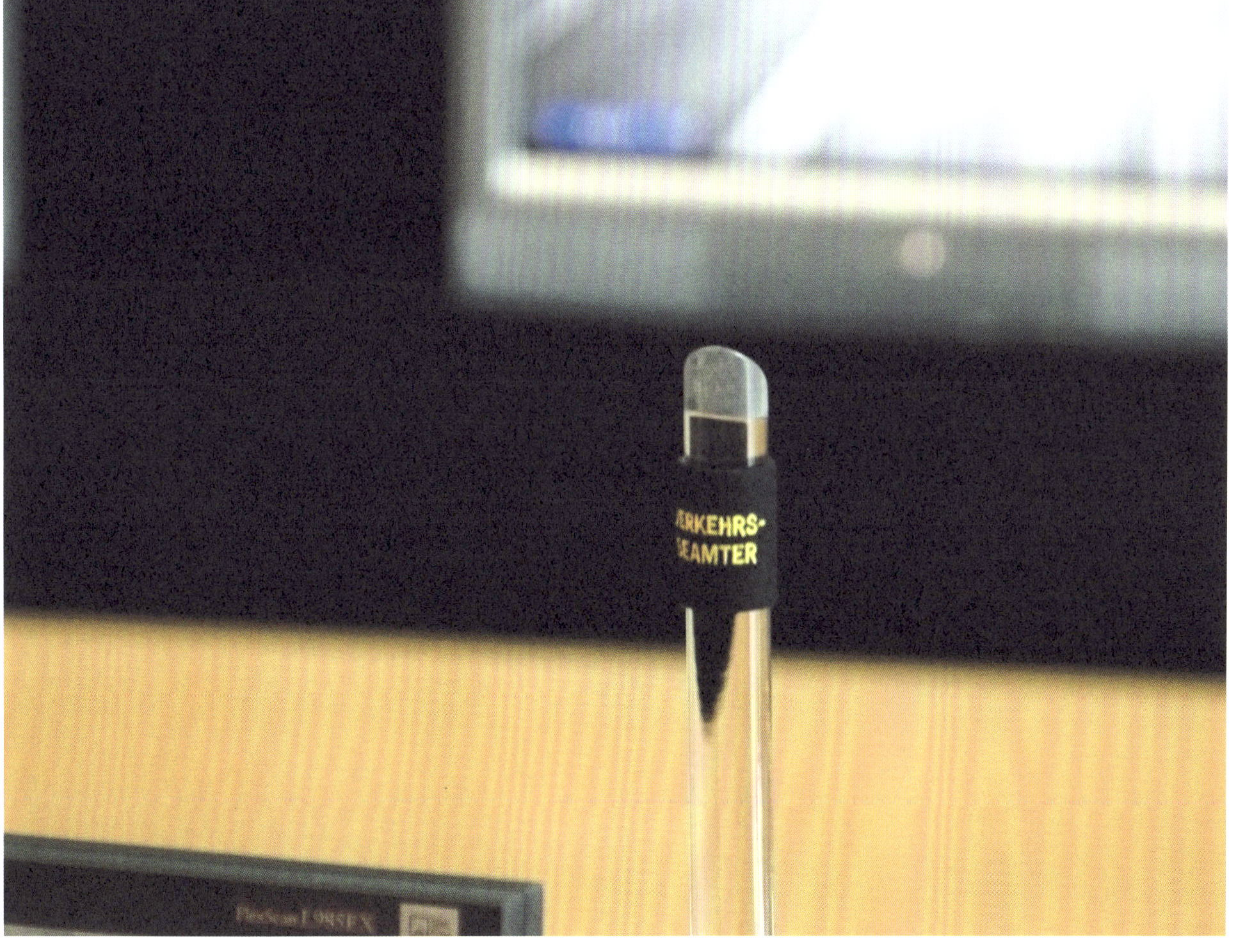
VERKEHRS-
BEAMTER
FlexScan L985EX

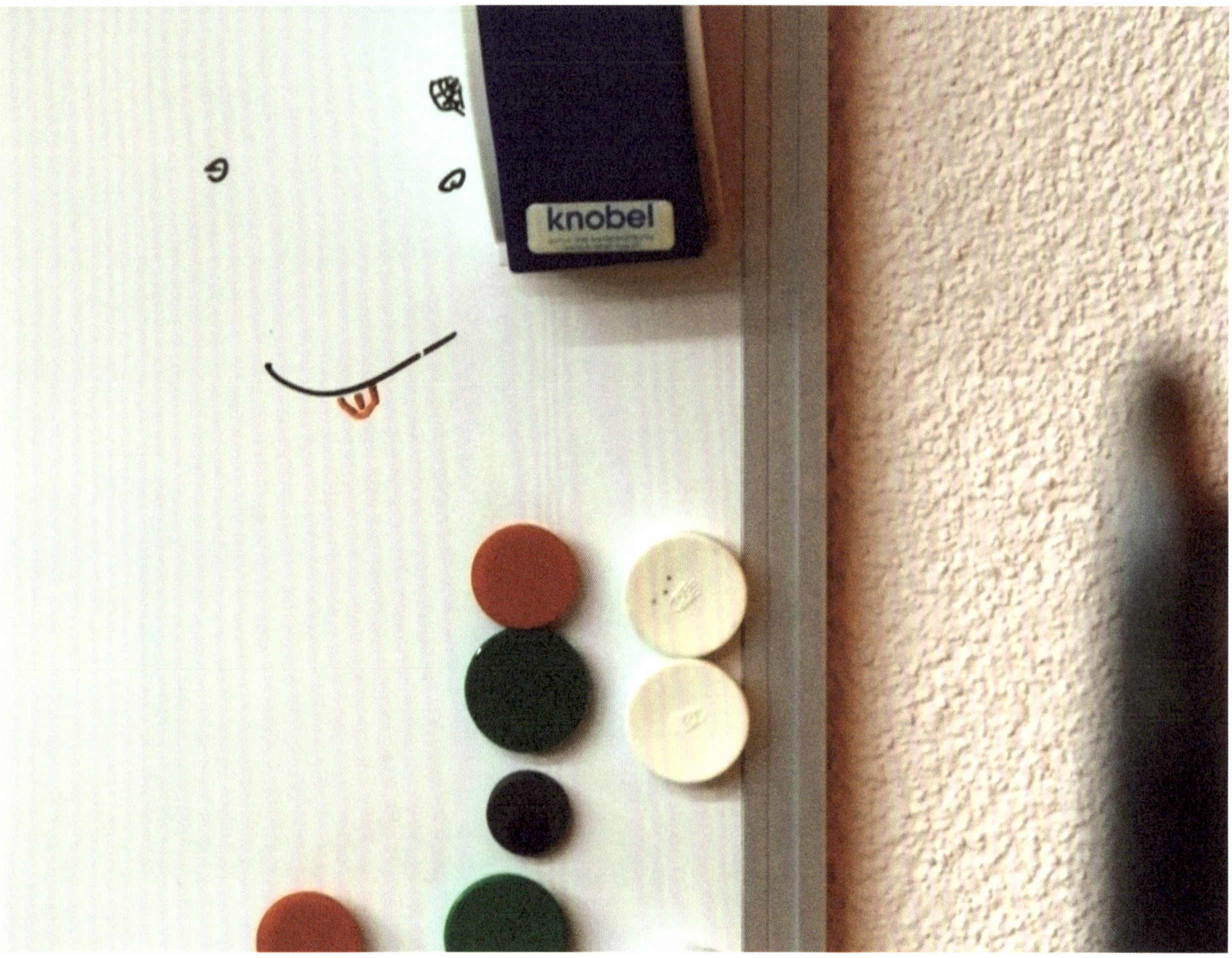

knobel

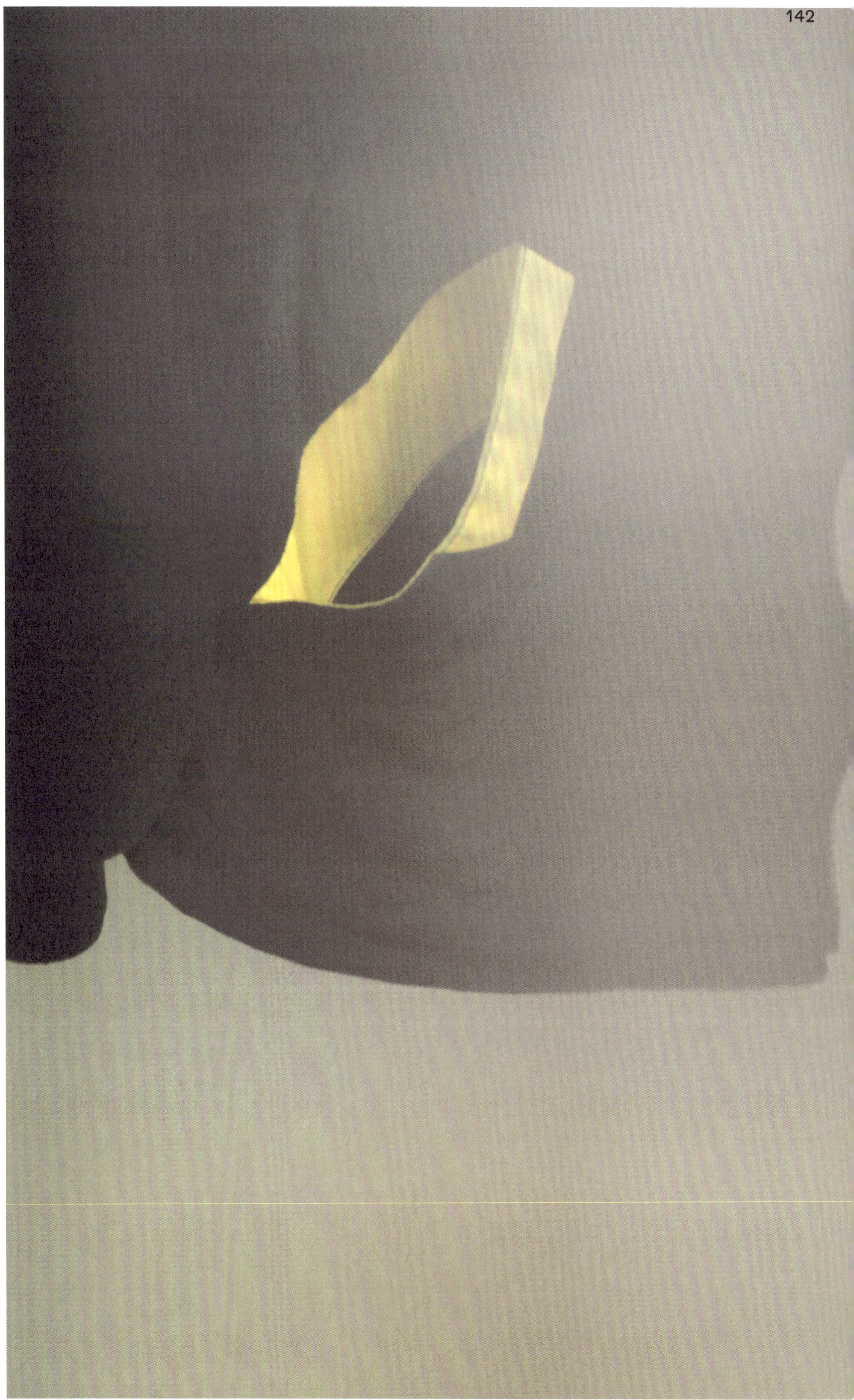

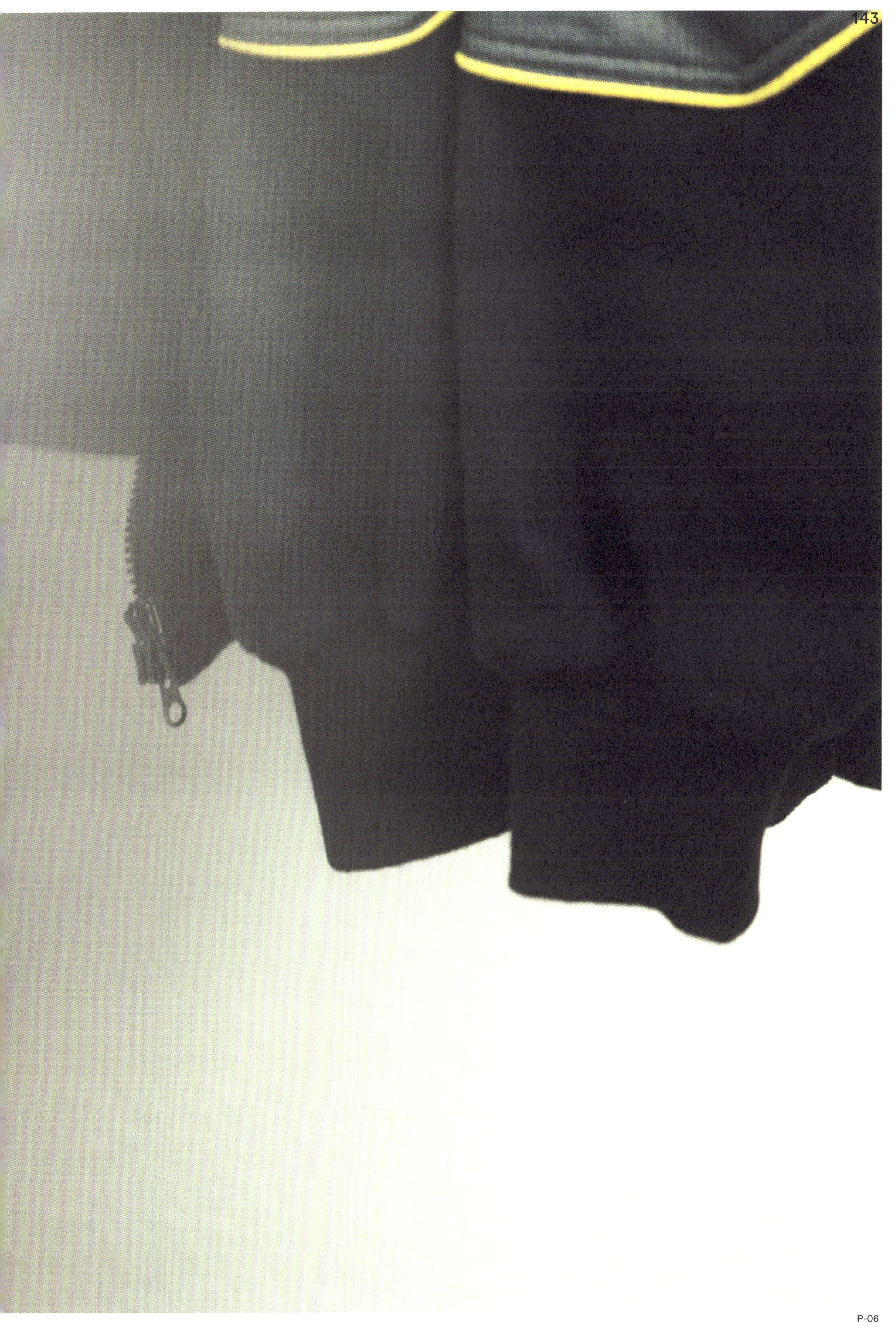

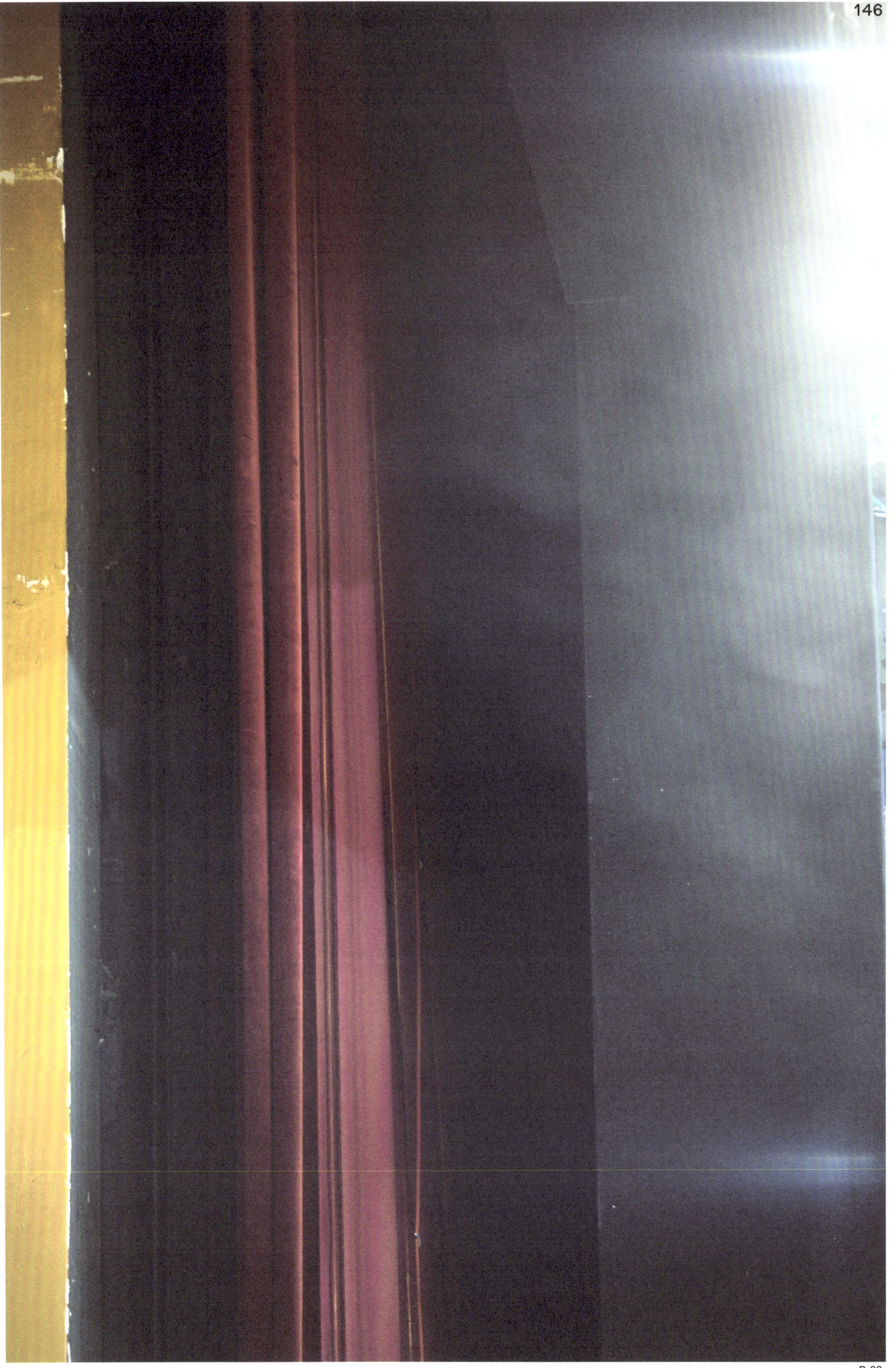

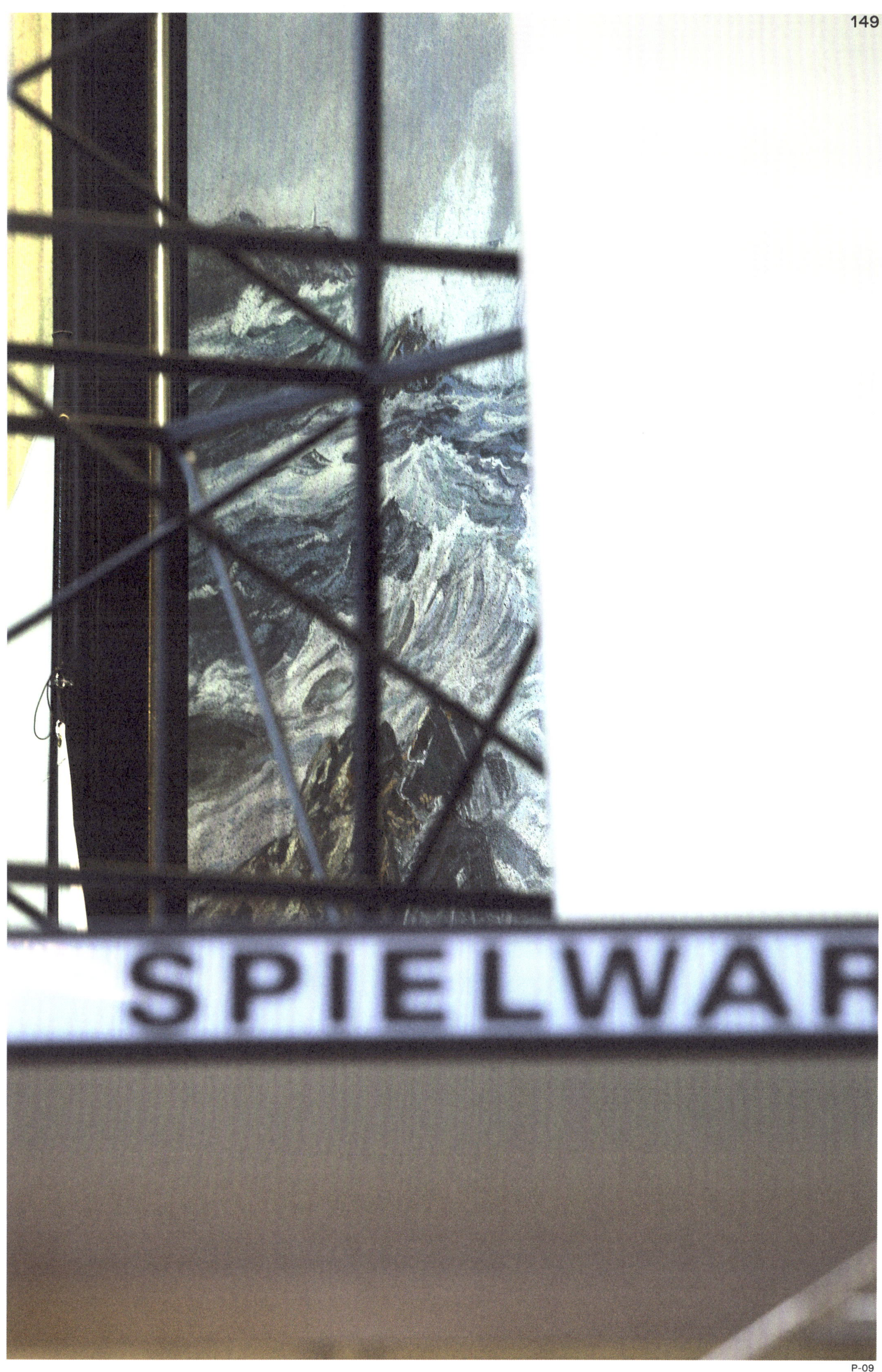
SPIELWAR

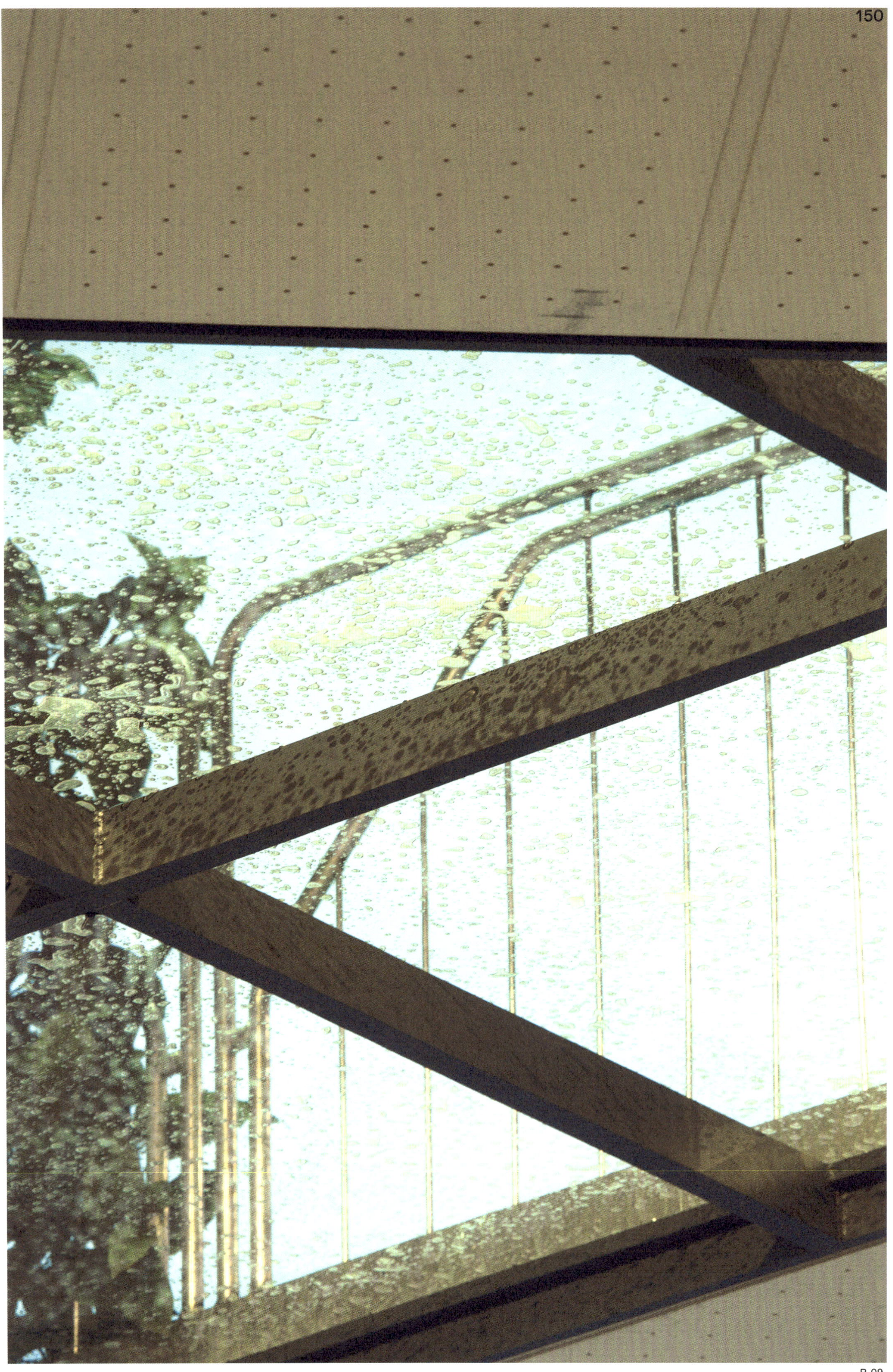

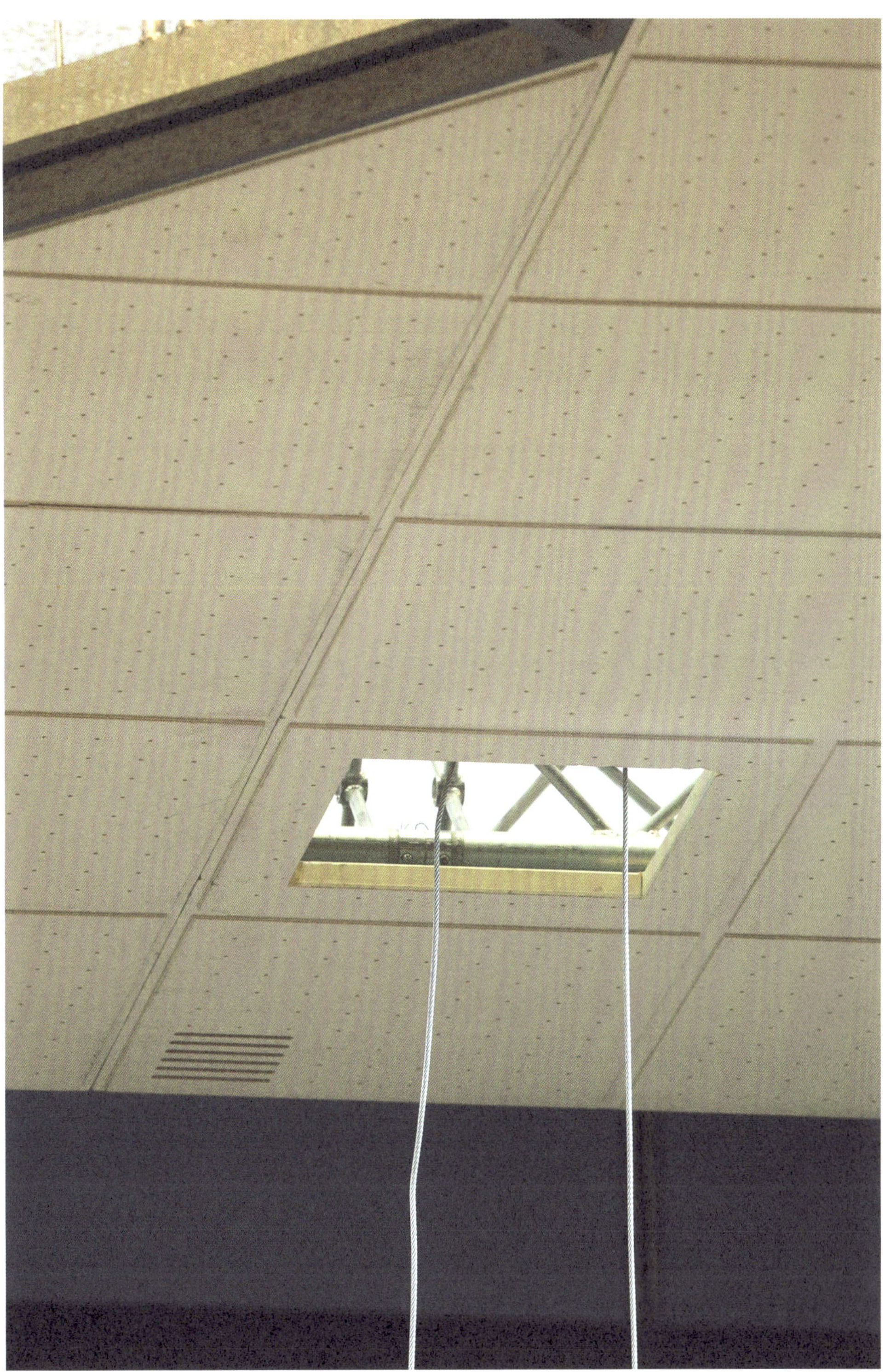

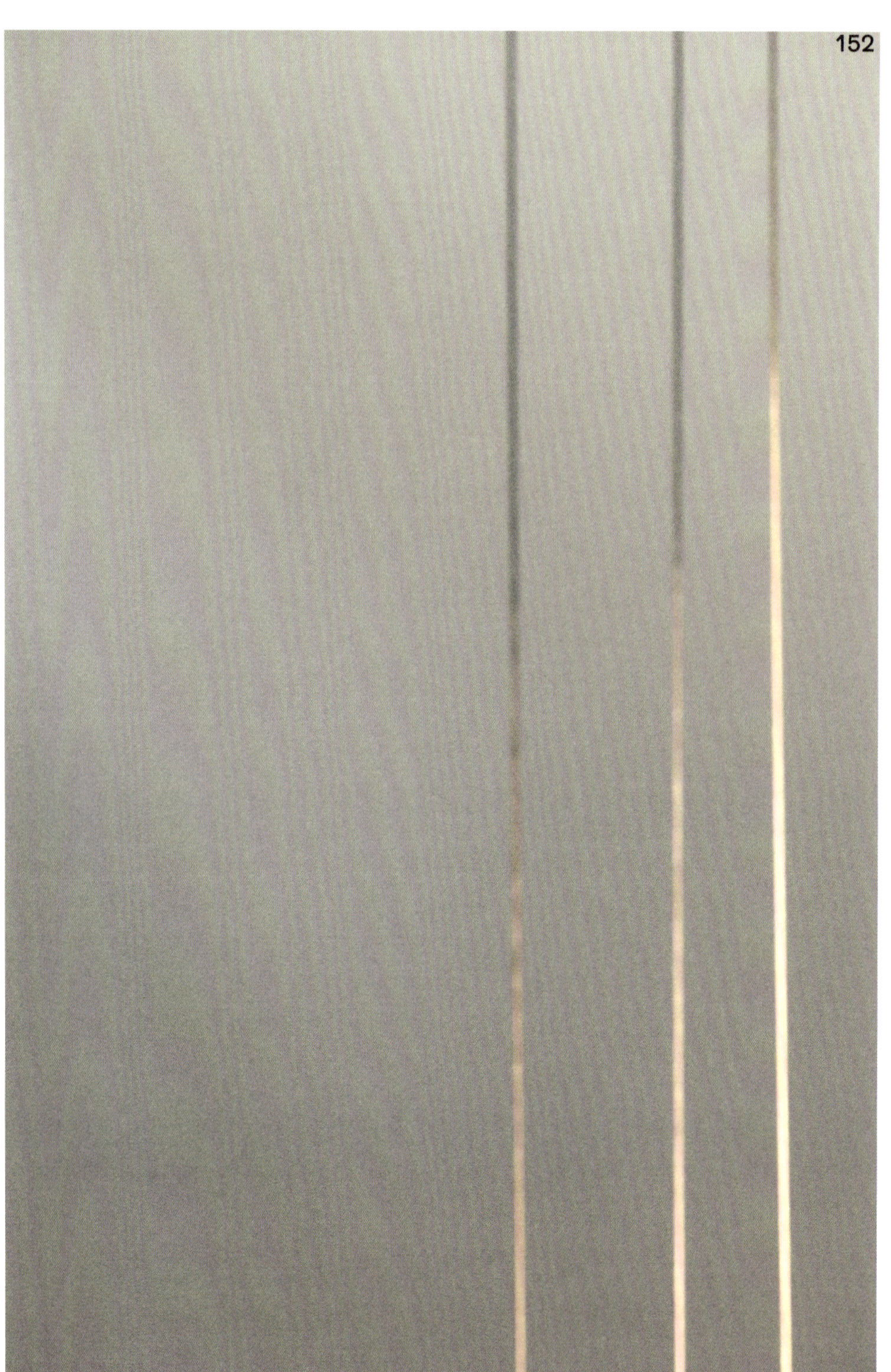

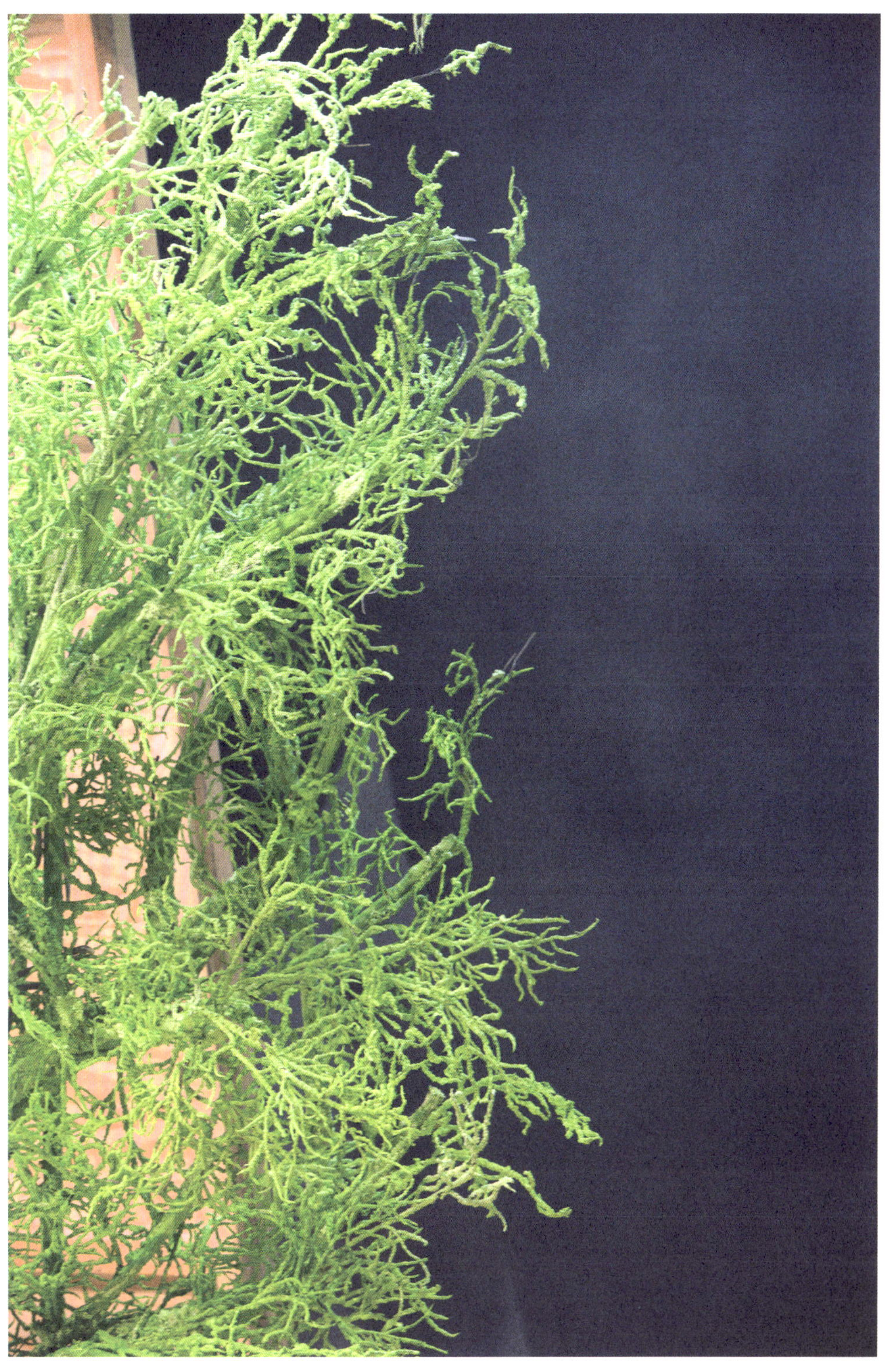

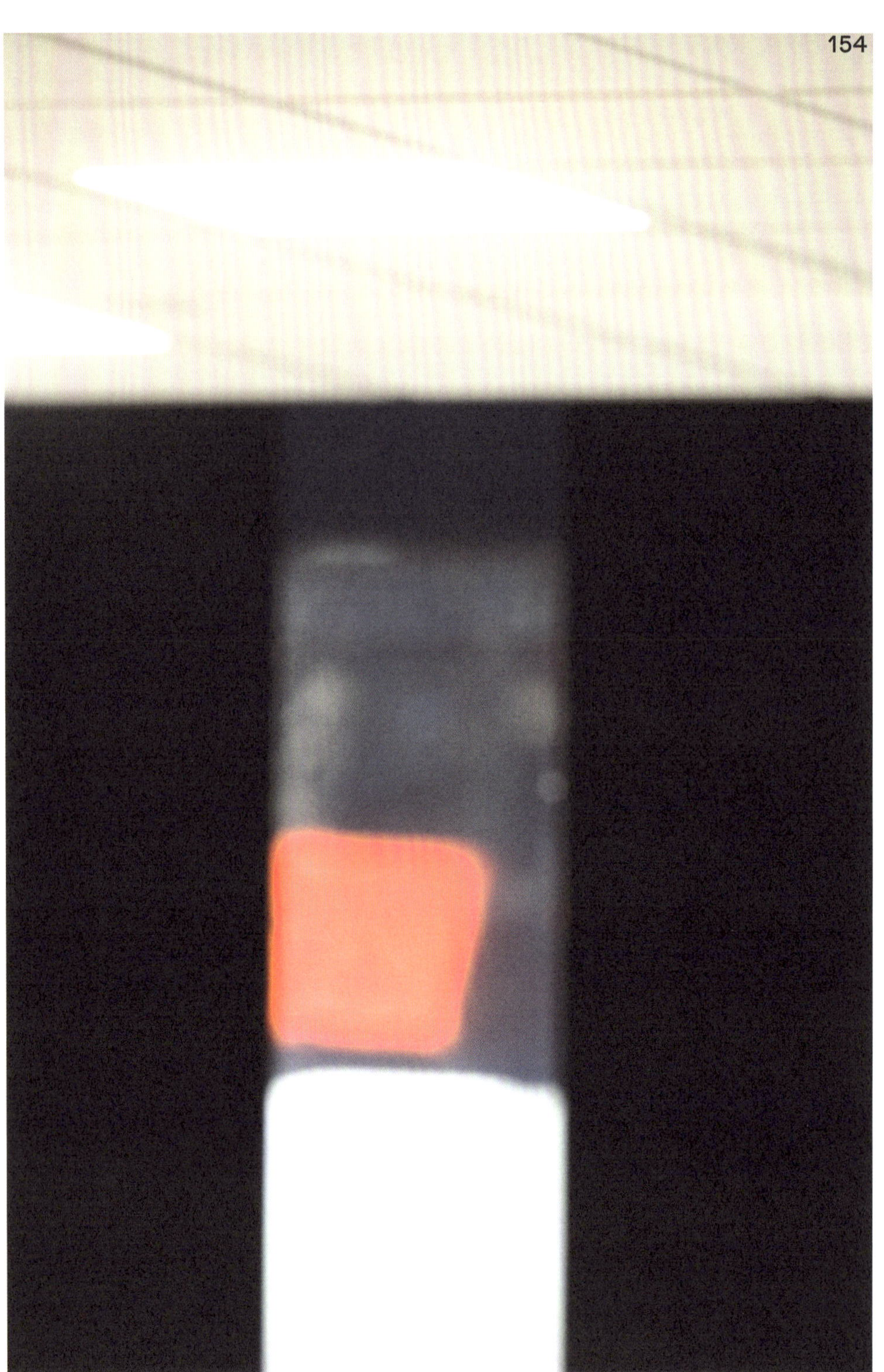

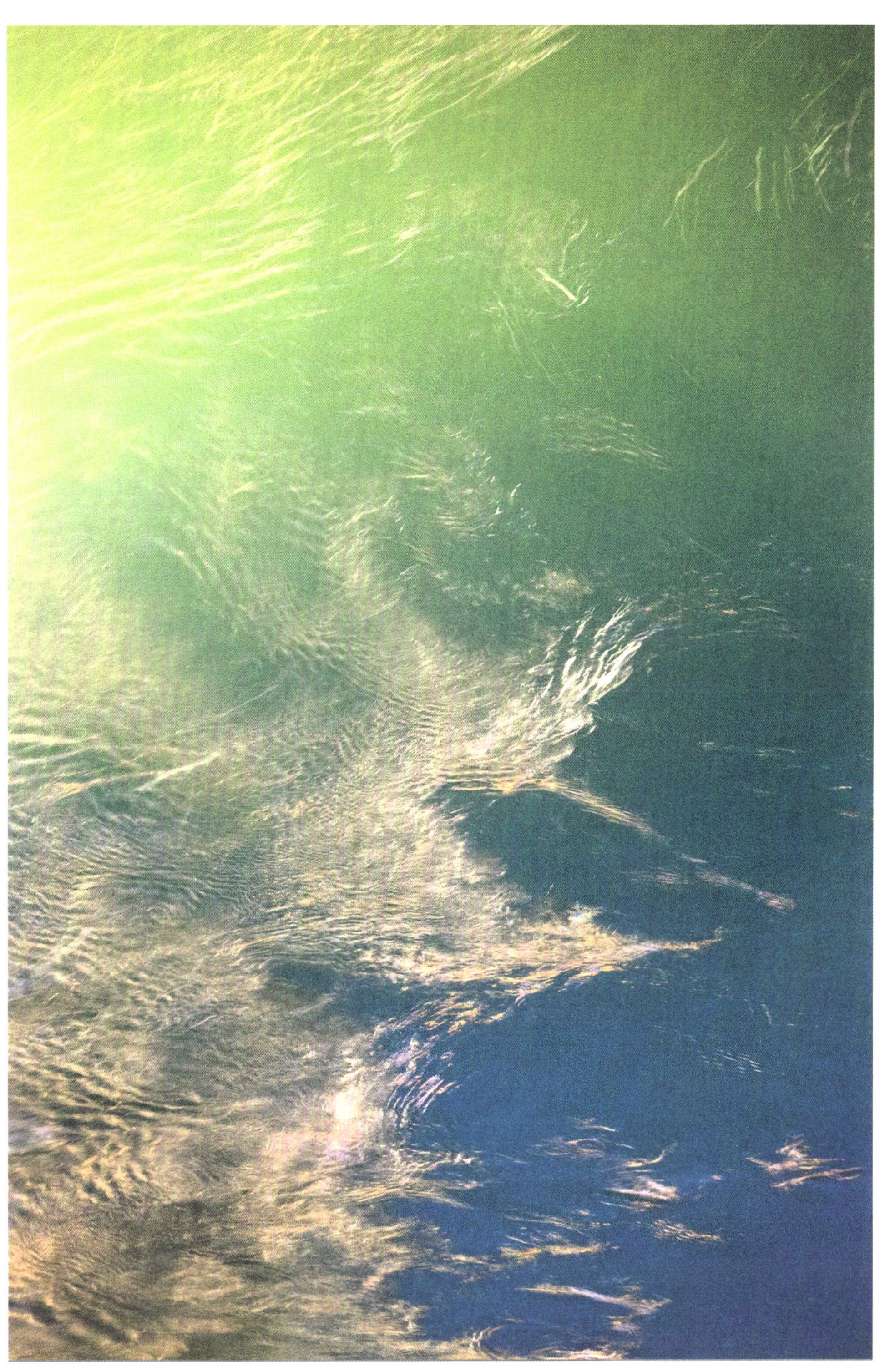

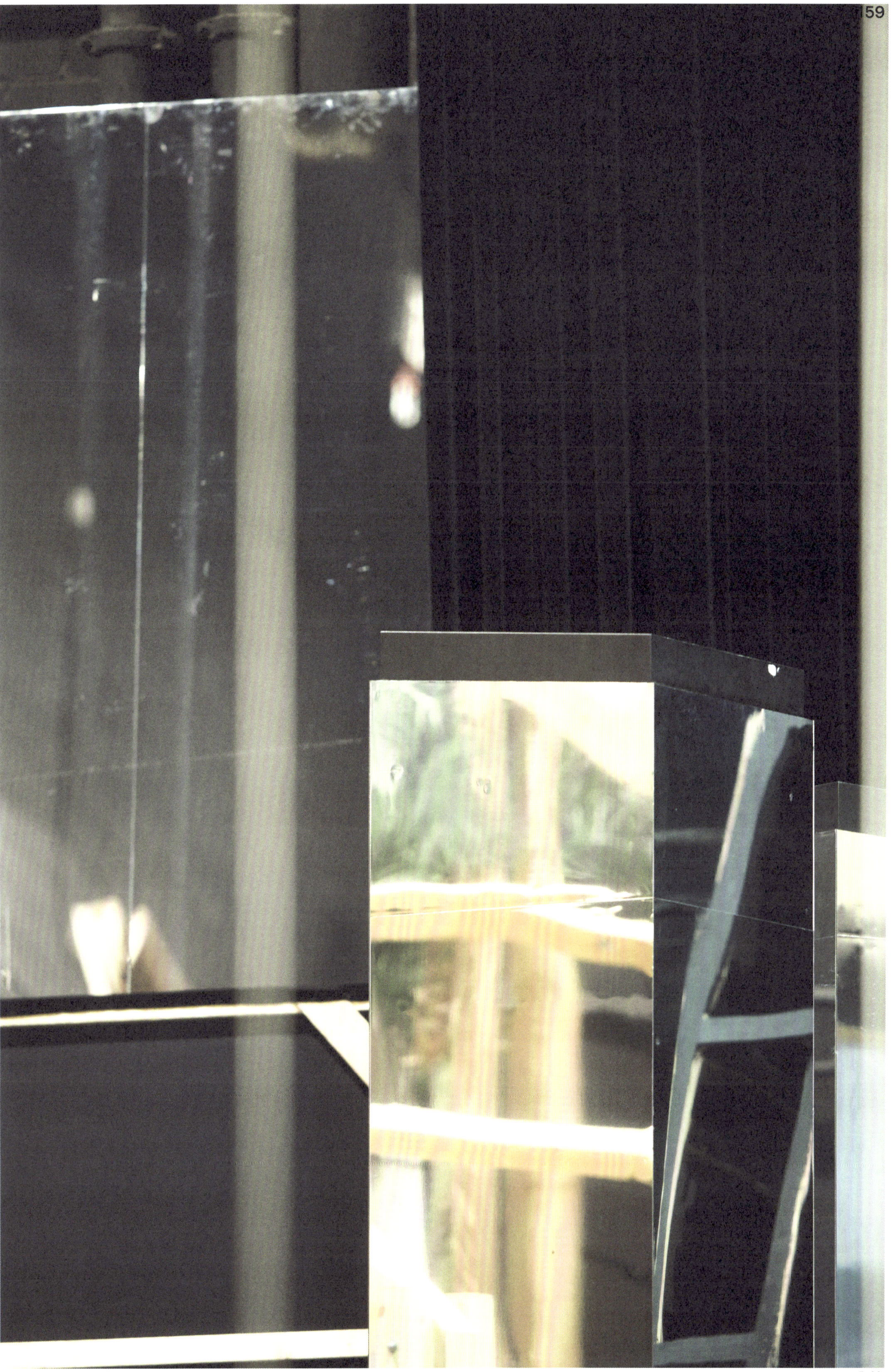

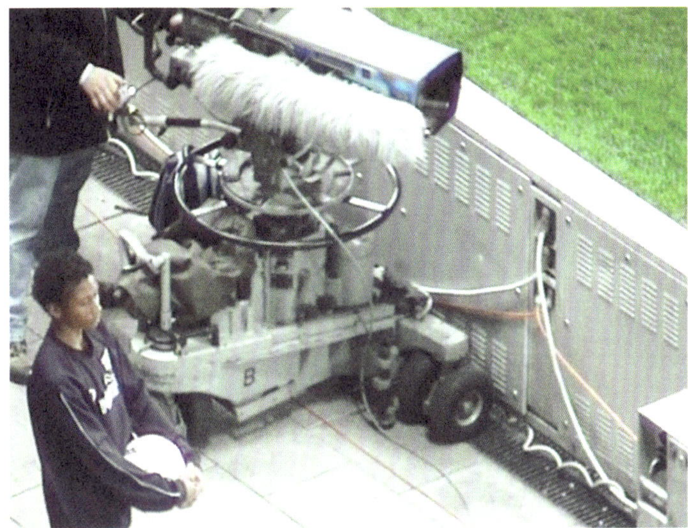

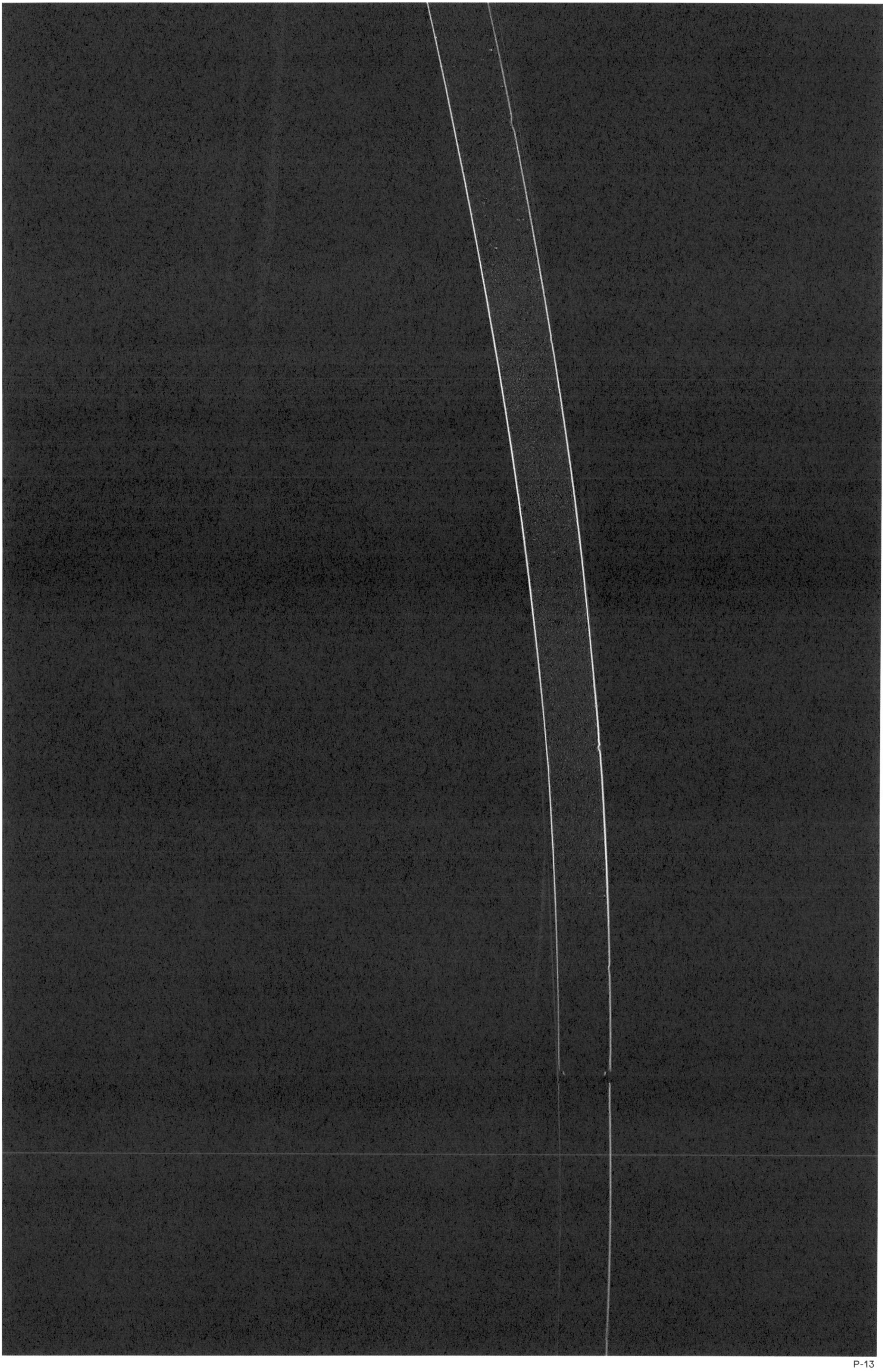

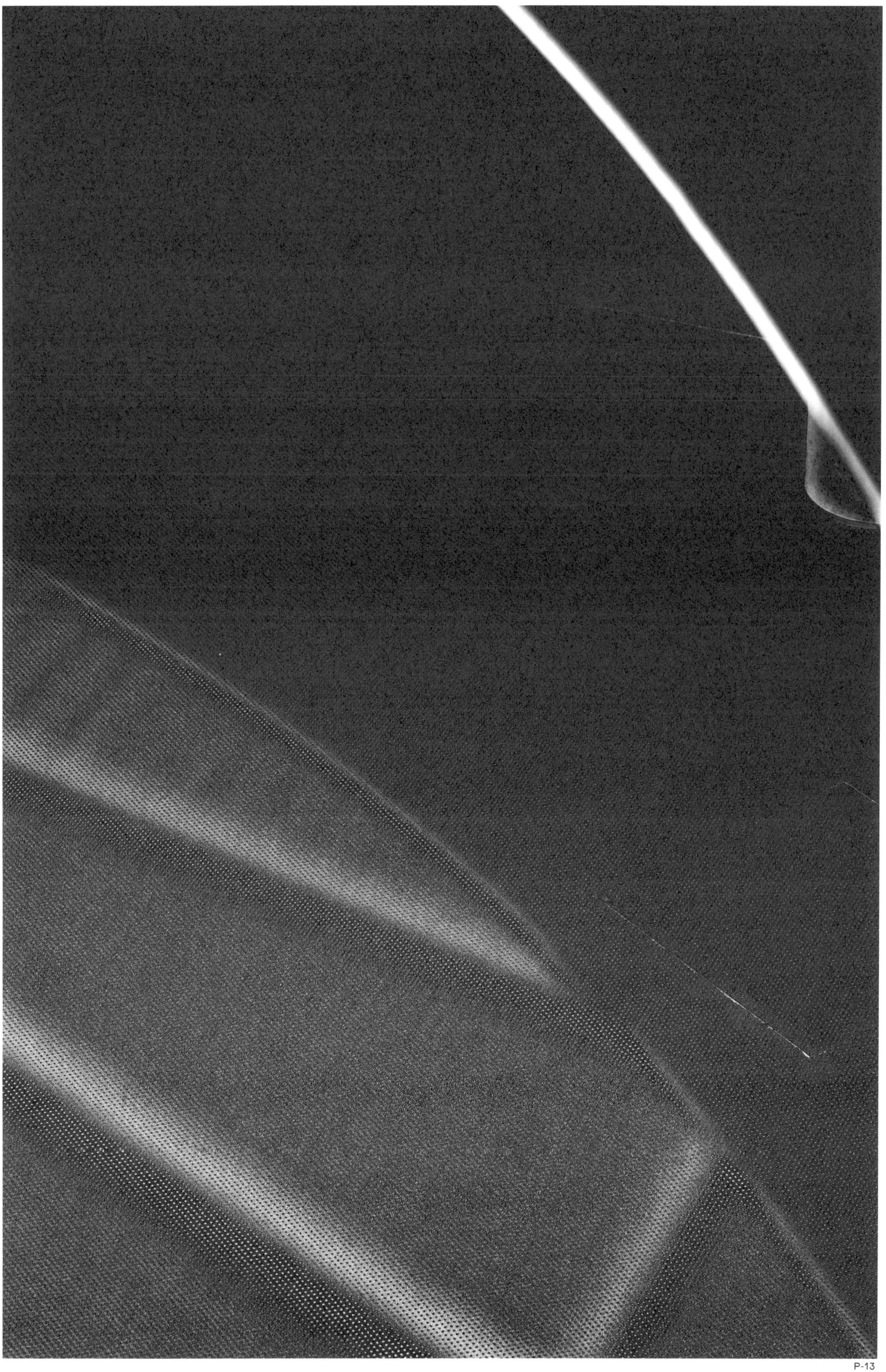

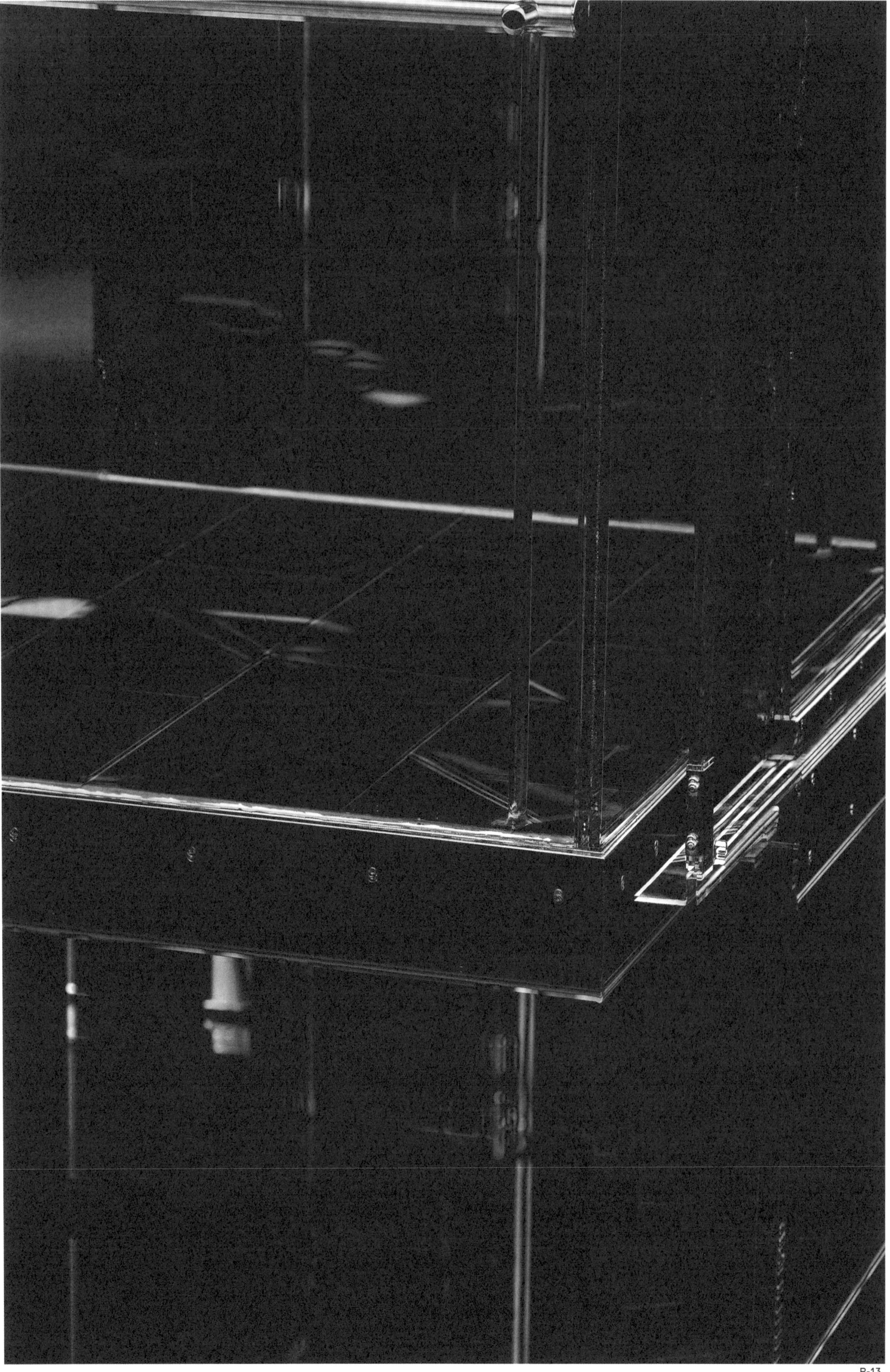

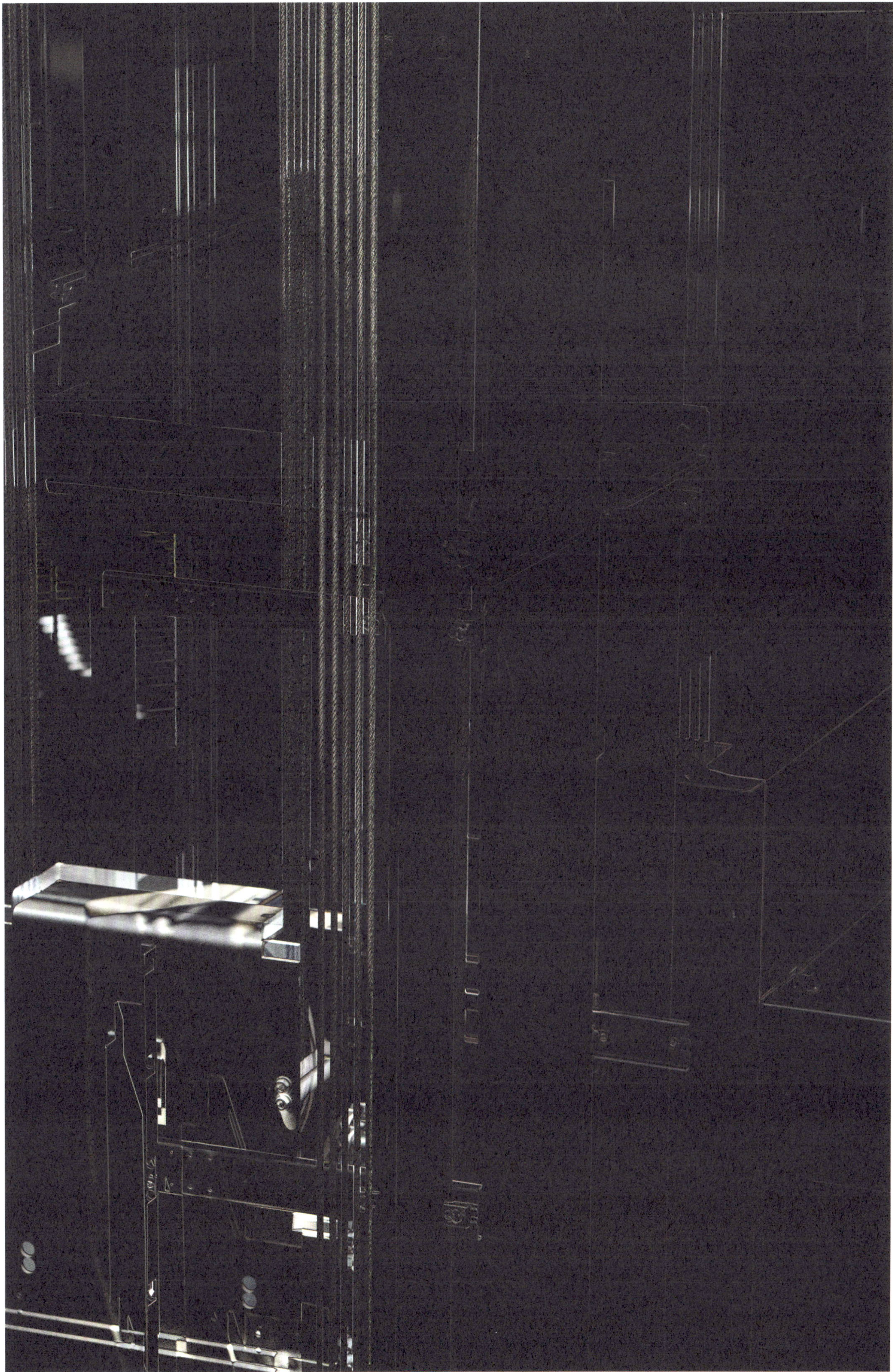

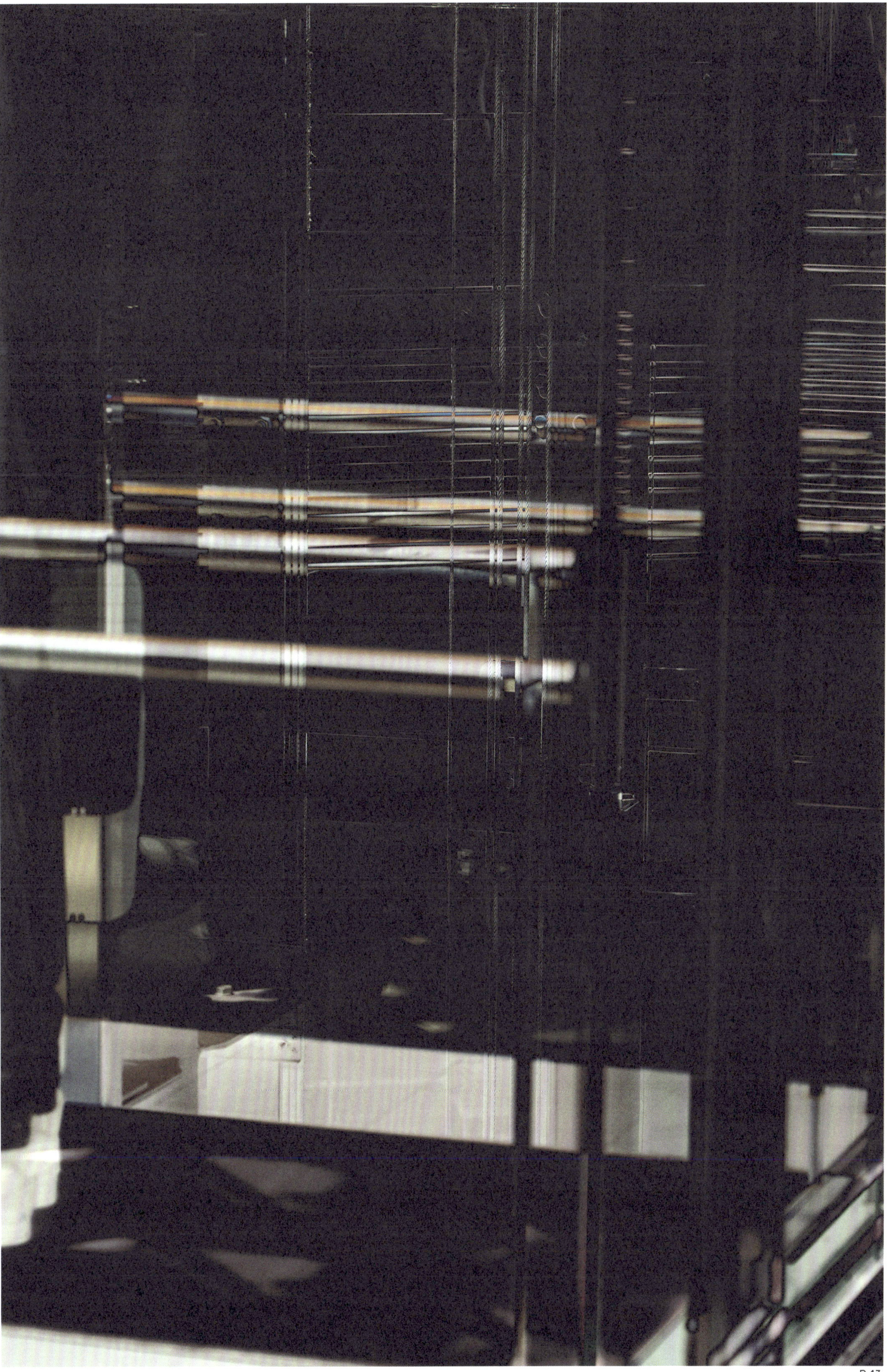

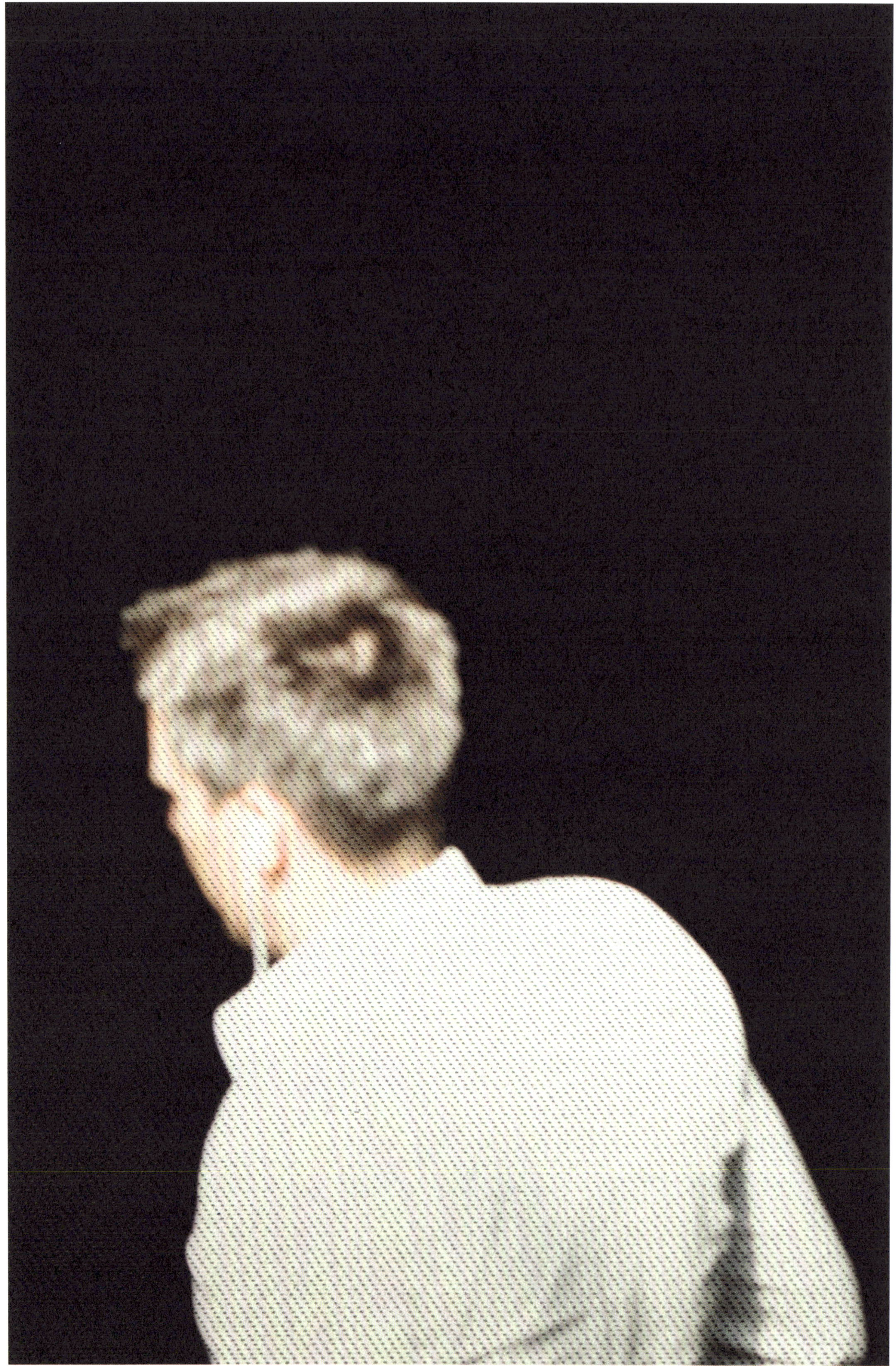

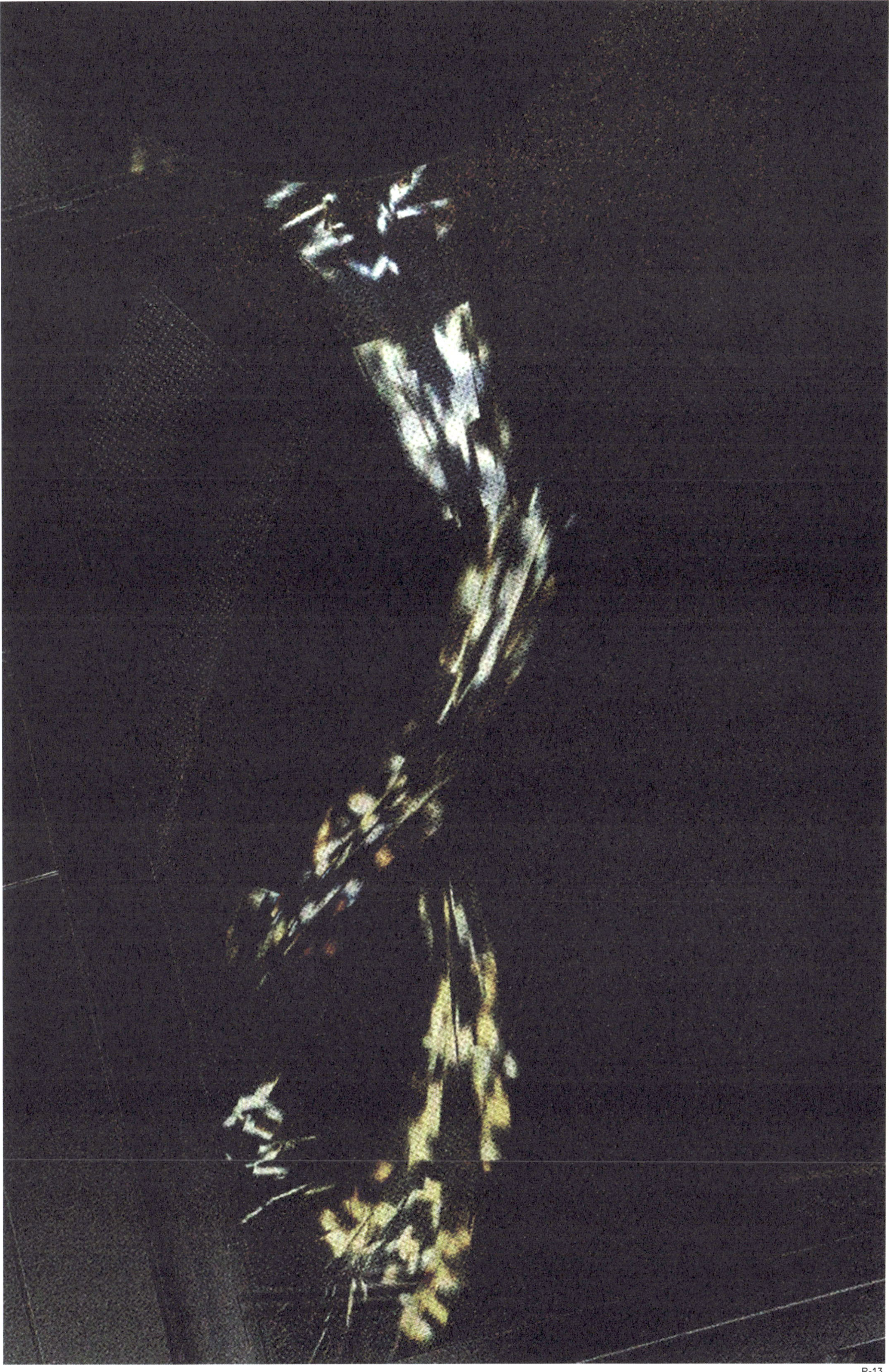

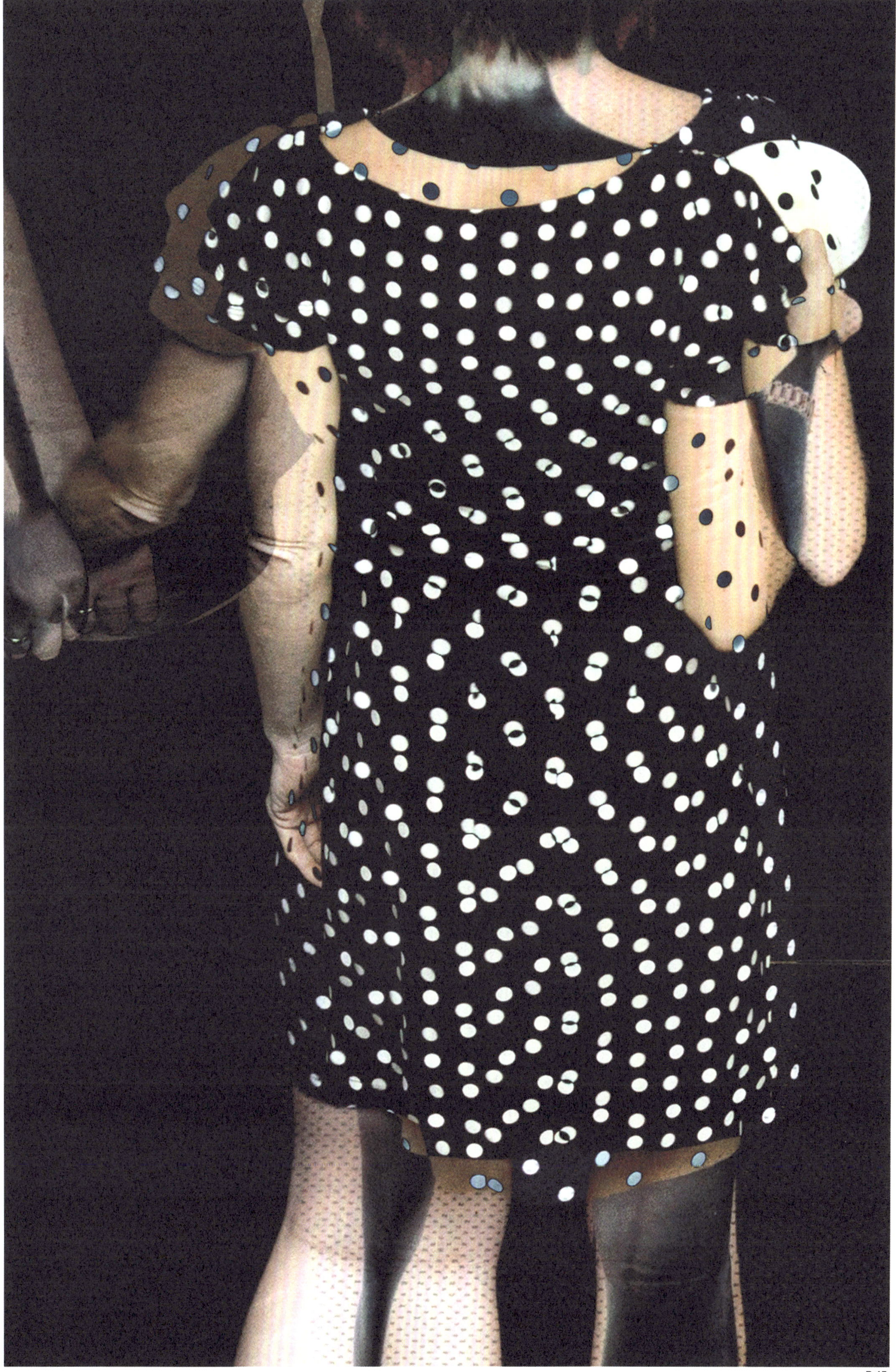

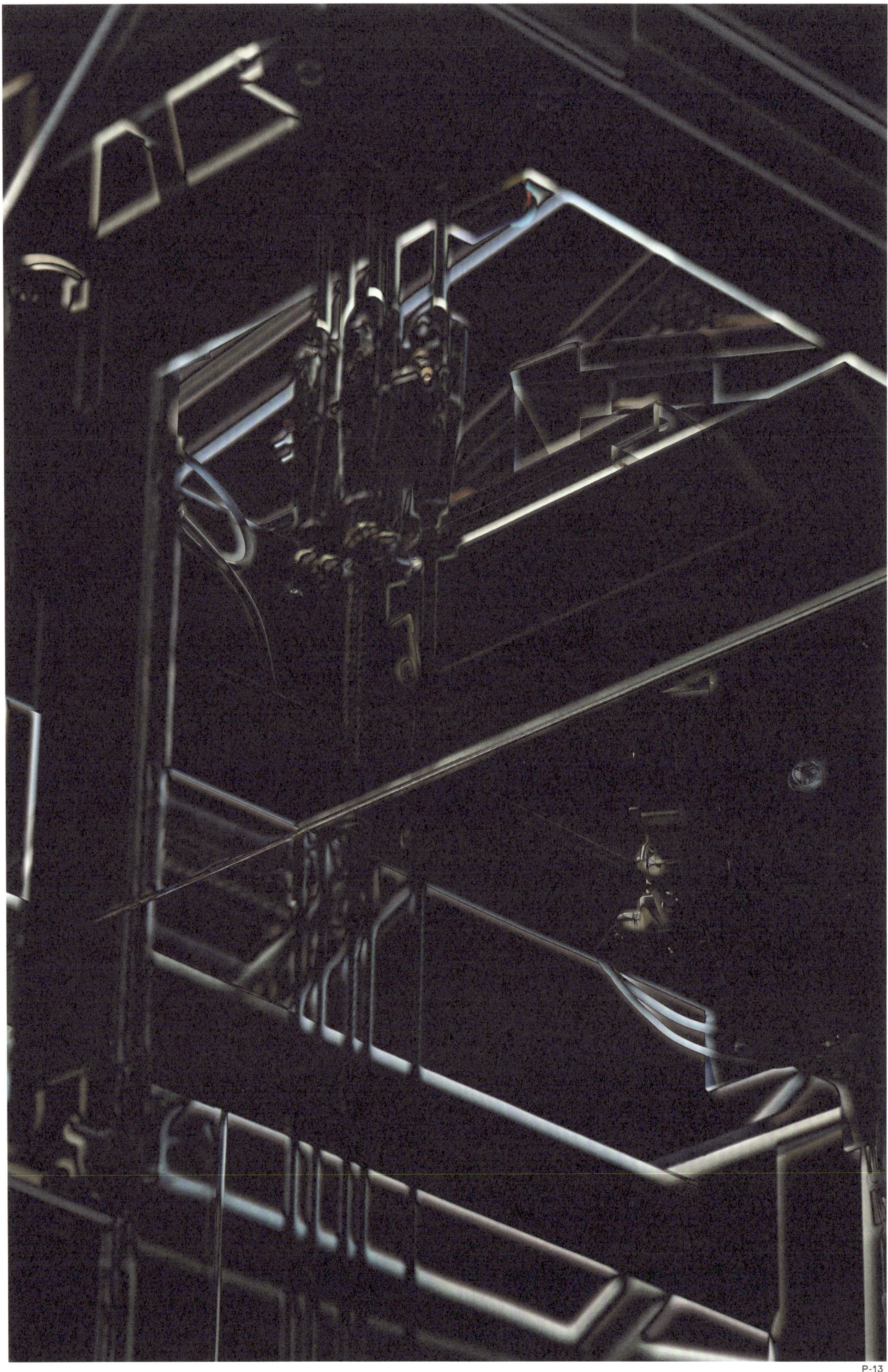

Davos
Bern
Toulouse
Vienna
Frankfurt
Zwentendorf
Lucens
Zurich
Flüelen
Zurich
Davos
Geneva
Mannheim
Heidelberg

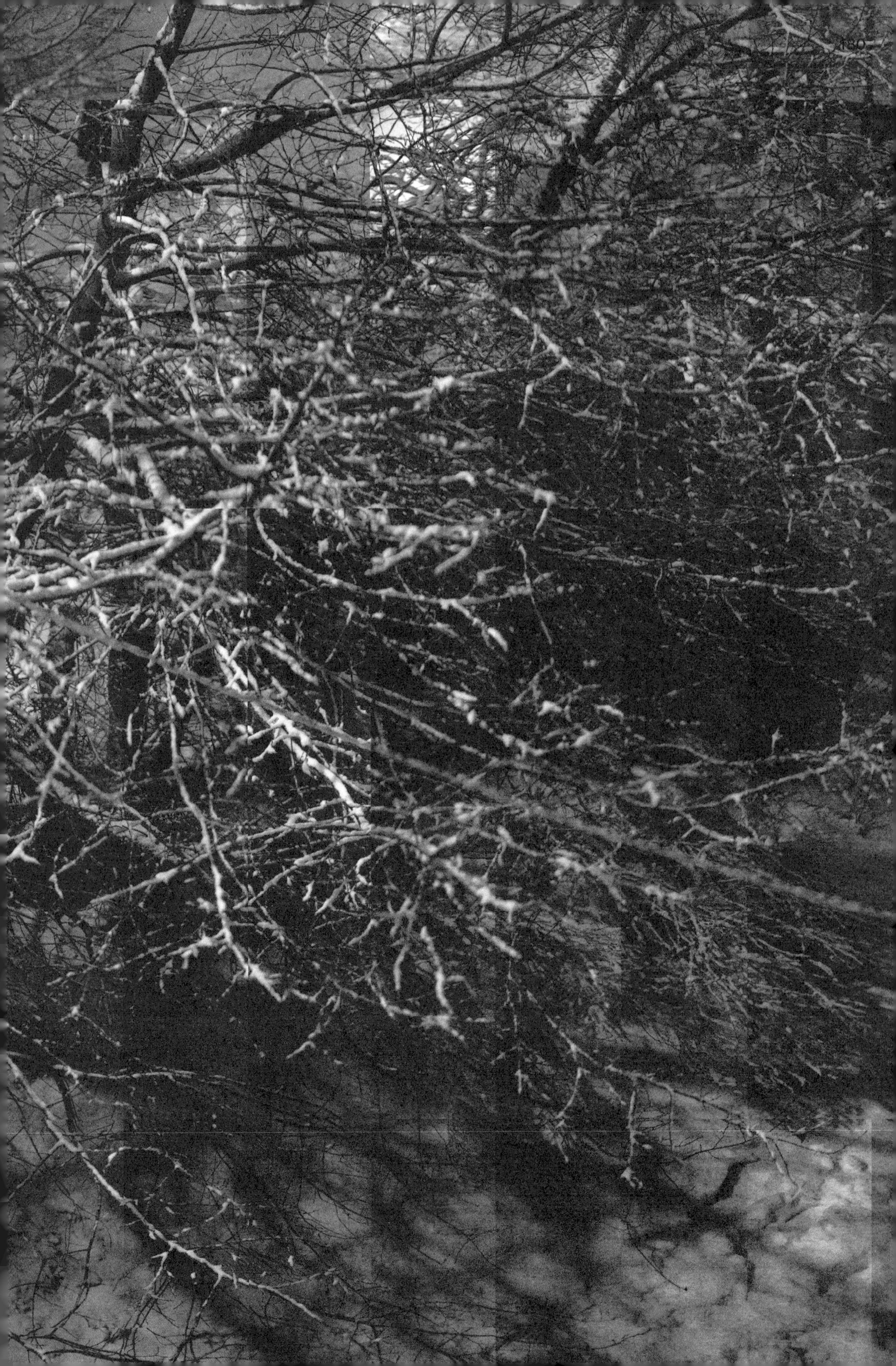

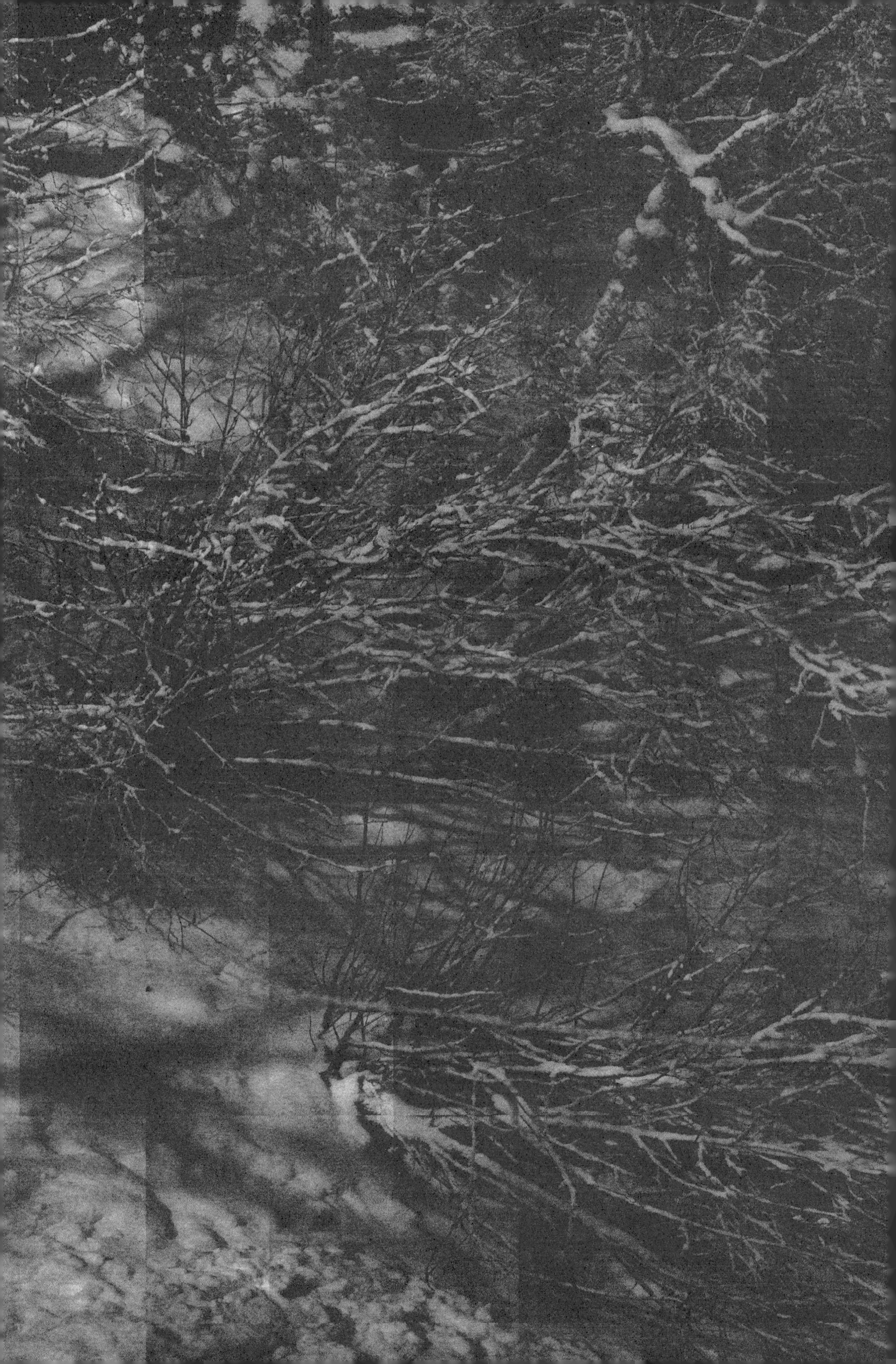

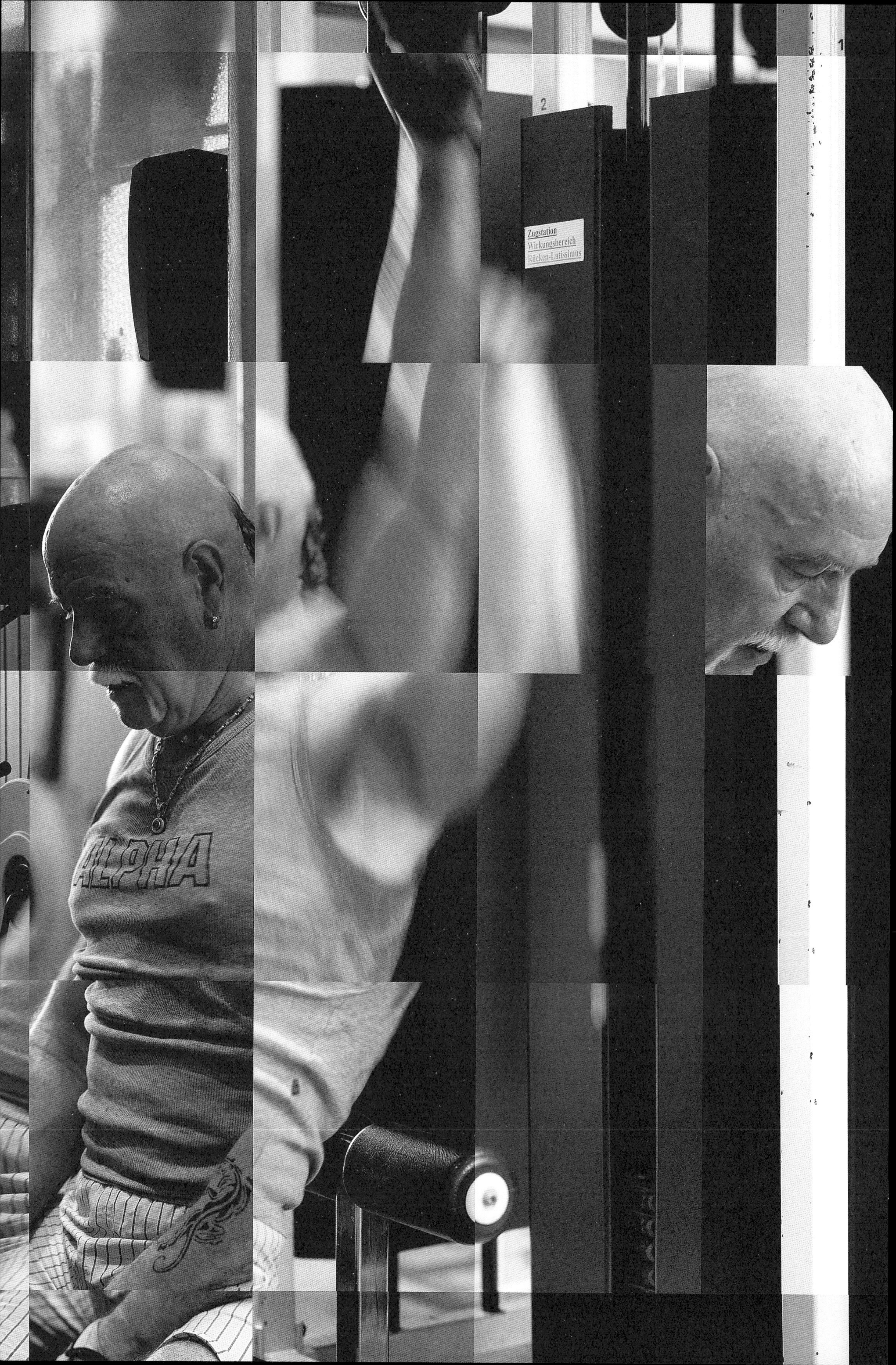

Zugstation
Wirkungsbereich
Rücken-Latissimus
ALPHA

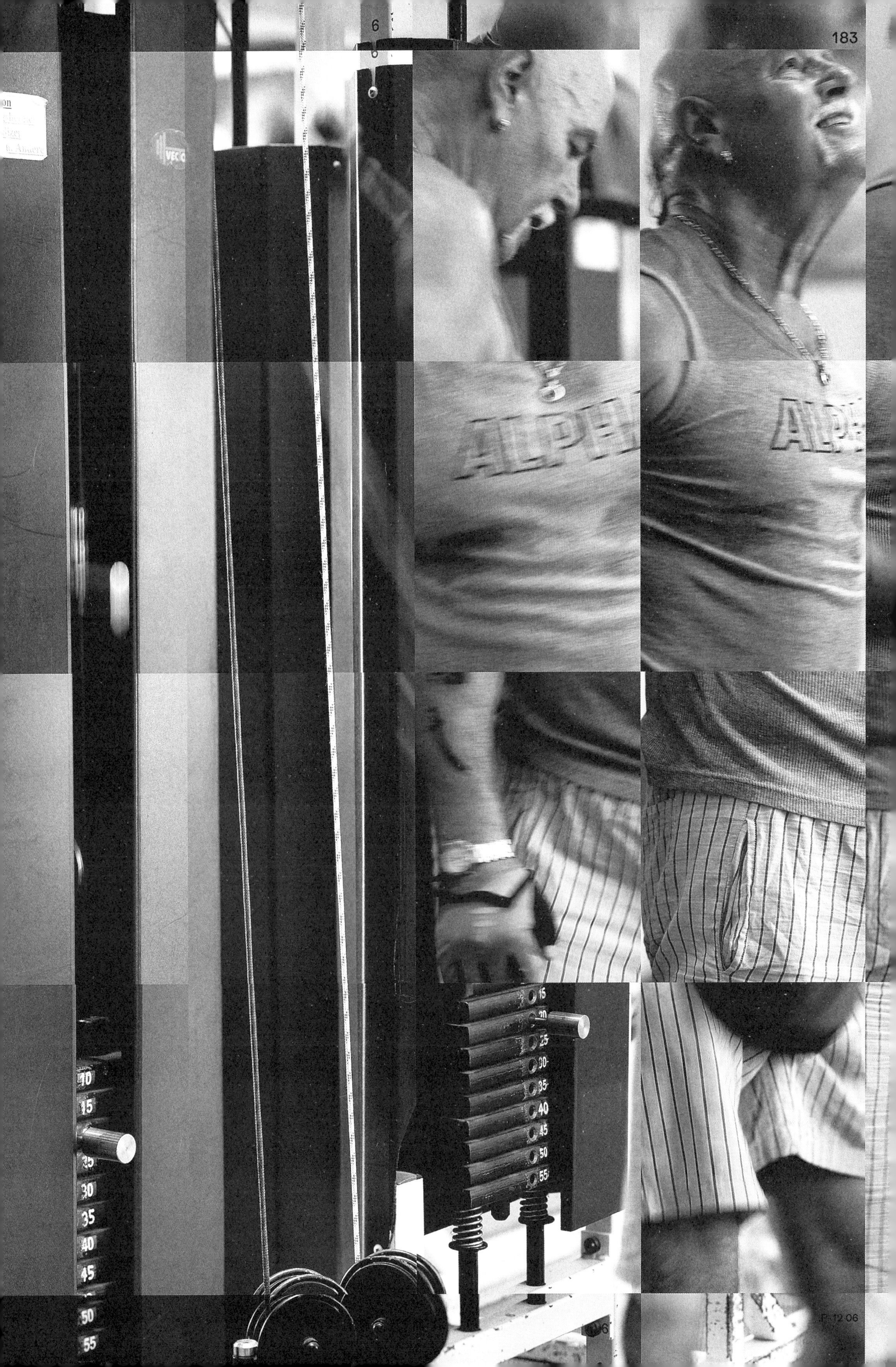

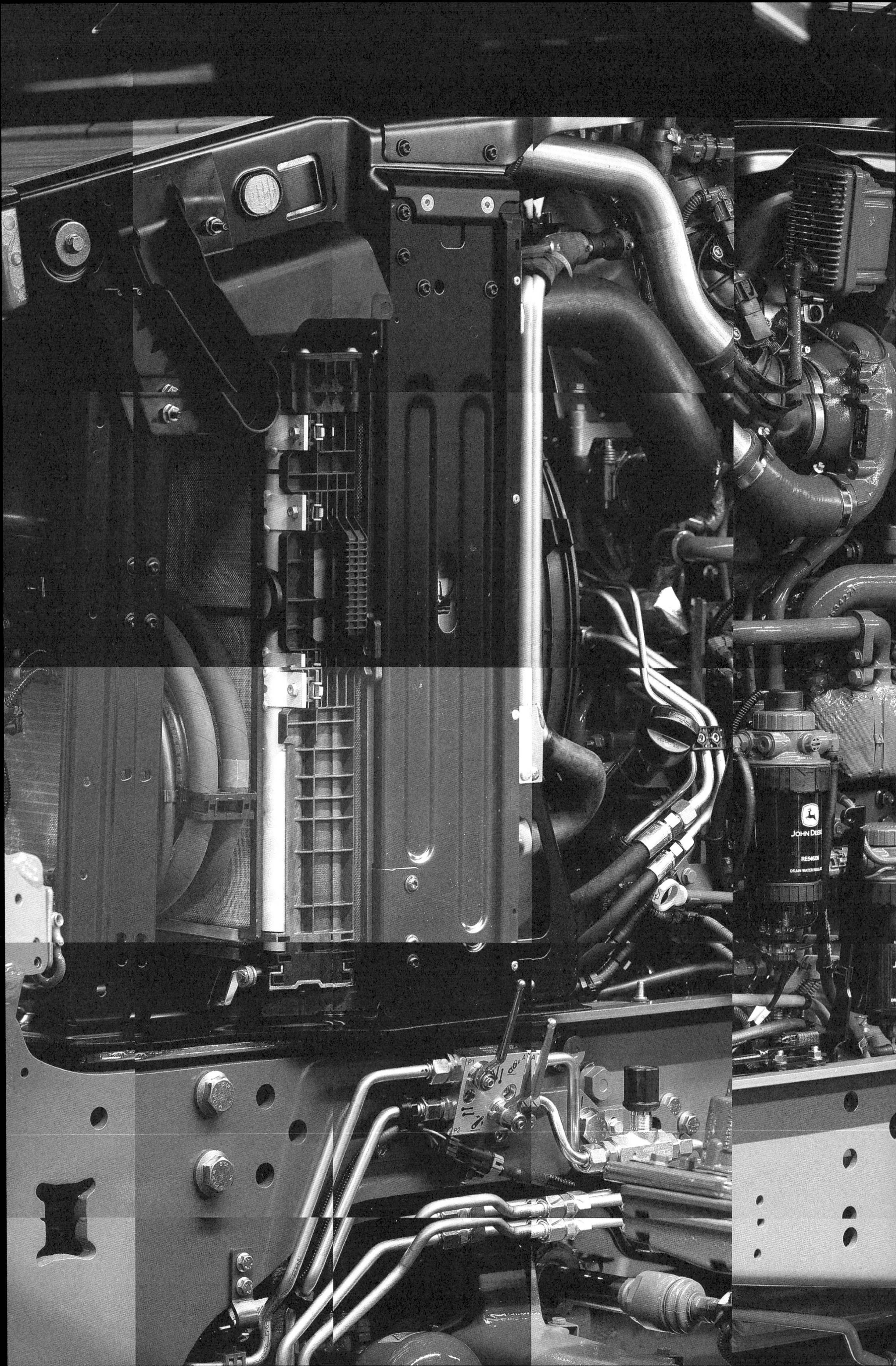

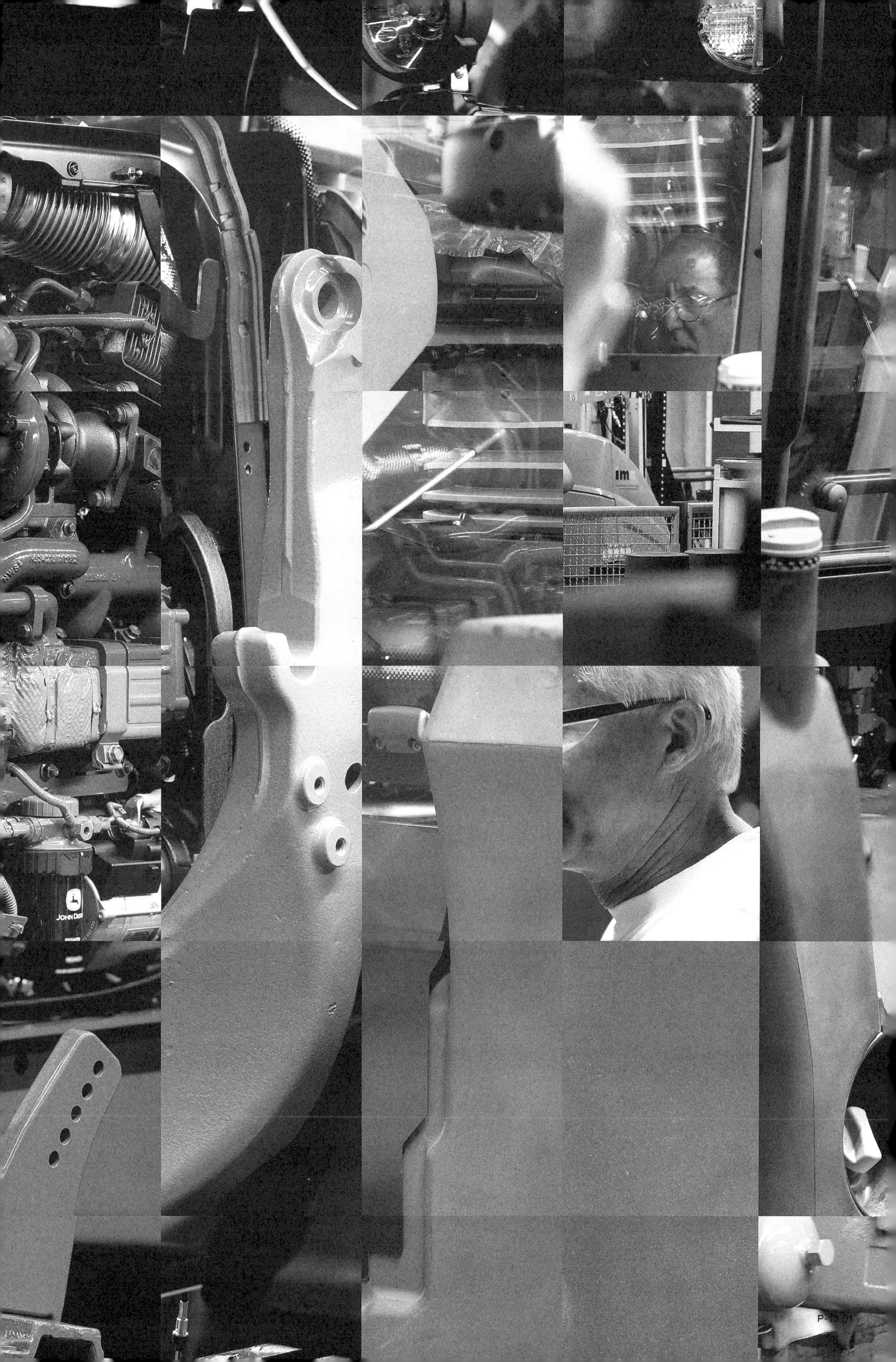

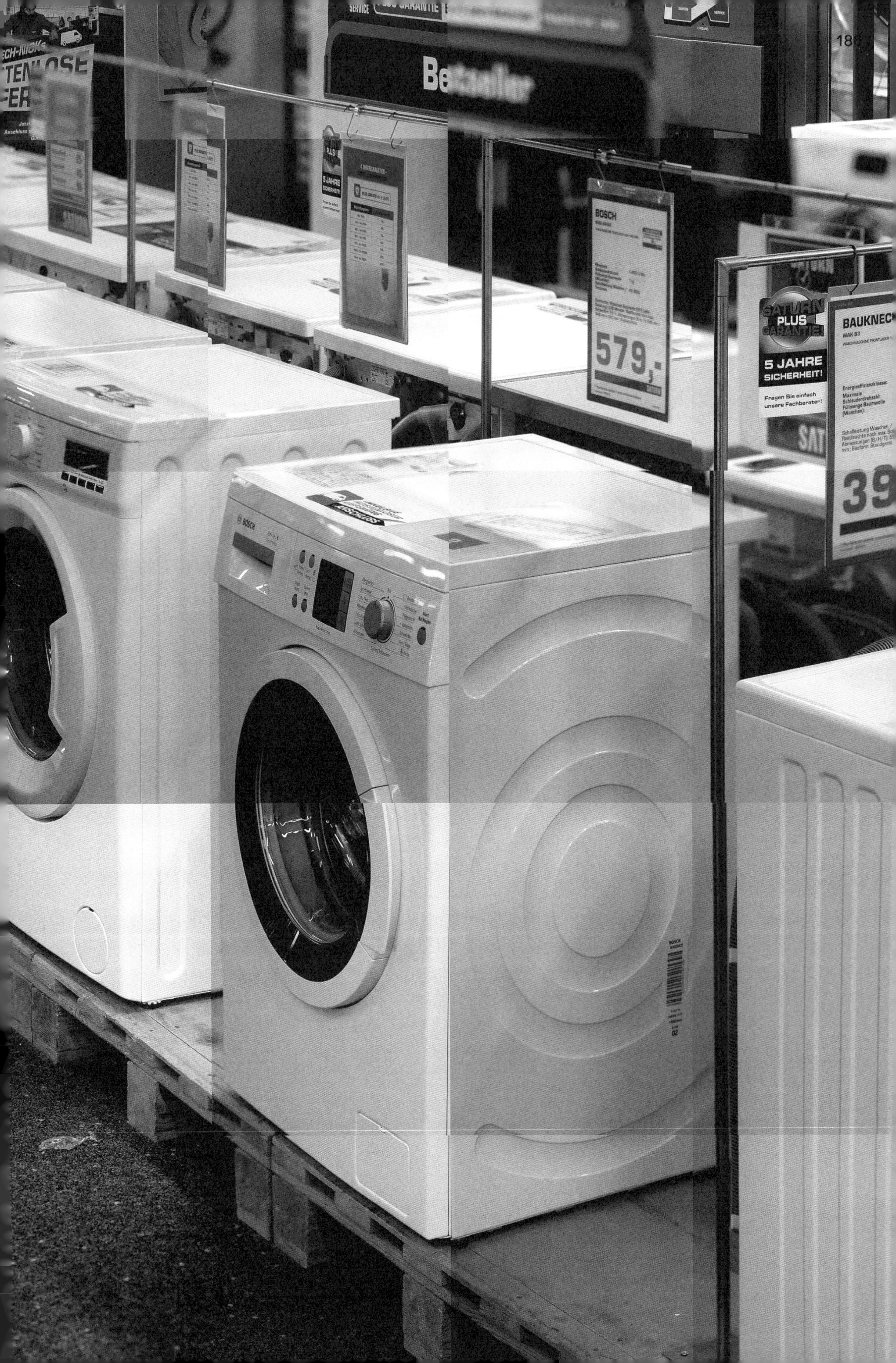
Bestseller
SERVICE
GARANTIE
186
BOSCH
579,-
SATURN
PLUS
GARANTIE!
5 JAHRE
SICHERHEIT!
Fragen Sie einfach
unsere Fachberater!
BAUKNECHT
WAK 83
WASCHMASCHINE FRONTLADER
39
SAT
BOSCH
5 JAHRE
SICHERHEIT!

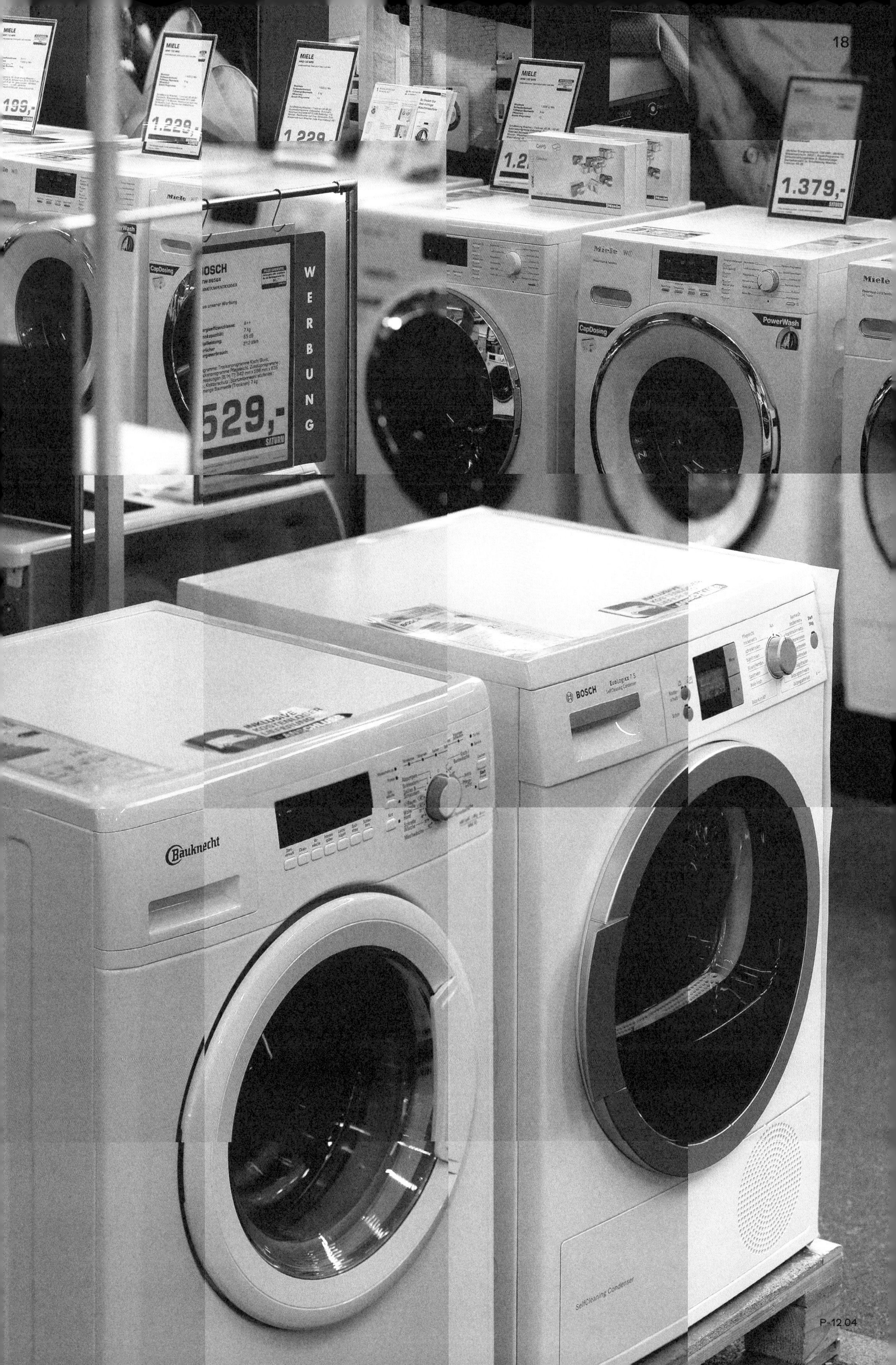
18
MIELE
199,-
1.229,-
1.229,-
CapDosing
BOSCH
WERBUNG
529,-
SATURN
MIELE
CAPS
1.2
Miele
CapDosing
PowerWash
Miele
1.379,-
SATURN
Bauknecht
BOSCH
Ecologixx 7 S
SelfCleaning Condenser
SelfCleaning Condenser
P-12.04

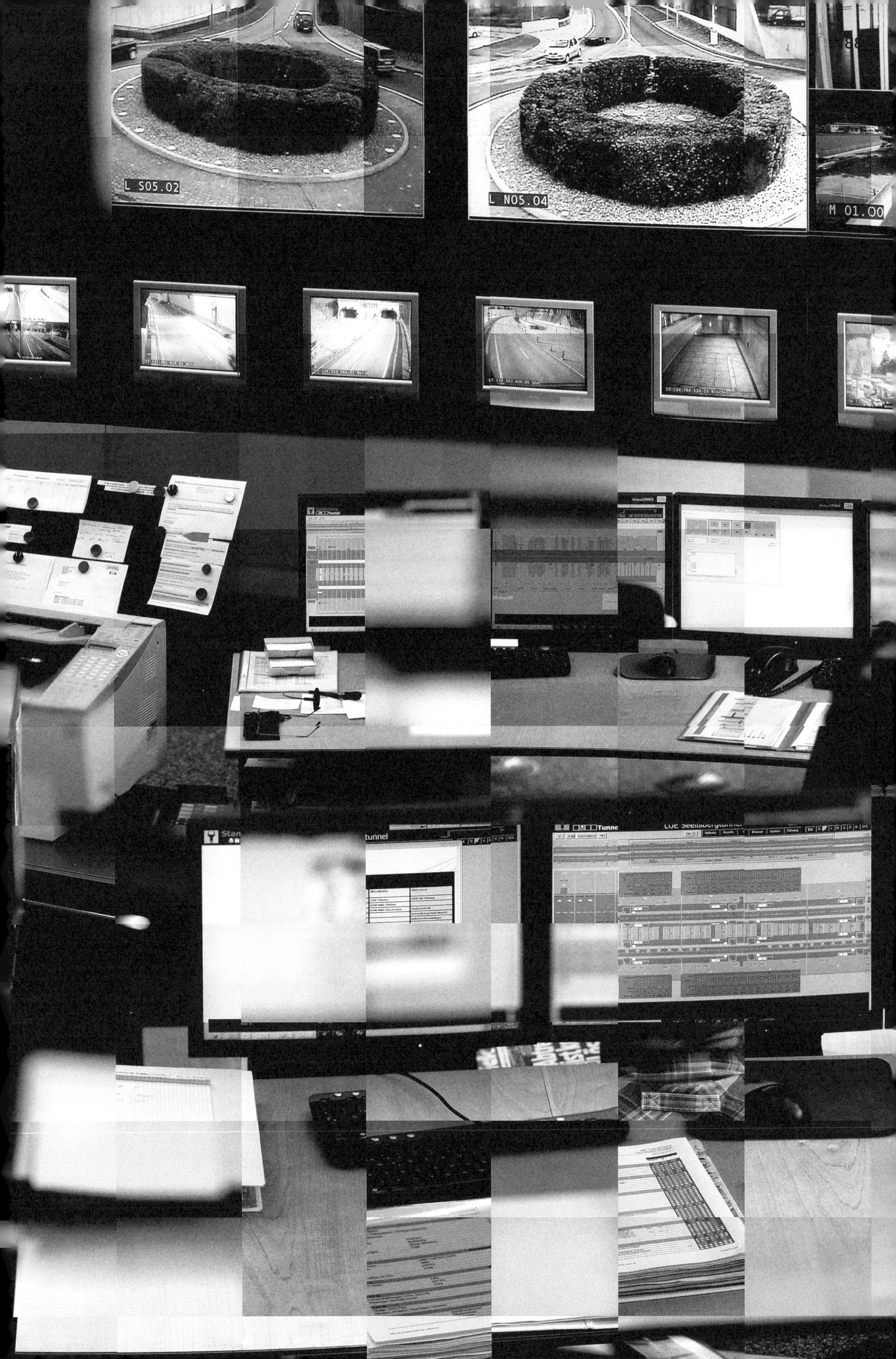

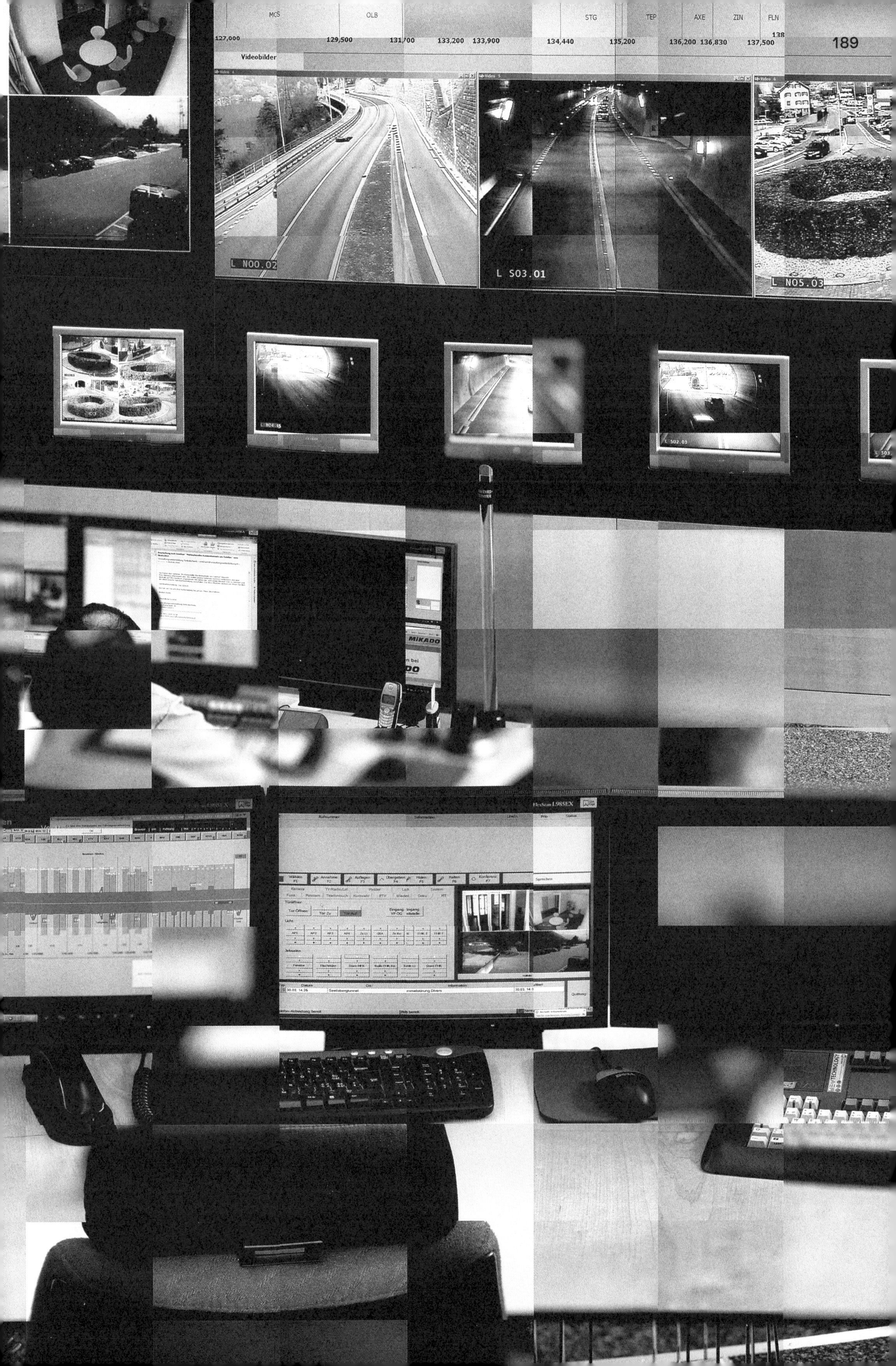
MCS
OLB
STG
TEP
AXE
ZIN
FLN
127,000
129,500
131,700 133,200 133,900
134,440
135,200
136,200 136,830 137,500
138
189
Videobilder
L N00.02
L S03.01
L N05.03
MIKADO
FlexScan L985EX

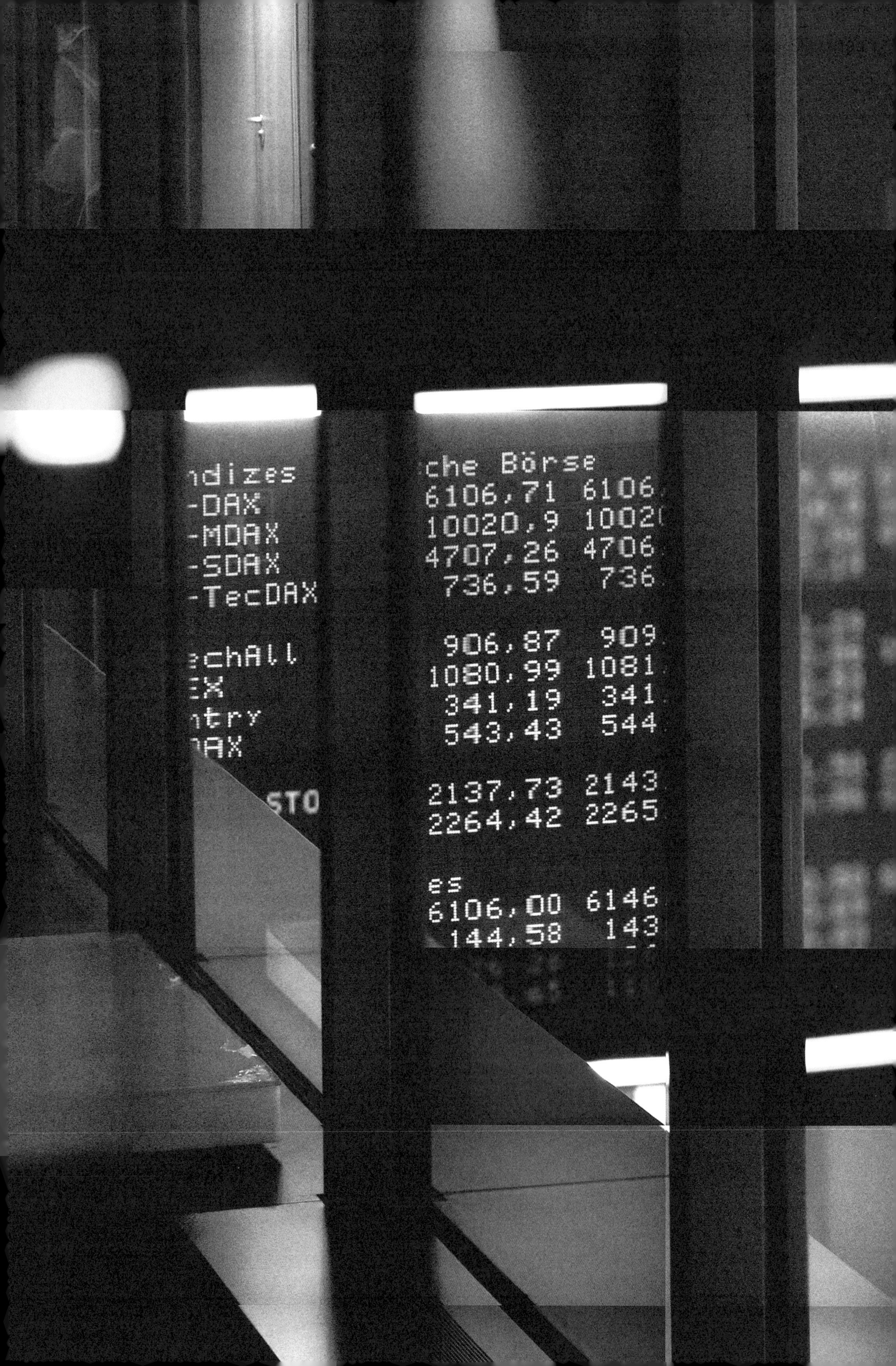
ndizes
-DAX
-MDAX
-SDAX
-TecDAX

echAll
EX
ntry
DAX

STO

che Börse
6106,71 6106
10020,9 10020
4707,26 4706
736,59   736

906,87   909
1080,99 1081
341,19   341
543,43   544

2137,73 2143
2264,42 2265

es
6106,00 6146
144,58   143

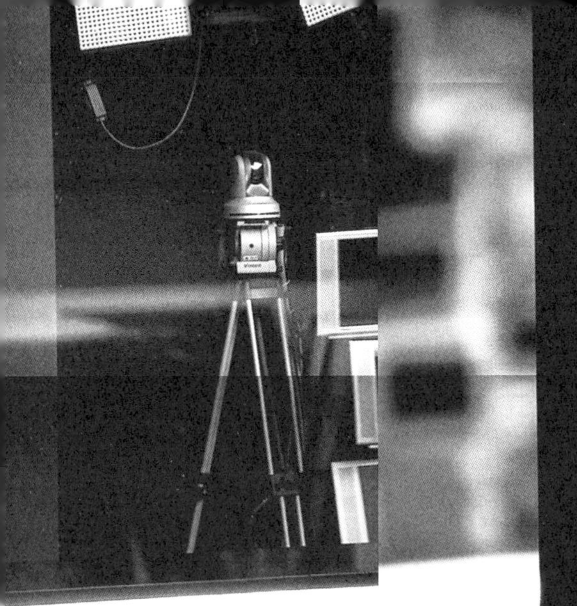
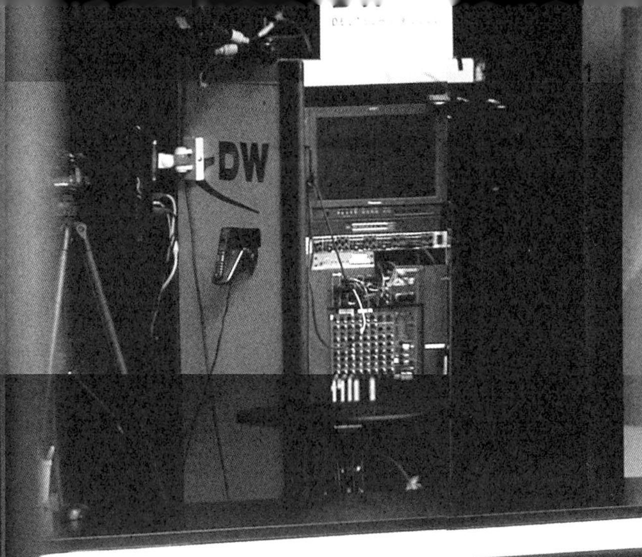

DW

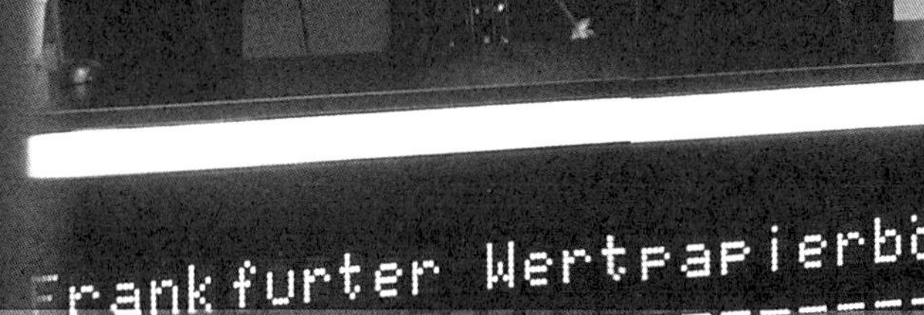

Frankfurter Wertpapierb

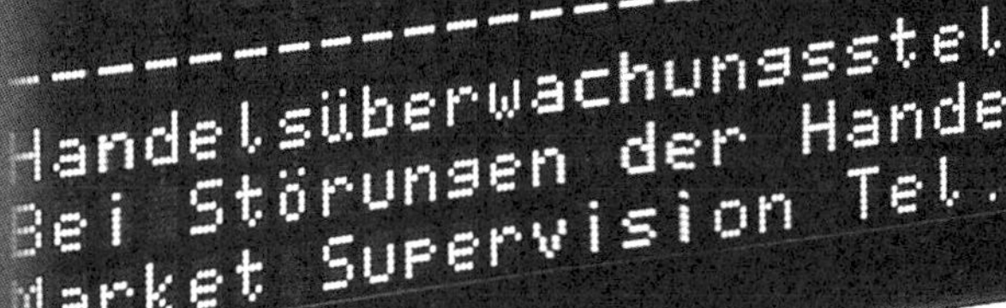

Handelsüberwachungsstel
Bei Störungen der Hande
Market Supervision Tel.

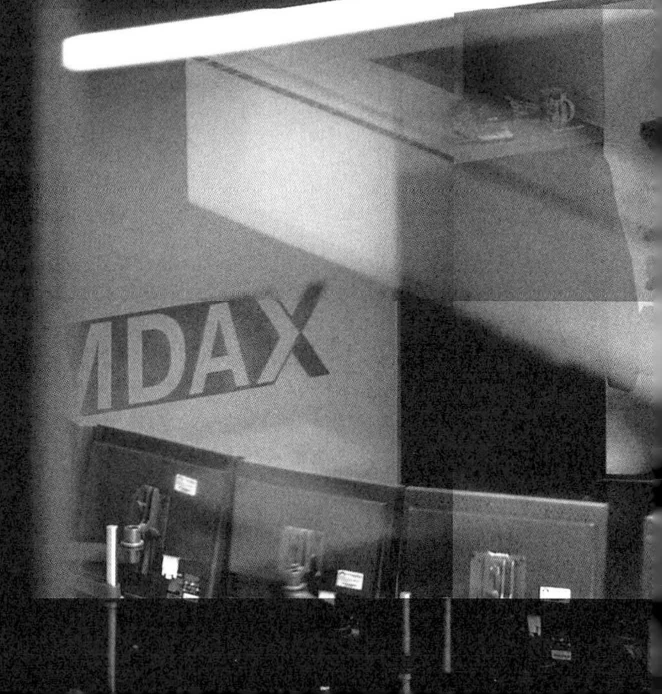

MDAX

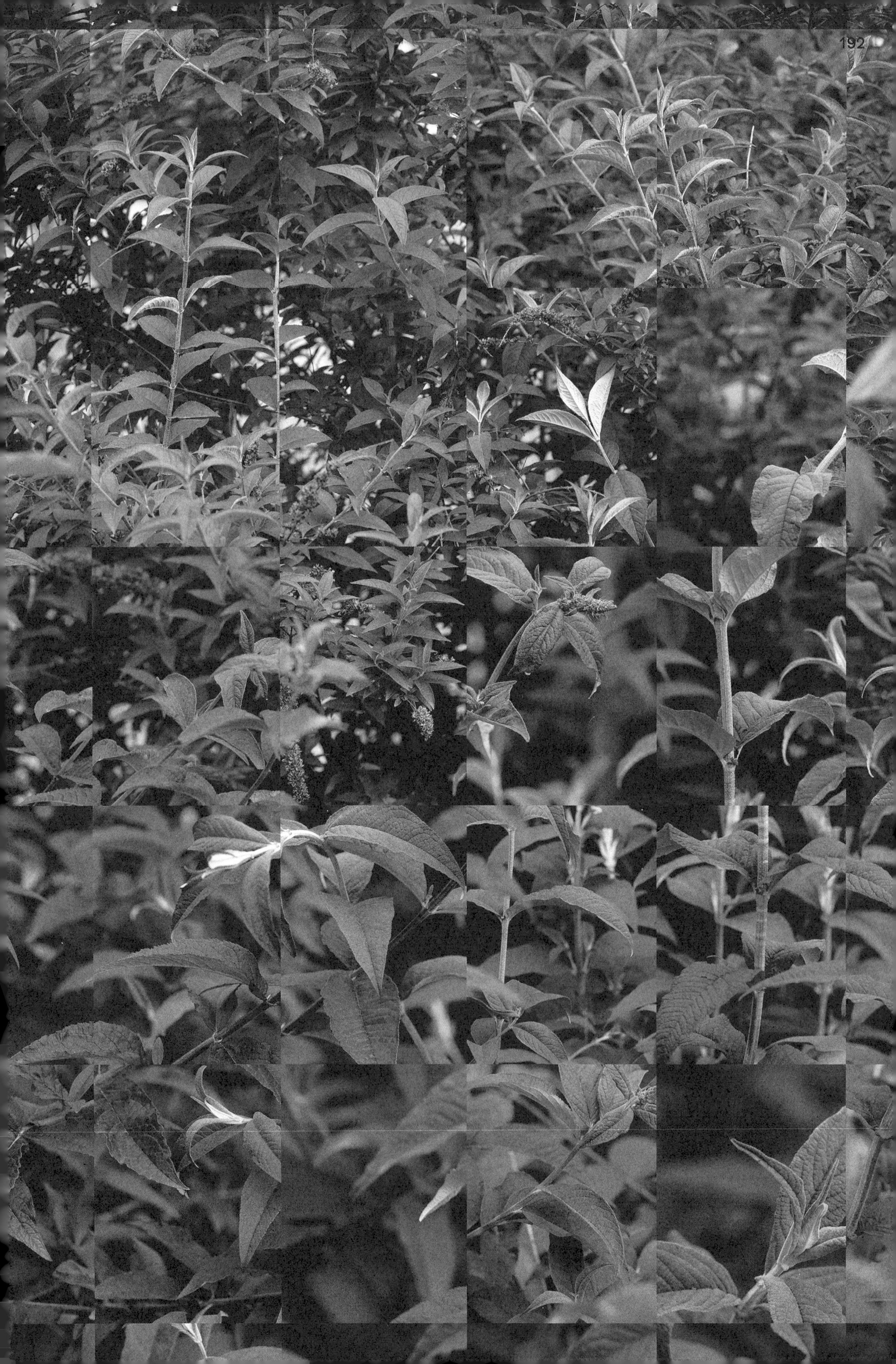

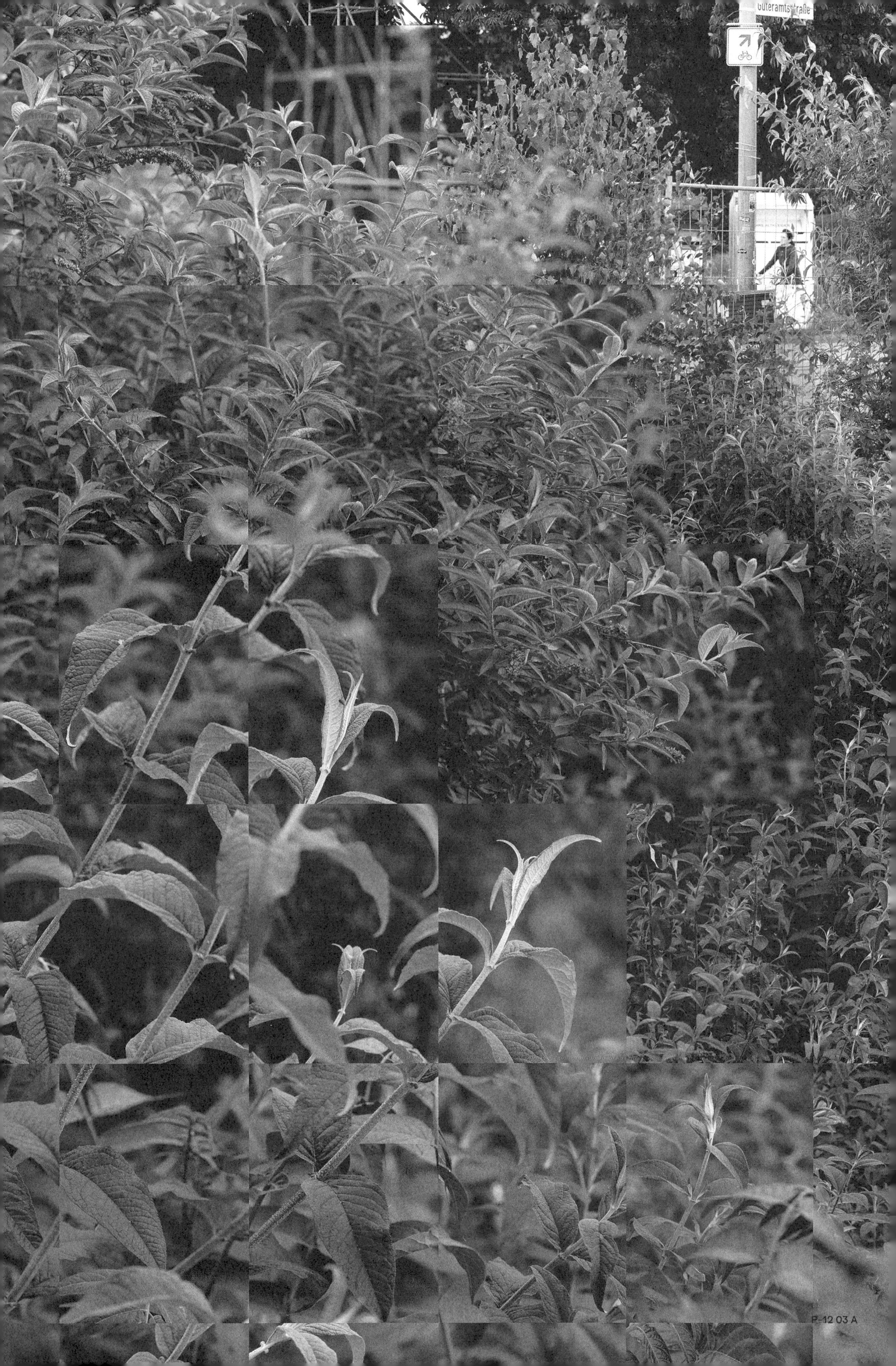

Güteramtstraße
P-12 03 A

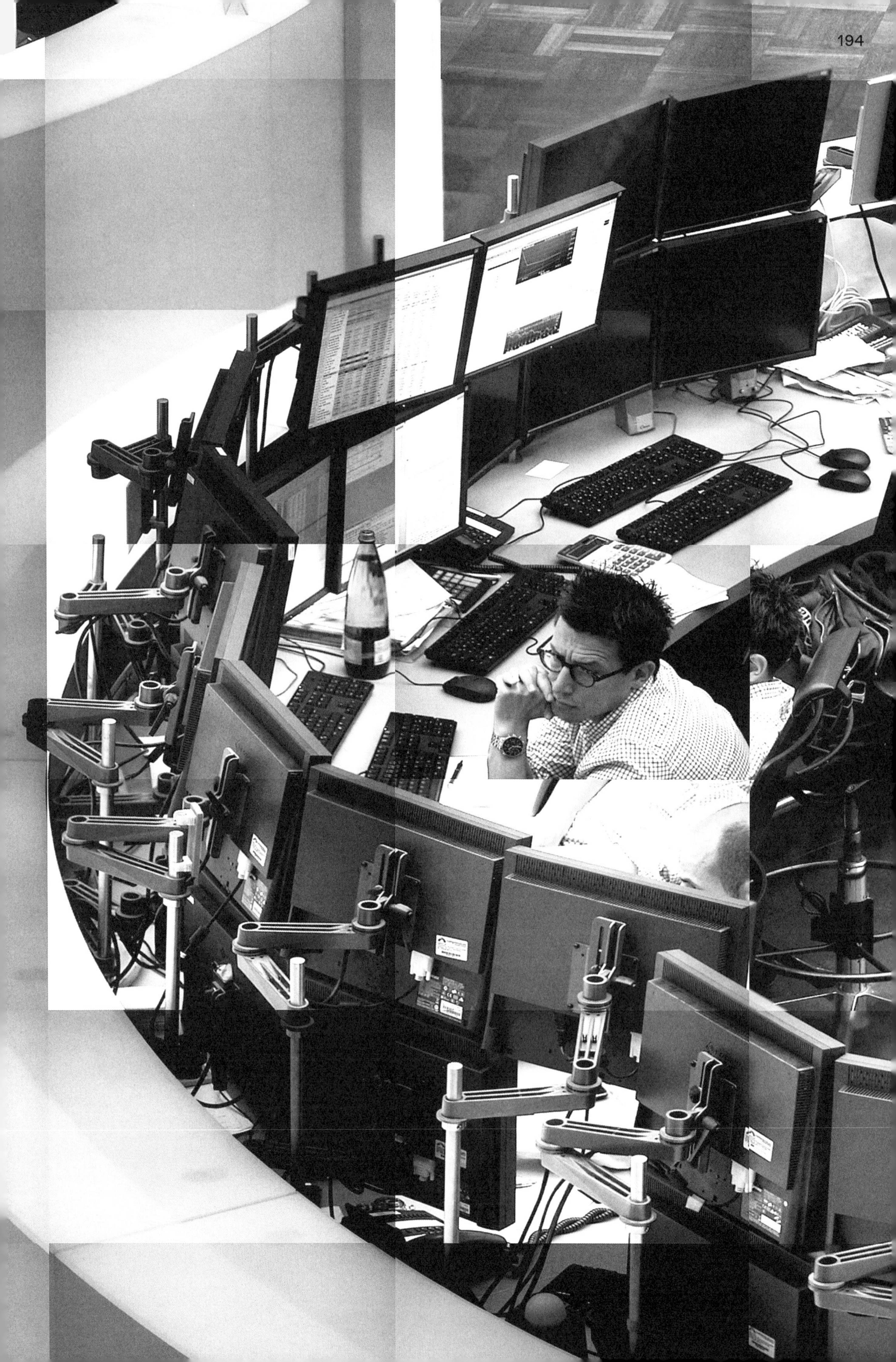

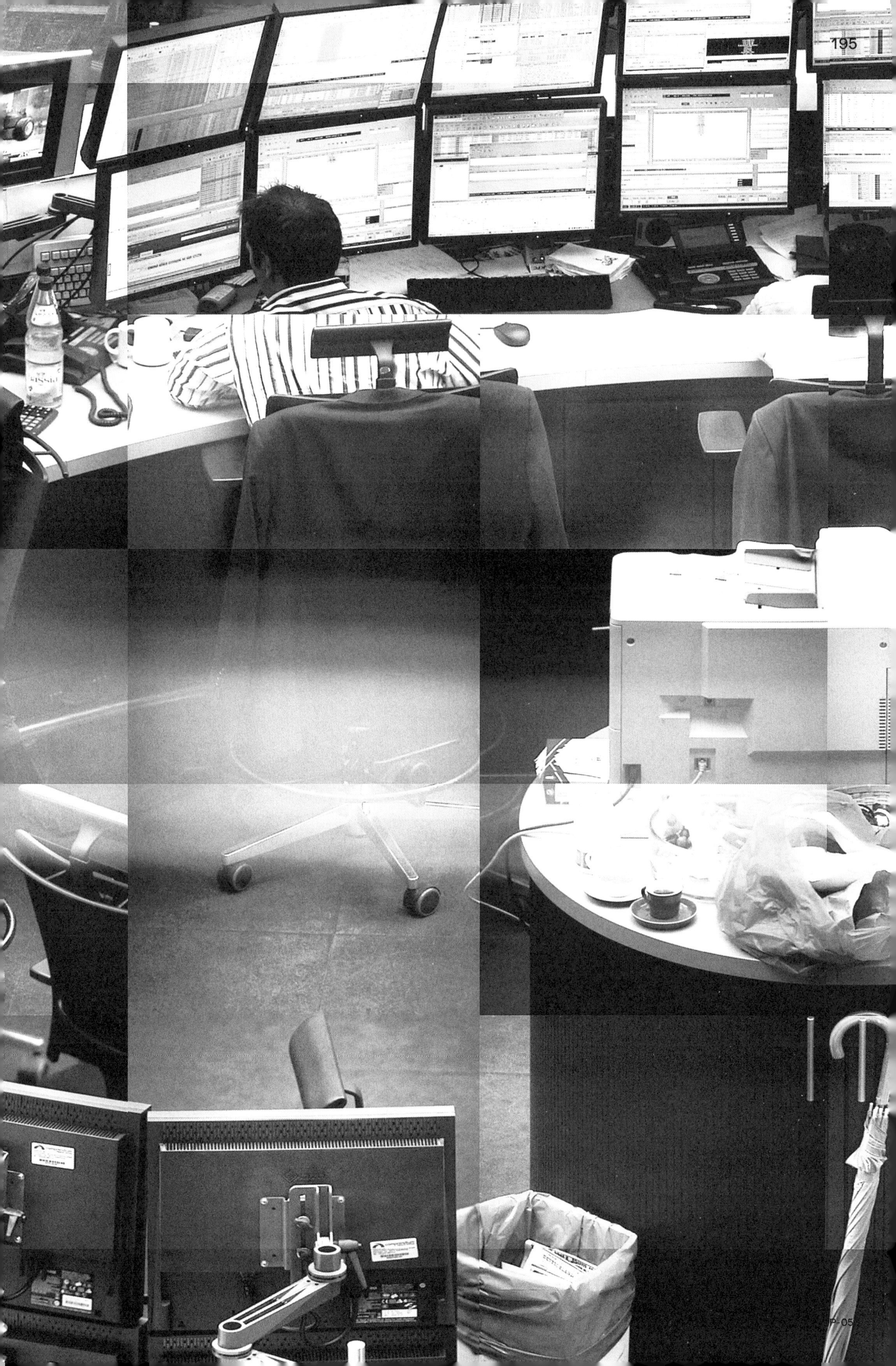

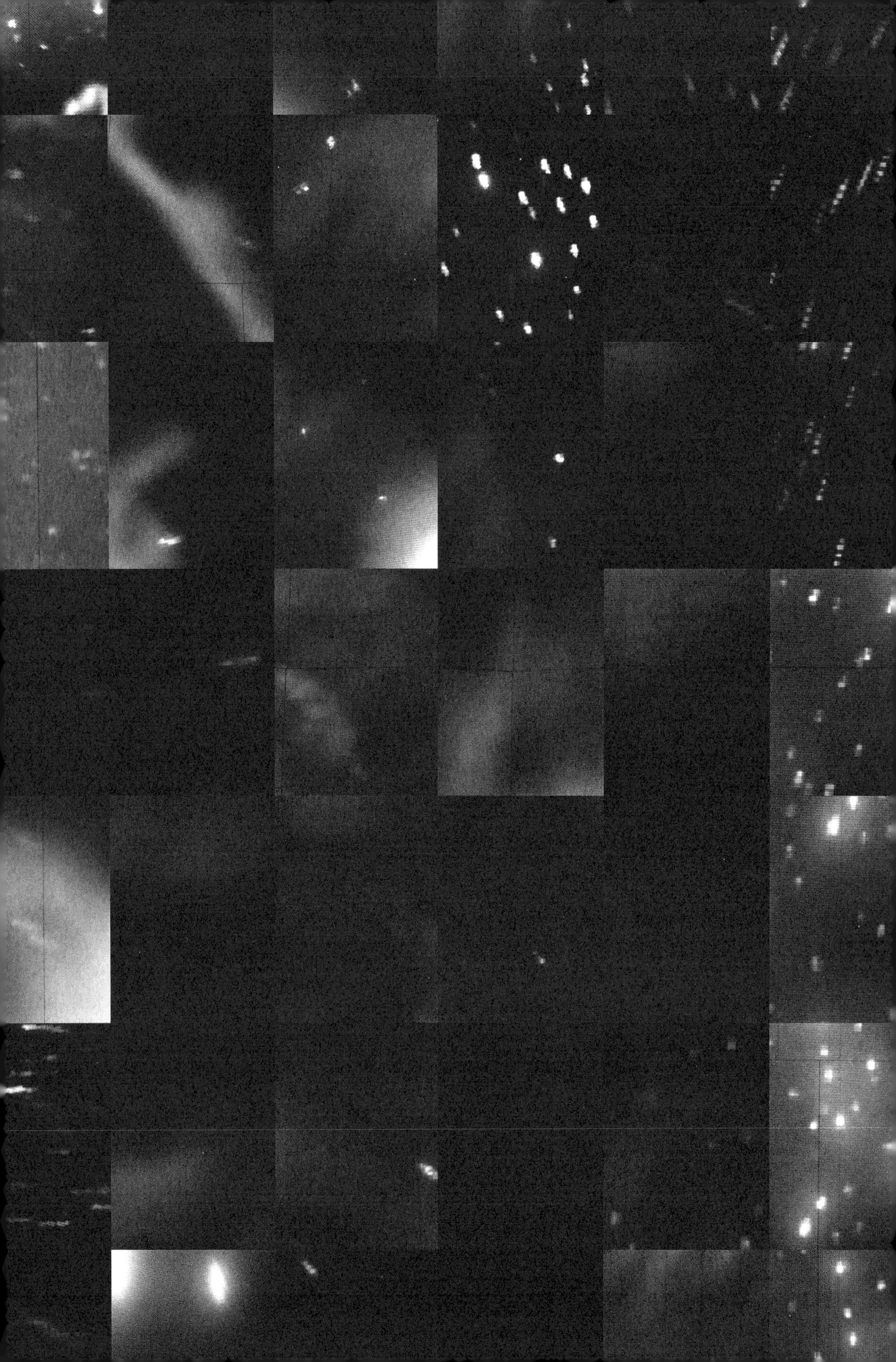

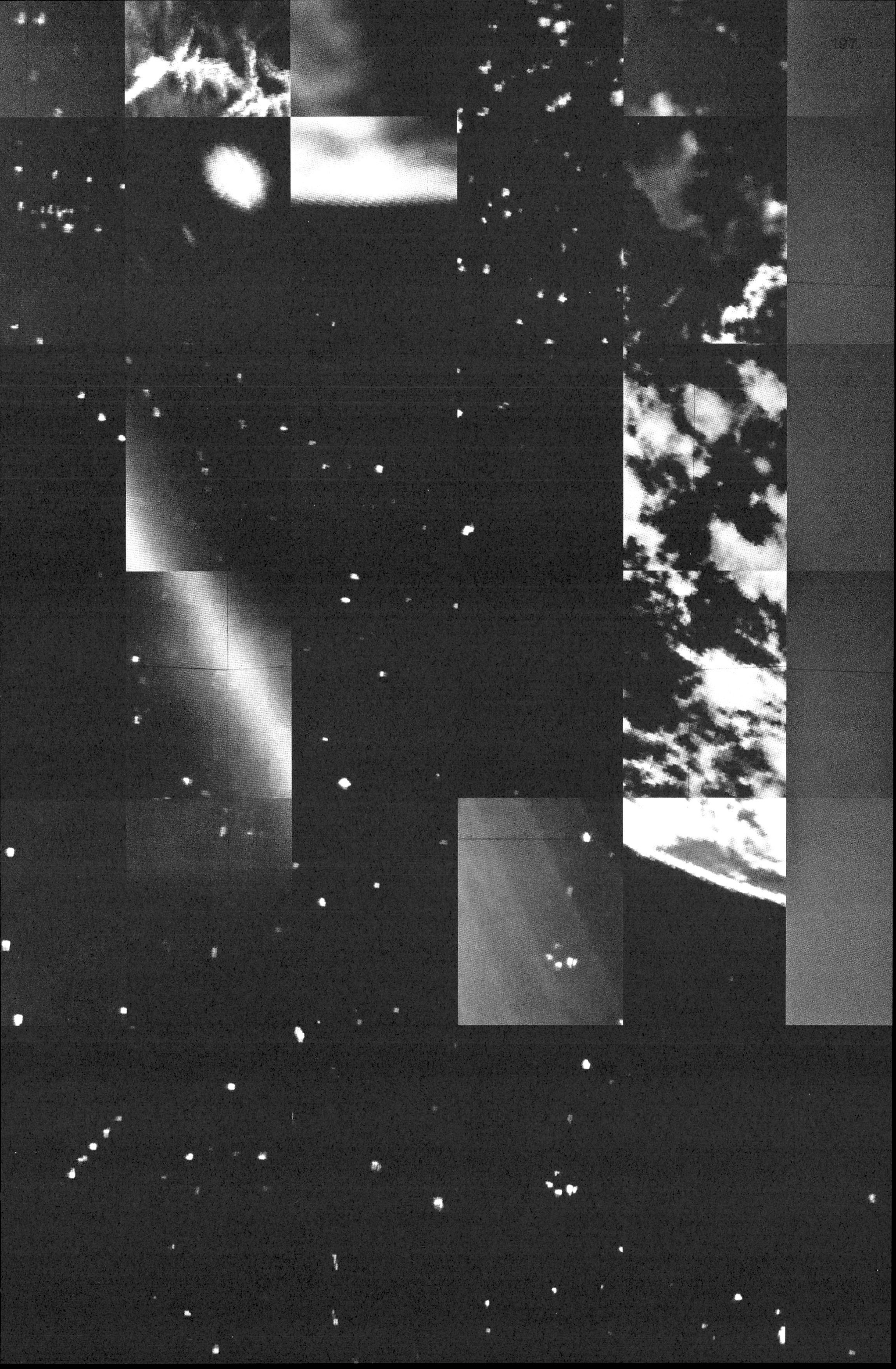

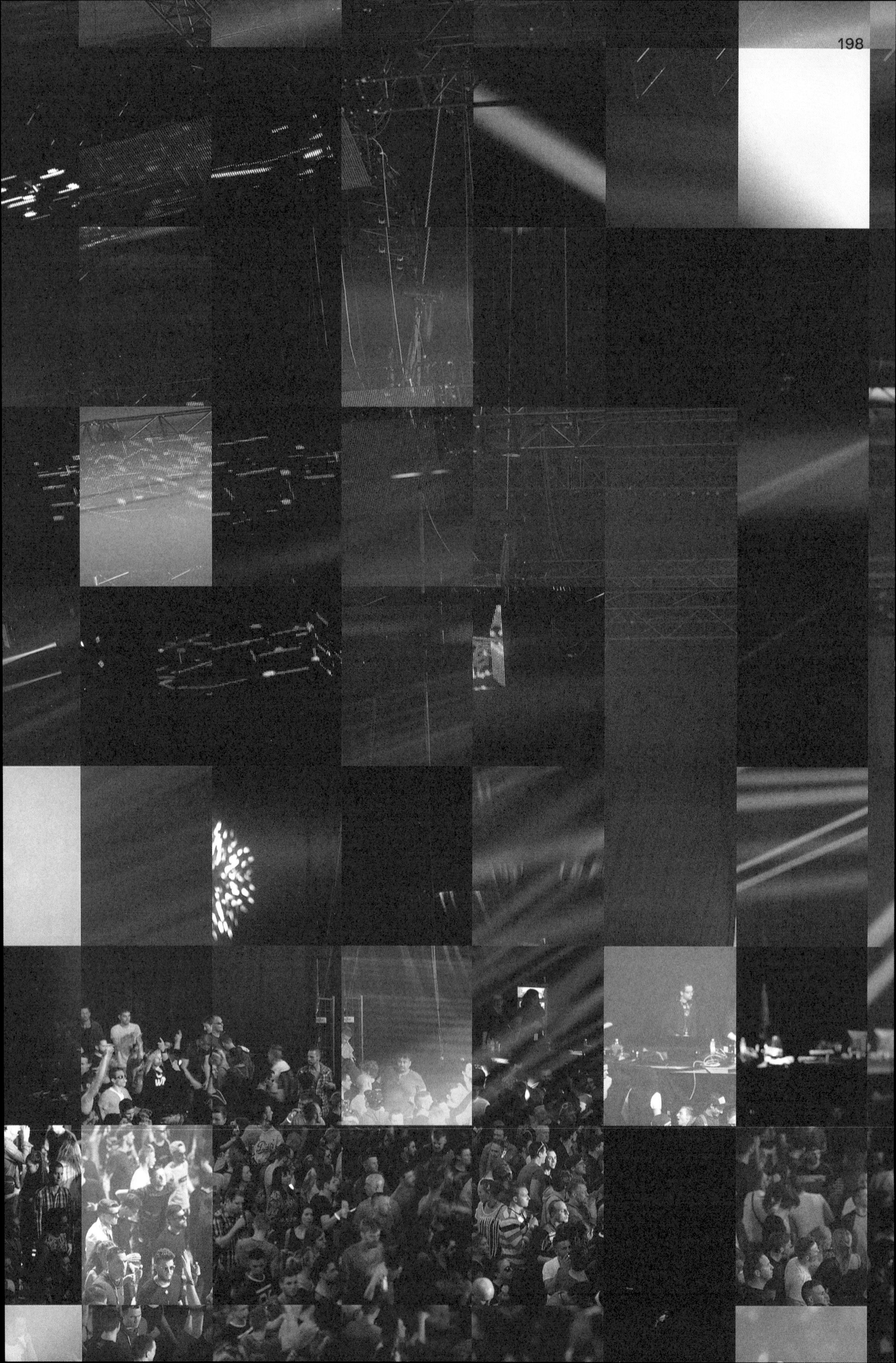

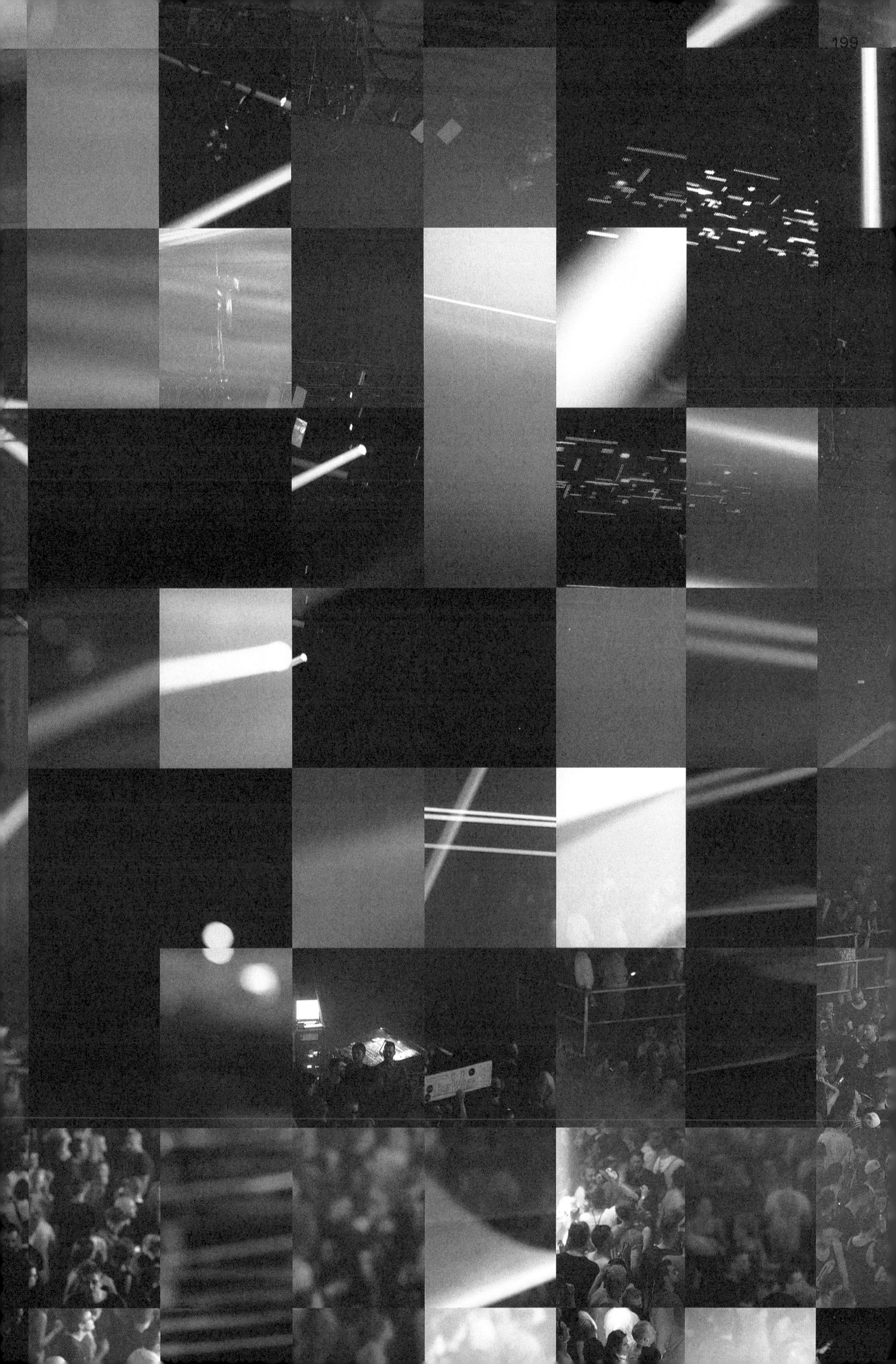

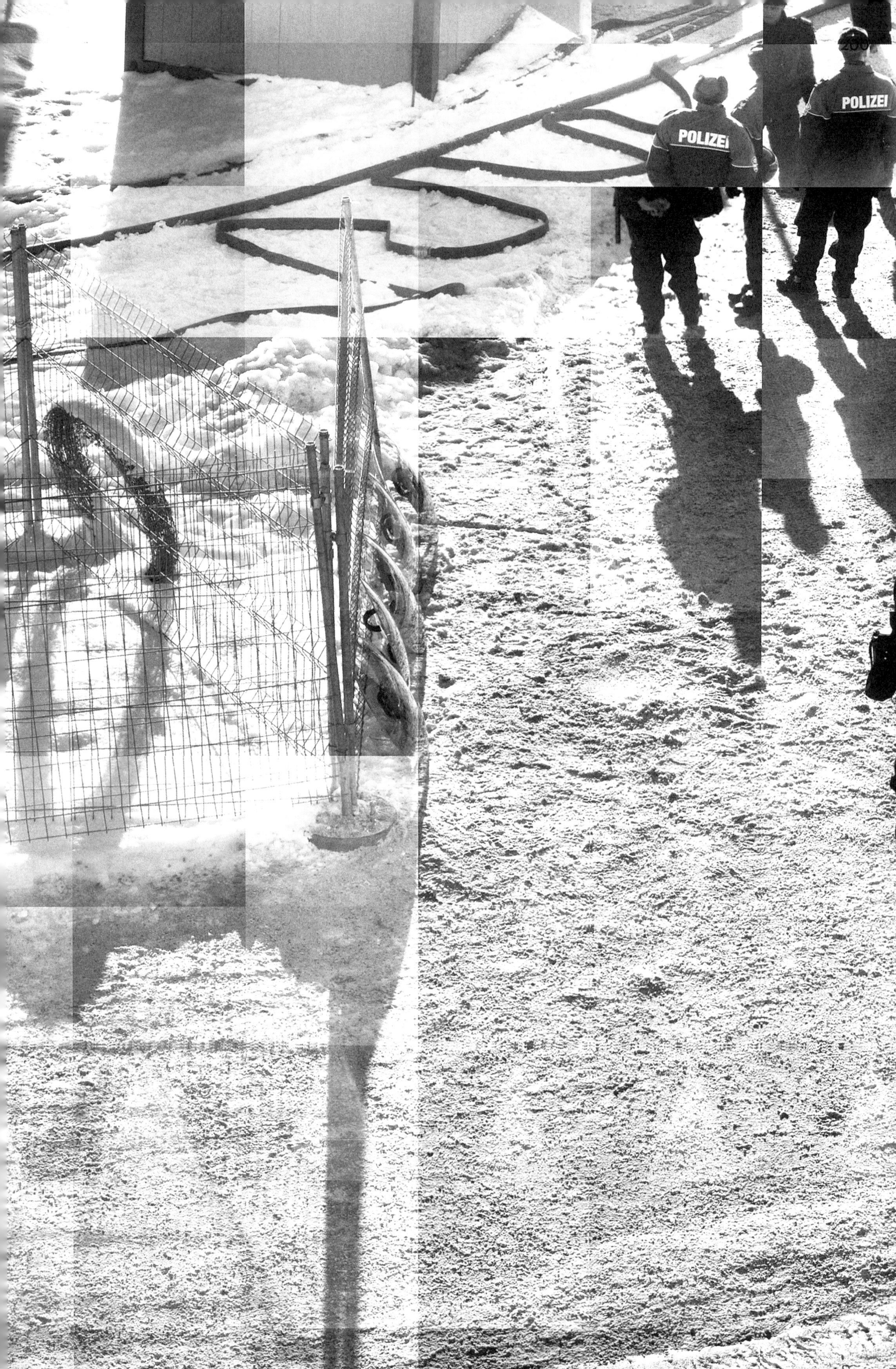

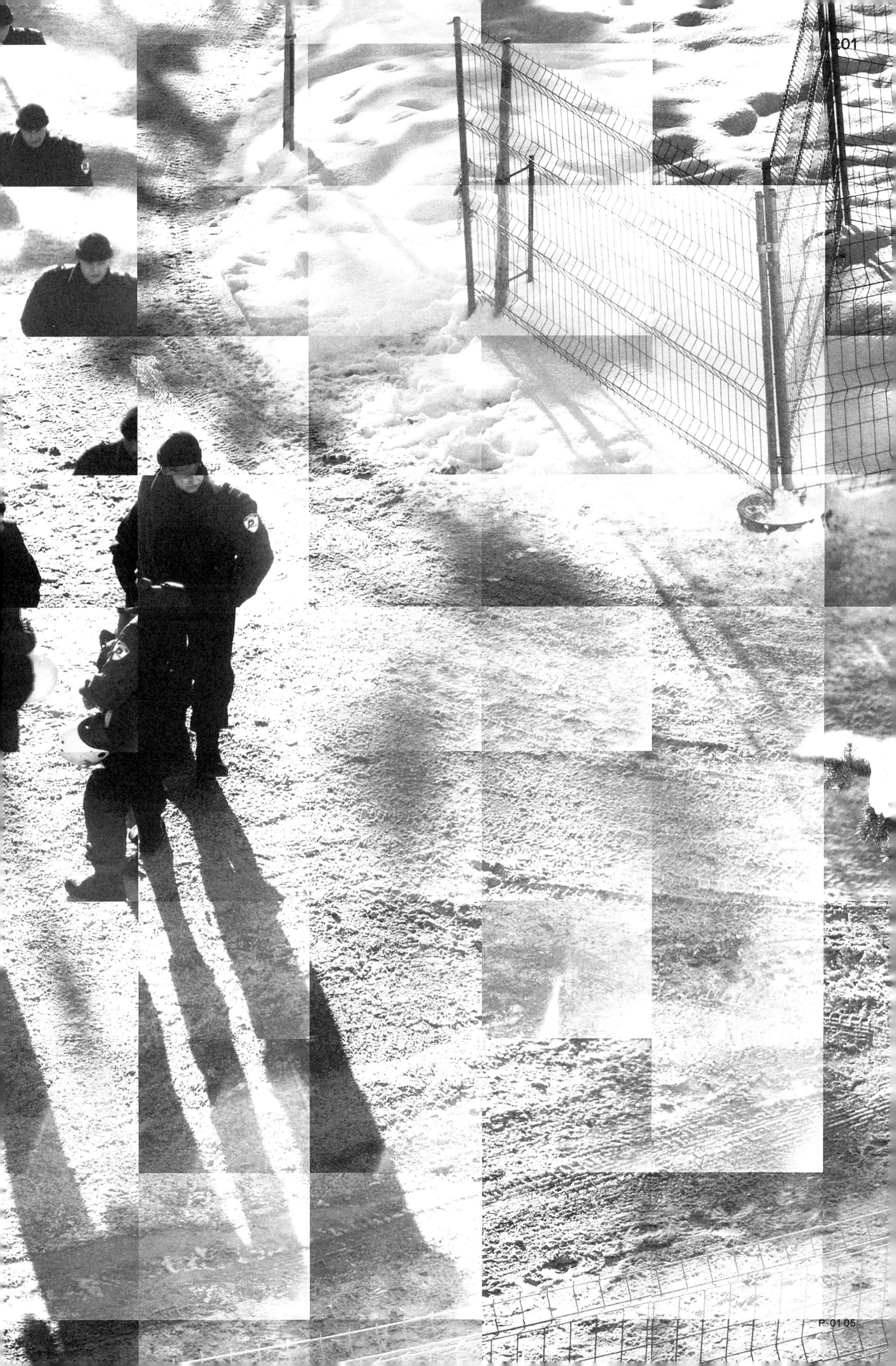

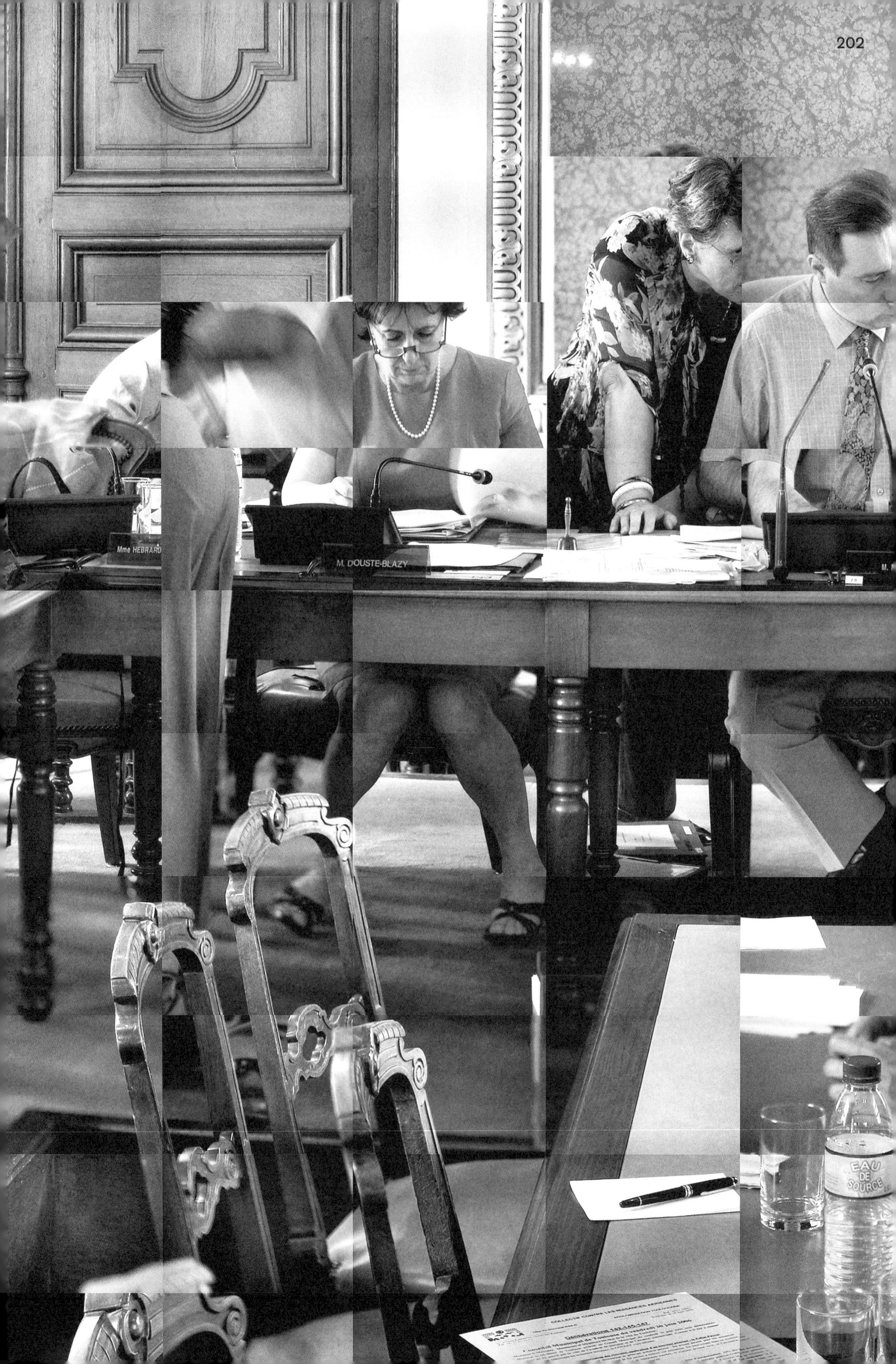

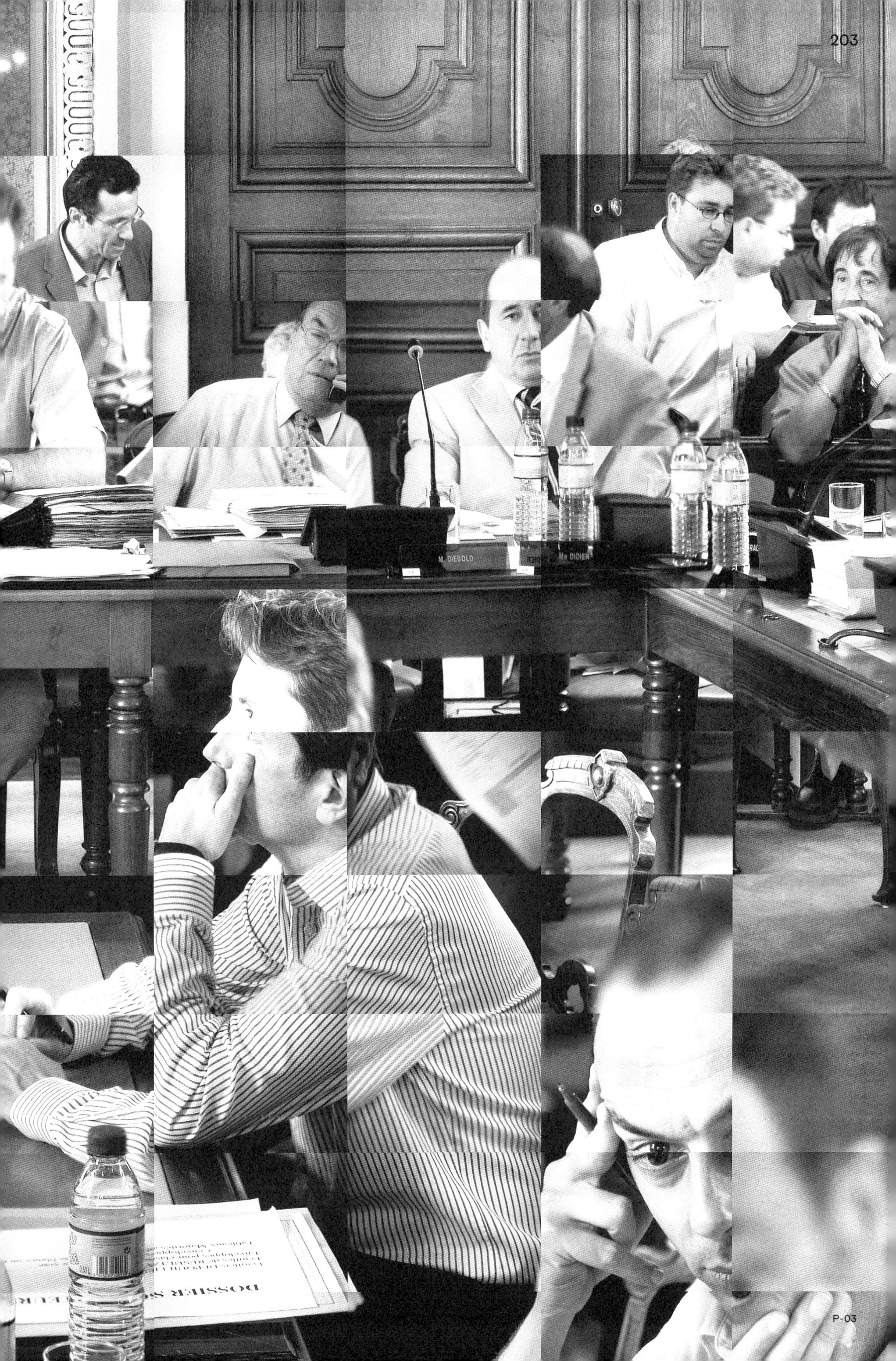

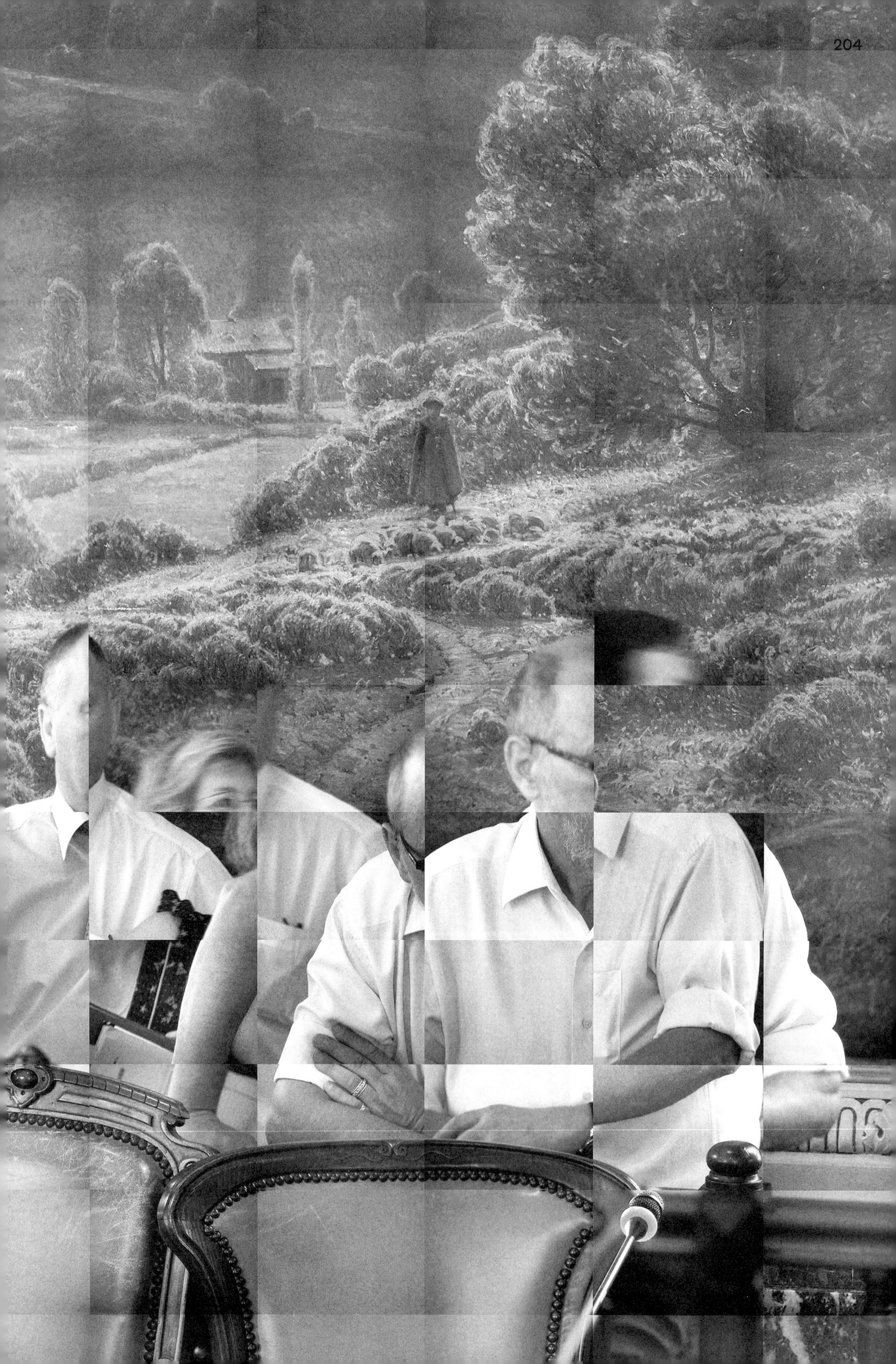

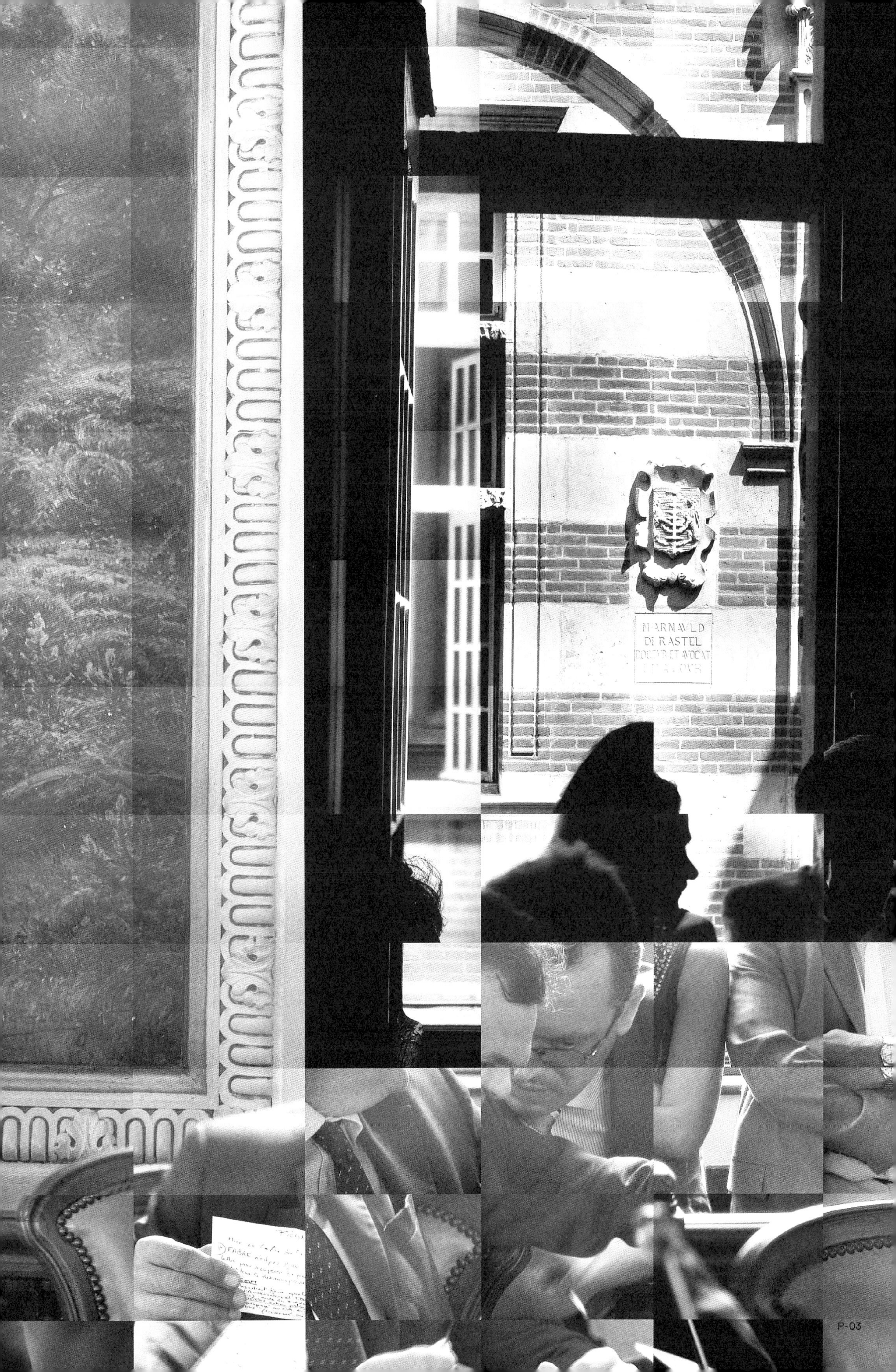

M ARNAVLD
DE RASTEL
DOCTVR ET AVOCAT

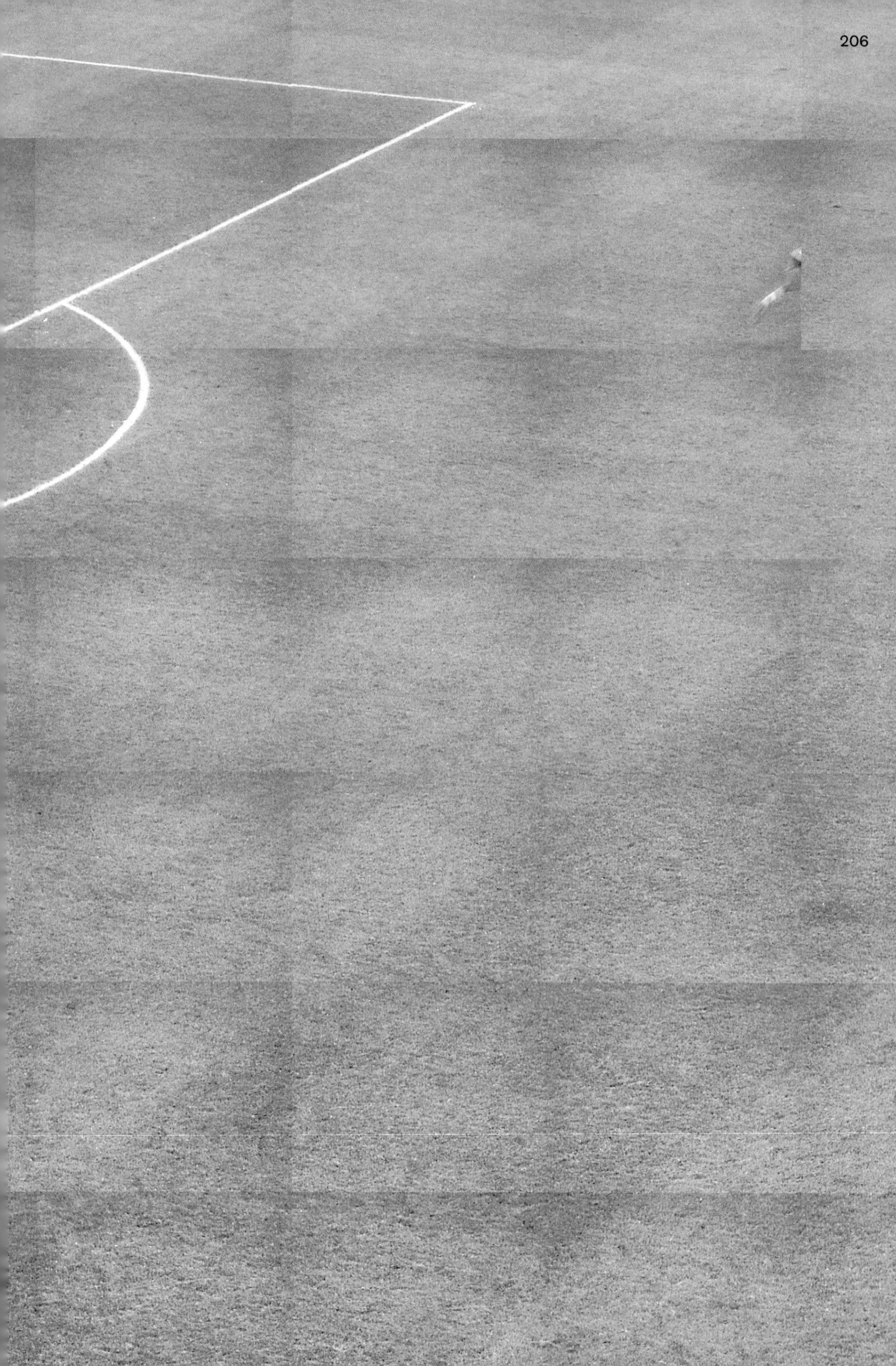

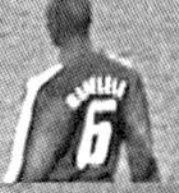
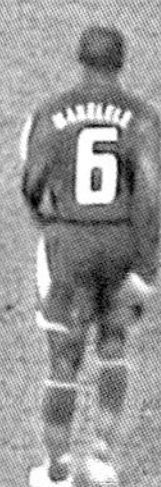

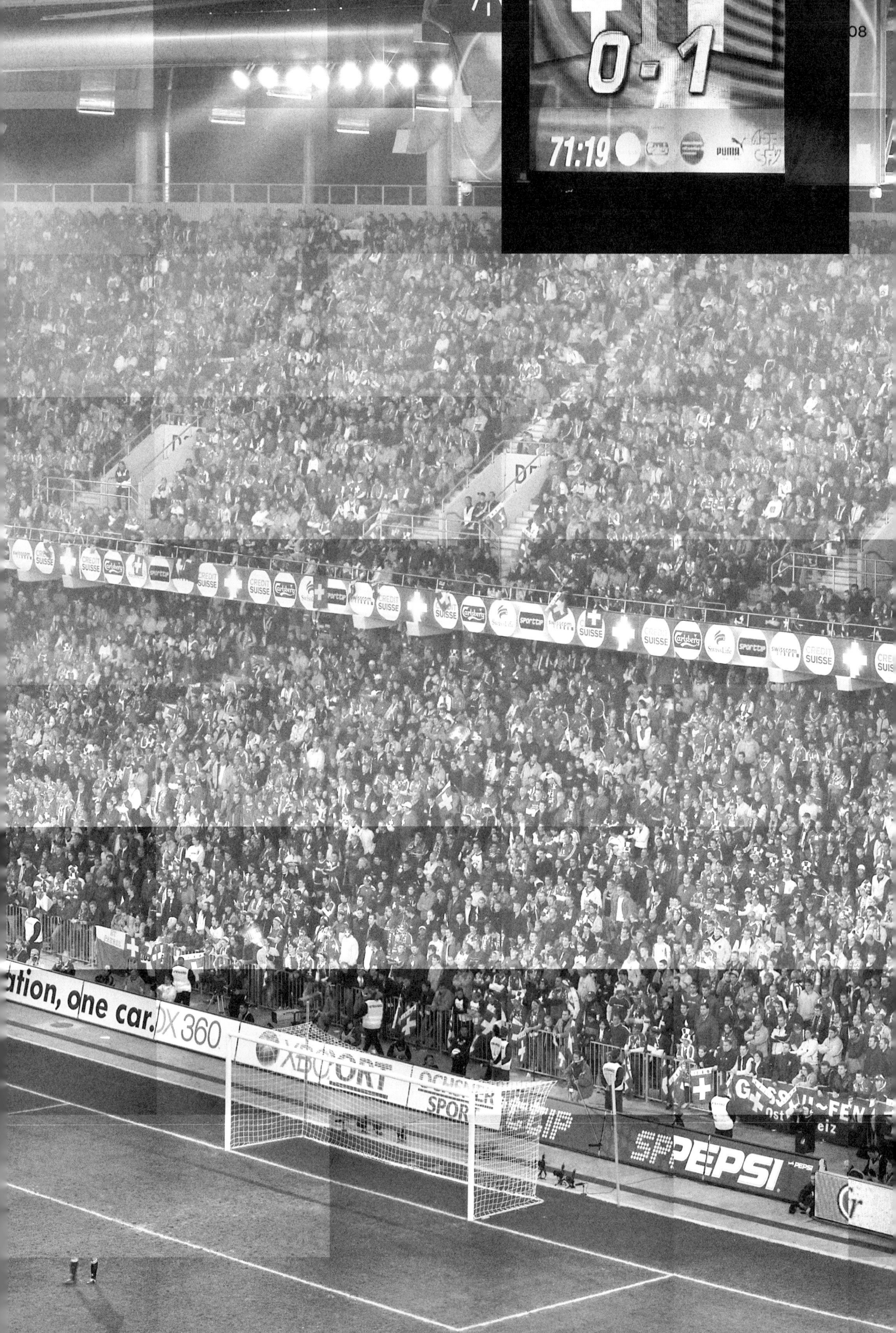
0:1
71:19
PUMA
CREDIT SUISSE
Carlsberg
SwissLife
sporttip
swisscom
ation, one car.
PEPSI

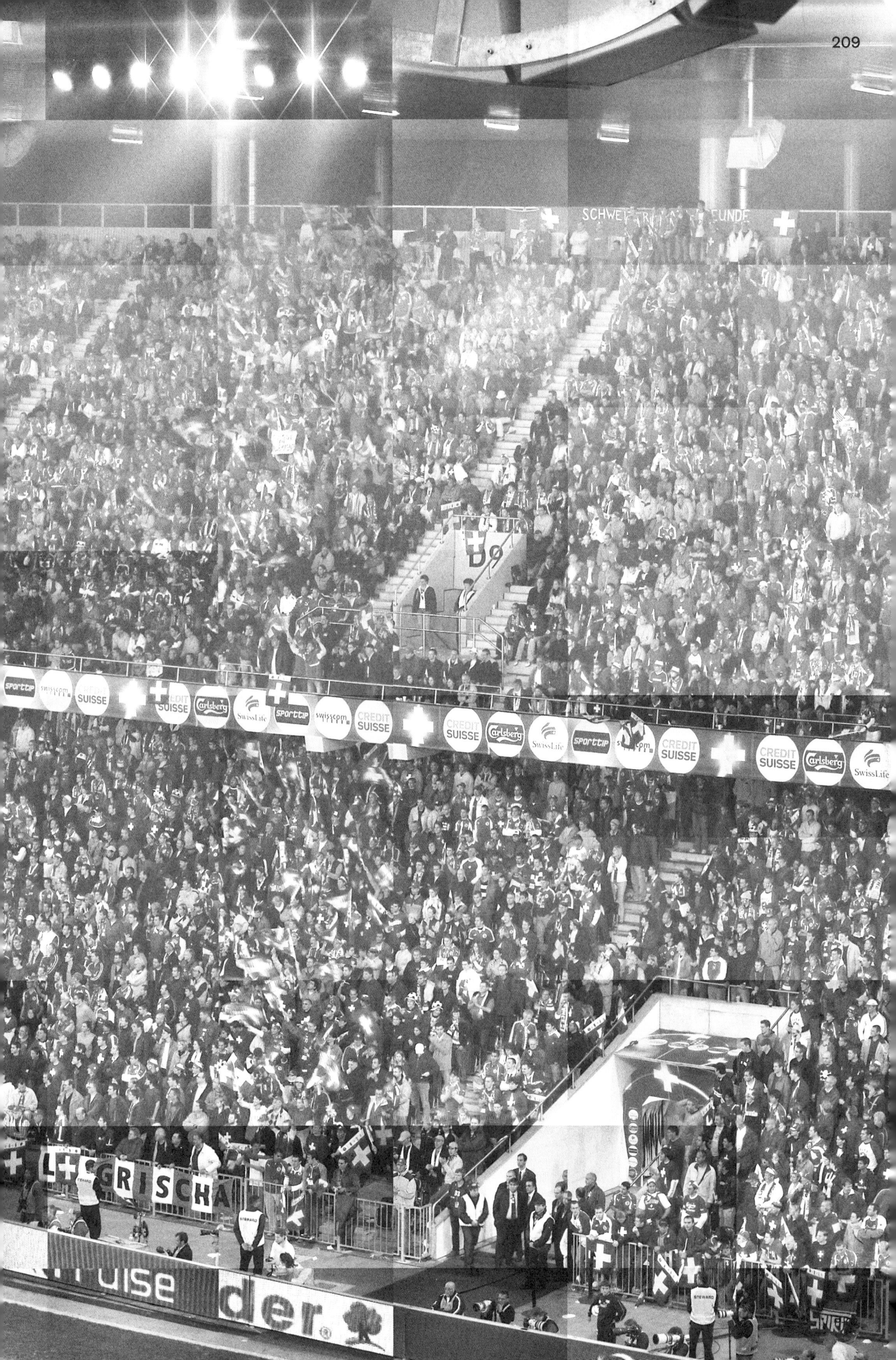

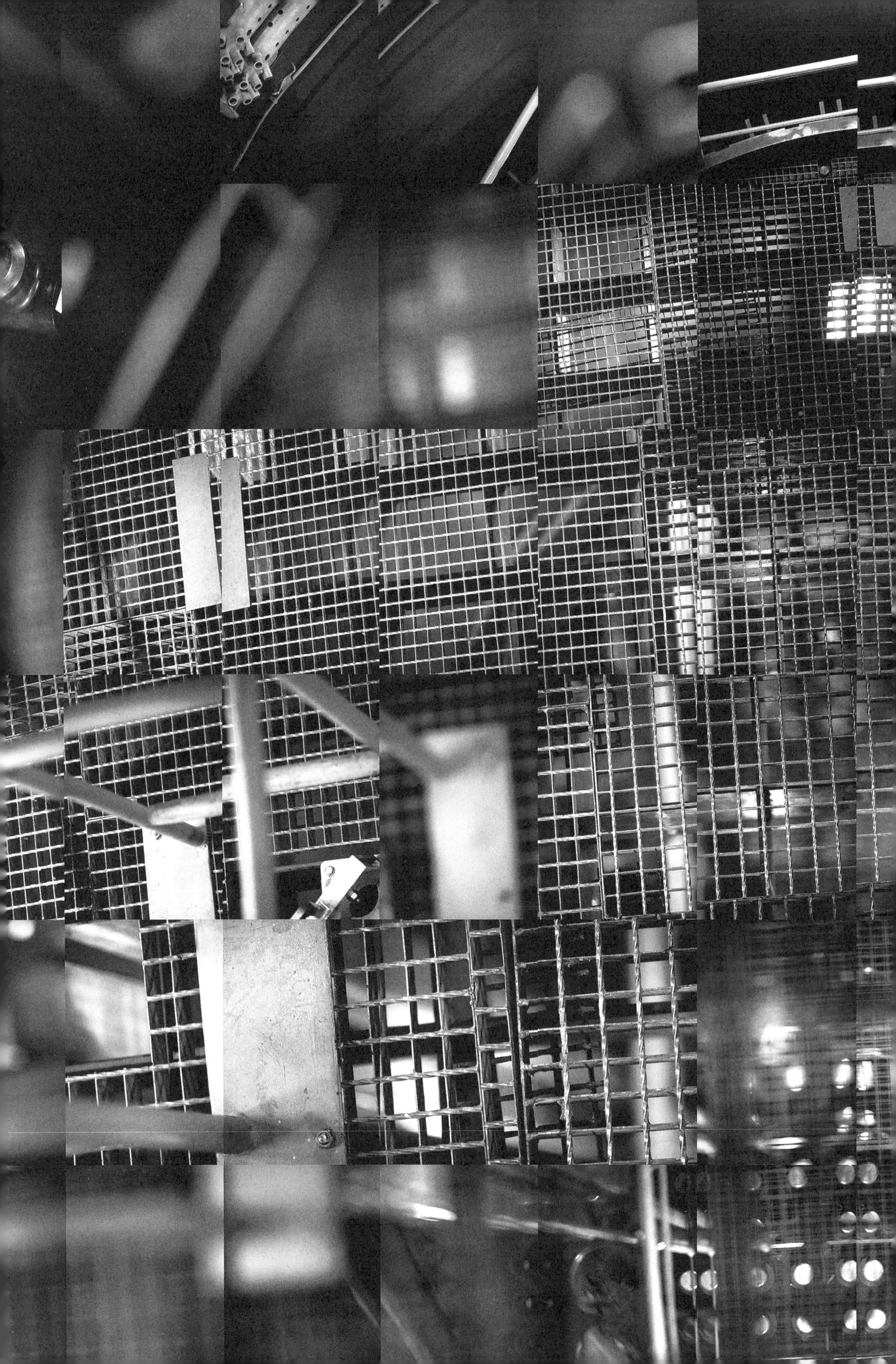

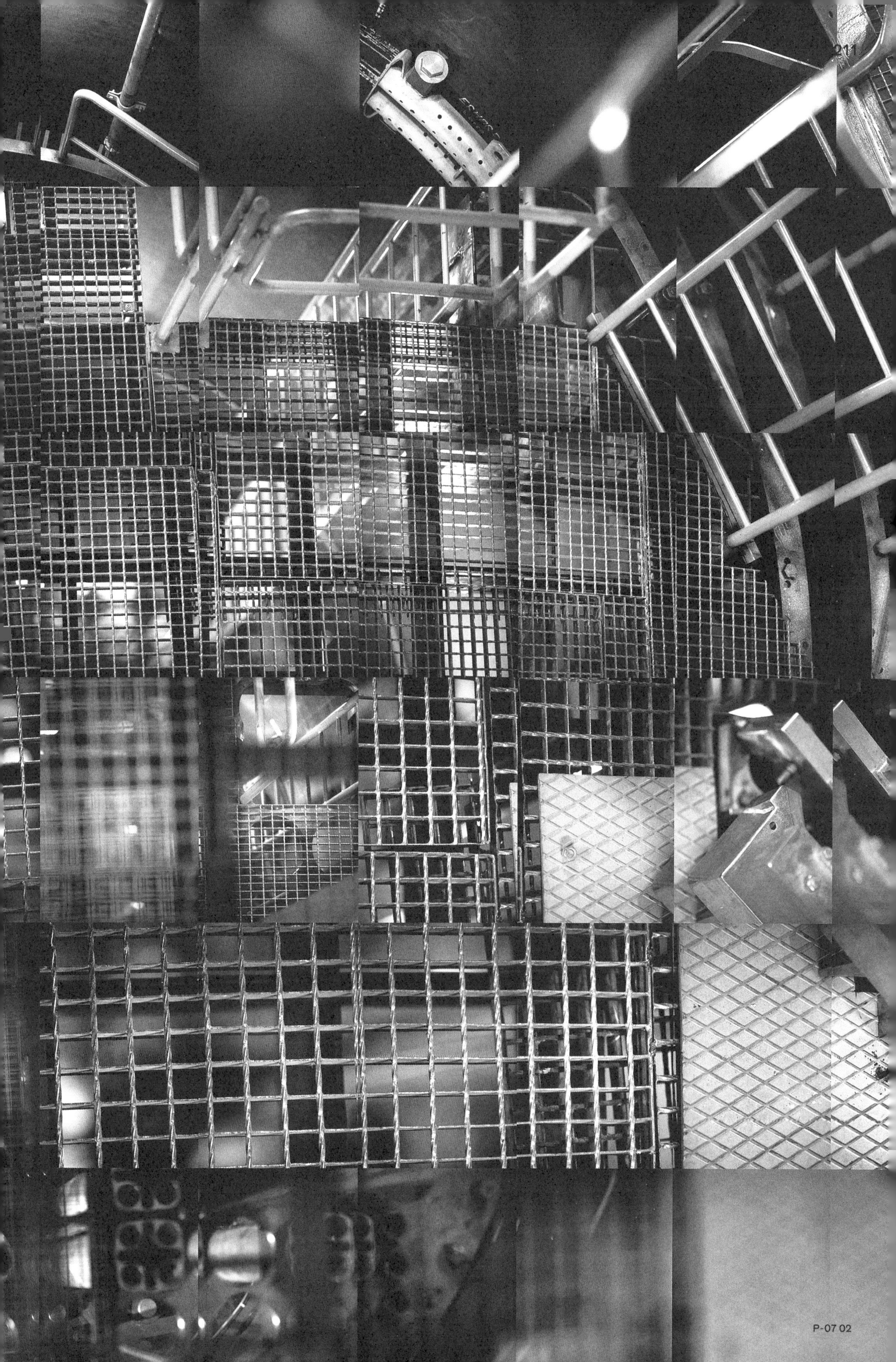

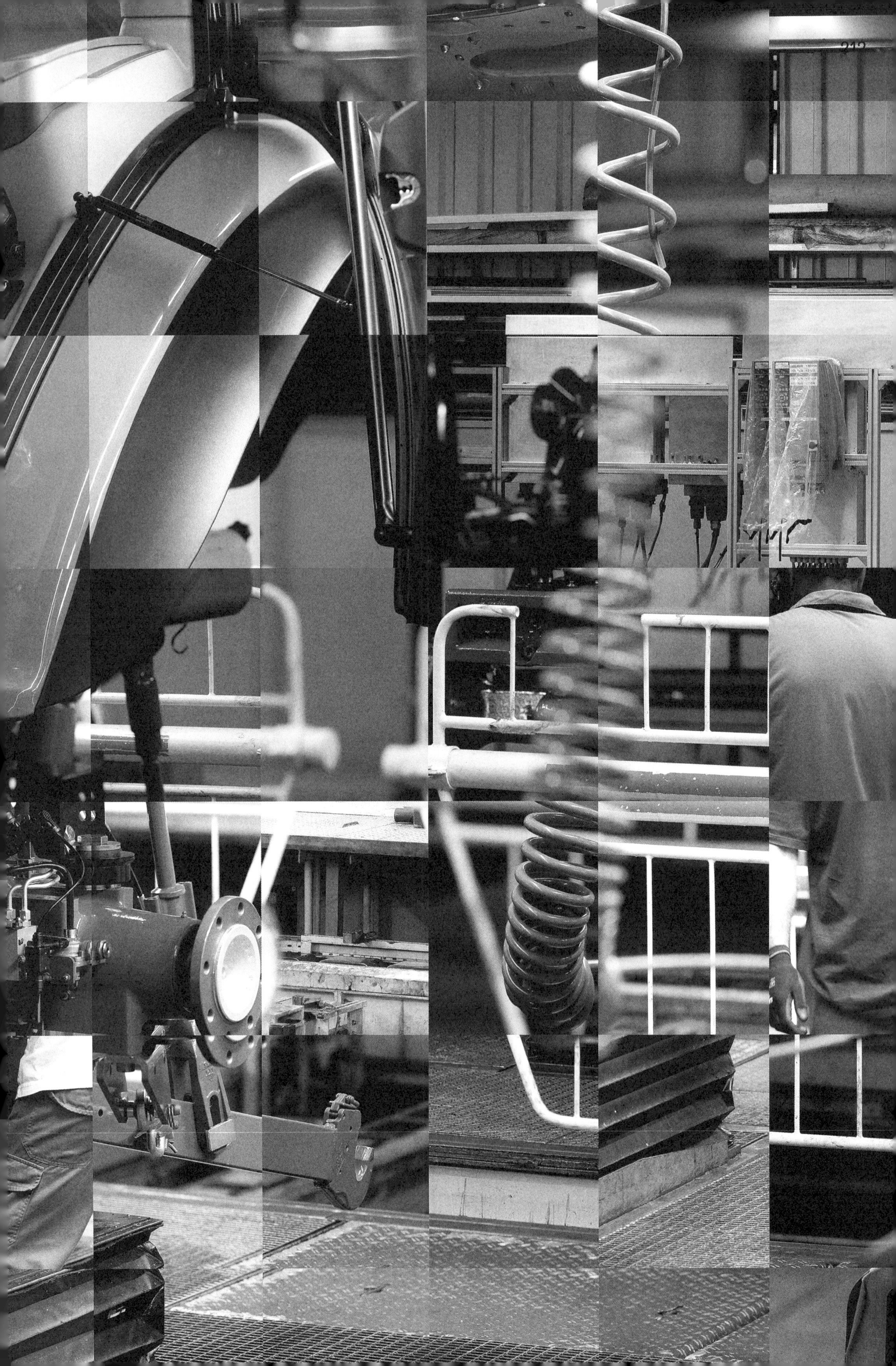

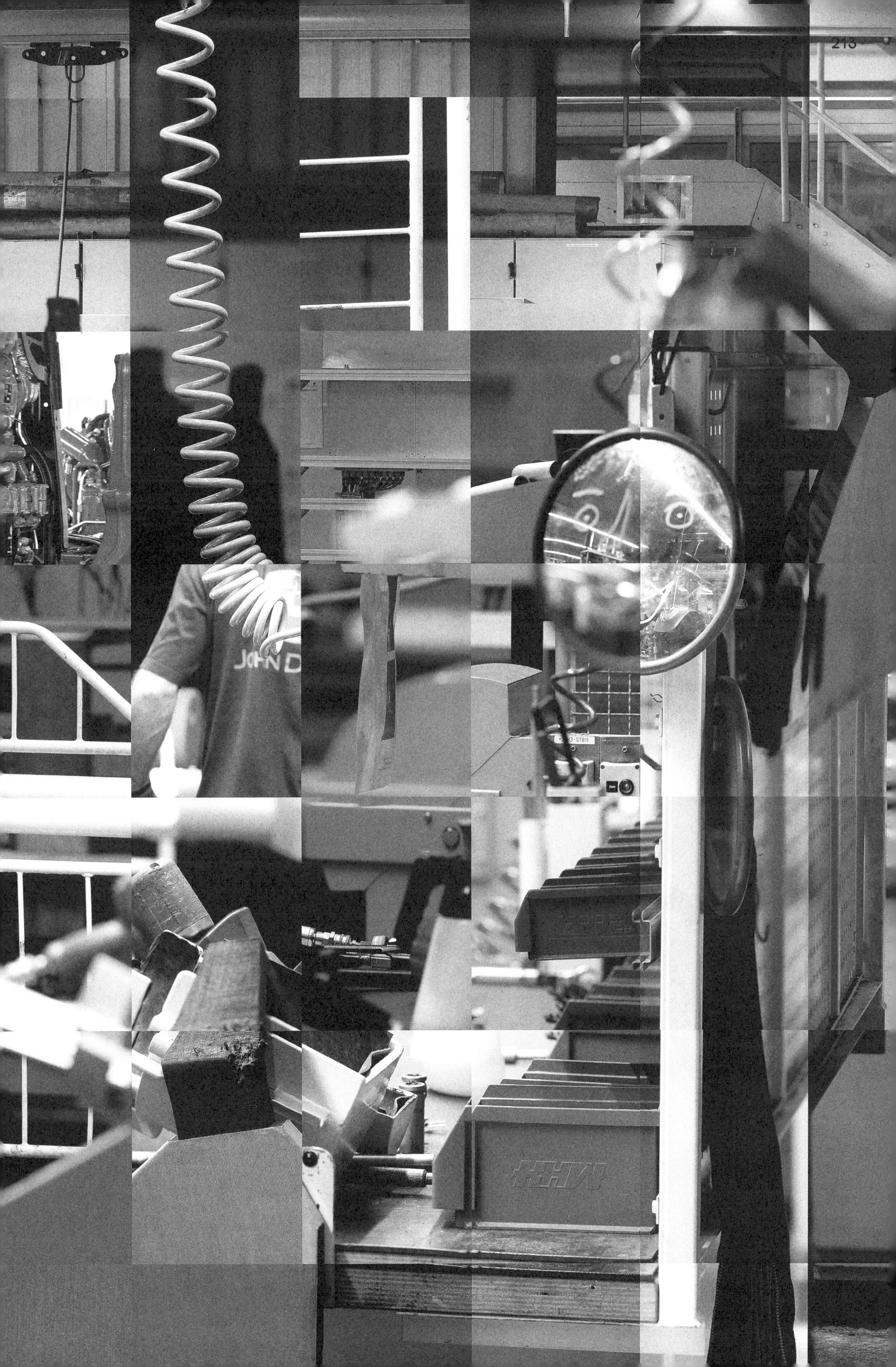

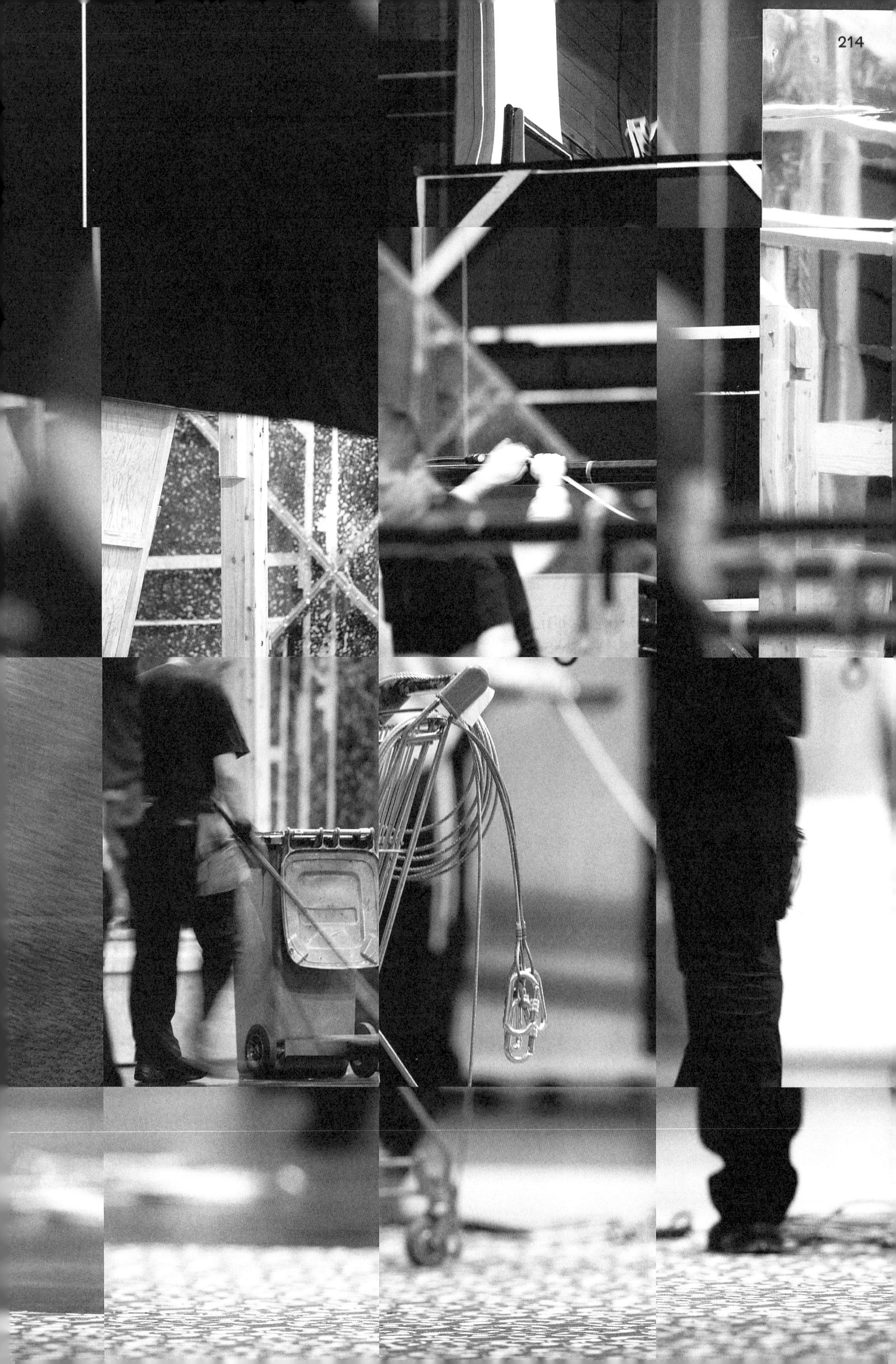

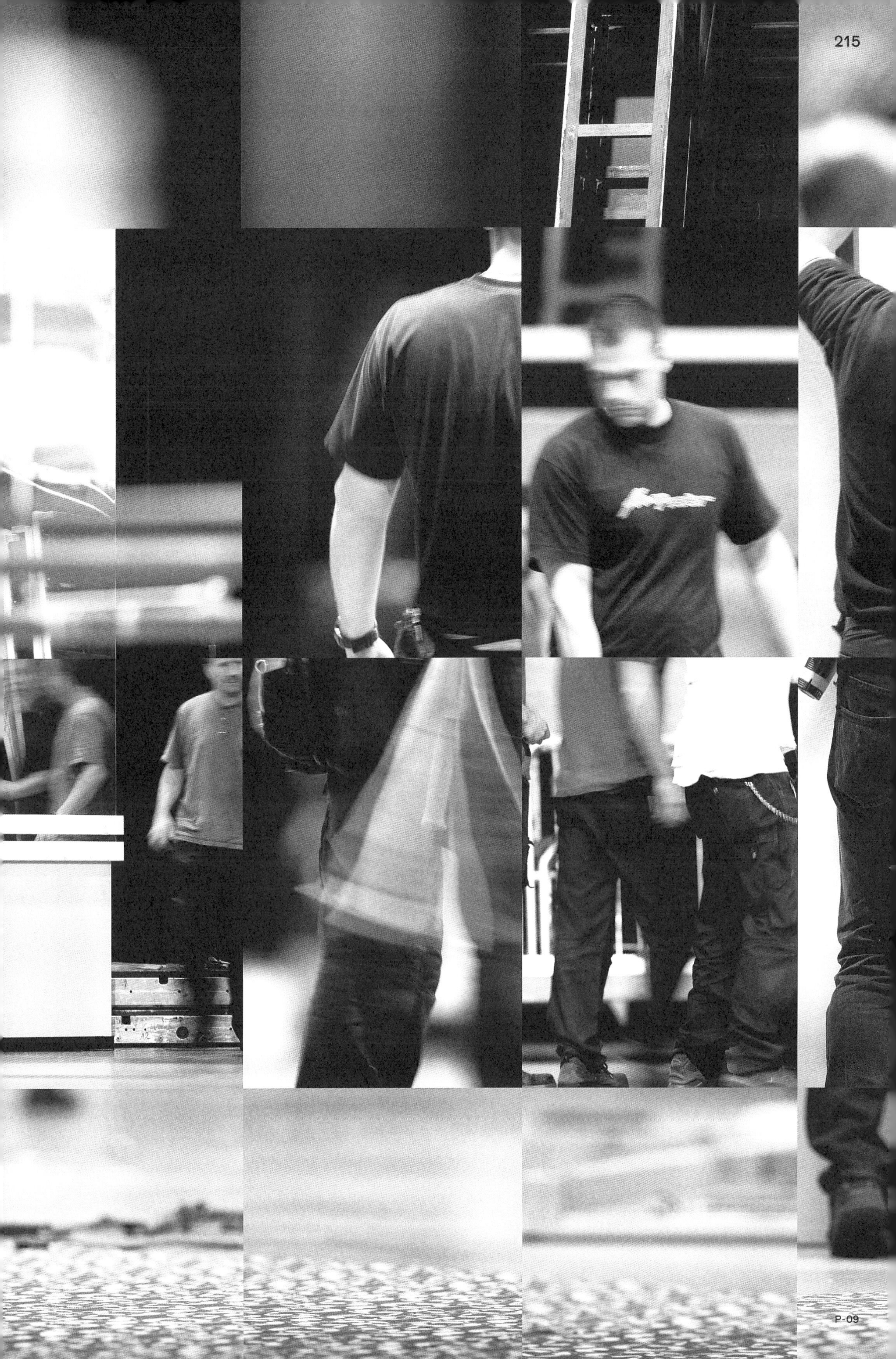

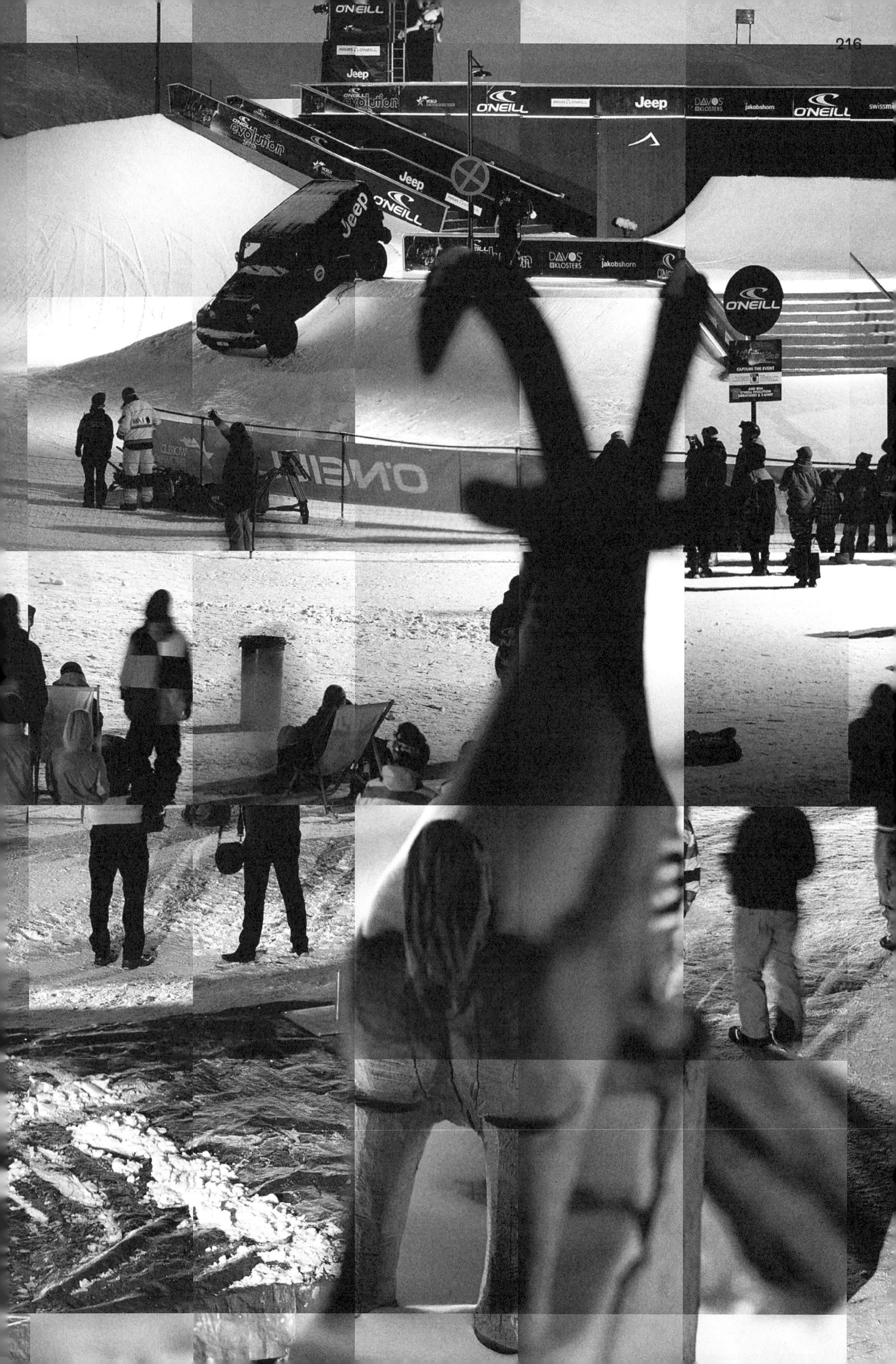

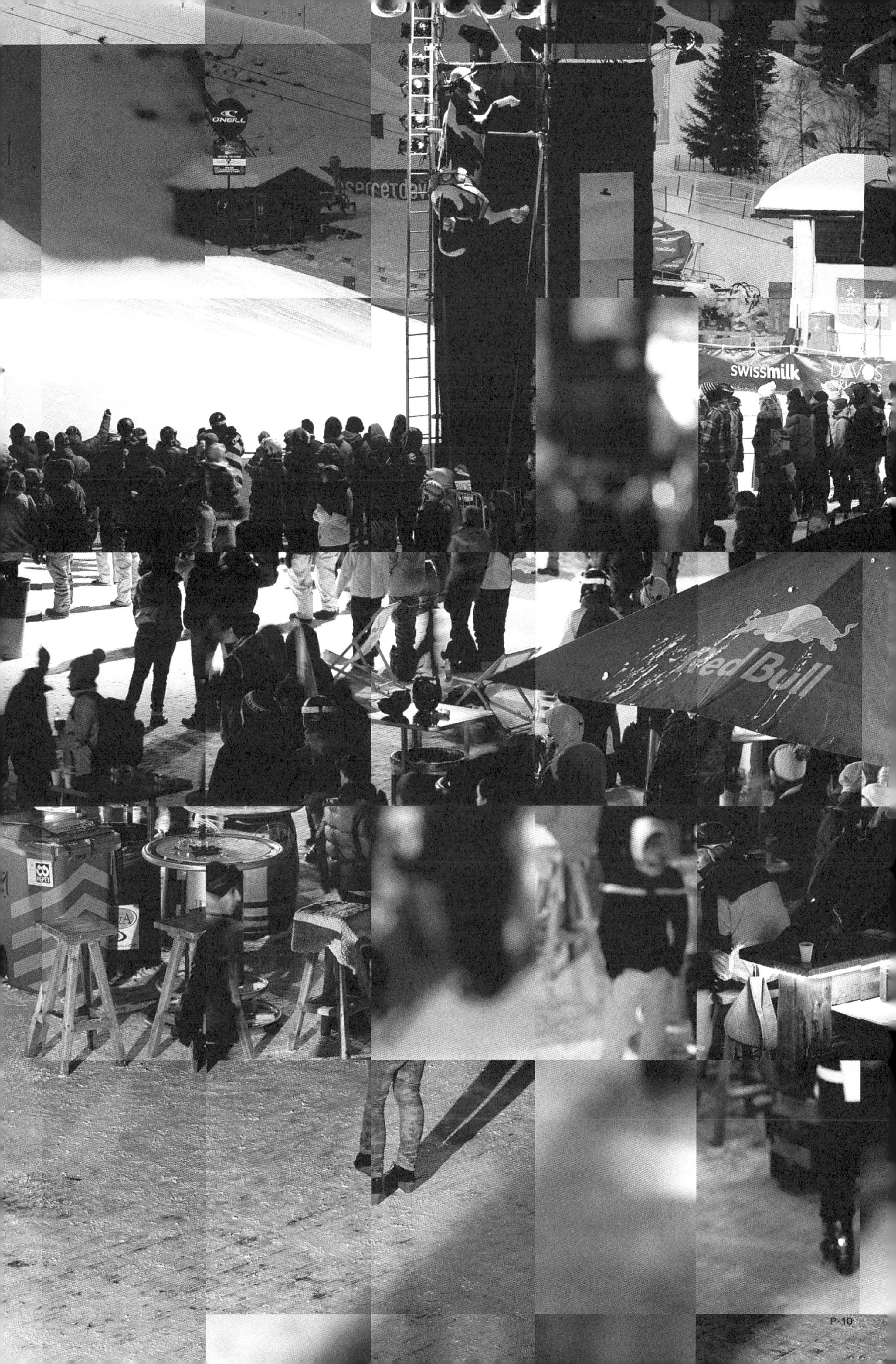

O'NEILL
swissmilk
DAVOS
Red Bull
PEPSI

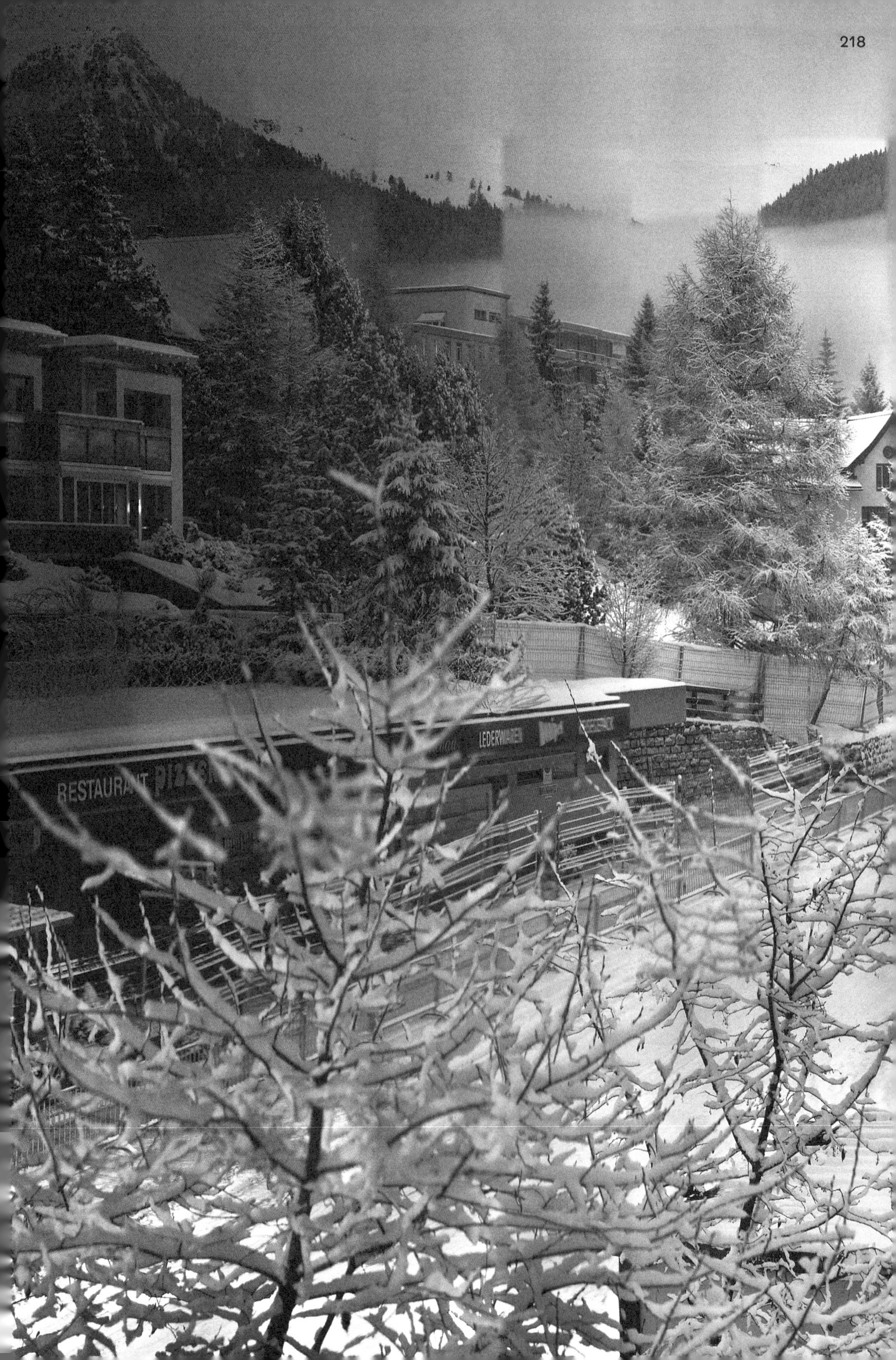
LEDERWAREN
RESTAURANT PIZZA

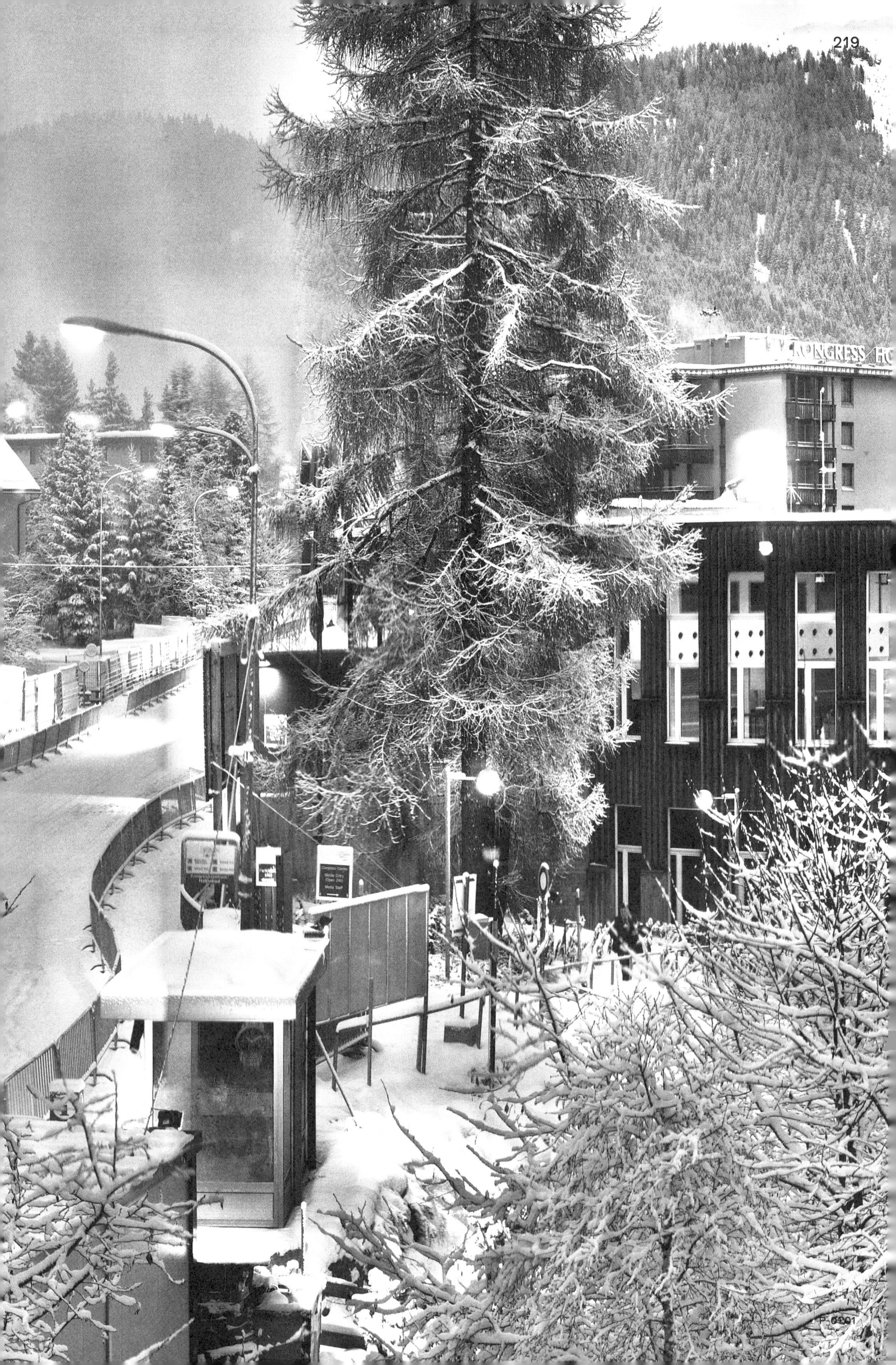
KONGRESS HO

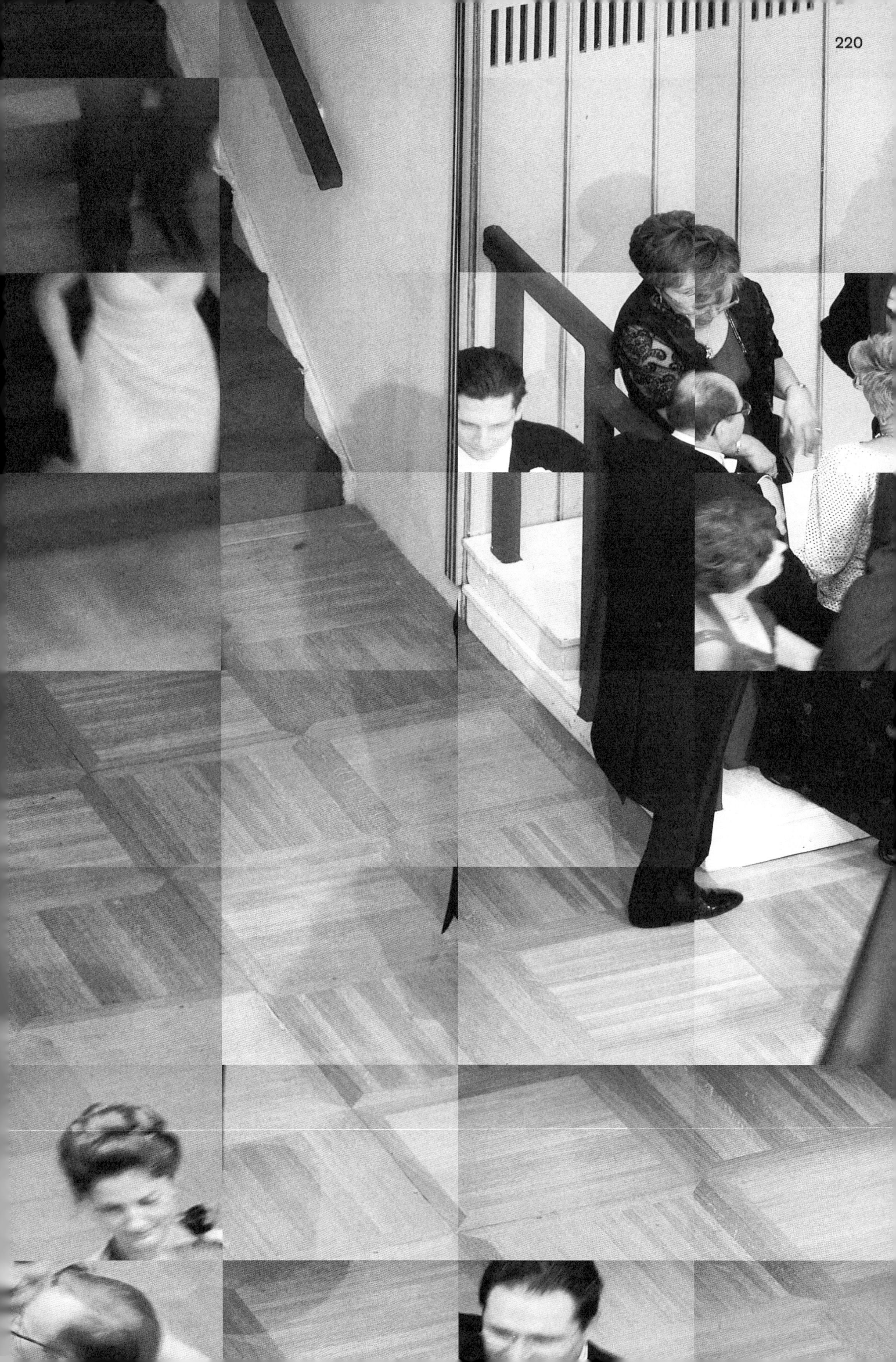

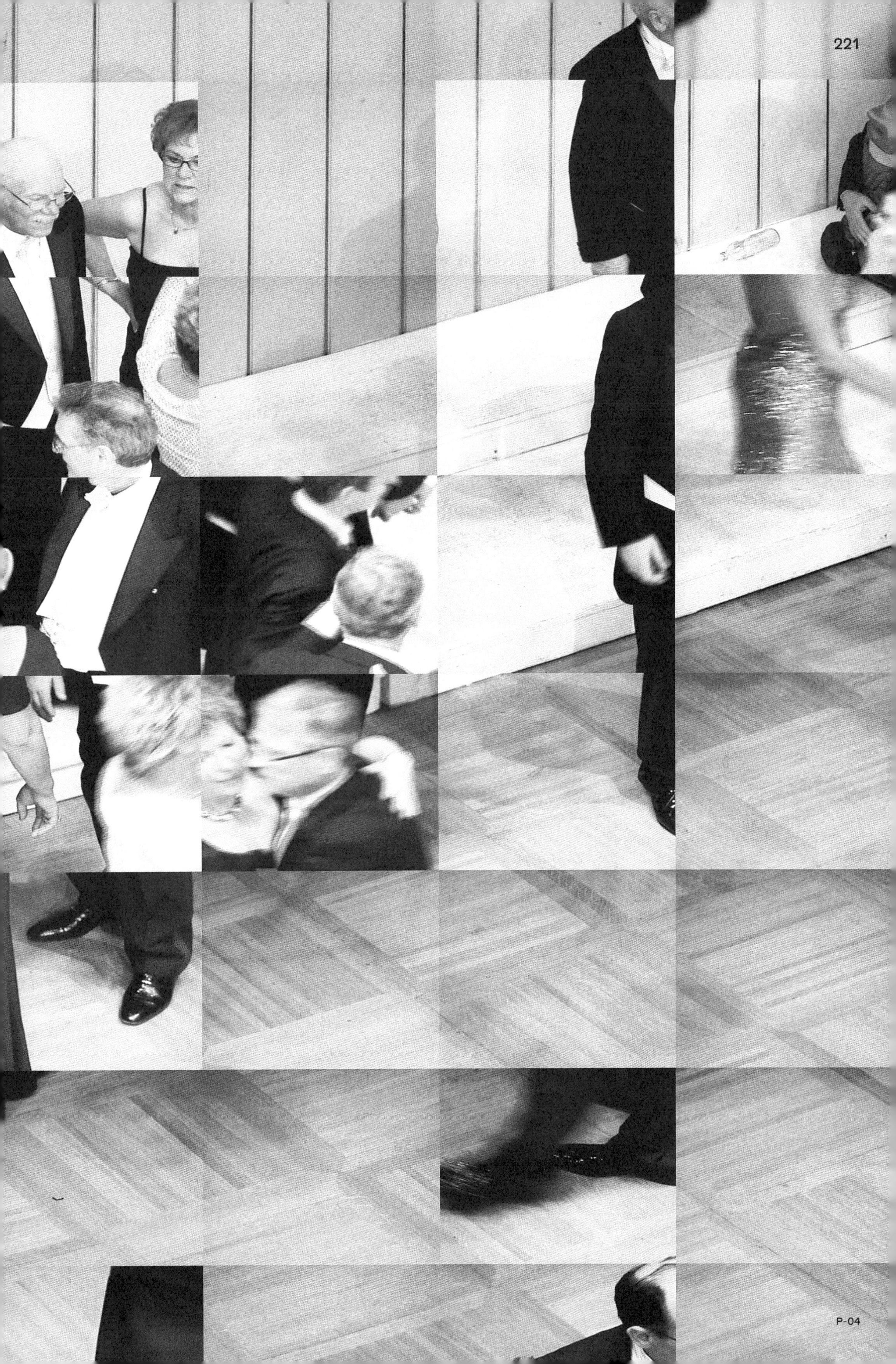

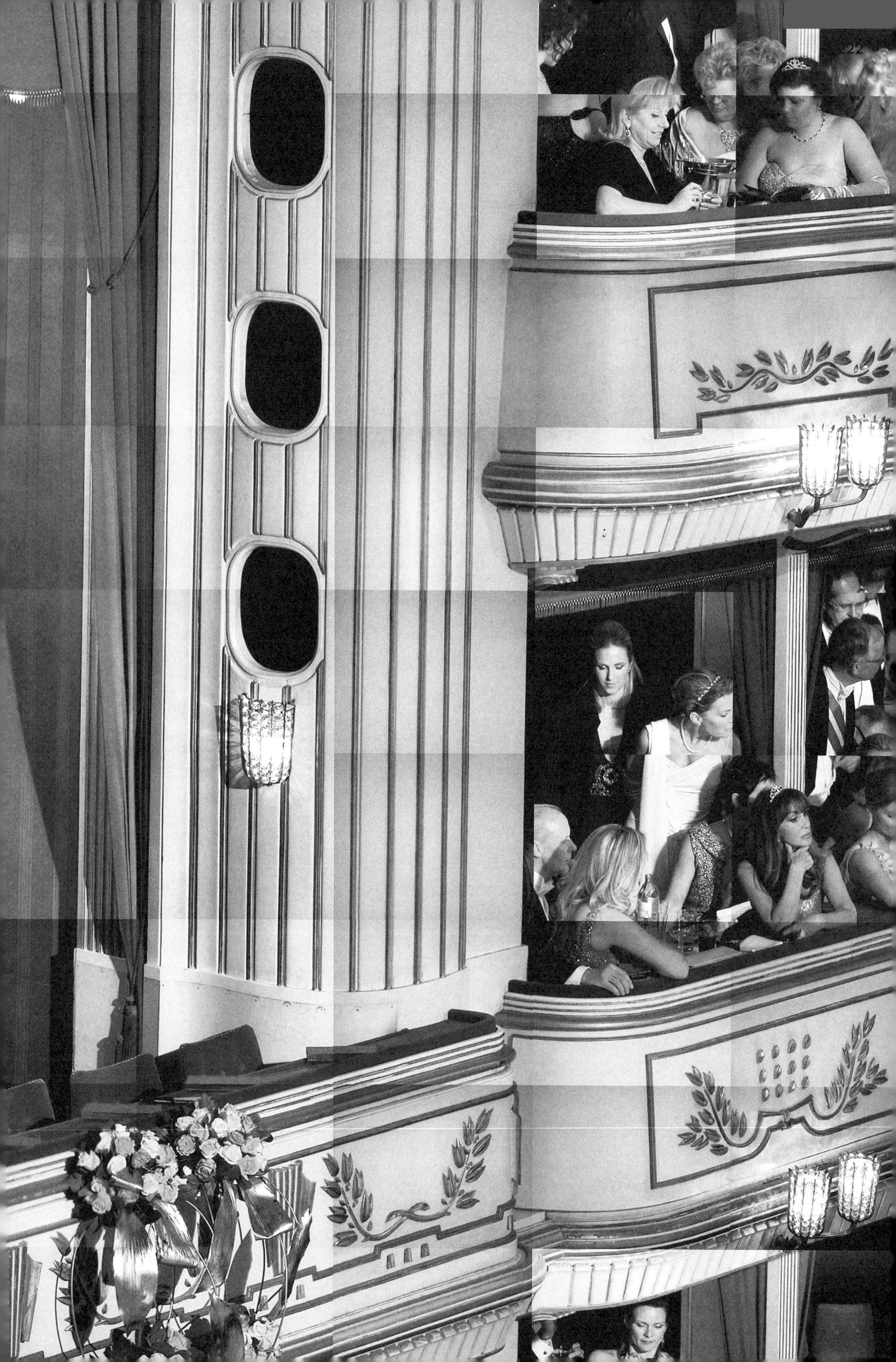

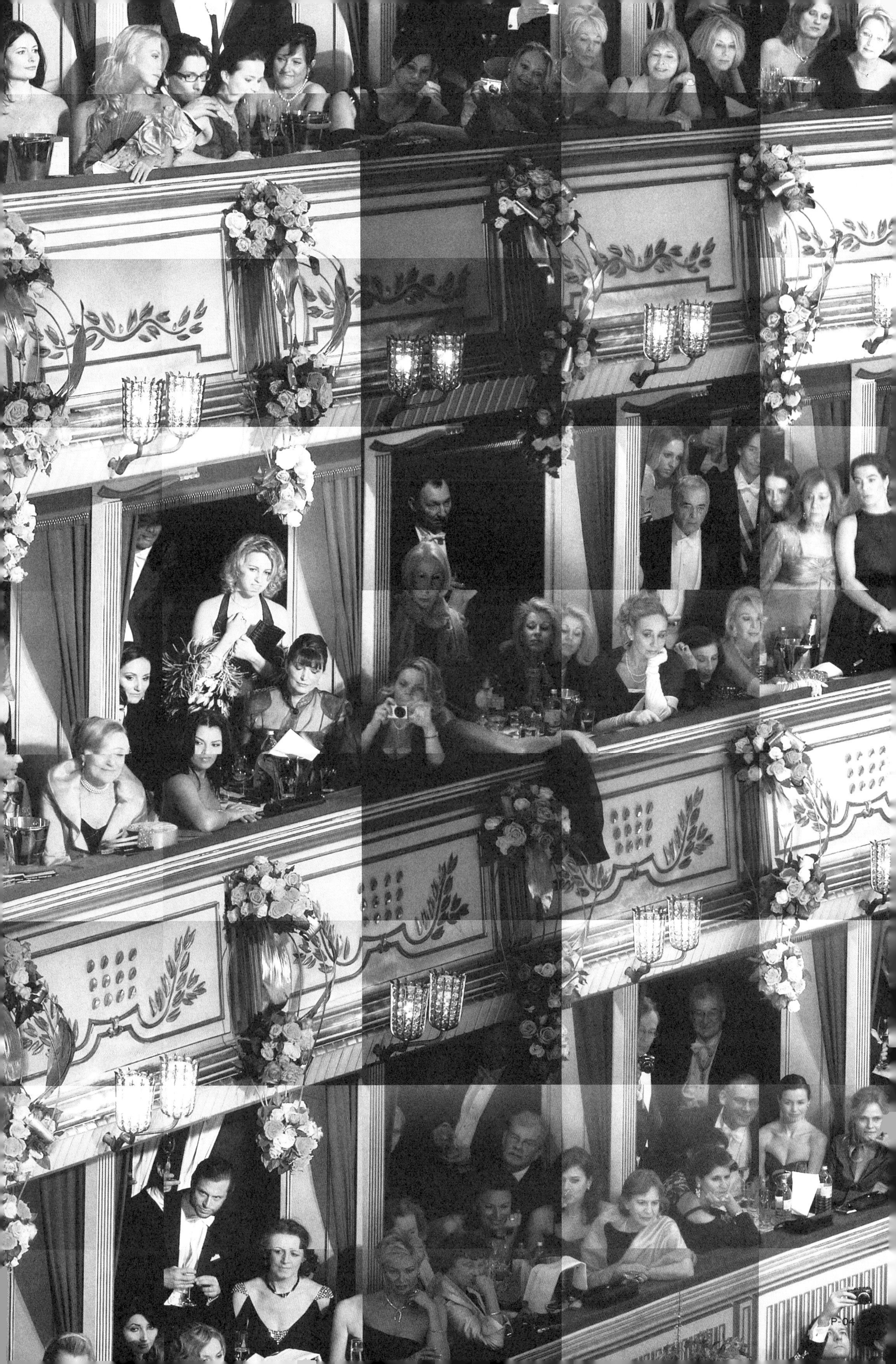

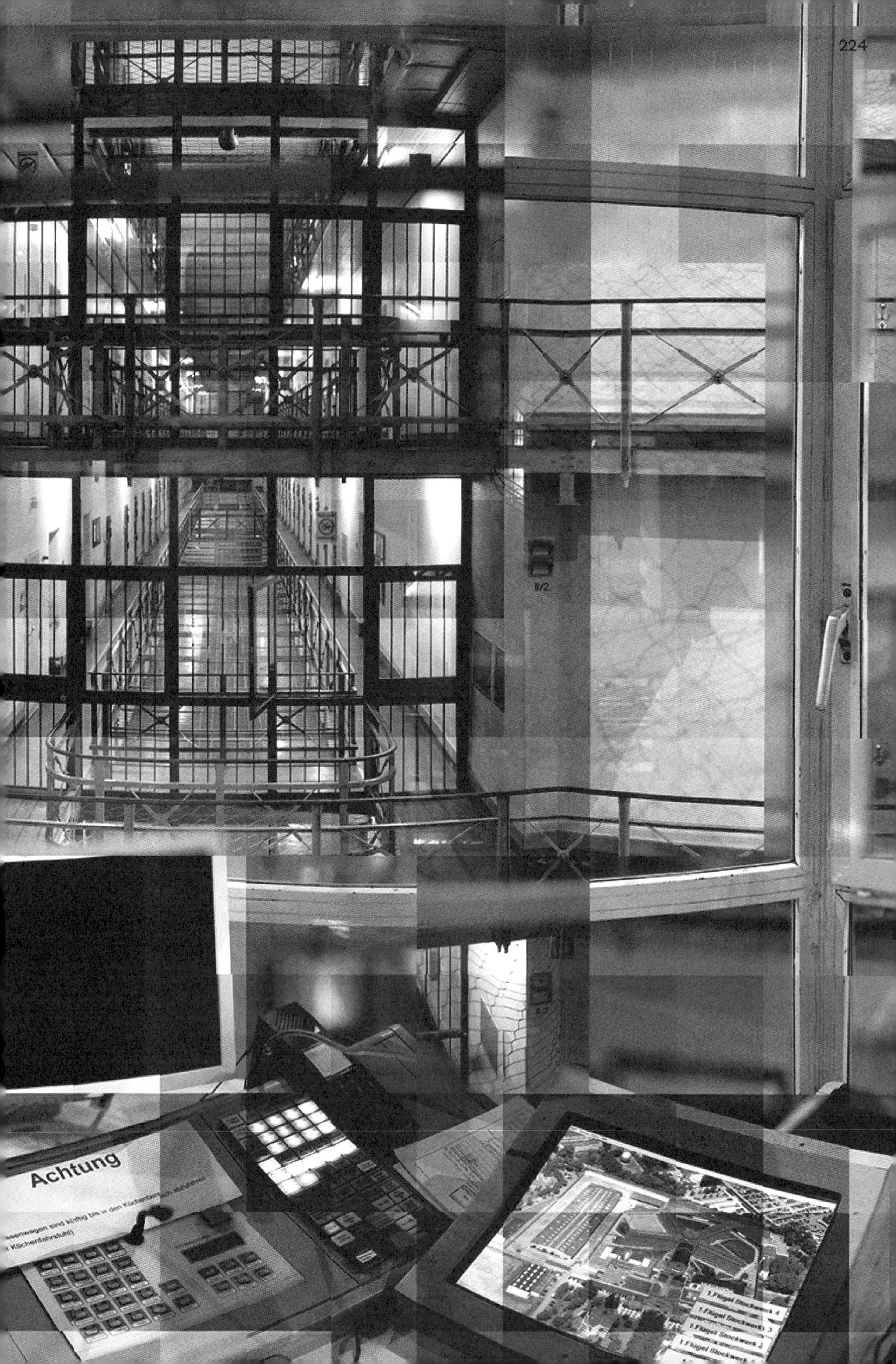
Achtung
II/2.
1. Flügel Stockwerk 4
1. Flügel Stockwerk 3
1. Flügel Stockwerk 2
1. Flügel Stockwerk

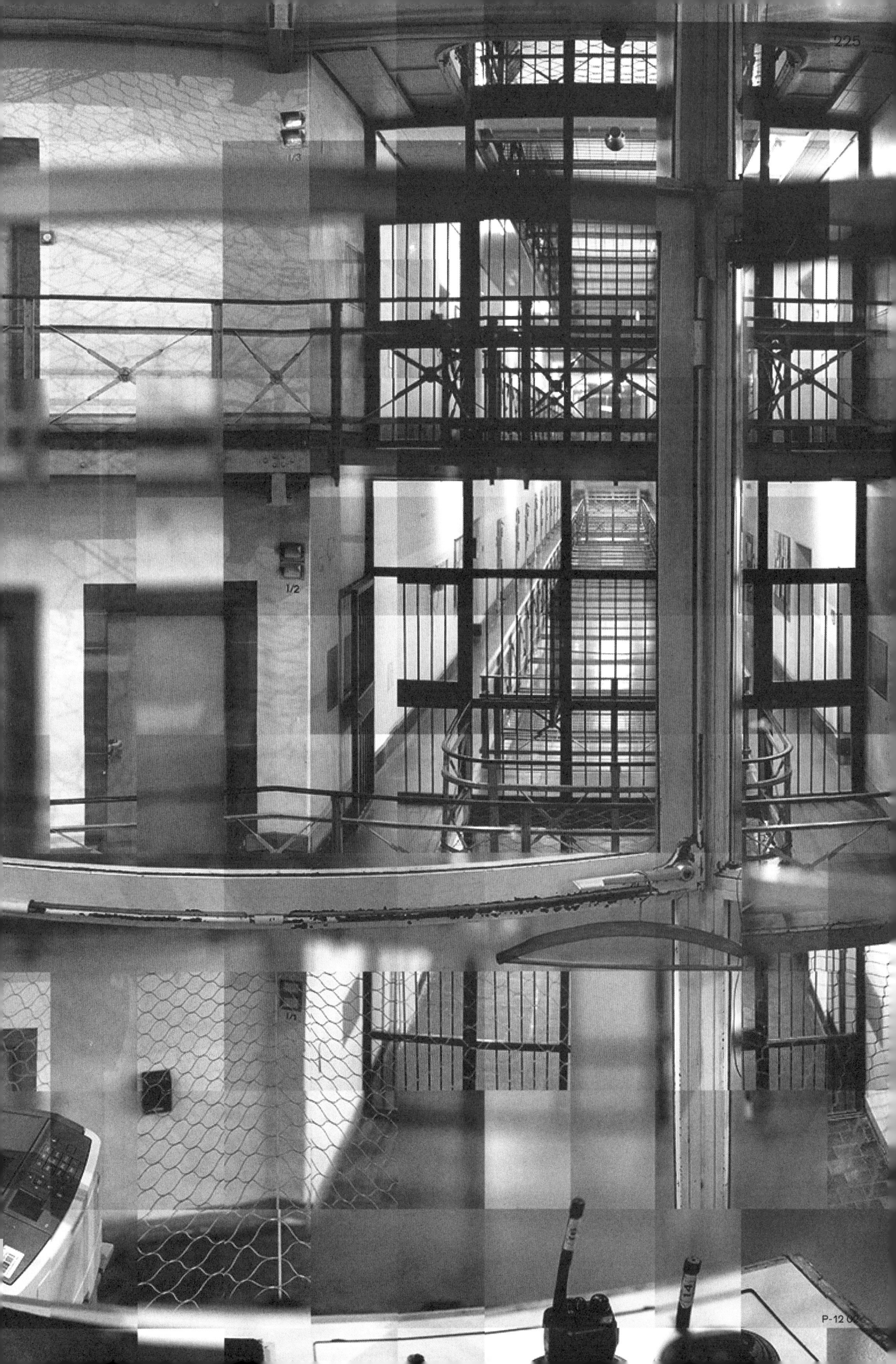

2.Logenrang

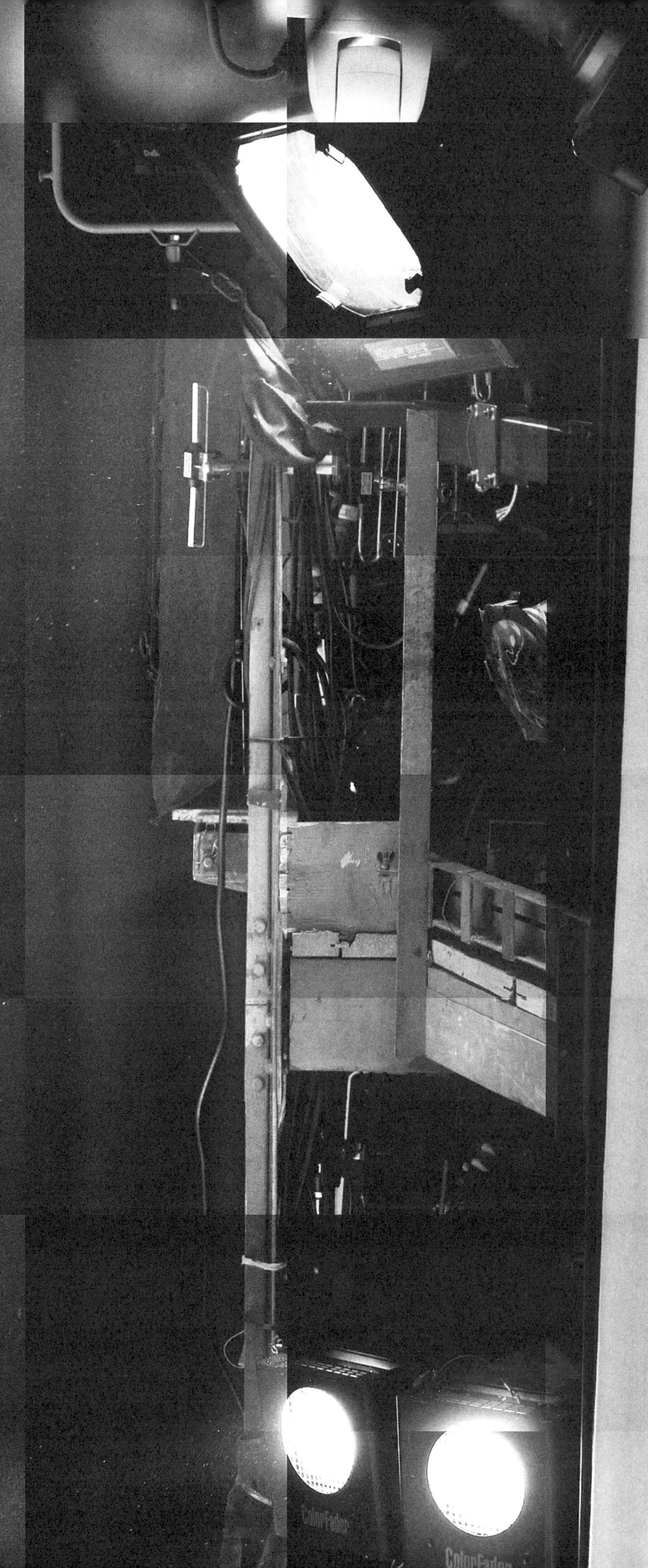

Programmed Failure

The Distorted
Visibility of the World

Simulated
Surveillance

A New Sociology
of Images

Jules Spinatsch

"Programmed failure" – *Programmierung des Versagens* – was what I called the photographic process that splinters visual space into countless individual frames – or, more exactly, into individual shards of time – which are then reassembled to form a complete panorama picture. With quasi-scientific diligence, sharpness, and precision, I sought to highlight the failure of technological surveillance and frustrate viewers' expectations of what they were going to see. All this in favor of something unexpected and perhaps more interesting. I wanted to upend hierarchies, experiment with the most diverse observational regimes, and immobilize spectacle with my "counter demonstration." In doing so, two programs ran alongside or against each other: the program of the camera and that of the recorded event. After fifteen years and twenty different projects with computer-controlled cameras, the time had come to take stock. I wanted to sift through and re-evaluate unused material and reconstruct the context of this ensemble of works in a variety of versions.

Over the years, my focus has shifted from the theme of surveillance to the semi-automatic, unintentional generation of raw material in the form of individual images. While I began by presenting these projects as complete panoramas or installations, they soon branched out into independent image blocks, artist's books, and video sequences. My recent work *Inside SAP 1 – Detector* even analyzes itself in real time, showing pairs of images shot at three-second intervals whose differences are at once calculated and displayed in parallel. That's how far I have come: through this process, even interpretation is made automatic.

Finally, all that remains is for me to bring together the opposed strategies of my work in this book: the mechanical and the human, the accidental and the intentional, the beginning and the end. The extensive picture section begins by displaying single images from different works. These are structured loosely, as single-frame events or arranged into small groups. Next come exemplary, intimate excerpts from various panoramas – these vast, high-resolution works cannot be adequately reproduced in book format. The comprehensive index gives an overview of the whole: it chronologically illustrates all the projects in their respective iterations as well as describing them in words and figures.

This book, published alongside the exhibition at the Centre de la photographie in Geneva, concludes with single frames from a work installed there for the first time, *Hasadeur II:* a deformed replica of my studio made from an asymmetrical 360-degree recording – accessible only via an opening at the site of the real window.

So habe ich es genannt, das Aufnahmeverfahren, das den Bildraum in unzählige Einzelaufnahmen, genauer: in einzelne Zeitfragmente zerlegt, die dann wieder zu einem Gesamtbild zusammengefügt werden. Mit quasi-wissenschaftlicher Herangehensweise, Schärfe und Präzision sollten das Scheitern der technischen Überwachung vorgeführt und die Erwartungen an absehbare Bilder enttäuscht werden. Das alles zugunsten des Unerwarteten, das möglicherweise interessanter ist. Ich wollte Hierarchien verkehren, unterschiedlichste Blickregime durchspielen und mit meiner „Gegenveranstaltung" das Spektakel lahmlegen. Dabei treten jeweils zwei Programme neben- oder gegeneinander an: das Programm der Kamera und das des aufgezeichneten Ereignisses. Nach 15 Jahren und 20 verschiedenen Projekten mit steuerbaren Kameras war die Zeit gekommen, das Ganze zu resümieren. Ich wollte auch unverwendetes Material sichten, neu bewerten und den Kontext der Werkgruppe in diversen Varianten nochmals aufrollen.

Über die Jahre hat sich mein Fokus vom Überwachungsthema hin zum halbautomatisierten Bildgenerator verschoben, der als Rohmaterial intentionslose Einzelbilder liefert. Diese habe ich schon bald nicht mehr nur als komplette Panoramen oder Rauminstallationen präsentiert, es entstanden darüber hinaus unabhängige Bildblöcke, Künstlerbücher und Videosequenzen. Die zuletzt entwickelte Arbeit *Inside SAP 1 – Detector* führt sogar in Echtzeit ihre eigene Auswertung durch: Gezeigt werden im Abstand von drei Sekunden aufgenommene Bildpaare, deren inhaltliche Differenz gleichzeitig berechnet und parallel eingeblendet wird. So weit ist es mit mir gekommen: Auch die Interpretation ist damit automatisiert.

Final bleibt mir nur übrig, in diesem Buch die gegensätzlichen Strategien zu vereinen: Maschinelles und Menschliches, Zufall und Absicht, Anfang und Ende. Der umfangreiche Bildteil zeigt zunächst Aufnahmen aus verschiedenen Arbeiten – in loser Struktur, als Einzelbildereignis oder in kleinen Gruppen arrangiert. Es folgen beispielhafte, intime Ausschnitte aus verschiedenen Panoramen – die hochauflösenden Arbeiten lassen sich im Buchformat nicht befriedigend abbilden. Einen Gesamtüberblick ermöglicht der umfangreiche Index, der alle Projekte mit den zugehörigen Werkformen chronologisch illustriert und auch in Worten und Zahlen genau beschreibt.

Das Buch, das anlässlich der Ausstellung im Centre de la photographie in Genf erscheint, schließt mit Einzelbildern aus der dort erstmals installierten Arbeit *Hasardeur II*: einem deformierten Nachbau meines Ateliers mit einer asymmetrischen 360°-Aufnahme – zu betreten nur über eine Öffnung an der Stelle des eigentlichen Fensters.

Tel est le nom que j'ai donné au processus de captation d'images qui séquence l'espace-image en d'innombrables clichés isolés – pour être plus exact en fragments temporels distincts – lesquels sont ensuite réunis pour composer un tableau d'ensemble. Il fallait, en abordant la question de manière quasi-scientifique, avec rigueur et précision, démontrer l'échec de la surveillance technique et décevoir l'attente d'images prévisibles. Et ce, au profit de l'inattendu, qui se révélera peut-être plus intéressant. J'ai voulu inverser les hiérarchies, inventorier de manière exhaustive les régimes de regard les plus divers et neutraliser le spectacle par mon « contre-événement ». Ici, en l'occurrence, deux programmes se déroulent en parallèle ou se font concurrence : le programme de la caméra et celui de l'événement photographié. Au bout d'une quinzaine d'années, le temps était venu de faire le point sur cette vingtaine de projets réalisés à l'aide de caméras contrôlables à distance. Je voulais aussi visionner les matériaux inutilisés, les reconsidérer et refaire défiler sous mes yeux le contexte de l'ensemble dans diverses variante.

Au fil des ans, mon intérêt pour la question de la surveillance s'est déplacé vers le générateur d'images semi-automatisé, qui fournit la matière première : des images isolées, produites de façon non intentionnelle. Et, très vite, je ne me suis plus contenté des panoramas complets ou des installations, j'y ai ajouté des ensembles indépendants d'images, des livres d'artistes et des séquences vidéo. Mon travail le plus récent, *Inside SAP 1 – Detector,* propose même sa propre analyse critique des images dans la mesure où, des paires d'images prises à trois secondes d'intervalle sont montrées en parallèle et font état de leurs différences. Voilà où j'en suis arrivé, allant même jusqu'à automatiser l'interprétation des images.

En toute fin, il ne me restait qu'à réunir dans ce livre les stratégies qui opposent la machine à l'homme, l'arbitraire à l'intentionnel, le commencement à la fin. Dans un premier temps, le vaste corpus d'images sélectionnées présente des clichés de diverses travaux, disposés sans schéma préétabli, soit comme des images isolées d'événements soit en petits groupes. S'ensuivent par exemple des scènes intimes empruntées à différents panoramas – le format livre ne permet pas une reproduction satisfaisante des images haute résolution.

Un index exhaustif offre une vue d'ensemble sur tous les projets, et les formes qu'ils ont adoptées, répertoriés chronologiquement et décrits précisément, chiffres et commentaires à l'appui.

Le livre, publié à l'occasion de l'exposition au Centre de la photographie de Genève, se referme sur des clichés isolés, extraits de *Hasardeur II* : une réplique de mon atelier, grandeur nature, un panorama 360°, déformé de manière asymétrique, accessible au visiteur par une ouverture pratiquée à l'endroit même où se trouve en réalité la fenêtre.

The Distorted Visibility of the World.
Jules Spinatsch's *Surveillance Panorama Projects*

Michael Hagner

I

How can one see what cannot be seen? How can the eye, a limited optical system that has evolved to optimize biological survival rather than to observe ephemeral phenomena, be tricked into revealing an entire world? The answer provided by European modernity was as natural as it was far-reaching: through apparatuses and technologies of representation. At the dawn of the modern era, optical instruments had a decisive impact on the proliferation of scientific knowledge. With the telescope, the sky became another observable space stocked with previously unseen bodies; with the microscope, a myriad of wondrous structures and entities was revealed, unveiling a microcosm ripe for investigation while driving forward the quest for the building blocks of matter.

As ever more instruments were invented, the visual universe underwent radical expansion and transformation beyond the natural sciences as well. At times, such apparatuses inspired fantasy, foreboding, and speculation; at others, they expressed the power, strategy, and control which were constitutive for the development of modern disciplinary societies. Historical and social spaces, no less than the natural world, appeared in a new light. In Jeremy Bentham's panopticon, emblematic for the principle of surveillance, the all-seeing observer remains hidden from view; those he observes, meanwhile, are fully visible but incapable of returning his gaze. Bentham's panopticon stands at the beginning of an invasive politics of the gaze – not because prisons were built in line with his plans, but because its underlying principles were subsequently refined through new apparatuses and visualization processes. The invisible observer reaches a height of technological perfection in the CCTV camera, keeping sleepless, often invisible watch over an entire room; the panoptic gaze finds its fitting pictorial equivalent in the panorama. The 360-degree panorama, one of the great visual attractions of the nineteenth century, was meant to draw the observer into the picture by giving a complete impression of landscapes, battles, and other scenes of historical significance. Its impression of realism was perhaps the most ingenious aspect of a technical calculation that pushed out the horizon of experience in other domains as well. As Walter Benjamin pointed out, it was no coincidence that the French inventor of photography, Louis Daguerre, studied with a panorama painter. Through its technical constitution, the panorama directly paved the way for photography.[1]

While the diffusion of photography and film spelled an end to the panorama's mass appeal, the advent of photography

Die verzogene Sichtbarkeit der Welt.
Jules Spinatschs *Surveillance Panorama Projects*

Michael Hagner

Dissiper la visibilité du monde.
Surveillance Panorama Projects
de Jules Spinatsch

Michael Hagner

I

Wie kann man sehen, was man nicht sehen kann? Wie kann man das Auge mit seinem beschränkten, auf das biologische Überleben und nicht auf die Beobachtung ephemerer Phänomene hin entwickelten optischen System überlisten, um sich eine ganze Welt zu erschließen? In der europäischen Neuzeit hat man darauf eine so naheliegende wie weitreichende Antwort gefunden: durch Apparaturen und Darstellungstechniken. Am Beginn der Neuzeit waren es optische Instrumente, die einen maßgeblichen Faktor für die Proliferation der Wissenschaften darstellten. Mit dem Teleskop wurde der Himmel zu einem anderen Beobachtungsraum, der mit neuen Elementen ausgestattet war; mit dem Mikroskop vermehrten sich die wundersamen kleinen Strukturen und Wesen, die die Suche nach dem Aufbau der Materie vorantrieben oder gleich eine ganze Welt für sich bildeten.

Je mehr Instrumente erfunden wurden, desto radikaler erweiterte und transformierte sich die visuelle Welt auch jenseits der Naturwissenschaften – mal als Ahnung, Fantasie und Spekulation, die durch die Apparaturen angeregt wurden, mal als Ausdruck von Macht, Strategie und Kontrolle, die für die Ausbildung der modernen Disziplinargesellschaften konstitutiv gewesen sind. Die historischen und sozialen Räume veränderten sich für die Betrachter ebenso wie die Natur. Der panoptische Blick Jeremy Benthams, emblematisch für das Prinzip der Überwachung, beruht bekanntlich auf der Überlegung, dass der Beobachter alles überblickt und nicht gesehen wird, der Beobachtete dagegen völlig sichtbar ist, ohne den Beobachter sehen zu können. Benthams panoptisches Prinzip steht am Beginn einer invasiven Blickpolitik, nicht weil Gefängnisse nach seinen Plänen gebaut wurden, sondern weil seine Prinzipien durch neue Apparaturen und Visualisierungsverfahren verfeinert worden sind. Der unsichtbare Beobachter findet seine technische Perfektionierung in der Überwachungskamera, die, häufig unsichtbar, einen ganzen Raum erfasst; der panoptische Blick findet seine adäquate Bildform im Panorama. Das Rundpanorama, eine der großen visuellen Attraktionen des 19. Jahrhunderts, sollte einen Totaleindruck von Landschaften, kriegerischen Schlachten und anderen historisch aufgeladenen Szenerien geben, die den Betrachter ins Bild hineinziehen. Dessen realistische Anmutung war der vielleicht ausgeklügeltste Aspekt eines technischen Kalküls, das nicht nur für die Besucher eines Panoramas den Erfahrungshorizont verschob. Walter Benjamin hat einmal bemerkt, es sei kein Zufall, dass der französische Erfinder der Fotografie, Louis Daguerre, Schüler eines Panoramenmalers war, sondern vielmehr ein Indiz dafür, dass das Panorama wegen seiner technischen Verfasstheit geradewegs zur Fotografie geführt habe.[1]

I

Comment voir ce que l'on ne peut pas voir ? Comment, afin d'explorer toutes les facettes d'un monde, circonvenir l'œil et son système optique imparfait dont le développement ne visait pas l'observation de phénomènes éphémères mais la survie biologique ? Par le truchement des appareillages et des techniques de représentation. Cette réponse donnée par l'Europe des Temps modernes était tout aussi évidente que chargée d'incidences. À l'aube de l'époque moderne, les instruments optiques furent un facteur décisif dans la prolifération des sciences. Le télescope transforma le ciel en un tout autre champ d'observation, qui s'enrichit de nouveaux éléments ; le microscope révéla une multitude de mystérieuses petites structures et créatures qui firent avancer la recherche sur la composition de la matière vivante ou qui constituaient déjà tout un monde en soi.

Plus on inventait d'instruments, plus le monde visuel s'étendait et se transformait radicalement, au-delà même des sciences naturelles, se manifestant soit par l'intuition, l'imagination ou la spéculation que stimulaient les nouveaux dispositifs, soit dans l'expression du pouvoir, de la stratégie et du contrôle qui accompagnèrent la formation des sociétés disciplinaires modernes. L'espace historique et social se transforme tout autant que la nature. La vision panoptique de Jeremy Bentham, emblématique du principe de surveillance, repose comme chacun sait sur l'idée que l'observateur voit tout sans être vu et que l'observé, en revanche, est entièrement livré au regard de l'observateur sans que lui-même puisse le voir. Le principe du panoptique de Bentham est à l'origine de la politique invasive du regard, non en raison des prisons édifiées d'après ses plans, mais parce que ses théories ont gagné en subtilité grâce à l'invention de nouveaux outils et de nouveaux procédés de visualisation. Le perfectionnement technique de l'observateur invisible se concrétise dans la caméra de surveillance, souvent invisible, qui embrasse tout un espace et la vue panoptique trouve dans le panorama sa forme d'expression adéquate. Le panorama circulaire, une des grandes attractions visuelles du XIXe siècle, était censé transmettre une impression globale des paysages, des champs de bataille et autres scènes au contenu historique, qui entraînaient l'observateur au cœur de l'image. L'impression de réalisme du panorama était peut-être l'aspect le plus élaboré d'un calcul technique qui repoussait l'horizon de la connaissance, et pas seulement pour les visiteurs d'un panorama. Ce n'est pas un hasard – comme l'a fait remarquer Walter Benjamin – si l'inventeur de la photographie, le Français Louis Daguerre, fut l'élève d'un peintre panoramiste ; cela indique au contraire que le panorama, de par ses procédés techniques, ne pouvait évoluer que vers la photographie.[1]

first allowed the panoramic gaze to develop its full potential:
the rotating camera encompasses the space to create a total
impression that we mere mortals could never attain with our
deficient organs of perception. The panoramic gaze makes it
possible to identify the needle in the proverbial haystack –
surveillance; at the same time, however, the illusion is brought
into focus – subversion. Jules Spinatsch's group of photographic works, *Surveillance Panorama Project,* initiated in 2003
with a 180-degree panorama of the World Economic Forum
(WEF) in Davos consisting of 2176 individual frames, makes
this paradox its own. Spinatsch takes the panoramic gaze
as the point of departure for a visual reflection on the triangulation of panorama, photography, and surveillance under the
automatized conditions of digital web cameras.

Automatic cameras are hyperactive image generators. They
can be found standing or hanging everywhere, on Google cars,
on house walls, on rooftops or columns. As stationary pigeons
with built-in lenses, however, they attract interest from more
than just security agencies and commercial players. Spinatsch,
too, mounts his camera at certain points and, having set up
the camera so that it panoramically captures the space in line
with his input, abandons himself to the principle of automatic,
authorless image generation. This is achieved through the
camera's vertical and horizontal mobility as well as through its
specific programming, which determines the direction of
motion and number of frames. There are then no further possibilities for intervening until the camera has done its work and
produced thousands of digital photographs. But what do we
see in these images composed of images, these panoramas
that depict space in almost pointillistic fashion? Are we invited
to adopt the viewpoint of an ever-vigilant panoptic eye, or
are we supposed to hone our visual literacy through heightened
watchfulness? Certainly, the camera is fixed to a point that
would have met with Bentham's approval, but this very point
serves as Spinatsch's point of departure for investigating anew
the photographic possibilities of precision and shadowing,
detail and totality, realism and illusion.

II

The projects are subsumed under the title *Surveillance
Panoramas* not least because the spaces they map out are
politically charged. The World Economic Forum stands
for the exclusiveness of a tiny but global power elite whose
members would prefer to associate only among themselves.
Hence exclusion, surveillance, protests, automatic cameras,
and panoramic overviews. But also the Vienna Opera Ball,
the Parlement of Toulouse, the Frankfurt stock exchange,
the apartment complex in Geneva where Edward Snowden

Mit der Verbreitung von Fotografie und Film hat das Panorama als Massenmedium an Attraktivität verloren, aber der panoramatische Blick hat erst mit der Fotografie sein volles Potenzial entfaltet: Die rotierende Kamera erfasst den gesamten Raum und verschafft damit einen Totaleindruck, den wir unglücklichen Augenmenschen mit unserem defizitären Sehapparat nie erreichen könnten. Mit dem panoramatischen Blick wird die Nadel im Heuhaufen identifiziert – Überwachung; gleichzeitig wird die Illusion scharf gestellt – Subversion. In dieser Paradoxie ist Jules Spinatschs fotografische Werkgruppe *Surveillance Panorama Projects* angesiedelt, die 2003 mit einem aus 2176 Einzelbildern bestehenden 180°-Panorama des Weltwirtschaftsforums in Davos ihren Anfang nahm. Spinatsch nimmt den panoramatischen Blick zum Ausgangspunkt für eine visuelle Reflexion über die Triangulation von Panorama, Fotografie und Überwachung unter den automatisierten Bedingungen digitaler Webcams.

Automatische Kameras sind produktive Bildspender. Sie sitzen und hängen überall, auf den Autos von Google, an Hauswänden, auf Dächern oder Pfeilern. Als festgefrorene Tauben mit eingebauter Linse sind sie jedoch nicht nur für Sicherheitsdienste und kommerzielle Akteure von Interesse. Auch Spinatsch montiert seine Kamera an bestimmten Punkten und orientiert sich am Prinzip der automatischen Bilderzeugung ohne Autor, nachdem er die Kamera so eingerichtet hat, dass sie den Raum nach seinen Vorgaben panoramatisch erfasst. Dafür sorgen die Beweglichkeit der Kamera in vertikaler und horizontaler Richtung sowie die spezifische Programmierung, die Bewegungsrichtung und Bildanzahl festlegt. Danach gibt es keine Eingriffsmöglichkeiten mehr, bis die Kamera ihr Werk getan und Tausende von digitalen Bildern erzeugt hat. Aber was sehen wir überhaupt auf diesen Bildern aus Bildern, den Panoramen, die den Raum Punkt für Punkt abbilden? Werden wir auf ein Überwachungsauge eingestellt, oder sollen wir mit überwachen Augen unsere visuelle Alphabetisierung vorantreiben? Sicher, die Kamera wird an einem Punkt postiert, der Bentham gefallen hätte, aber genau das ist der Ausgangspunkt für Spinatsch, um die fotografischen Möglichkeiten von Präzision und Verschattung, Detail und Ganzem, Realismus und Illusionseffekten neu auszuloten.

II

Surveillance Panoramas heißen die Arbeiten auch, weil die in ihnen vermessenen Räume politisch beladen sind. Das Weltwirtschaftsforum steht wie nur wenige andere zeitgenössische Gedächtnisräume für die Exklusivität einer kleinen, aber globalen Machtelite, die unter sich bleiben will. Deswegen Ausschluss, Kontrolle, Proteste, automatische Kameras und panoramatische Überblicke. Aber auch der Wiener Opernball, das Parlament in Toulouse, die Frankfurter Börse, der Genfer Gebäudekomplex, in dem Edward Snowden gewohnt hat, als er dort für den amerikanischen Geheimdienst tätig war – das sind keine Kindergärten, sondern Räume,

Comme media de masse, le panorama a perdu de son pouvoir attractif avec l'essor de la photographie et du cinéma. En revanche, c'est la photographie qui a enfin permis à la vue panoramique de développer tout son potentiel. La caméra rotative embrasse la totalité de l'espace et procure une impression globale que nous, pauvres hommes aux yeux dotés d'un appareil optique imparfait, ne pourrions jamais obtenir. La vue panoramique permet de déceler une aiguille dans une botte de foin : surveillance ; simultanément, l'illusion est accentuée : subversion. C'est au cœur de ce paradoxe que s'inscrit la série photographique de Jules Spinatsch *Surveillance Panorama Projects*, entamée à Davos en 2003 avec un panorama à 180° du Forum économique mondial et rassemblant 2176 clichés. Spinatsch se sert de la vue panoramique comme point de départ d'une réflexion visuelle sur la triangulation entre panorama, photographie et surveillance sous l'effet de l'automatisation des webcams.

Les caméras automatiques installées et fixées un peu partout, sur les voitures Google, aux façades des maisons, sur les toits ou sur des poteaux sont de grandes pourvoyeuses d'images. Pareilles à des pigeons pétrifiés munies d'une lentille optique, elles n'intéressent pas que les services de surveillance et les acteurs du secteur commercial. Spinatsch lui aussi installe ses caméras à des endroits précis et s'en tient au principe de la prise de vue automatique sans auteur. Il a eu soin de paramétrer la caméra de telle sorte qu'elle appréhende l'espace en une vue panoramique, suivant ses consignes. Ce résultat s'obtient grâce à la mobilité de la caméra à l'horizontale et à la verticale et par une programmation spécifique qui détermine la direction des mouvements et le nombre de clichés. Ensuite, il n'y a plus d'intervention possible jusqu'à ce que la caméra ait terminé son travail et engrangé des milliers d'images numériques. Mais que voyons-nous en fait sur ces images composées d'images, sur ces panoramas qui reflètent le lieu point par point ? Sommes-nous transformés en objectif de caméra de surveillance, ou bien devons-nous, l'œil en alerte, nous lancer dans une nouvelle lecture de l'image ? La caméra est assurément positionnée à un endroit qui aurait plu à Bentham. Mais pour Spinatsch c'est précisément le point de départ d'une exploration inédite des possibilités qu'offre la photographie entre précision et imprécision, détail et ensemble, réalisme et illusion d'optique.

II

Ces travaux doivent aussi leur nom, *Surveillance Panoramas*, aux espaces politiquement connotés qu'ils explorent. Le Forum économique mondial incarne, comme peu d'autres lieux contemporains de la mémoire, l'entre-soi d'une élite dirigeante, petite certes mais exerçant une influence internationale, et qui entend rester en petit comité. D'où le huis clos, les contrôles, les manifestations, les caméras automatiques et les panoramiques en surplomb. Ainsi en est-il également du Bal de l'Opéra à Vienne, du Conseil municipal à Toulouse,

lived while he was working for the American secret service: these are not children's playgrounds, they are emblematic spaces, chosen by Jules Spinatch with unerring instinct as the basis for the early twenty-first century historical imagination. They remind us that politics and economics, for all they may appear to have evaporated into the digital ether, still occur at identifiable locations. Yet these are historical pictures of a very different kind to the Bourbaki panorama in Lucerne, for example, which shows how French soldiers found refuge in Switzerland in 1871.

Spinatsch's panoramas show continuous spaces. They map out space in much the same way that scientific panoramic photography has done since its beginnings. No section is omitted when the camera does its work, yet the image made up of thousands of individual pictures shows a temporally structured discontinuity. At the WEF in Davos, Spinatsch trained his camera on the Congress Center. To generate the programmed 180-degree panorama, the camera took 2176 pictures between 6:35 and 9:30 a.m. The panoptic image brightens as it moves with the rising sun from left to right. What do we see in this space-time image? An unreal reality, a scene that has no real-world equivalent: while this space undoubtedly exists, it normally does not present itself to the viewer as it becomes visible over the three-hour period. At a site subject to constant surveillance, the camera subtly toys with a sense of insecurity that emerges when things are joined together which should actually be kept apart, or conversely, when something is missing that really ought to be there. Spinatsch shows us minor deviations from what we consider normal; we come upon a scene where nothing much is happening. Perhaps what we are witnessing here are the relaxation exercises of surveillance cameras which had previously been observing the scene in real time and recording suspicious details. Power is often visually demonstrated, we learn, when it is put on public display after the real work has been done.

The same interplay of presence and absence, visibility and invisibility pervades the *Heisenberg's Offside* project (2005 – the first season of *Breaking Bad* was not aired until 2008). The camera was trained for 165 minutes on the football field at Bern's Stade de Suisse to record a match between Switzerland and France. We see spectators, match officials, players (although not all twenty-two!), linesmen, and even the referee. Only the ball is invisible. This may seem unlikely, given that some 3003 pictures were taken over the course of the game, but the crucial point is that the camera was not interested in following the ball. It precisely registers whichever detail it has in focus at the time, and it devotes equal attention to everything. In this respect, it proceeds very much like a psychoanalyst. Freud introduced the concept of "evenly suspended attention" (*gleichschwebende Aufmerksamkeit*) to charac-

die Jules Spinatsch mit untrüglichem Gespür zu Geschichtsbildern des frühen 21. Jahrhunderts formatiert, um daran zu erinnern, dass Politik und Ökonomie trotz aller digitalen Verflüchtigung an identifizierbaren Orten stattfinden. Aber es sind sehr andere Geschichtsbilder als, sagen wir, das Bourbaki-Panorama in Luzern, das zeigt, wie französische Soldaten 1871 Zuflucht in der Schweiz fanden.

Die Panoramen von Spinatsch zeigen kontinuierliche Räume. Sie kartografieren den Raum, wie es die wissenschaftliche panoramatische Fotografie seit ihren Anfängen getan hat. Kein Abschnitt wird ausgelassen, wenn die Kamera ihre Arbeit tut, und doch zeigt das aus Tausenden Einzelbildern zusammengesetzte Bild eine Diskontinuität, die zeitlich strukturiert ist. Beim WEF in Davos hat Spinatsch die Kamera auf das Kongresszentrum gerichtet. Um das einprogrammierte 180°-Panorama zu erreichen, nahm die mit einem starken Teleobjektiv versehene Kamera zwischen 6.35 und 9.30 Uhr 2176 Bilder auf. Das panoptische Bild wird wie der vermeintliche Lauf der Sonne von links nach rechts heller. Was also sehen wir auf diesem Raum-Zeit-Bild? Eine irreale Realität, eine Szene, die es so nicht geben kann: Der Raum ist zweifellos vorhanden, aber nicht so, wie er in der zeitlichen Streckung von drei Stunden sichtbar wird. An einem Ort, der von Überwachung trieft, ist das ein subtiles Spiel mit der Verunsicherung, die entsteht, wenn Dinge zusammentreffen, die eigentlich nicht zusammengehören, oder umgekehrt: wenn etwas fehlt, was eigentlich dahingehört. Bei Spinatsch sieht man kleine Abweichungen von dem, was man für natürlich hält, betritt einen Schauplatz, an dem es gerade nichts mehr zu schauen gibt. Vielleicht sind das die Entspannungsübungen der Überwachungskameras, die vorher noch dazu gedient haben, die Szenerie in Echtzeit zu beobachten und verdächtige Details zu verzeichnen. Man lernt: Demonstration von Macht besteht eben auch darin, sich genau dann öffentlich zu machen, wenn die eigentliche Arbeit bereits getan ist.

Das Spiel von An- und Abwesenheit, von Sichtbarkeit und Unsichtbarkeit durchzieht auch die Arbeit *Heisenberg's Offside* von 2005 (die erste Staffel von *Breaking Bad* wurde erst 2008 ausgestrahlt): 165 Minuten war die Kamera auf das Spielfeld im Stade de Suisse in Bern gerichtet, um das Fußballspiel zwischen der Schweiz und Frankreich aufzunehmen. Man sieht Zuschauer, Ordner, Spieler (aber nicht 22!), Linienrichter und sogar den Schiedsrichter. Nur den Ball sieht man nicht. Bei insgesamt 3003 Bildern mag das ein unwahrscheinliches Ereignis sein, aber der entscheidende Punkt ist, dass die Kamera es nicht auf den Ball abgesehen hat. Sie verpasst präzise das Detail, das sie gerade im Fokus hat, und aufs Ganze gesehen schenkt sie allem die gleiche Aufmerksamkeit. Damit verfährt sie in gewisser Hinsicht wie ein Psychoanalytiker. Freud hat den Begriff der „gleichschwebenden Aufmerksamkeit" eingeführt, um die Arbeitstechnik des Analytikers zu charakterisieren. Dieser sollte beim analytischen Gespräch seine eigenen Vorurteile und Präferenzen dadurch minimieren, dass er auf

de la Bourse à Francfort, du complexe d'habitations genevois dans lequel Edward Snowden a vécu lorsqu'il travaillait pour les services secrets américains – ce ne sont pas des jardins d'enfants, mais des espaces à partir desquels Jules Spinatsch fabrique, avec une intuition infaillible, les images historiques de ce début du XXIe siècle. Il cherche à rappeler que, quelle que soit leur dilution dans le numérique, la politique et l'économie s'exercent dans des lieux identifiables. Ces représentations historiques diffèrent grandement de celles qu'on retrouve par exemple à Lucerne, dans le panorama Bourbaki qui représente l'accueil des soldats français venus trouver refuge en Suisse en 1871.

Les panoramas de Spinatsch présentent des espaces continus. Ils cartographient l'espace comme la photographie panoramique scientifique l'a fait depuis ses débuts. Aucun segment n'échappe au travail de la caméra et néanmoins, cette image constituée de milliers de clichés présente une discontinuité, qui est temporellement structurée. Lors du Forum de Davos, Spinatsch a braqué les caméras sur le Centre des congrès. Pour réaliser ce panorama à 180° programmé informatiquement, la caméra pourvue d'un puissant téléobjectif a pris 2176 clichés entre 6h30 et 9h30. La photo panoptique s'éclaircit de gauche à droite, reflétant la course présumée du soleil. Que voyons-nous sur cette image spatio-temporelle ? Une réalité irréelle, une scène qui ne peut exister en tant que telle : l'espace y est indubitablement présent, mais pas tel qu'il apparaît sous nos yeux dans l'étirement temporel d'une période de trois heures. Dans un lieu où la surveillance est omniprésente, c'est là un jeu subtil avec l'inquiétude engendrée par la rencontre de deux choses qui ne sont pas de même nature ; ou au contraire, par l'absence d'un élément qui devrait y être. Chez Spinatsch, on remarque de légers décalages avec ce qui nous semble naturel, on pénètre sur une scène où justement plus rien ne se joue. Peut-être les caméras pratiquent-elles des pauses-détente, elles qui peu auparavant servaient encore à observer la scène en temps réel et à consigner des détails suspects. On comprend alors : afficher son pouvoir, c'est justement n'apparaître publiquement qu'une fois le travail déjà fait.

Le jeu de présence-absence, visibilité-invisibilité se retrouve également dans le travail de 2005 intitulé *Heisenberg's Offside* (la première saison de *Breaking Bad* n'a été diffusée qu'en 2008). La caméra est braquée pendant 2h45 sur le terrain du Stade de Suisse à Berne pour enregistrer le match de football entre la Suisse et la France. On voit les spectateurs, le service d'ordre, les joueurs, (mais pas les 22 !), les juges de touche, et même l'arbitre. Il n'y a que le ballon qu'on ne voit pas. Sur 3003 images au total, cette absence peut paraître invraisemblable. Mais le fait est que le ballon a bel et bien échappé à la caméra. Celle-ci rate précisément le détail sur lequel elle est focalisée et, de manière générale, accorde une attention égale à toute chose. En cela, elle se comporte d'une certaine manière comme un psychanalyste. Freud a élaboré le concept d'«attention flottante » pour caractériser la méthode de travail de l'analyste. Lors de la séance, ce dernier doit minimiser ses propres préjugés ou ses préférences en

terize the analyst's methodology. The analyst should minimize his or her own prejudices and preferences by paying heed to nothing in particular, maintaining "the same evenly suspended attention in the face of all that one hears."[2] The analyst trusts to his or her unconscious memory and Spinatsch lets his camera act in much the same way: it directs its notice to nothing in particular, lingers on no points of interest, nor does it shirk tedium. Its evenly suspended attention results in complications of startling beauty: the ball is out of sight, the players do not add up to the usual number, the linesman repeatedly appears on the sideline, the scoreboard on the left reads 0:0, that on the right 0:1. Further to the right, fans can be seen celebrating in one of the columns (the game ended with a one-all draw).

We find ourselves in a Freudian world. In this spatiotemporal panorama, one and the same person can appear on several occasions as his own doppelgänger – once on the far left in the early evening, once on the far right several hours later. And perhaps once again in the middle. Freud saw in such situations a trigger for the sense of the uncanny.[3] At the Vienna Opera Ball in 2009, Spinatsch hanged two cameras from the ceiling of the audience room at the State Opera. The two cameras were placed left and right of the centrally positioned film camera of the ORF (the Austrian Broadcasting Corporation), always given pride of place for its live broadcast of *the* highlight of the Viennese social calendar. The site was no less carefully chosen than the economic forum in Davos. Here, VIP guests or at least guests of fashionable appearance create an appetite for publicity served by journalists, photographers, television crews, and so on, such that exclusive participation by the few coincides with simultaneous participation by the many. Ideal preconditions, then, for rumor, speculation, and conspiratorial voyeurism, further reinforced by the panoramic camera.

The cameras in the Vienna State Opera moved vertically every three seconds to take another picture until a column of thirty-six images emerged, corresponding to a section of the space extending from above to below. The camera then swerved horizontally and the next column arose. A *coup d'oeil* protracted over the entire evening that results, in the end, in a perfect 360-degree panorama, a virtual opera house in which nothing is missing apart, perhaps, from some of the publicity-seeking celebrities attending the event. Yet the camera's evenly suspended attention is imperturbable. It does not rush to the scene when something sensational occurs. Whoever looks at the opera house panorama as a kind of peepshow, hoping to catch this or that celebrity at a compromising moment, will be sorely disappointed. But perhaps what we are seeing is something quite different, albeit no less interesting. For participants at the ball, too, the panorama probably does not deliver what they expected of it. Certainly, they wish to be seen, yet on the one hand, they cannot be sure whether

nichts Besonderes achtet „und allem, was man zu hören bekommt, die nämliche gleichschwebende Aufmerksamkeit" entgegenbringt.[2] Der Analytiker überlässt sich seinem unbewussten Gedächtnis, und so lässt auch Spinatsch seine Kamera verfahren: Sie achtet auf nichts Besonderes, verweilt an keinem Punkt, wenn es sie interessiert, und rückt auch nicht schneller voran, wenn sie sich langweilt. Ihre gleichschwebende Aufmerksamkeit führt zu den schönsten Verwicklungen: Der Ball fehlt, die Spieler erscheinen nicht in der üblichen Anzahl, der Linienrichter steht mehrfach an der Seitenauslinie, auf der linken großen Anzeigetafel steht es 0:0, auf der rechten 0:1. Noch weiter rechts erkennt man in einer Kolumne jubelnde Fans – die Schweizer haben ein Tor geschossen (das Spiel ging 1:1 aus).

Wir befinden uns in der Welt Freuds. Im Raum-Zeit-Panorama ist es möglich, dass ein und dieselbe Person auf einem Bild als ihr eigener Doppelgänger gleich mehrfach auftaucht – einmal ganz links am frühen Abend, einmal ganz rechts mehrere Stunden später. Und vielleicht noch einmal mittendrin. Freud sah in solchen Situationen einen Auslöser für das Gefühl des Unheimlichen.[3] Anlässlich des Wiener Opernballs 2009 positionierte Spinatsch zwei Kameras an der Decke des Zuschauerraums der Staatsoper. In vollendeter Dreieinigkeit kamen die beiden Kameras links und rechts von der zentral postierten Filmkamera des ORF zu hängen, der stets die zentrale Position zusteht, um *das* gesellschaftliche Ereignis des Jahres live zu übertragen. Der Ort ist ebenso subtil gewählt wie das Weltwirtschaftsforum in Davos: Prominenz oder wenigstens mondäne Erscheinung der Gäste; Appetit auf große Öffentlichkeit, der durch Journalisten, Fotografen, Fernsehteams usw. bedient wird, und zwar in der Weise, dass exklusive Teilnahme von wenigen und gleichzeitige Partizipation von vielen einander gegenüberstehen. Ideale Voraussetzungen also für Ahnungen, Spekulationen und konspirativen Voyeurismus, die durch den panoramatischen Kamerablick noch weiter verstärkt werden.

Die Kameras in der Wiener Staatsoper bewegten sich alle drei Sekunden in vertikaler Richtung und machten ein Bild, bis eine Kolumne von 36 Bildern erreicht war, die einen Abschnitt des Raums von oben bis unten enthielt. Dann machte die Kamera einen entsprechenden Horizontalschwenk, und die nächste Bild-Kolumne entstand. Ein *coup d'œil* in zeitlicher Streckung über die ganze Veranstaltung, aber am Ende steht ein perfektes Rundpanorama, ein virtuelles Opernhaus, in dem nichts fehlt, außer vielleicht einige der anwesenden Celebrities, die gesehen werden wollten und die man auch gerne gesehen hätte. Aber die gleichschwebende Aufmerksamkeit der Kameras ist unbarmherzig. Sie achtet nicht auf Besonderheiten und eilt nicht zum Schauplatz, wenn etwas Sensationelles geschieht. Wer das Opern-Panorama mit der Peepshow-Attitüde betrachtet, ob nicht vielleicht diese mit jenem im kompromittierenden entscheidenden Moment zu sehen ist, wird frustriert sein. Aber vielleicht sieht man etwas ganz anderes, ebenso Interessantes. Und auch für die Ballteilnehmer hält das Panorama

ne prêtant attention à rien de particulier et en accordant à tout ce qu'il lui est donné d'entendre la même attention flottante.[2] L'analyste s'en remet à sa mémoire inconsciente, et c'est de cette manière aussi que Spinatsch laisse sa caméra travailler. Elle ne s'attache à rien de particulier, ne s'appesantit sur aucun point, même quand ça l'intérese. Et quand elle s'ennuie, elle n'avance pas plus vite pour autant. Son attention flottante conduit aux brouillages les plus extraordinaires : le ballon est absent, les joueurs n'apparaissent pas au complet, le juge de ligne se trouve à plusieurs reprises sur la ligne de touche, le grand panneau à gauche affiche le score 0:0, celui de droite 0:1. Et encore plus à droite, on distingue une bande de fans enthousiastes – les Suisses ont marqué un but (le match se termina sur un score de 1:1). Nous sommes dans le monde de Freud. Dans le panorama spatio-temporel, il peut arriver qu'une seule et même personne apparaisse plusieurs fois sur une image comme si elle était son propre sosie – une première fois tout à fait à gauche, en début de soirée, une deuxième fois tout à fait à droite, plusieurs heures plus tard. Et peut-être même encore une troisième fois en plein milieu. Freud voyait dans de telles situations l'origine du sentiment d'inquiétante étrangeté.[3] Pour le Bal de l'Opéra à Vienne en 2009, Spinatsch met en place deux caméras au plafond de la grande salle du Staatsoper dédiée aux visiteurs. Elles sont placées – Trinité parfaite – de part et d'autre de la caméra de la télévision autrichienne (ORF) à laquelle la position centrale revient d'office, pour retransmettre en direct l'événement mondain numéro un de l'année. Le lieu est aussi subtilement choisi que le Forum économique mondial de Davos : célébrités ou du moins invités en représentation, soif de s'afficher devant un large public assouvie par les journalistes, les photographes, les équipes de télévision et par leur manière de mettre en vis-à-vis la participation d'une minorité très fermée et la présence concomitante de tant d'autres. Des conditions idéales donc pour générer suppositions, spéculations et voyeurisme conspirateur, encore renforcés par le regard panoramique de la caméra.

À l'Opéra de Vienne, les caméras effectuaient un mouvement vertical toutes les trois secondes et prenaient un cliché, jusqu'à obtention d'une série verticale de 36 images, qui découpait une portion de l'espace de haut en bas. Puis la caméra faisait un panoramique à l'horizontale et passait à la série verticale suivante. Un coup d'œil en étirement temporel sur l'ensemble de l'événement. En toute fin, il en ressort néanmoins un panorama circulaire parfait, une salle virtuelle dans laquelle rien ne manque, sauf peut-être certaines des célébrités présentes, qui voulaient être vues et qu'on aurait aussi aimé voir. Mais l'attention flottante de la caméra est impitoyable. Elle ne s'intéresse pas aux particularités et ne se précipite pas sur le spectacle lorsqu'il se produit quelque chose de sensationnel. Quiconque regarde le panorama de l'Opéra dans un esprit de voyeurisme pour vérifier si, par hasard, on n'apercevrait pas une telle avec un tel dans une situation compromettante à l'instant décisif, sera déçu. Il se peut néanmoins que l'on découvre quelque chose de tout à fait différent,

they are even in the picture, while on the other, they may not wish to be seen as they have been captured by the semi-automatic camera.[4] "Viennese high society does not just show up at the opera ball," Jules Spinatsch notes, "it also ostentatiously shows off." Surveillance and voyeurism, (self-)presentation and the wish (not) to be seen, coincide at the point where they are exposed to the pre-programmed contingency of the camera's evenly suspended gaze. The calculated comprehensiveness and restlessness with which the space is surveyed leads to the loss of a clear overview, frustrating the pretensions once associated with the panorama. Therein lies the act of subversion programmed into Spinatsch's cameras: at the moment of absolute visibility, when everything stands revealed in a dramatic *coup d'oeil,* reality is distorted – and thereby made recognizable.

III

The scope of the *Surveillance Panorama Project* is not yet exhausted with the collation of individual frames into a panoramic totality. Thousands of pictures are simultaneously less and more than a total image; to that extent, the recordings neither determine which images are exhibited nor the medium in which this occurs. As the camera doggedly pursues its course, it generates a stockpile of images; Spinatsch calls his camera a "machine for collecting pictures" (*Bildsammelmaschine*). This view has a certain tradition in the history of photography, especially scientific photography.

In the 1860s, the French geologist and photographer Aimé Civiale decided to create a photographic panorama of the Alps.[5] He scaled Alpine peaks, accompanied by mountain guides lugging heavy equipment, and turned his camera in every direction upon reaching the summit. To recapitulate: panoramic photography promised to depict space in exhaustive detail, not privileging any one detail over another, and with mechanical objectivity, such that it would no longer be possible to identify the photographer's specific viewpoint. Civiale faithfully adhered to these ideals, but this does not mean that it was clear to him – either at the time he shot the pictures or later, upon returning to Paris – why his panoramas should be of any use. He hoped that later geologists would draw on his images as research material, guided by questions of which he could have no inkling. Such stored images are proleptic in kind: they are made for an indeterminate future, for an unforeseeable research project carried out by unknown scientists. They contain a promise that will one day be redeemed – perhaps.

The semi-automatic photographs of Spinatsch are likewise proleptic images. They function as elements of the panorama,

wahrscheinlich nicht das, was sie sich von der Visualisierung versprochen haben. Gewiss wollen sie gesehen werden, aber zum einen wissen sie nicht, ob sie überhaupt *im Bild* sind, zum anderen kann es passieren, dass sie gar nicht so gesehen werden wollen, wie die halbautomatische Kamera sie erfasst.[4] „Die Wiener Gesellschaft führt sich am Opernball nicht nur auf", notiert Jules Spinatsch, „sondern ausgelassen auch selber vor." Überwachung und Voyeurismus, (Selbst-)Vorführung und (Nicht-)Gesehenwerdenwollen treffen sich in dem Punkt, dass sie der programmierten Kontingenz des gleichschwebenden Kameraauges ausgesetzt sind. Die gezielte Restlosigkeit und Rastlosigkeit des Abtastens führt zu einem Entzug der Übersichtlichkeit, durchkreuzt also genau den Anspruch, der mit dem Panorama einst verbunden war. Eben darin besteht die Subversion, die Spinatsch seinen Kameras einprogrammiert hat: Im Moment der umfassenden Sichtbarmachung, der verlockenden *puissance des coup d'œil*, verzieht sich die Wirklichkeit – zur Kenntlichkeit.

III

Die Reichweite des *Surveillance Panorama Project* ist mit dem Zusammenrechnen der Einzelbilder zu einem panoramatischen Gesamtbild noch nicht erschöpft. Tausende von Bildern sind zugleich weniger und mehr als ein Gesamtbild, und insofern ist mit den Aufnahmen nicht entschieden, welche Bilder gezeigt werden und in welchem Medium das geschieht. In dem Moment, da die Kamera unbeirrt ihre Bahnen zieht, legt sie Bilder auf Vorrat an. Folgerichtig nennt Spinatsch seine Kamera eine „Bildsammelmaschine". In der Geschichte der Fotografie, gerade der wissenschaftlichen Fotografie, hat das eine gewisse Tradition.

In den sechziger Jahren des 19. Jahrhunderts entschied sich der französische Geologe und Fotograf Aimé Civiale, ein fotografisches Panorama der Alpen zu erstellen.[5] Mehrfach bestieg er mit schwerer Ausrüstung und begleitet von Gehilfen alpine Gipfel, um seine Kamera in alle Richtungen zu wenden. Das Versprechen der panoramatischen Fotografie sei noch einmal kurz zusammengefasst: den Raum vollständig abzubilden, jedes Detail aufzunehmen, aber kein Detail zu bevorzugen, und mechanische Objektivität, die keinen spezifischen Blickpunkt des Fotografen mehr kennt. Civiale ist diesen Idealen treu gefolgt, aber das heißt nicht, dass ihm im Moment der Aufnahmen oder später, nachdem er sie bereits nach Paris gebracht hatte, klar war, wozu sie überhaupt gut sein sollten. Er hoffte darauf, dass spätere Geologen diese Bilder als Forschungsmaterial verwenden würden, getrieben von erkenntnisleitenden Fragen, die ihm selbst noch völlig unbekannt waren. Solche Bilder auf Vorrat haben einen proleptischen Charakter, sie sind für eine noch unbestimmte Zukunft, ein noch nicht ausgearbeitetes Forschungsprojekt von noch nicht bekannten Wissenschaftlern angefertigt. Sie enthalten ein Versprechen, das irgendwann eingelöst werden soll – vielleicht.

de tout aussi intéressant. De même que, pour les participants au bal, le panorama ne correspond vraisemblablement pas à ce qu'ils attendaient de cette mise en images. Certes, ils voulaient être vus, mais d'une part, ils ne savent pas si la photo les présente bien en vue et, d'autre part, il se peut également qu'ils n'aient absolument pas souhaité être vus tels que la caméra semi-automatique les a saisis.[4] La société viennoise ne se contente pas de s'afficher au Bal de l'Opéra, remarque Jules Spinatsch, elle se met elle-même en scène dans une version enjouée. Surveillance et voyeurisme, affichage de soi et volonté de ne pas être vu (ou de l'être) coexistent dès lors que ces attitudes sont exposées à la contingence programmée du regard flottant de la caméra. À force d'exploration sans trêve ni repos, la vision d'ensemble se dérobe, contrecarrant exactement l'attente associée autrefois au cliché panoramique. Là réside précisément la subversion que Spinatsch a programmée au cœur de ses caméras. Dans le dévoilement total, dans la puissance envoûtante du coup d'œil, la réalité se dissipe – pour se rendre reconnaissable.

III

Additionner les clichés isolés pour en faire un tableau panoramique ne suffit toutefois pas à épuiser la portée de *Surveillance Panorama Project*. Des milliers de clichés sont moins qu'une vue d'ensemble – et plus à la fois. Les enregistrements ne déterminent ni le choix des photos publiées, ni le support qui les accueillera. Dès l'instant où la caméra est lancée, elle engrange imperturbablement un stock d'images. Spinatsch désigne d'ailleurs sa caméra comme une «machine à collecter de l'image». Une démarche assez traditionnelle dans l'histoire de la photographie et dans celle de la photographie scientifique en particulier.

Dans les années 1860, le géologue et photographe français Aimé Civiale décide de réaliser un panorama photographique des Alpes.[5] Chargé d'un lourd matériel, accompagné de quelques assistants, il escalade les sommets de la chaîne alpine pour y braquer son objectif dans toutes les directions. Rappelons brièvement quelle était la promesse de la photographie panoramique : représenter la totalité de l'espace, appréhender chaque détail sans en privilégier aucun, atteindre à une objectivité mécanique qui ne dépende plus du point de vue spécifique du photographe. Civiale a suivi cet idéal à la lettre, mais cela ne signifie pas qu'il ait su clairement à quoi pourraient bien servir tous ces clichés, que ce fût à l'instant où il les prenait ou après les avoir rapportés à Paris. Il espérait que les géologues des générations futures, animés par des questions d'ordre épistémologique dont lui-même n'avait encore aucune idée, trouveraient dans ces photos un matériau pour leurs recherches. De telles images en réserve sont par nature proleptiques : elles sont produites à l'usage d'un futur encore indéterminé, pour un projet de recherche encore non élaboré par des scientifiques encore inconnus. Elles contiennent une promesse qui sera tenue un jour ou l'autre – peut-être.

yet their proleptic character is shown in the fact that they have meandered through various forms of media representation over the project's many years – museum walls, 360-degree panoramas, books, diaprojections – and have also been exhibited as stand-alone pictures.

On June 8, 2012, Spinatsch set up his camera in the Frankfurt stock exchange, the Börse. He refers to the stock exchange pictures of Andreas Gursky, typically large formats teeming with (mostly male) stockbrokers and traders. Only when comparing them with Spinatsch's Börse panorama do we see that Gursky has composed a visual requiem for the classical – that is, humanoid – stock market. It has ceased to exist. Today we find ourselves on the other side of the digital Rubicon. The stock exchange landscape presented by Spinatsch is a depopulated space; the few human actors are glued to their screens, which appear to have taken control of proceedings. The real subjects of the Börse are concealed behind the monitors. There is always at least one pane of glass between the observer and reality, and Spinatsch's camera is accordingly also separated by a glass wall from what is happening in the stock exchange area. The viewing space suggests transparency, as if the putative or real public interest is being served, but access is ultimately denied. In Spinatsch, the Börse becomes a panoramic high-security zone, but it also recalls a zoo where the animals remain hidden from view in their enclosures. The same opinion seems to have been held in Frankfurt, since every visitor is explicitly warned "Please do not tap on the glass". It might disturb the Börse animals.

Once again, Paul Virilio's famous theory of "polar inertia" is confirmed, the definitive conclusion to an ever more turbulent history of social acceleration that becomes invisible upon encountering the digital information technologies of the internet.[6] The frenetic activity diagnosed by Virilio has migrated online, while the standstill manifests itself in the lack of human beings. In their absence, other subjects appear as if by chance; a German flag, for example, otherwise not usually displayed at the Börse. To understand what it is doing there, we need to know that on June 8 at 6 p.m., the European football championship kicked off in Warsaw with a match between Poland and Greece (the game ended with a one-all draw). A football pitch can be seen on one of the screens. It would appear, then, that there are still people in the Börse – perhaps they are invisible, but they have left behind traces in the flag and the television.

On the very same day – not by chance – an exhibition dealing with the status of the photographic document under digital conditions, *Status – 24 Documents of Today*, opened at the museum for photography in Winterthur. A webcam link allowed each image to be successively printed and pasted on the wall in Winterthur exactly twenty minutes after it had

Um proleptische Bilder handelt es sich auch bei den halbautomatischen Fotografien von Spinatsch. Sie fungieren als Bestandteile des Panoramas, doch ihr proleptischer Charakter zeigt sich darin, dass sie im mehrjährigen Verlauf des Fotoprojekts durch verschiedene mediale Repräsentationsformen mäandert sind – Museumswände, Rundpanoramen, Bücher, Diaprojektionen – und auch als Einzelbilder zur Geltung kommen.

Am 8. Juni 2012 hat Spinatsch seine Kamera in der Frankfurter Börse aufgebaut. Er selbst verweist auf die Börsenbilder von Andreas Gursky, die typischen Riesenformate, auf denen Gewimmel herrscht, in diesem Fall von Menschen – zumeist Männern –, die als agierende Börsensubjekte auftreten. Erst im Vergleich mit Spinatschs Börsenpanorama erkennt man, dass Gursky dem klassischen, also humanoiden Börsenbetrieb ein visuelles Requiem gewidmet hat. Denn es gibt ihn nicht mehr. Heute befinden wir uns auf der anderen Seite des digitalen Rubikon, und die Börsenlandschaft sieht so aus, wie Spinatsch sie vorführt. Der Raum ist entvölkert, die wenigen menschlichen Akteure richten ihren Blick auf die Bildschirme, die scheinbar die Regie übernommen haben. Die eigentlichen Börsensubjekte allerdings sind unter den Bildschirmoberflächen verborgen. Es ist immer mindestens eine Glasscheibe zwischen dem Betrachter und der Wirklichkeit, und entsprechend ist auch Spinatschs Kamera durch eine Glaswand vom Geschehen im Börsenraum getrennt. Der Zuschauerbereich suggeriert Transparenz, bedient das vermeintliche oder reale Interesse der Öffentlichkeit, aber letztlich hat man keinen Zutritt. Bei Spinatsch wird die Börse zum panoramatischen Hochsicherheitsraum, sie hat aber auch etwas von einem Zoo, in dem die Tiere sich gerade nicht in ihrem Gehege zeigen. In Frankfurt scheint man das auch so zu sehen, denn jeder Besucher wird während der Führung ausdrücklich ermahnt: „Bitte nicht an die Scheibe klopfen." Das könnte die Börsentiere stören.

Einmal mehr bestätigt sich Paul Virilios berühmte These vom rasenden Stillstand, dem ultimativen Schlusspunkt einer immer wilderen Geschichte der gesellschaftlichen Beschleunigung, die sich der Beobachtung in dem Moment entzieht, da sie durch die digitalen Informationstechnologien im Netz verschwindet.[6] Das Rasen ist ins Internet verlagert, der Stillstand zeigt sich in der Menschenleere. Dafür rücken andere Sujets, wiederum zufällig, in den Blickpunkt; etwa eine Deutschlandfahne, die ansonsten eher nicht zu den Börsenattributen zählt. Dazu muss man wissen, dass am 8. Juni um 18 Uhr auch die Fußball-Europameisterschaft in Warschau mit dem Spiel Polen gegen Griechenland begann (das Spiel endete 1:1). Auf einem Bildschirm sieht man einen Fußballrasen. Also gibt es doch noch Menschen im Börsensaal, die vielleicht nicht sichtbar sind, aber ihre Spuren durch Fahne und Fernsehapparat hinterlassen.

Am selben Tag fand – natürlich nicht zufällig – die Eröffnung der Ausstellung *Status – 24 Dokumente von heute* im Fotomuseum Winterthur statt, die sich mit dem Stand des fotografischen Dokuments unter digitalen Bedingungen beschäftigte. Die Webcam machte

Les photos semi-automatiques de Spinatsch sont elles aussi des images proleptiques. Au-delà de leur rôle comme éléments du panorama, elles révèlent leur caractère proleptique dans le parcours méandreux qui, au fil de ce projet s'étirant sur plusieurs années, les fait passer d'un support médiatique à un autre (murs de musée, panoramas circulaires, livres, diapositives projetées), tout en les valorisant comme images à part entière.

Le 8 juin 2012, Spinatsch pose sa caméra à l'intérieur de la Bourse de Francfort. De lui-même il nous renvoie à la série d'Andreas Gursky consacrée aux Bourses, ces fameuses photos au format gigantesque fourmillant de toutes parts – d'humains en l'occurrence (et pour la plupart des hommes) qui apparaissent là comme autant d'acteurs de la finance. Or la comparaison avec le panorama de Spinatsch révèle que cette composition de Gursky est en vérité un Requiem visuel dédié à l'activité boursière classique, celle des humains. Car elle n'existe plus. Entre temps, le Rubicon numérique a été franchi et le paysage de la Bourse est bien tel que Spinatsch nous le présente. L'espace est désert, les rares acteurs humains ont les yeux rivés sur des écrans qui semblent avoir pris la direction des opérations. Mais les vrais acteurs de la Bourse restent cachés derrière ces écrans. Une vitre au moins s'interpose toujours entre celui qui regarde et la réalité, et d'ailleurs même la caméra de Spinatsch est séparée de ce qui se passe dans l'espace boursier par une paroi vitrée. La zone dédiée aux visiteurs suggère la transparence, répond à l'intérêt supposé ou réel du public, mais en fin de compte il n'y a pas d'accès. Chez Spinatsch, la Bourse devient un quartier de haute sécurité panoramique. Mais elle a aussi tout d'un zoo où justement les animaux ne se montrent pas dans leur cage. En tout cas, c'est ainsi que l'on semble voir les choses à Francfort où chaque visiteur se voit expressément rappeler, au cours de la visite guidée : «Prière de ne pas frapper à la vitre.» Ça pourrait déranger les animaux de la Bourse.

Ici se voit une fois encore confirmée la thèse de Paul Virilio sur l'inertie de la vitesse, irrésistible aboutissement d'une histoire de plus en plus folle de l'accélération sociale se dérobant à l'observation au moment où elle disparaît dans le web sous l'effet des technologies de l'information.[6] La vitesse est transférée vers l'Internet, l'inertie se révèle dans l'absence d'humains. À leur place, d'autres sujets occupent le devant de la scène, toujours par hasard, tel un drapeau allemand que l'on n'associe guère à la Bourse d'habitude. Il faut savoir que le 8 juin à 18 heures débutaient à Varsovie les Championnats d'Europe de football, avec le match opposant la Pologne à la Grèce (score final 1:1). Sur un écran, on voit une pelouse. Il y a donc bien encore des humains dans la salle des marchés. Ils ne sont peut-être pas visibles, mais ils ont laissé leur trace : un drapeau et un poste de télévision.

Le même jour – ce n'est pas un hasard, bien entendu – avait lieu au Fotomuseum de Winterthur le vernissage de l'exposition *Status – 24 Documents of Today* consacrée au statut du document photogra-

been taken in Frankfurt – one frame per minute, amounting
to 1440 frames in total. Shortly before midnight – patience
was required of the remaining guests at the opening ceremony
– the wall was fully covered. A risky image in the making, since
any image that was spoiled or out of focus would have been
faithfully displayed on the wall. A camera malfunction would
have resulted in a torso, as would a disruption in the connection between Frankfurt and Winterthur.

With the mural in Winterthur, the work was by no means
complete, and at this point, its proleptic character comes
into play. The stored digital images migrated into a different
material medium. After the A4 print-outs had been removed
from the wall and disposed of, Spinatsch filed new print-outs of
the 1440 frames in a book, or more precisely, six books, each
of which contained exactly 240 frames: an artist's book in a
single copy, albeit one that runs counter to the typical archival
objective of conserving the object for posterity. The printed
pages can always be taken out of the book and put back on
the wall. In the leap from one medium to the next, in defiance
of ideas of teleological progression and irreversibility, the
question of original and copy becomes irrelevant. The book is
a paper receptacle for images – but a porous one that can be
emptied at any time. The book is a work of art – but one that
can be disassembled at will. With that, Spinatsch frustrates the
desire for a definitive form: "competing agendas" subject to
idea, occasion, and place.

IV

The transformation of the Winterthur mural into an artist's
book with 1440 images resembles a completed picture puzzle
that is dismantled into its individual components and can be
reassembled into a whole. Yet the images can do even more.
Unlike the piece of a puzzle, which owes its significance solely
to the fact that it matches another piece, Spinatsch's 1440
puzzle pictures mutate unpredictably into individual frames,
documents of the camera's evenly suspended attention to
detail. From the perspective of the panorama, each image is
merely an excerpt that precisely lines up with its neighbor, but
it is only when it escapes this logic that the individual image
unfolds in its autonomy. What began as a panorama, in keeping
with the idea that the whole is greater than the sum of its parts,
is transformed into its opposite. Images can also undergo
change, and it turns out that the single frame is something
more than just a part of the whole.

This visual metamorphosis occurs in the book *Vienna
MMIX – 10008/7000*. The opera ball project had first been
displayed as a thirty-two-meter long, 360-degree panorama
at the Karlsplatz in Vienna, exhibited under the lovely title:

es möglich, dass jedes Bild ungefähr 20 Minuten, nachdem es in Frankfurt entstanden war, in Winterthur an die Wand geklebt werden konnte – pro Minute ein Bild, insgesamt 1440. Kurz vor Mitternacht – die letzten Gäste der Eröffnungsfeier mussten Geduld aufbringen – war die Wand vollständig beklebt. Ein risikoreiches Bild im Werden, denn jedes verdorbene oder unscharfe Bild wäre originalgetreu an die Wand gebracht worden. Ein Ausfall der Kamera hätte ebenso zu einem Torso geführt wie eine Kontaktstörung zwischen Frankfurt und Winterthur.

Mit dem Winterthurer Wandbild war die Arbeit keineswegs abgeschlossen, und an diesem Punkt kommt ihr proleptischer Charakter ins Spiel. Die digitalen Bilder auf Vorrat migrierten in ein anderes materielles Medium. Nachdem die DIN-A4-Ausdrucke wieder von der Wand entfernt und entsorgt worden waren, packte Spinatsch neue Ausdrucke der 1440 Bilder in ein Buch, genauer: in sechs Bücher, so dass jedes genau 240 Bilder enthält – ein Künstlerbuch in einem einzigen Exemplar, ein Archiv des Panoramas, das aber gerade nicht den für das Archiv so typischen Anspruch verfolgt, den Gegenstand für spätere Zeiten zu konservieren. Die Bilder können aus der Buchform auch wieder zurück an die Wand gebracht werden. Man sieht: Im Sprung von einem Medium zum anderen, bei dem es keinen teleologischen Ablauf und keine Irreversibilität mehr gibt, hat sich die Frage von Original und Kopie erledigt. Das Buch als papierner Bildspeicher, als analoge Harddisk? Ja, aber als poröser Speicher, der jederzeit wieder geleert werden kann. Das Buch als Kunstwerk? Ja, aber es kann jederzeit wieder zerlegt werden. Damit unterläuft Spinatsch den Wunsch nach einer endgültigen Form: *competing agendas*, je nach Idee, Anlass und Raum.

IV

Die Transformation des Winterthurer Wandbilds in ein Künstlerbuch mit 1440 Bildern scheint einem fertiggestellten Puzzle zu entsprechen, das in seine Einzelteile zerlegt wird und wieder zu einem Ganzen zusammengefügt werden kann. Aber die Bilder können noch mehr. Anders als bei einem Puzzleteilchen, das seine Signifikanz einzig dem Umstand verdankt, dass es mit einem anderen Teilchen zusammenpasst, mutieren Spinatschs 1440 Puzzlebilder ungeplant zu Einzelbildern, zu Dokumenten der gleichschwebenden Aufmerksamkeit der Kamera im Detail. Aus der Perspektive des Panoramas handelt es sich nur um einen Ausschnitt, der sich präzise an den nächsten fügt, aber erst jenseits dieser Logik entfaltet sich der Eigensinn des einzelnen Bildes. Was als Panorama anfing und der Idee folgte, dass das Ganze mehr ist als die Summe seiner Teile, wird in sein Gegenteil verkehrt. Auch die Bilder machen eine Veränderung durch, und es erweist sich, dass das Einzelne als Einzelnes mehr ist denn als Teil eines Ganzen.

Diese visuelle Metamorphose findet in dem Buch *Vienna MMIX – 10008/7000* statt. Die Opernballarbeit war zuerst als 32 Meter langes, nach außen gestülptes Rundpanorama am Wiener Karlsplatz zu sehen, versehen

phique dans le contexte du numérique. Grâce à la webcam, chaque cliché pris à Francfort pouvait être fixé au mur du musée vingt minutes plus tard, à raison d'un cliché par minute, 1440 en tout. Peu avant minuit – les invités au cocktail avaient dû s'armer de patience – le mur était entièrement recouvert. Un *work in progress* non sans risques, car toute image floue ou ratée aurait été affichée telle quelle. Et toute panne de la caméra ou toute interruption de la liaison entre Francfort et Winterthur aurait eu pour conséquence un résultat tronqué.

Le mur d'images de Winterthur ne signifiait pas que le travail était achevé, et c'est là qu'entre en jeu son caractère proleptique. Les images numériques en réserve migrèrent vers un autre support. Les impressions en format A4 ayant été retirées du mur et éliminées, Spinatsch fit réimprimer les 1440 photos et les rassembla en un livre, plus exactement en six livrets de 240 photos chacun – livre d'artiste fabriqué en un seul et unique exemplaire, sorte d'archivage du panorama, encore que, contrairement à une archive, il n'ait pas véritablement pour but de conserver l'objet pour les temps futurs. Les photos peuvent être à nouveau extraites de la reliure et refixées au mur. On le voit, dans ce passage d'un support à l'autre où il n'y a plus ni parcours téléologique, ni irréversibilité, la question de l'original et de la copie s'est résolue d'elle-même. Le livre comme mémoire d'images sur papier, comme disque dur analogique? Oui, mais une mémoire poreuse, que l'on peut vider à chaque instant. Le livre comme œuvre d'art? Oui, mais qui peut être dispersée à chaque instant. Spinatsch sape ainsi le désir d'une forme définitive et met les projets en concurrence – en fonction de l'inspiration, des circonstances et de l'espace.

IV

Le mur d'images de Winterthur transformé en un livre d'artiste de 1440 photos s'apparente à un puzzle terminé que l'on démonte et que l'on peut assembler de nouveau. Mais les clichés offrent davantage de possibilités encore. Au contraire d'une pièce de puzzle dont le seul intérêt est de s'emboîter dans une autre, les 1440 «clichés puzzle» de Spinatsch deviennent contre toute attente des photos à part entière, des documents qui témoignent de l'attention flottante de la caméra pour le détail. Vu dans le cadre du panorama, un cliché n'est qu'un segment parfaitement accolé au précédent; mais si l'on dépasse cette logique, alors se déploie le sens propre de chaque image. Le panorama du début, fondé sur l'idée que le tout est davantage que la somme de ses éléments, se voit retourné en son contraire. Les photos elles aussi se transforment et il s'avère que l'élément isolé représente, en tant que tel, plus que la partie d'un tout.

Cette métamorphose visuelle s'opère dans le livre *Vienna MMIX – 10008/7000*. Le travail sur le bal de l'Opéra de Vienne avait d'abord été présenté dans la capitale autrichienne sous forme d'un panorama circulaire de 32 mètres de long retourné vers l'extérieur, exposé sur la Karlsplatz et joliment intitulé *Portrait réflexif de la société en 10008 images enregistrées par*

A speculative social portrait made up of 10,008 individual images taken with surveillance cameras at the Vienna Opera Ball. Next came the book, which actually consisted of three books[7]: a slim volume of text, a voluminous album in which the 10,008 pictures were arranged sequentially in a way that made it possible to retrace the camera movements over time, and a more slender volume with individual images showing nuances and details of the interior, venturing a glimpse into the stalls and boxes, and lending the festivities a different physiognomy than that suggested by the accredited press photographers, the ORF cameras, and the countless digital snapshots and selfies taken by those at the ball (of which there were a disturbing number, even though it was expressly forbidden). The guests seem immobilized or transfixed in their actions, gestures, and facial expressions, as if unaccustomed to being photographed. Nicholson Baker came up with a similar idea in his novel *The Fermata*. The novel's protagonist discovers he has the ability to freeze people in time and then release them back into their everyday lives. Jules Spinatsch has found a visual equivalent to this uncanny process, harmless for all concerned, yet the actors at the opera ball are never released from their frozen state.

In *Vienna MMIX – 10008/7000*, the relationship of tension between each individual frame and the panorama is brought about through the division into two books. That they have differently colored covers only underscores the fact that these are autonomous artistic formats which deploy the proleptic photographic material in different ways. The return to the selected individual frame does not mean, however, that all contact with the panorama has been lost. The 400-degree panorama of a session of the Toulouse Parlement was taken in June 2006 and has since been exhibited in several settings. The idea for a book with single frames arose only fairly recently, but it originated in a fresh view of the whole: the picture of the parliamentary chamber can also be split into several horizontal layers, arranged on top of each other like the levels of a house. Feet, legs, shoes, and bags can be seen under the tables, papers, hands, computers, and other paraphernalia lie on top, and so on all the way up to the ceiling with its historic frescos. Here, time flows in reverse: the scenery becomes ever more recent as we move from left to right, ever older as we move from below to above. But perhaps the individual frames also resist stratigraphy and bring something to light when collected in the volume that is concealed from view when they are seen as an ensemble.

Spinatsch defines the single frame as the smallest visual unit in the project. There is thus no need for digital manipulation, reformatting, sharpening of focus, or accentuation. Nothing is subsequently retouched or photoshopped. By reproducing the image in as grainy, dull, blurry, or sharply

mit dem schönen Titel: *Ein spekulatives Gesellschaftsportrait aus 10008 Einzelbildern aufgenommen mit Überwachungskameras am Wiener Opernball*. Dann kam das Buch, das in Wahrheit aus drei Büchern besteht:[7] ein dünner Textband, ein voluminöser Band mit dem Titel *Every three seconds*, in dem die insgesamt 10008 Bilder sequenziell so angeordnet sind, dass sie die Bewegungen der Kameras in der Zeit nachvollziehbar machen, und ein schlankerer Band mit einzelnen Bildern, die Nuancen und Details des Interieurs zeigen, den Blick aufs Parkett und in die Logen wagen und der Festivität eine andere Physiognomie verleihen, als es die akkreditierten Pressefotografen, die ORF-Kamera und die Schnappschüsse der Opernball-Besucher mit ihren Digitalkameras (davon gab es beunruhigend viele, obwohl es ausdrücklich verboten war) suggerieren. Die Menschen wirken wie angehalten oder festgefroren in ihren Handlungen, Gesten und Mimiken, eben so, als würde nie ein Fotograf seine Kamera auf sie richten. Etwas Ähnliches hat sich Nicholson Baker in seinem Roman *Die Fermate* ausgedacht. Durch einen kleinen Trick kann der Protagonist des Romans Menschen anhalten und auch wieder in die Bewegung entlassen. Jules Spinatsch hat für diesen unheimlichen Vorgang ein visuelles Pendant gefunden – harmlos für alle Beteiligten –, doch aus dem gefrorenen Bild werden die Opernball-Akteure nicht wieder entlassen.

Das Spannungsverhältnis zwischen Einzelbild und Panorama ergibt sich in *Vienna MMIX – 10008/7000* durch die Auftrennung in zwei Bücher. Dass sich ihre Umschläge farblich voneinander unterscheiden, unterstreicht nur, dass es sich hier um autonome künstlerische Formate handelt, die das proleptische Bildmaterial unterschiedlich verwenden. Die Rückkehr zum ausgewählten Einzelbild bedeutet jedoch nicht, dass die Verbindungen zum Panorama gekappt werden. Das 400°-Panorama der Sitzung des Stadtparlaments von Toulouse wurde im Juni 2006 aufgenommen und seitdem an mehreren Orten ausgestellt. Erst kürzlich entstand die Idee für ein Buch mit Einzelbildern, dessen Ausgangspunkt jedoch eine erneute Betrachtung des Ganzen war: Das Bild des Parlamentssaals lässt sich auch in mehrere horizontale Schichten einteilen, die wie die Etagen eines Hauses angeordnet sind. Unter den Tischen sieht man Füße, Beine, Schuhe, Taschen, auf den Tischen Papier, Hände, Computer und andere Utensilien, und so geht es weiter bis nach oben zur Decke mit ihren historischen Malereien. Hier kommt die Zeit sogar in vollendeter Gegenläufigkeit ins Spiel: Von links nach rechts wird die Szenerie immer jünger, von unten nach oben wird sie immer älter. Vielleicht widersetzen sich die Einzelbilder aber auch der Stratigrafie und fördern in der Versammlung im Buch etwas zu Tage, von dem wir im Moment noch gar nichts wissen.

Das Einzelbild definiert Spinatsch als die kleinste visuelle Einheit des Projekts, und deswegen wird an ihm nichts mehr manipuliert: keine Formatänderung, kein Ausschnitt, keine Randbeschneidung, keine Schärfung oder Akzentuierung. Nichts wird am Computer nachgebessert. Indem das Bild so körnig, trübe, verwischt oder scharf daherkommt, wie es die Kamera vorgibt,

des caméras de surveillance à l'Opéra de Vienne. Est ensuite venu le livre, composé en fait de trois ouvrages.[7] Un premier livret de textes s'accompagne d'un épais volume, intitulé *Every three seconds* et rassemblant la totalité des 10008 clichés, lesquels sont ordonnés par séquences qui permettent de suivre le mouvement des caméras dans le temps. Le troisième ouvrage, plus mince, se compose de photos choisies montrant les détails et les nuances du décor intérieur. Osant un regard sur l'orchestre et dans les loges, ces images donnent aux festivités une toute autre physionomie que celle reflétée par les photographes de presse accrédités et les caméras de la télévision nationale (ORF) ou même les clichés pris par les invités avec leurs appareils numériques, en quantité inquiétante malgré l'interdiction formelle de photographier. Les gens donnent l'impression de s'être arrêtés ou figés dans leurs actions, leurs gestes ou leurs mimiques, dans des poses que jamais un photographe n'aurait choisi de fixer. Nicholson Baker a imaginé quelque chose de cet ordre dans son roman *Le point d'orgue*, où un tour de passe-passe permet au protagoniste du roman d'immobiliser les gens en plein mouvement, puis de leur rendre leur liberté. Jules Spinatsch trouve à cette étrange façon de faire un pendant visuel inoffensif pour l'ensemble des personnes concernées, sauf que les participants au bal de l'Opéra, eux, resteront pris dans leur image figée.

La tension entre cliché isolé et panorama naît, dans *Vienna MMIX – 10008/7000*, de leur publication en deux volumes séparés. La différence de couleur de la couverture souligne simplement que ce sont là deux formats artistiques autonomes qui usent différemment du matériau iconographique proleptique. Revenir au cliché isolé ne signifie pas pour autant rompre les ponts avec le panorama. Réalisé en juin 2006, le tableau panoramique à 400° qui présente la séance du Conseil municipal de la Mairie de Toulouse a été exposé depuis en divers lieux. L'idée d'en faire un livre avec des photos indépendantes n'est venue que récemment, à partir d'un regard nouveau porté sur l'ensemble. La photo de la salle du Conseil peut ainsi se découper en plusieurs strates, superposées comme les étages d'une maison. Sous les tables, on voit des pieds, des jambes, des chaussures, des sacs, sur les tables, des papiers, des mains, des ordinateurs et autres accessoires, et on arrive ainsi jusqu'au plafond orné de scènes historiques. Le temps, ici, apparaît totalement inversé : de gauche à droite, la présentation rajeunit en remontant les étapes de l'enregistrement, de bas en haut elle vieillit de plus en plus. Mais peut-être les photos réunies dans un livre, rebelles à toute stratigraphie, mettront-elles au jour quelque chose dont nous ignorons tout encore à l'instant présent.

Spinatsch définit le cliché isolé comme le plus petit élément visuel du projet. Donc, pas de manipulation de l'image : pas de modification de format, pas de recadrage, pas de rognage, pas d'accentuation ni d'amélioration de la netteté. Pas de retouche après coup sur l'ordinateur. En laissant à l'image un effet aussi granuleux, un rendu aussi terne, voilé ou net que l'a produit la caméra, on coupe court à toute discussion sur la part de savoir-faire ou de hasard dans la réussite d'une

focused a form as it was provided by the camera, Spinatsch renders superfluous all talk about the skillful or serendipitous momentum of photography. As has rightly been noted, there is no such thing as the "decisive moment" in Spinatsch's work,[8] no need for the focused attention of the photographer lying in wait for something momentous to happen: the snapshot that catches the surprising event in public space, the film still that captures the film in a powerful frame. Delivering an image every one to three seconds, the camera makes each moment equally "decisive." The camera's evenly suspended attention defines the detail no less than it does the whole. Perhaps one could say that Jules Spinatsch practices a kind of psycho-analytical photography that, by drawing on the latest techno-logical possibilities for image production, lays bare the structures and mechanisms of the dominant way of seeing things and uncovers the observers' hidden desires, without which no social optical regime would function effectively.

By returning from the panoramic survey and surveillance image to the individual frame, the *Surveillance Panorama Project* has also performed its own 360-degree turn. Yet here, as with almost all truly original projects, there is an epilogue as well. In Geneva, for the first time, a 360-degree view of Spinatsch's own studio will be set up in a somewhat reduced format as a rectangular panorama. In the end, the panoramic view has thus come full circle. If, after fifteen years spent tracing the visual trajectory between the whole and the detail, surveillance and voyeurism, panorama and single frame, Spinatsch makes no more *Surveillance Panoramas*, the possi-bility nonetheless remains that this vast photographic archive may still have a few surprises in store.

1   Walter Benjamin, Das Passagenwerk, in: *Gesammelte Schriften*, vol. V/1, Frankfurt a. M. 1982, 48.

2   Sigmund Freud, Ratschläge für den Arzt bei der psycho-analytischen Behandlung, in Freud, *Gesammelte Werke*, vol. 8, London 1943, 375–388, here: 376.

3   Sigmund Freud, Das Unheimliche, in: *Gesammelte Werke*, vol. 12, London 1947, 227–268.

4   On the aspect of surveillance and the subversive play with the visualization of those who attended the ball, see also David Campany, Spektakel der Überwachung, in: Jules Spinatsch, *Vienna MMIX – 10008/7000. Surveil-lance Panorama Project No. 4*, Zurich 2014, 4–9.

5   See Jan von Brevern, *Blicke von Nirgendwo. Geologie in Bildern bei Ruskin, Viollet-le-Duc und Civiale*, Munich 2012, 227–242.

6   Paul Virilio, *Polar Inertia*, London 1999.

7   Jules Spinatsch, *Vienna MMIX – 10008/7000. Surveil-lance Panorama Project No. 4*, Zurich 2014.

8   Christoph Doswald, L'eclat c'est moi. Jules Spinatsch isländische Skandalforschung, in: Jules Spinatsch, *Halbautomat*, Chur 2013, 14 (http://jules-spinatsch.ch/wp_live/wp-content/uploads/2013/08/Spinatsch-semiautomat-DS+E_kl.pdf).

erledigen sich alle Diskussionen um das gekonnte oder das zufällig geglückte Momentum der Fotografie. Den *instant décisif* gibt es, wie bereits mit Recht festgestellt worden ist,[8] ebenso wenig wie die gespannte Aufmerksamkeit des Fotografen, der auf das Ereignis lauert, den Schnappschuss, mit dem das überraschende Ereignis im öffentlichen Raum gefasst wird, oder das Filmstill, das den Film in wenige, starke Bilder fasst. Indem die Kamera alle zwei, drei Sekunden ein Bild liefert, wird jeder Moment entscheidend. Die gleichschwebende Aufmerksamkeit der Kamera prägt das Detail ebenso sehr wie das Ganze. Man könnte vielleicht sagen, dass Jules Spinatsch eine Art psychoanalytische Fotografie betreibt, in der er – mit den technologischen Möglichkeiten der Bildgebung wunderbar leicht hantierend – die Mechanismen und Strukturen der herrschenden Blickordnungen freilegt und dem Begehren, den Wünschen und Sehnsüchten des Betrachters nachgeht, ohne die keine Blickordnung funktionieren würde.

Mit der Rückwendung vom panoramatischen Übersichts- und Überwachungsbild zum Einzelbild hat das *Surveillance Panorama Project* seine eigene 360°-Umrundung absolviert. Doch wie bei fast allen wirklich originellen Projekten gibt es auch hier einen Epilog. In Genf wird erstmals eine 360°-Aufnahme von Spinatschs eigenem Atelier in etwas verkleinerter Form als rechteckiges Rundumpanorama aufgebaut. So landet auch der Panoramablick am Ende wieder bei sich selbst. Sollten nach 15 Jahren Erkundung des visuellen Parcours zwischen dem Ganzen und dem Detail, zwischen Überwachung und Voyeurismus, zwischen Panorama und Einzelbild nun keine neuen *Surveillance Panoramas* mehr entstehen, ist es dennoch nicht ausgeschlossen, dass der riesige Bildfundus noch einige Überraschungen bereithält.

photographie. Comme le constat en a déjà été fait, et fort judicieusement,[8] il n'y a pas d'instant décisif, pas plus qu'il n'y a de photographe à l'attention sans faille, toujours à l'affût de l'événement et du cliché qui saisira l'inattendu dans l'espace public, de même aussi qu'il n'y a pas de photo de plateau qui condense un film en quelques images fortes. Chaque instant est décisif, puisque la caméra fournit une image toutes les deux ou trois secondes. Le détail et l'ensemble s'impriment de la même manière dans son attention flottante. Jules Spinatsch pratique, pourrait-on dire, une sorte de photographie psychanalytique à travers laquelle, manipulant avec une prodigieuse facilité les possibilités technologiques de l'imagerie, il dévoile les mécanismes et les structures des ordres du regard établis, tout en s'intéressant aux désirs, aux envies et aux attentes de celui qui regarde, sans lesquels aucun ordre du regard ne fonctionnerait.

Parti de l'image panoramique qui englobe et qui surveille pour revenir au cliché isolé, *Surveillance Panorama Project* a accompli sa révolution à 360°. Mais comme presque tous les projets réellement originaux, celui-ci aussi trouve son épilogue. À Genève se met en place pour la première fois un panorama circulaire de forme carrée qui reproduit, à échelle légèrement réduite, la vue à 360° de l'atelier qu'occupe Spinatsch. Le regard panoramique finit ainsi par se retrouver chez lui. Après quinze années de reconnaissance du terrain visuel, entre ensemble et détail, surveillance et voyeurisme, panorama et cliché isolé, il se pourrait que nous ne voyions plus s'élaborer de nouveaux *Surveillance Panoramas*. Il n'est pas exclu cependant que l'énorme fonds d'images recèle encore quelques surprises.

1 Walter Benjamin, Das Passagenwerk, in: ders., *Gesammelte Schriften*, Band V/1, Frankfurt a. M. 1982, S. 48.

2 Sigmund Freud, Ratschläge für den Arzt bei der psychoanalytischen Behandlung, in: ders., *Gesammelte Werke*, Bd. 8, London 1943, S. 375–388, hier: S. 376.

3 Sigmund Freud, Das Unheimliche, in: ders., *Gesammelte Werke*, Bd. 12, London 1947, S. 227–268.

4 Zum Aspekt der Überwachung und zum subversiven Spiel mit der Visualisierung der Ballteilnehmer siehe auch David Campany, Spektakel der Überwachung, in: Jules Spinatsch, *Vienna MMIX – 10008/7000. Surveillance Panorama Project No. 4*, Zürich 2014, S. 4–9.

5 Siehe Jan von Brevern, *Blicke von Nirgendwo. Geologie in Bildern bei Ruskin, Viollet-le-Duc und Civiale*, München 2012, S. 227–242.

6 Paul Virilio, *Rasender Stillstand*, München 1992.

7 Jules Spinatsch, *Vienna MMIX – 10008/7000. Surveillance Panorama Project No. 4*, Zürich 2014.

8 Christoph Doswald, L'éclat c'est moi. Jules Spinatsch isländische Skandalforschung, in: Jules Spinatsch, *Halbautomat*, Chur 2013, S. 14 (http://jules-spinatsch.ch/wp_live/wp-content/uploads/2013/08/Spinatsch-semiautomat-DS+E_kl.pdf).

1 Cf. Walter Benjamin, *Paris, capitale du XIXe siècle. Le livre des passages* [1924–1939], traduit de l'allemand par Jean Lacoste Paris, éd. du Cerf, 2006.

2 Cf. Sigmund Freud, *Conseils aux médecins sur le traitement analytique*, traduit de l'allemand par A. Berman, in: *De la technique psychanalytique*, Paris, PUF, p. 61–71.

3 Cf. Sigmund Freud, L'inquiétante étrangeté et autres essais, traduit de l'allemand par M. Bonaparte et E. Marty, in: S. Freud, *Essais de psychanalyse appliquée*, Paris, Gallimard, 1933, p. 163–210.

4 Sur l'aspect de la surveillance et du jeu subversif de la visualisation des participants au bal, voir aussi David Campany, " Spectacle of Surveillance „, in: Jules Spinatsch, *Vienna MMIX – 10008/7000, Surveillance Panorama Project No. 4*, Zurich 2014, p. 4–9.

5 Cf. Jan von Brevern, *Blicke von Nirgendwo. Geologie in Bildern bei Ruskin, Viollet-le-Duc und Civiale*, Munich 2012, p. 227–242.

6 Paul Virilio, *L'inertie polaire : essai sur le contrôle d'environnement*, Christian Bourgois, Paris 1990.

7 Jules Spinatsch, *Vienna MMIX – 10008/7000. Surveillance Panorama Project No. 4*, Zurich 2014.

8 Christoph Doswald, " L'éclat c'est moi. Jules Spinatsch isländische Skandalforschung „, in: Jules Spinatsch, *Halbautomat*, Chur 2013, p. 13-14 (http://jules-spinatsch.ch/wp_live/wp-content/uploads/2013/08/Spinatsch-semiautomat-DS+E_kl.pdf)

Joerg Bader

When speaking of Jules Spinatsch's series of semiautomatic photography works, it seems important to me that reference be made to the historical context in which his "history images" were first produced. Since 2001, at the latest, when the inaugural World Social Forum was held in Porto Alegre as a leftist response to the World Economic Forum (WEF) in Davos, triumphant capitalism in its ultraliberal form met with ever-growing worldwide resistance, spearheaded by the alter-globalization movement. In 1999, Allan Sekula, one of the most significant photographic artists of the late twentieth century, recorded the first great alter-globalization demonstration in Seattle with self-imposed rules: no telephoto lens, no gas mask, no press pass, no hunting for violent images. The point of view adopted in the eighty-one slides of *Waiting for Tear Gas* is that of the demonstrating citizen. True to the tradition of street photography, Allan Sekula stays at street level.

Four years later, during the WEF in his birth town of Davos, Jules Spinatsch mounted the webcams he had programmed with engineer Reto Diethelm to the façade of the local library, as well as to two nearby apartment buildings. Spinatsch speaks of "Zweckentfremdung" or redeployment: alienated from their function in the tourism industry, the webcams were turned away from the ski runs and towards the military-industrial complex on display at the global economic summit – and also the anti-globalization demonstration (although, impeded by the black bloc, the cameras never caught sight of the demonstrators, who arrived much later than foreseen). Jules Spinatsch's point of view is that of the surveillance cameras which watch over us in their millions in the world's urban spaces.

Jules Spinatsch ushers in a decisive turning point in documentary photography, which has always taken its most important cues from visual artists – from Walker Evans and Berenice Abbott, among others, in the first half of the twentieth century, or from Bernd and Hilla Becher and Allan Sekula after the Second World War. With his semiautomatic photography, the Zurich-based documentarian shifts from the standpoint of the individual taking photos on the ground to the remotely guided automatic camera located high above on a façade or street light: from street photography to street surveillance photography. Ten years later, in 2012, Kurt Caviezel parodied street photography by presenting webcam images found on the internet that suggested a journey from one coast of the USA to the other.

For at least the past quarter of a century, cameras have been monitoring us in all imaginable public places. There are

Joerg Bader

Joerg Bader

Spricht man von Jules Spinatschs Werkgruppe halbautomatisch realisierter Fotografien, scheint es mir wichtig, auf den historischen Kontext der Produktion seiner ersten „Historienbilder" hinzuweisen. Der triumphierende Kapitalismus in seiner ultraliberalen Form stieß spätestens seit 2001, dem ersten Weltsozialforum in Porto Allegre – einer linken Gegenveranstaltung zum WEF in Davos –, auf eine stetig anschwellende weltweite Kritik, getragen von der globalisierungskritischen Bewegung. Allan Sekula, einer der wichtigsten Fotokünstler des ausgehenden 20. Jahrhunderts, fotografierte den ersten großen Demonstrationszug der Globalisierungskritiker 1999 in Seattle mit selbst auferlegten Regeln: kein Teleobjektiv, keine Gasmaske, kein Presseausweis, kein Bock auf Gewaltbilder. Sein Blickwinkel für das 81 Dias zählende Werk *Waiting for Tear Gas* ist der des demonstrierenden Bürgers. Allen Sekula bleibt in der Straße, in der Tradition der Street Photography.

Vier Jahre später fixierte Jules Spinatsch seine gemeinsam mit dem Ingenieur Reto Diethelm programmierten Webcams während des World Economic Forums (WEF) in Davos, seinem Geburtsort, auf der Fassade der dortigen Bibliothek sowie an zwei weiteren Wohnblöcken. Spinatsch spricht von einer „Zweckentfremdung" der touristischen Webcams: von den Pisten weg auf das militärische Verteidigungsdispositiv des Weltwirtschaftsgipfels – und auf den Demonstrationszug, ohne ihn jedoch ins Bild zu kriegen, denn vom schwarzen Block behindert, trafen die Demonstranten viel später als vom Künstler programmiert ein. Jules Spinatschs Blickwinkel ist jener der Überwachungskameras, wie sie uns millionenfach an allen urbanen Orten der Welt kontrollieren.

Jules Spinatsch leitet einen entscheidenden Wendepunkt in der Fotografie des dokumentarischen Stils ein, die ihre wichtigsten Impulse immer von Künstlern erhielt, in der ersten Hälfte des 20. Jahrhunderts u. a. von Walker Evans und Berenice Abbott, nach dem Zweiten Weltkrieg u. a. von Bernd und Hilla Becher und Allan Sekula. Er provoziert mit der halbautomatischen Fotografie einen Achsensprung, indem er vom Aufnahmestandpunkt des Individuums in der Straße zur ferngesteuerten automatischen Kamera hoch oben an einer Hausfassade oder einer Straßenlaterne wechselt: von der Straßenfotografie zur Straßenüberwachungsfotografie. Neun Jahre später parodierte Kurt Caviezel 2012 die Street Photography mit im Internet eingesammelten Webcambildern, die eine Reise von einer US-Küste zur anderen suggerierten.

Seit mindestens einem Vierteljahrhundert kontrollieren uns Kameras in allen möglichen öffentlichen Räumen, so sind es z. B. sechs Millionen in England und 175 Millionen in China. Manchmal klebt in der Nähe der CCTV-Kameras ein Smiley-Sticker mit der Aufforderung: „Bitte lächeln, Sie werden gefilmt." Ebenfalls

Pour évoquer la série de photographies réalisées en mode semi-automatique par Jules Spinatsch, il me semble important de revenir sur le contexte dans lequel il a réalisé ses premiers «tableaux historiques». Depuis, et peut-être même avant le premier Forum social mondial de Porto Alegre en 2001 – une alternative au Forum Economique mondial de Davos, proposée par la gauche – le capitalisme triomphant dans sa version néolibérale était confronté à la montée d'une critique internationale, soutenue par le mouvement altermondialiste. Quand en 1999 Allan Sekula, l'un des artistes les plus importants de la fin du XXe siècle, photographie la première grande manifestation altermondialiste à Seattle, il s'impose un certain nombre de règles : pas de téléobjectif, pas de masque à gaz, pas de carte de presse, pas question d'images violentes. Dans sa série *Waiting for Tear Gas*, comprenant 81 clichés, il adopte le point de vue du manifestant. Allan Sekula est et reste dans la tradition de la photographie de rue.

Quatre ans plus tard, lors du Forum économique mondial à Davos, sa ville natale, Jules Spinatsch fixe sa webcam programmée avec le concours de l'informaticien Reto Diethelm, sur la façade de la bibliothèque, ainsi que sur deux immeubles voisins. Spinatsch parle d'un «détournement d'usage» de la webcam, il s'agit pour lui de retourner les caméras installées pour les touristes vers les dispositifs de sécurité militaires du sommet économique mondial – et vers le cortège de la manifestation des altermondialistes. Lequel stoppé dans sa progression par les black blocs arriva beaucoup plus tard que prévu et n'entra donc pas dans le champ de la caméra. Jules Spinatsch adopte le point de vue d'une caméra de surveillance, telle que nous en rencontrons par centaines de milliers dans tous les centres urbains du monde.

Jules Spinatsch donne ainsi une inflexion décisive à la photographie documentaire, mouvement déjà initié dès la première moitié du XXe siècle sous l'impulsion majeure d'artistes tels que, entre autres, Walker Evans et Berenice Abott, et après la seconde Guerre mondiale, par Bernd et Hilla Becher ainsi que par Allan Sekula. Par la photographie en mode semi-automatique, le documentariste zurichois provoque un changement de perspective. Délaissant le point de vue de la photo prise par un individu dans la rue, il confie la capture des images à une caméra automatique télécommandée, fixée en hauteur sur la façade d'une maison ou sur un lampadaire, il passe ainsi de la photographie de rue à la photographie de surveillance de rue. Neuf ans plus tard, en 2012, Kurt Caviezel parodiera la Street Photography en collectant au moyen de webcams des images qui suggèrent une traversée fictive des États-Unis d'une côte à l'autre.

Depuis un quart de siècle au moins, des caméras nous surveillent dans toutes sortes d'espaces publics. En Angleterre, on en dénombre 6 millions, en Chine

approximately six million of them in England, 175 million in China. Sometimes, a smiley sticker can be found near such CCTV cameras with the invitation: "Smile, you're on camera." Over roughly the same period, street photographers have also regularly attracted the ire of their fellow citizens, who insist on the right to their image while blithely accepting their constant surveillance by automatic cameras, especially in cities. This ambivalent stance perhaps finds its compensation in the selfie, a narcissistic form of telephone photography that has spread like wildfire. The selfie can be interpreted as the passive interiorization of constant monitoring by webcams and unknown agents. The beaming smile directed at the handheld phone may well be the same one demanded by the surveillance cameras. "Confession obtained by force has been replaced by voluntary disclosure. Smartphones have been substituted for torture chambers. Big Brother now wears a *friendly* face. His *friendliness* is what makes surveillance so efficient," writes Byung-Chul Han.[1]

The philosopher speaks of our willing "self-exploitation" in the service of digital capitalism, which tightens its grip on us whenever we access our daily news feed, with every email or SMS we send, with every form we fill out, with every credit card payment we make, with every camera that observes us at a border crossing or supermarket checkout. "Of our own free will, we put any and all conceivable information about ourselves on the internet, without having the slightest idea who knows what, when, or on what occasion. This lack of control represents a crisis of freedom that needs to be taken seriously."[2]

Whether consented to reluctantly or with enthusiasm, this self-exploitation, which seems to cost us nothing, provides the GAFA giants of the internet industry (Google – Amazon – Facebook – Apple) and their satellites (Acxiom, for example) with free data in the form of images, texts, or numbers, which they can then sell at a steep price on the global market. For the GAFAs, it is immaterial whether the buyer of such data is the consumer goods industry, health insurance concerns, or secret service agencies. We now have confirmation of this thanks to what Edward Snowden revealed to the world in 2013. No wonder, then, that Jules Spinatsch paid homage to the whistle-blower in one of his panoramas. *Snowden Habitat* (2013) shows the enormous apartment complex on the right bank of the Rhone in Geneva at Quai du Seujet, 16–18, where the then CIA worker lived while working at the U.S. mission to the United Nations between 2007 and 2009.

Confronted by a paradigm shift in the way power is exercised, Byung-Chul Han identifies a "psychopolitics" – in contrast to Michel Foucault's biopolitics, according to which the exploitation of the body largely defines the exercise of power. According to Han, a new form of data-driven – that

seit ungefähr einem Vierteljahrhundert sind Straßenfotografen, Profis genauso wie Amateure, regelmäßig dem Zorn ihrer Mitbürger ausgesetzt, weil diese auf ihr Recht am eigenen Bild pochen, sich aber einen Deut darum scheren, dass sie besonders in Städten permanent, Tag und Nacht, von automatischen Kameras registriert werden. Diese ambivalente Haltung findet vielleicht eine Kompensation im Selfie. Wie ein Lauffeuer hat sich dieser narzisstische Akt der Telefonfotografie verbreitet. Er könnte als passive Verinnerlichung der konstanten Kontrolle durch Webcams und unbekannte Agenten interpretiert werden. So könnte das ans eigene Telefon gerichtete Lächeln sehr gut dasjenige sein, das vor den Kontrollkameras abverlangt wird. „An die Stelle der durch Folter erpressten Geständnisse tritt freiwillige Entblößung. Smartphone ersetzt Folterkammer. Big Brother macht nun ein *freundliches* Gesicht. Seine *Freundlichkeit* macht die Überwachung so effizient", schreibt Byung-Chul Han.[1]

Der Philosoph spricht von einer von uns gebilligten Selbstausbeutung, in die der digitale Kapitalismus uns verwickelt hat, mit allen Daten, die wir tagtäglich einspeisen, mit jeder E-Mail, mit jeder SMS, mit jedem Formular, und sei's nur für ein Zugticket, mit jeder Kreditkartenzahlung, mit jeder Kamera an einem Grenzübergang oder an einer Supermarktkasse. „Wir stellen freiwillig alle möglichen Daten und Informationen über uns ins Netz, ohne zu wissen, wer was wann und bei welcher Gelegenheit über uns weiß. Diese Unkontrollierbarkeit stellt eine ernst zu nehmende Krise der Freiheit dar."[2]

Mag des Einverständnis murrend oder begeistert gegeben werden, diese Selbstausbeutung, die uns scheinbar nichts kostet, speist die GAFA-Giganten der Internetindustrie (Google – Amazon – Facebook – Apple) mit Gratisdaten. Wem diese Bilder oder Texte oder Zahlen weltweit und teuer weiterverkauft werden – ob an die Konsumgüterindustrie, an Krankenversicherungskonzerne oder an Geheimdienste –, spielt für die GAFAs keine Rolle. Dank Edward Snowdens Enthüllungen aus dem Jahre 2013 haben wir nun auch die entsprechenden Beweise. Daran erinnert uns Jules Spinatsch: *Snowden Habitat* von 2013 zeigt die zentrale Riesenüberbauung am rechten Rhone-Ufer in Genf, wo der damalige Mitarbeiter der CIA an der amerikanischen Vertretung an der Genfer UNO von 2007 bis 2009 wohnte, am Quai du Seujet 16–18.

Byung-Chul Han schreibt angesichts des Paradigmenwechsels der Machtausübung von einer Psychopolitik – im Gegensatz zu Michel Foucaults Biopolitik, der zufolge die Ausbeutung des Körpers mehrheitlich die Machtausübung bestimmt, während im 21. Jahrhundert in den deindustrialisierten Ländern die neue Ausbeutung, laut Han, über die Daten, d. h. die Psyche läuft. Für Han verliert das von Foucault theoretisch gefasste Panoptikum seine metaphorische Kraft. Jeremy Bentham erfand im 18. Jahrhundert im Zuge einer Strafvollzugsreform ein Gefängnis, das kreisförmig angelegt ist und nur einen Wärter benötigt, um alle Gefangenen zu kontrollieren. Im Zentrum des Panoptikum sitzend, weiß kein Gefängnisinsasse, wann er im Blickfeld des Wärter ist. Und so hat jeder Insasse das Gefühl einer

175 millions. À proximité des caméras de vidéosurveillance, ou collé directement dessus, on peut souvent apercevoir un smiley, assorti du message suivant : « Souriez, vous êtes filmé ! ». Depuis à peu près autant de temps, les photographes de rue, qu'ils soient professionnels ou amateurs, sont régulièrement exposés à la colère de concitoyens qui revendiquent leur droit à l'image, mais ne se soucient guère d'être constamment filmés, nuit et jour, en ville par les caméras automatiques. Cette attitude ambivalente trouve peut-être une compensation dans le selfie, ce geste narcissique qui s'est propagé comme une épidémie. On pourrait y voir une sorte d'intériorisation passive du contrôle permanent exercé par des agents inconnus. Et le sourire adressé à notre propre téléphone pourrait très bien être celui que les caméras de contrôle réclamaient. « Plus d'aveux extorqués par la torture, on dit tout spontanément. Le smartphone remplace la salle de torture. Désormais, Big Brother présente un visage amical, *bienveillant*. C'est cette *bienveillance* qui rend la surveillance si efficace », écrit Byung-Chul Han[1].

Le philosophe parle de l'auto-exploitation consentie dans laquelle le capitalisme numérique nous a emberlificotés, par l'intermédiaire de tous les renseignements que nous fournissons quotidiennement, dans chaque mail, chaque SMS, chaque formulaire, ne serait-ce qu'en achetant un billet de train, en effectuant des paiements avec une carte de crédit, en passant devant une caméra à un poste frontière ou à une caisse de supermarché. « Nous mettons spontanément sur la Toile toutes sortes de données et d'informations nous concernant, sans savoir à tel moment qui sait quoi sur nous ni à quelles fins. Cette impossibilité de tout contrôle représente une crise de la liberté qu'il faut prendre au sérieux[2]. »

Peu importe que nous ayons donné notre accord de bonne ou de mauvaise grâce, cette auto-exploitation qui ne nous coûte apparemment rien, alimente en données gratuites les géants du web, les fameux GAFA (Google – Amazon – Facebook – Apple) et leurs nébuleuses telles qu'Acxiom, qu'il s'agisse d'images, de textes ou de chiffres, données revendues ensuite à prix d'or aux industries de biens de consommation, aux grands groupes d'assurance-maladie ou aux services secrets. Nous en détenons aujourd'hui les preuves grâce aux révélations d'Edward Snowden en 2013. C'est précisément ce que Jules Spinatsch nous rappelle dans *Snowden Habitat* (2013) qui présente le gigantesque complexe installé au 27–29 quai du Seujet, sur la rive droite du Rhône à Genève, là où a vécu entre 2007 et 2009 l'ancien fonctionnaire de la CIA au sein de la mission américaine des Nations unies.

Analysant le changement de paradigme dans l'exercice du pouvoir, Byung-Chul Han oppose à la biopolitique de Michel Foucault selon laquelle l'exploitation du corps définit principalement l'exercice du pouvoir, la notion de psychopolitique, cette nouvelle exploitation qui, au XXIᵉ siècle dans les pays désindustrialisés, passe par les données informatiques, c'est-à-dire par le psychique. Pour Byung-Chul Han, le panoptisme théorisé par Foucault perd sa force métaphorique. Au XVIIIᵉ siècle, Jeremy Bentham a inventé à l'occasion

is, psychopolitical – exploitation has arisen in the deindustrialized lands of the twenty-first century. For Han, the panopticon theorized by Foucault has lost its metaphorical force. Writing in the context of eighteenth-century penal reform, Jeremy Bentham invented a star-shaped penitentiary that requires only one guard to supervise all the prisoners. None of the inmates knows when he is being watched by the guard, positioned at the center of the panopticon. Michel Foucault applies this metaphor of centrally directed surveillance to modern society. Yet for Byung-Chul Han, the metaphor of the all-seeing eye has outlived its usefulness. Today, our every move is monitored not only by cameras but by all the data storage firms that make our actions predictable. "Bentham's Big Brother only observes inmates from the outside. His panopticon is bound to the optical medium. It has no access to inner thoughts or needs. [...] Reproductive cycles, birth and death rates, [...] become the objects of regulation and control. [Foucault's] biopolitics is the governmental technology of disciplinary society. However, this approach proves altogether unsuited to the neoliberal regime, which exploits the *psyche* above all."[3]

Sites of power

Panopticon JVA, a 2015 work by Jules Spinatsch, shows a penitentiary in Mannheim. It is built according to the same principle as Bentham's panopticon – although star-shaped, it is similarly fitted with a central supervision platform from which all five prison corridors can be monitored at once. The 360-degree panorama was taken in the guard's office. The camera substituted for the guard throughout the night and made visible all manner of technological devices, telephones, switchboards, microphones, and computer screens. Both surveillance systems, human and automatic, are still housed here under the same roof. It is startling to think that, around the same time and in the same region, the artist generated his last semiautomatic project in the company headquarters of the world's leading supplier of business software. Thanks to Jules Spinatsch, we discover that the penitentiary is built to the same design as the global digital business giant, SAP, a pioneer (among other things) of facial recognition systems. By linking the panorama of the prison *Panopticon JVA* with the grim series of images from *SAP Detections*, the artist draws a functional analogy of penitentiary and software industry from the architectonic analogy: we are *inside the digital panopticon.*

Jules Spinatsch has repeatedly installed his optical space-time recording equipment in places where power is exercised. Along with judicial and IT power (penitentiary and SAP in

permanenten Überwachung. Diese Metapher einer zentral gesteuerten Überwachung verwendet Michel Foucault für die moderne Gesellschaft. Doch für Byung-Chul Han hat die Metapher des zentralen Auges ausgedient. Wir werden heute überall nicht nur von Kameras überwacht, sondern von allen Datenspeicherfirmen, die unser Handeln vorhersehbar machen wollen. „Auch Benthams Big Brother observiert seine Insassen nur äußerlich. Sein Panoptikum ist an das optische Medium gebunden. Es hat keinen Zugang zu inneren Gedanken oder Bedürfnissen. … Die Fortpflanzung, die Geburten- und die Sterblichkeitsrate … werden zum Gegenstand regulierender Kontrollen. (Foucaults) Biopolitik ist die Regierungstechnik der Disziplinargesellschaft. Sie ist aber ganz ungeeignet für das neoliberale Regime, das vor allem die *Psyche* ausbeutet.“[3]

Orte der Macht

Die Arbeit *Panopticon JVA* von Jules Spinatsch aus dem Jahr 2015 zeigt eine Justizvollzugsanstalt in Mannheim. Sie ist nach demselben Prinzip wie Benthams Panoptikum gebaut, sternförmig zwar, aber ebenfalls mit einem zentralen Überwachungsturm, von dem aus alle fünf Gefängnisgänge überblickt werden können. Das 360°-Panorama-Bild ist am Arbeitsplatz des Wärters aufgenommen. Die Kamera nahm während der ganzen Nacht den Platz des Wärters ein und machte alle möglichen technischen Apparaturen, Telefone, Schaltpulte, Mikrofone und Computerbildschirme sichtbar. Hier hausen die beiden Überwachungssysteme noch unter demselben Dach: menschliches und automatisiertes Überwachen. Dass der Künstler im selben Zeitraum und in der selben Region seine bisher letzten halbautomatischen Fotografien generierte, im Firmensitz des weltweit größten Anbieters für Betriebssoftware, SAP, lässt einen erschaudern, wenn man dank Jules Spinatsch entdeckt, dass das Gefängnis auf demselben Grundriss gebaut ist wie der Weltriese im digitalen Business. Mit der Verbindung des Gefängnis-Panoramas *Panopticon JVA* und den düsteren Bildserien bei *SAP Detections* leitet der Künstler aus der architektonischen Analogie eine Funktionsanalogie von Gefängnis und Software-industrie ab: *Inside the digital panopticon*.

Jules Spinatsch hat immer wieder sein optisches Raum-Zeit-Aufzeichnungssystem an Orten installiert, an denen Macht ausgeübt wird. Neben juristischer und informationstechnologischer Macht (Gefängnis und SAP in Mannheim) hat er auch Machtorte der Finanz-industrie wie die Frankfurter Börse (*Competing Agendas*) und der atomaren Energieproduktion wie das Atomkraftwerk Zwentendorf (*Asynchronous III*) aufgezeichnet. Eine seiner ersten Arbeiten widmet sich der politischen Machtausübung in einer bürgerlich-demokratischen Abgeordnetenkammer. Der Wunsch des Künstlers, 2006 für das Festival *Le Printemps de Septembre* in Toulouse eine Aufnahme der französischen Nationalversammlung zu produzieren, war wegen der kurzen Vorbereitungszeit und des komplexen Antragsverfahrens nicht möglich. Anstelle dessen

d'une profonde réforme du système pénitentiaire un panoptique carcéral de forme circulaire ne nécessitant qu'un gardien pour contrôler l'ensemble des prisonniers. Le détenu ne sait jamais quand il est dans le champ de vision du gardien assis au centre. Ainsi a-t-il l'impression d'être en permanence surveillé. Michel Foucault applique cette métaphore à la société moderne. Mais selon Byung-Chul Han, la métaphore de l'œil central est devenue obsolète. Aujourd'hui, nous sommes surveillés en tout lieu, non seulement par des caméras, mais par toutes les sociétés de stockage de données, qui rendent nos actions prédictibles. « Le *Big Brother* de Bentham n'observe lui aussi ses détenus que de l'extérieur. Son panoptique est lié au visible. Il n'a pas accès aux besoins ou pensées intimes. […] La reproduction, les taux de naissance et de mortalité […] deviennent l'objet de contrôles régulateurs. […] La biopolitique (de Foucault) est la technique de gouvernement de la société disciplinaire. Mais elle n'est pas du tout adaptée au régime néolibéral, qui exploite avant tout l'âme[3]. »

Lieux de Pouvoir

Le travail de Jules Spinatsch intitulé *Panopticon JVA* (2015) montre l'institut pénitentiaire de Mannheim. Construit d'après le même principe que le panoptique de Bentham, l'établissement est en forme d'étoile, mais doté également d'un poste de surveillance en son centre, d'où l'on peut observer les cinq couloirs de la prison. Le panorama à 360° est pris du poste de surveillance. Toute la nuit durant, la caméra a pris la place du gardien et offre à la vue toutes sortes d'équipements techniques, téléphones, consoles, micros et écrans d'ordinateur. Ici, les deux systèmes de surveillance – humain et automatisé – continuent de cohabiter sous le même toit. Et l'on frémit lorsque l'on s'aperçoit que l'artiste, à la même époque et dans la même région, a réalisé sa dernière photographie semi-automatique au siège du plus grand fournisseur mondial de logiciels d'entreprise. Car grâce à Jules Spinatsch, le public découvre que le géant mondial du numérique, SAP, est construit sur le même plan que la prison. En associant le panorama du panoptique carcéral à la série d'images sinistres de *SAP Detections*, l'artiste tire d'une analogie architecturale entre la prison et l'industrie informatique une analogie fonctionnelle : *Inside the digital panopticon*.

À plusieurs reprises, Jules Spinatsch a installé son système optique d'enregistrement spatio-temporel dans des lieux voués à l'exercice du pouvoir. En dehors du pouvoir juridique et de celui des technologies de l'information (prison et SAP, à Mannheim), il a également illustré des lieux symboliques du pouvoir financier – la Bourse de Francfort (*Competing Agendas*) – ou de l'énergie nucléaire – la centrale atomique de Zwenten-dorf (*Asynchronous III*). L'un de ses premiers travaux était consacré à l'exercice du pouvoir politique dans un cadre de démocratie citoyenne. En 2006, le souhait de l'artiste d'effectuer une captation d'images de

Mannheim), he also chronicled power centers of the finance industry such as the Frankfurt Stock Exchange (*Competing Agendas*) and the atomic energy industry such as the nuclear power plant at Zwentendorf (*Asynchronous III*). One of his first works was dedicated to the exercise of political power in a bourgeois-democratic house of representatives. The artist was unable to realize a recording at the French National Assembly for the *Le Printemps de Septembre* art festival in Toulouse in 2006 owing to the short preparation time and the complex application procedure. *Fabre n'est pas venu* arose instead. The computer controlled camera recorded the entire sitting of the Toulouse city parliament from 11 a.m. to 6:30 p.m. on June 30, 2006.

Sessions of the city parliament of Toulouse are held in the best-known representative building in southwest France, the famous Capitole. The city's elected aldermen, the *capitouls,* sat here between 1196 and 1790. The colonnaded façade that dominates the Capitole square took ten years to construct and was completed in 1750. It conceals an intricately laid out city within the city comprising fortified towers, a chapel, a barracks, a mint, the civic administration, the town archive, a prison, and other institutions of disciplinary society. The town theater and council are also housed there today. The artist's automatically controlled camera scanned this extremely long, relatively cramped meeting room from right to left, producing some 3960 individual images. In contrast to the French National Assembly, where representatives are seated in a semicircle (as is generally the rule in bourgeois-democratic parliaments), here they sit facing each other across a confined space. The chambers in both Toulouse and Paris reflect "the genesis of parliamentarism from pre-democratic assemblies of estates, which led the perspective of parliamentary representativeness to be superimposed on that of functional operations," as Klaus von Beyme notes.[4]

Spinatsch's strategy of exploring quite specific places can be linked with an observation made by Michel Foucault: "It is somewhat arbitrary to try to dissociate the effective practice of freedom by people, the practice of social relations, and the spatial distributions in which they find themselves. If they are separated, they become impossible to understand."[5]

In an essay entitled "Foucault's Art of Seeing," John Rajchman writes: "The art of building is, among other things, an art of rendering visible, and so discovers one of its central interconnections with power. [...] It is not simply a matter of what a building shows 'symbolically' or 'semiotically,' but also of what it makes visible about us and within us."[6]

The assembly of deputies in the Capitole can be understood entirely in Foucault's sense. What the artist shows us here is not so much the horseshoe seating arrangement familiar to us from democratic parliaments as a seating plan

entstand *Fabre n'est pas venu*. Die programmierte Kamera zeichnete die gesamte Sitzung des Toulouser Stadtrats vom 30. Juni 2006 auf, von 11 Uhr morgens bis abends um 18.30 Uhr.

Die Sitzungen des Stadtparlaments in Toulouse finden im bekanntesten Repräsentationsgebäude des französischen Südwesten statt, im berühmten Kapitol. Hier tagten die gewählten Stadtherren, die Capitouls, von 1196 bis 1790. Die den großen Kapitolplatz dominierende Säulenfassade entstand in zehnjähriger Bautätigkeit und wurde 1750 abgeschlossen. Sie verbirgt eine komplex verschachtelte Stadt in der Stadt, die Wehrtürme umfasst, eine Kapelle, eine Kaserne, eine Münzprägestätte, die Stadtverwaltung, das Stadtarchiv, ein Gefängnis und andere Institutionen der Disziplinargesellschaft. Heute sind auch das Stadttheater und der Stadtrat darin untergebracht. Diesen extrem langen und verhältnismäßig engen Tagungsraum tastete die automatisch gesteuerte Kamera des Künstlers spaltenweise von rechts nach links ab und produzierte 3960 Einzelbilder. Im Gegensatz zur französischen Abgeordnetenkammer sitzen die Volksvertreter hier nicht in einem Halbrund – wie in der Regel in bürgerlich-demokratischen Parlamenten –, sondern einander eng gegenüber. Beide Kammern, in Toulouse und in Paris, zeigen – und das ist in Europa am häufigsten der Fall – „die Genesis des Parlamentarismus aus vordemokratischen Ständeversammlungen [die] dazu beigetragen haben, dass der Gesichtspunkt parlamentarischer Repräsentativität den der funktionalen Arbeitsweise überlagerte", wie Klaus von Beyme feststellt.[4]

Jules Spinatschs Strategie der Auslotung von ganz bestimmten Räumen kann mit Michel Foucaults Beobachtung in Verbindung gebracht werden: „Der Versuch, die tatsächliche Freiheitsausübung der Menschen von den räumlichen Unterteilungen, in denen sie sich befinden, ist ein wenig willkürlich. Trennt man die beiden Seiten, so wird es unmöglich, sie zu verstehen. Die eine ist nur durch die andere zu begreifen."[5]

In einem Aufsatz mit dem Titel „Foucault's Art of Seeing" (Foucaults Kunst des Sehens) schreibt John Rajchman:[6] „Denn die Baukunst ist unter anderem eine Kunst des Sichtbarmachens und enthüllt darin eine ihrer entscheidenden Verschaltungen mit der Macht. ... Es geht nicht nur darum, was ein Gebäude ‚symbolisch' oder ‚semiotisch' vorführt, sondern auch darum, was es über uns und in uns sichtbar macht."

Die Deputierten-Anordnung im Kapitol in Toulouse kann ganz im Sinne Foucaults verstanden werden. Was uns der Künstler hier vor Augen führt, ist weniger eine Sitzordnung, wie wir sie von demokratischen Parlamenten mit ihrer U-Form kennen, eher eine Tischordnung, bei der sich die Volksvertreter gegenüber sitzen, auf der einen Seite die Regierungspartei(en), auf der anderen die Opposition; ein bisschen Stammtisch, ein bisschen Hochzeit.

Diese physische Nähe zu den Politikern spiegelt sich ebenfalls in Jules Spinatschs Panorama wider, wo die Kamera mit den Abgeordneten auf Tuchfühlung geht und jedes Detail haarscharf wiedergibt. Der Künstler mag vielleicht an Erich Salomon gedacht

l'Assemblée nationale française en vue du *Le Printemps de Septembre* à Toulouse avait été déçu en raison du court délai de préparation et de la procédure de candidature complexe. C'est ainsi qu'est né *Fabre n'est pas venu*. La webcaméra programmée a enregistré l'intégralité de la séance du Conseil municipal de Toulouse le 30 juin 2006, de 11h à 18h30.

Les séances du Conseil municipal de la ville de Toulouse se déroulent dans l'un des édifices les plus célèbres du Sud-ouest de la France, le célèbre Capitole. De 1196 à 1790, les Capitouls, magistrats élus de la ville, s'y réunissaient ; la façade à colonnes surplombant la grande place du Capitole fut achevée en 1750, après dix années de construction. Le bâtiment cache une ville dans la ville, complexe et enchevêtrée, qui comprend des tours de garde, une chapelle, une caserne, un hôtel de la monnaie, l'administration et les archives municipales, une prison et d'autres institutions de la société disciplinaire. Aujourd'hui, il abrite également le théâtre du Capitole et l'hôtel de ville. La caméra automatique de l'artiste a balayé de droite à gauche cette salle plénière relativement étroite, toute en longueur, et a produit 3960 images. Contrairement à la Chambre des députés de l'Assemblée nationale à Paris, les élus ne siègent pas en hémicycle – comme c'est généralement le cas dans les parlements démocratiques – mais sont assis face à face. Comme le plus souvent en Europe, « le parlementarisme issu des assemblées de corporations pré-démocratiques » a modelé les deux chambres et « contribué à ce que la représentativité parlementaire l'emporte sur des méthodes de travail fonctionnelles", ainsi que le souligne Klaus von Beyme[4].

La stratégie de Spinatsch qui consiste à explorer des espaces bien spécifiques peut être rapprochée de l'idée de Michel Foucault selon laquelle tenter de dissocier l'exercice réel de la liberté, c'est-à-dire la pratique des relations sociales, des espaces dans lesquels les hommes se trouvent, est quelque peu arbitraire. Si l'on isole les deux éléments, il devient alors impossible de les comprendre. L'un ne va pas sans l'autre[5].

Dans un article intitulé « Foucault's Art of Seeing[6] », John Rajchman renchérit : « Car l'architecture, entre autres, est l'art de rendre visible ; elle dévoile par là même l'une de ses connexions majeures avec le pouvoir. [...] Il ne s'agit pas seulement de ce qu'un bâtiment représente au plan ‹ symbolique › ou ‹ sémiotique ›, mais aussi ce qu'il révèle de nous et en nous. »

La disposition des membres du conseil municipal dans la salle du Capitole à Toulouse peut parfaitement être interprétée à la manière de Foucault. Ce que l'artiste nous montre ici ne ressemble pas vraiment à une disposition des sièges en hémicycle telle que nous la connaissons dans les parlements démocratiques ; il s'agit plutôt d'une configuration dans laquelle les élus sont assis face-à-face avec, d'un côté, le ou les partis au pouvoir et, de l'autre, l'opposition ; un brin tablée d'habitués, un brin banquet de mariage.

Cette proximité physique des hommes politiques se reflète également dans le panorama de Jules Spinatsch lorsque la caméra s'attarde sur les élus et restitue chaque détail avec une fidélité extrême. Il se peut que

where the representatives sit facing each other, the ruling
party (or parties) on the one side, the opposition on the other:
part social club, part wedding reception.

This physical proximity to the politicians is reflected in
Jules Spinatsch's panorama, where the camera comes in close
to the representatives and reproduces every detail with razor-
sharp precision. The artist may perhaps have been thinking
of Erich Salomon, who photographed Weimar-era politicians
and ambassadors from such close-up range that magazine
readers felt intimately acquainted with their rulers.

Jules Spinatsch's method of "evenly suspended attention" (*gleichschwebende Aufmerksamkeit*), as Michael Hagner
calls it in this monograph, can yield surprises such as in the
case of *Fabre n'est pas venu*. Here it is a small piece of paper,
discreetly slipped from hand to hand, on which the words
"Fabre n'est pas venu" (Fabre did not come) can be read. The
note was intended solely for the eyes of these two deputies.
The Fabre in question is in all likelihood a local heavyweight in
the pharmaceutical industry, which is notorious in France for
its shady links with politics.

In the end, this seemingly conspiratorial note gave the
monumental work its title and provoked the artist to work more
intensively with single frames. He thus began going back over
earlier works as well in search of new and surprising connec-
tions, be they aesthetic, conceptual or political in nature.
The series *Sous la Table – Fabre*, consisting of sixteen images
of inherently insignificant details under the representatives'
desks, was created for the exhibition in Geneva.

Sites of free time

Proceeding dialectically, the artist also photographed places
lying outside the political, financial, and legal nexus of power.
He chose places associated with free time – or what, following
Guy Debord, we might instead call unfree time. "There is
no freedom in the employment of time without the possession
of modern instruments for the construction of daily life. The
use of such instruments will mark the leap of a utopian revolutionary art to an experimental revolutionary art."[7]

With Jules Spinatsch, we find places such as opera houses,
an enormous disco, a planetarium and a football stadium,
known for the variety of uses to which it has been put, from
a venue for rock concerts to an open-air prison for political
prisoners. It would be disingenuous not to characterize the
football stadium as a disciplinary site, and the same holds true
for the other free time venues featured in his work.

"Despite highly vigorous forces of production, we have not
witnessed the advent of the 'realm of freedom,' where 'labour
determined by necessity and external expediency ends.'

haben, der Politiker und Botschafter der Weimarer Republik aus einer solchen Nähe fotografiert hatte, dass die Leser der Illustrierten sich wie per Du mit den Herrschenden fühlten.

Jules Spinatschs Verfahren der „gleichschwebenden Aufmerksamkeit", wie es Michael Hagner in dieser Monografie bezeichnet, das kein Einzelbild einem anderen bevorzugt, kann Überraschungen hervorbringen wie z. B. im Fall von *Fabre n'est pas venu*. Es ist ein kleiner Notizzettel, diskret von einer Hand zur anderen gereicht, mit dem Vermerk „Fabre n'est pas venu" (Fabre ist nicht gekommen), der eigentlich von keinem anderen hätte gesehen werden sollen als von den beiden Abgeordneten. Bei diesem Fabre handelt es sich wohl um einen mächtigen Unternehmer der Region aus der Pharmaindustrie, die auch in Frankreich unheilige Hochzeiten von Politik und Wirtschaft eingeht.

Diese verschwörerisch anmutende Notiz einer Abwesenheit gab schließlich den Titel des monumentalen Werkes und provozierte den Künstler, sich fortan intensiver mit den Einzelbildern zu beschäftigen. So begann er mit der Auswertung auch früherer Arbeiten, um neue, überraschende Liaisons zu entdecken, mögen sie ästhetischer, konzeptueller oder politischer Natur sein. Für die Ausstellung in Genf entstand die Serie *Sous la Table – Fabre*, bestehend aus 16 Aufnahmen von an sich bedeutungslosen Details unter den Arbeitstischen der Abgeordneten.

Orte der Freizeit

Dialektisch verfährt der Künstler auch an Orten, die jenseits politischer, finanzieller und gesetzlicher Machtausübung liegen. Er wählte Orte der Freizeit, die wir, uns auf Guy Debord berufend, Orte der nicht freien Zeit nennen könnten. „Es gibt keine Freiheit im Gebrauch der Zeit ohne den Besitz der modernen Instrumente der Konstruktion des alltäglichen Lebens. Der Gebrauch solcher Instrumente wird den Sprung von einer revolutionären utopischen Kunst zu einer revolutionären experimentellen Kunst markieren."[7]

Wir finden bei Jules Spinatsch Orte wie Oper, Riesendisko, Planetarium und Fußballstadion. Letzteres ist bekannt für seine verschiedensten Gebrauchsanwendungen, vom Rockkonzert bis zum Gefängnis politischer Gefangener unter freiem Himmel. Es wäre ja gelogen, wollte man das Fußballstadion nicht als Ort der Disziplinierung bezeichnen, und für die übrigen Freizeit-Orte gilt dasselbe.

„Trotz sehr hoher Produktivkräfte bricht heute kein ‚Reich der Freiheit' an, ‚wo das Arbeiten, das durch Not und äußere Zweckmäßigkeit bestimmt ist, aufhört'. Marx hält letzten Endes am *Primat der Arbeit* fest. So hat das ‚Vermehren der freien Zeit' als die ‚größte Produktivkraft' ‚auf die Produktivkraft der Arbeit' zurückzuwirken. Somit kolonialisiert das Reich der Notwendigkeit das Reich der Freiheit. Die ‚Mußezeit als Zeit für höhere Tätigkeit' verwandle ihren Besitzer ‚in ein anderes Subjekt', das mehr Produktivkraft besitze als das Subjekt, das nur arbeite. Die freie Zeit als ‚Zeit

l'artiste ait songé à Erich Salomon qui photographiait les hommes politiques et les diplomates de la République de Weimar de si près que les lecteurs des magazines avaient l'impression de tutoyer le pouvoir.

La méthode de Jules Spinatsch définie par Michael Hagner dans cette monographie, cette « attention flottante », qui ne privilégie pas plus une image qu'une autre, peut ménager des surprises, comme dans *Fabre n'est pas venu* : une petite note – que personne n'aurait dû voir sauf les deux élus – sur laquelle figure le message suivant « Fabre n'est pas venu », passe discrètement d'une main à une autre. Ce monsieur Fabre n'est autre qu'un grand entrepreneur de l'industrie pharmaceutique implantée dans la région, lequel, en France comme ailleurs, conjugue de manière douteuse la politique et l'économie.

Ce mot d'absence fleurant la conspiration a finalement donné son titre à l'œuvre monumentale et a suscité chez l'artiste un intérêt plus vif pour les clichés isolés. Ainsi en viendra-t-il à réévaluer ses œuvres antérieures afin d'y découvrir de nouvelles et surprenantes relations, qu'elles soient de nature esthétique, conceptuelle ou politique. La série *Sous la Table – Fabre*, réalisée pour l'exposition de Genève, est composée de 16 photographies présentant des détails anodins en soi, aperçus sous les bureaux des membres du conseil municipal.

Lieux de Loisirs

Dans une démarche dialectique, Jules Spinatsch a aussi photographié des lieux qui se situent au-delà de tout exercice du pouvoir, qu'il soit d'ordre politique, financier ou légal. Il a choisi des espaces dédiés aux loisirs et au temps libre que, nous référant à Guy Debord, nous serions tentés d'appeler des lieux de temps non-libre : « il n'y a pas de liberté dans l'emploi du temps sans la possession des instruments modernes de construction de la vie quotidienne. L'usage de tels instruments marquera le saut d'un art révolutionnaire utopique à un art révolutionnaire expérimental[7]. »

Dans l'œuvre de Jules Spinatsch, on trouve représentés des lieux aussi divers qu'un opéra, une immense discothèque ou un planétarium, mais également le stade de football dont on connaît les multiples utilisations possibles, du concert rock à la prison à ciel ouvert pour détenus politiques. On ne peut nier que le stade de foot soit un endroit fait pour discipliner et il en va de même pour les autres espaces de loisirs.

« Malgré le niveau élevé des forces productives, il ne s'inaugure aucun ‹ Règne de la liberté › où ‹ [cesserait] le travail défini par le besoin et les nécessités externes. › Finalement, Marx adhère au *primat du travail*. C'est ainsi que ‹ l'accroissement du temps libre ›, en tant que ‹ meilleure des forces productives › a pour rôle d'agir en retour sur la ‹ force productive du travail ›. Le règne de la nécessité colonise ainsi le règne de la liberté. Le ‹ loisir comme temps à consacrer aux activités supérieures › transforme son bénéficiaire ‹ en un autre sujet › possédant plus de force productive que le sujet

Ultimately, Marx himself adhered to the primacy of labour: 'the increase of free time,' he contends, 'reacts back upon the power of labour as itself the greatest productive power.' But with that, the realm of necessity comes to colonize the realm of freedom. 'Idle time' as 'time for higher activity' transforms its possessor into a different subject with greater productive force than one who merely toils. As 'time for the full development of the individual,' free time contributes to the 'production of fixed capital.' In fact, this means that knowledge gets capitalized too. In modern parlance, more leisure time means increased *human capital.*" In these lines, Byung-Chul Han draws on the *Manifesto against Labour* of the Krisis Group around Robert Kurz.[8] It is obvious that the football stadium or the disco produces a different kind of visibility than, say, the hysteria associated with Foucault's clinic. The public produces and celebrates itself in these capitalist temples of leisure.

There is a certain ironic absurdity in Jules Spinatsch's semiautomatic photography. Even if prisons, stock exchanges, parliaments, or software firms are places where secrecy is cultivated, the artist was nonetheless given permission – sometimes only after protracted negotiations – to take his camera into these inaccessible sites. We see what is normally unseen without the secrets contained in these closed-off spaces ever being revealed. "The dispositive of transparency has the further consequence of promoting total conformity. The economy of transparency seeks to suppress deviation. Total networking – total communication – already has a levelling effect *per se.* Its effect is conformity: it as if *everyone were watching over everyone else* – even before intelligence agencies or secret services have stepped in to supervise and steer," Byung-Chul Han remarks.[9]

The concept of simulation may be pertinent to the semi-automatic photography works, since Spinatsch's strategy is based on the suggestion of potential but ultimately withheld transparency. Transparency is only ever simulated. "*Transparency* is the catch-cry of the *second Enlightenment,*' Han writes. He continues: "Data are a transparent medium. The imperative of the second Enlightenment reads: Everything must become data and information. The second Enlightenment is animated by this data totalitarianism or data fetishism. [...] Therefore, a *third Enlightenment* is called for – in order to shine a light on how digital enlightenment has been transformed into a new kind of servitude."[10]

The sites of power selected and photographed by the artist become artifacts, not simply because they refuse the ruling ideology of transparency, but also because the artist's principles are those of chance and loss of control – in stark contrast to the millions of video surveillance facilities around the world. The aspect of simulation is evident in

für die volle Entwicklung des Individuums' trage zur ‚Produktion von *capital fixe*' bei. So wird Wissen kapitalisiert. Das Vermehren der Mußezeit vermehrt, modern gesprochen, das *Humankapital.*" Byung-Chul Han bezieht sich in diesen Zeilen auf das *Manifest gegen die Arbeit* der Gruppe Krisis um Robert Kurz.[8] Es liegt auf der Hand, dass im Fußballstadion oder in der Disco andere Sichtbarkeiten produziert werden als z. B. die Hysterie in der Foucault'schen Klinik. In diesen kapitalistischen Freizeitzentren produziert und zelebriert sich das Publikum selbst.

In Jules Spinatschs Werkgruppe *Semiautomatic Photography* gibt es eine gewisse ironische Absurdität. Auch wenn an Orten wie Gefängnissen, Börsen, Parlamenten oder Softwarefirmen Geheimhaltung gepflegt wird, wurde dem Künstler – teilweise erst nach langwierigen Verhandlungen – die Erlaubnis zur Abbildung dieser unzugänglichen Räume erteilt. Wir bekommen zwar das Ungesehene zu sehen, ohne dass die in diesen Räumen eingeschlossenen Geheimnisse jedoch offengelegt würden. „Eine totale Konformität ist eine weitere Folge des Transparenz-Dispositivs. Zur Ökonomie der Transparenz gehört es, Abweichungen zu unterdrücken – die Totalvernetzung und Totalkommunikation wirkt schon *als solche* einebnend. Sie erzeugt einen Effekt der Konformität, als *würde jeder jeden überwachen*, und zwar *vor* jeder Überwachung und Steuerung durch Geheimdienste", vermerkt Byung-Chul Han.[9]

Der Begriff der Simulation könnte für Spinatschs halbautmatische Fotografie weiterhelfen, denn seine Strategie beruht auf der Suggestion einer möglichen, letztlich aber nicht hergestellten Transparenz. Die Transparenz ist nur simuliert. „*Transparenz* ist das Schlagwort der zweiten *Aufklärung*", schreibt Han und fährt fort: „Daten sind ein transparentes Medium. Der Imperativ der zweiten Aufklärung lautet: Alles muss Data und Information werden. Dieser Daten-Totalitarismus oder Daten-Fetischismus beseelt die zweite Aufklärung. ... Notwendig ist daher eine *dritte Aufklärung,* die uns darüber aufklärt, dass die digitale Aufklärung in Knechtschaft umschlägt."[10]

Die vom Künstler gewählten und fotografierten Orte der Macht werden Artefakte, nicht nur weil sie sich der herrschenden Ideologie der Transparenz verweigern, sondern auch weil des Künstlers Prinzipien die des Zufalls und des Kontrollverlusts sind; ganz im Gegenteil zu den millionenfachen Videoüberwachungsanlagen. In Jules Spinatschs Bildern wird der simulative Aspekt offensichtlich, auch wenn es dem Künstler gelingt, gleichzeitig Anwendungen zeitgenössischer Fotografie außerhalb des künstlerischen Rahmens zu hinterfragen. Seine Kontroll-Modellbilder sind Gedankenanstöße für eine Kritik unserer Kontrollgesellschaften: Richtet die auf euch gerichteten Kameras auf die, die euch kontrollieren!

Zwar haben Künstler schon seit den 1980er Jahren Kamera-Überwachungstechniken thematisiert, von Harun Farocki über Julia Scher und Hito Steyerl bis zu Jill Magid. In der Geschichte der Fotografie ist es vor allem Spinatsch, der mit seinem Achsensprung – weg von der Straße, rauf in die Etagen – die Wende gebracht

qui ne fait que travailler. Le temps libre comme ‹temps pour le plein développement de l'individu› contribue à la ‹production de *capital fixe*›. Le savoir est ainsi capitalisé. En langage moderne, l'accroissement du temps libre accroît le *capital humain.* » Tel est le constat que fait Byung-Chul Han dans *Psychopolitique*, en se référant également au *Manifeste contre le travail* du groupe Krisis réuni autour de Robert Kurz[8]. Il est évident que, dans le stade de football ou la discothèque, sont produites d'autres visibilités que, par exemple, l'hystérie dans la clinique foucaldienne. Dans ces lieux de loisirs capitalistes, c'est le public qui se produit et se fête lui-même.

Les projets semi-automatiques de Spinatsch ne manque pas d'une certaine ironie absurde. Bien que le secret soit de rigueur dans des lieux tels que la prison, la Bourse, les instances représentatives ou les bureaux des éditeurs de logiciels, Spinatsch – après des négociations parfois laborieuses, il est vrai – s'est vu accorder le droit de photographier ces espaces inaccessibles. Mais si l'invisible nous est donné à voir, les secrets que l'on y tient sous clé ne nous sont pas divulgués pour autant. Byung-Chul Han remarque : « La conformité totale est un autre effet du dispositif de la transparence. Il entre dans la nature de l'économie de la transparence de supprimer les écarts à la norme. La mise en réseau et la communication devenues totales entraînent déjà *en tant que telles* un nivellement. Elles produisent un effet de conformité, *comme si tout le monde surveillait tout le monde*, et ceci *avant* même toute surveillance et tout contrôle par des services secrets[9]. »

La notion de simulation pourrait s'avérer pertinente pour les photographies semi-automatiques, puisque la stratégie de Spinatsch consiste à suggérer une transparence possible mais finalement non atteinte. La transparence n'est que simulée. « La *transparence* est le maître-mot du *second âge des Lumières* », écrit Han qui poursuit : « Les données sont un outil transparent. [...] L'impératif catégorique du second âge des Lumières, c'est : tout doit devenir données et informations. Tel est le totalitarisme ou fétichisme des données qui inspire le second âge des Lumières. [...] Un *troisième âge des Lumières* est donc nécessaire, pour nous éclairer sur l'esclavage auquel aboutit le rationalisme numérique[10]. »

Les lieux de pouvoir choisis et photographiés par Spinatsch deviennent des artefacts, non seulement parce qu'ils ne se soumettent pas à l'idéologie dominante de la transparence mais aussi parce que, au contraire des dispositifs de vidéosurveillance dans la vie réelle, le travail du photographe repose sur le principe du hasard et de la perte de contrôle. Sur les photos de Spinatsch, le simulacre est manifeste, ce qui ne l'empêche pas d'interroger dans le même temps l'usage que l'on peut faire aujourd'hui de la photographie en dehors du domaine artistique. Ses images de contrôle types sont autant d'éléments de réflexion pour la critique de nos sociétés de surveillance : pointez sur ceux qui vous contrôlent les caméras qu'ils pointent sur vous !

Depuis les années 1980, le thème de la vidéosurveillance a certes déjà été traité par des artistes, de Harun

Jules Spinatsch's images, even if the artist simultaneously succeeds in calling into question applications of contemporary photography beyond the artistic domain. His model images of control prompt viewers to critique their own societies of control: turn the cameras turned on you onto those who are controlling you!

To be sure, artists have been thematizing camera surveillance technology ever since the 1980s, from Harun Farocki via Julia Scher and Hite Steyerl to Jill Magid. In the history of photography, however, Jules Spinatsch was instrumental in making the leap from street level to the upper stories. Yet the artist did not leave it at that. Aesthetic aspects play an important role in his work. Spaces frequently seem to be folded out in time; they lend the images a quality of restlessness, as light shifts from one frame to the next. Viewed from afar, these spaces can be recognized as a single entity. Yet the camera, programmed to take photographs at set intervals, interrupts the continuum of time, in contrast to the continuum of space. Linearity is frustrated by the lapses between shots.

Spinatsch employs a procedure that defies verifiability, even if photography has established its good reputation essentially as a provider of evidence. Nothing ephemeral can be verified with his pictures; they capture only what is unchanging, removed from a state of flux. Whatever transpires in front of his spatially and temporally programmed camera – he has worked with a self-programmed SLR camera since 2012 – escapes his control. This absurdity is striking in *Heisenberg's Offside*, a panorama that depicts the stadium for the duration of an entire football match without ever showing the football.

In *Snowden Habitat*, with the river in the foreground, single frames arose that have been characterized as abstract – wrongly, in my view. Even though so-called "abstract" photography has increasingly defined the discourse of contemporary photography in recent years, the concept of abstraction seems inapposite to me when compared with the Abstract Painting pioneered by Kandinsky, Malevich, or Mondrian (to name only a few), since every impression of light on a photosensitive surface is no more and no less than the reflection of an existing object. In Spinatsch's series *Semiautomatic Photography*, even the most picturesque and straightforward single frames are never autonomous fragments; we always see them embedded in a representation of an objective nature. This objectivist "pseudo-abstraction" can also be understood as the artist's commentary on the intellectualizing tendencies of photography today. He turns it into autonomous fragments, calling them *Sale & Pleasure Abstracts* in the exhibition. The term he uses here, "abstract," is commonly used in scientific works – a pithy summary, an outline devoid of interpretation or valuation.

hat. Doch lässt es der Künstler bei diesem Achsensprung nicht bewenden. Ästhetische Aspekte spielen eine wichtige Rolle in seiner Arbeit. Die Räume seiner fotografischen Installationen wirken häufig wie in die Zeit auseinandergefaltet und verleihen den Bildern eine Unruhe mit dem von Einzelbild zu Einzelbild wechselnden Licht. Von Weitem betrachtet erkennt man die abgebildeten Räume als Einheit. Doch die Kamera mit ihrem programmierten Aufnahmerhythmus unterbricht das Zeitkontinuum, im Gegensatz zum Raumkontinuum. Linearität wird von den Zeitsprüngen während der Aufnahme verunmöglicht.

Spinatsch verwendet ein Verfahren, das der Evidenz nicht hilft, auch wenn die Fotografie ihren guten Ruf wesentlich als Indizienlieferant begründet hat. Mit seinen Bildern kann man nichts Augenblickliches belegen, nur das Beständige, das nicht im Fluss Begriffene wird erfasst. Was sich vor der räumlich und zeitlich programmierten Kamera ereignet (ab 2012 arbeitet er mit einer selbst programmierten Apparatur mit DSLR-Kamera), entgeht seiner Kontrolle. Diese Absurdität wird in *Heisenberg's Offside* offensichtlich, gibt doch das Panoramabild fast das ganze Stadion während der gesamten Spielzeit wieder, ohne nur einmal den Ball zu erfassen.

Ganz deutlich wird das auch auf dem Bild *Snowden Habitat* mit der im Vordergrund vorüber fließenden Rhone. Es enthält Einzelbilder, die fälschlicherweise als abstrakt bezeichnet wurden. Mag die sogenannte „abstrakte" Fotografie in den letzten Jahren immer mehr den Diskurs der Gegenwartsfotografie bestimmt haben, der Begriff der Abstraktion scheint mir jedoch dem Vergleich mit der Abstrakten Malerei, wie sie von Kandinsky, Malewitsch oder Mondrian entwickelt wurde (um nur sie zu nennen), nicht standzuhalten, denn jeder Lichtabdruck auf einer fotoempfindlichen Fläche ist nicht mehr und nicht weniger als Reflexion eines existierenden Objektes. In Spinatschs Werkgruppe *Semiautomatic Photography* sind selbst die malerischsten, uneindeutigsten Einzelbilder nie autonome Fragmente, wir sehen sie stets eingebettet in eine Repräsentation gegenständlicher Art. Diese der Gegenständlichkeit verpflichtete „Abstraktion" kann auch als Kommentar des Künstlers zur sich vergeistigenden Tendenz der heutigen Fotografie verstanden werden. Er macht sie zu autonomen Fragmenten und nennt sie in der Ausstellung *Sale & Pleasure Abstracts*. Er verwendet hier den bei wissenschaftlichen Arbeiten gebräuchlichen Begriff „abstract" – eine prägnante Inhaltsangabe, ein *Abriss* ohne Interpretation oder Wertung.

Nun sind es genau diese Einzelbilder, die pseudo-abstrakten wie die gegenständlichen, die dem ganzen Projekt eine Dimension in die nahe Zukunft eröffnen und so auch den Ausstellungstitel mit der Datierung von 2013 bis 2020 verständlich machen. Der Künstler hat erst in den vergangenen Jahren begonnen, trotz verschiedener Einzelinitiativen wie im Fall von *Vienna MMIX*, eine systematische Betrachtung jedes einzelnen der Tausende von Bildern vorzunehmen. Die Panoramen sind in diesem Sinne auch Bildarchive,

Farocki à Jill Magid en passant par Julia Scher et Hito Steyerl. Mais avec sa technique de « saute d'axe », c'est surtout Jules Spinatsch qui a marqué le plus grand tournant dans l'histoire de la photographie. Et il n'en reste pas là. Le point de vue esthétique joue un rôle important. Les espaces donnent souvent l'impression de se déployer dans le temps, ce qui confère aux images une certaine instabilité, due par exemple au changement de la lumière ou des conditions météorologiques. Vus de loin comme un tout, les lieux représentés et reconstruits sont reconnaissables, mais le détail fait apparaître des interruptions constantes. Les sauts temporels pendant la prise de vue rendent toute linéarité impossible.

Alors que la réputation de la photographie s'est établie essentiellement sur sa capacité à fournir des indices, le procédé qu'utilise Spinatsch ne contribue donc pas à faire émerger l'évidence. Avec ses images, on ne peut rien prouver qui relève du momentané, elles saisissent uniquement ce qui est stable, ce qui n'est pas pris dans le flot. Ce qui se passe devant la caméra programmée dans l'espace et dans le temps (à partir de 2012, il travaille avec une caméra numérique qu'il programme lui-même) échappe à son contrôle. Cette absurdité se manifeste dans *Heisenberg's Offside* : l'image panoramique restitue le stade durant le match sans que jamais une seule fois le ballon n'y figure.

Le phénomène est particulièrement manifeste sur la composition *Snowden Habitat Part 1*, avec le Rhône qui coule au premier plan. Elle présente des photos désignées à tort comme abstraites. Si ces dernières années, la photo dite « abstraite » a pris une place de plus en plus importante dans le débat qui anime les photographes, la notion d'abstraction en photographie ne peut néanmoins se comparer avec ce que Kandinsky, Malevitch ou Mondrian, pour ne citer qu'eux, ont développé en peinture. Car il y a bien un objet concret derrière toute empreinte de la lumière sur une surface photosensible. Dans la série *Semiautomatic Photography* de Spinatsch, les photos les plus picturales, les plus imprécises ne sont jamais des fragments à part entière, nous les voyons toujours insérées dans une représentation de nature figurative. Cette abstraction, qui doit tout au figuratif, est aussi la manière dont Spinatsch prend position sur la tendance à l'intellectualisation d'une partie de la photographie contemporaine. Il transforme ses clichés en fragments autonomes qu'il regroupe dans l'exposition sous le nom de *Sale & Pleasure Abstracts*. Il utilise ici le terme « abstract », couramment employé dans les travaux scientifiques – un résumé concis, un abrégé sans interprétation ni jugement de valeur.

Ces photos isolées, les pseudo-abstraites aussi bien que les figuratives, sont précisément celles qui confèrent à l'ensemble du projet sa dimension d'ouverture sur l'avenir et donnent un sens aux dates 2013–2020 qui accompagnent le titre de l'exposition. Si l'on excepte quelques initiatives ponctuelles comme dans *Vienna MMIX*, Jules Spinatsch n'a entrepris que récemment de reprendre, une par une, et de façon systématique, les milliers d'images dont il dispose. En ce sens,

These single frames, the pseudo-abstract as well as the representational, are precisely those which open up a near-future dimension for the entire project and thus also explain the time frame of 2013 to 2020 given in the exhibition title. In recent years, the artist has begun systematically reviewing the thousands of images he has produced, notwithstanding various individual initiatives such as *VIENNA MMIX*. In this sense, the panoramas are picture archives from which the artist releases single frames from their temporal linearity and manually places them in a new, non-rationalized order or allows their combination and selection to be suggested by algorithms.

1   Byung-Chul Han, trans. Erik Butler, *Psychopolitics. Neoliberalism and New Technologies of Power*, London 2017, 38–39.

2   Ibid, 11; translation modified.

3   Ibid., 21; translation modified.

4   Klaus von Beyme, *Die Kunst der Macht und die Gegenmacht der Kunst*, Frankfurt a. M. 1998, 352.

5   David C. Hoy (Ed.), *Foucault: A Critical Reader*, London 1991.

6   John Rajchman, "Foucault's Art of Seeing," in: *October*, vol. 44 (1988), 88–117, here 112.

7   Guy Debord, "Theses on Cultural Revolution," *Internationale situationniste*, numéro 1, 1958; trans. in Tom McDonough, ed., *Guy Debord and the Situationist International*, Cambridge MA 2004, 62.

8   Han, *Psychopolitics*, 51

9   Ibid., 10. A little later, the philosopher writes: "Neoliberalism turns citizens into consumers. The freedom of the citizen yields to the passivity of the consumer. [...] The *transparency* demanded of politicians today is anything but a *political* demand. Transparency is not called for in *political* decision-making processes; no consumer is interested in that. Instead, and above all, the imperative of transparency serves to expose or unmask politicians, to make them an object of scandal." This politics of emotion, which seeks personal scandal and pays no heed to political facts, is exactly what Jules Spinatsch had in mind when he produced another semiautomatic work in 2013: *L'éclat c'est moi.*

10   Ibid., 58; translation modified.

aus denen der Künstler Einzelbilder wählt, die er aus ihrer zeitlichen Linearität herauslöst und manuell in eine neue, nicht rationalisierte Ordnung bringt oder sich von Algorithmen Kombination und Auswahl vorschlagen lässt.

les panoramas constituent également des archives d'images parmi lesquelles l'artiste choisit des clichés isolés, qu'il extrait de leur linéarité temporelle et replace à sa guise dans un ordre nouveau non-rationnel, ou en se laissant guider au contraire par une combinaison et une sélection d'algorithmes.

1   Byung-Chul Han, *Psychopolitik. Neoliberalismus und die neuen Machttechniken*, Frankfurt a. M. 2014, S. 55.
2   Ebd, S. 22.
3   Ebd.
4   Klaus von Beyme, *Die Kunst der Macht und die Gegenmacht der Kunst*, Frankfurt a. M. 1998, S. 352.
5   David C. Hoy (Hg.), *Foucault: A Critical Reader*, London 1991.
6   John Rajchman, Foucault's Art of Seeing, in: *Philosophical Events. Essays of the '80s*, New York/Oxford 1991, S. 68–102 (dt. in: *Jahresring 47*, Köln 2000, S. 40–63, hier: S. 53).
7   Guy Debord, Thèses sur la révolution culturelle, in: *Internationale situationniste 1* (1958) („Il n'y a pas de liberté dans l'emploi du temps sans la possession des instruments modernes de construction de la vie quotidienne. L'usage de tels instruments marquera le saut d'un art révolutionnaire utopique à un art révolutionnaire expérimental.").
8   Han, *Psychopolitik*, S. 71
9   Ebd., S. 20. Eine Seite weiter schreibt der Philosoph: „Der Neoliberalismus macht aus dem Bürger einen Konsumenten. Die Freiheit des Bürgers weicht der Passivität des Konsumenten. … Die *Transparenz*, die man heute von den Politikern fordert, ist alles andere als eine *politische* Forderung. Verlangt wird nicht die Transparenz für *politische* Entscheidungsprozesse, für die sich kein Konsument interessiert. Der Imperativ der Transparenz dient vor allem dazu, die Politiker zu entblößen, zu demaskieren oder zu skandalisieren." Genau diese Emotionspolitik, die den persönliches Skandal sucht und auf die politischen Fakten verzichtet, hatte Jules Spinatsch im Kopf, als er 2013 das Werk *L'éclat c'est moi* produzierte.
10 Ebd., S. 80.

1   Byung-Chul Han, *Psychopolitique. Le néolibéralisme et les nouvelles techniques de pouvoir*, traduit de l'allemand par Olivier Cossé, éd. Circé, 2016, p. 55.
2   Ibid., p. 22.
3   Ibid., p. 35.
4   Klaus von Beyme, *Die Kunst der Macht und die Gegenmacht der Kunst*, Frankfurt a. M. 1998, p. 352.
5   Cf. David C. Hoy (éd.), *Foucault: A Critical Reader*, London 1991.
6   John Rajchman, « Foucault's Art of Seeing », in: *Philosophical Events. Essays of the '80s*, New York/Oxford 1991, p. 68–102.
7   Guy Debord, « Thèses sur la révolution culturelle », *Internationale situationniste*, numéro 1, 1958.
8   Byung-Chul Han, op. cit., p. 71.
9   Ibid., p. 20. Le philosophe poursuit, un peu plus loin : « Le néolibéralisme transforme le citoyen en consommateur. La liberté du citoyen cède la place à la passivité du consommateur. […] La *transparence* qu'on exige aujourd'hui des politiciens est tout autre chose qu'une exigence *politique*. Ce qu'on réclame, ce n'est pas la transparence des processus de décision *politique*, auxquels aucun consommateur ne s'intéresse. L'impératif de transparence sert avant tout à exhiber les hommes politiques, à lever leurs masques ou à les exposer au scandale. » C'est bien à cette politique de l'émotion, celle qui recherche le scandale personnel au lieu de s'intéresser aux faits politiques, que pensait Jules Spinatsch en réalisant 2013 son oeuvre *L'éclat c'est moi*.
10 Ibid., p. 77–78

A New Sociology of Images.
How Jules Spinatsch is developing an alternative disruptive public space with his hyper-panoramas

Christoph Doswald

Mr. Phelps and his wife are wearing their Sunday best. He is sitting on a chair, a folded-up newspaper in his hands. She is standing beside him, and together they look earnestly into the camera, which preserves the couple for posterity in 1845 in a photographer's studio on the east coast of America. The daguerreotype survived because it was protected from the dangers of daylight, damp, and loss by a gold-framed, velvet-lined case –and because the photo had social value.

Today the daguerreotype also has material worth. For the image has undergone a functional transformation from a private and personal memento into an intersubjective object. Having landed on the market, perhaps via a junk shop, it was transposed to a context that dealt with the image typologically, not biographically. One hundred seventy-four years after it was taken, the erstwhile piece of memorabilia has become an artifact. The photograph of Mr. and Mrs. James L. Phelps now belongs in an art collection with a focus on the influence and effect of the media.[1]

The same private collection also contains works by Jules Spinatsch. For the constant transformation of the criteria by which photographic images are evaluated is a central theme in Spinatsch's oeuvre. How and why are photos taken? Which topics, occasions or objects are susceptible to being photographed? Which subjects and excerpts are published? Which pictures are suppressed, censored, and archived? How are they contextualized and laid out? How commercialized, handed down, and commented on? And why are they collected, archived, or preserved? The artist has been preoccupied since the early 1990s with the whole chain of cause and effect between the genesis, evaluation, and reception of photographic images. Back then, the medium of the photograph served him primarily as a research object in Lévi-Strauss's sense of the term. Spinatsch documented life in a Zurich suburb in a series of black-and-white images. "Schwamendingen 1992, long-term reportage on a suburb of the city of Zurich, October 1991 to December 1992" conveys the impression of a richly authentic neighborhood: people are taking a Sunday stroll along the edge of the forest; vagabonds are making themselves at home under a highway bridge; lower-middle-class types are growing tomatoes in their family vegetable patches; young people in North Zurich imitate the lifestyle of the Bronx. Whereas Lévi-Strauss had researched the last tribes of Mato Grosso, Spinatsch devoted himself to the city explorers roaming the urban jungle of Schwamendingen, attempting through his

Eine neue Soziologie der Bilder.
Wie Jules Spinatsch mit Über-Panoramen eine
Alternative zum disruptiven Öffentlichkeits-
raum entwickelt

Christoph Doswald

Mister Phelps und seine Gattin tragen Feiertagsklei-
dung. Er sitzt auf einem Stuhl, eine gefaltete Zeitung
in Händen. Sie steht neben ihm, und beide schauen
mit ernstem Blick in die Kamera, die 1845 in einem
Fotostudio an der amerikanischen Ostküste die Existenz
des Ehepaars für die Nachwelt festhält. Überliefert
ist die Daguerreotypie, weil sie über die Jahrzehnte in
einer goldgerahmten und mit Samt ausgeschlagenen
Hülle vor Tageslicht, Feuchtigkeit und Verlust ge-
schützt war. Und weil das Foto einen sozialen Wert
besaß.

Mittlerweile hat die Daguerreotypie auch einen
materiellen Wert. Denn das Bild hat einen Funktions-
wandel durchlaufen, es wurde vom privaten und
persönlichen Erinnerungsstück zu einem Objekt von
intersubjektiver Bedeutung. Es gelangte, vielleicht
durch einen Trödelladen, in den Handel. Es wurde
in einen Kontext verschoben, der sich nicht biografisch,
sondern typologisch mit dem Bild befasst. 174 Jahre
nach seinem Entstehen hat sich das einstige Anden-
ken zum Artefakt gewandelt. Denn das Foto von
Mister und Misses James L. Phelps gehört zu einer
Kunstsammlung mit Fokus auf Einfluss und Wirkung
der Medien.[1]

In dieser privaten Sammlung finden sich ebenfalls
Werke von Jules Spinatsch. Denn die ständige Trans-
formation von Bewertungskriterien fotografischer Bilder
ist zentrales Thema in dessen Werk. Wie und warum
entstehen die Fotos? Welche Themen, Anlässe oder
Gegenstände sind bildfähig? Welche Sujets und
Bildausschnitte werden veröffentlicht? Welche Abbildungen werden unterschlagen, zensiert, archiviert?
Wie werden sie kontextualisiert? Wie gelayoutet?
Wie kommerzialisiert, überliefert und kommentiert?
Und warum gesammelt, archiviert, bewahrt? Es ist die
gesamte Kette zwischen Entstehung, Verwertung und
Rezeption von fotografischen Bildern, die den Künstler seit Beginn der 1990er Jahre beschäftigt. Damals
diente ihm das Medium des fotografischen Bildes
noch primär als Forschungsinstrument im Sinne Lévi-
Strauss'. Spinatsch dokumentierte mit Schwarz-
Weiß-Bildern das Leben in einem Zürcher Vororts-
quartier. *Schwamendingen 1992, Langzeitreportage
über ein Außenquartier der Stadt Zürich, Oktober
1991 – Dezember 1992* vermittelt den Eindruck eines
an Authentizität reichen Quartierlebens: Menschen,
die ihren Sonntagsspaziergang am Waldrand machen;
Fahrende, die sich unter der Autobahnbrücke ein-
richten; Kleinbürger, die Tomaten im Familiengarten
züchten; Jugendliche, die den Lifestyle der New
Yorker Bronx im Norden von Zürich imitieren. Während
Lévi-Strauss die letzten Stämme des Mato Grosso
erforschte, widmete sich Spinatsch den Schwamen-
dinger Stadtindianern, versuchte mit seiner Foto-
dokumentation jene Exotik zu ergründen, die in den

Une nouvelle sociologie de l'image.
Jules Spinatsch et ses super-panoramas:
une alternative à l'espace public disruptif

Christoph Doswald

Mister Phelps et son épouse sont en habits du dimanche.
Il est assis sur une chaise, un journal à la main. Elle est
debout à ses côtés et, tous deux, l'air grave, regardent
l'appareil photo qui, en 1845, immortalise l'existence
du couple dans un studio de la côte est-américaine.
Le daguerréotype est passé à la postérité car il a été
préservé durant des décennies de la lumière du jour, de
l'humidité et de la perte dans son cadre doré, à l'intérieur d'un étui doublé de velours. Et aussi parce que
la photo avait une valeur sociale.

Entre-temps le daguerréotype a également acquis
une valeur matérielle. La fonction initiale de l'image
a changé, le souvenir intime et personnel est devenu un
objet qui a désormais une dimension intersubjective.
Il a atterri sur le marché, en passant peut-être par une
brocante. Il s'est retrouvé dans un contexte qui ne
s'intéresse pas à l'image du point de vue biographique,
mais typologique. Le souvenir d'antan, 174 ans plus
tard, est devenu un artefact. La photographie de Mr.
et Mrs. James L. Phelps fait désormais partie d'une
collection privée qui s'intéresse à l'influence et à
l'impact des médias[1].

Dans cette collection se trouvent également des
œuvres de Jules Spinatsch dont le travail est principalement consacré à l'évolution constante des critères
d'interprétation qui permettent d'appréhender les
images photographiques. Comment naissent les photos
et pourquoi? Quels thèmes, événements ou objets
méritent-ils d'être photographiés? Quels sujets et quels
détails seront publiés? Quelles reproductions seront
mises sous le boisseau, censurées, archivées? Comment seront-elles replacées dans leur contexte?
Comment seront-elles mises en page? Comment seront-
elles commercialisées, transmises et commentées?
Et pourquoi seront-elles collectionnées, classées,
conservées? C'est toute la chaîne de la conception,
de la valorisation et de la réception des images qui
occupe l'artiste depuis le début des années 1990.
À cette époque, la photographie lui sert encore essentiellement d'instrument de recherche au sens où
l'entendait Lévi-Strauss. Par ses photos en noir et
blanc, Spinatsch témoigne de la vie dans une banlieue
zurichoise. *Schwamendingen 1992, Enquête au long
cours sur un quartier périphérique de la ville de Zurich,
octobre 1991 – décembre 1992* nous présente une
vie de quartier dans toute son authenticité: des gens
se promènent le dimanche à la lisière de la forêt,
des automobilistes s'installent sous le pont d'une
autoroute, des petits bourgeois cultivent des tomates
dans leur jardin, des jeunes du Nord de Zurich repro-
duisent le style de vie des New-yorkais du Bronx.
Tandis que Lévi-Strauss étudie les dernières tribus
du Mato Grosso, Spinatsch se consacre aux «Indiens»
de Schwamendingen et explore dans ses documents
photographiques l'exotisme des rituels quotidiens et

photo-documentation to capture the exoticism residing in the everyday, profane rituals of the notorious Zurich suburb.[2]

The series of images was taken over the course of a year and encompasses several hundred subjects. Of these, however, only around fifty images were carefully selected, enlarged and circulated by the artist. As is customary in the field of classical-analog photography, the production of these published images was a protracted process. Each image in the series already represented a significant technical achievement, a serious investment of time and material on the part of the photographer. What ended up on display had gone through a rigorous selection process and had validity for the author of the image. But what is published in the context of auteur photography must also – depending on the field of activity – be valorized by photography editors, graphic artists, gallery operators, curators or collectors.

With the explosive changes in media possibilities brought about by digital technology, the function and evaluation of images have been fundamentally transformed. The individual image loses significance dramatically, whereas the sheer mass of non-auteur, mechanically produced pictures places new demands on human perception. Today, most image-producing machines are no longer directly operated by the artist; they are autonomously acting, algorithmically controlled instruments which ultimately have one goal: filling a vast reservoir of images from which information can be drawn for commercial, political or military use. The automatization of image production and processing has gone so far that so-called bots, not humans, now watch over the accumulation of images. Conversely, human users now have to identify themselves to their machines by verifying that they are individuals – ironically by providing feedback on images that bots are unable to process.

"Longue durée," not
"Moment décisif"

"Semiautomatic photography," a recurring concern for Jules Spinatsch since the early 2000s, is situated in this fundamental transitional phase in our visual reproductive culture. Ever since his groundbreaking photographic surveillance of the World Economic Forum in Davos (*Temporary Discomfort Chapter IV, Pulver Gut, Davos*, 2003), which gained him international recognition,[3] Spinatsch has delegated parts of the image production process to machines – for example, commercially available network cameras custom programmed by an engineer in line with his instructions. By appropriating the possibilities of modern photography, while at the same time thematizing the questions inherent in this appropriation in his oeuvre,

alltäglichen, profanen Ritualen der verrufenen Zürcher Vorstadt zu finden war.[2]

Die während eines Jahres entstandene Bildserie umfasst eigentlich mehrere Hundert Sujets. Davon wurden jedoch nur rund 50 Bilder vom Künstler sorgfältig ausgewählt, vergrößert und in Umlauf gebracht. Wie im Feld der klassisch-analogen Fotografie üblich, ging der Produktion dieser veröffentlichten Bilder ein langwieriger Prozess voraus. Jedes Bild aus dieser Serie stellt produktionstechnisch bereits einen Wert dar: Der Fotograf investiert Zeit und Material. Was gezeigt wird, hat eine strenge Selektion durchlaufen und besitzt Gültigkeit für den Autor des Bildes. Was im Kontext der autorschaftlichen Fotografie publiziert wird, muss sich aber – je nach Tätigkeitsfeld – auch der Wertung durch Bildredakteure, Grafiker, Galeristen, Kuratoren oder Sammler stellen.

Mit der rasanten Veränderung medialer Möglichkeiten im Zeichen der Digitalisierung haben sich Funktion und Bewertung der Bilder fundamental verändert. Das Einzelbild verliert dramatisch an Bedeutung, während die schiere Masse nicht autorschaftlich, sondern maschinell produzierter Abbildungen das Wahrnehmungsvermögen der Menschen fordert. Die Bildmaschinen stellen heute meist keinen vom Künstler direkt bedienten Apparat dar; die Bildmaschinen sind vielfach autonom agierende, durch Algorithmen gesteuerte Instrumente, die letztlich eine Zielsetzung haben: die Bilderspeicher möglichst universell zu füttern, um daraus kommerziell, politisch oder militärisch nutzbare Informationen zu generieren. Die Automatisierung der Bildproduktion und Bildverarbeitung geht mittlerweile so weit, dass nicht mehr Menschen die Bildakkumulationen überwachen, sondern sogenannte Bots. Im Umkehrschluss hat sich der Mensch gegenüber der Maschine als Individuum zu identifizieren – ironischerweise durch Feedback auf Bilder, die zwar für Menschen, nicht aber für Bots zu bewältigen sind.

Lange Dauer
statt entscheidender Augenblick

Im Spannungsfeld dieser fundamentalen Übergangsphase unseres gesellschaftlichen Umgangs mit der visuellen Reproduktionskultur siedelt sich die halbautomatische Fotografie an, mit der sich Jules Spinatsch ab den frühen 2000er Jahren beschäftigt. Seit seiner bahnbrechenden fotografischen Überwachung des Weltwirtschaftsforums in Davos (*Temporary Discomfort Chapter IV, Pulver Gut, Davos*, 2003), die ihn einem breiteren Publikum bekannt gemacht hat,[3] delegiert Spinatsch Teile der Bildproduktion an Apparaturen, etwa an handelsübliche Netzwerkkameras, die ein Ingenieur nach seinen Vorgaben programmiert. Indem sich der Künstler die Möglichkeiten der neuen Fotografie aneignet und gleichzeitig die inhärenten Fragen dieser Aneignung in seinem Œuvre thematisiert, ist er – wie Harun Farocki oder Zoe Leonard – zu einem prägenden Vertreter der neuen künstlerischen

profanes de cette banlieue de Zurich[2] qui a mauvaise réputation.

La série d'images prises au cours d'une année rassemble effectivement plusieurs centaines de sujets. Une cinquantaine de photos seulement ont été soigneusement sélectionnées, agrandies et mises en circulation par l'artiste. Comme d'ordinaire, dans le domaine de la photographie classique argentique, la publication suppose en amont un long processus de production. Chaque image de cette série a déjà une valeur en termes de production technique. Le photographe investit en temps et en matériel. Ce qui sera montré, objet d'une sélection rigoureuse, est considéré comme légitime par son auteur, mais doit encore être validé – selon le domaine d'activité – par les éditeurs, les graphistes, les galeristes, les commissaires d'exposition ou les collectionneurs.

L'évolution fulgurante des moyens de communication, grâce à la numérisation, a entraîné une transformation radicale de la fonction et de la valeur des images. Celles-ci perdent considérablement de leur signification tandis que la masse d'images produites «mécaniquement», sans auteur identifié, sollicite les facultés de discernement des individus. De nos jours, les machines à images ne sont en général pas maniées directement par le photographe; elles travaillent souvent de manière autonome et sont contrôlées par des algorithmes dont le seul but est d'alimenter les banques d'images, du monde entier si possible, afin d'en tirer les informations utiles au commerce, à la politique ou à l'armée. L'automatisation de la production et du traitement d'images est poussée à tel point que ce ne sont plus des humains qui sont chargés de surveiller la constitution des stocks d'images, mais des «bots». Et par un retournement de la situation, c'est l'homme qui doit s'identifier face à la machine et confirmer qu'il n'est pas un robot, en réagissant – ironie suprême – à des images que seuls des êtres humains peuvent comprendre, mais certainement pas des bots.

Longue durée
versus instant décisif

La photographie semi-automatique qui occupe Jules Spinatsch depuis le début des années 2000 s'inscrit au cœur des tensions générées par cette phase de transition fondamentale dans les relations que la société entretient avec la reproduction des images. Depuis sa surveillance photographique novatrice du Forum économique mondial de Davos (*Temporary Discomfort Chapter IV, Pulver Gut, Davos*, 2003), qui l'a fait connaître à un large public[3], Spinatsch délègue une partie de la production des images à des appareils numériques, tels que des caméras de vidéosurveillance en réseau comme celles utilisées dans le commerce, programmées par un ingénieur en fonction de ses consignes. S'appropriant les moyens qu'offre la nouvelle photographie mais questionnant simultanément dans son œuvre les problématiques inhérentes à cette appropriation, Spinatsch est devenu – à l'instar

the artist – along with Harun Farocki and Zoe Leonard – has become a leading representative of a new artistic sociology of images. Delegating parts of the image production process to machines, Spinatsch has renounced the "instant décisif," the authoritative/authorial manipulation of the camera. Yet – and this is the key point – he has also introduced a new temporal category into photography. The "instant décisif," once postulated by Henri Cartier-Bresson as paradigmatic for a good photograph, is no more; there is only the "longue durée," the period of observation precisely selected by the artist, the long march with the remote-controlled camera, a journey in time and space in exactly predetermined horizontal and vertical steps.

What does this mean in concrete terms? *Temporary Discomfort* shows us the Alpine town of Davos on the afternoon of January 25, 2003, shortly before the economic and political summit got underway. Hardly anyone can be seen in the panorama, made up of 2176 individual photos; only a few police – fragmented by the camera – are preparing for their deployment in the park of the mountain resort: no trace of Thomas Mann's *Magic Mountain,* no Kirchner Museum, no halfpipe, no Spengler Cup, no chalet romanticism, on après ski, no Obama, no Putin, no Ackermann, no Dougan, only banal security measures in the snow. In the background, a solitary footnote to Swiss world war history can be seen: the house where Gauleiter Wilhelm Gustloff, the most important Swiss Nazi, was assassinated on February 4, 1936.

Disruptive Public Space

With this procedure, Spinatsch moves in a context of the greatest social importance – not just on account of the prominence of his chosen topics: the World Economic Forum, the G8 summit, the Vienna Opera Ball, the qualifier for the football World Cup, or the atomic power plant at Zwentendorf. More importantly, the artist engages with our constant bombardment by images and by data derived from images.[4] Spinatsch is at once disturbed and fascinated by the split between the individual image and the series, by the fragmentation of the idea of a world under the sign of digitalization. Whoever sets out to observe the entire universe frequently loses sight of the details.

In 2012, Spinatsch let visitors to the Winterthur Photography Museum experience this "live." Over a twenty-four-hour period, he had one image taken each minute at the Frankfurt Börse by a computer-controlled network camera and transmitted directly to the exhibition space in Switzerland. There, each of the 1440 shots was assembled into a *Surveillance Panorama* with only a twenty-minute delay. In the museum, where only finished products are normally presented, the

Bild-Soziologie geworden. Spinatsch delegiert Teile der Produktion der Bilder zwar an die Maschinen und praktiziert damit auch eine Absage an den *instant décisif*, an die autorschaftliche Handhabung der Kamera. Aber er führt zugleich eine neue Zeitkategorie in die Fotografie ein. Es gibt also keinen entscheidenden Augenblick, wie ihn Henri Cartier-Bresson einst als Paradigma für das gute fotografische Bild postulierte, es gibt nur den vom Künstler präzise gewählten Beobachtungszeitraum, die lange Reise mit der ferngesteuerten Kamera, eine Fahrt in genau determinierten horizontalen und vertikalen Zeit- und Bewegungsschritten.

Was heißt das konkret? *Temporary Discomfort* zeigt uns die Alpenstadt Davos am Nachmittag des 25. Januar 2003, kurz bevor das Gipfeltreffen von Wirtschaft und Politik beginnt. Es sind kaum Menschen auf dem aus 2176 Einzelfotos konstruierten Panorama zu sehen; nur einige – von der Kamera fragmentierte – Polizisten bereiten sich in der fahlen Sonne im Park des Höhenkurorts auf ihren Einsatz vor – kein Zauberberg, kein Kirchner-Museum, keine Halfpipe, kein Spengler Cup, keine Chalet-Romantik, kein Après-Ski, kein Obama, kein Putin, kein Ackermann, kein Dougan, nur ein banales globales Sicherheitsdispositiv im Schnee. Lediglich im Hintergrund findet sich eine Fußnote der helvetischen Weltkriegsgeschichte: das Haus, in dem am 4. Februar 1936 mit Gauleiter Wilhelm Gustloff der wichtigste Schweizer Nazi erschossen wurde.

Disruptiver Öffentlichkeitsraum

Spinatsch bewegt sich mit diesem Vorgehen in einem Kontext von größter gesellschaftlicher Wichtigkeit – und zwar nicht nur wegen der Prominenz der Themen: Weltwirtschaftsforum, G8-Gipfel, Wiener Opernball, Fußball-Weltmeisterschaftsqualifikation, Kernkraftwerk Zwentendorf ... Nein, es geht dem Künstler um die Auseinandersetzung mit flächendeckend generierten Bilddaten.[4] Spinatsch ist beunruhigt und fasziniert zugleich vom gespaltenen Verhältnis zwischen Einzelbild und Bildserie, von der Fragmentierung des Weltbegriffs im Zeichen der Digitalisierung. Wer das gesamte Universum beobachtet, verliert leicht den Blick fürs Detail.

Das ließ Spinatsch 2012 die Besucher des Winterthurer Fotomuseums live erleben. Mittels einer computergesteuerten Netzkamera ließ er 24 Stunden lang minütlich ein Live-Bild vom Handelsraum der Frankfurter Börse aufnehmen und direkt in den Schweizer Ausstellungsraum übermitteln. Dort wurde jede der 1440 Aufnahmen mit nur 20 Minuten Verzögerung einem *Surveillance Panorama* hinzugefügt. Im Museum, wo sich normalerweise das fertige Produkt präsentiert, wurde die Herstellung des Bildes gezeigt und damit auch dessen Entstehungsprozess thematisiert – gewissermaßen ein *closed circuit* über große Distanz, ausgeführt von Webcam und Inkjet. Dieses performative Live-Panorama entstand nicht irgendwann vorher, sondern am Tag und während der Eröffnung der großen

de Harun Farocki ou de Zoe Leonard – un représentant marquant de la nouvelle sociologie de l'image dont s'emparent les artistes. Il délègue certaines parties de la production d'images aux machines et, en cela, il rejette également le concept d'instant décisif et la revendication du statut d'auteur dans le maniement de la caméra. Mais il introduit simultanément une nouvelle catégorie temporelle dans la photographie. Il n'y a donc pas d'instant décisif, postulat posé en son temps par Henri Cartier-Bresson comme paradigme de la bonne image photographique. Seul prévaut la période d'observation choisie de manière précise par l'artiste, le long parcours dans lequel la caméra télécommandée l'assiste, un cheminement à petits pas horizontaux et verticaux, planifiés dans l'espace et le temps au détail près.

Concrètement, qu'est-ce que cela signifie? *Temporary Discomfort* nous montre Davos, une ville au cœur des Alpes, un 25 janvier 2003, dans l'après-midi, peu avant le début du sommet économique et politique. Il n'y a pratiquement personne sur le panorama composé de 2176 clichés; seuls quelques policiers – fragmentés par la caméra – se préparent sous un soleil pâle à leur mission dans le parc de la station thermale d'altitude. Pas de Montagne magique, pas de musée Kirchner, pas de halfpipe, pas de Spengler Cup, pas d'ambiance «chalet romantique», pas d'après-ski, pas d'Obama, pas de Poutine, pas d'Ackermann, pas de Dougan, seulement un grand et banal dispositif de sécurité dans la neige. Ce n'est qu'à l'arrière-plan qu'on aperçoit une «note de bas de page», un rappel de l'histoire de la Seconde Guerre mondiale en Suisse: la maison dans laquelle le Gauleiter Wilhelm Gustloff, le plus grand représentant du nazisme en Suisse, a été abattu le 4 février 1936.

Un espace public disruptif

Avec cette approche, Spinatsch évolue dans un contexte de la plus haute importance pour la société, et pas seulement en raison des thèmes de premier ordre que sont le Forum économique international, le sommet du G8, le bal de l'Opéra de Vienne, les qualifications pour la Coupe du monde de football ou la centrale nucléaire de Zwentendorf, entre autres. Non, ce qui motive l'artiste, c'est l'étude des données d'images générées à grande échelle.[4] La scission entre l'image unique et la série, la fragmentation de l'appréhension du monde sous l'effet de la numérisation l'inquiètent et le fascinent tout à la fois. À observer l'univers dans sa globalité, on perd facilement de vue le détail.

C'est ce que Spinatsch, en 2012, fait ressentir en direct aux visiteurs du Fotomuseum de Winterthur. Au moyen d'une webcaméra télécommandée par ordinateur, il filme en temps réel pendant 24 heures, à raison d'une image par minute, la salle des marchés de la Bourse de Francfort, puis transfère immédiatement ces images vers la salle d'exposition du musée suisse. Là-bas, avec un décalage de 20 minutes seulement, les 1440 clichés imprimés viennent un à un constituer

production of the picture was shown and its genesis thereby also thematized – a long-distance "closed circuit," so to speak, executed by webcam and inkjet printer. This performative "live" panorama did not have its origin at some earlier time and place; rather, it premiered on the day and during the opening of the large group exhibition, *Status – 24 Documents of Today*: at 6 p.m. the panorama was only three-quarters complete, and the opening continued until 1 a.m.

With regard to earlier, thematically comparable work – the stock market pictures of Andreas Gursky, for example, teeming with stock traders[5] – Spinatsch's almost entirely depopulated tableaux also register the enormous technological advances that have occurred in the world of digitized work, which can largely do without human labor. *Inside SAP* (2016) drives this process of self-reflection further in the context of globalization. Placed in a central position in SAP company headquarters in Walldorf, Spinatsch's camera documents the inner life of a leading international software firm in a series of meticulously rasterized images. Spinatsch's interest in SAP has to do with the company's connection to photographic culture: SAP programs the control software for webcams. This gives rise to a paradoxical feedback effect in Spinatsch's SAP tableaux: as viewers, we are looking at what makes it possible for us to perceive reality this way in the first place. The image thereby raises an implicit universalist claim. We are simultaneously standing in front of, in and behind the scenes. And the picture performs its own analysis, as it were.

This self-interrogation is taken to an extreme in *Hasardeur II,* a spatial panorama made up of six hundred individual images documenting the artist's Zurich studio as he and his assistant are working on the model of a solo exhibition. The studio is located on the second floor of a riverside commercial property: high-ceilinged rooms, a door, three windows, and floor-to-ceiling shelves overflowing with books, brochures, and catalogs form the point of departure for a deeply informed investigation into the contemporary reality of images. By thematizing a place of such importance to him and his oeuvre, transporting the *genius loci* of his work into an exhibition of photos generated by his programmed camera and hung associatively by a "programmed" gallerist, Jules Spinatsch directly and vividly conveys the artist's key concerns and techniques. Spinatsch grants viewers an intimate glimpse into his image-production workshop, an artistic *Wunderkammer* full of curiosities, computers, memorabilia, exhibition models, letters, research materials, archived documents, and so on. Far more is at stake here than mere voyeurism, however. Analogously to the SAP tableau, the artist is evoking the meta-level of the image by carrying out a form of basic research: *Hasardeur II* ultimately reflects the many-layered basis and cultural-historical echo chamber of artistic image production.

Gruppenausstellung *Status – 24 Dokumente von heute*: Um 18 Uhr war das Panorama also erst zu drei Vierteln komplett, die Eröffnung dauerte bis ein Uhr morgens.

Im Vergleich mit früheren, thematisch verwandten Werken – etwa den von Aktienhändlern wimmelnden Börsenbilder von Andreas Gursky[5] – bildet sich in Spinatschs fast menschenleeren Tableaux auch der enorme technische Fortschritt in der digitalisierten Arbeitswelt ab, die weitgehend auf menschliche Arbeitskraft verzichten kann.

Inside SAP (2016) führt diese Bild-Selbstreflexionen im Kontext globaler Fragestellungen konsequent weiter. An zentraler Stelle im Hauptsitz der Firma SAP in Walldorf platziert, dokumentiert Spinatschs Kamera in minutiös durchgeführter Bild-Rasterung das Innenleben eines weltweit führenden Software-Unternehmens. Dass sich Spinatsch für SAP interessiert, hängt mit der Verbindung des Unternehmens zur fotografischen Kultur zusammen: SAP programmiert die Steuerungssoftware für Webkameras. Dadurch entsteht in Spinatschs SAP-Tableaux ein paradoxer Rückkoppelungseffekt: Wir werfen als Betrachter einen Blick auf das, was uns erst diese Wahrnehmung von Wirklichkeit ermöglicht. Darin schwingt gewissermaßen ein bild-universalistischer Anspruch mit. Wir stehen als Betrachter gleichzeitig vor, in und hinter den Kulissen. Und das Bild führt quasi seine eigene Auswertung vor.

Auf die Spitze getrieben wird diese selbstreferenzielle Bildbefragung in *Hasardeur II*, einem aus 600 Einzelbildern bestehenden, räumlichen Bildpanorama, das das Zürcher Atelier des Künstlers dokumentiert, in dem er und sein Assistent am Modell einer Einzelausstellung arbeiten. Das Atelier befindet sich in der zweiten Etage einer Gewerbeliegenschaft direkt am Fluss: Hohe Räume, eine Tür, drei Fenster und bis unter die Decke reichende, übervolle Regale mit Büchern, Prospekten und Katalogen bilden den Ausgangspunkt der auf vielfältigen Recherchen und Überlegungen basierenden künstlerischen Auseinandersetzung mit der aktuellen Wirklichkeit der Bilder. Wenn Jules Spinatsch diesen für ihn so wichtigen und für sein Werk prägenden Ort thematisiert, den Genius loci seiner Arbeit in die Ausstellung transportiert, die von der programmierten Kamera erstellten Fotos assoziativ aufhängen lässt, indem er den Galeristen „programmiert", dann vermitteln sich unmittelbar und auf eindrückliche Art das Anliegen und die Vorgehensweise des Künstlers. Spinatsch ermöglich den Betrachtern einen intimen Blick in die Bild-Operation am offenen Herzen, in eine künstlerische Wunderkammer voller Kuriositäten, Rechner, Memorabilien, Ausstellungsmodelle, Korrespondenzen, Recherchematerialien, Archivalien etc. Es geht aber um weit mehr als bloßen Voyeurismus. Analog zum SAP-Tableau evoziert der Künstler die Metaebene des Bildes, betreibt Grundlagenforschung: *Hasardeur II* reflektiert die vielschichtige Basis und den kulturgeschichtlichen Echoraum der künstlerischen Bildproduktion.

Das Atelier des Künstlers ist ein kunsthistorischer Topos, die Reflexion über die eigene Tätigkeit ein in der

un *Surveillance Panorama*. Le musée, habitué à présenter le produit fini, montre cette fois la fabrication du tableau et s'intéresse donc à son processus de création, sorte de *circuit fermé* à distance, réalisé à partir d'une webcam et d'une imprimante à jet d'encre. Ce panorama performé en direct n'a pas lieu avant l'ouverture de l'exposition de groupe *Status – 24 Documents of Today*, mais bien le jour du vernissage et même pendant celui-ci. À 18 heures, le panorama n'est donc terminé qu'aux trois quarts, et le vernissage durera jusqu'à une heure du matin.

Si on les compare à d'autres travaux plus anciens sur le même sujet – que l'on pense aux photos de Bourses fourmillant de traders d'Andreas Gursky[5] –, ce qui se reflète aussi dans les tableaux de Spinatsch presque vides de toute présence, c'est l'énorme développement technique dans le monde du travail informatisé, désormais en mesure de se passer du travail humain.

Inside SAP (2016) poursuit résolument ces réflexions sur l'image dans le contexte des enjeux mondiaux. Par un tramage de l'image minutieusement mené, la caméra de Spinatsch installée au siège social de l'entreprise SAP à Walldorf, en Allemagne, renseigne sur les rouages internes d'une société de logiciels, leader sur le marché international. Si Spinatsch s'intéresse à SAP, c'est en raison des liens de l'entreprise avec la culture photographique, puisque cette société programme les logiciels de contrôle pour les webcaméras. Cela confère aux différents tableaux de SAP qu'il met en scène un effet de rétroaction paradoxal: ce que nous regardons en tant qu'observateurs, c'est très exactement ce qui nous permet de regarder la réalité. On entend résonner là une sorte de prétention de l'image à l'universalisme. En tant que spectateurs, nous sommes à la fois devant, dans et derrière les coulisses. Et l'image présente pour ainsi dire sa propre interprétation.

Ce questionnement de l'image autoréférentiel est poussé à l'extrême dans *Hasardeur II*, un panorama stéréoscopique composé de 600 photos qui montre l'artiste travaillant sur la maquette d'une exposition dans son atelier zurichois, en compagnie de son assistant. L'atelier se trouve au deuxième étage d'un bâtiment industriel situé au bord du fleuve. Des pièces hautes sous plafond, une porte, trois fenêtres et des étagères pleines de livres, de brochures et de catalogues sur toute la hauteur: c'est là que germe la recherche de l'artiste sur la réalité des images aujourd'hui, étayée par une riche documentation et de nombreuses réflexions. En prenant pour sujet ce lieu si important pour lui et si caractéristique de son œuvre, en déplaçant dans une exposition le *genius loci* de son travail, en faisant participer le galeriste, qu'il a « programmé », à l'accrochage des photos produites par une caméra automatique, Jules Spinatsch transmet son projet artistique et sa méthode de travail de manière directe et impressionnante. Il permet aux visiteurs d'assister de très près à l'opération à cœur ouvert pratiquée sur l'image et de pénétrer dans la chambre aux trésors d'un artiste, pleine d'objets insolites, d'ordinateurs, de souvenirs, de maquettes d'expositions, de lettres, de matériaux de recherche, d'archives, etc. Mais c'est

The artist's studio is an art-historical topos, reflection on his activity a widespread approach in the richly self-referential history of art.[6] Spinatsch's embedding of his oeuvre in the broader context of visual culture springs from this historical awareness, which is also shown in the series of panoramas he has been producing sporadically since 2001. The monumental image is a heroic act of remembrance that aims at fixing historically relevant events and stakes a claim to historical relevance. International football matches, the World Economic Forum, the Parlement of Toulouse and especially the Vienna Opera Ball provide the raw material for Spinatsch's investigation and contemporary reactivation of the panorama.

On February 19, 2009, he was in Vienna for the Opera Ball – a global social event that has been endlessly photographed and telecast "live" as far away as Japan. An occasion with many sociological qualities, then. Here Spinatsch and the engineer Reto Diethelm installed their camera system. The lenses of the two network cameras were programmed to turn symmetrically in a semicircle from a central point, taking one picture every three seconds between 8:32 pm and 5:10 am, a total of 10,008 pictures. The space was captured with auto-focus and auto-exposure, then assembled into a 360-degree panorama and displayed in the Karlsplatz in Vienna as an upside-down panorama. The camera registers a yellow slipper under a tablecloth. It sees a disgraced former finance minister; the debutantes and their partners entering in procession; a hand resting on the plunging backline of an unknown woman; motes of dust floating in the air next to a powerful spotlight. The closer the viewer's eye gets to the action, the smaller the excerpt, the greater the confusion about what is being shown here.

The artist has characterized these subjects ripped from their context as "unintentional frames" and deliberately rearranged them in his exhibitions and publications so that they become difficult to read and place, with the didactic goal of delegating the task of interpretation to the viewer, and as a reminder that the viewer is always involved in the construction of the content and thus shares responsibility for it.

Printed on matte inkjet paper, the shots achieve a painterly effect, potentially giving rise to yet more fatal coincidences and accidents, speculative narratives and hypothetical moments. The artist's rearrangements result in completely new constellations; new networks are constructed that are based neither on socio-cultural relations, nor on the space-time continuum, but owe their existence to the principle of chance. What results is a quasi-disruptive public space, a no longer decipherable level of reality, defined in equal parts by algorithmic control and artistic intentionality.

Kunstgeschichte weit verbreiteter Ansatz.[6] Spinatschs Einbettung des eigenen Werks in diesen größeren Kontext der visuellen Kultur entspringt diesem historischen Bewusstsein, das sich auch in seiner Serie von Panoramen zeigt, die seit 2001 in loser Folge entstanden sind. Das Monumentalbild ist ein heroischer Erinnerungsakt, der die Fixierung historisch relevanter Geschehnisse bezweckt und zeitgeschichtliche Relevanz behauptet. Fußball-Länderspiele, das Weltwirtschaftsforum, das Stadtparlament von Toulouse und besonders der Wiener Opernball liefern den Stoff für Spinatschs Untersuchung und zeitgemäße Reaktivierung des Panoramabildes.

Am 19. Februar 2009 war er in Wien, beim Opernball – einem globalen gesellschaftlichen Ereignis. Millionenfach ins Bild gerückt und live bis nach Japan übertragen. Ein Anlass mit vielen soziologischen Qualitäten. Hier installierten Spinatsch und der Ingenieur Reto Diethelm ihr Kamerasystem. Zentralsymmetrisch drehten sich die Objektive der beiden Netzwerkapparate jeweils im Halbkreis und zeichneten zwischen 20.32 und 5.10 Uhr alle drei Sekunden ein Bild auf. Insgesamt 10008 Bilder. Sachlich, Bild für Bild, mit Autofokus und -belichtung, wurde der Raum erfasst und später zu einem 360-Grad-Panorama zusammengefügt und als umgestülptes Rundpanorama in Wien am Karlsplatz aufgebaut. Die Kamera registriert einen gelben Slipper unter einem Tischtuch. Sie sieht einen in Ungnade gefallenen ehemaligen Finanzminister. Fokussiert eine Hand am Rückenausschnitt einer Unbekannten. Erfasst den Staub in der Luft, der neben einem starken Scheinwerfer aufblitzt. Je näher das Auge der Betrachter dem Geschehen im Publikum rückt, je kleiner der Ausschnitt, desto größer die inhaltliche Verunklarung.

Als „absichtslose Einzelbilder" bezeichnet der Künstler diese aus dem Kontext gerissenen Sujets und arrangiert sie in seinen Ausstellungen und Publikationen bewusst ganz neu, so dass die Lesbarkeit und die Verortung erschwert werden, mit dem didaktischen Ziel, die Interpretation an den Betrachter zu delegieren – und zur Erinnerung, dass der Betrachter an der Konstruktion des Inhalts stets beteiligt und somit mitverantwortlich ist.

Die auf mattes Inkjet-Papier gedruckten Aufnahmen haben einen malerischen Effekt. Daraus ergeben sich möglicherweise weitere fatale Zu- und Unfälle, spekulative Erzählungen und viele hypothetische Momente. Durch Re-Arrangements des Künstlers entstehen komplett neue Konstellationen, konstruieren sich neue Beziehungsnetze, die nicht auf soziokulturellen Relationen oder dem Zeit-Raum-Kontinuum fußen, sondern dem Zufallsprinzip geschuldet sind. Es entsteht quasi ein disruptiver Öffentlichkeitsraum, eine nicht mehr dechiffrierbare Wirklichkeitsebene, die gleichermaßen durch algorithmische Steuerung und künstlerische Intention geprägt ist.

Das bereits von Michelangelo Antonioni in *Blow up* hinterfragte indexikalische Bild-Wirklichkeits-Verhältnis der Fotografie erfährt in Jules Spinatschs monumentalen Welt-Panoramen eine wesentliche

bien plus que du simple voyeurisme. Comme dans la série SAP, l'artiste évoque ici le méta-niveau de l'image et poursuit une recherche fondamentale : *Hasardeur II* reflète les fondements complexes de la production artistique des images et la chambre d'écho qu'elle représente dans l'histoire de la culture.

L'atelier est un topos dans l'histoire de l'art, la réflexion de l'artiste sur son propre travail y est une approche largement répandue.[6] La volonté de Spinatsch d'inscrire son œuvre dans ce contexte élargi de la culture du regard prend sa source dans la conscience historique dont témoigne aussi la série de panoramas créés de loin en loin depuis 2001. Le tableau monumental est un acte de mémoire héroïque qui vise à fixer des événements historiques importants et affirme sa pertinence pour l'histoire contemporaine. Les matchs internationaux de football, le Forum économique mondial, le Conseil municipal de Toulouse et surtout le Bal de l'Opéra de Vienne fournissent à Spinatsch matière à explorer l'image panoramique et à la réactiver sous une forme adaptée à notre époque.

Le 19 février 2009, il est à Vienne, au Bal de l'Opéra, événement mondain international. Objet de millions d'images et retransmis en direct jusqu'au Japon. Une manifestation de grande portée sociologique. Spinatsch, secondé par l'ingénieur Reto Diethelm, y installe ses caméras. Les objectifs des deux appareils en réseau, placés symétriquement, balaient l'espace en demi-cercle et enregistrent une image toutes les trois secondes entre 20h32 et 5h10. En tout 10008 images. La salle est photographiée de manière neutre, image par image avec une mise au point et un temps de pose automatiques, puis les clichés sont assemblés pour former un panorama à 360°. Ce panorama circulaire, retourné vers l'extérieur, sera présenté sur la Karlsplatz de Vienne. La caméra saisit un mocassin jaune sous une nappe. Elle voit un ancien ministre des Finances tombé en disgrâce. Zoome sur une main effleurant le dos dénudé d'une inconnue. Capte la poussière en suspension qui scintille à la lumière d'un gros projecteur. Plus l'œil de celui qui regarde est proche de ce qui se passe dans le public et le cadrage resserré, plus le contenu devient obscur.

Qualifiant ces sujets sortis de leur contexte d'« images sans intention », l'artiste les dispose dans ses expositions et ses publications dans un ordre volontairement nouveau qui en complique la lisibilité et la localisation. Ceci dans un but didactique, qui est de déléguer l'interprétation de l'image à celui qui regarde et de rappeler que celui-ci est toujours impliqué dans la construction du contenu, qu'il en est donc co-responsable.

L'impression des photos sur un papier jet d'encre mat donne un effet pictural. Ce qui peut être à l'origine d'imprévus et d'incidents fatals, de récits et d'hypothèses, de points de vue incertains. Les ré-arrangements de l'artiste suscitent de nouvelles constellations, construisent de nouveaux réseaux interpersonnels qui ne sont pas ancrés dans des relations socioculturelles ni dans le continuum temps-espace et ne relèvent que du principe de hasard. Cela crée pour ainsi dire

The photograph's indexical relationship to reality, already called into question by Michelangelo Antonioni in *Blow Up,* is given a radical makeover for the digital age. In his monumental panoramas, Jules Spinatsch contributes a new form of opacity to the documentation of immediacy. For the image generated by "semiautomatic photography" is a binary entity, a construction made up of thousands of pixels, ones and zeroes strung together into a matrix. Not an imprint of reality, but a new hyperreality that compels viewers to recognize themselves.

1   See Christoph Doswald (ed.), *Press Art, Werke aus der Sammlung Annette und Peter Nobel*, Bern 2010/2016. The daguerreotype can be found in *Lesen statt Klettern: Literarische Exkursionen zur Press Art*, the catalog of the exhibition of the same name in Das Gelbe Haus Flims, 2015, 1.

2   Schwamendingen had already been the epicenter of quasi-ethnographic studies back in the 1980s. Walter Keller and Nikolaus Wyss had established the journal *Der Alltag* on Bocklerstrasse, publishing texts and photos focused on everyday life in the agglomeration.

3   In 2006, Spinatsch was invited to show this cycle at the Museum of Modern Art in New York. See *New Photography 2006*, Museum of Modern Art, New York, September 21, 2006 – January 8, 2007.

4   The collection, collation, and analysis of visual information is perhaps the most important resource boom of the early twenty-first century. Digitalized information about the world of things forms the basis for a variety of successful business models. Whether Google, Facebook, Youtube, or Instagram, the iconographic information stored in the databases of the internet giants lends itself to multiple forms of utilization and commercial exploitation.

5   Andreas Gursky's *Börse Hong Kong II* (1995) is a significant example.

6   See, for example, the many studio drawings by Alberto Giacometti, who showed his struggle to achieve valid forms in the most varied intermediary stages, or Gustave Courbet's *L'Atelier du peintre*, 1854–55, an allegory on art and life.

Aktualisierung, eine weitere Form der Verunklarung hinsichtlich der Dokumentation von Unmittelbarkeit. Denn das durch die halbautomatische Fotografie generierte Einzelbild ist ein binäres Wesen, eine aus Tausenden von Pixeln bestehende Konstruktion, Einsen und Nullen aneinandergefügt zur Matrix. Kein Abdruck von Wirklichkeit, eine neue Über-Realität, in der sich die Betrachter erkennen müssen.

un espace public disruptif, un niveau de réalité qui devient indéchiffrable, portant tout autant la marque du contrôle algorithmique que de l'intention artistique.

Dans les panoramas monumentaux de Jules Spinatsch, la relation indicielle image-réalité de la photographie déjà analysée par Michelangelo Antonioni dans *Blow up* est largement revisitée, autre forme d'obscurcissement lorsqu'il s'agit de rendre compte de l'immédiateté. Car l'image unique générée par le processus de photographie semi-automatique est une entité binaire, une construction faite de milliers de pixels, de zéros et de uns accolés pour former une matrice. Pas une reproduction de la réalité, une nouvelle super-réalité. Dans laquelle ceux qui regardent ne peuvent que se reconnaître.

1   Vgl. hierzu: Christoph Doswald (Hg.), *Press Art. Werke aus der Sammlung Annette und Peter Nobel*, Bern 2010/2016. Die beschriebene Daguerreotypie findet sich in *Lesen statt Klettern. Literarische Exkursionen zur Press Art*, dem Katalog zur gleichnamigen Ausstellung im Gelben Haus, Flims 2015, S. 1.
2   Bereits in den 1980er Jahren war Schwamendingen Gegenstand quasi-ethnografischer Studien. Walter Keller und Nikolaus Wyss gründeten an der Bocklerstrasse die Zeitschrift *Der Alltag* und fokussierten mit Texten und Fotos das Alltagsleben in der Agglomeration.
3   Spinatsch wurde 2006 eingeladen, diesen Werkzyklus im Museum of Modern Art in New York zu zeigen: *New Photography 2006*, Museum of Modern Art, New York, 21. September 2006 – 8. Januar 2007.
4   Das Schürfen, Sammeln und Analysieren von visuellen Informationen ist der vielleicht wichtigste Rohstoffboom des frühen 21. Jahrhunderts. Digitalisierte Informationen über die Dingwelt bilden die Basis für eine Vielzahl erfolgreicher Geschäftsmodelle. Ob Google, Facebook, Youtube oder Instagram: Die auf den Datenbanken der Internetgiganten gespeicherten Bilddaten bilden die Basis für vielfältige Nutzung und Kommerzialisierung.
5   Andreas Gurskys *Börse Hong Kong II* von 1995 ist ein signifikantes Beispiel.
6   Vgl. etwa die vielen Atelierzeichnung von Alberto Giacometti, die sein Ringen um gültige Formen in unterschiedlichsten Zwischenstadien zeigte, oder Gustave Courbets *L'Atelier du peintre* (1854/55), eine Allegorie auf Kunst und Leben.

1   Cf. Christoph Doswald, (éd.) *Press Art. Werke aus der Sammlung Annette und Peter Nobel*, Berne 2010/2016. Le daguerréotype décrit ici se trouve dans *Lesen statt Klettern. Literarische Exkursionen zur Press Art*, catalogue de l'exposition éponyme à La Maison Jaune, Flims 2015, p. 1.
2   Dès les années 1980, Schwamendingen a fait l'objet d'études quasi-ethnographiques. Walter Keller et Nikolaus Wyss ont fondé dans la Bocklerstrasse le magazine *Der Alltag*, qui relatait, textes et photos à l'appui, la vie quotidienne de l'agglomération.
3   En 2006, Spinatsch est invité à exposer ce cycle d'œuvres au Museum of Modern Art de New York : *New Photography 2006*, MoMA, New York, 21 septembre 2006 – 8 janvier 2007.
4   La recherche, la collecte et l'analyse d'informations visuelles représentent l'essor de matières premières peut-être le plus important du début du XXIe siècle. Les informations numérisées sur le monde des objets sont la base de quantité de modèles économiques prospères. Que ce soit sur Google, Facebook, Youtube ou Instagram, les données d'images stockées sur les banques de données des géants de l'internet donnent lieu à diverses utilisations et commercialisations.
5   *La Bourse de Hong Kong II* d'Andreas Gursky (1995) est un exemple significatif.
6   Cf. par exemple les nombreux dessins d'atelier d'Alberto Giacometti qui témoignent de sa lutte pour la forme adéquate à tous les stades possibles ou *L'Atelier du peintre* (1854/55) de Courbet, une allégorie sur l'art et la vie.

Temporary Discomfort
Heisenberg's Offside
Fabre n'est pas venu
Vienna MMIX 10008 / 7000
Competing Agendas
Pixel Shift
Asynchronous
Hasardeur 2
Sinking Values
Evolution
Snowden Habitat
7 Precarious Fields
Inside the Digital Panopticon

Temporary Discomfort

Chapter IV — Pulver Gut World Economic Forum Davos

P-01 01 Comfort Panorama A220635
Soft Valley, Davos, Switzerland
Camera A: Promenade, Congress-
Center, North and Middle Entry
2176 single images,
recorded from 06:35 to 09:30,
January 22, 2003

**P-01 02 WEF-live panorama installation
Discontinuous Panorama A240635**
World Economic Forum WEF, Davos
Camera A: Promenade, Congress-
Center, North and Middle Entry
1446 single images,
recorded daily from 06:35 to 09:30
January 23 to 28, 2003

P-01 03 Discontinuous Panorama A240635
World Economic Forum WEF, Davos
Camera A: Promenade, Congress-
Center, North and Middle Entry
2176 single images,
recorded from 06:35 to 09:30,
January 24, 2003

P-01 04 Discontinuous Panorama C240700
World Economic Forum WEF, Davos
Camera C: Promenade, Congress-
Center, North Entry, Davos Valley
817 single images,
recorded from 07:00 to 08:30,
January 24, 2003

P-01 05 Discontinuous Panorama B251356
Anti-WEF Demonstration, Davos
Camera B: Hertistrasse, Talstrasse,
Congress-Center, South Entry,
Kurpark
1740 single images,
recorded from 13:56 to 17:15,
January 25, 2003

P-01 06 Discontinuous Panorama A281818
After World Economic Forum WEF,
Davos
Camera A: Promenade, Congress-
Center, North and Middle Entry,
Kurpark
2176 single images,
recorded from 18:18 to 21:13,
January 28, 2003

P-01 07 Hotspots Camera A
Composed of 25 single images each,
recorded every 15 minutes,
January 23 to 28, 2003
Hotspot A1, North Entry and
Bus stop
Hotspot A2, Parking
Hotspot A3, Hotel Congress
Hotspot A4, Promenade
Hotspot A5, Carlton Residency
Hotspot A6, Congress-Center

P-01 08 Hotspots Camera B
Composed of 25 single images each,
recorded every 15 minutes,
January 23 to 28, 2003
Hotspot B1, Congress-Center,
South Access

Temporary Discomfort Chapter I–V is a
five-part series of works (photographs and
videos) documenting the emergency lock-
downs of Davos, New York, Genova, and
Evian/Geneva during global economic summits at the zenith of anti-globalization protests in the early 2000s. The project combines and interrogates various photographic
genres: landscape photography, photojournalism, and police photography, albeit with
the lens turned onto the security forces.
Temporary Discomfort provides speculative
reconstructions of the events in these cities,
while it simultaneously questions documentary photography and the expectations tied
to it, in particular under the conditions of a
city taken over by security forces.

*Temporary Discomfort IV – Pulver Gut
(Good Powder Snow)*, recorded during the
World Economic Forum 2003 in Davos, was
Spinatsch's first semi-automatically generated panorama work. Inspired by the web-
site of the Davos Tourist Office, he recorded
panoramic views of Davos from three different positions during the WEF 2003 with
computer-controlled network cameras –
panorama and panopticon at once. The cameras were programmed to record up to 2176
single images in the course of one to three
hours and were subsequently assembled
in a high-resolution panorama, which shows
a landscape made up of 2176 moments.
Parallel to the panorama recordings, two
cameras recorded defined areas, so-called
"hotspots," in which events might occur.
Every fifteen minutes, camera A recorded six
areas, made up of twenty-five images each.
Camera B recorded a single area, made up of
thirty-six images. The resulting series of
images from camera A, *Hotspots,* is shown as
a video sequence and as a series of prints.
The images from camera B are compiled in
the video *Hotspot B,* which was exhibited
only once.

Temporary Discomfort Chapter IV consists
of six panorama recordings and seven series
of *Hotspots.* There are two versions of
Temporary Discomfort IV. In version 1, the
panoramas are presented as site-specific
installations, sometimes in combination with
the *Hotspots* video sequences. During the
summit, a live panorama was assembled at
Kunstraum Walcheturm (see next page for
details). Version 2 is a framed inkjet print
with production details printed on the white
border.

Epilogue: Soft Valley
In 2018, *Temporary Discomfort Chapter IV*
was concluded with an additional panorama
Soft Valley – Comfort Panorama, recorded
on the day before the first panoramas in
2003. Whereas in the other panoramas the
single images are clearly separated by hard-
edged borders, here the borders are sof-
tened, erasing any indication of time passing. Over the years, the image has assumed
another meaning, which is emphasised by
printing it in black-and-white: calm has
returned to the WEF after 2004. It remains
unperturbed by riots, just like before 2001
protests. For those unfamiliar with the context, the image merely shows the unspoilt
beauty of an alpine village.

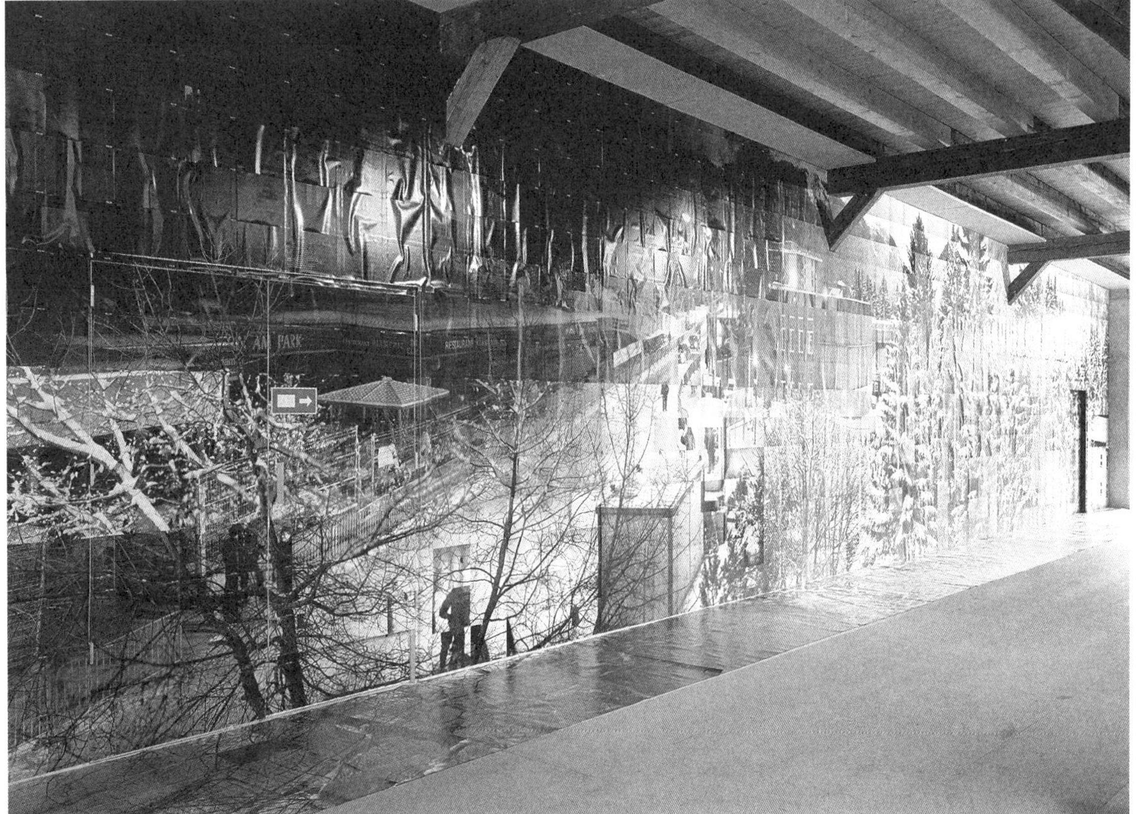

01

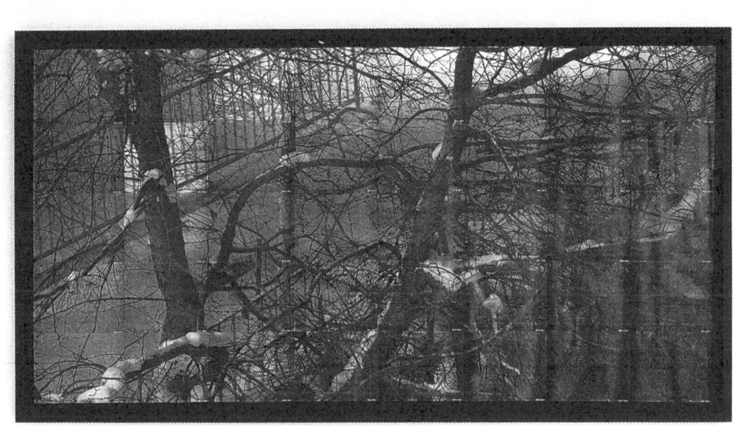

02

2003 Kunstraum Walcheturm, Zurich
Pulver Gut
Curator Patrick Huber

Live WEF panorama installation
over 6 days
1446 A3-laser prints,
total size 2000 × 600 cm
→ fig 01

From January 23–28, 2003, the
network camera Position A was
programmed to generate a twenty
by five meter, wall-to-wall "realtime"
panorama in Zurich over the entire
period of the summit. Visitors could
watch the panorama as it kept
growing every day. The camera recorded some segments of single
images and transmitted them to a
server every morning from 6 a.m.
to 9 a.m. The images were simultaneously downloaded in Zurich, and
each was printed out on an A3-size
sheet of paper and attached to a
wall in the Kunstraum Walcheturm.
The resulting panorama was composed of 1446 single shots of the
area around the congress center
at a horizontal angle of 170 degrees
and a vertical angle of 40 degrees.
The x-axis of the panorama covered
a period of three hours, while the
y-axis extended over six days, the
duration of the Forum.
The result was a discontinuous panoramic view that captured 1446
random moments and integrated
them in a continuous landscape.
Additionally, the panorama shifted
from day to night from the left to the
right. On the closing night, single
sheets or entire groups of them were
sold. The World Economic Forum
was "wiped out," just as the protest-
ers demanded. A wrecked WEF
panorama was finally dismantled.

Centre de la photographie, Geneva
Temporary Discomfort I–V
Curator Joerg Bader

2004 VTO Gallery, London
Revolution Marketing
Curator Jari Lager
Solo exhibition

Noorderlicht Festival
Groningen
Global Details
Curator Wim Melis

2006 MoMA, The Museum of Modern Art,
New York
**New Photography 2006:
Barbara Probst, Jules Spinatsch,
Jonathan Monk**
Curator Roxanne Marcocci

Surveillance Panorama A240635
Installation with inkjet prints on four
panels, total dimension 220 × 560 cm
3 videos *Hotspots A1–A6,*
synchronized, 7'28" each
Collection of MoMA NY, New York
→ fig 03

Kunsthaus Zürich
In den Alpen
Curators Cathérine Hug and
Tobia Bezzola

NAI Netherlands Architecture
Institut, Rotterdam, and
NRW Forum, Düsseldorf
**Spectacular City,
Photographing the Future**
Curator Emiliano Gandolfi

Surveillance Panorama A281818
Inkjet print on blueback paper
350 × 930 cm
3 videos *Hotspots A1–A6,*
synchronized, 7'28" each
→ fig 07

Haus der Kunst, Munich
**Click / Double Click,
the documentary factor**
Curator Thomas Weski

V.M.21 Artecontemporanea
Galleria, Rom,
Jules Spinatsch
Solo exhibition

2007 Centre Dürrenmatt, Neuchâtel
**Press Art – Die Sammlung Annette
und Peter Nobel**
Curator Christoph Doswald

Surveillance Panorama B251356
Inkjet print on fine art paper,
110 × 250 cm, framed
→ fig 06

Seedamm Kulturzentrum Pfäffikon
Augenzeugen – Eingebettete Bilder
Curator Paolo Bianchi

2008 Kunsthaus Zug
Am Ende der Sehnsucht
Curator Marco Obrist
Solo exhibition

Fragment from WEF live panorama installation, Walcheturm,
Zurich, 2003
40 laser prints,
147 × 283 cm, framed
Private collection
→ fig 02

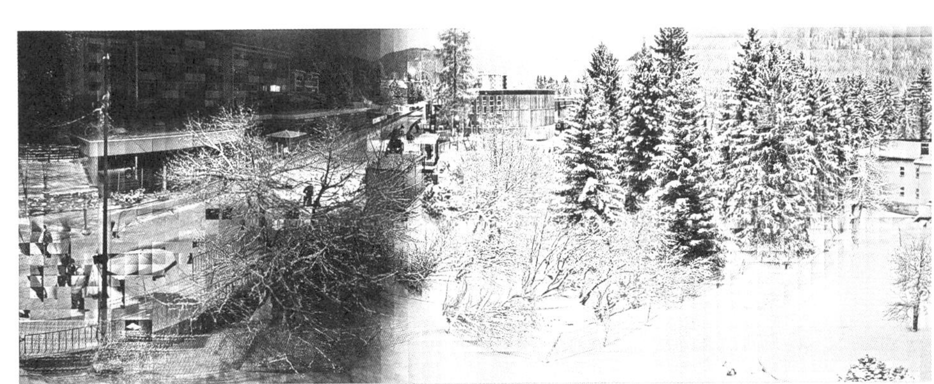

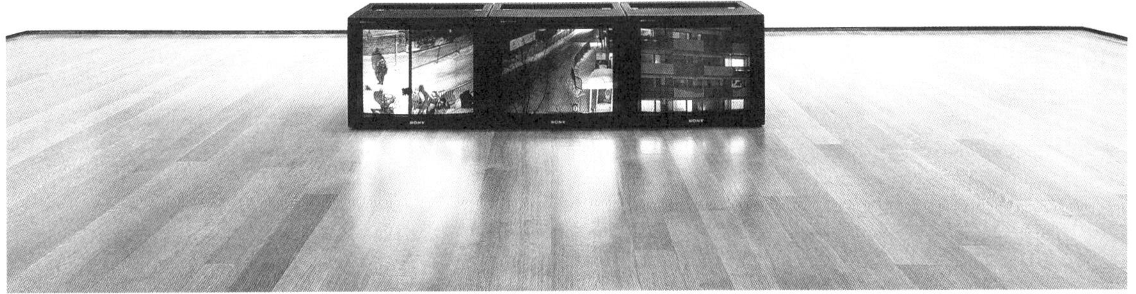

03

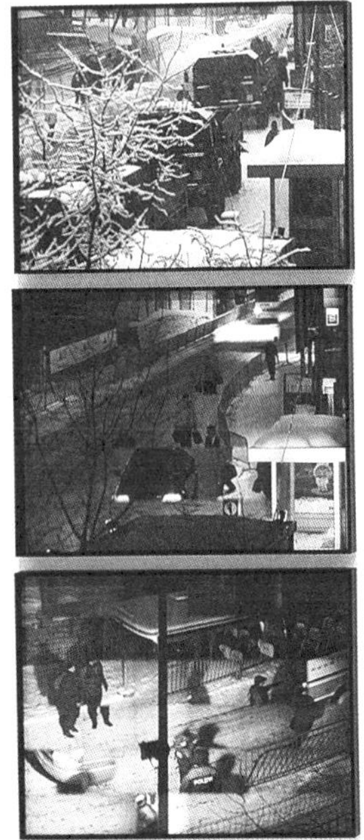

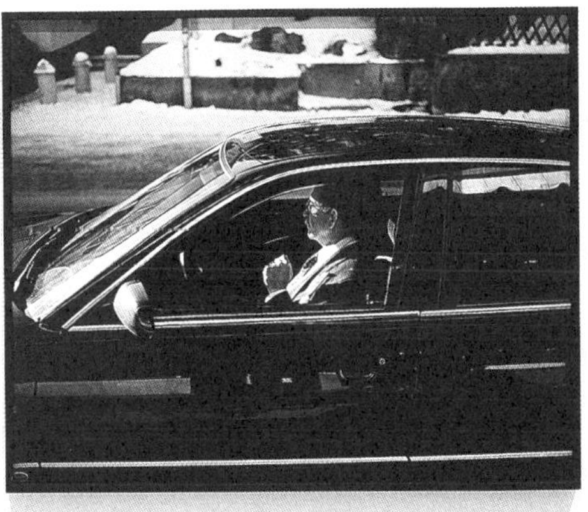

04

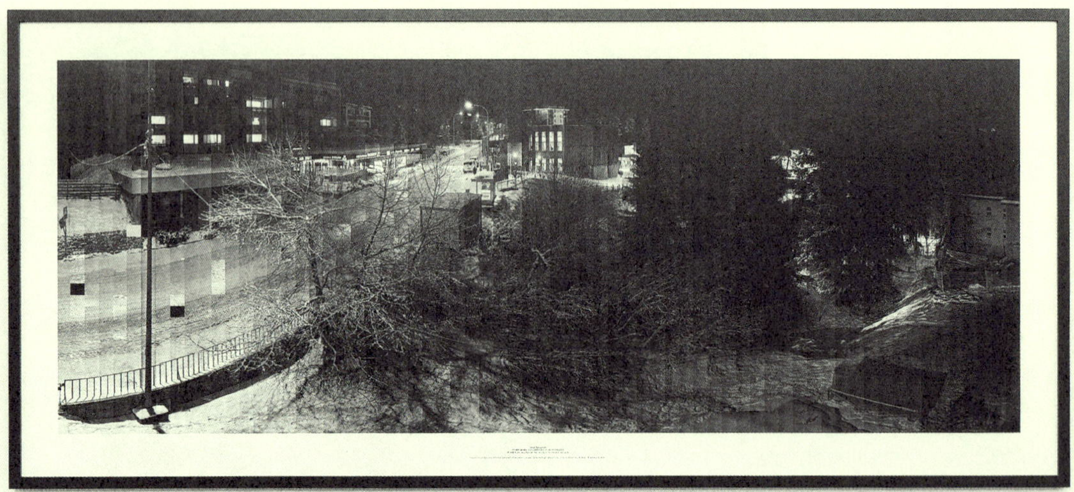

05

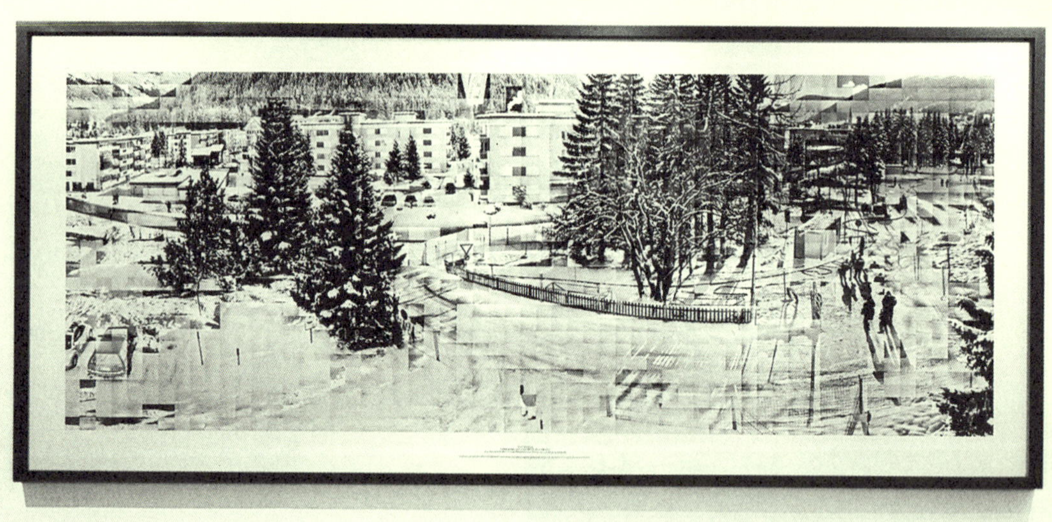

06

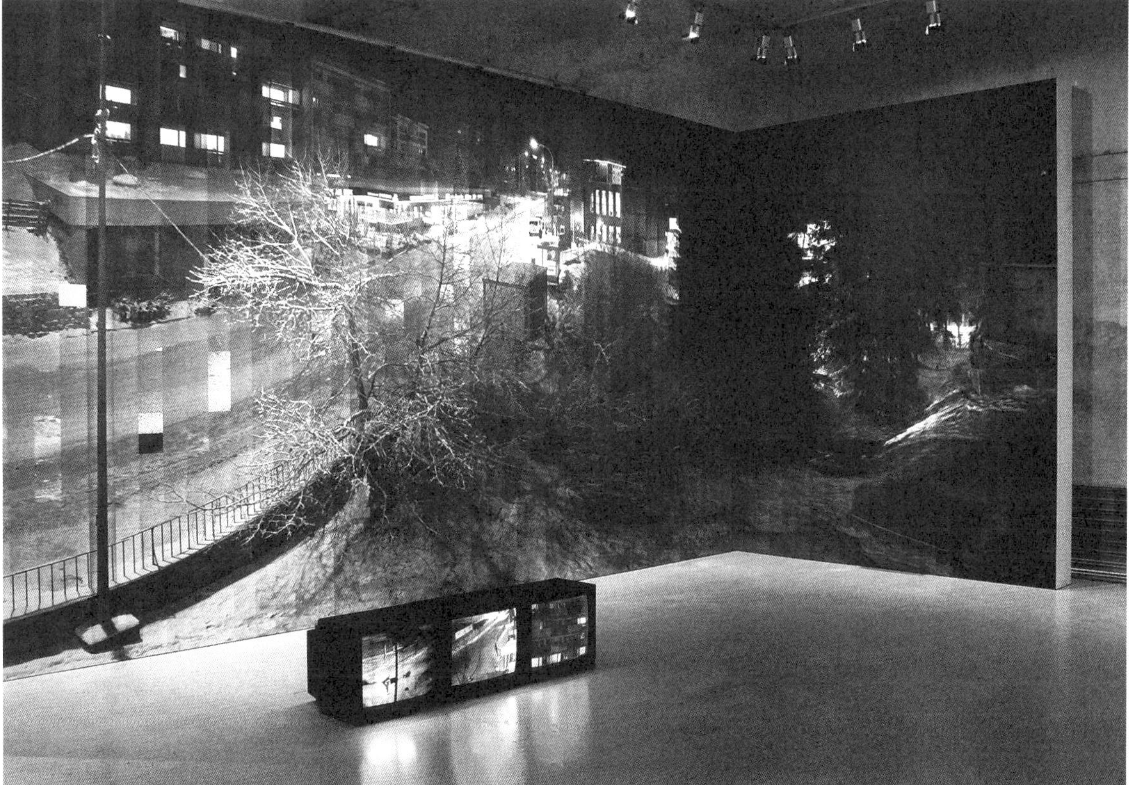

07

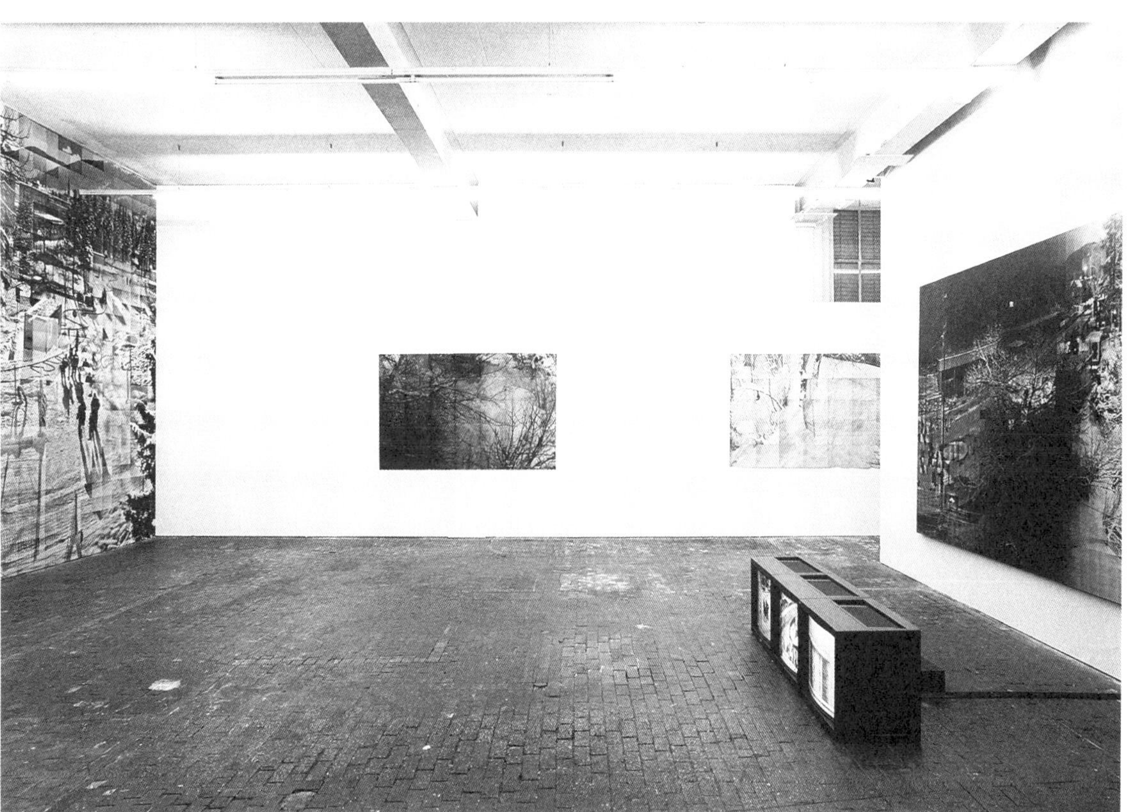

08

Exhibitions

2010   Museum der Moderne, Salzburg
Kunstmuseum St. Gallen
**Press Art – Die Sammlung Annette
und Peter Nobel**
Curator Christoph Doswald

Bündner Kunstmuseum, Chur
**Fotoszene GR – Albert Steiners
Erben**
Curator Katharina Ammann

Panorama A281818
Inkjet print on fine art paper,
110 × 250 cm, framed
Collection Bündner Kunstmuseum,
Chur
→ fig 05

SFMoMA San Francisco
TATE Modern London
**Exposed: Voyeurism, Surveillance,
and the Camera since 1870**
Curators Sandra S. Phillips and
Simon Baker

Hotspots A1, A4
Selection of 3 inkjet prints,
43 × 56 cm, framed
→ fig 04

2011   Walker Art Center, Minneapolis
**Exposed: Voyeurism, Surveillance,
and the Camera since 1870**
Curators Sandra S. Phillips and
Simon Baker

2013   MoMA, The Museum of Modern Art,
New York
**The Shaping of New Visions:
Photography, Film, and the
Photobook from 1910 to today**
Curator Roxanne Marcoci

2014   Gelbes Haus, Flims
**Press Art – Die Sammlung Annette
und Peter Nobel**
Curator Christoph Doswald

2016   Nelson-Atkins Museum of Art,
Kansas City, Missouri
Surveillance
Curator Jane Aspinwall

2018   Centre de la photographie, Geneva
**Semiautomatic Photography
2003–2020**
Curator Joerg Bader
Solo exhibition

Left: *Surveillance Panorama
B251356*
Latex inkjet print on blueback paper,
416 × 1003 cm
Center: 2 fragments consisting of
40 images from WEF live installation,
Walcheturm, Zurich, 2003
147 × 283 cm each
Right: *Surveillance Panorama
A240635*
Installation with inkjet prints on four
panels, total dimension 220 × 560 cm
3 videos *Hotspots A1–A6,*
synchronized, 7'28" each
Collection of MoMA NY, New York
→ fig 08

*Comfort Panorama A220635 –
Soft Valley*
Inkjet print on fine art paper,
92 × 250 cm, framed
→ fig 09

Christophe Guye Galerie, Zurich
Summit
Curator Lars Willumeit
Solo exhibition

Book

2005   **Temporary Discomfort
Chapter I–V: Davos, Genoa,
New York, Evian, Geneva**

Texts by Martin Jaeggi and Jamie
Shea, ex-Nato spokesman
Hardback, 24 × 33 cm,
196 pages, 115 illustrations
Lars Müller Publishers, Baden
ISBN 3-03778-047-9
→ fig. 10

The book is not only a personal
reflection on documentary photography, but also a history book:
It covers exactly the years when
the anti-globalization movement
discovered Davos during the World
Economic Forum as a stage for
protests.

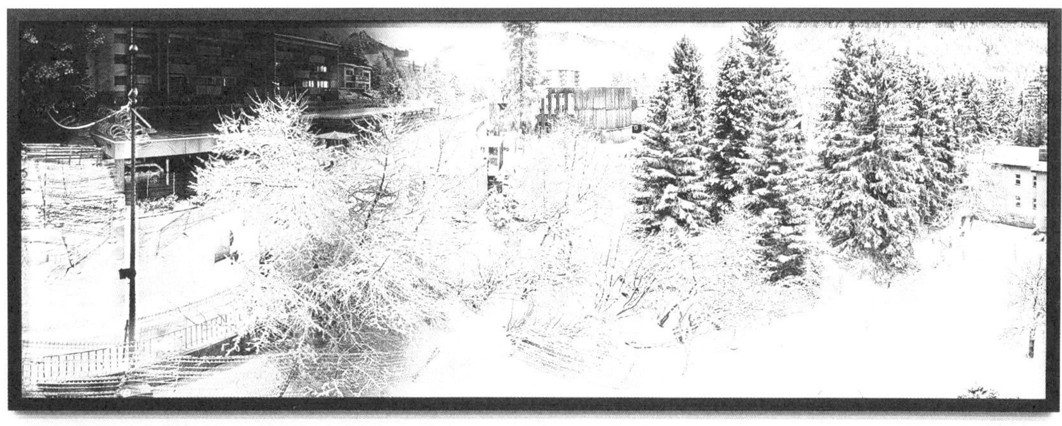

09

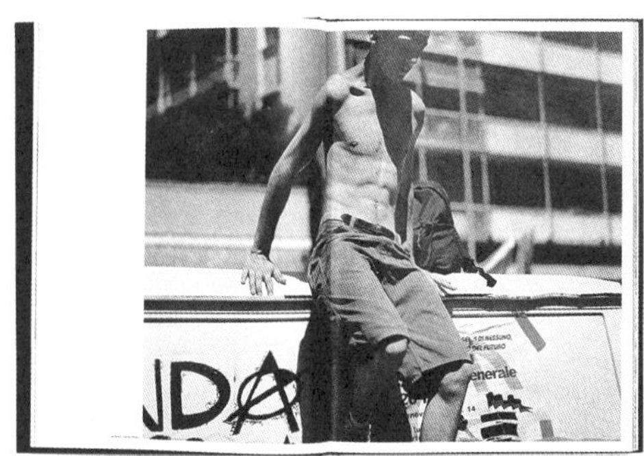

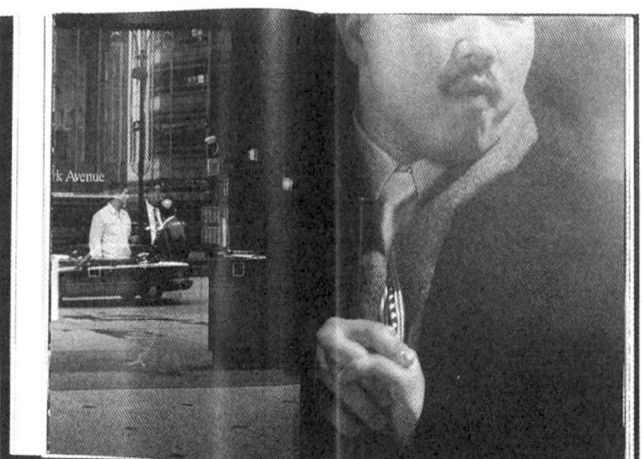

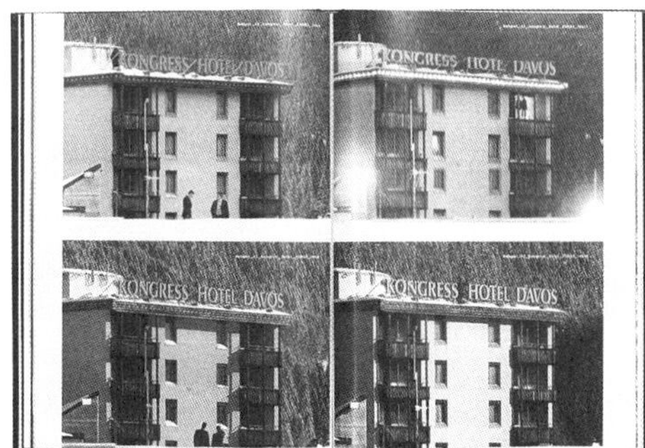

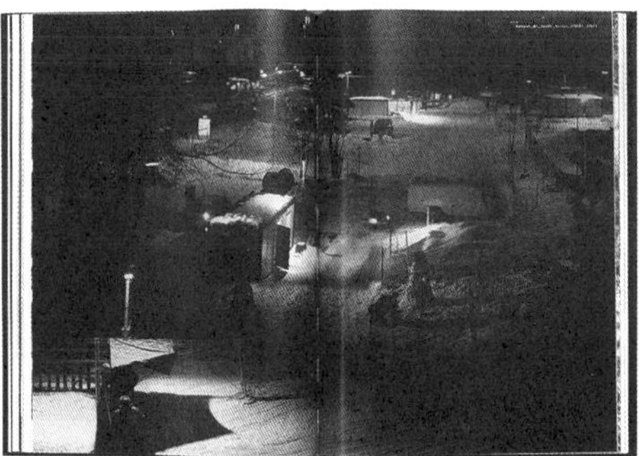

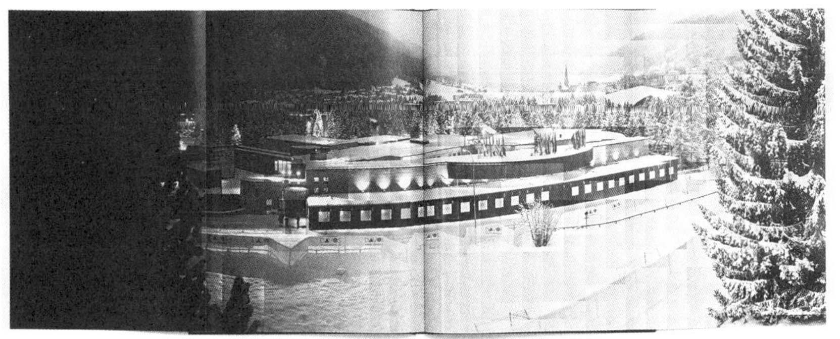

10

Heisenberg's
Offside

Recordings

World Championship Qualification,
Switzerland – France
Stade de Suisse, Bern Wankdorf

3003 single images, recorded with computer
controlled network camera
from 20:20 to 23:05, October 8, 2005

Notes

Heisenberg's Offside documents a FIFA
World Championship Qualification football match in Bern. A computer-controlled
network camera was installed on the roof
of the stadium exactly above the halfway line.
Thirty minutes before the game began,
the camera started recording an image every
three seconds, advancing in columns from
left to right. In the beginning, on the left side
of the panorama, the images just show fans,
security forces, photographers, journalists.
When the game began, the camera reached
the green and recorded impressions of
the first half of the game – mostly grass, some
legs, and some players. After fourteen minutes, it shows 0:0 on the scoreboard. By
the time of the interval, the camera reached
a banner acknowledging the sponsors in
the center of the field. During the second
half of the game, the camera again recorded
mostly grass. In minute seventy-eight,
it shows 1:0 for France on the scoreboard.
A column of cheering Swiss fans indicates
another goal. The game ended 1:1. After the
game, the camera recorded for another
thirty minutes, while the audience left the
stadium. The ball is never to be seen on
the entire panorama. It remained out of view
of the camera. The game itself remains
mostly invisible. Instead the audience and
the gigantic apparatus surrounding the game
become the main focus. The title refers to
Werner Heisenberg's uncertainty principle,
which asserts that two complimentary
properties of a particle cannot be precisely
determined simultaneously.

There are three versions of *Heisenberg's
Offside*. Version 1 is a site-specific panorama
installation. Version 2 is a framed inkjet print
with the title and a match report printed
on the white border. Version 3 is a two-vol-
ume book with one photograph on each
page in chronological order. Each volume
documents a halftime.

Exhibitions

2006   Künsthaus Zürich
Expanded Eye
Curator Bice Curiger

Josef Albers Museum Quadrat,
Bottrop,
Globus Dei. Der Ball und die Kunst
Curator Heinz Liesbrock

2008   Künstlerhaus Wien
Herzrasen
Curators Katharina Boesch and
Christine Haupt-Stummer

Inkjet print on blueback paper,
450 × 1400 cm
→ fig 01

Two books 28 × 40 cm each
Volume I First Half: 1502 pages
Volume II Second Half: 1501 pages
→ fig 02

2010   Galerie Walter Keller, Zürich

2011   Bieler Fototage / Journées photographiques de Bienne
Le temps fait son oeuvre

2018   Centre de la photographie, Geneva
**Semiautomatic Photography
2003–2020**
Curator Joerg Bader
Solo exhibition

Panorama including match
report and details, inkjet print,
314 × 326 cm, framed
→ fig 03

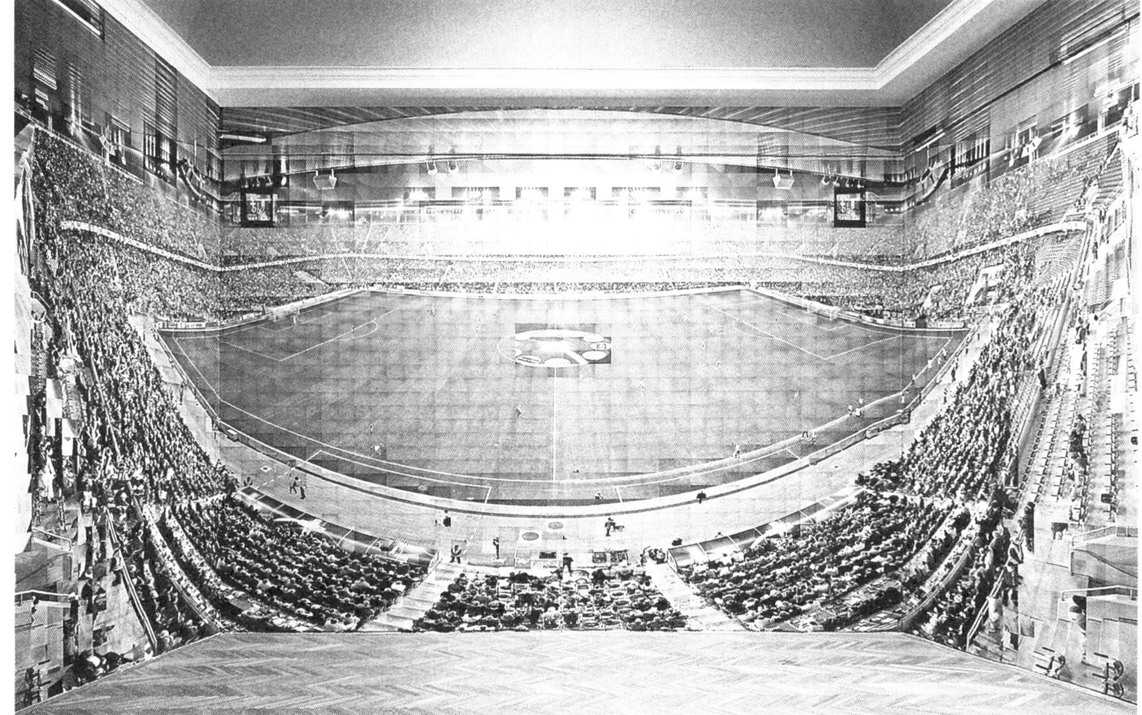

01

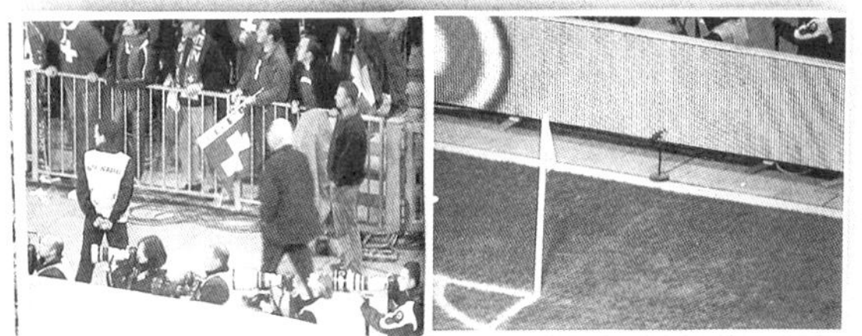

02

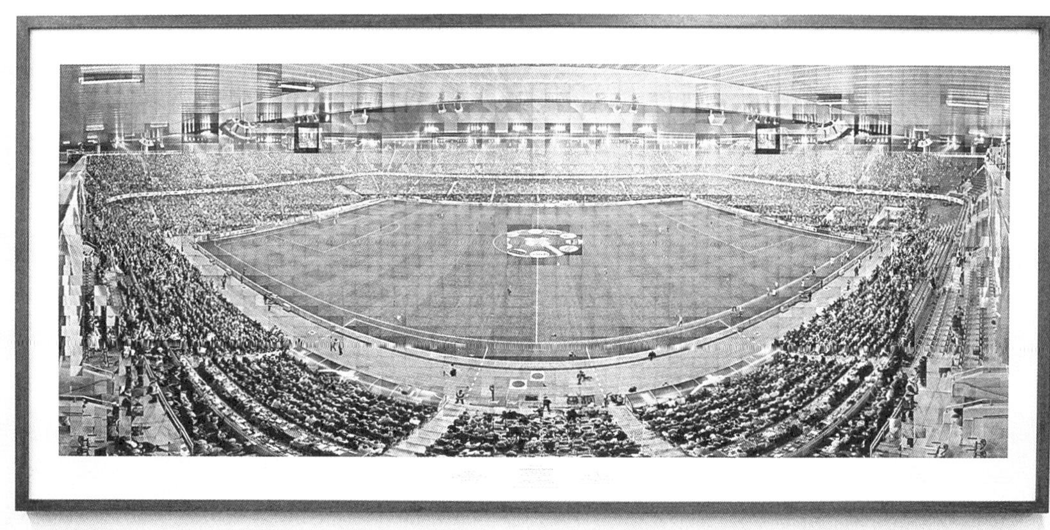

03

Fabre n'est pas venu

Recordings

Conseil Municipal de la Mairie
de Toulouse

Panorama composed of 3960 single images,
recorded with computer-controlled network
camera from 11:33 to 18:01, June 30, 2006

Notes

Fabre n'est pas venu shows a meeting of the
Toulouse City Counsel, in which 256 items
were discussed. The computer-controlled
network camera was placed slightly off the
central axis of the room, a little bit closer to
the mayor than to the visitors. Due to the
length of the meeting, the rotating webcam covered 400 degrees. Consequently,
the left-wing opposition was doubled, yet
still remained a minority. The title refers
to the potentially confidential note of a city
councilor that reads "Fabre did not come."
Monsieur Fabre is the head of a major pharmaceutical company in the south-west
of France. The reference point of *Fabre
n'est pas venu* is Jean-Louis David's monumental painting from 1807 of Napoleon
Bonaparte's consecration as French emperor
in the Musée du Louvre. Both works are
representations of political power, one
commissioned by the French emperor, the
other by the City of Toulouse (i. e. the festival *Le Printemps du Septembre*). Whereas
David's painting asserts complete control
of Napoleon's image as befits an emperor,
Spinatsch in a democratic fashion cedes the
control to the automatic camera.

There are five versions of *Fabre ne'est pas
venu*. Version 1 is a site-specific panorama
installation. Version 2 is a framed inkjet
print with the title and the seating order of
the city council printed on the white border. Version 3, *Oben und Unten (Above and
below)*, is a series of randomly paired images,
each pair printed on a separate sheet. One
image in each pair was taken from the top
half of the room, the other from the lower half.
Version 4, *Sous la Table – Fabre* is a series
of framed inkjet prints that show details
recorded below the table of the City Council.
Version 5 will be a book with images from
the series *Sous la Table – Fabre*.

Exhibitions

2006	Le Printemps du Septembre, Toulouse **Lignes Brisées** Commissoned by Jean-Marc Bustamante with Pascal Pique and Mirjam Varadinis
2008	Centre de la photographie, Geneva **Panoramique Scenes** Curator Joerg Bader
	Inkjet print on blueback paper, 260 × 1200 cm → fig 01
	Bündner Kunstmuseum, Chur **Jahresausstellung**
2009	Rathaus Chur Permanent Installation Inkjet print, 130 × 460 cm → fig 02
2010	Kunsthaus Grenchen **Zeitlos – timeless** Curator Eva Inversini
2011	Centre Pasquart, Biel **Nouvelles collections IV** Collection Thomas Spielmann
2018	Photomonth, Krakow **Cul de Sac** Curator Iris Sikking Solo exhibition
	Centre de la photographie, Geneva **Semiautomatic Photography 2003–2020** Curator Joerg Bader Solo exhibition

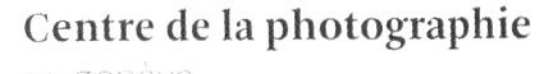
Centre de la photographie
— genève

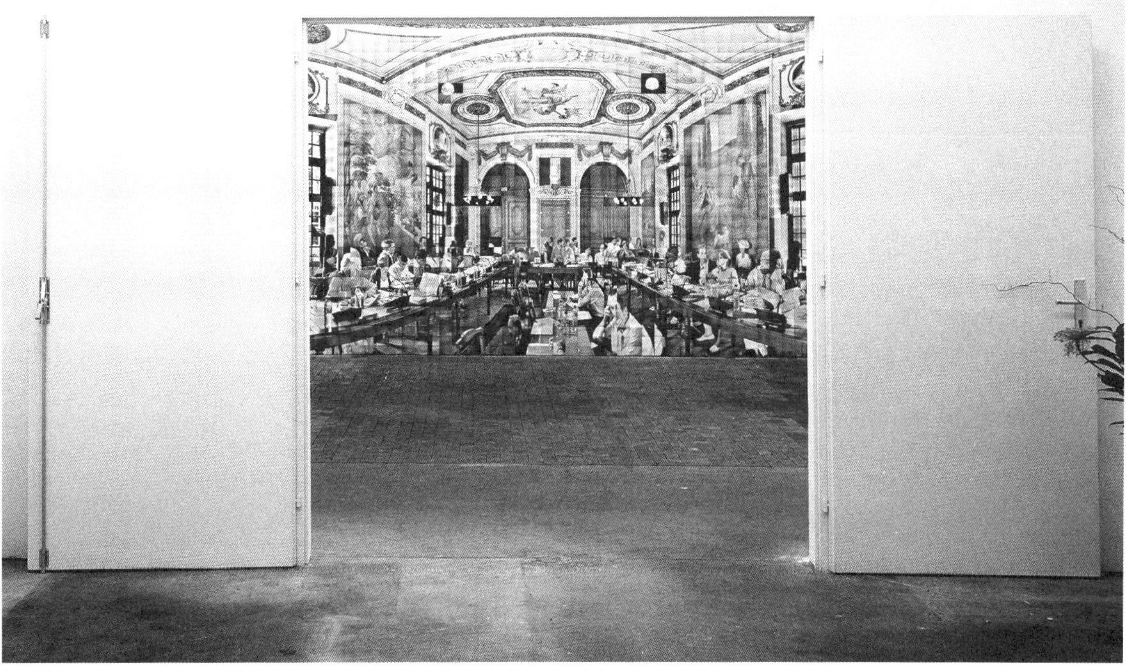
01

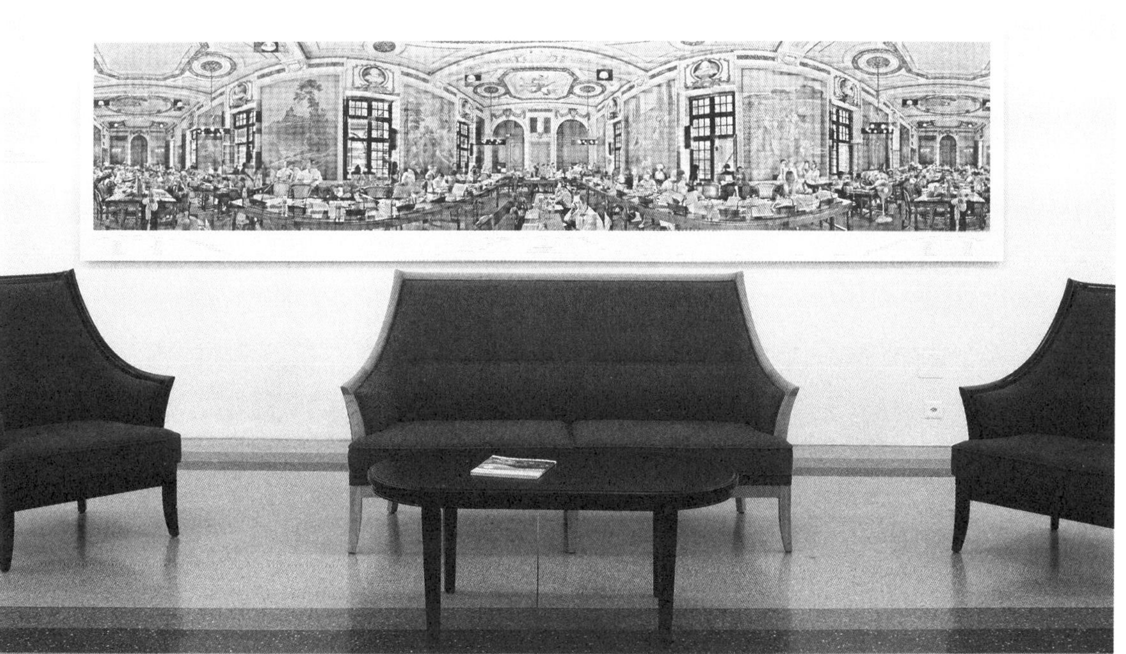
02

Vienna MMIX 10008 / 7000

Recordings

Vienna MMIX 10008/7000 –
Portrait of a society, Vienna Opera Ball

10008 images, one every 3 seconds,
recorded with 2 computer-controlled network cameras over the entire length
of the evening from 20:32 to 05:17,
February 19, 2009

Notes

Vienna MMIX is based on a recording of the
Vienna Opera Ball. It was inspired by Josef
Haslinger's political thriller *Opernball* (1995),
in which right-wing extremists carry out
an attack with poison gas on the annual
Vienna Opera Ball, Austria's most important
social event, televised live by the national
TV network.
Vienna MMIX was conceived as a circular
panorama in a public space. The installation on the Karlsplatz in Vienna, in which the
images are shown in chronological order
as a 360-degree panorama, gave the audience democratic access to this exclusive
event.
Vienna MMIX marks a shift in Spinatsch's
approach to the automatically recorded
images. He began to consider them as autonomous single images, independent of the
topic, the context, and the panorama. This
becomes evident in the five versions of
Vienna MMIX.

Version 1 is the cylindrical panorama on
Karlsplatz in Vienna. Version 2 are various
blocks of selected single images arranged in
a grid. The number of images in a block
varies from twenty-four to one hundred
twenty images. Version 3 is a three-volume
book. Volume I shows all the images
recorded at the Opera Ball in chronological
order, with one column of the panorama
on a double page. Volume II shows seventy-
one images, edited down by Spinatsch
from the 10008 images, each printed on a
double page in order to emphasize their
autonomous character. Volume III provides
critical reflections on the project and background information. Version 4 is a two-hour
video shown in a cinema setting. The original recording of the single images is shown in
chronological order, three seconds each.
In version 5, *Vienna – Cul de sac*, the panorama is recreated on a 720-degree spiral-
shaped structure with the cut-up pages from
the monographs Volume I.

Exhibitions

2010   Resselpark, Karlsplatz Vienna
**Vienna MMIX – 360° Circular
Panorama**

Inverted circular panorama
35 meters long, 3 meters tall,
11 meters in diameter, including
a diagram with timeline, program,
and details of the evening
→ fig 01

Galerie Walter Keller

Vienna MMIX – Edition
36 + 1 selected single prints on
Hahnemühle paper, timetable,
box, 32 × 42 × 8 cm
Edited by Walter Keller, Zurich with
Galerie Fasciati, Chur and Blancpain
art contemporain, Geneva
→ fig 12

2011   Blancpain art contemporain, Geneva
Vienna MMIX – Plan B
Solo exhibition

4 blocks of 24, 42, 48, and 120
selected and rearranged single
images, inkjet prints, 31 × 40 cm each
Timetable, inkjet print, 31 × 40 cm
→ fig 02

St. Moritz Art Masters
**Vienna MMIX – All the System's
Failures**

Purpose-built free standing pavillion
at hotel park: plywood, white paint
400 × 990 × 340 cm
4 blocks of 30, 48, 78, and 120
selected and rearranged single
images, timetable
277 inkjet prints on blueback paper,
31 × 40 cm each
All the System's Failures
Inkjet print on blueback paper,
120 × 90 cm
→ fig 03

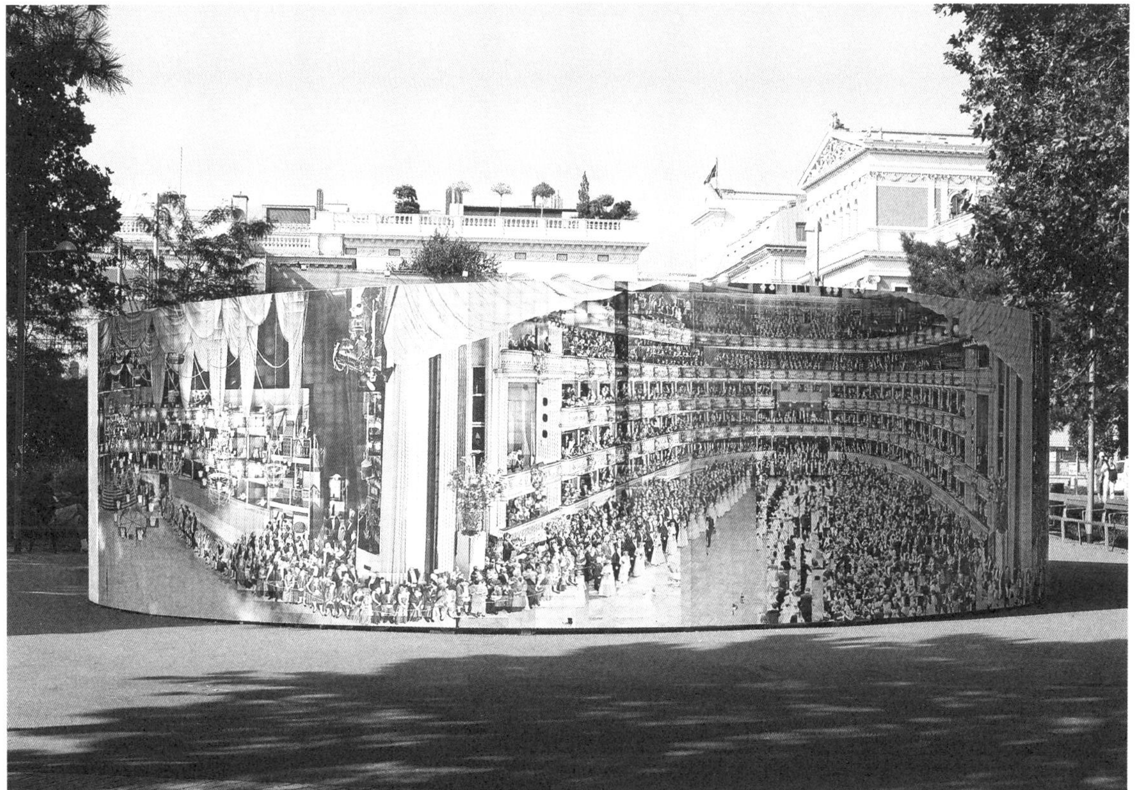

01

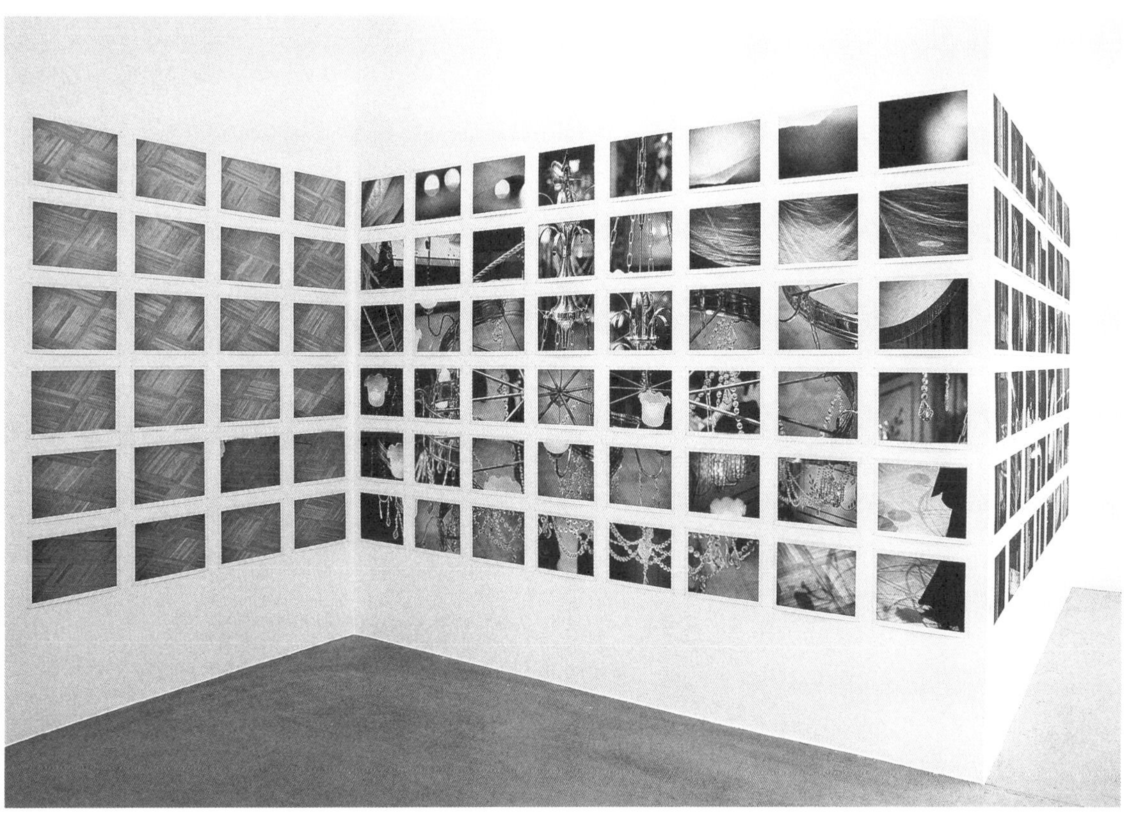

02

2012 Villa Arson, Nice
L'Institut des Archives Sauvages
Curators Jean-Michel Baconnier,
Christophe Kihm, Eric Mangion,
Florence Ostende, and Marie
Sacconi

2013 Le Mois de la Photo, Festival
Fonderie Darling, Montréal
Drone: The Automated Image
Curator Paul Whombell

2017 Musée National d'Histoire et d'Art
Luxembourg
**Mois de la photographie
Luxembourg**
Curator Paul di Felice

Block *Les illustres*
120 inkjet prints on fine art paper,
31 × 40 cm each
Timetable, 31 × 40 cm
Collection Pictet Geneva
Book *Vienna MMIX – 10008/7000*
→ fig 04

2018 Christophe Guye Galerie, Zurich
Summit
Curator Lars Willumeit
Solo exhibition

Photomonth, Krakow
Vienna MMIX – Cul de sac
Curator Iris Sikking
Solo exhibition

Centre de la photographie, Geneva
**Semiautomatic Photography
2003–2020**
Curator Joerg Bader
Solo exhibition

Vienna MMIX – Cul de sac
720° Spiral Panorama

The free standing structure is
twenty meters long, three meters tall
and seven meters in diameter. It nar-
rows from 250 cm wide at the entry
to fifty cm in the end. The panoramic
image inside the spiral is made of
1668 stripes of two cut up monographs *Vienna MMIX Volume I*. (Each
stripe contains six images). The 720°
equals the two full rotations the camera performed during the eight hours
and forty-five minutes of recording.
→ fig 05, 06, 07, 08

Vienna MMIX – Cinema
Two hour video sequence, simulating
the recording process in 2009: One
image every three seconds
→ fig 09, 10

2014 **Vienna MMIX – 10008/7000
Surveillance Panorama Project
No. 4 – The Vienna Opera Ball**

3-part set in slipcase
Volume I: paperback, 568 pages,
10008 color illustrations
Volume II: hardback, 160 pages,
71 color illustrations
Booklet: 48 pages, 5 b/w illustrations
With essays by David Campany and
Wolf Singer, English and German
23.5 x 31.5 cm

Limited edition of
600 numbered copies
Scheidegger & Spiess
ISBN 978-3-85881-408-1
→ fig 11

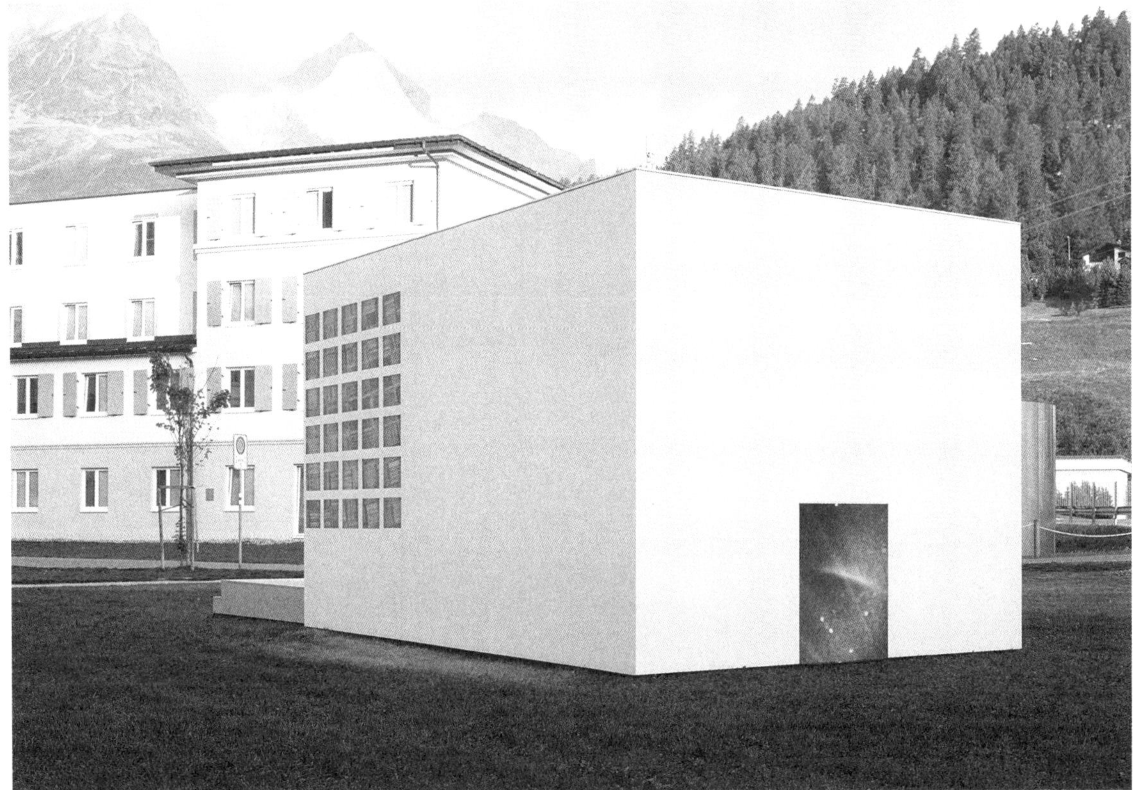

03

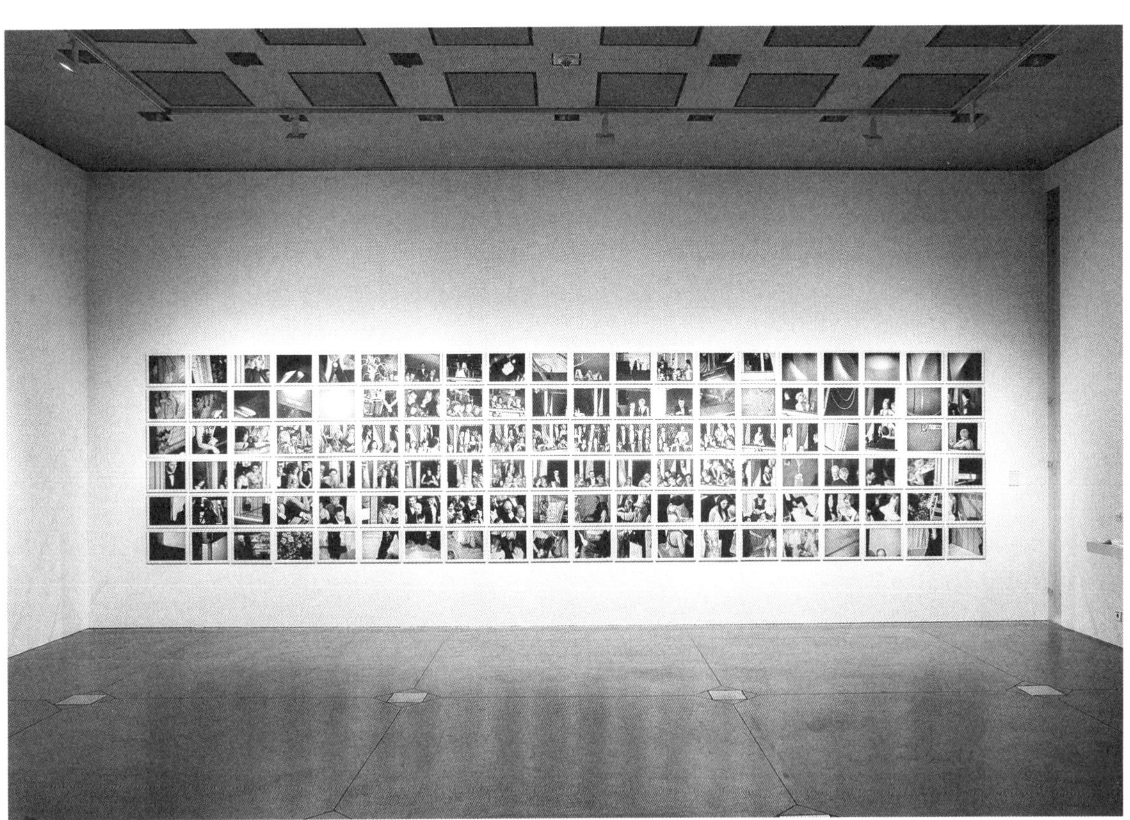

04

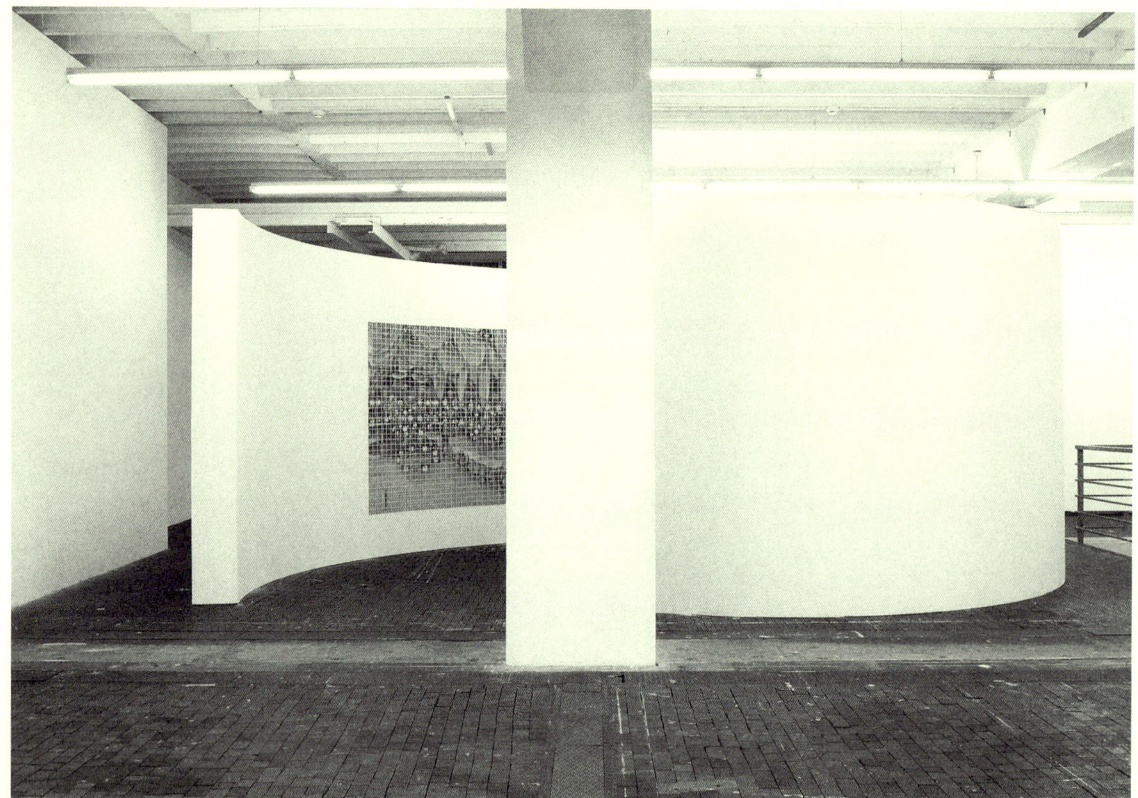

05

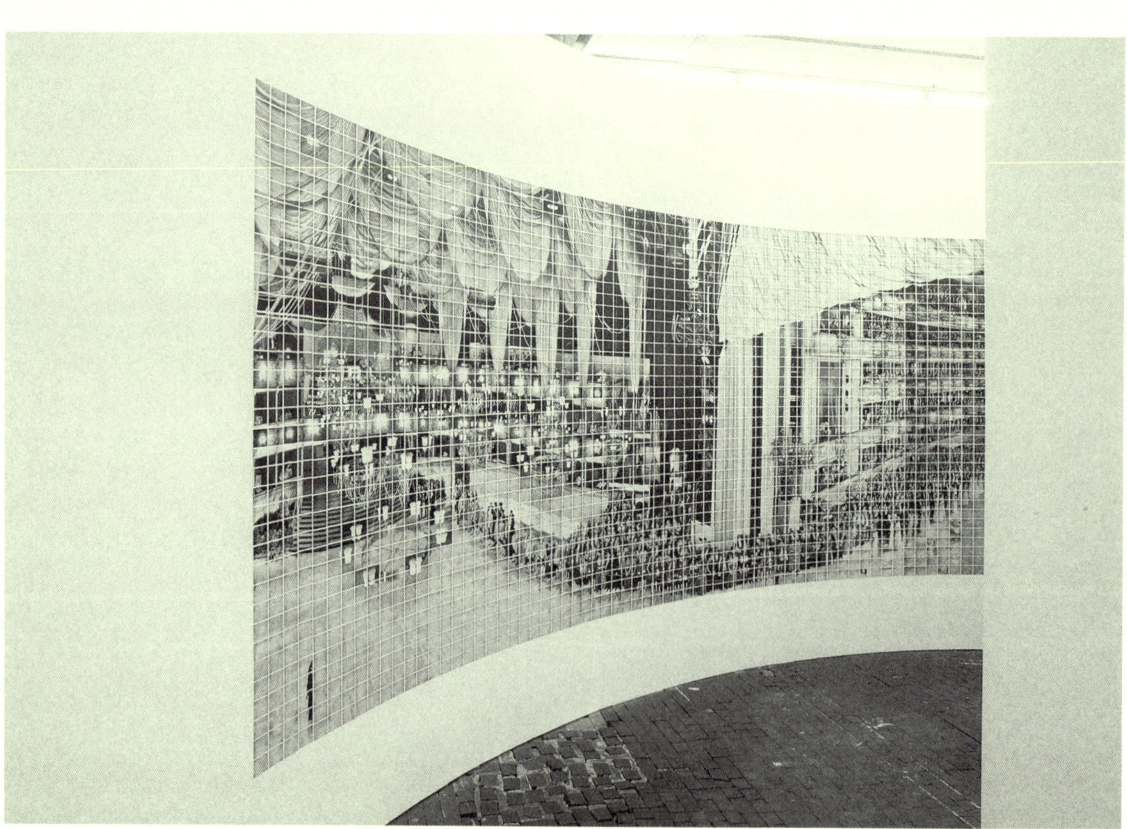

06

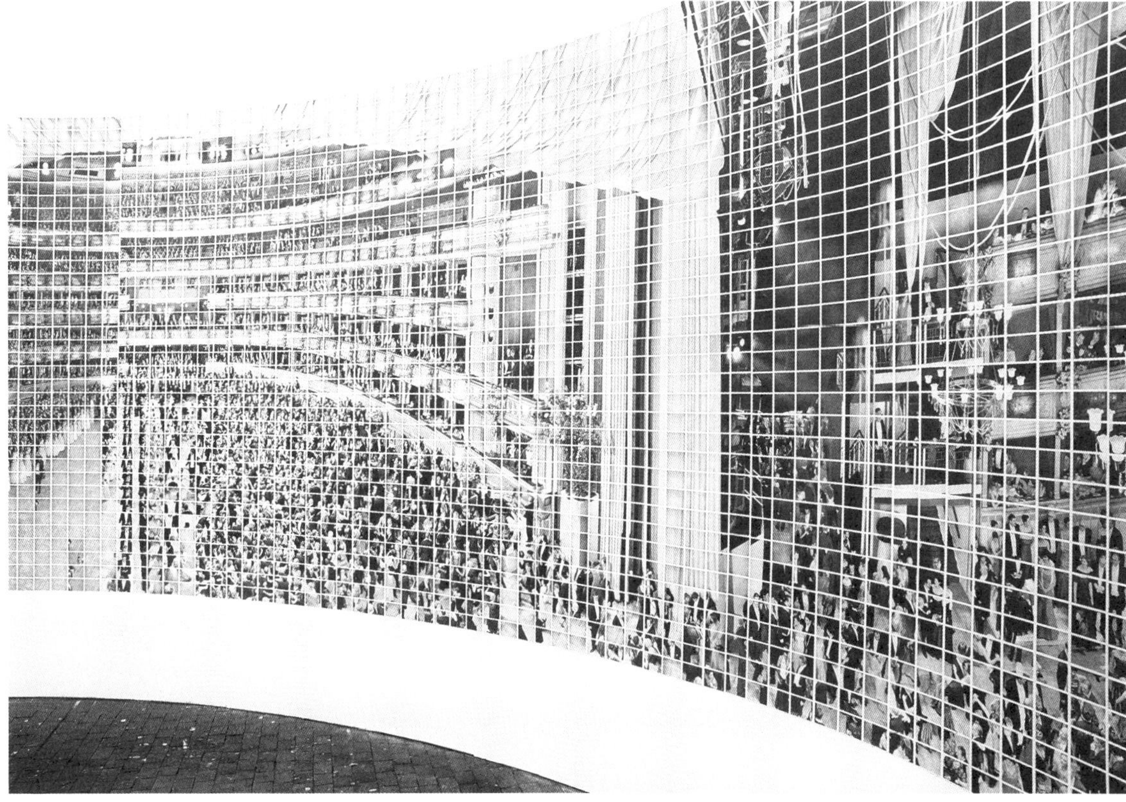

07

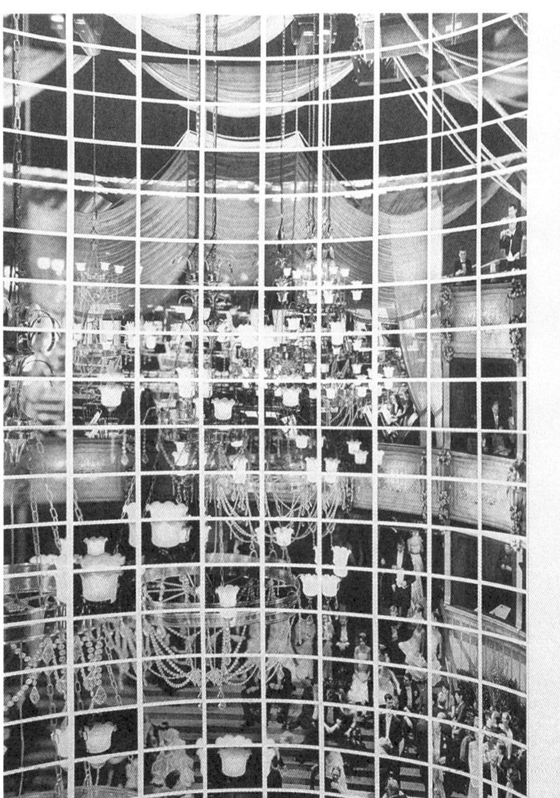

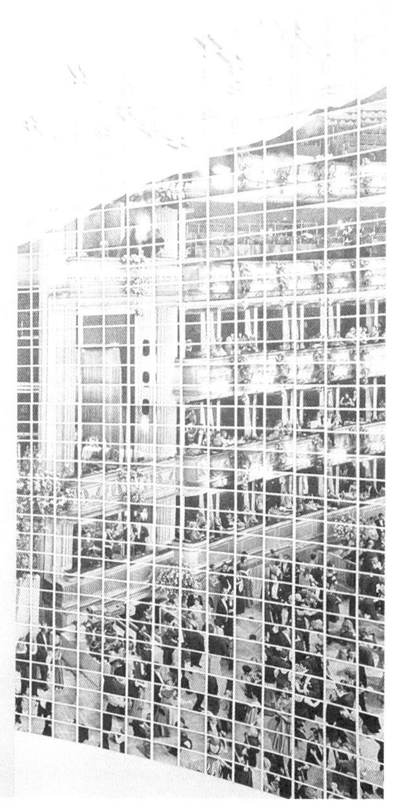

08

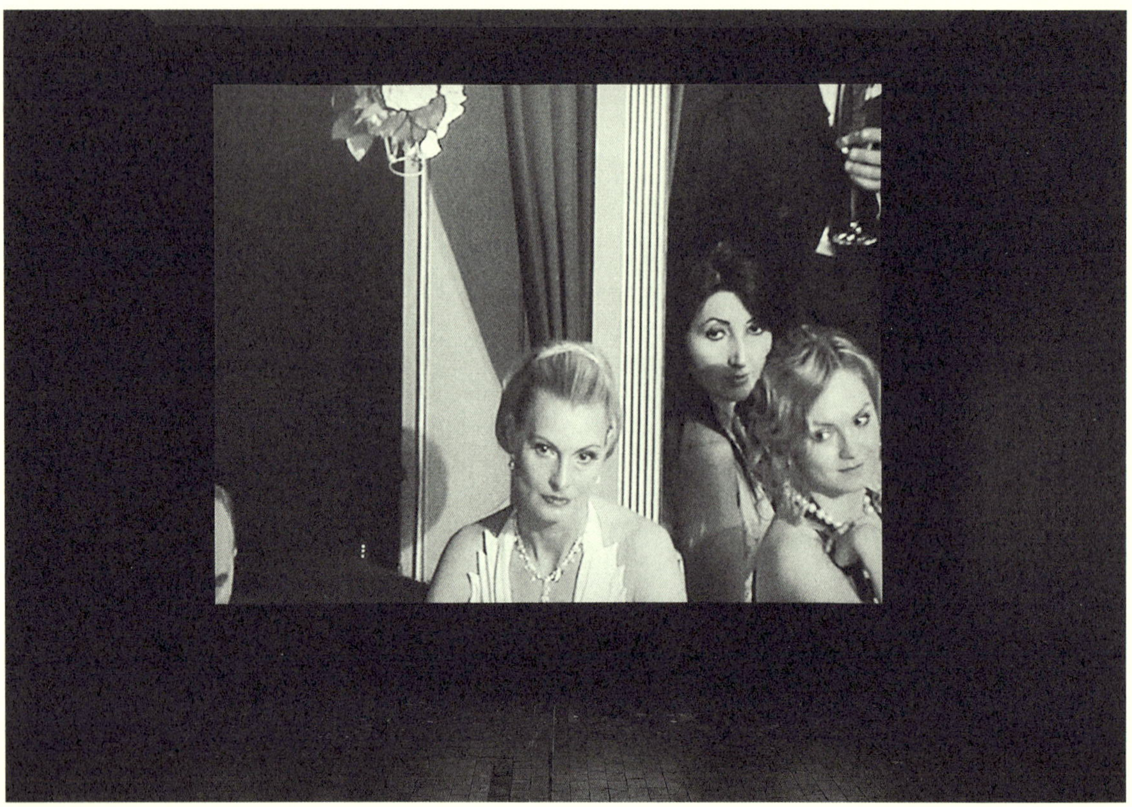

09

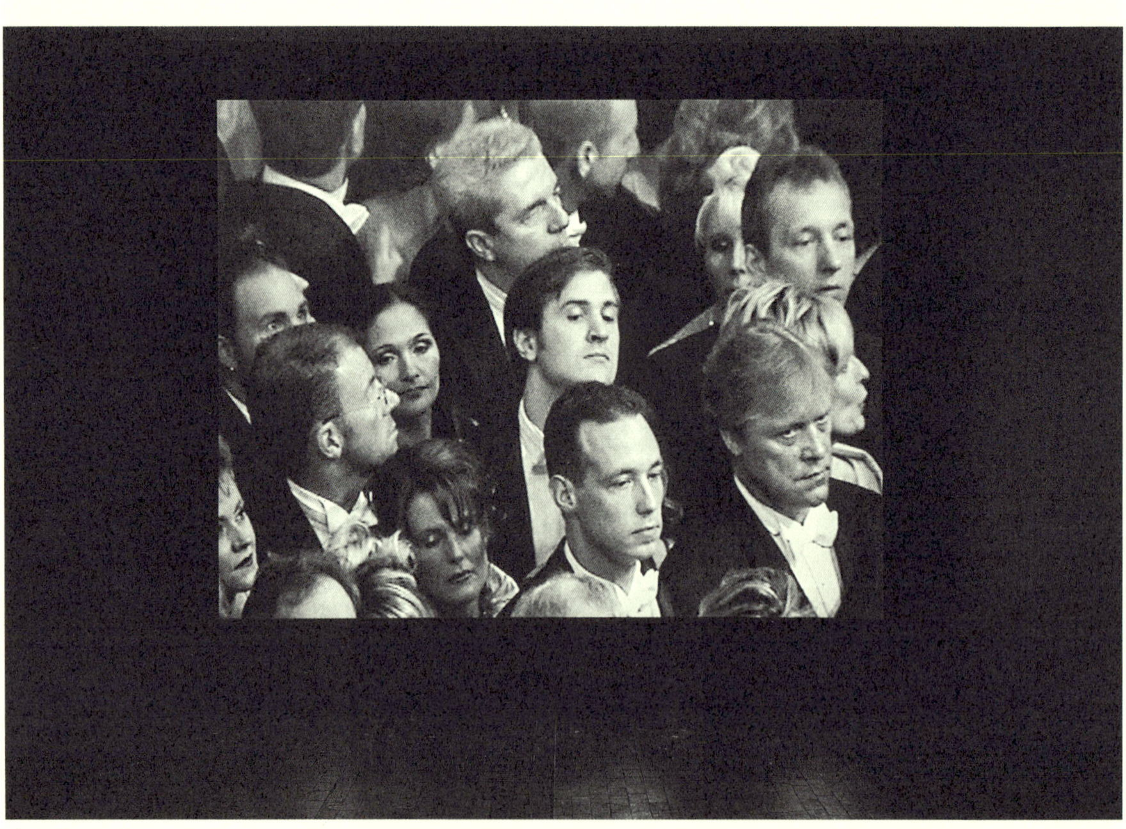

10

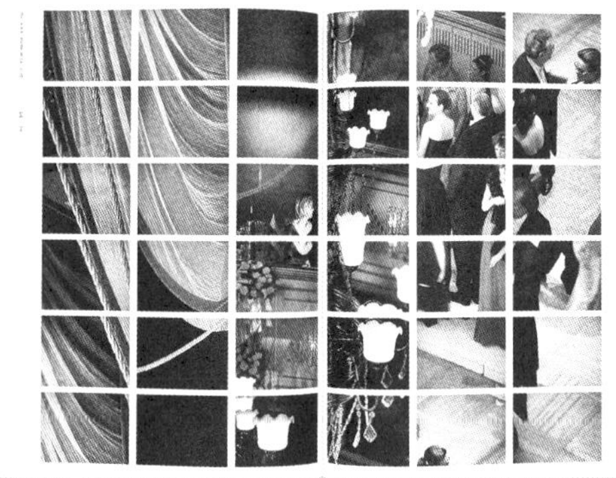

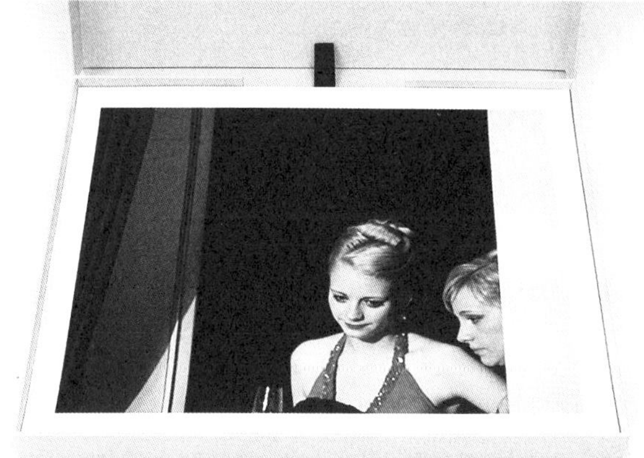

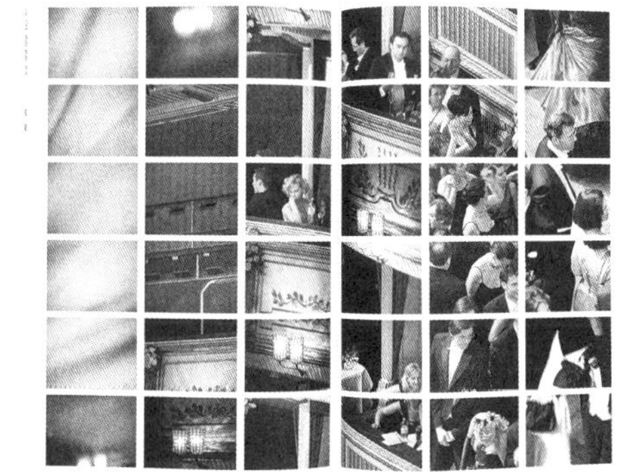

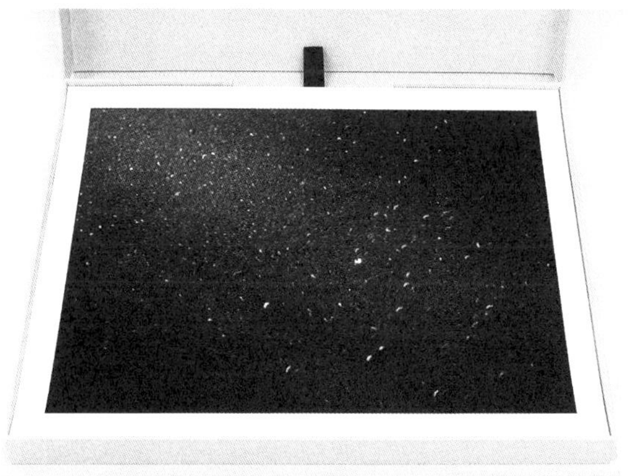

12

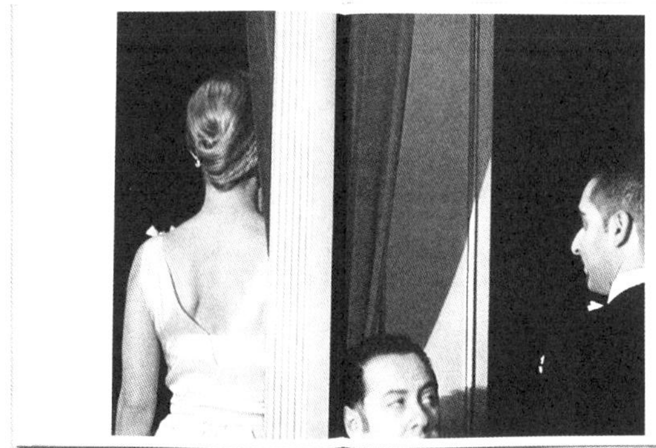

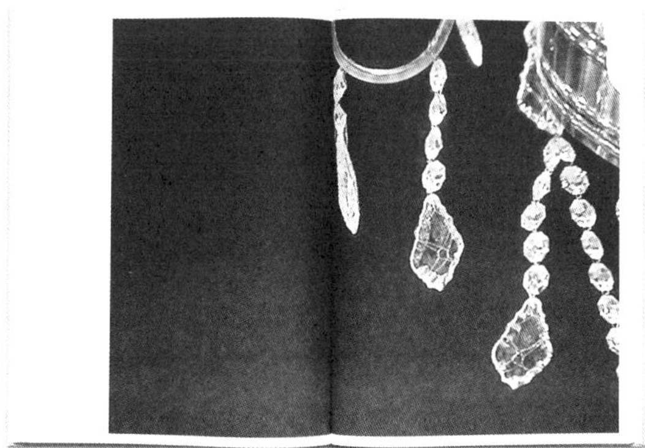

11

Competing
Agendas

Recordings

Deutsche Börse Frankfurt

Recorded with a computer-controlled network camera at the Deutsche Börse
Frankfurt; transmitted, printed, and assembled live at the Fotomuseum Winterthur;
one image per minute, total 1440 images,
for twenty-four hours from 0:00 to 23:59,
Friday, June 8, 2012

Notes

Competing Agenda was commissioned for
the opening of the exhibition *STATUS –
24 Documents of Today* at Fotomuseum
Winterthur. It was a live panorama installation, assembled during the day of the opening. One image a minute was transmitted
from the Frankfurt Stock Exchange to the
Fotomuseum, printed in the exhibition space,
and added to the panorama. When the
exhibition opened at 6 p.m., three quarters
of the panorama was completed. When the
opening ended at midnight, the final image
was mounted on the wall.
A computer-controlled network camera was
installed in the visitor's gallery of the stock
exchange, above the trading floor. Although
trading is now virtual, there are still traders
working on the trading floor for PR purposes.
Inside the rings, traders make their trans-
actions on multi-screen computer terminals.
On the balcony, there is a visitors' gallery
for guided tours, partitioned off with a glass
pane, and a media gallery with TV and radio
studios. The trading floor has become a
showroom for the Frankfurt Stock Exchange,
aimed at the public and the media. Monitors
with market data and a news ticker with
headlines from the newspaper *FAZ* on the
balustrades of the gallery further nourish
the illusion that actual relevant trading can
still be observed on the trading floor, which
has been turned into a set in order to generate images. As in the installation, trading,
and image production are intertwined, both
determined by increasing acceleration.

There are three versions of *Competing
Agenda*. Version 1 was the live panorama
installation at Fotomuseum Winterthur, which
was destroyed after the exhibition. Version 2,
Option 2, is a box with six bound volumes,
containing all the images and an instruction
manual for the re-installation of the work.
It can either be exhibited as an object or used
for an installation of the panorama, thus
destroying the object. Version 3 is a framed
inkjet print of the panorama with the title
and various timelines printed on the white
border. Timeline A indicates the opening
hours of stock exchanges around the world.
Timeline B indicates the broadcasts from
the media gallery. Timeline C shows the
schedule of the guided tours in the visitors'
gallery. Timeline D shows a selection of headlines from the *FAZ* news ticker.

Exhibitions

2012   Fotomuseum Winterthur
Status – 24 Contemporary of Today
Curator Thomas Seelig

Competing Agendas
24-hour live installation on the day
of the opening
1440 laser prints, 15.5 × 24 cm each,
total dimension 372 × 1430 cm
Timetable, 30 × 42 cm
→ fig 03, and pages 294, 295

2013   Bündner Kunstmuseum, Chur
Jahresausstellung

Galerie Luciano Fasciati, Chur
**Halbautomat – Semiautomatic
Photography**
Solo exhibition

2014   Fotomuseum Winterthur
Surface – New Swiss Photography
Curator Thomas Seelig

Competing Agenda Option 2
Box, 22 × 21 × 31 cm, instruction
manual, 1440 laser prints bound to
6 volumes to re-install the original
panorama from June 8, 2012 once
again
Collection Fotomuseum Winterthur
→ fig 01

2018   Centre de la photographie, Geneva
**Semiautomatic Photography
2003–2020**
Curator Joerg Bader
Solo exhibition

Competing Agenda Option 2
see above

Competing Agendas
Inkjet print on fine art paper
including details and timeline,
125 × 370 cm, framed
→ fig 02

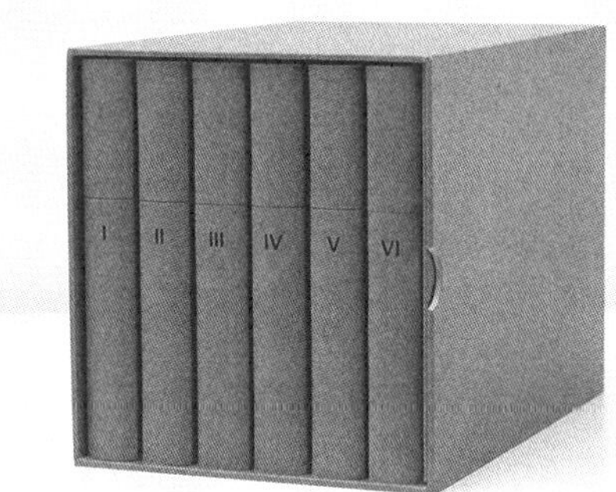

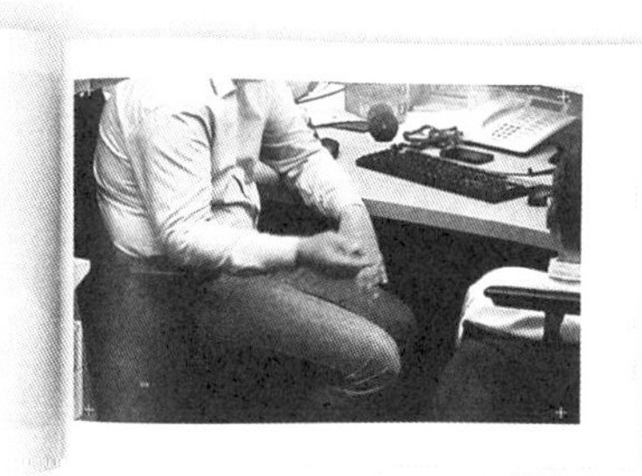

01

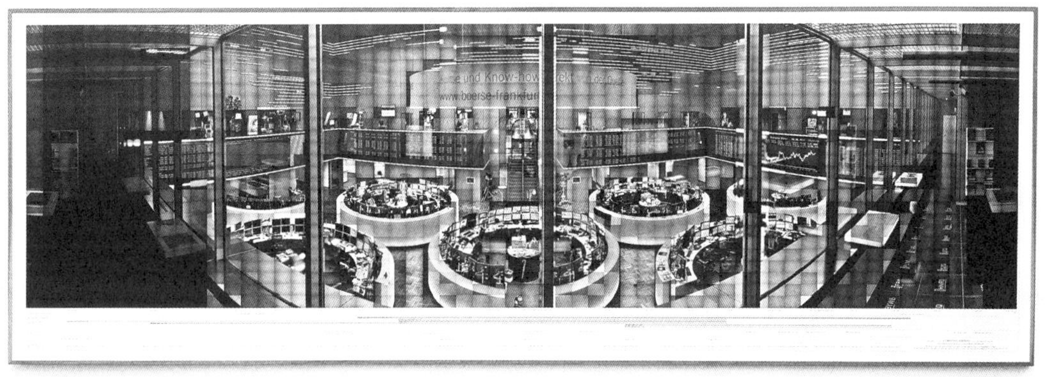

02

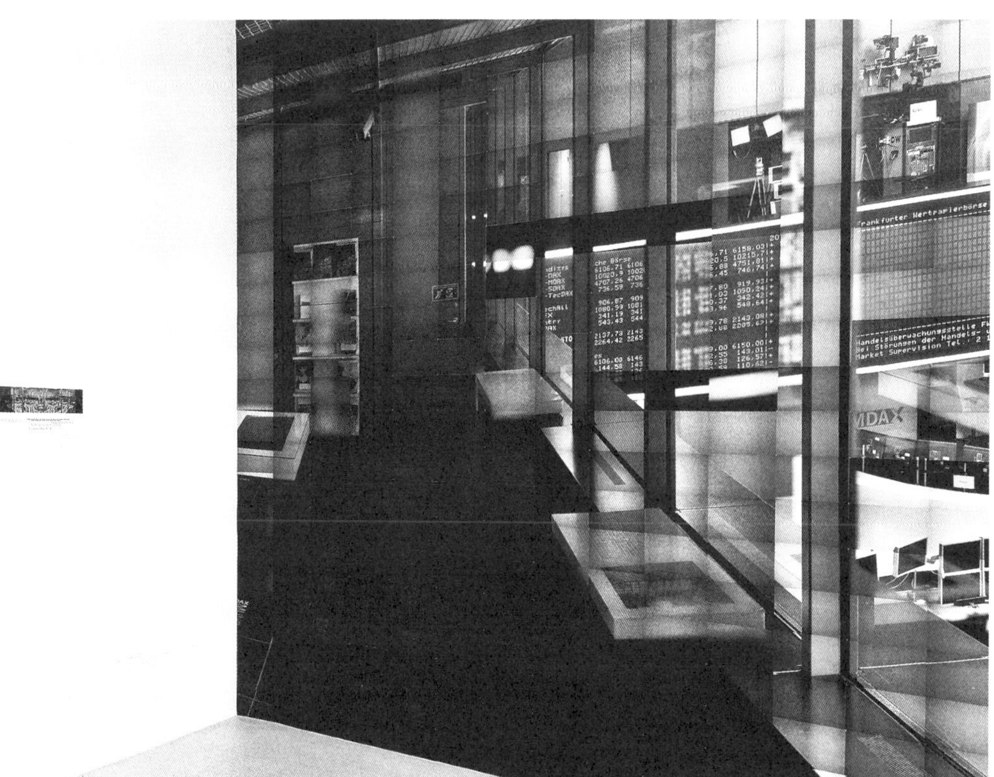

03

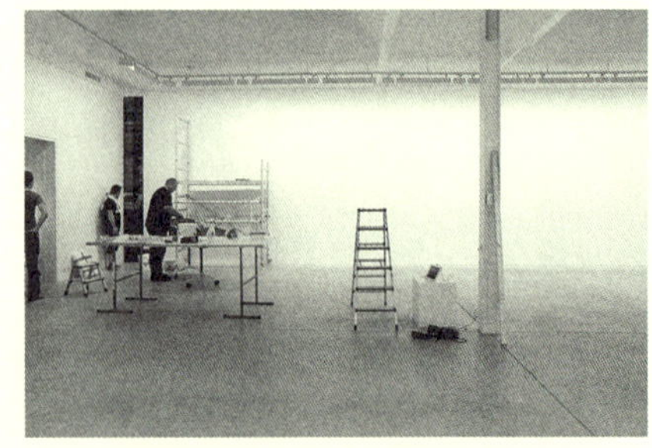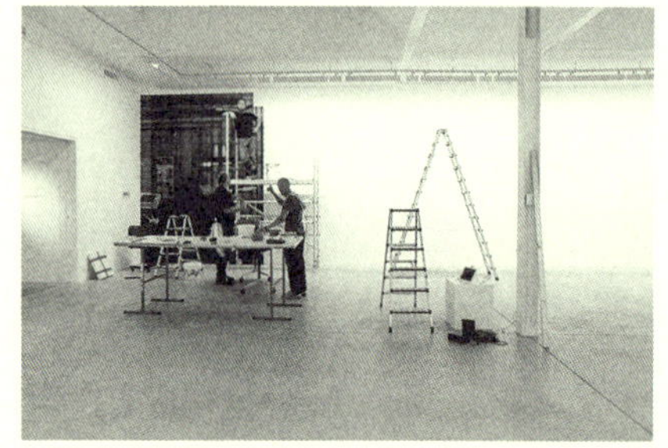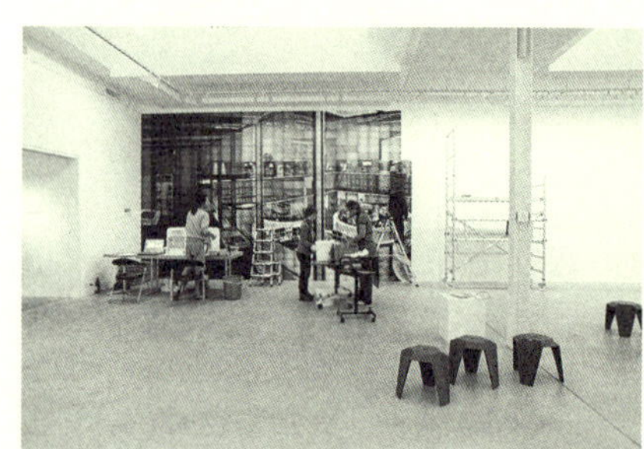
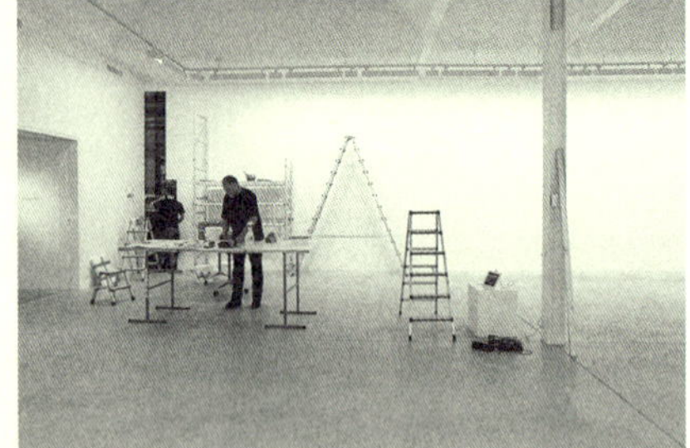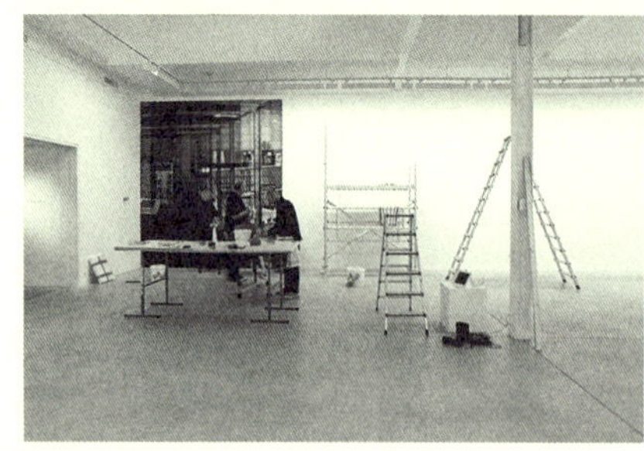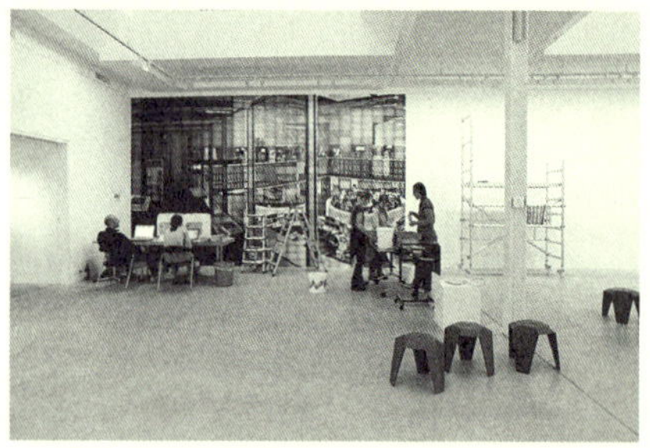
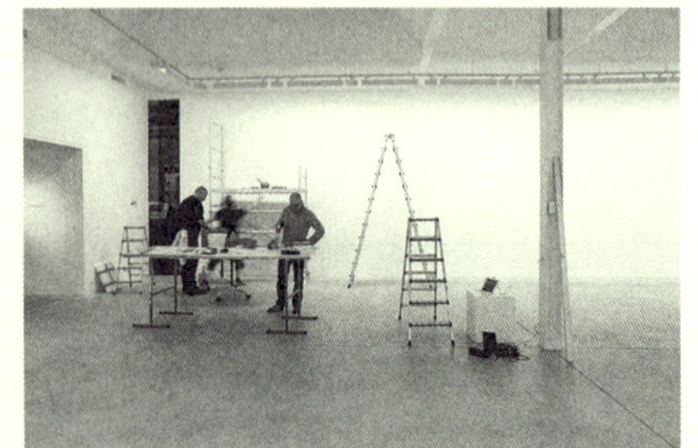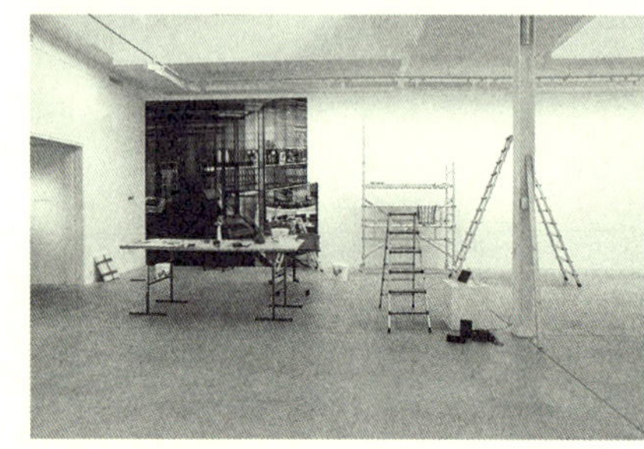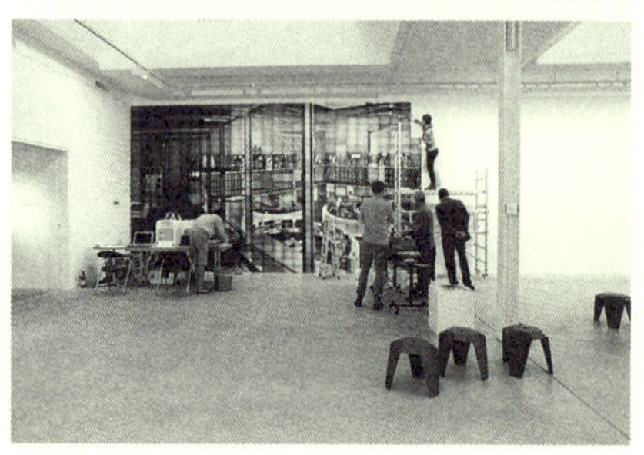
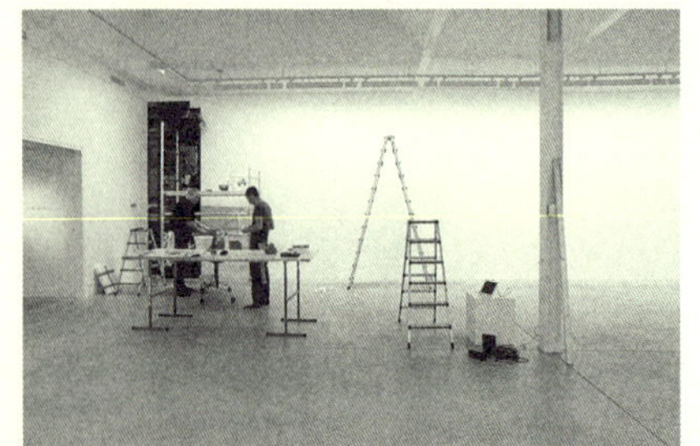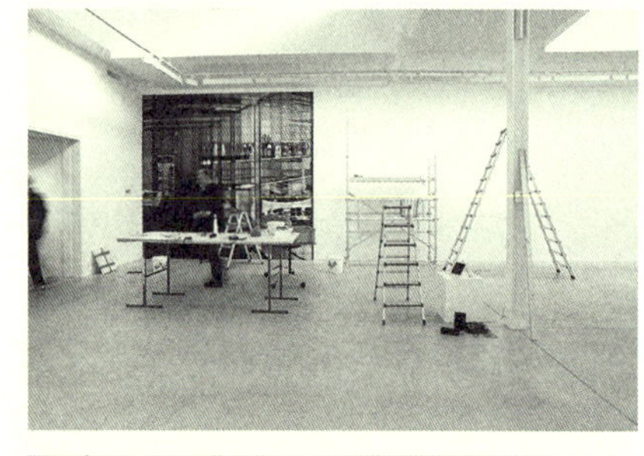
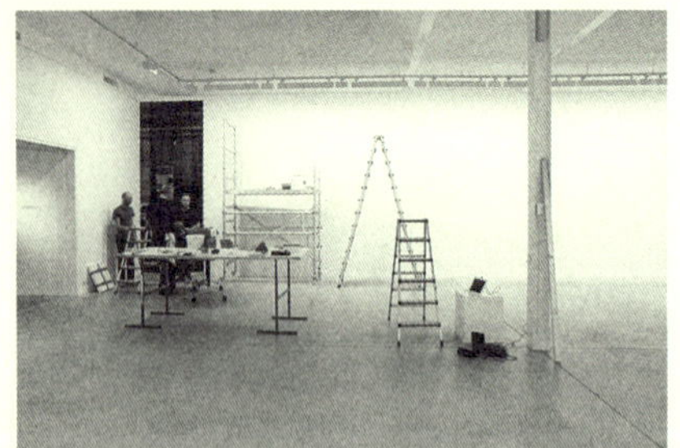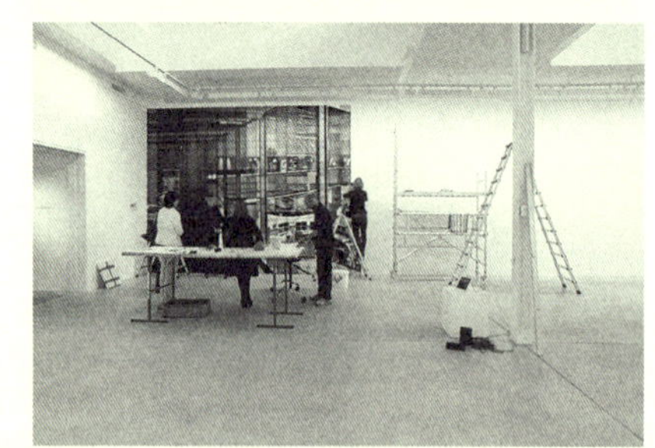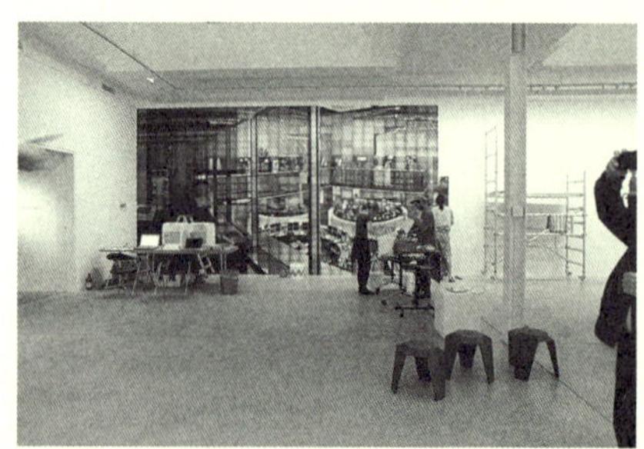
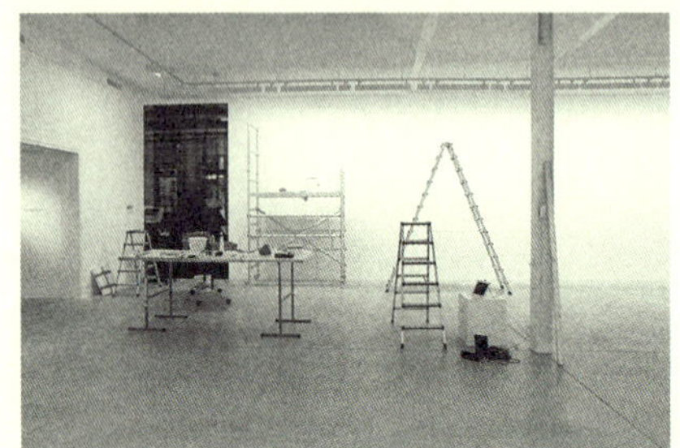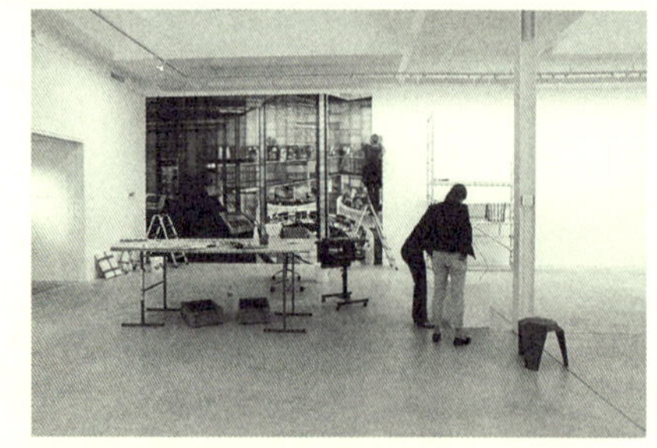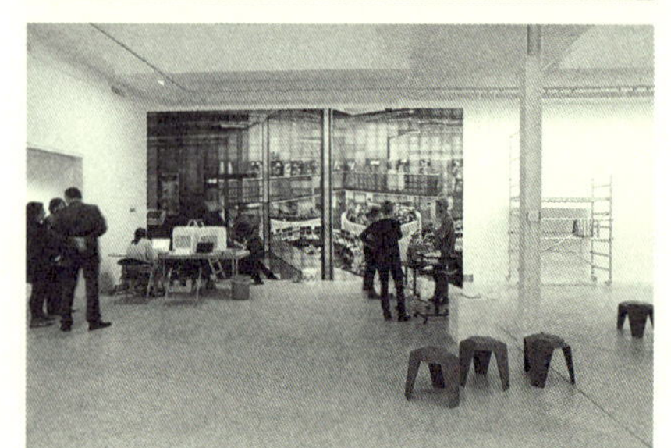
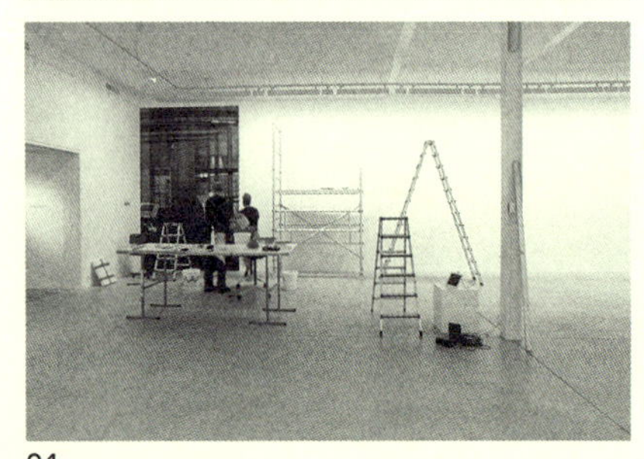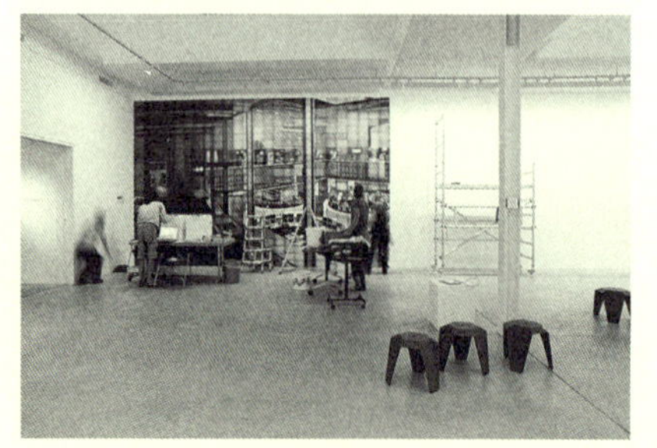

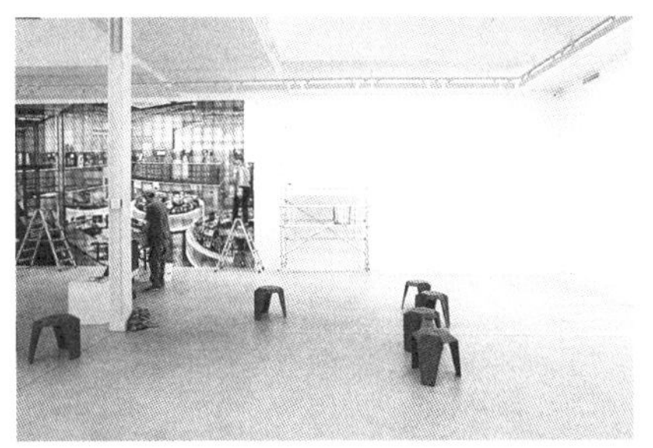
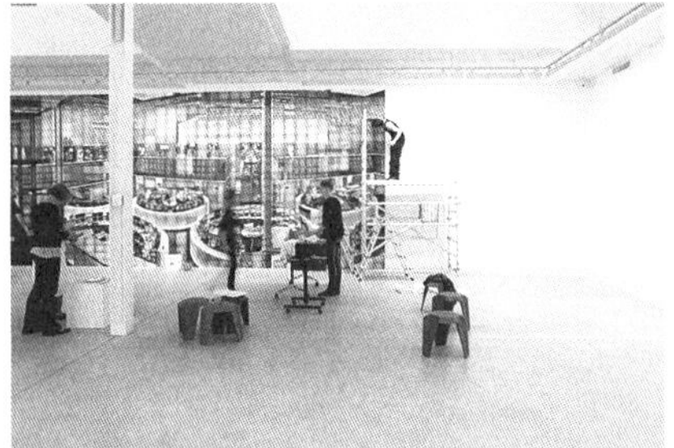
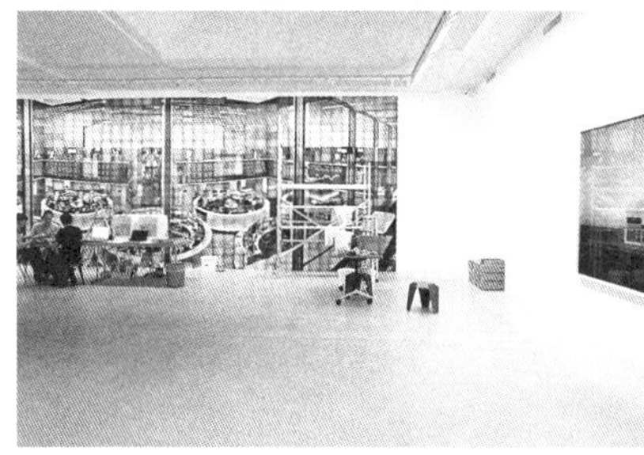
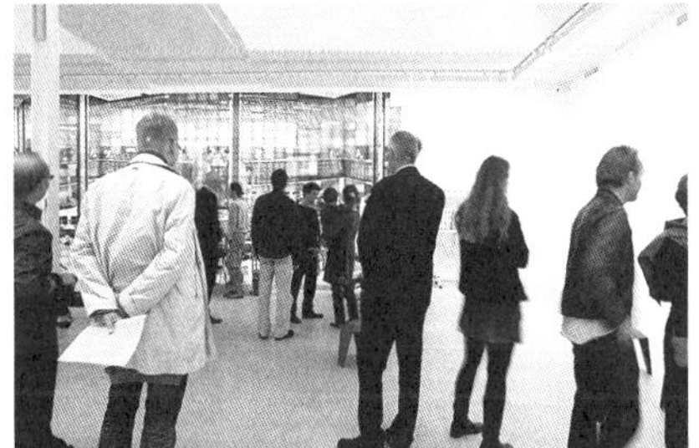
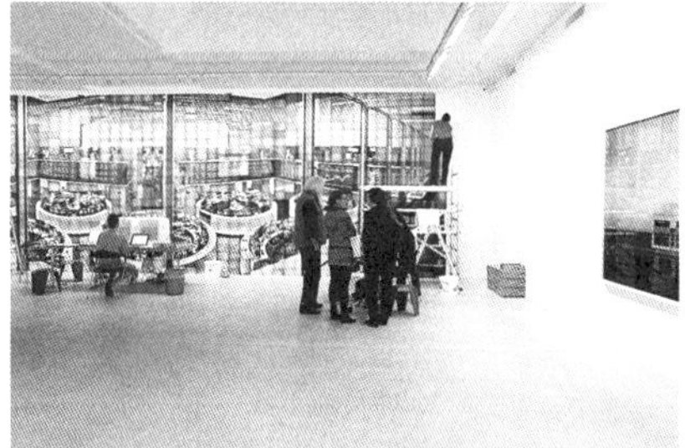
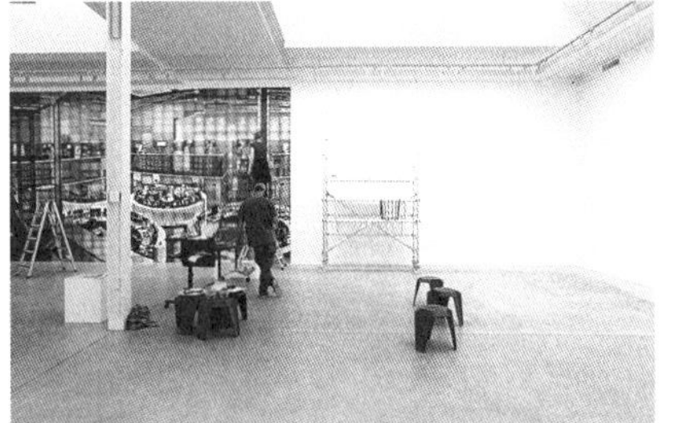
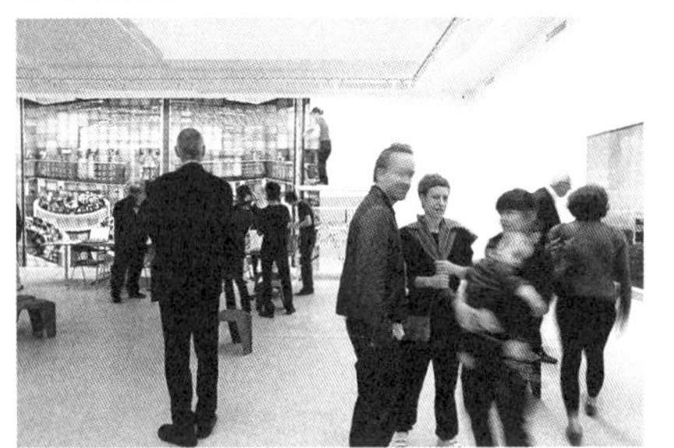
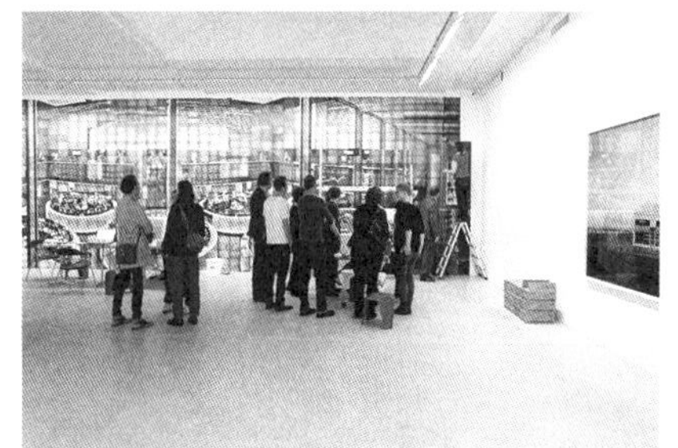
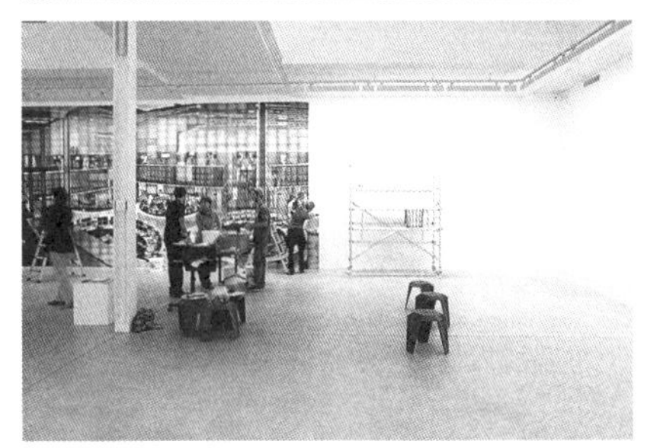
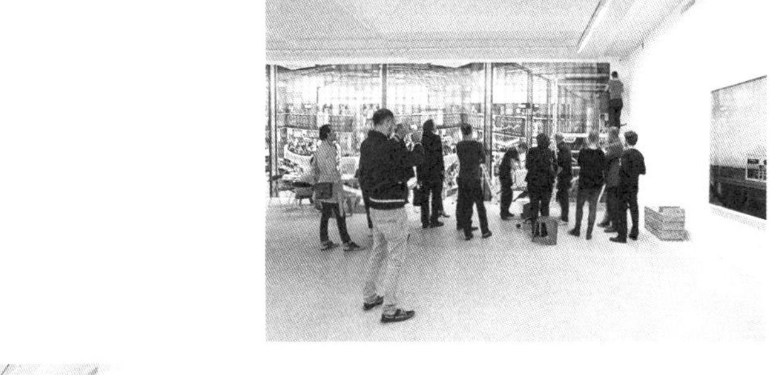
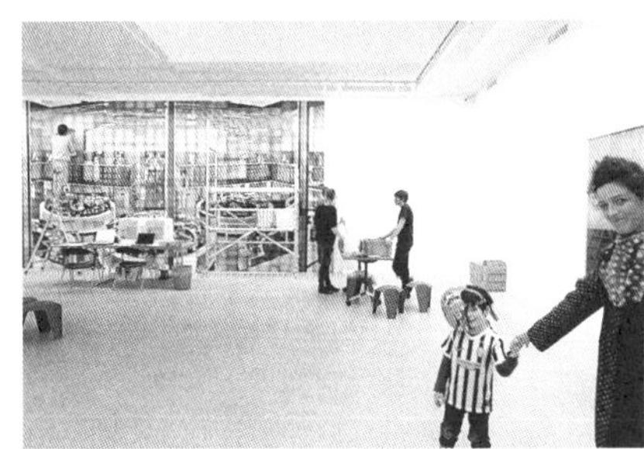
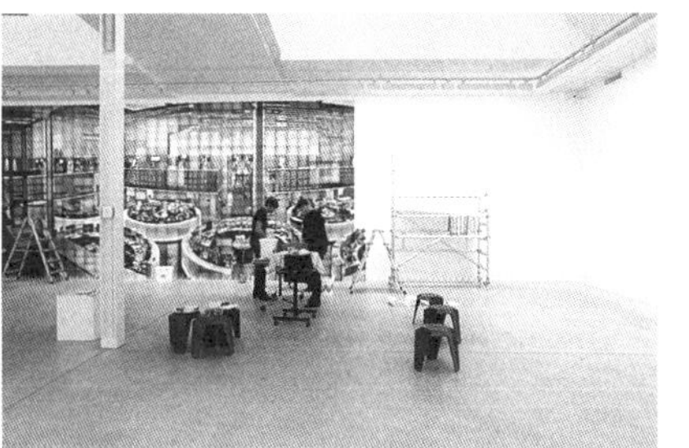
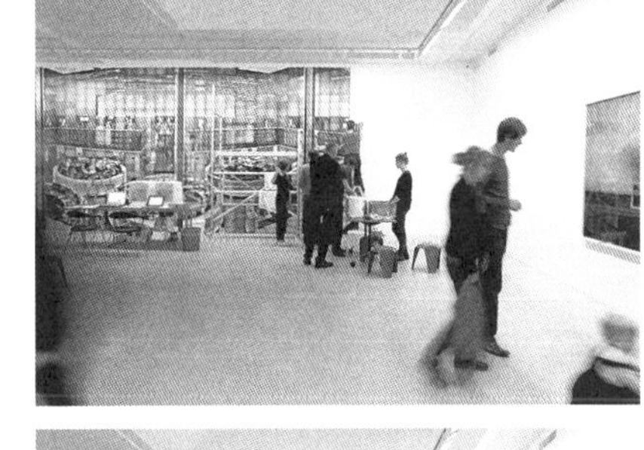
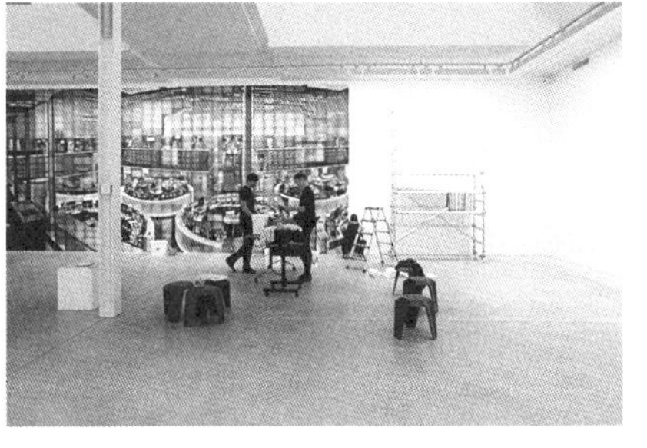
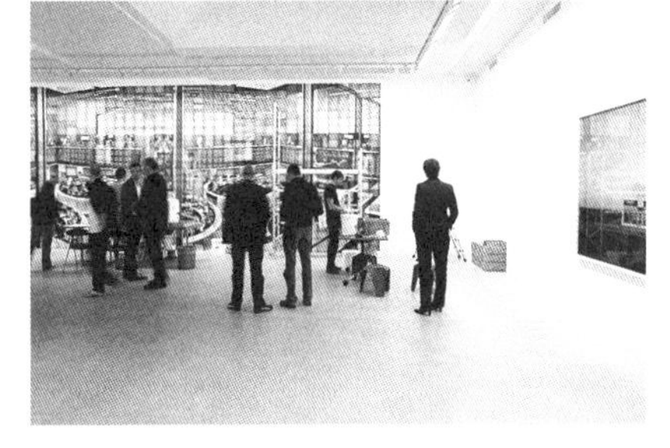
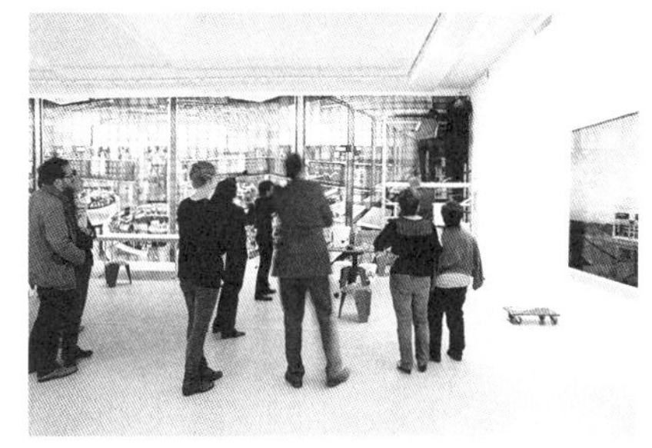

Pixel Shift

Traffic Control Center Flüelen, Area XI:
National Road A2: Airolo – Beckenried
National Road A4: Flüelen – Küssnacht

24-hour recording with computer-
controlled SLR camera, one image per
minute, total 1440 images
from 0:00 to 23:59, March 31, 2012

Pixel Shift was commissioned on the occasion of the 100th anniversary of the Swiss
Association of Consulting Engineers and
was part of an exhibition touring three different venues. It is a two-sided wall installation.
One side of the wall shows a twenty-four
hour recording of the traffic control center
in Flüelen, which doubles as the local
police station. It controls the traffic signals
and the lighting on the two highways passing
through the Gotthard tunnel and electroni-
cally monitors several tunnels. An electronic
image analysis can detect letter-size objects
by means of color analysis. If the color of
the several adjacent pixels suddenly and permanently shifts, an acoustic signal alerts
the officers in the control center, and several
cameras are turned onto the event.
On the other side of the wall, twenty-four
abstract single images are shown in a three
by eight grid as well as a timeline with the
schedule of the control center, the recording
process, weather and temperature changes,
and traffic reports.

There are three versions of *Pixel Shift*. Version 1 is a two-sided wall installation. Version 2
is a framed inkjet print with production
details and the timeline printed on the white
border. Version 3 is a framed inkjet print of
the abstract images in a grid.

2012   Federal Institute of Technology,
ETH Zurich
Unter uns
Commissiond by Juri Steiner for
the 100 year jubilee exhibitions of
usic: L'Union suisse des sociétés
d'ingénieurs-conseils

3-part photography installation
freestanding wall, 250 × 800 cm
Frontside:
Pixel Shift Panorama
Inkjet print on blueback paper
→ fig 02

Backside:
Pixel Shift Abstracts
24 selected single images arranged
in a grid, inkjet print on blueback
paper
→ fig 01

Pixel Shift Diagram
Shift-reports, traffic information,
temperature and weather report,
inkjet print, 40 × 50 cm, framed
→ figs 01, 03

2015   Verkehrshaus Luzern
Permanent display at Halle
Strassenverkehr:
3-part photography installation
Details see above

2018   Centre de la photographie, Geneva
**Semiautomatic Photography
2003–2020**
Curator Joerg Bader
Solo exhibition

Pixel Shift Panorama
Inkjet print on fine art paper including weather report and timeline,
66 × 166 cm, framed
→ fig 04 – down

Pixel Shift Abstracts
Inkjet print on fine art paper,
66 × 166 cm, framed
Collection usic Bern
→ fig 04 – top

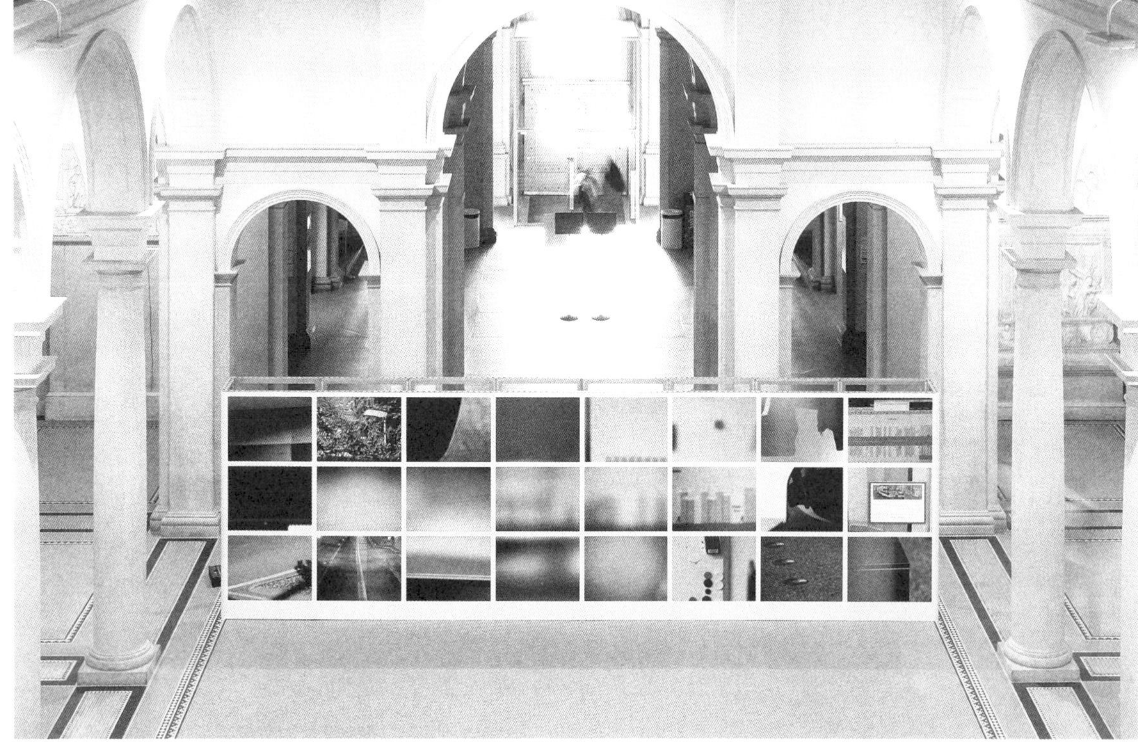

01

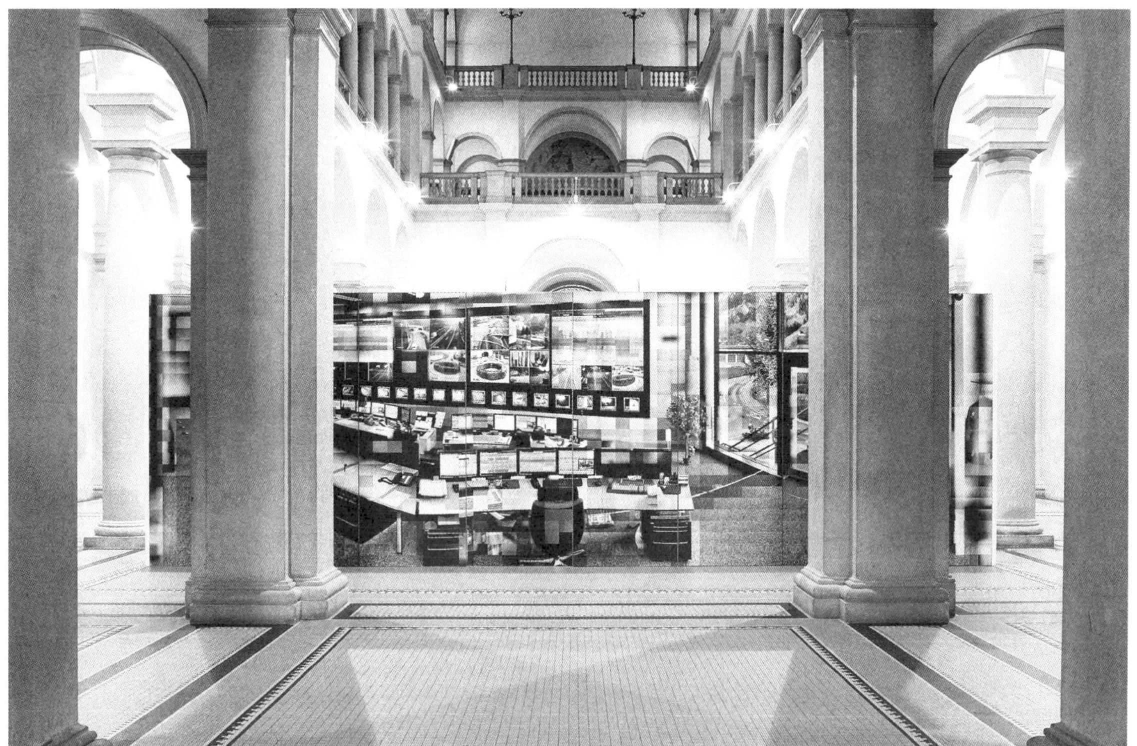

02

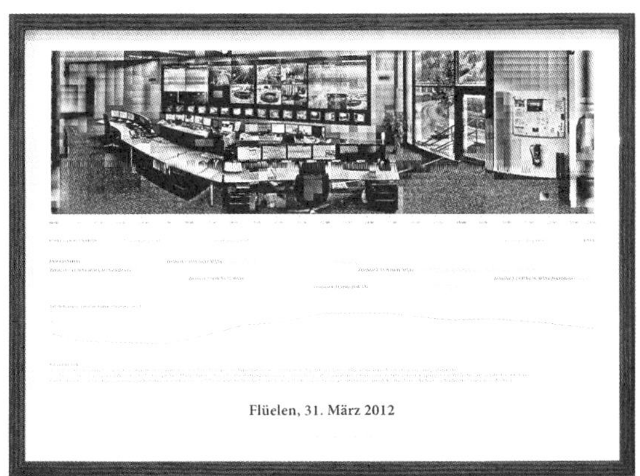

03

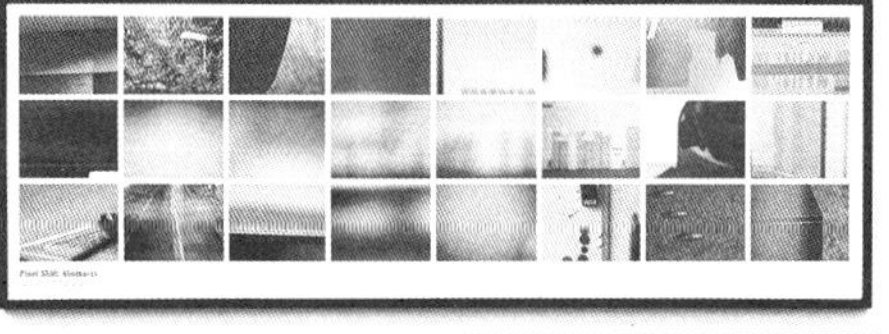

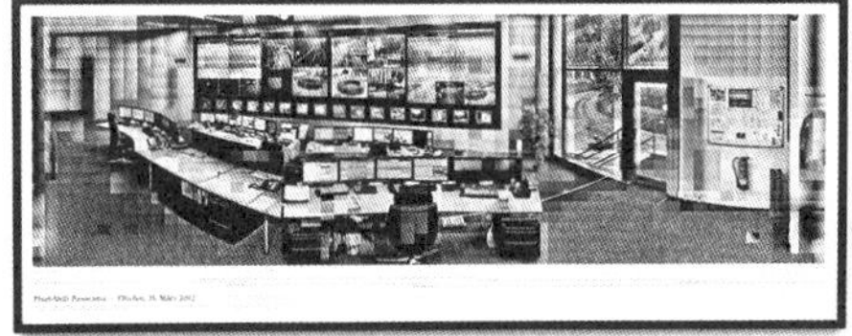

04

Asynchronous
I–X

Recordings

P-07 01 **Asynchronous II, Depot ABC**
Former nuclear test reactor facilities
Lucens, Switzerland

315 single images, recorded with
computer-controlled SLR camera,
January 2013

P-07 02 **Asynchronous III,**
The missing 20 minutes
Nuclear power plant, Zwentendorf,
Austria

289 single images over 20 minutes,
recorded with computer-
controlled SLR camera,
December 2012

Notes

Asynchronous I–X is a series of works on the
history of nuclear technology from the Cold
War to the internet age.

Asynchronous II – Depot ABC is a silent
HD video that combines historical visual
material and single images from a panorama
recording of the abandoned nuclear test
reactor in Lucens, Switzerland.
In Lucens, the Swiss wanted to develop their
own type of nuclear reactor. After several
delays, the reactor, located in a cavern, was
inaugurated in 1967. The first attempt to
obtain maximum output resulted in an explo-
sion and a core meltdown. It was the end
of the utopia of an independent Swiss
nuclear industry. The incident was investi-
gated by a parliamentary committee, which
published an in-depth report on the cata-
strophe in 1979. Today, the facility is used
as cantonal depot for cultural assets.
Asynchronous II uses images and graphics
from three historical documents: a sober
scientific publication on the inauguration
of the reactor from 1967 (no photographs,
just graphics and text), from the 1979
parliamentary report (PUK) (photographs
of damaged parts and details), and from
an illustrated brochure on the site's transformation in a depot for cultural assets
(editorial photography). The shift from the
hermetic specialist's report to the slick
PR brochure indicates how governmental
communication strategies have changed
over the years. The video ends with a
sequence of eighty-five single images from
an automated recording on a grey Sunday
in January 2013 in Lucens.
Some images from this recording are part of
Sale & Pleasure Abstracts, a series of posters
(120 × 80 cm).

Asynchronous III – The missing 20 minutes
was recorded in the reactor of the nuclear
power plant at Zwentendorf, Austria, which
was completed in 1978, but never became
operational due to a federal referendum
against nuclear energy, which was won
with 50.4% of the votes. The reactor was
completed at the time, and only the twenty
minutes needed to lower the uranium rods
into the reactor separated it from becom-
ing fully operational. These missing twenty
minutes were reconstructed thirty-five years
later by a computer-controlled SLR camera mounted on the hydraulic elevator for
the uranium rods. The resulting image is
spatially highly complex as the camera tilted
vertically and paned horizontally by ninety
degrees each during the descent into the
reactor. The work marks an important shift
in Spinatsch's panorama works: By replacing
computer-controlled network cameras with
a computer-controlled SLR camera, the
issue of surveillance is no longer a central.
Rather, the computer-controlled camera as
an image machine is foregrounded.

There are two versions of *Asynchronous III*.
Version 1 is a site-specific panorama installation, displayed on the floor. Version 2 is
a framed inkjet print. Both versions include
a timeline of the camera moving into the
reactor (meters per minute) and a short text
explaining the historical context.

01

Kommission für die sicherheitstechnische Untersuchung des
Zwischenfalles im Versuchs-Atomkraftwerk Lucens (UKL)

Schlussbericht über den
Zwischenfall im Versuchs-
Atomkraftwerk Lucens

Am 21. Januar 1969

Juni 1979

56
59
G

02

U

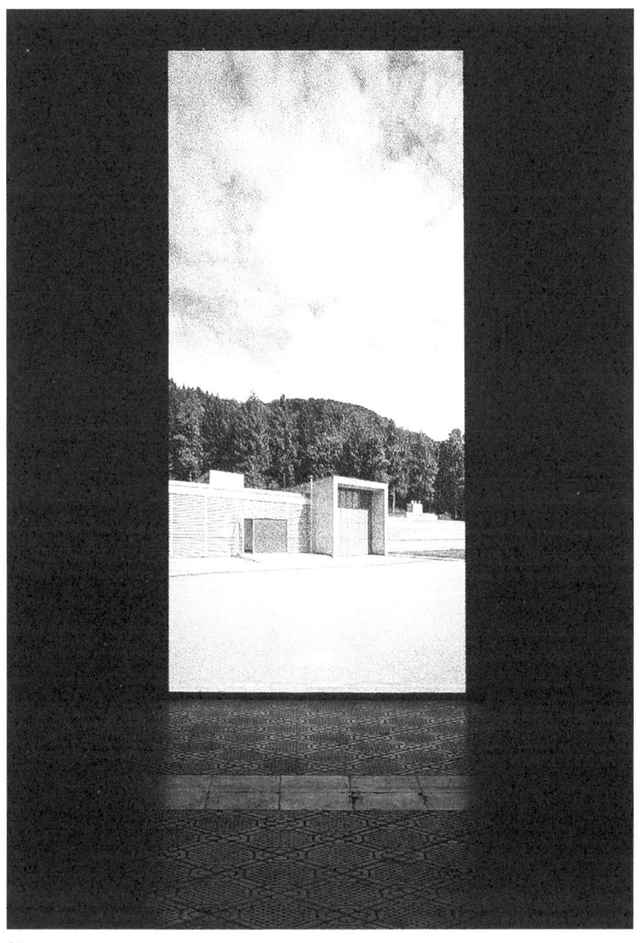

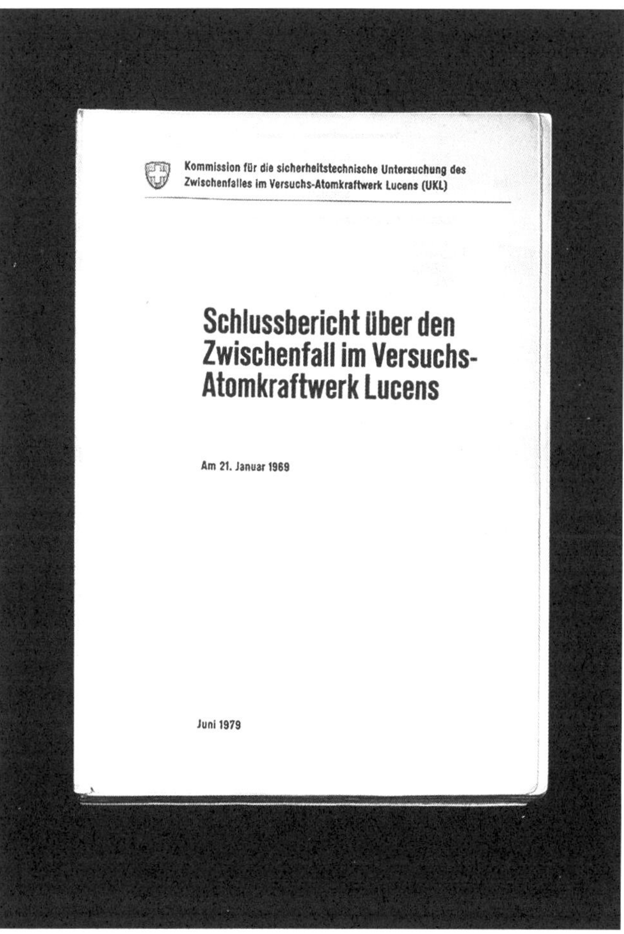

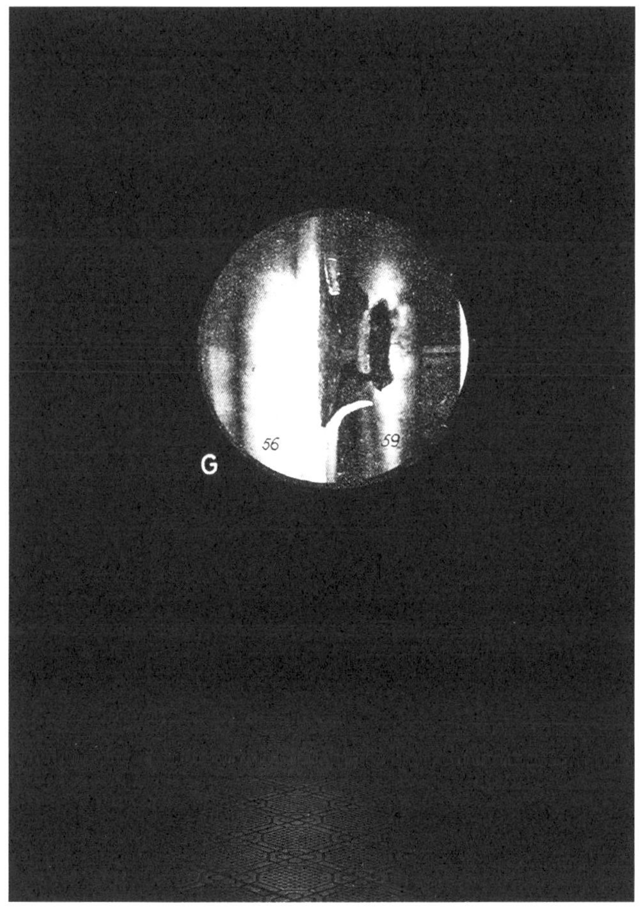

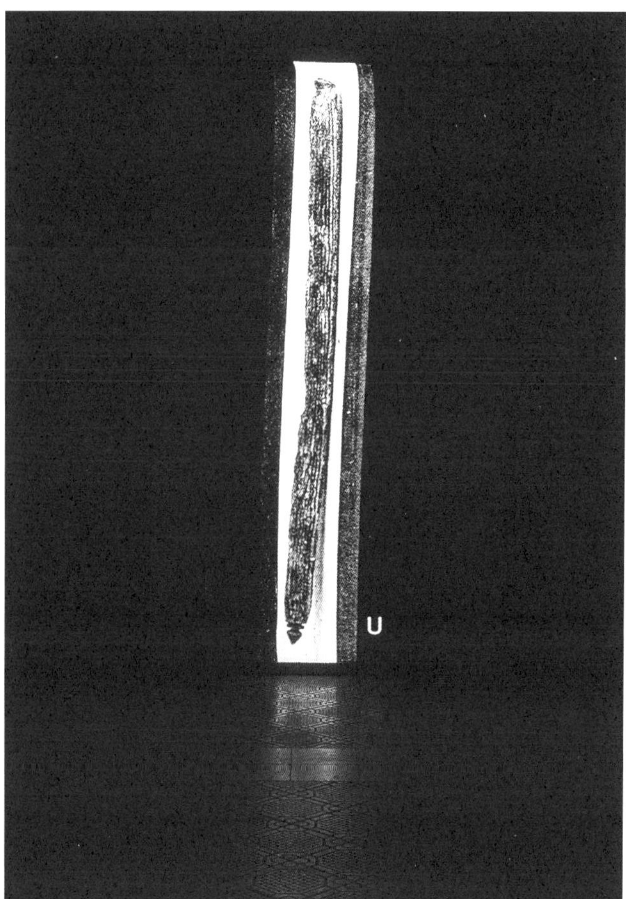

2013 Coalmine, Winterthur
Asynchron – Zwischenstand
Greenpeace / *Du Magazin*
Photo Award (prize of the jury)
Curator Alexandra Blättler
Solo exhibition

Galerie Luciano Fasciati, Chur
**Halbautomat – Semiautomatic
Photography**
Solo exhibition

2014 SIM Galerie, Curitiba, Brasil
Vertigo
Curator Denise Gadelha

*Asynchronous III – The missing
20 minutes*
Inkjet print, framed, 225 × 150 cm
→ fig 04

Messe Basel
Swiss Art Award 2014

Helmhaus, Zurich
**Kunststipendien der Stadt Zürich
2014**

2015 Fotografia Europea, Reggio Emilia
Earth Effect
Curator Daniele de Luigi

Asynchronous II – Depot ABC
Video projection, no sound,
HD vertical: 9'28''
→ figs 01, 02

*Asynchronous III – The missing
20 minutes*
Latex print, 378 × 250 cm,
loose on MDF panels

2018 Centre de la photographie, Geneva
**Semiautomatic Photography
2003–2020**
Curator Joerg Bader

Asynchronous II – Depot ABC
Video projection, no sound,
HD vertical: 9'28''
→ fig 03

*Asynchronous III,
The missing 20 minutes*
Latex print, 378 × 250 cm,
loose on MDF panels

Christophe Guye Galerie, Zurich
Summit
Curator Lars Willumeit

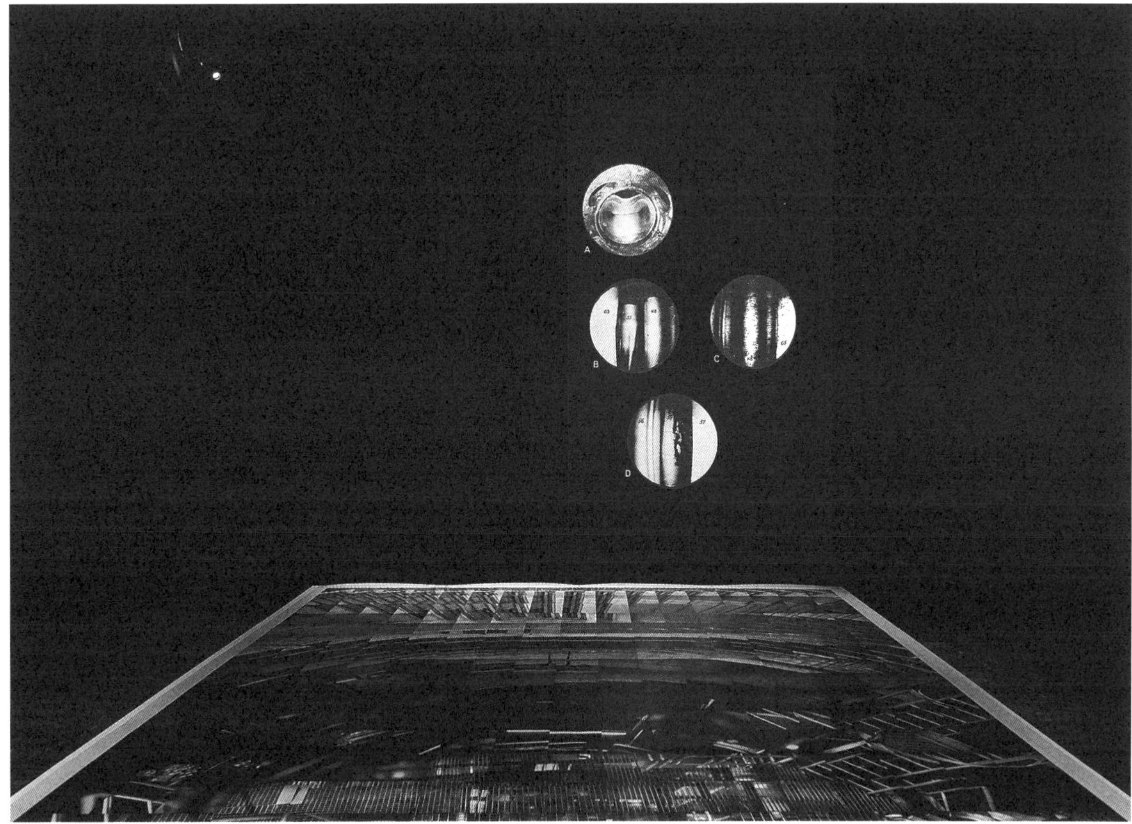

03

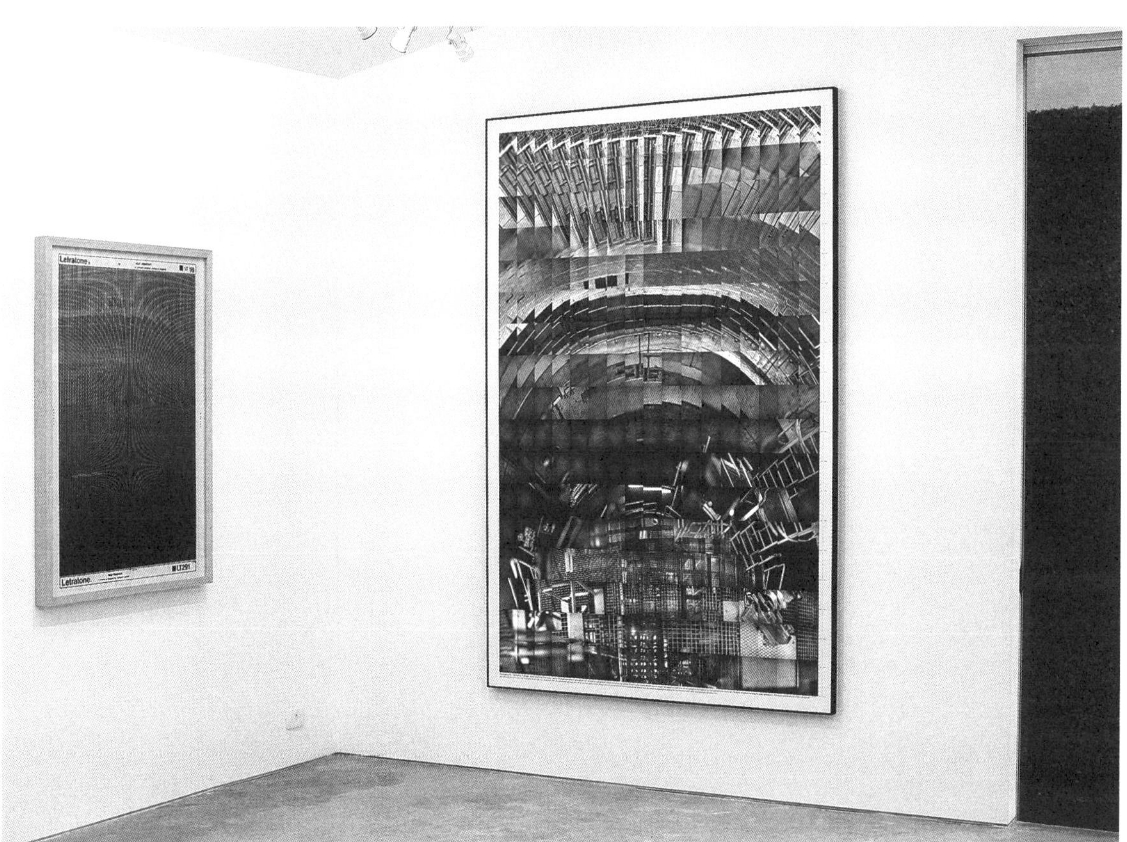

04

Hasardeur 2

Recordings

Studio am Wasser, Zurich

360° recording of the artist's studio
600 single images over 3 hours,
recorded with computer-controlled SLR
camera, June 2013

Notes

Hasardeur 2 was created for the exhibition
Halbautomat – Semiautomatic Photography
at Luciano Fasciati Gallery. During three
hours, Spinatsch automatically recorded a
360-degree panorama view of his studio,
while working with his assistant on the model
of the exhibition, due to open in three
months. It is at once a contemporary take
on classic motif of the artist's studio and
a contemporary "making of" documentation.

Hasardeur 2 exists in two versions. Version 1
was shown in the gallery exhibition. Contrary
to his usual practice, Spinatsch decided
not to show the entire panorama. He sent
Fasciati the 600 image files recorded during
the three hours and asked him to select the
images and to curate a show with them in
the cabinet of the gallery, an exhibition within
the exhibition. Like the recording of the
images, the selection process was delegated
by Spinatsch.
Version 2 is an installation of the entire panorama in a purpose-built room. The visitor
enters through the window into the panorama. Since the camera was not placed in the
geometrical center of the room, but rather
pragmatically on the table, the depiction
of the studio is asymmetrical. Consequently,
the scale of the reproduction ranges from
1:1 to 1:4.

Exhibitions

2013   Galerie Luciano Fasciati, Chur
**Halbautomat – Semiautomatic
Photography**

2018   Centre de la photographie, Geneva
**Semiautomatic Photography
2003–2020**

Hasardeur – 3D
Wood, latex inkjet prints on blueback
paper, 356 × 1325 cm, neon light, fan
→ figs 01, 02

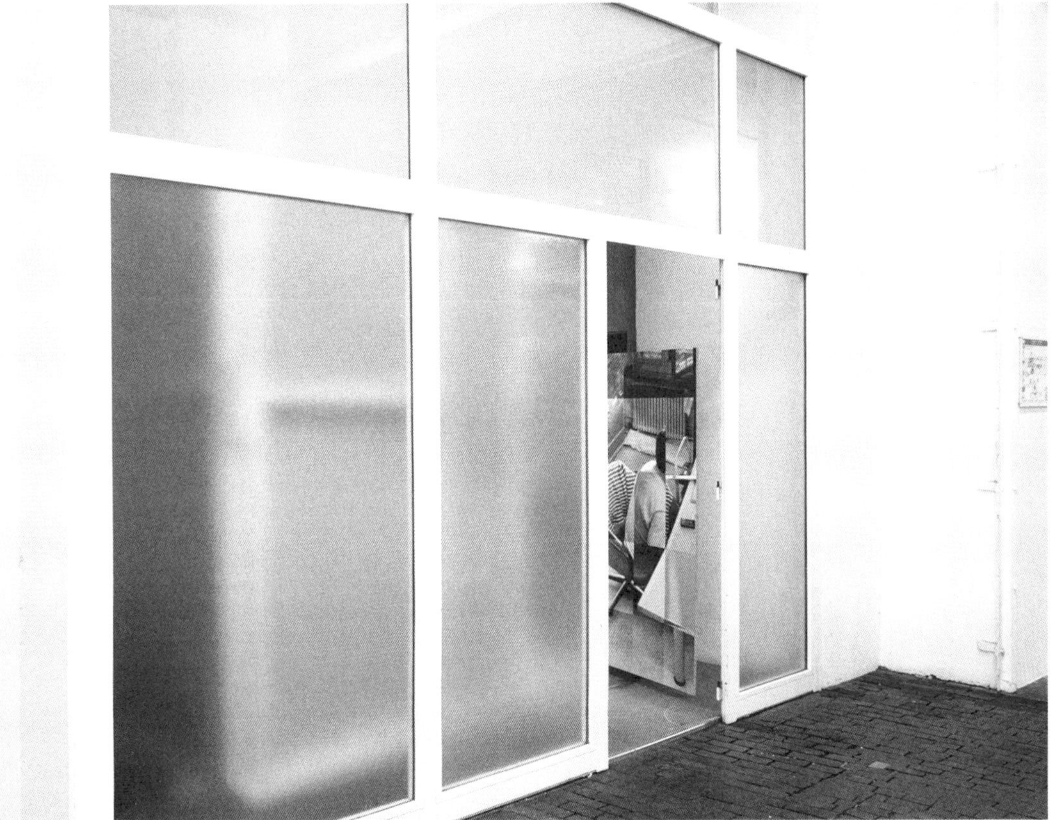

01

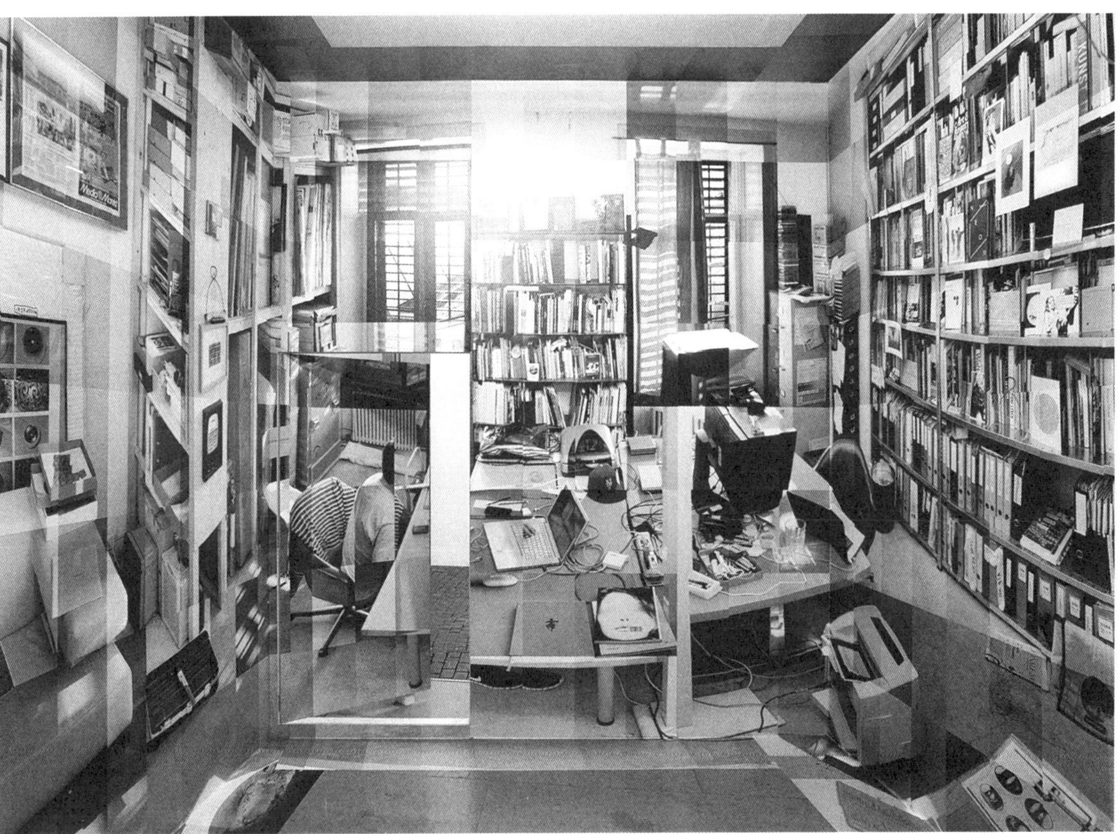

02

Sinking Values

Recordings

Sinking Values oder die Reise zum Nullpunkt der Wertschöpfung
Zurich Opera House

416 single images,
recorded over 88 minutes
between 2 opera plays,
November 27, 2012

Commissioned by Lars Willumeit
for *Du Magazin*, No. 833

Notes

Sinking Values was commissioned by the Swiss magazine *Du*. Over a period of eighty-eight minutes, a computer-controlled SLR camera recorded a change of sets at the Zurich Opera House. The set of an adaption of Robert Louis Stevenson's pirate novel *Treasure Island* was disassembled, whilst the shopping-mall setting of *SALE* was set up, a project on the composer Georg Friedrich Händel by director Christoph Marthaler. The image simultaneously shows the set change and the recording of the panorama image itself. It merges the two sets into one image, thus also setting up a tension between the concepts "treasure" and "sale," valorization, and devalorization, the subjects of the two plays.

Sinking Values was first published on a double page in *DU Magazin*. Later a framed version was produced with production details printed on the white border. Some images from this recording are part of *Sale & Pleasure Abstracts*, a series of posters (120 × 80 cm).

Exhibitions

2013   Galerie Luciano Fasciati, Chur
Halbautomat – Semiautomatic Photography
Solo exhibition

2018   Centre de la photographie, Geneva
Semiautomatic Photography 2003–2020
Solo exhibition

Sinking Values
Panorama with timeline and text,
137 × 212 cm, framed
→ figs 01, 02

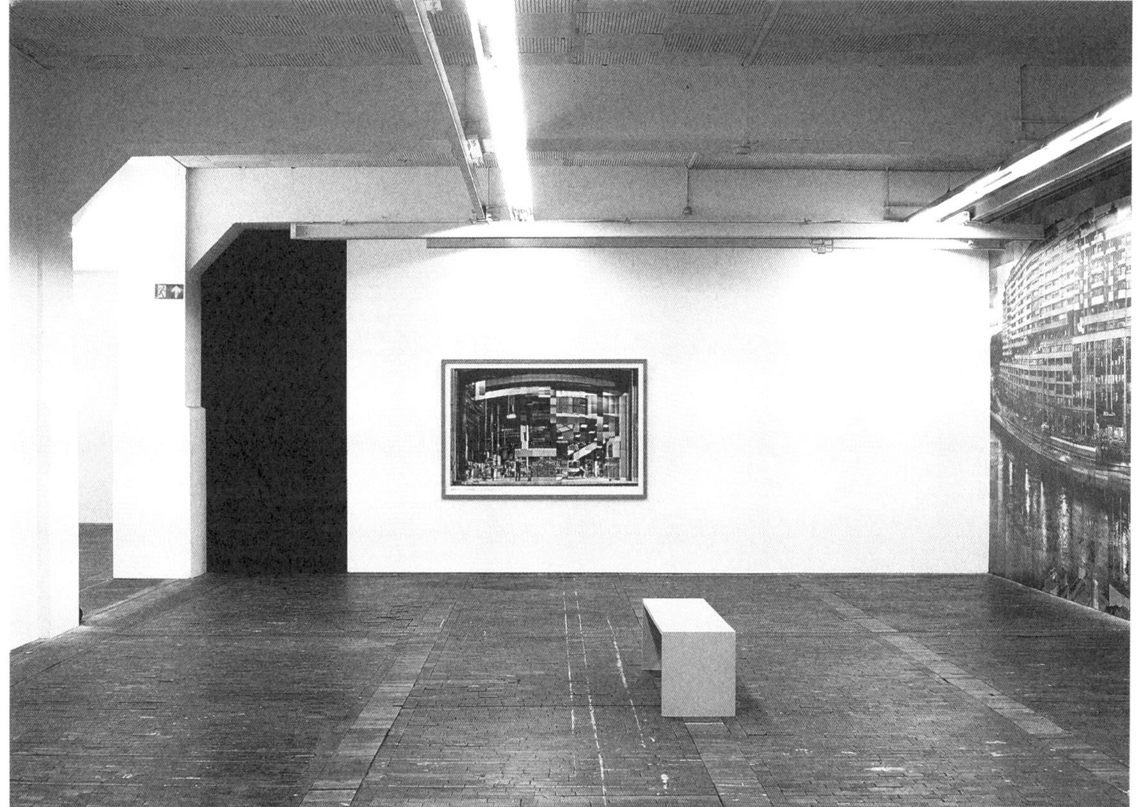

01

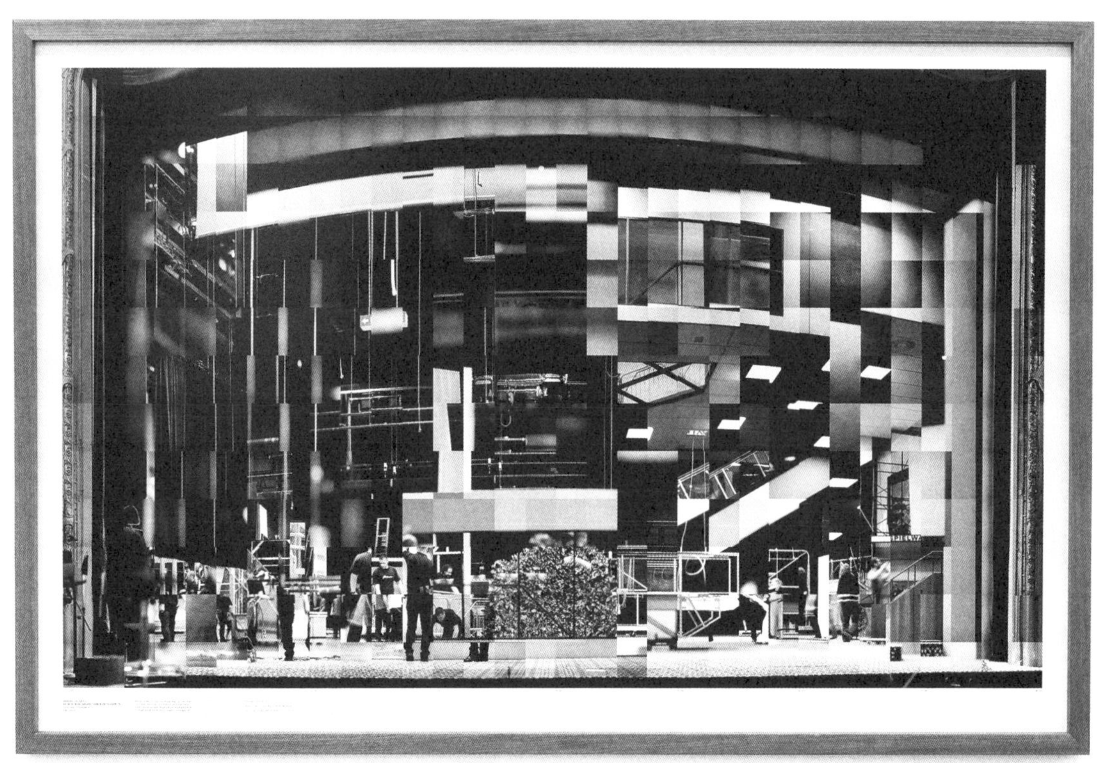

02

Evolution

Recordings

Bolgenschanze Halfpipe
Davos, Switzerland

559 single images, recorded with computer-controlled SLR camera, during O'Neill Snowboard Jam, from 16:26 to 18:11, January 18, 2013

Commissioned by Stephan Kunz, Bündner Kunstmuseum

Notes

Evolution was a commissioned work for an exhibition on 150 years of architecture photography in the Swiss canton of Grisons at the Kunstmuseum Chur. It refers back to *Snow Management Complex* (2001–2008), a series of works by Spinatsch on the impact of winter tourism on mountain landscapes. Particularly relevant for *Evolution* is the series *Inventar*, which shows temporary architectural structures (often inflatable) used in various winter-sports events.
Over a period of three hours, Spinatsch recorded with a computer-controlled SLR camera a snowboard half-pipe contest at Bolgenschanze, a slope where one of the earliest ski jumps used to stand.
The resulting panorama composed of 559 images was shown as a wall installation at Kunstmuseum Chur.

Exhibitions

2013   Bündner Kunstmuseum, Chur
         **Ansichtssache / Point of View –
         150 Years Architecture Photography
         in Graubünden.**

         Inkjet print on blueback paper,
         333 × 707 cm
         → fig 01

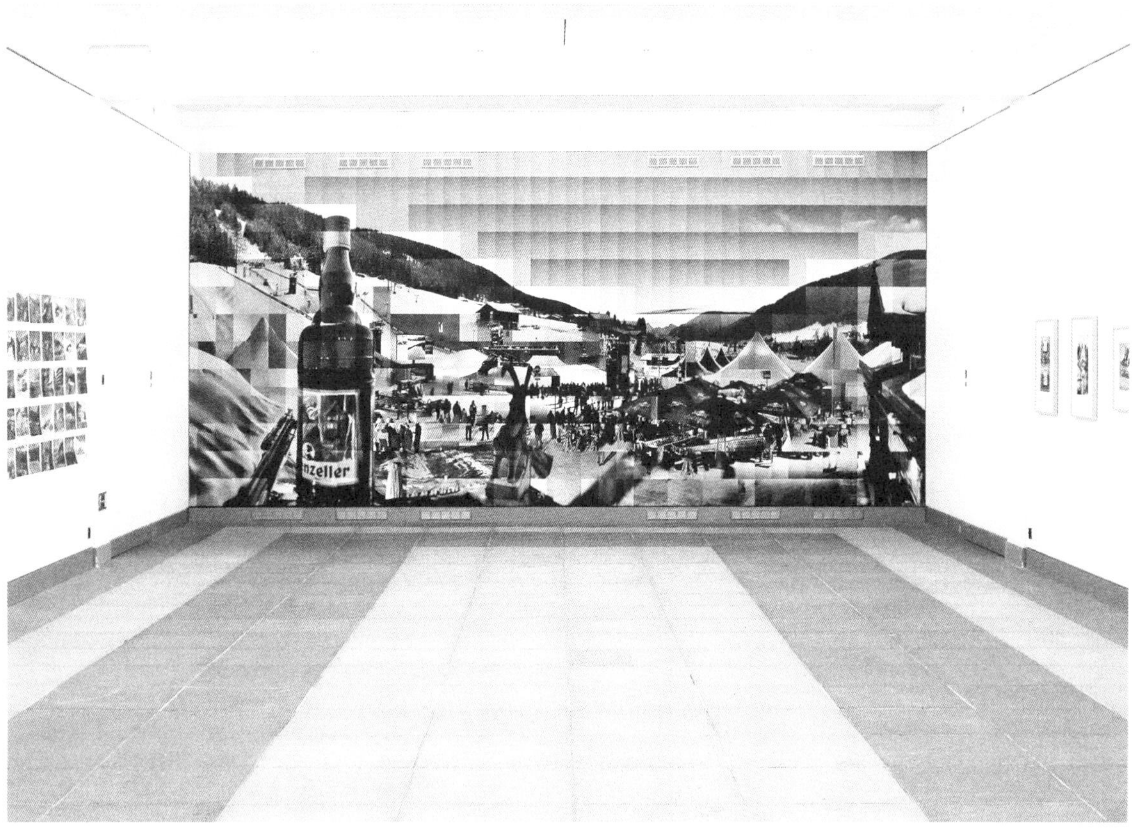

01

Snowden
Habitat

Recordings

Seujet Complex, Geneva

600 single images, recorded from
15:30 to 17:29 with computer-controlled
SLR camera, January 12, 2013

Edward Snowden, the former CIA agent
who leaked top secret American intelligence
documents, lived in this building in 2006.
Then he was working as IT systems expert.
Before he moved on to work for a private
contractor hired by the National Security
Agency NSA.

Commissoned by Joerg Bader,
Centre de la photographie, Geneva
for the exhibition
Cherche Appartement

Notes

On a walk with Joerg Bader, director of the
Centre de la photographie in Geneva,
Spinatsch came up with the idea to shoot
a panorama of the modernist Seujet building
complex in Geneva, which had fascinated
him for a long time because of its sheer size
and sinister appearance. Bader immediately
commissioned the panorama for a group
show due to open in a few weeks.
Later Spinatsch found out that Edward
Snowden, the former CIA agent who had
leaked top secret intelligence, had lived in
this building while working for the NSA
in Geneva. Although this was not the initial
reason for photographing the building,
the fact inevitably influences the way the
image is read.
The easy set-up of the SLR camera made
it possible to produce the panorama at short
notice. The camera's shorter focal length
and the high resolution of the single images
opened up new possibilities. This is the
only panorama recorded in horizontal rows
from the top to the bottom, recording the
transition from day to night. For technical as
well as formal reasons, the camera was
vertically installed, but was programmed
to record horizontally. Consequently, only
horizontal views were selected for the
panorama.

There are two versions of *Snowden Habitat*.
Version 1 is a site-specific panorama installation. Version 2 is a framed inkjet print
with production details and two sentences
on Snowden's activities in Geneva printed
on the white border. For the exhibition in
Geneva, Spinatsch gave the curators a
number of printed single images to freely
exhibit, interpret, or leak.
Some images from this recording are part
of *Sale & Pleasure Abstracts*, a series of
posters (120 × 80 cm).

Exhibitions

2013	Centre de la photographie, Geneva **Cherche Appartement**
2018	Centre de la photographie, Geneva **Semiautomatic Photography 2003–2020** Curator Joerg Bader and Sebastien Leseigneur Solo exhibition

Latex inkjet print on blueback paper,
423 × 1403 cm
→ figs 01, 02

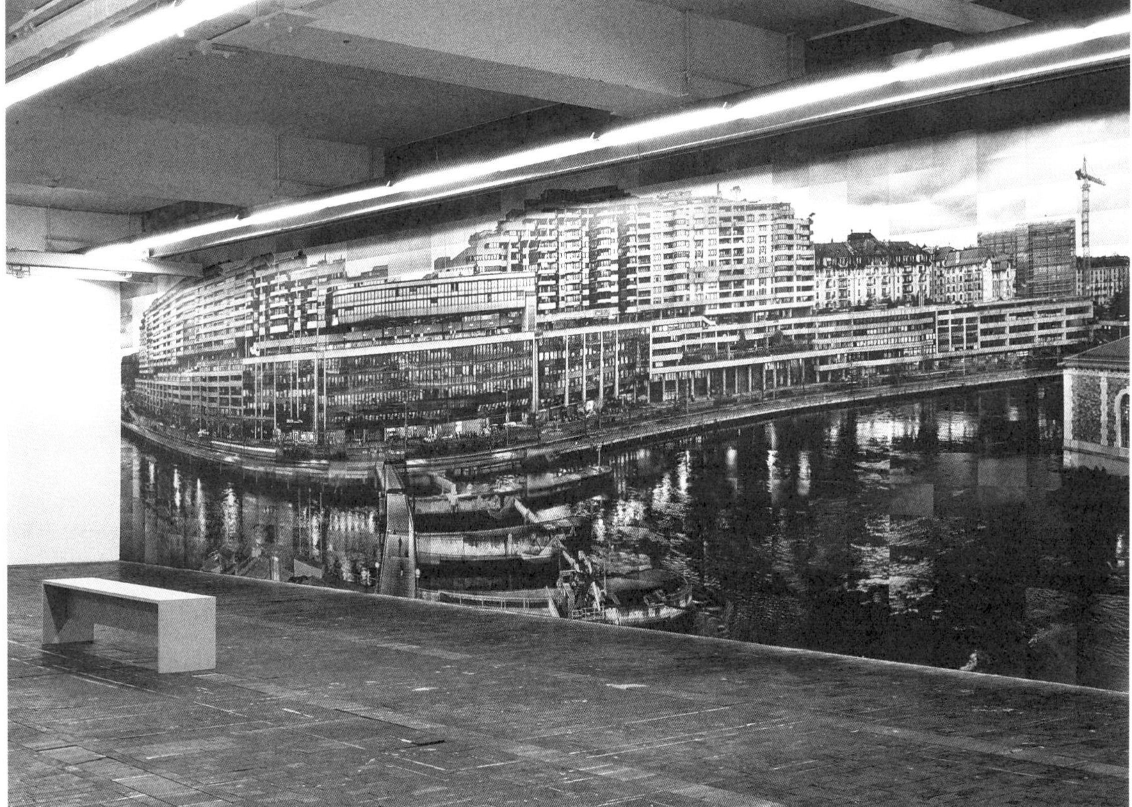

01

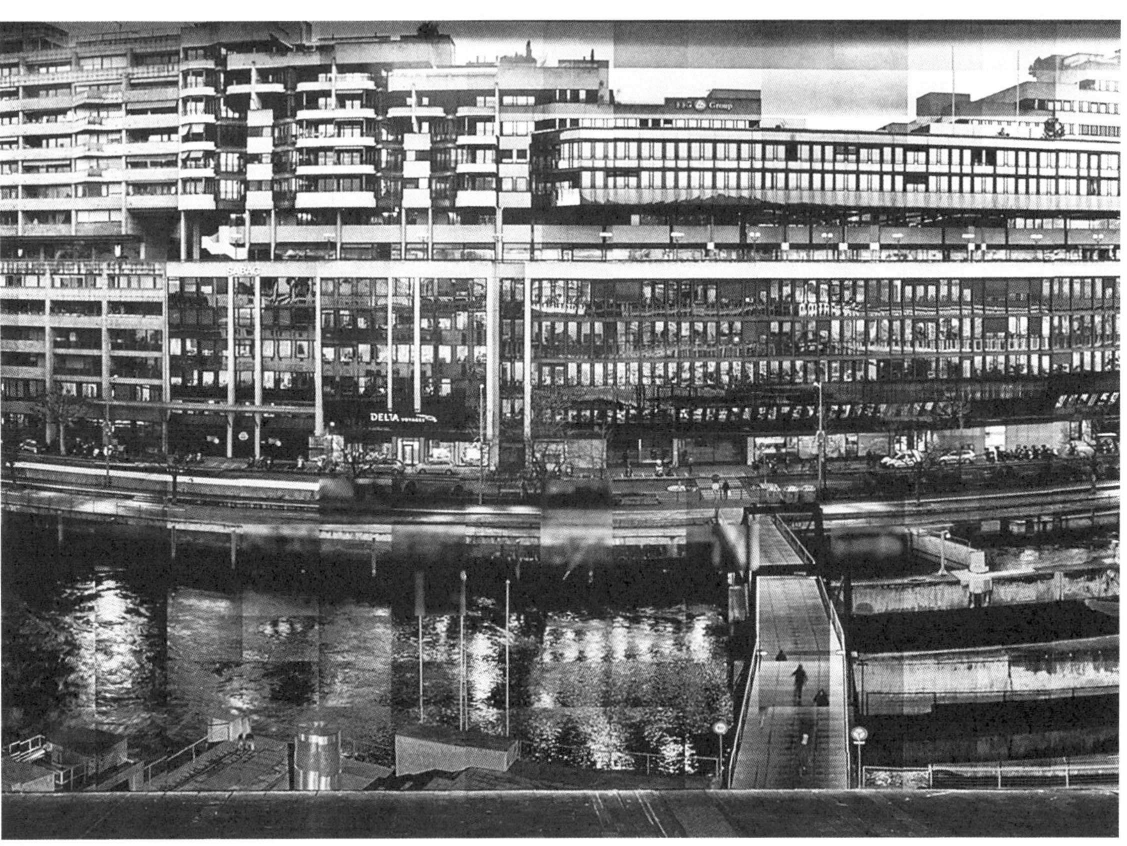

02

7 Precarious Fields

Mannheim, Ludwigshafen, Heidelberg

P-12 01 Hochzeit Gruppe 631
John Deere, tractor assembly line,
Mannheim, Germany
780 single images, recorded with
computer-controlled SLR camera
during an entire morning shift,
Tuesday 06:30 to 14:30,
August 3, 2015

P-12 02 Panopticon JVA
Justizvollzugsanstalt (JVA)
Mannheim, Germany
360° recording from the watchtower
of the correctional facility
1360 single images, recorded with
computer-controlled SLR camera,
July 14, 21:42 to July 15, 5:48, 2015

P-12 03 Bahnstadt
Heidelberg, Germany
Urban planning to convert former
U.S. Army base into a residential
area
A – Vergangheit und Zukunft
468 single images, recorded with
computer-controlled SLR camera,
17:07 to 18:06, May 28, 2015
B – Gegenwart
348 single images, recorded with
computer-controlled SLR camera,
18:31 to 19:30, May 28, 2015

P-12 04 Morgenstund
Saturn electronics store
Mannheim, Germany
280 single images, recorded with
computer-controlled SLR camera,
07:32 to 08:31, May 28, 2015

P-12 05 Zeitreise – The Big Bang Theorie
Planetarium, Mannheim, Germany
Recording during the entire length
of the educational film "Time Travel
from the Big Bang until Today"
882 single images, recorded over
41 minutes with computer-controlled
SLR camera, 12:41 to 13:22,
June 10, 2015

P-12 06 Vector Rehab
Sport studio Jungbusch, Mannheim,
Dieter Krauth's (68) daily training-
unit on Vektor Rehab machine,
3 exercises in 24 minutes
162 single images, recorded with
computer-controlled SLR camera,
13:39 to 14:03, July 15, 2015

P-12 07 Tanzboden
Time Warp Festival,
Mannheim, Germany
714 single images, recorded with
computer-controlled SLR camera
during the entire party on dance-
floor 1, April 5, 19:30 to April 6,
11:00, 2015

The recordings were made for the 6th
Foto Festival Mannheim – Ludwigshafen –
Heidelberg, curated by Urs Stahel. As the
title *7 Precarious Places – 7 Precarious
Fields* indicated, it took place in seven
institutions, each dedicated to another
current topic.

Hochzeit Gruppe 631 (Marriage Group 631)
shows the assembly of John Deere tractors
during an eight-hour shift. In technical jargon,
"marriage" refers to the moment when the
cabin is slipped over the tractor's chassis like
a wedding gown.

There are two versions. Version 1 is a site-
specific panorama installation. Version 2 is
a framed inkjet print with production details
printed on the white border.

Panopticon JVA shows a correctional facility in Mannheim, whose layout conforms
to Jeremy Bentham's panopticon. Due to
the intervention of a politician, who feared
the inmates might object to the camera,
Spinatsch was only allowed to record at
night. The panorama was recorded from the
watchtower, the geometrical as well as stra-
tegic center of the facility. For one night, the
technical equipment of the artist replaced
the guard and occupied the control room.
In the permanently burning artificial light,
there are almost no traces of humans, apart
from what the cleaners have left behind.
Time seems annulled. Or only just almost as
on the very right a blue shimmer of daylight
enters through the windows.

There are two versions of *Panopticon JVA*.
Version 1 is a site-specific panorama installation. Version 2 is a framed inkjet print
with production details and the daily schedule of the correctional facility printed on
the white border. *Panopticon JVA* work was
later incorporated in a new work, *Inside
the Digital Panopticon.*

A – Vergangheit und Zukunft (Past and Future)
shows a billboard in the midst of a wasteland, advertising Bahnstadt Heidelberg, an
ambitious large-scale urban development
on the site of a former U.S. Army base. The
only signs of history in this non-descript
wasteland are a nineteenth-century water
tower and a mural advertising tax-free cars
for American GIs.
B – Gegenwart (Present) shows containers
on the building site of Bahnstadt Heidelberg
and a group of resting construction workers.
In the background are the buildings adver-
tised with renderings on the billboard in panorama A.
Panoramas A and B are extant as a two-sided
wall installation.

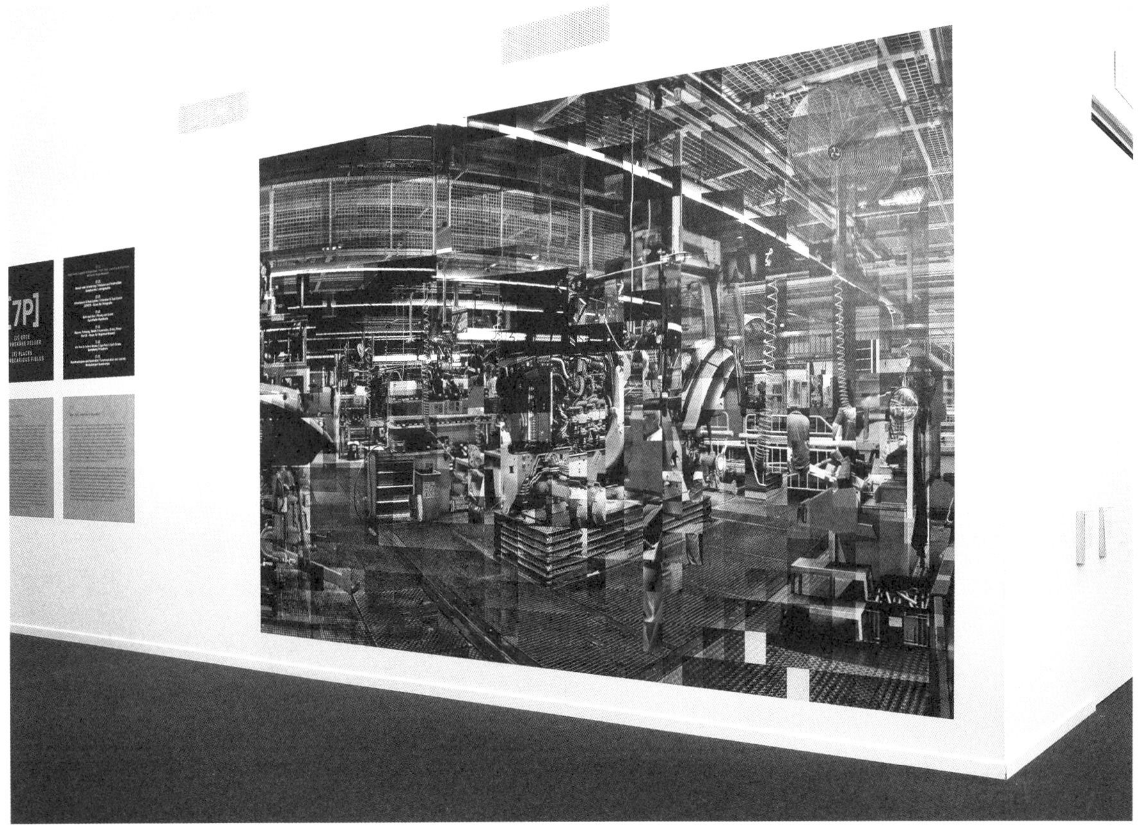

01

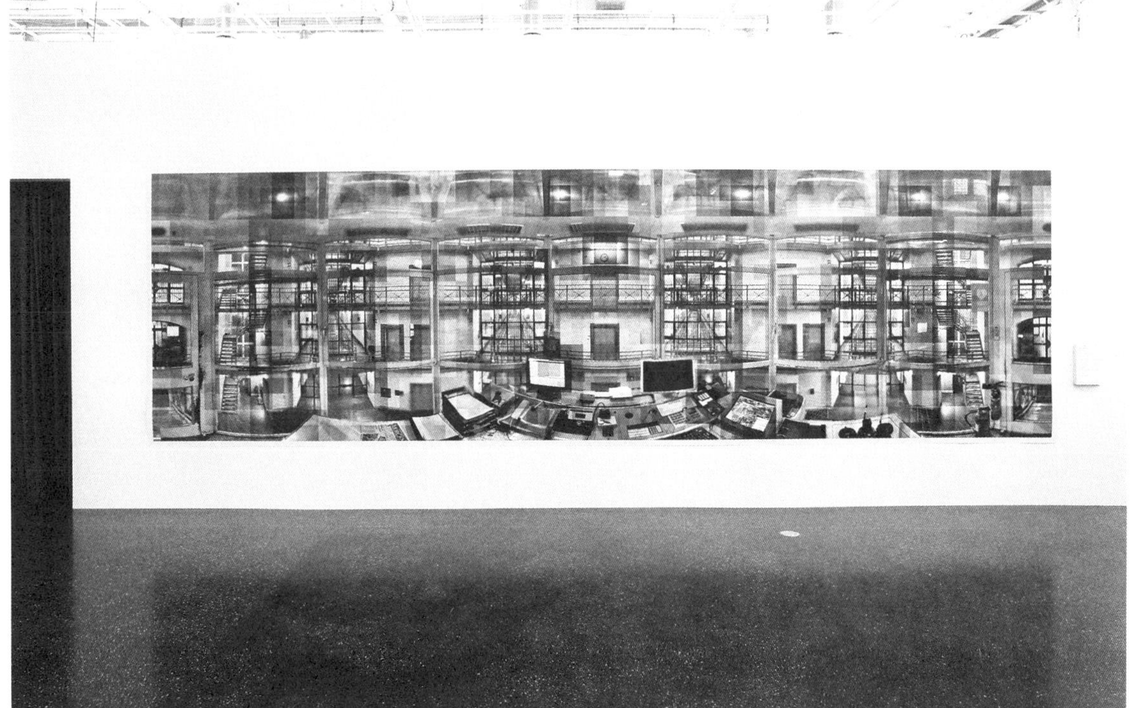

02

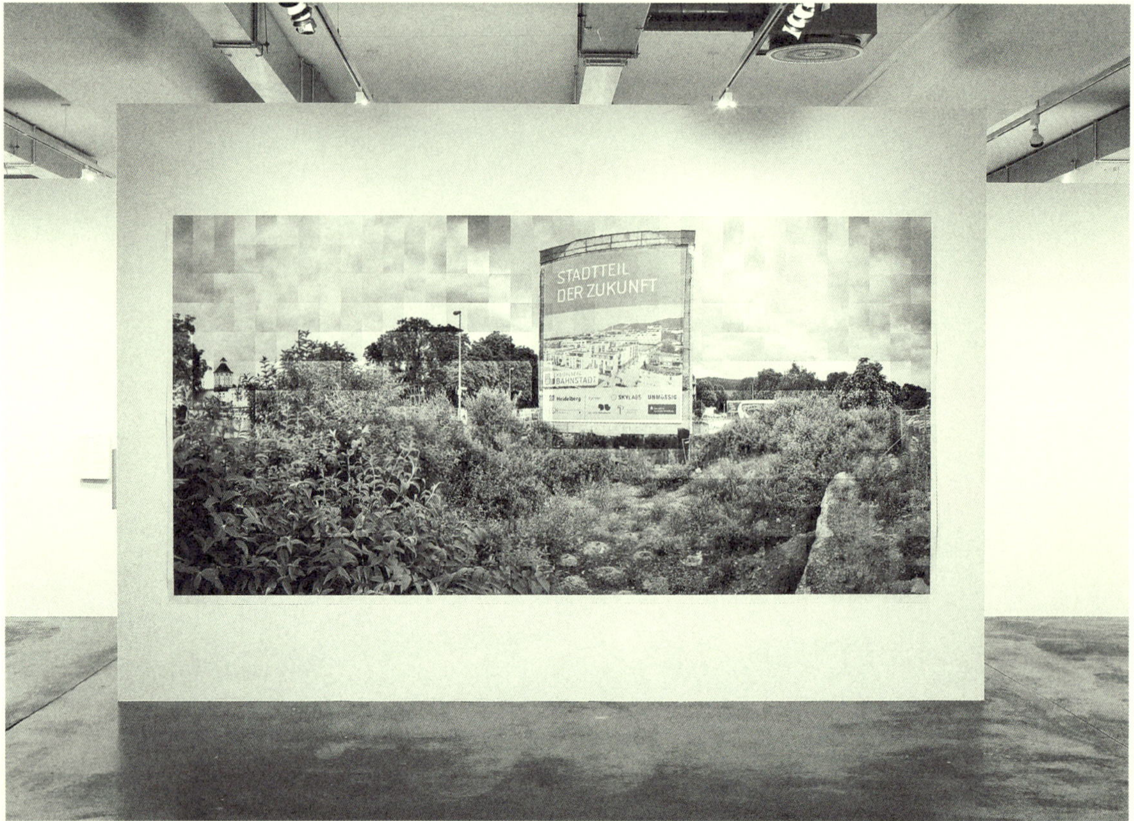

03

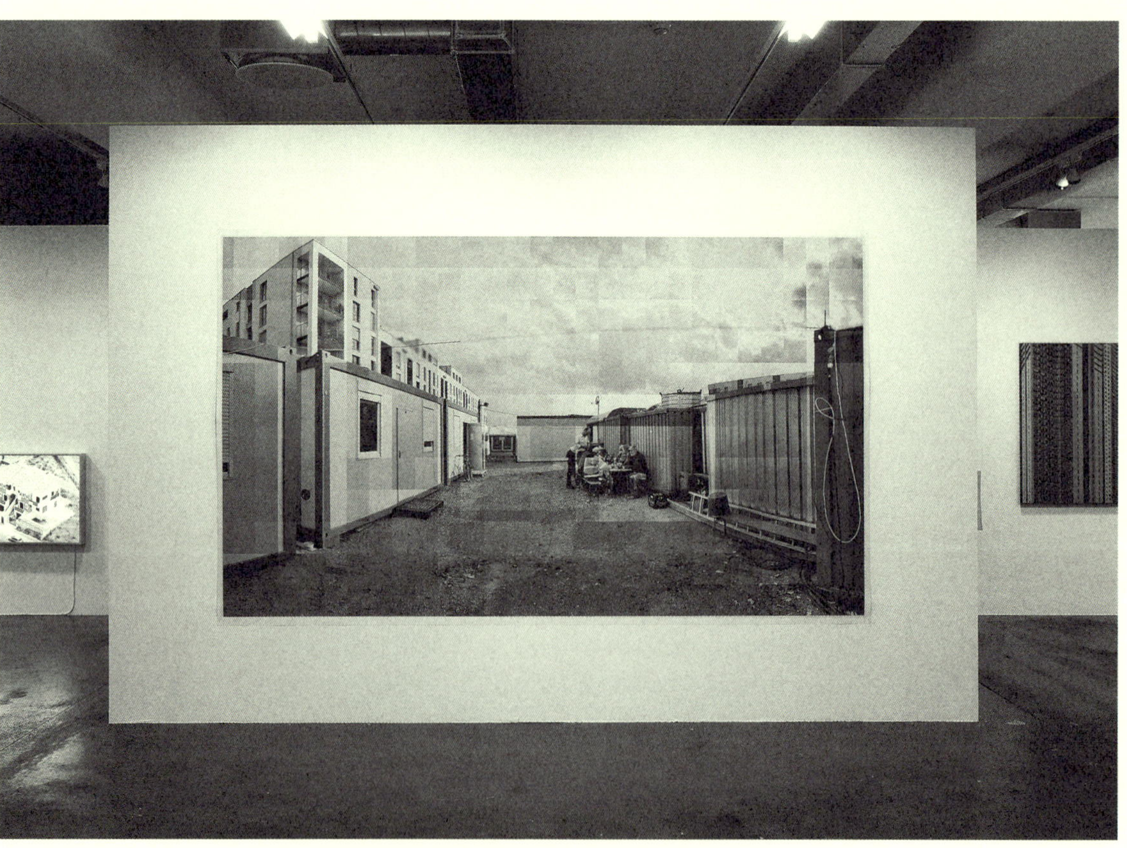

04

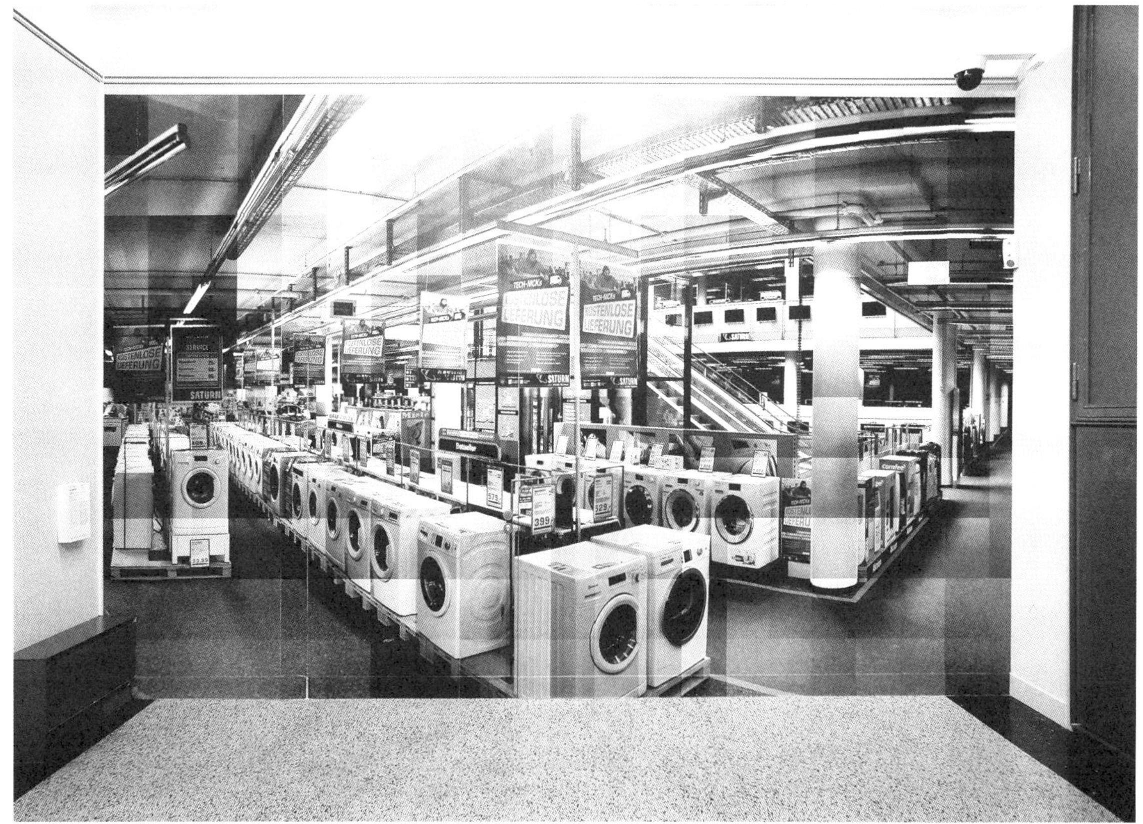

05

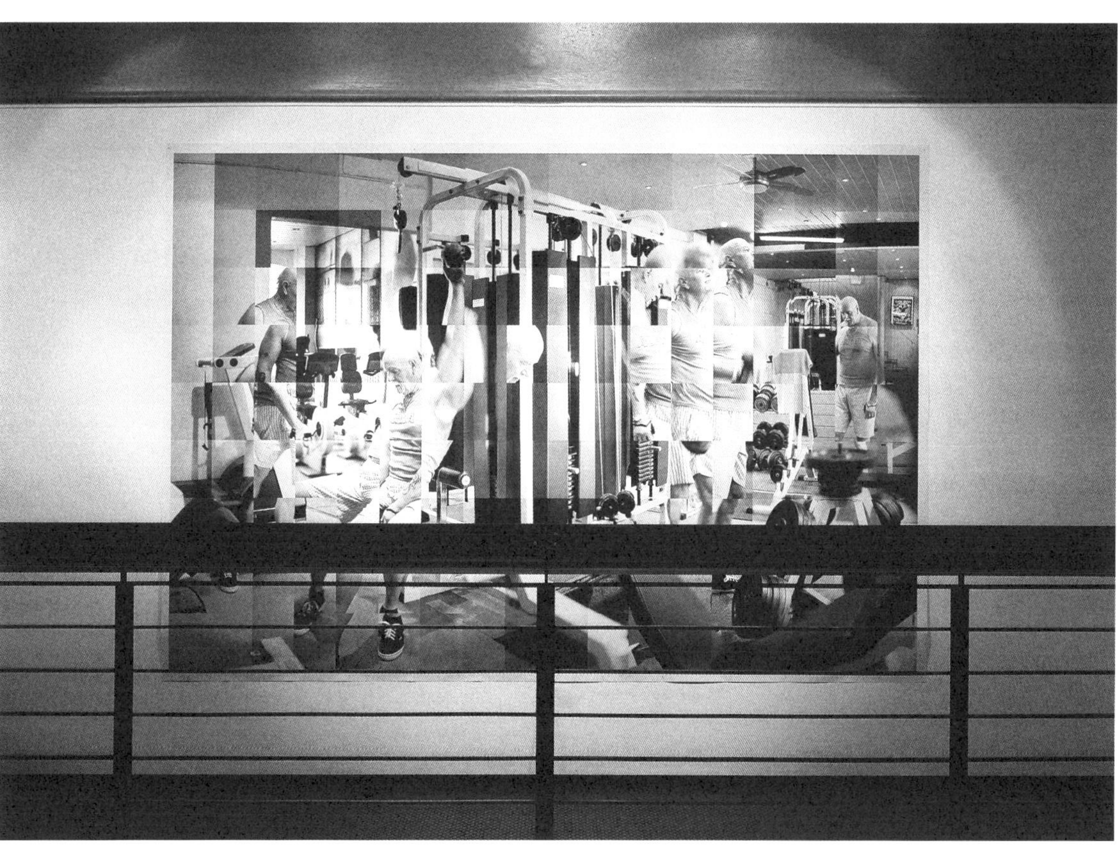

06

Notes

Exhibitions

Morgenstund (Morning Hour) shows an empty Saturn store, Germany's second-largest electronics retailer. The mamagement only allowed Spinatsch to photograph in the morning before the store opened, since they were afraid customers would object. A consequence of this decision is that the store looks defunct and abandoned in the image, certainly not what the company intended. *Morgenstund* was shown as site-specific panorama installation. Seen from a distance, it gave the impression that the museum in Mannheim now included a electronics store.

Vector Rehab shows the daily training unit of a 68-year-old man, condensing three exercises in a single image, thus alluding to the history of the representation of motion in photography, film, and painting.
Vector Rehab is extant as a site-specific panorama installation.

Big Bang Theorie (Big Bang Theory) is a panorama recording of "Time Travel from the Big Bang until Today" an educational film on the history of the universe from its beginning to today, screened at the planetarium in Mannheim. A film is transformed into a single image, a hemisphere into a rectangle – the history of the universe is compressed into a single panoramic view. The end credits of the film, captured in the two columns on the very right, could be read as harbinger of the end of life on earth.
The work is extant as a site-specific panorama installation.

Tanzboden (Dance Floor) shows a large-scale annual techno event in Mannheim, recorded with a computer-controlled SLR camera attached to the lighting rig. Due to the constantly changing lights, the recording was technically unpredictable. Consequently, a large number of images were out-of-focus and merely abstract.

There are three versions of *Tanzboden*. Version 1 is a site-specific panorama installation. Version 2 is a framed inkjet print with production details and the line-up of DJs printed on the white border. Version 3, *Tanzboden Abstracts*, is a series of forty-nine prints of single images. Version 4, *Obey, Obey*, is a group of nine framed images. Some images from this recording are part of *Sale & Pleasure Abstracts*, a series of posters (120 × 80 cm).

2015   **6. Photography Festival Mannheim, Ludwigshafen, Heidelberg**
7 Precarious Places – 7 Precarious Fields

Wilhelm-Hack-Museum Ludwigshafen
7.1 High-Tech, Logistic, Migration
Hochzeit Gruppe 631
Inkjet on blueback paper, 342 × 500 cm
→ fig 01

Kunstverein Ludwigshafen
7.2 Violence and Destruction
Panopticon JVA
Latex print, 200 × 700 cm
→ fig 02

Zephyr, Raum für Fotografie Mannheim
7.3 Urbanism & Real Estate
A – Vergangenheit und Zukunft
Latex print, 183 × 380 cm
→ fig 03

B – Gegenwart
Latex print, 183 × 320 cm
→ fig 04

2015   Kunsthalle Mannheim
7.4 Money and Greed
Morgenstund
Inkjet on blueback paper, 352 × 535 cm
→ fig 05

Port 25 Mannheim,
7.5 Knowledge, Order, Power
Zeitreise – Big Bang Theorie
Latex print, 178 × 600 cm
→ fig 07

Sammlung Prinzhorn Heidelberg
7.6 Ego-Fest and Self-Stress
Vector Rehab
Latex print, 200 × 300 cm
→ fig 06

Kunstverein Heidelberg
7.7 Communication and Control
Tanzboden 1
Latex print, 260 × 480 cm
Tanzboden Abstracts
Edition of 49 metallic c-prints, 26 × 39 cm, framed

2016   Galerie Luciano Fasciati, Chur
Semiautomatic Photography II – Endspiel
Tanzboden 1
Latex print, 260 × 480 cm
Obey, obey
Group of 9 metallic c-prints, 26 × 39 cm, framed
→ fig 08

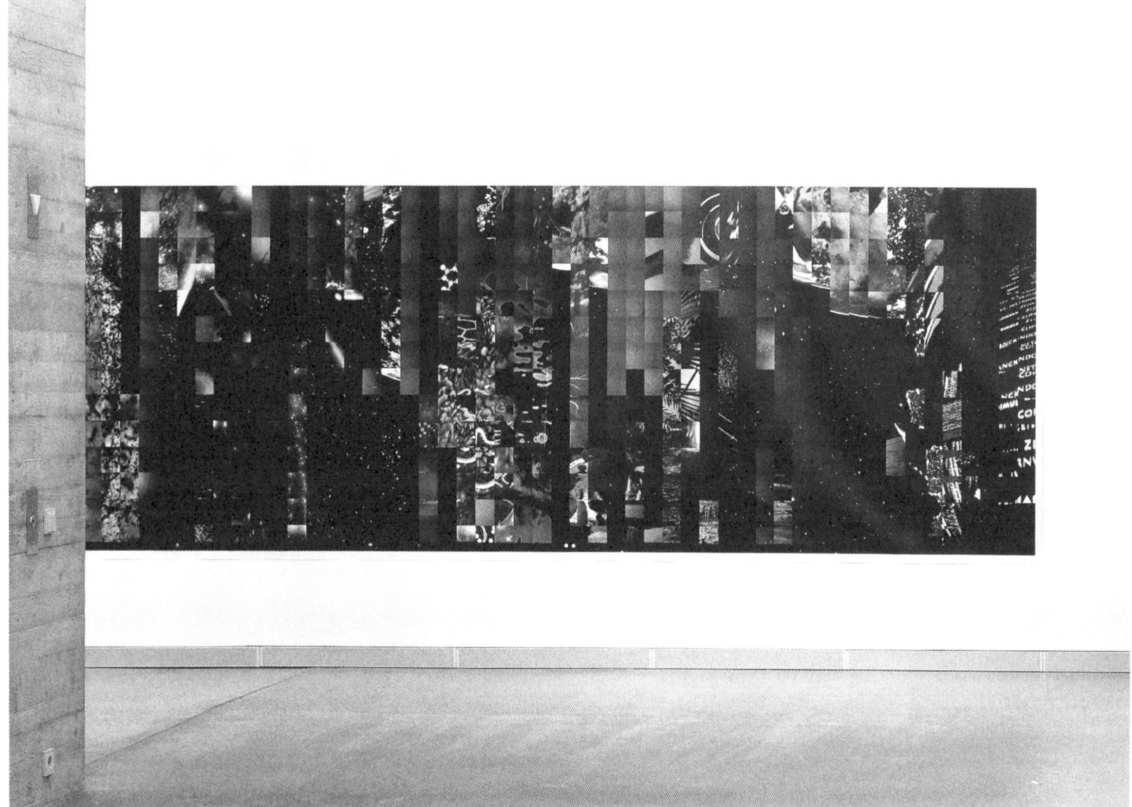

07

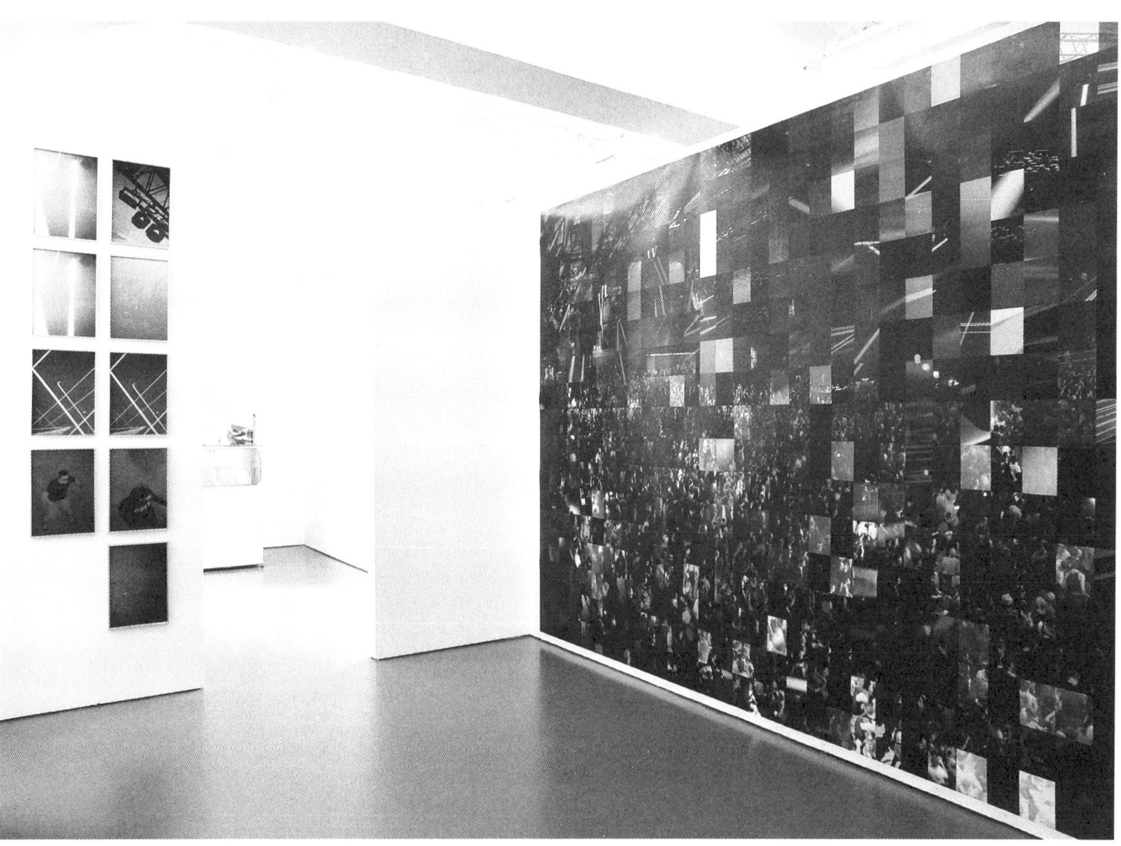

08

Inside the Digital Panopticon

Notes

Inside the Digital Panopticon combines *Panopticon JVA* from *7 Precarious Fields* with *Inside SAP*. The latter was created with recordings of the headquarters of SAP, one of the world's largest software company. Originally, one recording was intended for *7 Precarious Fields*, but was not used as the resulting panorama did not live up to Spinatsch's expectations.
However, the recordings became the starting point for the series *Inside SAP 1–4*. The recordings were made in three locations (ground floor, top floor, a meeting room) in one of the three SAP buildings, whose star-shaped layouts correspond to Bentham's panopticon like the JVA correctional facility in Mannheim.

Inside SAP 1 – Detector is a video installation with two synchronized monitors. For this recording, the camera was programmed to record two images within three seconds in each position, resulting in 419 image pairs. Sequence A on the first monitor shows the 419 image pairs for three seconds each in chronological order. They look as if they were taken by an in-house surveillance camera. For sequence B, software superimposed the image pairs so that only the differences between the two images remain visible, e. g. movements of people or objects, but also technical imperfections and errors during image capture. Consequently, a large number of images are entirely black, since no movements or errors occurred within the three seconds. The 419 resulting images are shown on the second monitor for six seconds each.

Inside SAP 2 – Detections and *Detection Details* are two series of twelve, respectively four, single images from sequence B, printed on photographic paper, for further examination of the detections.

Inside SAP 3 – Sunburn Meeting is a series of eight single images from a recording made in an empty SAP conference room, ready for the next meeting. They show details of the room and look like the ostentatiously "creative" corporate photography often used in annual reports.

Inside SAP 4 – Atrium 4.0 is a panorama recorded on the ground floor of the atrium. It shows an art work commissioned for the building, visualizing data flow, and an industry 4.0 demonstration station used to show how products can be customized during industrial manufacturing processes.

Inside the Digital Panopticon consists of the *Inside SAP* series and a 4K video of a travelling around the panorama *Panopticon JVA*. A panel shows the panopticon-based layouts of the the correctional facility and the three SAP buildings, a daily schedule of the correctional facility, and a list of all the companies SAP has bought up since 1991.

Inside the Digital Panopticon ponders the implications of the fact that the layout of the SAP headquarters and the correctional center in Mannheim are both based on Bentham's panopticon. The inmates' cells match the work areas, and the glass elevator in the SAP headquarters takes the place of the correctional facility's central control tower – an indication of security strategies as well as architectural fashion. However, the decisive analogy concerns the control function of the both institutions – the transition from the analog, physical panopticon to a digital, psychological panopticon. In the analog panopticon, people's physical movements are observed. In the digital panopticon, algorithms analyse the virtual traces left by flows of goods and money, generated by the use of apps, customer cards, credit cards, and social media.

Exhibitions

2016   Galerie Luciano Fasciati, Chur
Semiautomatic Photography II – Endspiel
Solo exhibition

Inside SAP 2 – Detections Details
Series of 14 metallic c-prints,
112 × 75 cm and 75 × 50 cm
→ figs 07, 08

La Triennale de 50 JPG – 50 Jour pour la photographie à Genève
Camera (Auto-) Controlé
Curated by Joerg Bader and Sebastien Leseigneur

2017   Foto-Forum Bozen
Chapter 3 – the control of images
Curators Sabine Gamper, Nicolò Degiorgis

2018   Christophe Guye Galerie, Zurich
Summit
Curator Lars Willumeit
Solo exhibition

Centre de la photographie, Geneva
Semiautomatic Photography 2003–2020
Curator Joerg Bader
Solo exhibition

Inside SAP 1 – Detector
Two channel video installation,
HD vertical, synchronized, 42'28"
Sequence A: 838 images additiv
Sequence B: 419 images subtractiv
→ figs 01, 02, 05

Inside SAP 3 – Sunburn Meeting
Series of 9 metallic c-prints, 40 × 28 cm
Inside SAP 2 – Detections Details
Series of 16 metallic c-prints,
112 × 75 cm and 75 × 50 cm
→ figs 07, 08

Panopticon JVA
4K single channel video, no sound, projected on a 60 inch vertical screen, displaying a travelling through the high resolution 360° panorama image, 60 minutes, loop.
→ figs 03, 04

Inside SAP 4 – Atrium 4.0
Latex inkjet print on blueback paper
360 × 590 cm
→ fig 05

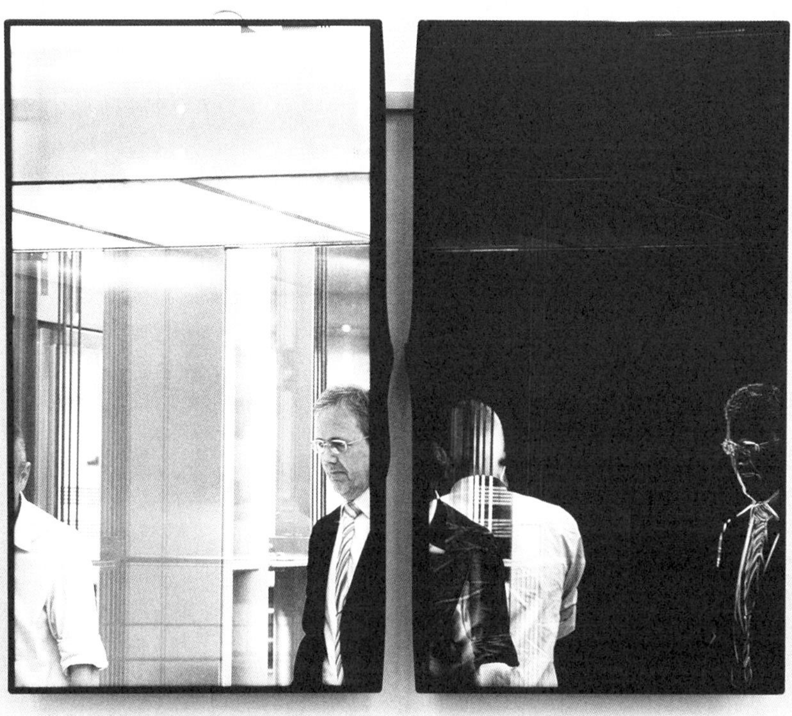

01

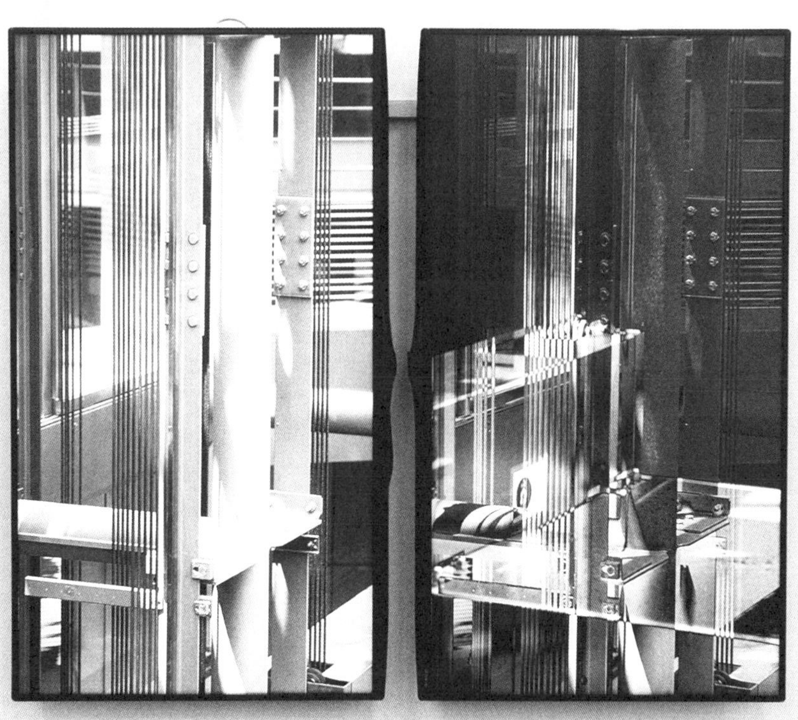

02

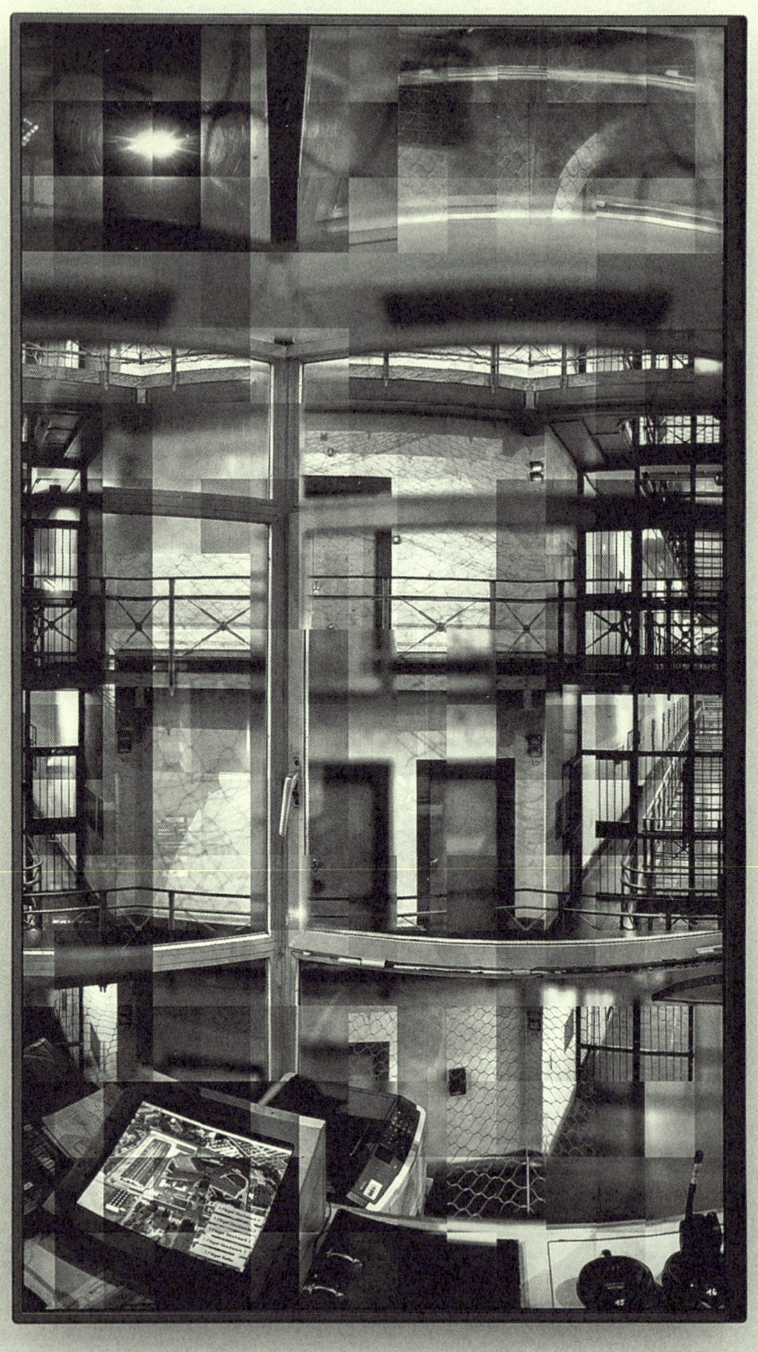

03

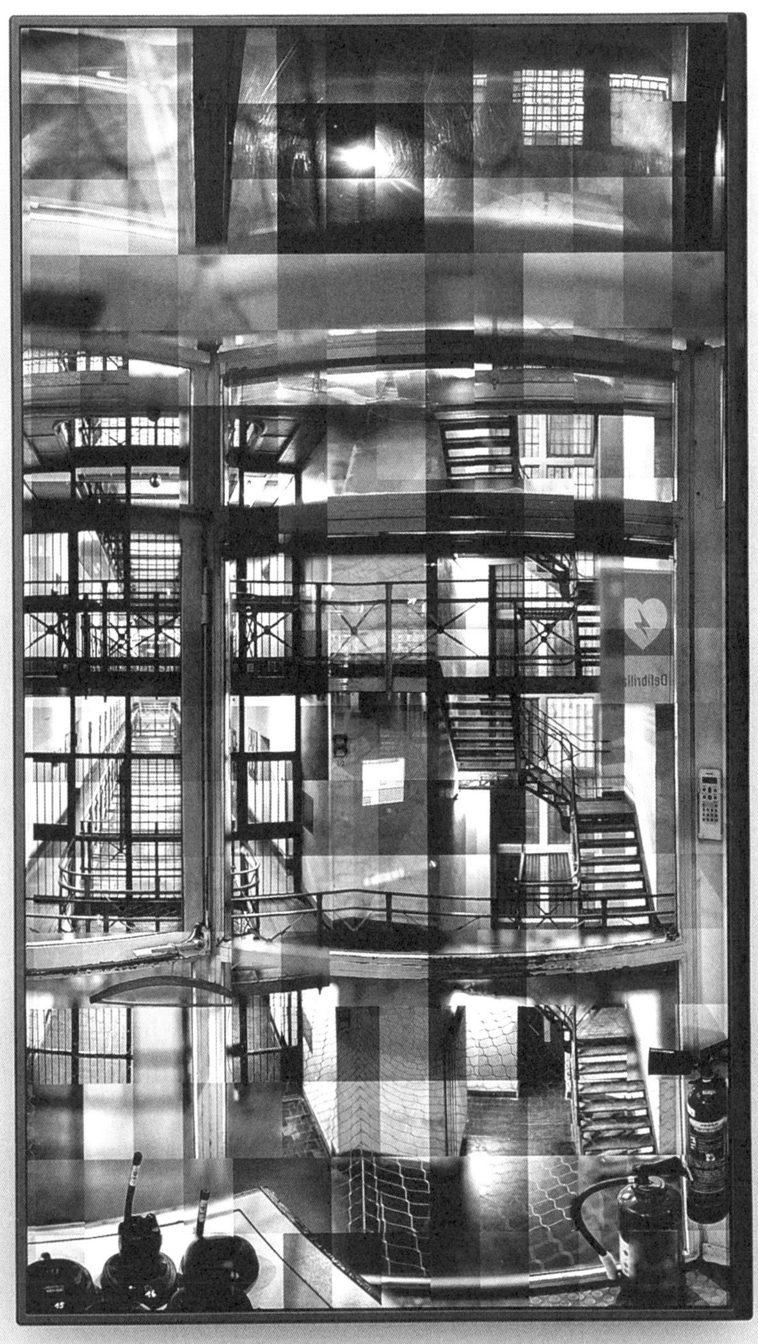

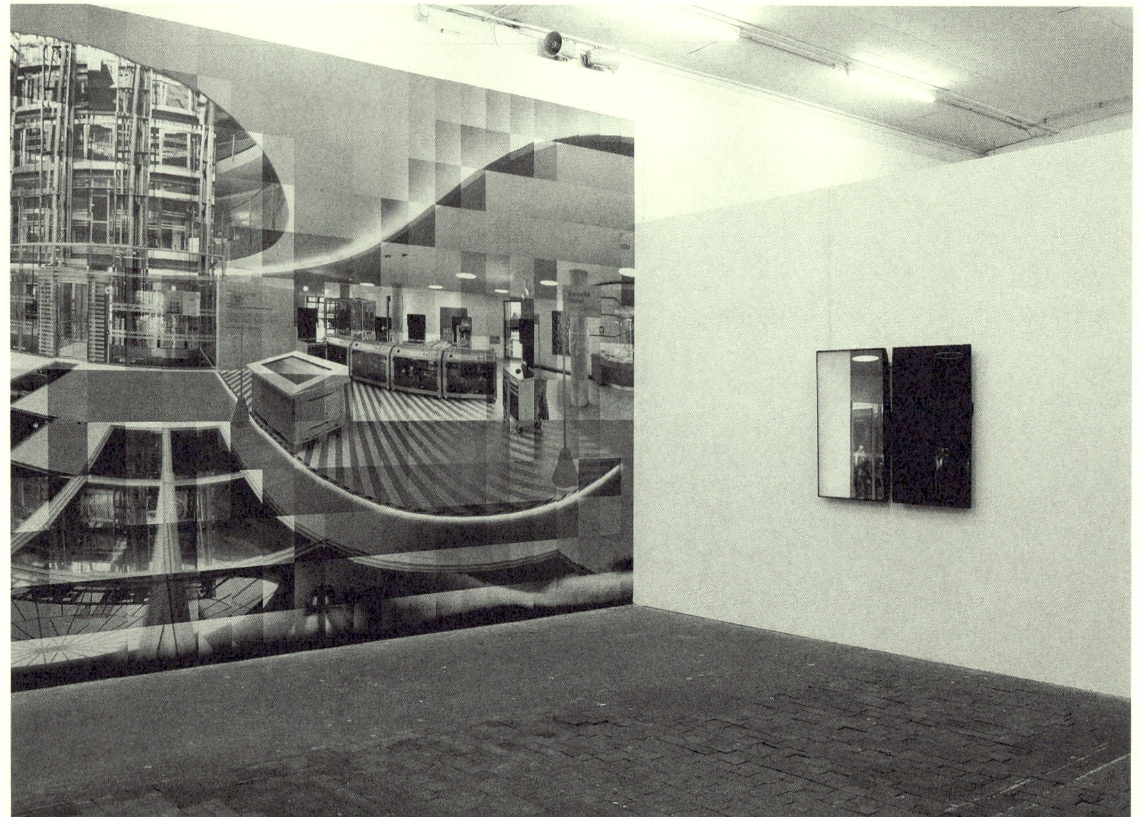

05

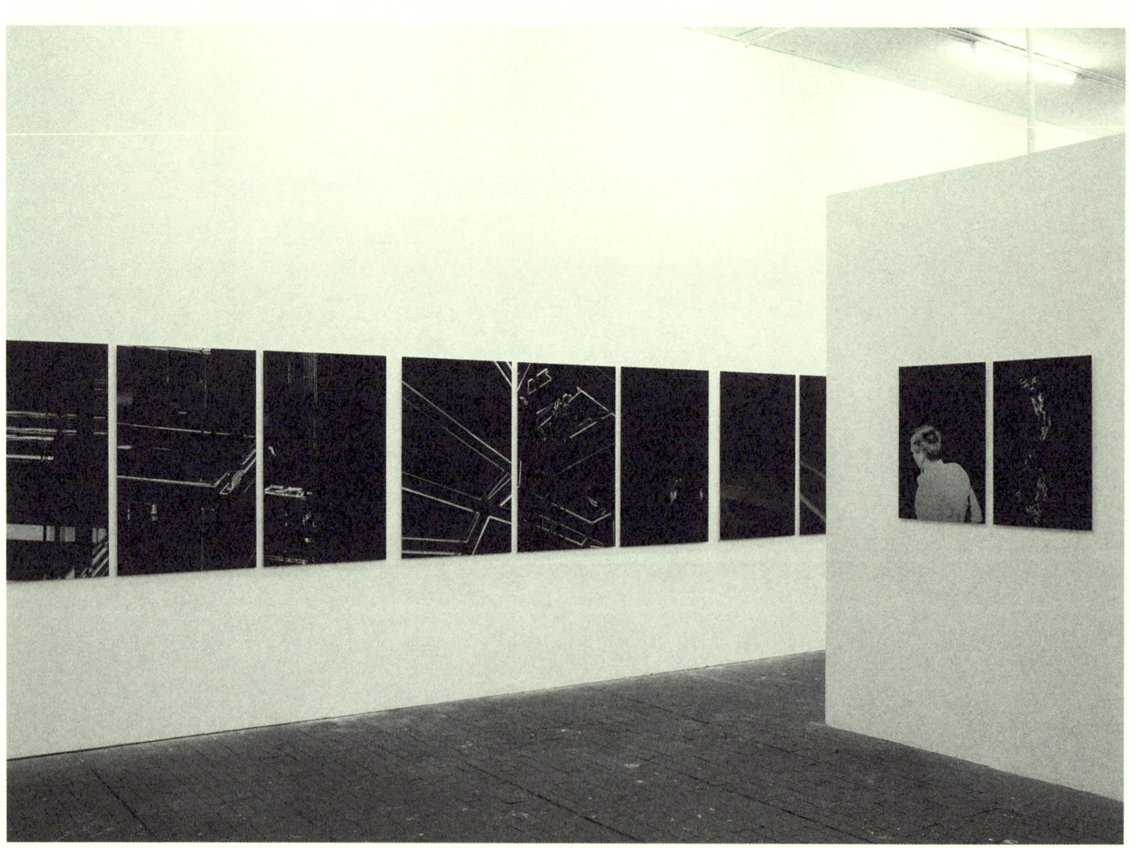

06

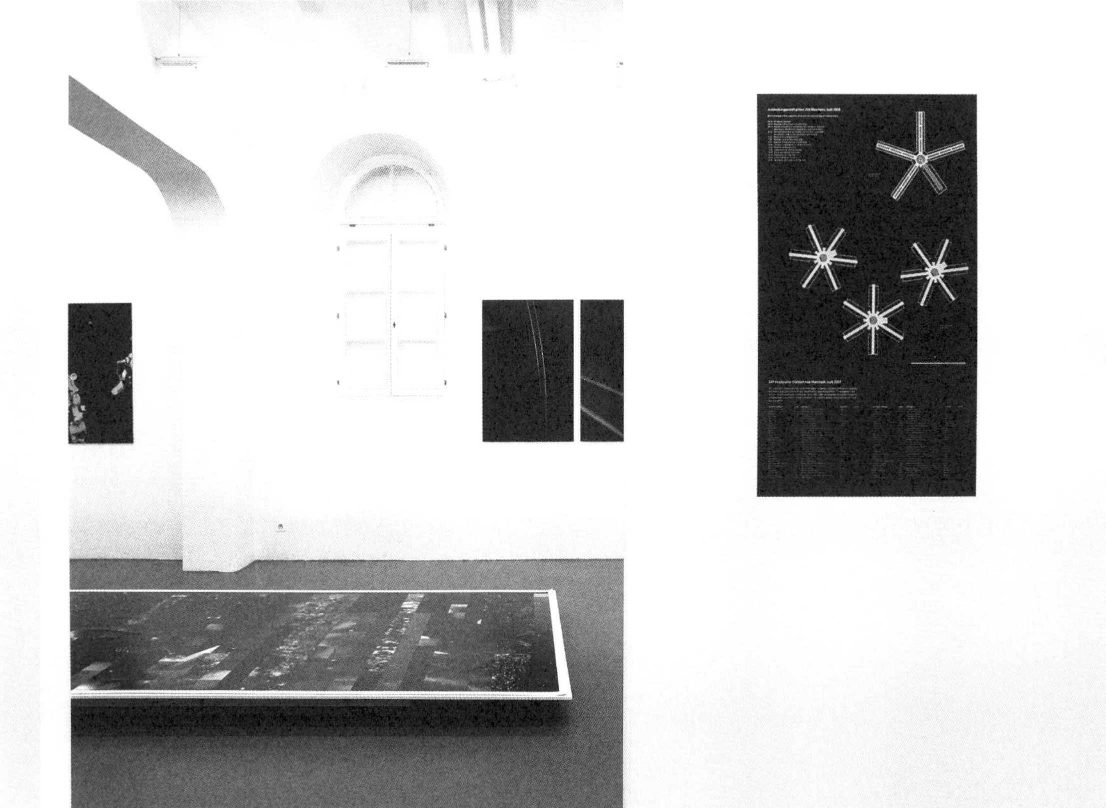

07

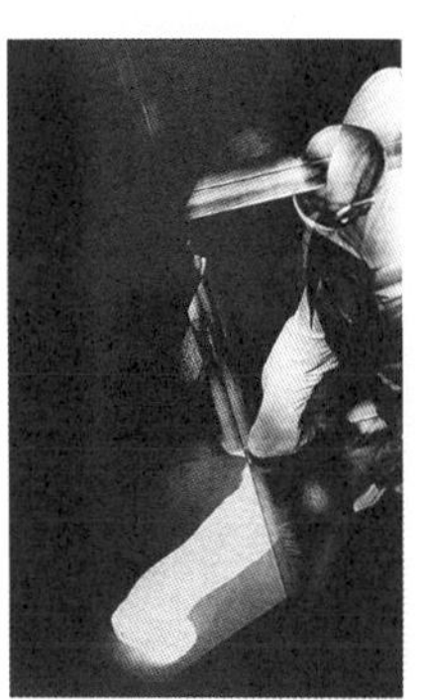

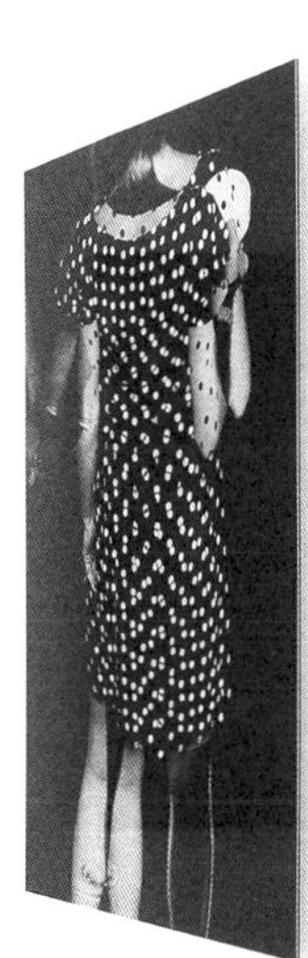

08

Jules Spinatsch
Bibliography of publications containing text contributions related to the semiautomatic group of works.

2019

–

– Brückle, Wolfgang. "Jules Spinatsch," in *Allgemeines Künstler-Lexikon. Die Bildenden Künstler aller Zeiten und Völker,* vol. 105. In print.
– Brückle, Wolfgang. Review [Jules Spinatsch, *Semiautomatic Photography 2003–2020*, Centre de la photographie, Geneva], in *Camera Austria International* 145: 78–79.
– Domino, Christophe, "La machine à voir de Jules Spinatsch – D'un statut du documentaire en art," in *AOC (Analyse Opinion Critique).* In print.
– Stahel, Urs. "The strengths of machines, the power of images," in *Masterworks of industrial photography,* 41: 302–303.
– Stahel, Urs. "Das Aufsplittern der Bilder," in *republik.ch,* January 22.
– Willumeit, Lars. "Best of 2018," in *British Journal of Photography* online, December 30.

–

2018

–

– Sikking, Iris. "Conversation with Jules Spinatsch on the physical confrontation with images," in *Why Exhibit: Positions on Exhibiting Photographies,* ed. Anna-Kaisa Rastenberger and Iris Sikking. Amsterdam, 195–202.
– Degeorgis, Nicolò. In *Control,* exhibition catalog, foto–forum Bozen.
– Von Graevenitz, Gerhard. "Summit – Christophe Guye Gallery," in *Kunstbulletin* 4: 80.
– Stahel, Urs. "Die Kraft der Maschinen, die Macht der Bilder," in *Masterworks of Industrial Photography,* ed. Fondazione MAST. Bologna.

–

2017

–

– Neumüller, Moritz. "Control and Failure. Jules Spinatsch's Temporary Discomfort and Surveillance Panorama Projects / Kontrola a selhání. Dočasné nepohodlí a projekty panoramatického sledování," in *Fotograf Magazine* 30: https://fotografmagazine.cz/en/magazine/eye-in-the-sky-en/profiles/jules-spinatsch
– Zürcher, Sarah, and Jules Spinatsch. "Inside SAP and the digital panopticon," in *Exit Magazine* 65: 52–63.
– Stahel, Urs. "Matter and idea, machine and metaphor," in *La forza delle immagini.* Bologna, 6–15, 42.

–

–

2016

–

– Roque Rodriguez, Anabel. "Fotografien als Kommentar zu unserer Zeit," in *Artmapp* July: 30–35.
– McCormick, Carlo. "The eyes have it. Vienna, Temporary Discomfort," in *Surveillance Index, Edition One 2016,* ed. Mark Ghuneim, ix–xv, 47, 100.
– Anon. "Jules Spinatsch. Surveillance Panorama Projects, 2003–15," in *Watched! Surveillance, Art and Photography,* ed. Louise Wolthers, Dragana Vujanovic and Niclas Östlind, exhibition catalog, Aarhus, 62–67.
– Seymour, Tom. "A secret surveillance project of the Vienna Opera Ball," in *British Journal of Photography* May.
– Wolthers, Louise. "Introduction. Watching Europe and Beyond. Surveillance, Art and Photography in the New Millennium," in *Watched! Surveillance, Art and Photography,* ed. Louise Wolthers, Dragana Vujanovic and Niclas Östlind, exhibition catalog. Aarhus, 8–23, 13.
– Zürcher, Sarah. "Im digitalen Panopticon," in Jules Spinatsch. *Halbautomat II. Endspiel,* exhibition catalog, Chur, Galerie Luciano Fasciati, 15–18.
– Schwärzler, Monika. "Unedited Glamor. The Vienna Opera Ball and its rendition by network cameras," in Monika Schwärzler. *At Face Value and Beyond. Photographic Constructions of Reality.* Bielefeld, 73–93.
– Dietschy, Nathalie. "In defence of photography in Switzerland: A look back on twenty years of Swiss artistic production," in *Spotlight – 20 years of Biel/Bienne Festival of Photography.* Biel, 109–121, 143, 168.

–

2015

–

– *7P – 7 Orte, 7 prekäre Felder,* ed. Urs Stahel, exhibition catalog, Fotofestival Mannheim-Ludwigshafen-Heidelberg e. V.
– Spinatsch, Jules. "Asynchronous I–V," in *YET Magazin* 8: 84–103.
– De Luigi, Daniele. "Jules Spinatsch, Asynchronous I–X," in *Fotografia Europea, Effetto Terra,* ed. Silvana Editoriale. Milano, 113–118.
– Hagner, Michael. "Das Fotobuch, post-digital," in *Texte zur Kunst* 99: 103–119.
– *100 European Photographers,* ed. Rosa Olivares. Madrid, 345–358.

–

2014

–

– Lange, Christy. "Le Mois de la Photo à Montréal. Various venues, Montreal, Canada," in *Frieze* 160.
– Badger, Gerry. "Building Sight – photography's relationship to the built environment on the eve of a major new Barbican exhibition," in *British Journal of Photography* September.
– Wenzel, Jan. "The Revolving Book-shelf: Jules Spinatsch Vienna MMIX und Berthold Brechts Modellbuch Aufbau einer Rolle," in *Camera Austria International* 127: 92–93.
– *Surfaces. Neue Fotografie aus der Schweiz. New photography from Switzerland,* ed. Thomas Seelig and Daniela Janser, exhibition catalog, Winterthur, Fotomuseum.

– Campany, David. "Architecture as Photography: Document, Publicity, Commentary, Art," in *Constructing Worlds. Photography and Architecture in the Modern Age*, ed. Alona Pardo and Elias Redstone. München, 27–39.
– Campany, David. "Spektakel der Überwachung," in *Jules Spinatsch. Vienna MMIX – 10008/7000 Surveillance Panorama Project No. 4. The Vienna Opera Ball*, vol. 3, Zürich, 4–9.
– Singer, Wolf. "Iconic Turn – Vom Bild zur Wahrnehmung," ibid., vol. 3, 23–43.
– Kappeler, Suzanne. "Unheimliche Einblicke. Jules Spinatschs Fotozyklus 'Asynchron' in der Coalmine in Winterthur," in *Neue Zürcher Zeitung* January 30.

–

2013
–
– Blättler, Alexandra. "Jules Spinatsch Asynchron I–V," in *Du* 844: 92–97.
– Vogel, Matthias, and Ulrich Binder. "Bilder auf Reisen. Zur Transmedialität von Fotografie," in *Undisziplinierte Bilder: Fotografie als dialogische Struktur*, ed. Thomas Abel and Martin Roman Deppner. Bielefeld, 151–175.
– *Drone. The Automated Image. Montréal Mois de la photo*, ed. Paul Wombell. Bielefeld, 17, 124–127.
– Olonetzky, Nadine. "Sinkende Werte oder die Reise zum Nullpunkt der Wertschöpfung," in *Du* 833: 42–53.
– Adam, Hubertus. "Jules Spinatsch" [interview]. In *Bildbau. Schweizer Architektur im Fokus der Fotografie. / Building Images. Photography Focusing on Swiss Architecture*, ed. Hubertus Adam and Elena Kossovskaja, exhibition catalog, Basel, Schweizerisches Architekturmuseum, 172–177.
– Doswald, Christoph. "L'Éclat c'est moi," in Jules Spinatsch. *Halbautomat. Semiautomatic Photography*, exhibition catalog, Chur, Galerie Luciano Fasciati, 13–14.
– Doswald, Christoph. "No moment no decision, just a long journey – über die Schönheit der Maschinenbilder von Jules Spinatsch," in *Kunst, Graubünden, Liechtenstein* 6: 48–55.
– *Kör vie 07–10. Kunst im öffentlichen Raum Wien. Public Art Vienna, 2007–2010.* Nürnberg, 168–169.
– Richter, Tilo. "Reflexionen über einen Berufsstand. Das Schweizerische Architekturmuseum zeigt Kommentare zur Ingenieurskunst," in *Basler Zeitung* November 7.
– Pfrunder, Peter. "Adieu la Suisse! Konstruktion und Dekonstruktion eines fotografischen Mythos," in *Adieu la Suisse!*, ed. Peter Pfrunder, exhibition catalog, Montpellier, Pavillon Populaire, 2012, and Winterthur, Fotostiftung Schweiz, 2013, 13–37, 30–31.

–
–
2012
–
– Steiner, Jury. "Kontrolle ist gut," in *Status. 24 Dokumente von heute*, exhibition catalog, Winterthur, Fotomuseum. Göttingen.
– Binder, Ulrich. "Jules Spinatsch. Temporary Discomfort, 2005," in *Schweizer Fotobücher 1927 bis heute. Eine andere Geschichte der Fotografie*, ed. Peter Pfrunder. Baden, 520–529.

2011
–
– Bader, Joerg. "Temporary Discomfort, Concrete Island," in *Open Frame – 2ème volet*: 2, 10–11, 54.
– Bader, Joerg. "Bruno Serralongue, Jules Spinatsch. Prove Time, Live Out Time," in *Mutations. Perspectives on Photography*, ed. Chantal Pontbriand. Göttingen, 294–299.
– Joye-Cagnard, Hélène, and Catherine Kohler. "Le temps fait son œuvre," in *Journées photographiques de Bienne. Bieler Fototage*, ed. Alexia Brodu, exhibition catalog. Bern, 7, 116–119.
– Bezzola, Tobia. "Jules Spinatsch. Surveillance Panorama Project No. 4," in *C Photo* 4: 172–189.
– Schädler, Linda. "Jules Spinatsch. Den Blick in den Blick nehmen," in *Bündner Jahrbuch. Zeitschrift für Kunst, Kultur und Geschichte Graubündens* 53, 38–47.
– *[contre]culture/CH*, exhibition catalog, Lausanne, Musée de l'Elysée.
– Joye, Florian. "Jules Spinatsch Vienna MMIX," in *Novembre* 2: 174–181
– Bader, Joerg. "Opernball in the Street," in *Next Level Magazine* 21.
– Spinatsch, Jules. "Notes on the Temporary Discomfort book," in *Photobooks. Martin Parr's Best Books of the Decade*, ed. Moritz Neumüller and Ángel Luis González, exhibition catalog, Dublin, PhotoIreland, 24, 76.
– Düllo, Thomas. *Kultur als Transformation. Eine Kulturwissenschaft des Performativen und des Crossover*. Bielefeld, 71.

–
–
2010
–
– Bajac, Quentin. *La photographie du daguerréotype au numérique*. Paris, 354–355.
– Bajac, Quentin. *Après la photographie? De l'image argentique à la révolution numérique*. Paris.
– Ammann, Katharina. "Jules Spinatsch," in *Foto Szene GR. Albert Steiners Erben*, ed. Katharina Ammann, exhibition catalog, Bündner Kunstmuseum. Bern, 78–79.
– Anon. "Schweizer Überwachungs-Kunstwerk unter Verdacht. Der Schweizer Fotograf Jules Spinatsch hat den Wiener Opernball 2009 für ein Kunstwerk überwacht," in *Tages-Anzeiger* July 29.
– Gili, Marta. "From Observation to Surveillance," in *Exposed. Voyeurism, Surveillance, and the Camera since 1870*, ed. Sandra S. Phillips, exhibition catalog, London, Tate Modern, 176–177, 241, 245.
– *Press Art. Sammlung Annette und Peter Nobel*, ed. Christoph Doswald and Jürg Acklin, exhibition catalog, St. Gallen, Kunstmuseum. Bern.
– Campbell, Hugh. "Temporary Discomfort. Jules Spinatsch's documentation of Global Summits," in *Globalization, Violence, and the Visual Culture of Cities*, ed. Christoph Lindner. London, 49–66.

–
–

2009
–
– Campany, David. *Photography and Cinema*. London, 91ff.
– Lane, Guy. "Jules Spinatsch. Interview," in *Foto 8*, 26: 24–31.
– Ulmer, Brigitte. "'Fotografie ist eine gut gemachte Lüge.' Gespräch mit Daniel Schwarz und Jules Spinatsch," in *Du* 800: 80–86.
– Jaeggi, Martin. "Im Ballrausch der Bilder," in *Du* 800: 70–79.
– Oberholzer, Niklaus. "Kunsthaus Zug, Am Ende der Sehnsucht," in *Kunstbulletin* 1–2: 80.
– Binder, Ulrich. "In den Alpen," in *Bilder, leicht verschoben. Zur Veränderung der Fotografie in den Medien*, ed. Ulrich Binder and Matthias Vogel. Zürich, 25–31.
– Obrist, Marco. "Sehnsucht und leichtes Unbehagen. Zum Werk von Jules Spinatsch," in *Jules Spinatsch*, ed. Marco Obrist, exhibition catalog, Kunsthaus Zug. Baden, 21–32.
– Bader, Joerg. "Dialektische Repräsentationsarbeit. Jules Spinatschs dokumentarische Formen im Zeitalter globaler Massenmedien," ibid., 327–343.

–

2008
–
– Vetrocq, Marcia E. "Rules of Engagement," in *Art in America*, 96, 6: 168–175, 208–209, 169, 171ff.
– Zürcher, Barbara. [On *Heisenbergs Offside*,] in *Replay. Der Ball in der Kunst*, ed. Tiberio Cardu, exhibition catalog. Haus für Kunst Uri. Altdorf.
– Ebner, Florian. "Jules Spinatsch, 'Das erweiterte Instrumentarium des Dokumentarfotografen,'" in *Photo Art. Fotografie im 21. Jahrhundert*, ed. Uta Grosenick and Thomas Seelig. Köln 2007, 418–421. En-glish edition: *Photo Art. The New World of Photography*. London and New York 2008.

–

2007
–
– Baum, Rachel. "Partial Views. New Photography '06, MoMA NY," in *Camera Austria International* 97: 68–69.
– Becher, Jörg. "Jules Spinatsch." in Jörg Becher. *Die 50 wichtigsten Künstlerinnen und Künstler der Schweiz*. Basel, 53–55.
– Vacheron, Joël. "La photographie à l'épreuve de l'accélération sociale," in *Accélération*, exhibition catalog, Neuchâtel, Centre d'Art. Zürich, 33–77, 51, 76.
– *Confini. Boundaries*, exhibition catalog, Nuoro, Museo d'arte.
– *Augenzeugen. Bilder von Krieg, Globalität und Blogs*, exhibition catalog, Pfäffikon, Seedam Kulturzentrum, 28–29.
– Jaeggi, Martin. "Jules Spinatsch. Blick hinter die Kulissen der Wirklichkeit," in *Parkett* 81: 162–167. English version: "Jules Spinatsch. Backstage with Reality," ibid., 168–172.

–

–

2006
–

– Basting, Barbara. "Die wahren Bilder bekommen wir nie zu sehen," in *Tages-Anzeiger* February 23.
– *Spectacular City. Photographing the Future*, ed. Emiliano Gandolfi. Rotterdam, 140–145.
– Jacobs, Steven. "Photographing Post-urban Space. The Demise of Street Photography and the Rise of the Spectacular," ibid., 169–172, 172.
– Bader, Joerg. "Jules Spinatsch," in *Lignes brisées. Broken Lines*, exhibition catalog, Toulouse, Printemps de septembre, 114–115.
– Hack, Günter. [Interview with Jules Spinatsch.] *SonntagsBlick* February 1.
– *In den Alpen*, ed. Tobia Bezzola and Catherine Hug, exhibition catalog, Zürich, Kunsthaus, 198.
– *Click Doubleclick. The Documentary Factor*, ed. Thomas Weski, exhibition catalog, München, Haus der Kunst, 246–255, 316.
– Weski, Thomas. "Das dokumentarische Moment," ibid., 35–50.
– *The Expanded Eye. Sehen, entgrenzt und verflüssigt*, ed. Bice Curiger, exhibition catalog, Zürich, Kunsthaus, 212–213.
– Humlet, Steven. "Spectacular City, NRW Forum Düsseldorf," in *Camera Austria International* 96.
– *Globus Dei. Der Ball und die Kunst*, ed. Heinz Liesbrock, exhibition catalog, Bottrop, Josef Albers Museum Quadrat, 2.
–

–
2005
–

– Woznicki, Krystian. "Jules Spinatsch: Temporary Discomfort," in *Camera Austria International* 92: 93.
– Shea, Jamie. "Sorry, but we did refugees last week," in Jules Spinatsch. *Temporary Discomfort Chapter I–V*. Baden.
– Jaeggi, Martin. "A scout behind the frontlines," ibid.
– Badger, Gerry, and Martin Parr. "Jules Spinatsch, Temporary Discomfort Chapter I–V," in Gerry Badger and Martin Parr. *The Photobook. A History*. London and New York, vol. 2, 324–325.
– Humlet, Steven. "Click / Double Click, Haus der Kunst, München," in *Camera Austria International* 95.
– Basting, Barbara. "Melancholie und radikale Trostlosigkeit" [interview with Jules Spinatsch on Robert Frank], in *Tages-Anzeiger* September 2.
– Emmenegger, Madeleine, and Ulrike Schelling. "Der Wirklichkeitssinn der Kunst," in *ZHDK-Semesterheft 05*, Studienbereich Theorie der Gestaltung und Kunst HGKZ. Zürich, 35–38.
–

–

2003
–

– Weder, Mirjam. "Das WEF als digitales Mosaik," in *Tages-Anzeiger* January 28.
– *Global Detail. Fotomanifestatie Noorderlicht*, ed. Wim Melis, exhibition catalog, Groningen.
–

–
2002
–

– Stahel, Urs. "Identitätspartikel, Sehnsuchtsraum, Bilderzauber und Katastrophenfall," in *Zeitgenössische Fotokunst aus der Schweiz*, exhibition catalog, Neuer Berliner Kunstverein (NBK). Berlin.
– Müller-Pohle, Andreas. "Jules Spinatsch. Ende der Gemütlichkeit," in *European Photography* 77: 24–27.
– Ledebur, Susanne. "'Die Strategie der gleichmässigen Schärfe.' Jules Spinatsch spricht über politische Landschaften und fotografische Behauptungen," in *SoDA* 18: 10–15, 114–125.
– "Forum: Temporary Discomfort," in *Camera Austria International* 77: 68–70.
– Schneider, Peter P. "Das Vakuum der Macht," in *Tages-Anzeiger* July 10.
– Muscionico, Daniele. "Die Synthetik der Macht. Jules Spinatschs Siegerporträts ohne Sieger.," in *Neue Zürcher Zeitung* July 19.
–

–
2001
–

– Ammann, René. "Davos im Januarloch: Frostbeulen. Und Kurt liebt Grace – Hirschhorn, Gees und Spinatsch über Wirtschaft, Walrösser und Recht," in *Kunstbulletin* 2.

Jules Spinatsch
born 1964, Davos, Switzerland, lives in Zurich. After completing the one-year documentary photography program at the International Center of Photography (ICP) in New York in 1994, he worked for a few years in photojournalism. Since 2000 he works mainly on personal projects, which are presented in exhibitions and published as artist's books. Beside the *Surveillance Panorama* and *Semiautomatic Photography Projects,* he is known for other long term projects as *Snow Management Complex,* a study on alpine tourism 2001–08, *Tableau d'Eclats,* a visual analysis of a natural phenomena in Iceland 2013, and *Asynchronous I–X,* a series on the history of nuclear technology 2012–14.

His works have been shown and collected at: Museum of Modern Art MoMA New York; SFMoMA San Francisco; Kunsthaus Zurich; Centre National des Arts Plastiques CNAP Paris; Kunsthaus Zug; Bündner Kunstmuseum, Fotomuseum and Fotostiftung Winterthur; Fondazione MAST, Bologna; and the Nelson-Atkins Museum in Kansas City, Missouri.

Additionally he participated in exhibitions at Centre de la photographie Geneva; Haus der Kunst, Munich; the Tate Modern, London; Walker Arts Center, Minnesota; Palais de Beaux Arts, Brussels; and Palazzo Strozzi, Florence, among others.

Jules Spinatsch won several national and international awards, twice the Swiss Art Award, the award from the canton of Zurich three times, and the BMW – Paris Photo Prize in 2004. The monograph *Temporary Discomfort* was awarded as best photo-book in Arles 2005, *Jules Spinatsch / Kunsthaus Zug* won the Deutscher Buchpreis Leipzig 2010, and *Vienna MMIX 7000/10008* was selected as one of the Most Beautiful Books of Austria in 2014. In 2018, he co-edited *Schmieren / Kleben* a book on the archive of the City Zurich Police from 1976–89.

Jules Spinatsch taught at HEAD, University of Art and Design Geneva from 2004–08. He has been a senior lecturer at the University of Lucerne HSLU, Switzerland since 2017.

Joerg Bader
artist, critic, curator, lecturer, and publisher. Director of the Centre de la photographie Geneva since 2001.

Christoph Doswald
is a publicist, curator and lecturer. Since 2009, he has been head of the art working group in public space (AG KiöR) in the city Zurich and has initiated numerous projects there, including *Art And The City* (2012), *Art Altstetten Albisrieden* (2015), and *New North Zurich* (2018).

Michael Hagner
is a professor of science studies at ETH Zurich.

Editorial information

Jules Spinatsch —
Semiautomatic Photography
2003–2020

This book was published as part of the
exhibition *Jules Spinatsch – Semiautomatic
Photography 2003–2020* presented at the
Centre de la photographie, Geneva from
December 12, 2018 to February 3, 2019.

Curator / Editor
Joerg Bader

Concept
Karin Holzfeind, Jules Spinatsch,
Nik Thoenen
Graphic design and realization
Karin Holzfeind, Nik Thoenen

Texts
Joerg Bader, Christoph Doswald,
Michael Hagner, Martin Jaeggi,
Jules Spinatsch
Translations
Translated from German to English by
Robert Savage
Translated from German to French by
Brigitte Déchin and Catherine Weinzorn
for NTL – Il Nuovo Traduttore Letterario,
Florence
Proofreading
Jan-Frederik Bandel (German)
Alicia Reuter (English)
Alexandra Theiler (French)

Photo credits
Jules Spinatsch except:
MoMA NY, p. 283; SFMoMA, p. 286;
Elisa Larvego, Geneva, p. 291
Lithography
Nik Thoenen

Paper
Lakepaper Blocker Perfect White
Symbol Card E49 Country
Font
Formale Grotesque, www.binnenland.ch
Printing and binding
Optimal media GmbH, Germany

ISBN 978-2-9701014-9-9

Éditions Centre de la photographie Genève
28, rue des Bains
1205 Genève

ISBN 978-3-95905-292-4

Published by
Spector Books
Harkortstraße 10
04107 Leipzig
www.spectorbooks.com

Distribution
Germany, Austria:
GVA, Gemeinsame Verlagsauslieferung
Göttingen GmbH&Co. KG
www.gva-verlage.de

Switzerland:
AVA Verlagsauslieferung AG
www.ava.ch

France, Belgium:
Interart Paris
www.interart.fr

UK: Central Books Ltd
www.centralbooks.com

North America, South America:
ARTBOOK | D.A.P.
www.artbook.com

South Korea: The Book Society
www.thebooksociety.org

Australia, New Zealand:
Perimeter Distribution
www.perimeterdistribution.com

A very special thanks from my side goes to Joerg Bader for making this monograph and exhibition possible, to Karin Holzfeind and Nik Thoenen for their design and almost infinite patience within the chaotic circumstances of this book, and to Reto Diethelm (Redics) for developing the *Surveillance Panorama Projects* programming. Additionally, I wish to thank Adrian Sonderegger and Dominik Zietlow for their assistance and input over the years, to Michael Hagner and Christoph Doswald for their insightful essays, to Martin Jaeggi for compiling the complicated index, to Wolfgang Brückle for his bibliography, to Claudia Stein for mentoring my introduction, and finally to Spector Books, Leipzig.

Furthermore, I wish to thank:

Everyone involved at the CPG in Geneva: Alexandra Theiler, Vanessa Bianchini and her team for building this exhibition, Mark Wiget, Zoe Keller, Olivia Fahmy, Nathalia Reichert. Alex and Nora at Tricolor, Adliswil; Sulser Print, Chur; Stefan Müller Aufziehservice, Zurich.

The mentioned foundations and institutions for their wise support of this project.

The lenders to the exhibition in Geneva: Thomas Spielmann, Davos/Basel; Beatrice Mächler, Adliswil; Bündner Kunstmuseum, Chur; Fotomuseum Winterthur; Galerie Luciano Fasciati, Chur; Luna Gooseberry Fondation, Davos; Christophe Guye Galerie, Zurich; Helvetia Versicherungen, Basel; usic, Bern.

The following persons for their support of this group of works in the past – more or less in order of appearence: Patrik Huber, Joerg Bader, Jari Lager, Lars Müller, Winfried Heininger, Meta Kenworthy, Jamie Shea, Martin Parr, Gerry Badger, Markus Schaden, Thomas Weski, Tobia Bezzola, Roxana Marcoci, Alice Rose George, Emiliano Gandolfi, Thomas Seelig, Christoph Schaden, Florian Ebner, Bessie Nager, Bice Curiger, Heinz Liesbrock, Mirjam Varadinis, Pascal Pique, Paolo Bianchi, Marco Obrist, Barbara Basting, Gabriela Christen, Anette Nobel, Peter Nobel, Pascal Petignat, Walter Keller, Katharina Bösch, Christine Haupt-Stummer, Catherine Hug, Josef Haslinger, Hugh Campbell, Marie-Claude Stobart-Blancpain, Loa Haagen-Pictet, Felicity Lunn, Jolanda Naef, Karim Forlin, Linda Schädler, Sandra S. Philipps, Ulrich Binder, Helène Joye-Gagnard, Catherine Kohler, Quentin Bajac, Katharina Ammann, Daniel Girardin, Eva Inversini, Eric Mangion, Lars Willumeit, Urs Stahel, Juri Steiner, Stephan Kunz, Sebastien Leseigneur, Alexandra Blättler, Bob Gramsma, Daniele de Luigi, Sheyvi Antony Bankale, Paul Wombell, Hubertus Adam, Denise Gadelha, Nadine Olonetzky, Thomas Kramer, Christoph Schifferli, David Campany, Wolf Singer, Salvatore Vitale, Monika Schwärzler-Brodesser, Sarah Zürcher, Mark Ghunheim, Paul di Felice, Jane Aspinwall, Iris Sikking, Nicolò Degiorgis, and those I might have forgotten.

The publication of this book was supported by:

Stiftung Erna und Curt Burgauer

ÉDITIONS CENTRE DE LA PHOTO— GRAPHIE GENÈVE

VOLKART STIFTUNG

ERNST GÖHNER STIFTUNG

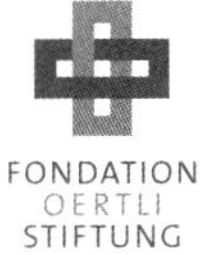

FONDATION OERTLI STIFTUNG

STANLEY THOMAS JOHNSON STIFTUNG

LANDIS & GYR STIFTUNG

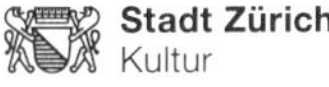

La **Mobilière**
Assurances & prévoyance

Stadt Zürich
Kultur

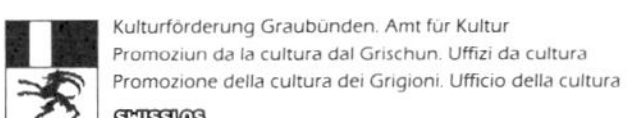
prohelvetia

Kulturförderung Graubünden. Amt für Kultur
Promoziun da la cultura dal Grischun. Uffizi da cultura
Promozione della cultura dei Grigioni. Ufficio della cultura
SWISSLOS

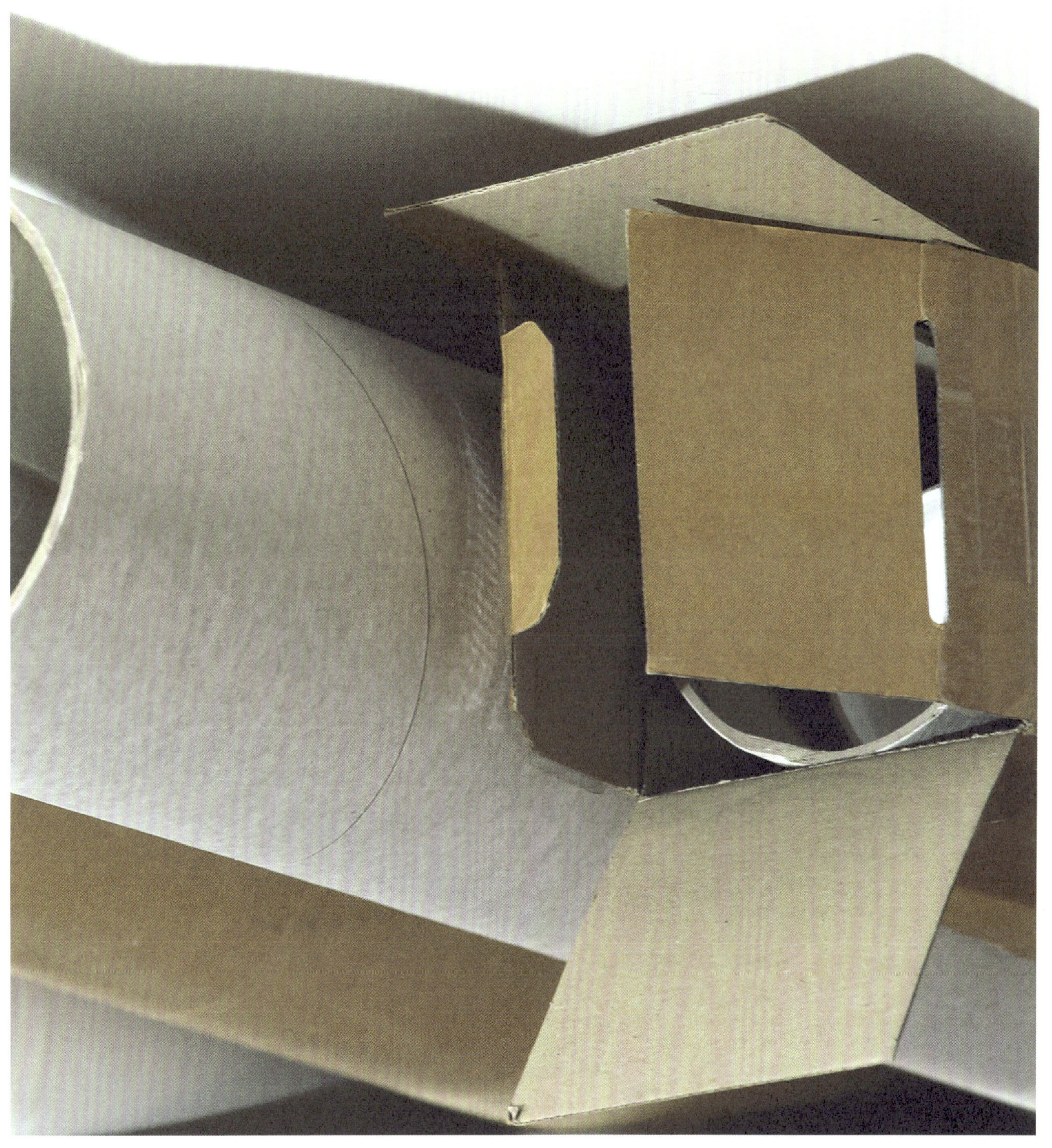

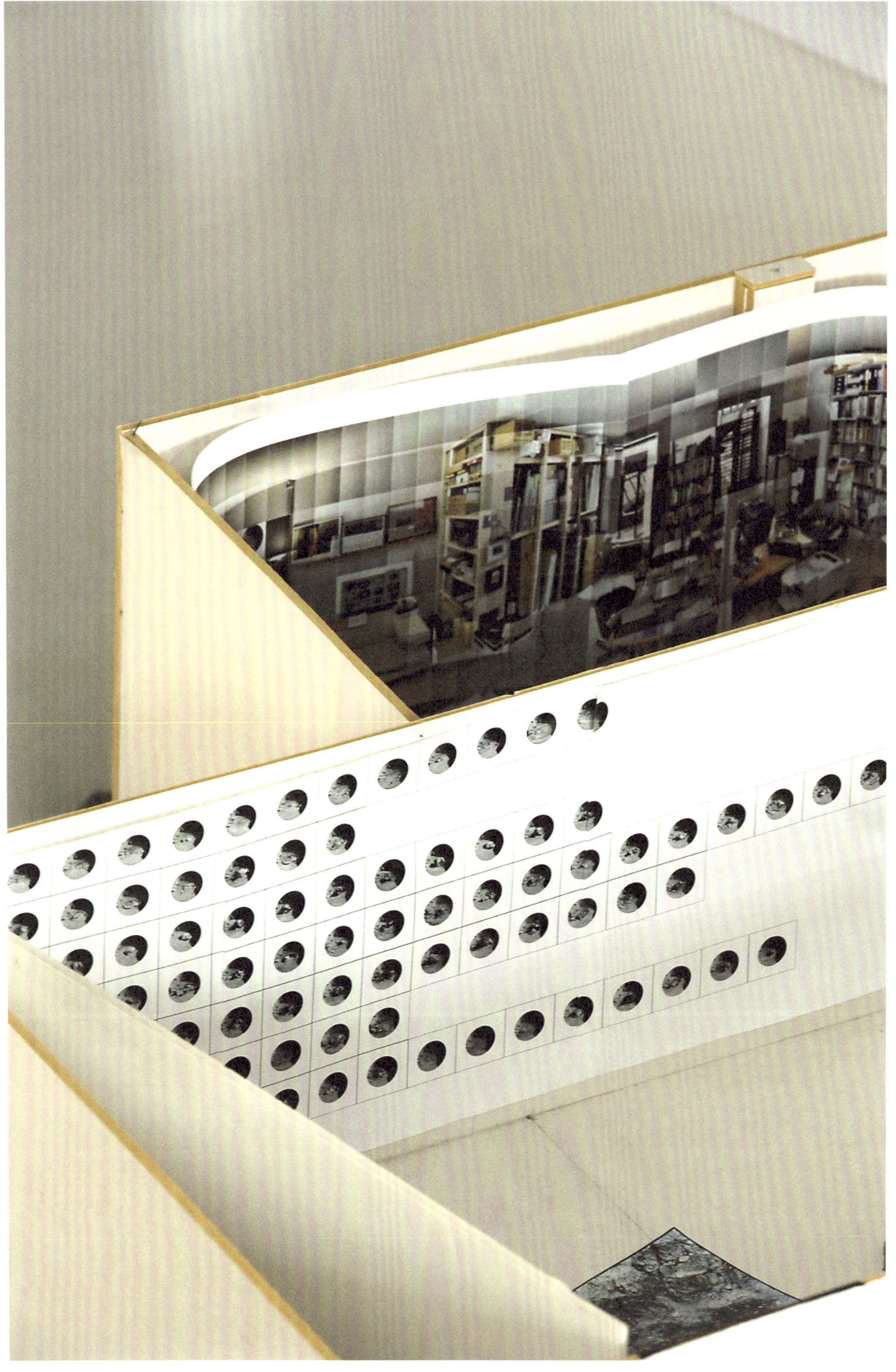

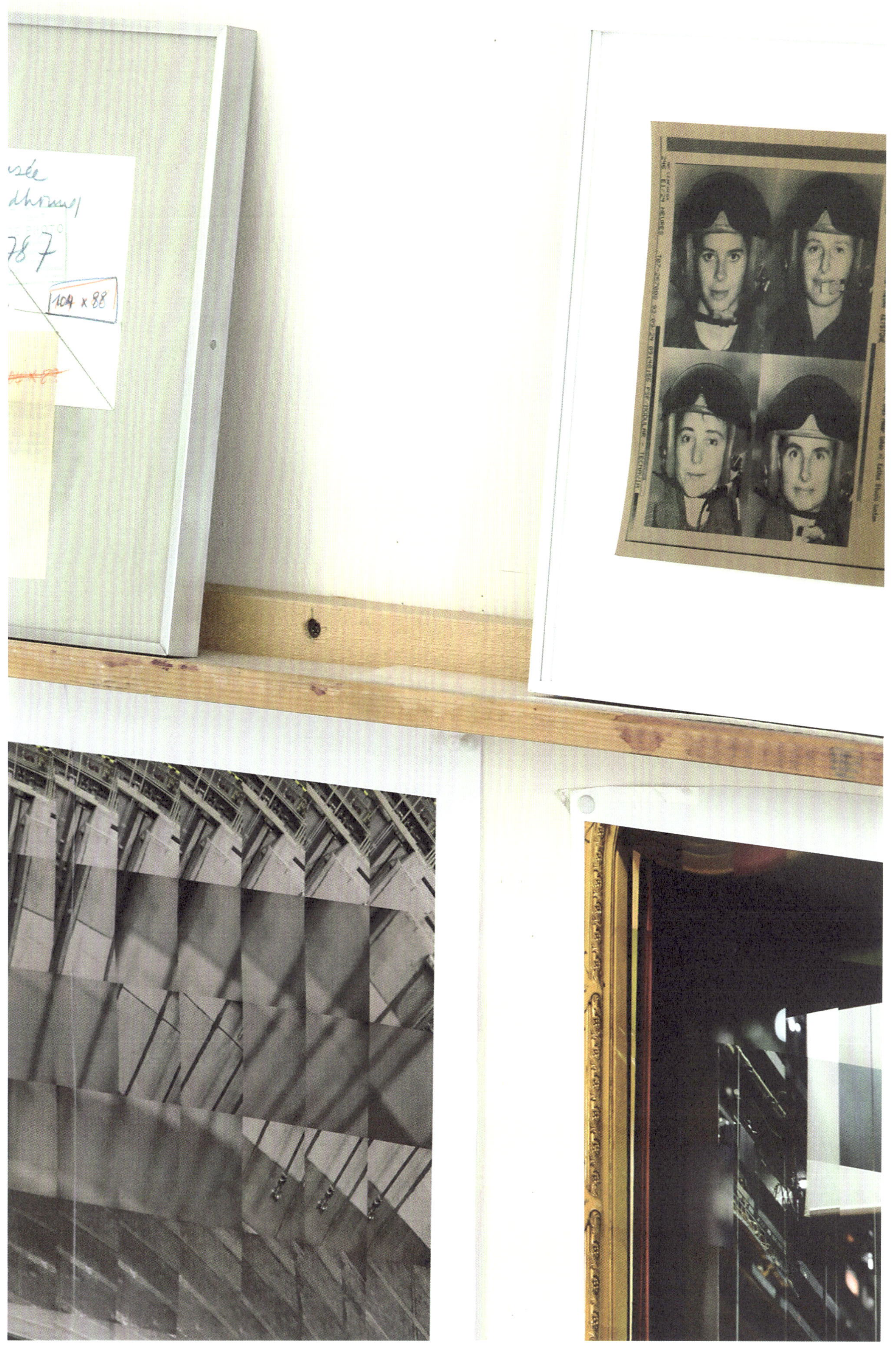

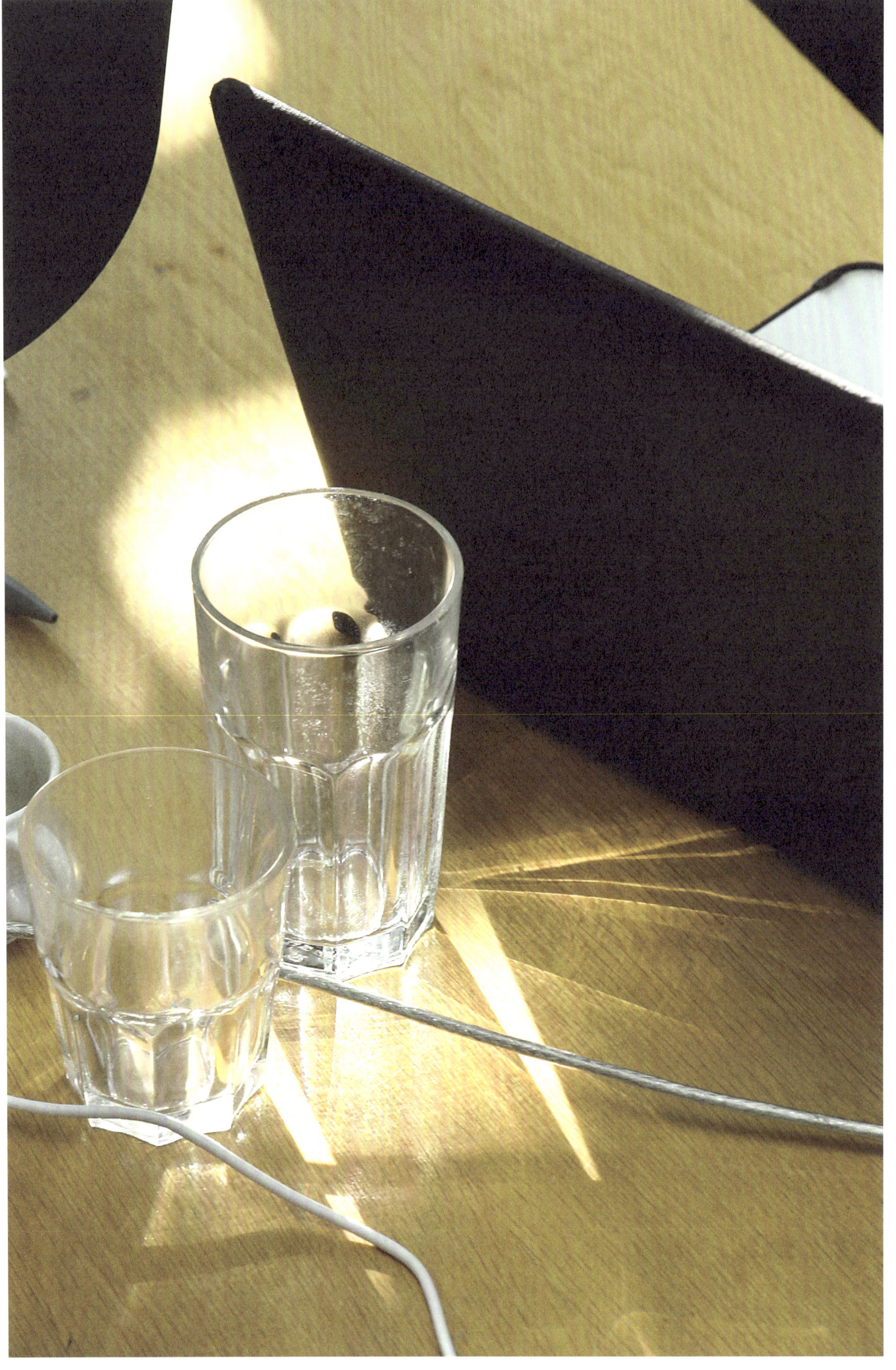

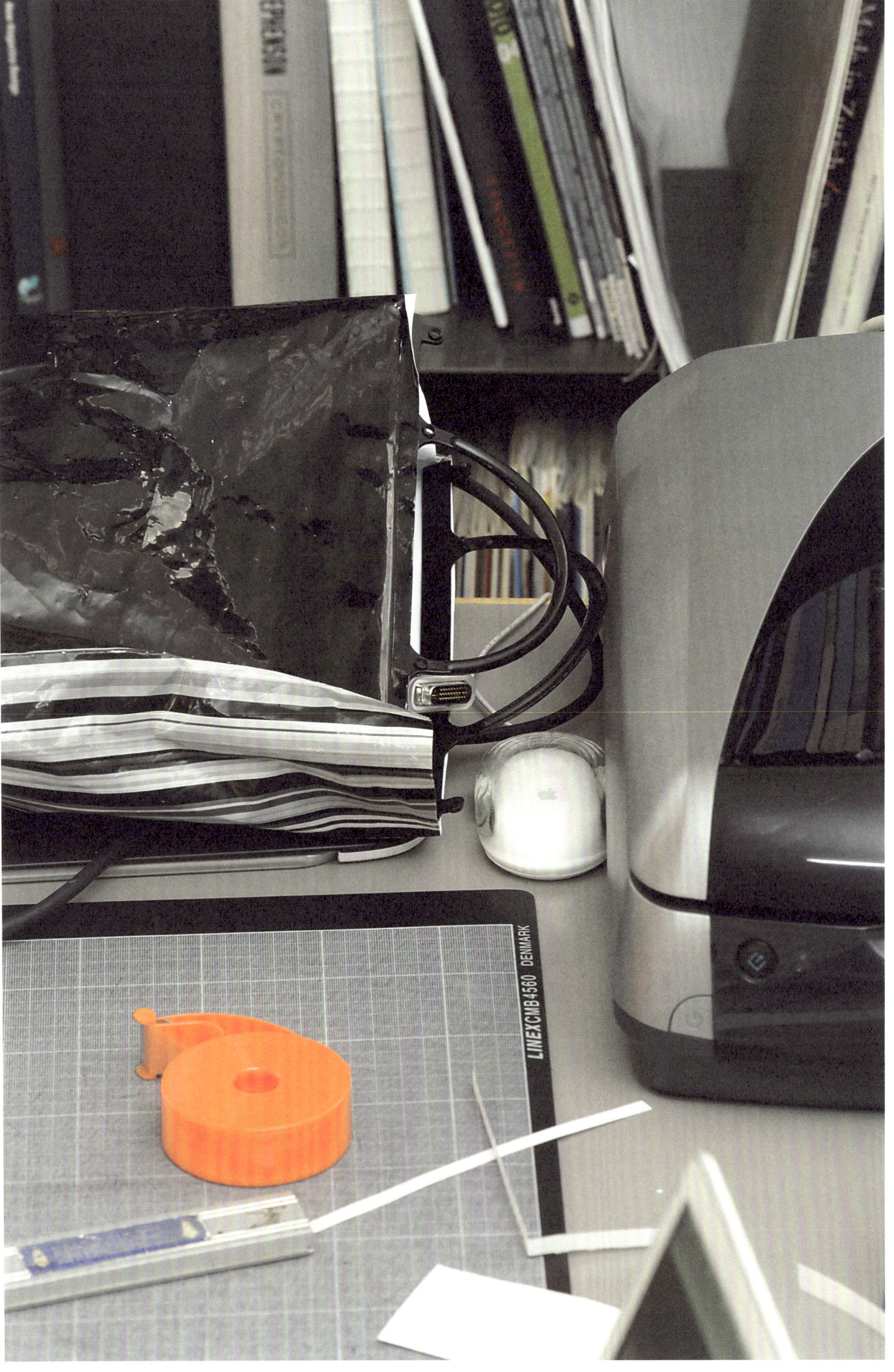

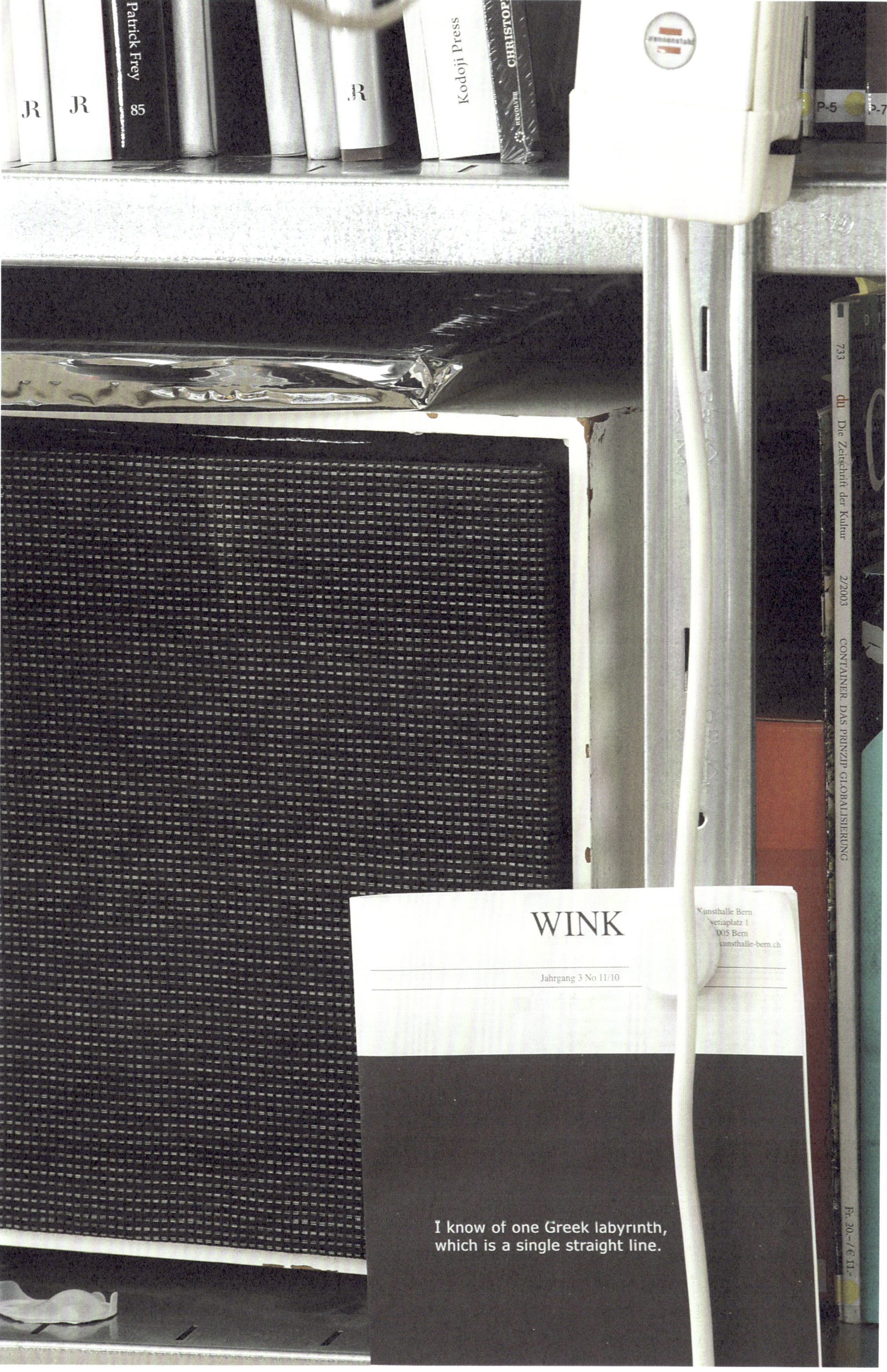
I know of one Greek labyrinth,
which is a single straight line.

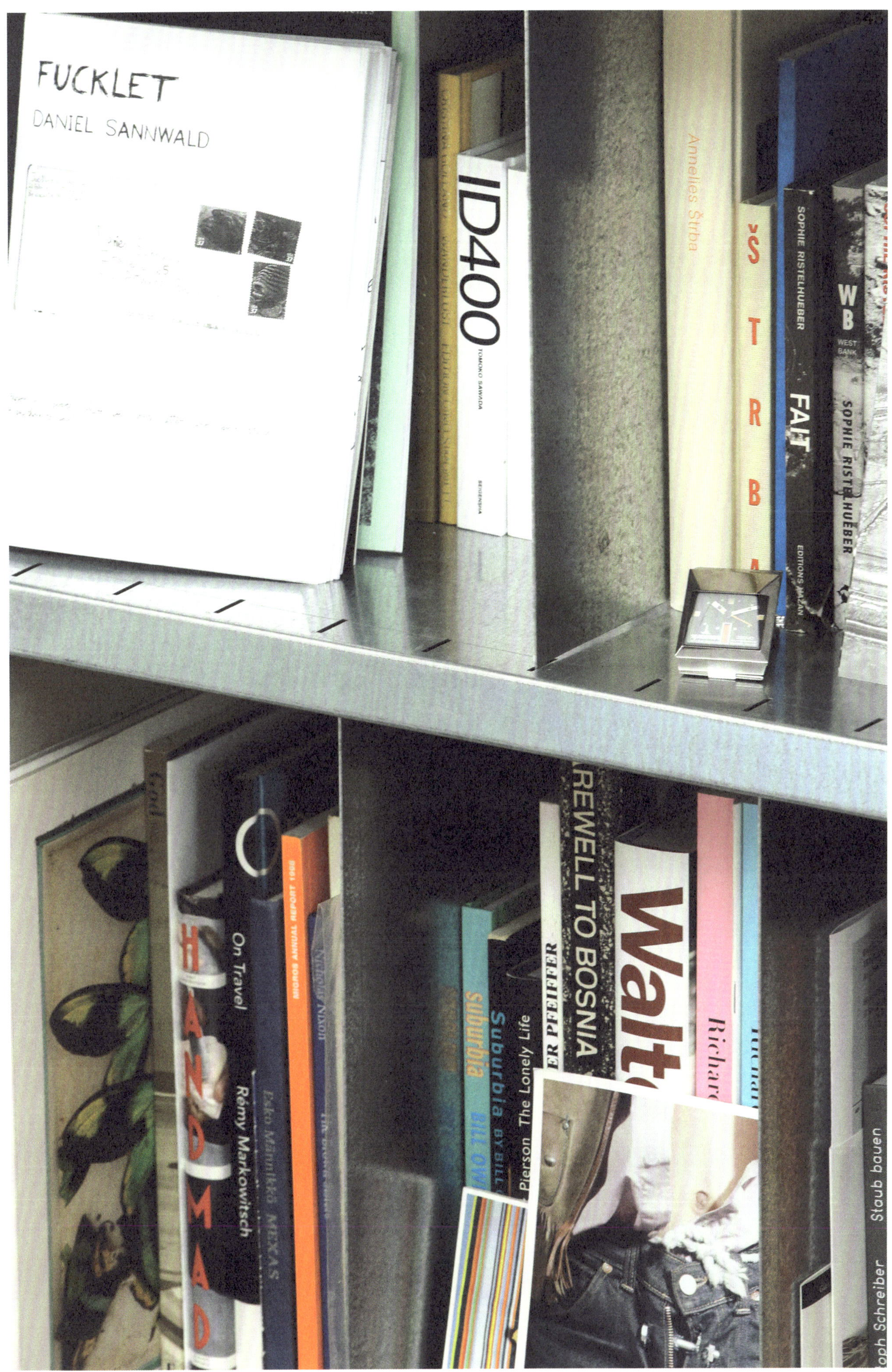

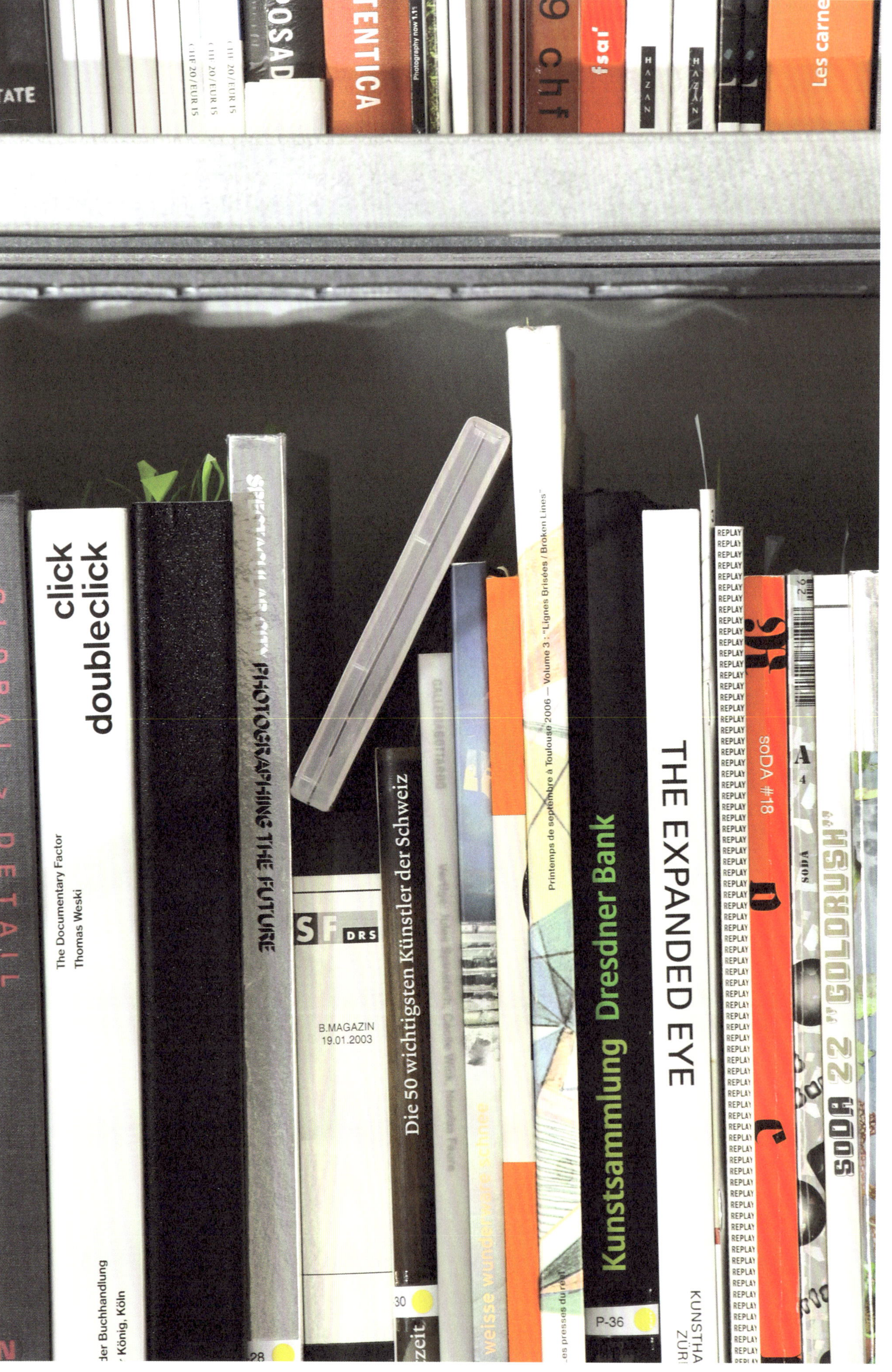
TATE
OSAD
TENTICA
Photography now 1.11
9 chf
f sai'
HAZAN
HAZAN
Les carne
CHF 20 / EUR 15
CHF 20 / EUR 15
CHF 20 / EUR 15
click
doubleclick
The Documentary Factor
Thomas Weski
der Buchhandlung
König, Köln
GLOBAL? DETAIL
SPEKTAKULAR CITY
PHOTOGRAPHING THE FUTURE
SF DRS
B.MAGAZIN
19.01.2003
Die 50 wichtigsten Künstler der Schweiz
GALERIE BOTTACIN
weisse wunder weiss schnee
zeit
Printemps de septembre à Toulouse 2006 — Volume 3 : "Lignes Brisées / Broken Lines"
des presses du réseau
Kunstsammlung Dresdner Bank
THE EXPANDED EYE
REPLAY
SoDA #18
SoDA
A 4
SODA 22 "GOLDRUSH"
KUNSTHA
ZÜRI
30
28
P-36

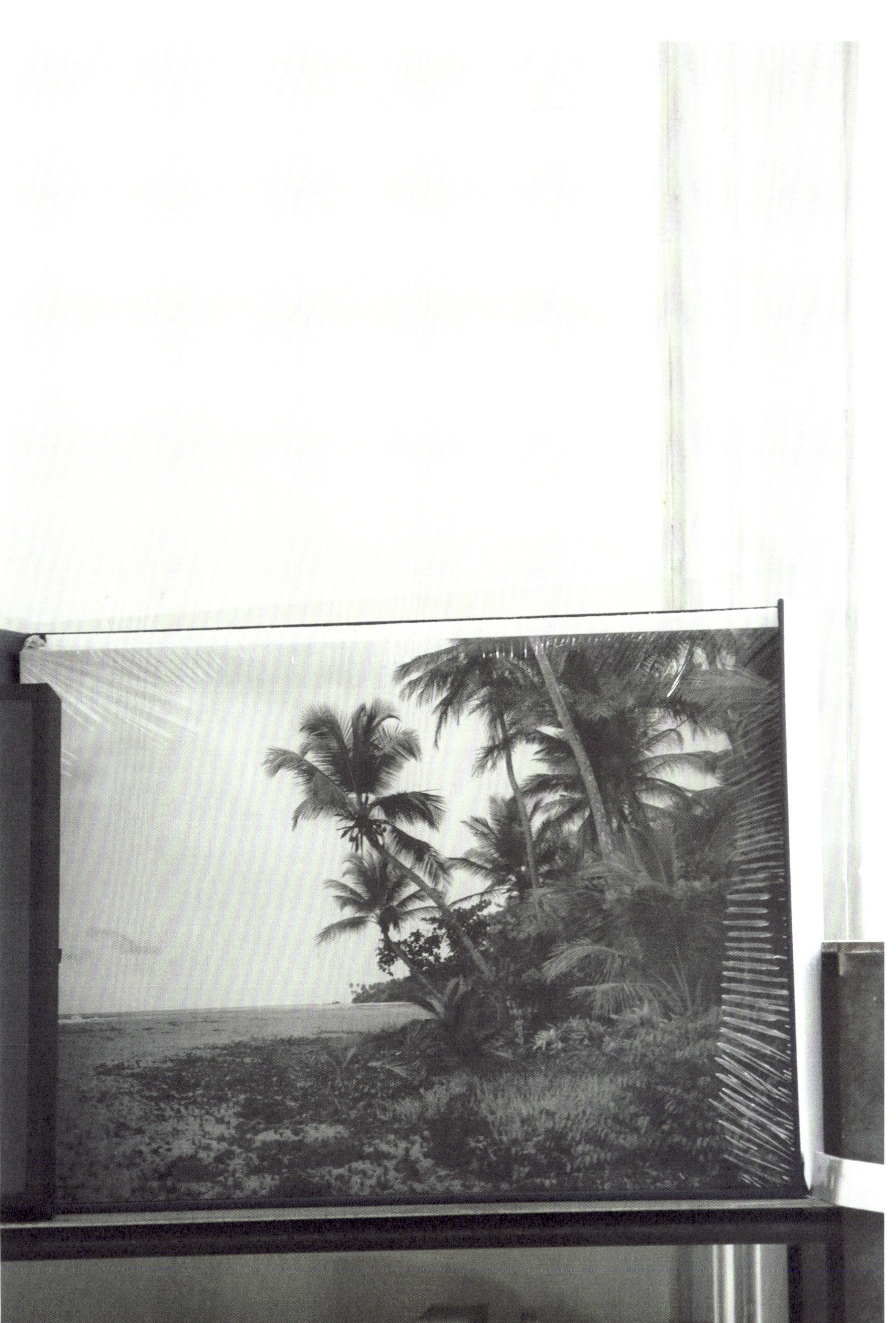

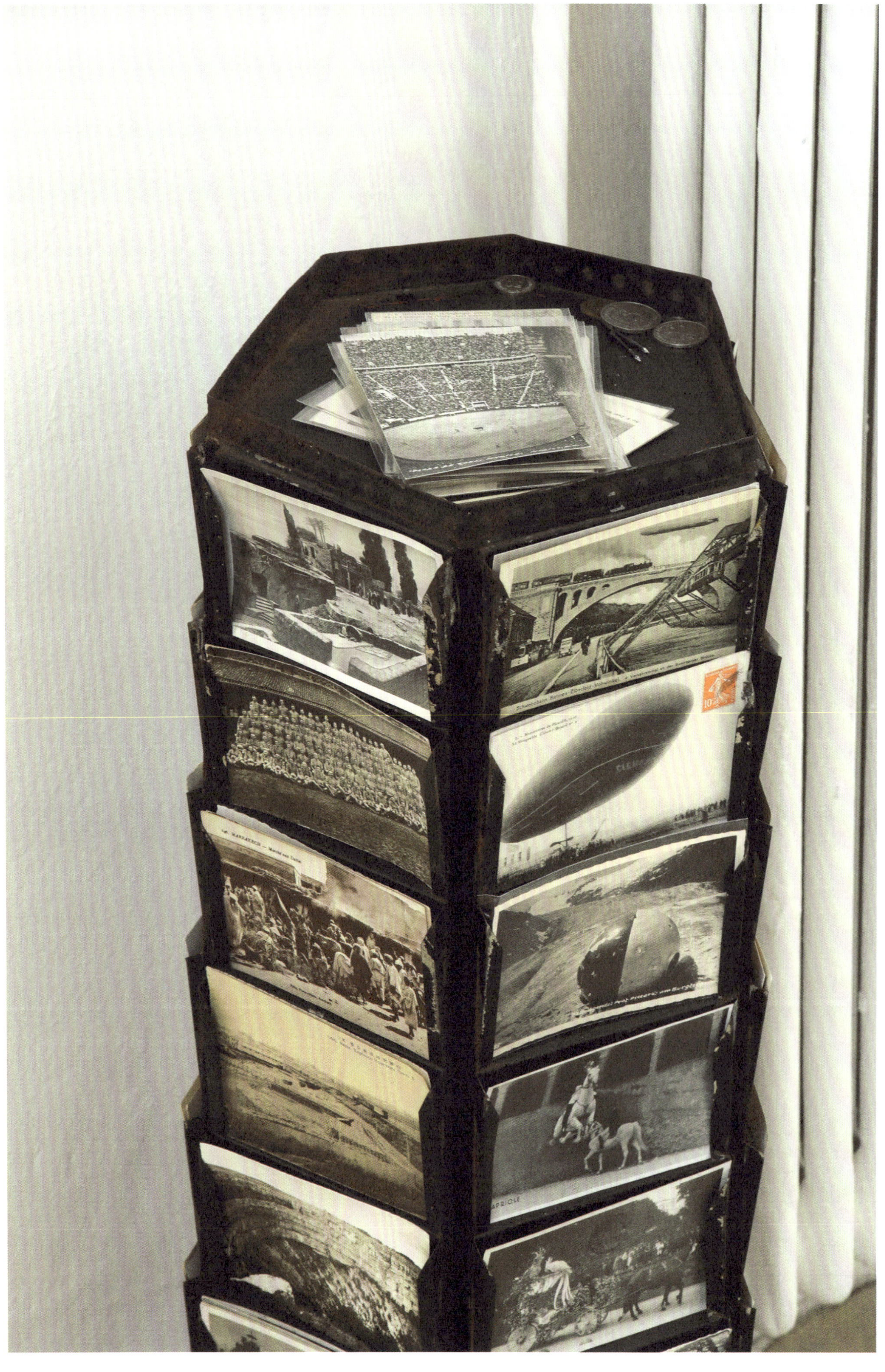

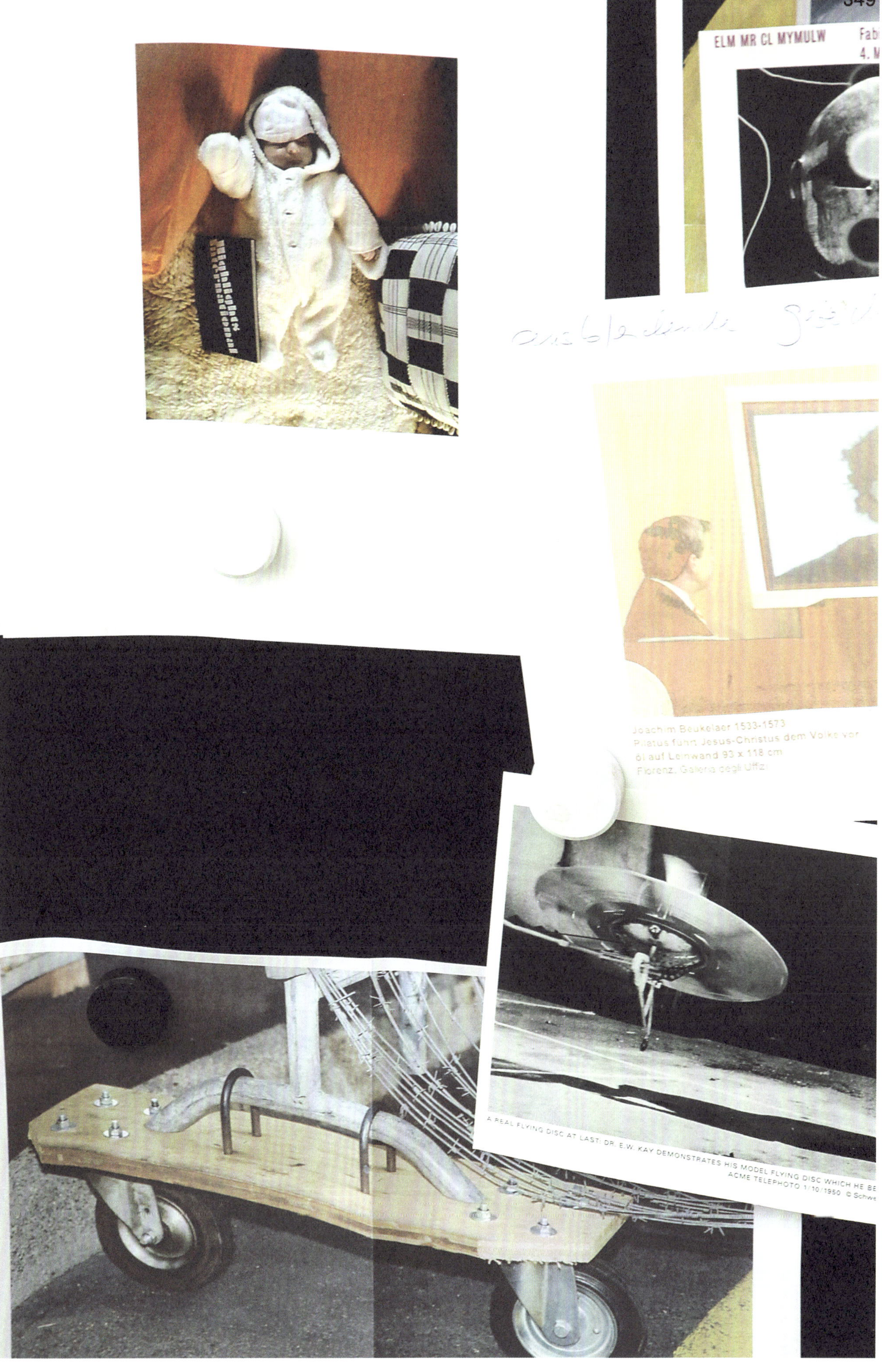
ELM MR CL MYMULW
Joachim Beukelaer 1533-1573
Pilatus führt Jesus-Christus dem Volks vor
öl auf Leinwand 93 x 118 cm
Florenz, Galeria degli Uffizi
A REAL FLYING DISC AT LAST: DR. E.W. KAY DEMONSTRATES HIS MODEL FLYING DISC WHICH HE BE
ACME TELEPHOTO 1/10/1950 ©Schwe

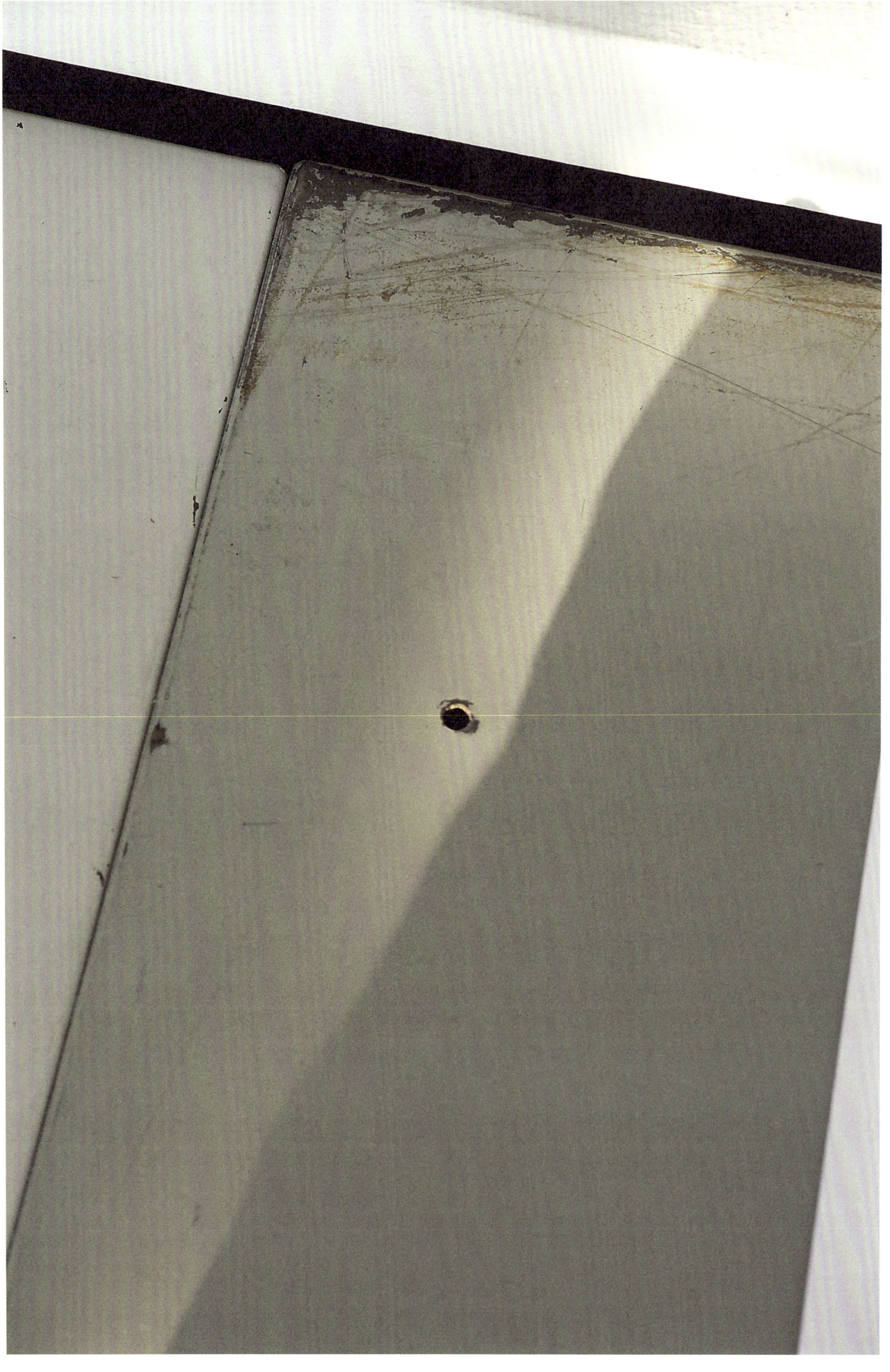